Rolf Kleine/Matthias Spruck
# Johannes Rau

W0069280

Rolf Kleine/Matthias Spruck

# Johannes Rau

Eine Biographie

Mit einem Vorwort von
Oskar Lafontaine

Econ

Der Econ Verlag ist ein Unternehmen
der Econ & List Verlagsgruppe

ISBN 3-430-15479-0

© 1999 by Econ Verlag München-Düsseldorf GmbH,
in der Verlagshaus Goethestraße GmbH & Co KG, München
Alle Rechte vorbehalten. Printed in Germany
Lektorat: Ricarda Solms
Gesetzt aus der Sabon
bei Franzis print & media GmbH, München
Druck und Bindung: Bercker, Kevelaer

# Inhalt

# Zum Geleit

Der Bundespräsident der Bundesrepublik Deutschland soll unser Gemeinwesen nach außen repräsentieren und nach innen die unterschiedlichen Strömungen der Gesellschaft zusammenführen. Wer könnte das besser als einer, der das Motto »Versöhnen statt spalten« als Leitspruch über sein lebenslanges politisches Wirken gestellt hat? Einer, dessen Erfolg in den unterschiedlichsten politischen Ämtern darauf beruhte und beruht, Menschen scheinbar unversöhnlicher Weltanschauung und Herkunft miteinander ins Gespräch zu bringen; einer, der durch die Kraft des Wortes – oft in die leichte Form der Anekdote gekleidet – Gräben überwinden kann, die andere für unüberwindbar halten?

Seit mehr als 35 Jahren stellt er unter Beweis, daß Politik nur dann Erfolg haben kann, wenn sie sich als Dienstleistung an den Bürgern versteht. Ob als Oberbürgermeister in Wuppertal, als Wissenschaftsminister und später Ministerpräsident in Nordrhein-Westfalen, ob als Mitglied der SPD-Führung in manchmal stürmischen Zeiten – immer war und ist Johannes Rau in erster Linie Moderator und Kommunikator, vor allem aber Anwalt der kleinen Leute.

Wer wie ich das Glück hat, ein gutes Stück des politischen

Weges mit ihm gemeinsam gehen zu können, der hat auch einen Menschen erlebt, der Zweifel an der Richtigkeit der eigenen Position nie verleugnet hat.

Oft ist die Frage aufgeworfen worden, welches Geheimnis, welches »System« hinter seiner seit Jahrzehnten ungebrochenen Popularität steckte. Ein Geheimnis ist es nicht, ein System schon: Gleich, in welchem Amt oder welcher Funktion – Johannes Rau hat sich in seinem Handeln immer von Toleranz, Solidarität und Loyalität leiten lassen.

»Der Kandidat muß in ganz besonderer Weise in der Lage sein, den Konflikt zwischen Gruppen und Generationen im Volk auszugleichen«, hat Johannes Rau 1968 als Mitglied jener Kommission formuliert, die nach einem geeigneten Bewerber für das Amt des Bundespräsidenten Ausschau hielt und schließlich Gustav Heinemann vorschlug.

Heinemann erfüllte diesen hohen Anspruch und ging als Bürgerpräsident in die Geschichtsbücher ein. Wie sein großes politisches Vorbild wird auch Johannes Rau ein Staatsoberhaupt für alle Bürgerinnen und Bürger sein – unabhängig von Parteizugehörigkeit, Konfession, Geschlecht oder Alter.

Bedürfte es noch eines Beweises, so belegt die hohe Zustimmung in der Bevölkerung, daß der Sozialdemokrat Johannes Rau in hervorragender Weise dazu berufen ist, seinem Vorbild Gustav Heinemann als Bundespräsident nachzufolgen.

Saarbrücken im Mai 1999
Oskar Lafontaine

# KAPITEL 1
# Jugend in Wuppertal
## 1931–1952

Schon die ganze Woche herrscht dichtes Schneetreiben. Wuppertal am Freitag, den 16. Januar 1931. Es ist ein Tag wie so viele im republikanischen Winter der Weimarer Republik. Nach Neujahr und Inventur werden die kaufkräftigen Leser der *Bergisch-Märkischen Rundschau* in großformatigen Anzeigen aufgefordert, Kurzwaren, Möbel oder Kürschnerwaren »für einen Pappenstiel« zu erwerben. In der preußischen Industriestadt steht die Wahl des Oberbürgermeisters bevor. Unter den zahlreichen ehrwürdigen Stadträten und angegrauten Verwaltungsfachleuten, die in der *Bergisch-Märkischen Rundschau* vorgestellt werden, ist ein gewisser Dr. Kirschbaum offenbar noch der aussichtsreichste Kandidat. Für den Wuppertaler Generalmusikdirektor ist es ein Tag der Bedrängnis. Franz von Hoeßlin wehrt sich öffentlich gegen Vorwürfe, die im *Völkischen Beobachter*, dem Zentralorgan der aufstrebenden Nationalsozialisten, gegen ihn erhoben worden sind. Danach hat sich der Musiker während eines Gastspiels in Paris nicht zu seinem Deutschtum bekannt; »François de Hoeßlin« habe auf den Plakaten gestanden. Noch ist das Gift des bevorstehenden ›Tausendjährigen Reiches‹ aber nicht in alle Winkel gesickert: Brechts »Dreigroschenoper« hat am Tag zuvor Wup-

9

pertal erreicht, und Kritiker Karl Dörr lobt überschwenglich eine Aufführung im Salamander-Theater. Freunde der leichten Muse sehen sich vielleicht am Nachmittag des beginnenden Wochenendes den seichten Schwank »Hulla-di-Bulla« an, abends wird die »Gräfin Mariza« gegeben.

Für Familie Rau, wohnhaft Im Springen 7, einer Adresse in einem Barmer Arbeiterviertel, sind Operette und ähnliche Zerstreuung kein Thema. Die strengen Pietisten verwenden alle Kraft darauf, das tägliche Leben zu organisieren.

Denn die Raus haben es nicht üppig. Der gelernte Kaufmann Ewald Rau, 1898 im oberbergischen Waldbröl geboren, hat sechs Jahre zuvor die Stimme des Herrn gehört und sein Textileinzelhandelsgeschäft aufgegeben, um Vereinssekretär beim Deutschen Hauptverein des Blauen Kreuzes zu werden – eine Tätigkeit, die er zwanzig Jahre ausfüllen wird. Seine Berufung ist die Vermittlung des Wortes, als Prediger ist er oft wochenlang unterwegs im Kampf gegen den Alkohol. In Predigten und Ansprachen ermutigt er zu abstinentem Leben und stärkt diejenigen, die ihrerseits Trinker bekehren wollen. Alkohol und Tabak sind zeitlebens ein Tabu für Ewald Rau. Ob sich sein Engagement auf ein persönliches Erlebnis stützt, weiß bis heute niemand genau zu sagen.

1923 hat er beim Christlichen Verein junger Männer (CVJM) Bekanntschaft mit Gustav Hartmann gemacht, einem führenden Kopf des evangelischen Jugendverbandes. Bald besucht Rau auch regelmäßig die Familie, die ihr Geld mit dem Verkauf von Haushaltsgeräten und Landmaschinen verdient. Helene, die jüngste Tochter der frommen Hartmanns, erhält im Januar 1925 einen Brief. Der 27jährige Rau bittet das »sehr verehrte Fräulein Hartmann« um einen Besuch. Nach diesem denkwürdigen Tag duzen sich die jungen Leute erstmals, und im gleichen Jahr wird geheiratet. Weiß Helene Rau, auf wen und was sie sich da eingelassen hat?

Der strebsame Ewald Rau stammt aus dem Hause eines preußischen Polizisten, der nichts hält von den »Fienen«, den frommen Feinen, über die sich schon Friedrich Engels geärgert hatte. Um so erstaunlicher mutet der tiefgreifende Wandel an, den Ewald Rau in seiner Ehe zu einem »bewußten Christen« hin vollzieht.

An jenem 16. Januar 1931 bringt Helene Rau ihr drittes Kind zur Welt. Nach Tochter Leni und Sohn Traugott, 1926 und 1929 geboren, nun wieder ein Junge. Vater Ewald erfährt von der Geburt seines Sohnes, während er im Lipper Land Gottesdienste hält. Es ist die stets knappe Kasse, die den glücklichen Vater veranlaßt, alles, was er seiner Helene zu sagen hat, per Telegramm in fünf Buchstaben und zwei Zahlen mitzuteilen: »Lukas 1, 13.« Dort liest Helene Rau: »Aber der Engel sprach zu ihm: Fürchte dich nicht, Zacharias! Denn dein Gebet ist erhört, und dein Weib Elisabeth wird dir einen Sohn gebären, des Namen sollst du Johannes heißen.«

Im Oktober ziehen die Raus wieder einmal um, die Wohnungen erweisen sich bei Familienzuwachs schnell als zu klein. In der Riescheiderstraße 14 finden sie eine geräumige Mietwohnung, in der Helene Rau bis zu ihrem Lebensende bleiben wird.

Bis 1934 ist die Familie mit der Geburt von Christel und Hartmut auf sieben Köpfe angewachsen. Das Einkommen des Vaters hält mit dieser Entwicklung nicht Schritt. »Es konnte schon geschehen, daß mein Vater wegen der Rechnungen des Lebensmittelkaufmanns, wegen der Telefonrechnungen und auch wegen der Mieterhöhung nervös wurde«, erinnert sich Sohn Johannes später. Mutter Rau trägt nicht nur während der häufigen Abwesenheit ihres Mannes die Hauptlast der Großfamilie. Täglich ist sie gefordert, mit den geringen Mitteln, die ihr Mann erwirtschaftet, die Familie über Wasser zu halten. Helene Rau ist eine bescheidene, dabei stets zuversichtliche und fröhliche Frau. Ein starker Glaube und die Liebe zu ihrem Mann sind ihre Stützen bei allen Entbehrungen. Ewald Rau mutet seiner Frau dabei einiges zu: Sein konsequent gelebter Glaube veranlaßt ihn, von seinen Missionsreisen oft Alkoholiker mit nach Hause zu bringen, die das schmale Budget und die Arbeitskraft seiner Frau zusätzlich belasten. Selbst der Sonntag gehört nicht allein der Familie. Johannes Rau erzählt von einem Bild, das sich ihm eingeprägt hat: Nach dem Gottesdienst steht der Vater in den Mittagsstunden zu Hause am Fenster, die Vorhänge sind zurückgezogen, und er wartet auf unangemeldeten Besuch.

Die Welt um die Riescheiderstraße 14, die für Johannes Rau bis in seine Zeit als Sozialdemokrat hinein Zuhause und Anschrift sein wird, ist für den Barmer Jungen überschaubar und intakt. Frühmorgens nach dem Aufstehen wird der Tag unter die Losungen der Herrnhuter Brüdergemeine gestellt, ein Büchlein, das für jeden Tag des Jahres ein Bibelwort mit Auslegung bereithält. Die Raus lesen gemeinsam darin. Tischgebet und Schriftauslegung sind nach Schilderungen von Johannes Rau ebenso Bestandteil der Mahlzeiten wie Messer und Gabel. Die Eltern erziehen ihre Kinder in christlicher Überzeugung; Strenge, Disziplin und Maßregelung gehören genauso dazu wie Ermutigung, Lob und ein liebevoller, humorvoller Umgang. Im Gegensatz zur verbreiteten Ansicht, wonach pietistische Christen die Erfinder der Kopfschmerzen seien, ist bei Familie Rau die Fröhlichkeit zu Hause. Es herrscht das Prinzip des »offenen Hauses«, das Motto ist »Bringt heute mit, wen ihr liebhabt«: Die Kinder werden aufgefordert, Freunde und Schulkameraden nach Hause einzuladen.

Ein paar Straßen weiter liegt der Kindergarten, den Johannes ab dem dritten Lebensjahr besucht. Schwester Anna Bicker hat im Laufe der Jahre alle Rau-Kinder betreut und wesentlich dazu beigetragen, daß Johannes Rau noch heute gern an seine frühe Kindheit zurückdenkt. Sie fördert jeden ihrer gut sechzig Schützlinge, schenkt Aufmerksamkeit und sorgt für eine lebendige Atmosphäre. Später findet Anna Bicker Eingang in den Kreis derer, die von Rau zu jedem Geburtstag mit einem Gruß bedacht werden. Als sie neunzigjährig stirbt, sagt Ministerpräsident Rau alle Termine ab, um bei ihrer Beerdigung dabeisein zu können.

Kommen die Kinder vom Kindergarten oder der Schule mittags nach Hause, ist die Mutter für sie da. Auf den Vater wird auch abends nicht gewartet. Seine Predigttätigkeit hält ihn meist für die ganze Woche fern. Für die Daheimgebliebenen gibt es regelmäßig Postkarten mit »väterlich mahnendem Inhalt«. Erst am Wochenende ist die Familie wieder vollständig. Dann treten die Kinder an, und die Mutter berichtet dem Familienoberhaupt von den Ereignissen der zurückliegenden Tage. Bei Verfehlungen muß der Nachwuchs mit Kritik und Sanktionen rechnen. Noch heute erinnert sich Johannes Rau dabei an eine wichtige Maxime des Vaters: Nichts sei so verwerflich wie ein Verstoß gegen die Liebe. Wer durch seine Taten den Nächsten verletzt, wird im Hause Rau empfindlich bestraft. Die Autorität des Vaters in der Familie ist stark. Wenn er sich auf seine Einsätze vorbereitet, dürfen die Kinder nicht stören. Johannes Raus Rollenverständnis von Mann und Frau wird in seinen Grundzügen wesentlich durch das Elternhaus geprägt.

Als Sechsjähriger kommt Johannes in die Volksschule Schützenstraße. Hier ist es die Lehrerin Irmgard Kowald, die die Fähigkeiten des blonden, aufgeweckten Jungen erkennt und ihn nach besten Kräften fördert. Raus Eltern achten aber darauf, daß geistliche Belange nicht zu kurz kommen. Sonntags gehen Johannes und seine Geschwister in den Kindergottesdienst. Bis zur Gemarker Kirche ist es von den Raus allenfalls eine Viertelstunde zu Fuß. Mit neun Jahren – ein Jahr früher als gewöhnlich – darf Johannes dort am Schülerbibelkreis teilnehmen. Wenig drückt dem Heranwachsenden so sehr den Stempel auf wie sein Leben mit Gemarke und seiner Gemeinde. 1940, als Johannes an seinen ersten Bibelstunden teilnimmt, befindet sich Gemarke in einer ebenso historischen wie schwierigen Phase.

Zentrale Figur in dieser ältesten evangelischen Gemeinde Barmens, die sich als Bekennende Kirche von den Deutschen Christen und dem Nationalsozialismus mit der »Barmer Theologischen Erklärung« abgrenzt, ist damals Pfarrer Karl Immer. Er gehört zu den ersten evangelischen Geistlichen, die die Nazis 1934 aus ihren Ämtern entfernen. In einem Akt des Widerstandes beschließt das Presbyterium jedoch, ihn zu halten.

Pfarrer Immer beugt sich den Nazis nicht. Seiner starken Persönlichkeit ist Angst fremd. Als die Nazis 1933 Kommunisten in das am Stadtrand Wuppertals gelegene Konzentrationslager Kemna verschleppen, ist Pfarrer Immer Anlaufstelle für die Angehörigen, verspricht zu helfen. Er weicht auch nicht zurück, als die Nazis das Pfarrhaus mit dem Schriftzug »Hier wohnt der Volksverräter Karl Immer« versehen. Couragiert grüßt er SA-Leute, die ihn mit »Heil Hitler« zu nämlichem Gruß auffordern wollen, indem er schlicht den Hut zieht: »Immer«. Johannes Rau erzählt diese Begebenheit oft und betont, welchen nachhaltigen Eindruck Immers Verhalten auf ihn gemacht habe. Gottvertrauen, Offenheit und die Gabe, weitsichtig und instinktsicher Entscheidungen zu treffen, helfen dem Theologen, der durch Begegnungen mit Karl Barth beeinflußt ist, sich trotz aller Verbote und Einschränkungen durch die neuen Machthaber zu behaupten.

Johannes und seine Geschwister finden schon früh Einlaß in Pfarrhaus und Familie. Freundschaften zwischen Johannes älterer Schwester Leni und Ulrike Immer und dem jüngsten Immer-Sohn Udo und Johannes stärken die Verbindung. Karl Immer wird ein väterlicher Fürsprecher für den aufgeweckten Johannes, der im Hause des Pfarrers bald wie ein zusätzliches Kind behandelt wird. Gibt es Zeugnisse, so zeigt sie der junge Rau zuerst seinem Mentor vor.

Immer ist schwer herzkrank. Der Arzt verordnet ihm tägliche Spaziergänge. Vom Pfarrhaus im Barmer Klingelholl führt ihn dabei sein Weg auch am Haus der Raus vorbei. Dort angekommen, klingelt oder pfeift er. Und meist ist es Johannes, der herunterkommt und dem Pastor Gesellschaft leistet. Durch den nahegelegenen Nordpark geht es dann wieder zurück. Bereits der junge Rau nutzt solche Anlässe, um an den Erfahrungen Älterer teilzuhaben. Gespräche mit Erwachsenen dienen ihm dazu, drängende Fragen zu erörtern.

Während des Krieges trifft es die Immers besonders schwer. 1942 fällt Sohn Adalbert, nur drei Monate nach der Reifeprüfung, an der Ostfront. Udo, der jüngste Immer-Sohn, muß sein Leben noch kurz vor Kriegsende lassen. Beide sind wie Brüder für Johannes gewesen. Nun nimmt deren Schwester Leni Immer diese Rolle ein. Rückblickend bezeichnet Johannes Rau sie, die als Helferin in Gemarke arbeitet, als »Säule der Gemeinde«, die besonders nach dem plötzlichen Tod Karl Immers 1944 wesentlich zum Fortbestehen des Gemeindelebens beiträgt. Sie gibt Vorkonfirmandenunterricht, der in Gemarke als Ersatz für den von den Nazis verbotenen Religionsunterricht angeboten wird.

Johannes Raus Berufswunsch zu dieser Zeit ist Pfarrer: Vielleicht ein Indiz dafür, wie wenig der junge Mann von der Ideologie des Nationalsozialismus vergiftet worden ist, wie wenig er die Werte des totalitären Regimes verinnerlicht hat.

Denn in der Riescheiderstraße 14 ist nicht etwa der Antifaschismus zu Hause. Bei den Raus hängt wie in den meisten anderen deutschen Haushalten auch ein Porträt des »Führers und Reichskanzlers«. Man muß mit Kontrollen des Blockwarts rechnen. Im Gegensatz zu den meisten Abbildungen hat sich Ewald Rau jedoch für eine Fotografie Hitlers entschieden, die ihn mit Reichspräsident Paul von Hindenburg vor der Garnisonskirche in Potsdam zeigt. »Das einzige Bild, auf dem sich Hitler verneigt«, begründet er seine Wahl.

Ewald Rau ist im Gegensatz zu Karl Immer kein erklärter Regimegegner. In den Ersten Weltkrieg ist er als Freiwilliger gezogen. Ein deutscher Patriot, dabei als Pietist zutiefst unpolitisch, aber mit deutschnationaler Grundhaltung. »Mein Vater hat spät gemerkt, daß die politische Abstinenz viel gefährlicher war als das Einstehen und das Durchstehen des Evangeliums gegen seine germanischen Mißbräuche«, so Johannes Rau später. Ewald Rau hat in Adolf Hitler – anders als Karl Immer – zunächst nicht den Verführer der Nation erkannt. Der Blaukreuzler hat auch mit der Bekennenden Kirche nicht viel im Sinn. Sie dürfte dem Pietisten zu politisch gewesen sein. 1939 wird er eingezogen, kämpft in Belgien, Italien und schließlich an der Ostfront. Wann er aber den verbrecherischen Charakter des NS-Systems erkennt, wissen selbst die Familienmitglieder nicht genau zu sagen.

Während eines Phosphorangriffs auf Wuppertal ist Vater Rau zu Besuch von der Front. In der nahegelegenen Sedanstraße brennt ein Haus. Es ist taghell, daß man die Zeitung lesen könnte. »Wir müssen da löschen«, fordert Ewald Rau seine Söhne auf. Johannes steht im Bach, schöpft unermüdlich Wasser. Der ältere Bruder und der Vater löschen eine brennende Wohnung im sechsten Stock. In dieser Nacht kommen zwei befreundete Familien zu den Raus, die aus ihrer ausgebrannten Wohnung geflüchtet sind. Durchfroren und übernächtigt sitzen alle am nächsten Morgen am Tisch und fragen sich: »Wer ist tot?« Wenige Ereignisse im Leben des Johannes Rau wirken sich derart prägend aus wie der Phosphorregen und Bombenhagel, die die Industriestadt an der Wupper in jenen Tagen heimsuchen. Erlebnisse wie diese sind der Keim für Raus spätere Nähe zum Pazifismus. Die brennende Stadt, Trümmer, hautnah erlebte menschliche Tragödien und die Berichte des Vaters über Konzentrationslager und die Ostfront: All das sind Eindrücke im Leben des jungen Rau, die sich zu einem Fundament entwickeln, auf dem er in den fünfziger Jahren seine Überzeugungen gegen Wiederbewaffnung und Remilitarisierung errichten wird.

Aber für diesen Prozeß braucht es viel Zeit. Am Tag nach dem 20. Juli 1944 schlendert Johannes durch die Innenstadt. An der Geschäftsstelle des *General-Anzeigers* liest er die ausgehängte Zeitung mit ausführlichen Artikeln zum Attentat auf Hitler. Er ist empört. Wie können es deutsche Soldaten wagen, einen Mordanschlag auf den Führer zu verüben? Einige Zeit später, Adalbert Immer ist kurz zuvor an der Ostfront gefallen, kommen Leni Immer und Johannes auf ihrem Weg vom Alten Markt zum Pfarrhaus auf den Mordanschlag zu sprechen. Johannes macht seiner Betroffenheit

Luft, schimpft über den Verrat der Militärs. Da bleibt Leni Immer stehen und wendet sich sehr ernst an den Jungen: »Johannes, überleg doch mal. Wenn die den Hitler getötet hätten, lebte Adalbert noch.« Rau ist verblüfft. Unter diesem Gesichtspunkt hat er den Vorfall gar nicht betrachtet. Trotz nicht erklärter Gegnerschaft zum Dritten Reich ist die Familie Rau eindeutig ein Fremdkörper im »Volkskörper«, der so gar nicht in das Bild passen will, das der Nationalsozialismus als Ideal vermittelt. Johannes wird der propagierten Vorstellung einer zähen Jugend, die hart wie Krupp-Stahl und schnell wie Windhunde zu sein hat, nicht gerecht. Körperertüchtigung ist seine Sache nicht. Eine Bereitschaft, beim Jungvolk eine Funktion zu übernehmen, ist nicht erkennbar. Keine Leistungsplakette oder eine Auszeichnung für hinreichende wehrsportliche Tauglichkeit ziert seine Uniform, und er bekommt auch keine »Kordel«, Symbol für eine Führungsposition.

Überhaupt verhält sich Johannes oft gar nicht altersgemäß. Wenn seine Geschwister und Freunde raufen und ausgelassen sind, hat er sich häufig unter seiner Bettdecke verschanzt und rezitiert Gedichte oder hält eine Rede vor imaginärem Publikum. Zeitweise gründet der Junge wöchentlich einen neuen Verein. »Woher hat er das nur wieder?« fragen sich oft die ratlosen Eltern.

Ewald Rau, der sich Bibelkenntnisse und theologisches Wissen autodidaktisch mit Hilfe umfangreicher Sachliteratur erarbeitet hat, versteht es, seine fünf Kinder zu interessierten Lesern zu erziehen. Bei niemandem tragen seine Bemühungen jedoch so üppige Früchte wie bei Johannes. Der Vater hat jedem der Kinder ein Fach in der linken Seite des großen Bücherschranks übergeben, »zu treuen Händen« und zum »Trutz gegen kinderreiche Unordnung«. Die Geschwister deponieren dort Puppen, Abziehbilder, das Poesiealbum und Bleisoldaten.

Nicht so Johannes. Er richtet seine erste kleine Bibliothek ein, numeriert penibel alle Bände. In bunter Folge wohnt dort Spoerl neben »Onkel Toms Hütte«, theologische Werke leisten dem »Kaiser von Doorn« Gesellschaft. Johannes liest und liebt diese Bücher alle. Sonntags geht es in den Kindergottesdienst, da nimmt Ewald Rau keine Rücksicht auf weltliche Vorgaben. »Das Evangelium stand bei meinem Vater immer über staatlichen Veranstaltungen«, erzählt Johannes Rau. Es kommt vor, daß die Rau-Kinder »mit dem Gesangbuch unterm Arm« an den linientreuen Schulkameraden vorbeiziehen, die gerade beim HJ-Fähnlein angetreten sind. Für die Kinder oft eine schwierige Situation. Johannes Rau betont heute, daß aus diesem eigensinnigen Verhalten keine Nachteile für die Familie erwachsen sind. Auch nicht, als ein Lehrer in der Grundschule den Jungen einmal fragt, was er später einmal machen wolle. »Pastor« – lautet die ehrliche Antwort Raus, die auf verständnisloses Kopfschütteln beim Lehrkörper stößt.

Ostern 1942 wechselt der begabte Junge auf das humanistische Wilhelm-Dörpfeld-Gymnasium. Bereits ein Jahr später wird das Gebäude während intensiver Bombardierungen zerstört und die Schule nach Gera verlegt. Der Familienverband droht sich aufzulösen: Der Vater in Rußland, Schwester Leni als Schwesternschülerin in Schlesien, und Traugott soll zur Schule nach Weimar. Um wenigstens die fünfköpfige Restfamilie beisammenzuhalten, zieht die Mutter mit den Kindern über Chemnitz zu Verwandten nach Erfurt. Die Schulbesuche von Johannes und Traugott sind in dieser Zeit eher sporadisch.

1944 – die Zeit der Bombardierungen scheint vorüber – kehren die Raus nach Wuppertal in die Riescheiderstraße zurück. Weil die Schulen zum größten Teil immer noch zerstört sind, hat man in Barmen eine Sammeloberschule eingerichtet. Doch mit der Kapitulation im Mai 1945 werden erneut alle Schulen für Monate geschlossen. Erst im Herbst muß Johannes wieder den Tornister schultern. Er wird dem Carl-Duisberg-Gymnasium zugewiesen, einer Lehranstalt mit naturwissenschaftlichem Schwerpunkt. Keine einfache Zeit für den Pennäler, dessen Stärken in Fächern wie Deutsch und Religion liegen.

Unterstützung kann er in solchen Situationen von seinen Eltern nicht erwarten: Vater Rau ist schwer verwundet aus dem Krieg zurückgekehrt und verdingt sich jetzt als freier Evangelist. Mit den Blaukreuzlern hat er sich überworfen, nachdem ihm diese während seines Kriegsdienstes als Verpflegungsoffizier keinen Dispens für die Verköstigung alkoholischer Getränke erteilt haben. Das mangelnde Vertrauen hat ihn sehr verärgert.

Als Prediger bringt er nun jedoch kaum genug Geld mit nach Hause, um die hungrigen Mäuler zu stopfen. Andererseits verstellt ihm die angespannte Situation in seiner Familie während der unmittelbaren Nachkriegszeit nicht den Blick auf die Not seiner Mitmenschen. So pflegen die Raus 1946 eine krebskranke Wuppertalerin, und Ewald Rau nimmt aus einem Flüchtlingslager zwei ostpreußische Flüchtlingskinder mit nach Hause. Und auch auf dem Kirmesplatz in Barmen trifft man Ewald Rau. Er sucht dort campierende Zigeunerfamilien auf. Zum Mittagessen lädt er dann gelegentlich sechs bis acht zusätzliche Personen ein. Dies bedeutet eine enorme Geduldsprobe für Helene Rau, eine farbige Abwechslung für die Kinder.

Schlechte Ernährung und eine mangelhafte medizinische Betreuung fordern in der unmittelbaren Nachkriegszeit überall in der Bevölkerung Opfer.

Im Oktober 1946 kommt Johannes wegen einer Tuberkulose für drei Monate in die nahe Wuppertal gelegene Lungenheilstätte Aprath. Abgesehen vom allsonntäglichen Kirchgang darf er die Anstalt während dieser Zeit nicht verlassen.

Nach seiner Genesung verschlechtern sich die schulischen Leistungen: Anfang 1947 wechselt Rau auf das Neusprachliche Gymnasium Siegesstraße in Barmen. Jetzt wird spürbar, wie kriegsbedingte Unterrichtsausfälle und Schulwechsel in den zurückliegenden Jahren zusammen mit den in den Kriegswirren erlittenen Erfahrungen dem 16jährigen Rau zu schaffen machen. Hinzu kommt das für Teenager typische Desinteresse an allem, was mit Schule zu tun hat. Deutsch,

Religion und Geschichte, darin glänzt der sprachbegabte Jugendliche. Mathematik und Latein sind dagegen seine Sache nicht:»Rau, du bist nicht faul, du bist stinkefaul!« – zitiert er eine Äußerung seines Lateinlehrers Karl Lissner, der dem Pennäler jede Neigung zu regelmäßiger Arbeit abspricht. Oft erzählt Rau heute noch von seiner Schulzeit. Daß er als Pennäler lange Zeit auf Kriegsfuß mit der Schule gestanden hat, verhehlt er dabei nicht.»Ich interessierte mich mehr fürs Lyzeum als fürs Gymnasium. Die Lehrer ärgerten sich und machten zu den guten Noten ungute Bemerkungen.«

Das Ende dieses Lebensabschnitts vollzieht sich vorzeitig und rasch. Die Schultage im Leben des Johannes Rau sind gezählt, als der Vater an einem Septemberabend 1948 entgegen seiner Gewohnheit bereits unter der Woche nach Hause kommt. Die Kirche, in der er predigen sollte, ist abgebrannt. Als Johannes abends – wie so oft – viel zu spät heimkehrt, wird er vom strengen Vater zur Rede gestellt, wie es um die Erledigung der Schulaufgaben stehe. Freimütig bekennt der Sohn, schon seit Tagen nichts für die Schule getan zu haben.»Dann meldest du dich von der Schule ab«, befiehlt der Vater.»In Ordnung«, reagiert der Sohn erleichtert, und am nächsten Tag, dem 30. September 1948, geht er zum letztenmal ins Gymnasium. Die Tragweite dieser Entscheidung wird Rau erst viel später bewußt: Der Berufswunsch des Pfarrers etwa ist somit unerfüllbar geworden.

Während der kommenden fünf Tage sondiert Vater Rau in Sachen beruflicher Zukunft für den Sohn. Wenige Monate nach der Währungsreform ist von wirtschaftlichem Aufschwung noch nicht viel zu spüren. Lehrstellen sind Mangelware. Ein guter Kontakt besteht zum Verlagshaus Emil Müller; in den zwanziger Jahren waren Rau und der Seniorchef Emil Müller Wohnungsnachbarn. Ein Leben mit Büchern, meint Ewald Rau, das wäre doch etwas für einen Buben, den die Eltern auch nachts noch mit roten Ohren zwischen zwei Buchdeckeln ertappen. So bespricht er mit dem Sohn Details des Verlegerberufes. Johannes zeigt sich interessiert, und so stellt der Vater den 17jährigen schließlich in dem kleinen Unternehmen vor. Müller sagt zu, sich den jungen Mann näher anzuschauen und stellt im günstigen Fall eine Ausbildung zum Verlagsbuchhändler ab dem 1. Januar 1949 in Aussicht. Und so beginnt Rau am 5. Oktober pünktlich um acht Uhr beim Verlag Emil Müller KG, der nach der Ausbombung in zwei Räumen der Kirchengemeinde im Klingelholl Asyl gefunden hat, eine Ausbildung zum Verlagsbuchhändler. Der alte Unternehmer bereut seine Zusage nicht: Neugierde und Wissensdurst zeichnen den Schulabgänger aus – Potentiale, die dem Unternehmen nützlich sind.

Rau berichtet, daß ihm die Arbeit von Beginn an viel Spaß gemacht hat. Der Schule weint er keine Träne nach. »Schwierig war für mich allein die Situation, wenn ich im grauen Lehrlingskittel die Post in einem Bollerwagen durch die Stadt zog. Dann mußte ich an meinen ehemaligen Schulkameraden vorbei und fühlte mich wegen meines Aufzugs überhaupt nicht wohl.«

Inhaber Emil Wilhelm Müller, Jahrgang 1908, führt das Unternehmen in der zweiten Generation. Nach seiner Ausbildung bei Bertelsmann in Gütersloh steigt er 1929 bei seinem Vater ein, der den Verlag 1903 gegründet hat. Bei Müllers liegt der verlegerische Schwerpunkt seit den zwanziger Jahren auf evangelischer Literatur und Kunstbüchern. Daneben finden sich im Verlagsprogramm Jugenderzählungen und die Bibellese »Suchet in der Schrift«. Nach der Machtergreifung 1933 geraten die Müllers in Schwierigkeiten: Der Verlag hat sich der Bekennenden Kirche angeschlossen, veröffentlicht deren Synodenberichte und wird von den Behörden wegen dieser Geschäftspolitik angefeindet. Das Aus kommt mit einer Verfügung der Reichsschrifttumskammer 1943, unmittelbar danach wird das Unternehmen bei den Luftangriffen völlig zerstört. Nach dem Krieg dann der mühevolle Neuanfang, zunächst in einer Privatwohnung. Doch schon bald bringt eine glückliche unternehmerische Entscheidung den Befreiungsschlag: Von Peter Brunners

»Die zehn Gebote Gottes«, die der Verlag im Sortiment führt, ordert der evangelische Buchmarkt 100 000 Exemplare. Als Rau seine Ausbildung 1949 beginnt, geht es bei Müllers schon wieder bergauf. Im Winter muß der Stift vor allen anderen Mitarbeitern im Verlagshaus sein und die Räume heizen. Versand besorgen, Post erledigen, Portokasse führen – dem Predigersohn kann man, so stellt Müller fest, viele Aufgaben übertragen. Bald kommen kaufmännische Belange hinzu, und Rau lernt alles über den Herstellungsprozeß von Büchern kennen. Da der Verlag in seinem Personalbestand überschaubar ist, wird der Lehrling schon nach kurzer Zeit in allen Arbeitsbereichen eingesetzt: Er nimmt an Autorengesprächen teil, redigiert Manuskripte, liest Korrektur und eignet sich alles über den Vertrieb von Druckerzeugnissen an.

Unter dem Einfluß Emil Wilhelm Müllers verfestigen sich bei dem jungen Rau Eigenschaften, die fortan typisch für ihn sind: ein ausgeprägtes Gefühl für Sprache, erzählerisches Talent und Präzision in Denken und Handeln. Müller weiß die Fähigkeiten seines Lehrlings einzusetzen. Er überträgt Rau schon bald die Aufgabe eines Verlagsvertreters: Weil niemand im Unternehmen Müller einen Führerschein besitzt, ist es der Lehrling, der im Frühjahr und Herbst 1951 mit dem Dienstwagen, einem Opel P4, quer durch die Republik reisen und das Verlagsprogramm feilbieten muß, das zu jener Zeit immerhin pro Jahr um rund zwölf Titel wächst. 55 Mark verdient Rau im letzten Lehrjahr, zusätzlich ist er mit 2 Prozent Provision aus seiner Reisetätigkeit am Firmenumsatz beteiligt.

Am 31. Dezember 1951 endet Raus Lehrzeit. Es schließt sich ein achtwöchiger Kurs und die Abschlußprüfung in der Kölner Buchhändler-Lehranstalt in Rodenkirchen an. Das bedeutet zwei Monate Ausbruch aus der gewohnten Umgebung: kein Tischgebet, keine väterliche Strenge. Rau erlebt hier den Alltag bei mehr weiblichen als männlichen Lehrgangsteilnehmern als unbeschwert. Es wird ausgiebig getanzt und gebechert, in der Hauptsache aber deutsche, russische und englische Literatur durchgenommen. Eindeutig trägt der Lehrplan dem Umstand Rechnung, daß bei den angehenden Buchhändlern und Verlegern eklatante Wissenslücken auf dem Gebiet der Weltliteratur zu füllen sind. Professor Helmut Preuß unterrichtet die Berufsschüler in Literaturgeschichte. Er erinnert sich, daß bei Rau besonders die deutschen Dichter des 19. Jahrhunderts auf Interesse stoßen. Eichendorffs »Aus dem Leben eines Taugenichts« oder die naturalistischen Dramen des jungen Gerhart Hauptmann nehmen Rau gefangen. Höfische Dichtung, spätes Mittelalter, Humanismus und Reformation, Barock und Aufklärung, Sturm und Drang, Klassik: Preuß spricht von »unabdingbarer Grundierung«, die seine Literaturseminare nicht nur für Rau bedeuten. Was der Wuppertaler nicht lesehungrig in Rodenkirchen verschlingt, ist ihm Anregung für ein ganzes Leben. Allgemeinbildung und kaufmännisches Recht sind die anderen Disziplinen, die auf das Berufsleben vorbereiten sollen. Am Ende steht die schriftliche und mündliche Gehilfenprüfung. Mit einer Arbeit über »neuzeitliche Massenauflagen« brilliert Rau im April 1952 vor dem Prüfungsausschuß und erhält das Prädikat »mit Auszeichnung«.

Zurück in Wuppertal, ändert sich zunächst nichts im beruflichen Alltag: Weiterhin bereist Gehilfe Rau die evangelischen Buchhandlungen, macht auf Neuerscheinungen aufmerksam, holt Aufträge für sein Unternehmen herein. In seiner Freizeit hält er Kontakt zu Helmut Preuß, dem er viele Leseinspirationen und vertiefende Gespräche verdankt. Literatur, Kultur, Theologie – die vielen Eindrücke und neugewonnenen Erkenntnisse suchen in dem jungen Mann ein Ventil, brauchen Verarbeitung.

In dieser Zeit macht Rau erste Erfahrungen auf journalistischem Gebiet. Für die lokale Feuilleton-Redaktion der Wuppertaler *Westdeutschen Rundschau* verfaßt er bereits seit 1950 Rezensionen, besucht Theaterstücke, formuliert Konzertkritiken. Das weitet den Horizont ganz erheblich und füllt zudem die Geldbörse. Am 14. Oktober 1950 erscheint die erste Buchbesprechung des Neunzehnjährigen.

Unter dem Titel »Evangelische Dichter sehen den Krieg« setzt sich Rau mit Neuerscheinungen von Albrecht Goes (»Unruhige Nacht«), Herbert Kuhn (»Karmel«) und Max Wedemeyer (»In der Welt habt ihr Angst«) auseinander. Rau berichtet vom höchst »neuartigen« und »revolutionären« Charakter der Werke, daß sie in der evangelischen Publizistik bereits einen »heftigen Kampf« ausgelöst hätten. Kuhns Schilderungen, da ist sich Rau sicher, räumen gründlich auf mit jeglicher Legitimation von Waffengängen, »selbst zu Kriegen mit frommen Vorzeichen«. Bei Goes – dieser Pfarrer und Schriftsteller gehört zu den von Rau besonders geschätzten Autoren – fasziniert den Kritiker die sprachliche Gestaltungskraft. Er betont aber auch, wie angewidert vom Kriege man nach der Lektüre sein müsse.

Trotz seiner breiten Themenpalette erwirbt sich Rau in den nächsten Jahren bei der *Westdeutschen Rundschau* den Ruf des »Protestanten vom Dienst«. Die Redakteure schätzen den umtriebigen jungen Mann, der – wie es anerkennend in einem Leserbrief formuliert wird – »in kirchlichen Dingen recht bewandert« ist. Als Wuppertal 25. Geburtstag feiert, fällt Rau, selbst nur unwesentlich jünger als seine Vaterstadt, die Aufgabe zu, ein Porträt der evangelischen Landes- und Freikirchen zu verfassen. Hier verarbeitet der Hobbyjournalist alle Erfahrungen aus seinem Elternhaus und hebt die stark ausgeprägte pietistische Grundhaltung der Kirche in Wuppertal hervor. Allerdings setzt er sich überaus kritisch mit der unpolitischen Grundhaltung und der Weltabgewandtheit des Pietismus auseinander. Scharf zieht er zudem die Trennlinie zwischen Freikirchen und Sekten.

Auch den zwanzigsten Jahrestag der »Barmer Erklärung« soll Rau in einem Artikel würdigen. Er zieht darin die Lehren des totalen Staates: »Drüben« knechte er schon wieder, irgendwo im Westen formiere er sich. Keine Weltanschauung, auch keine christliche, dürfe an die Stelle Gottes gesetzt werden. Und dann: »Sicherheit kann nur aus dem Glauben, nicht aus Atombombe und Humanismus kommen.«

Schreiben gehört schon sehr früh zu den Leidenschaften

Raus. Die kreative Atmosphäre im Müller Verlag, der Kontakt zu Dichtern und Schriftstellern und der tägliche Umgang mit Druckerzeugnissen verstärken die Neigung von Johannes Rau, sich selbst schriftlich zu verschiedenen Themen zu Wort zu melden. Als Kolumnist in der *Jungenwacht*, der Monatszeitschrift der Bibelkreise, hat Rau das ideale Forum, sich zu Gott und der Welt zu äußern.

Die frühen Zeugnisse zu Beginn der fünfziger Jahre geben etwa Auskunft über seine Leidenschaft für Bücher, ein anderer Artikel beschäftigt sich mit dem Thema Humor und Witz. Es gibt kaum eine bessere Gelegenheit, Denken und Fühlen des jungen Rau kennenzulernen, als die Lektüre seiner Artikel in der *Jungenwacht*. Knapp einen Monat vor dem Tod Ewald Raus stellt Johannes seiner Leserschaft den Vater vor:»Wir lieben ihn und machen das 'Generationenproblem' unter uns aus.« Ein anderes Mal redet er den jüngeren Lesern ins Gewissen, die Finger von der Wochenendpresse zu lassen:»Es ist alles gelogen« und »Der Einkauf von Wochenendzeitungen schädigt dein Taschengeld – die Lektüre kann dich nur anöden«. Als vielseitig interessierter Zeitungsleser bietet er ein Vademekum der wichtigsten Tageszeitungen und Wochenmagazine. Unter dem Titel»Es rauscht so viel im Blätterwald« gibt es viel Lob für die *Frankfurter Allgemeine Zeitung (FAZ)*, *Die Zeit* und besonders den *Spiegel*:»Kostet mich jede Woche eine Mark, weil ich auf die hervorragenden Informationen, den bestechend gekonnten Stil und die Weite der behandelten Themen nicht verzichten möchte.« An Publikationen wie *Christ und Welt* oder dem *Rheinischen Merkur* läßt er indes kein gutes Haar: »Man sagt boshafterweise, der Bundeskanzler lese im Römischen *Merkur*, was er denken und tun werde. Die Lektüre ist nicht immer interessant, immer aber linientreu katholisch, manchmal viel zu schlimm.«

Im Januar 1953 wechselt Rau zum Wittener Luther- und Eckart Verlag. Der Luther Verlag ist seit seiner Gründung 1911 bekannt durch fromme Flugblätter und Broschüren. Nach dem Krieg kommt theologische Literatur in preiswerten Ausgaben hinzu. Beim Eckart Verlag bemüht man sich seit 1922, christliche Dichter zu fördern. In sogenannten »Eckart-Kreisen« werden in zahllosen Kirchengemeinden literarische Veranstaltungen zur Verbreitung dieser Schriften organisiert. In Wuppertal ist es Pfarrer Hermann Lutze, der solche Abende veranstaltet, zu denen auch Rau regelmäßig kommt. Autoren werden eingeladen, die sich im Dritten Reich um den damals noch in Berlin angesiedelten Eckart Verlag gesammelt und so etwas wie das »andere Deutschland« verkörpert haben.

Nun steht Rau vor der Aufgabe, als Verlagsleiter beide Häuser, die wirtschaftlich darben, wieder aufzubauen. Er stellt Vertreter ein, entwirft selbst Werbetexte für die Verlagsprodukte. Der 22jährige erweist sich als Allroundbegabung und macht Karriere. Bereits im Herbst 1953 wird ihm das Angebot unterbreitet, Geschäftsführer des Jugenddienst Verlags zu werden, der gerade zwei Jahre zuvor mit Sitz in Oldenburg gegründet worden ist und Rechtsnachfolger des Bibelkreis-Verlags Emil Müller und des *Jungenwacht* Verlags Kurt Otto und Co. in Wuppertal-Barmen ist. Verlagsleiter ist Dr. Hermann Ehlers, CDU-Mitglied und Bundestagspräsident.

Ein halbes Jahr bevor Rau den neuen Job antritt, stirbt sein Vater bei einem Verkehrsunfall. Auf dem Weg nach Hause stürzt er in einer Kurve aus dem Autobus und erleidet tödliche Verletzungen. Ein defektes Türschloß reißt den 55jährigen aus dem Leben.

Helene Rau steht plötzlich völlig mittellos da, und ihr Sohn muß seine Pläne, seinen Wohnsitz nach Oldenburg zu verlegen, ändern. Ehlers, der den jungen Mann aber unbedingt für das Unternehmen haben will, disponiert um. Im Einvernehmen mit Oberkirchenrat Johannes Schlingensiepen, dem Vorsitzenden des Jugenddienst Verlages, entscheidet er, den Verlag kurzerhand nach Wuppertal zu verlegen. Zusammen mit seinem Freund Hans-Otto Schnepper transportiert Rau das Verlagsinventar mit einem VW-Bus von Oldenburg ins Bergische Land.

Ab dem 16. Januar 1955 – dem 24. Geburtstag Raus – ist der Sitz des Jugenddienst Verlags in der Riescheiderstraße 14. Nach dem Tod des Vaters werden in der elterlichen Wohnung nicht mehr alle Räume benötigt, und Helene Rau profitiert geringfügig durch die Abgabe zweier Zimmer an den gewerblichen Untermieter.

Rau wird den Beruf des Verlegers noch bis 1967 ausüben. Überaus erfolgreich führt er den Jugenddienst Verlag in die Gewinnzone, stellt die Lektorin Christa Weiß und den Buchhändler Hermann Schulz ein, der mit dem Ausscheiden Raus dessen Nachfolge als Verlagsdirektor antreten wird.

Viele Freunde und Weggefährten rätseln noch heute, was aus dem umtriebigen Rau geworden wäre, wenn ihn nicht 1952 die Politik erstmals in ihren Bann gezogen hätte. Direktor eines großen theologischen Verlages vielleicht? Ein anerkannter Feuilletonist?

# KAPITEL 2
## Von der GVP zur SPD
### 1952–1966

Am Morgen des 2. Dezember 1952 klingelt im Hause Rau das Telefon. Johannes liegt mit fiebriger Erkältung im Bett. Werner Freitag, Lokalchef der *Westdeutschen Rundschau*, läßt seinen freien Mitarbeiter dennoch an die Strippe holen. Seine Redakteure seien alle Opfer der zur Zeit grassierenden Grippewelle geworden. In seiner typischen, auf bloße Faktenvermittlung ausgerichteten Art läßt er Rau wissen: »Wir haben da ein Problem. In Frankfurt wurde eine Partei gegründet, und die sind evangelisch, jedenfalls vorwiegend.« Ob Rau nicht doch vielleicht einsatzfähig sei? Freitag kennt den jungen Aushilfsjournalisten, der bislang überwiegend Kultur-, Musik- und kirchliche Veranstaltungen für sein Blatt rezensiert hat. Auf den ist auch bei erhöhter Körpertemperatur Verlaß, besonders wenn wirklich wichtige Termine zu vergeben sind. Rau lehnt zunächst ab. Er fühlt sich nicht imstande zu arbeiten. Freitag läßt jedoch nicht locker. Und um dem jungen Mann die Entscheidung zu erleichtern, fügt er hinzu: »Mal was Politisches.«

Es wirkt. Flugs macht sich Johannes Rau auf den Weg zu Adolf Scheu, einem Wuppertaler Wirtschaftsberater, der nach Informationen der *dpa* zu den Gründungsmitgliedern der Gesamtdeutschen Volkspartei (GVP) gehört. Freitags Bitte, mit Scheu kurzfristig ein Interview zu führen, will Rau gerne nachkommen. In der Privatwohnung dann erläutert Scheu dem 22jährigen Anliegen und Konzeption der GVP. Später erzählt Rau, wie sehr Scheu ihn begeistert und fasziniert habe. Der gebürtige Schwabe Adolf Scheu hat als Gegner des Nationalsozialismus und Mitglied der Bekennenden Kirche mehrere Wochen in Haft verbracht. Obwohl selbst Opfer der Nazis, begrüßt er nach dem Krieg die Stuttgarter Schulderklärung der evangelischen Kirche.

Scheus hohes Maß an moralischer Integrität beeindruckt Rau. Der GVP-Gründer muß das gespürt haben, denn am Ende des etwa zweistündigen Gesprächs fragt er Rau spontan, ob er nicht der GVP beitreten wolle. Rau will.

Für denselben Abend ist eine Zusammenkunft der Parteimitglieder in Essen geplant. »Wir fahren zu Heinemann, da können Sie mitfahren, wir gründen einen Landesverband«, so Scheu abschließend, bevor Rau zurück in die Redaktion fährt, um sein Interview abzuliefern. In einem namentlich nicht gezeichneten Vierspalter auf der ersten Seite der *Westdeutschen Rundschau* mit dem Titel »Heinemann-Partei wünscht keine Kommunisten« werden die Wuppertaler am nächsten Tag vom Zuwachs in der deutschen Parteienlandschaft erfahren. »Auf unsere Frage, ob nicht eine neue Partei lediglich das Mosaik der bereits bestehenden unübersichtlicher machen werde, meinte Scheu, daß eine große Zahl politisch Heimatloser und Unzufriedener auf die Frankfurter Gründung geradezu gewartet habe«, schreibt Rau. Jenseits der Gegensätze von rechts und links gelte es, eine Politik zu betreiben, in der bis zur letzten Möglichkeit das Gespräch mit der Welt hinter dem Eisernen Vorhang gesucht werde. Rau berichtet von Scheus Aussage über den entschiedenen Vorsatz der GVP, sich gegen Versuche der Unterwanderung von links und rechts zu schützen: »Man wird zu verhindern wissen, daß Kommunisten Einlaß in die Partei fänden.« Im übrigen wünschen auch die Kommunisten keine Heinemann-Partei. Im SED-Zentralorgan *Neues*

*Deutschland* wird am Tag nach dem Rau-Bericht beklagt, die Gründung der GVP stelle eine indirekte Schwächung der nationalen Sammlungsbewegung dar, die »gewollt oder ungewollt den Kriegstreibern vom Schlage Adenauers Vorschub leistet«.

Nach seiner Berichterstattung machen sich Rau und Scheu auf den Weg zur Anwaltspraxis Gustav Heinemanns. Der frühere Bundesinnenminister versammelt mit Diether Posser, Thea Arnold und Helene Wessel wichtige Gefolgsleute, um über die Gründung eines nordrhein-westfälischen Landesverbandes der GVP zu verhandeln.

Rau wird an diesem Abend nicht nur Mitglied der Gesamtdeutschen Volkspartei, er bekommt auch sogleich ein Amt. Weil die Partei in Wuppertal noch nicht vertreten ist, sollen Rau und Professor Dr. Oskar Hammelsbeck einen Kreisverband gründen. Rau übernimmt sofort den Ortsverband. Später resümiert er: »Als Journalist war ich morgens aus dem Haus gegangen, als Politiker kam ich nachts zurück.« Gemessen an seiner später eher zögerlichen Art, grundlegende Entscheidungen zu treffen, hat der junge Rau sich an diesem Dezembertag äußerst rasch festgelegt.

Aber Dr. Dr. Gustav W. Heinemann ist für den bis dahin unpolitischen Johannes Rau keineswegs ein Unbekannter. Bereits Pfingsten 1950 hat der Lehrling den Bundesinnenminister auf der Reichstagung der Schülerbibelkreise in Marburg erlebt. Der Politiker hielt damals ein Referat über die Notwendigkeit des politischen Engagements für evangelische Christen. Heinemann genießt in der evangelischen Kirche höchstes Ansehen. Als er wenige Monate später am 9. Oktober 1950 wegen tiefgreifender Differenzen in der Deutschlandpolitik und der Wiederbewaffnung zurücktritt, führt das auch in kirchlichen Kreisen zu einer Polarisierung. Die im Herbst 1951 zum Abschluß gekommenen Verhandlungen über eine Europäische Verteidigungsgemeinschaft sehen innerhalb einer europäischen Armee auch die Beteiligung deutscher Soldaten vor. Höchste Zeit für Heinemann, geeignete Schritte dagegen zu unternehmen. Politische Einflußnahme, nicht Parteigründung sieht sein Konzept vor. Er setzt alles daran, in evangelischen Kreisen der CDU Gesinnungsgenossen gegen die deutsche Wiederbewaffnung zu gewinnen. Helene Wessel, eine der »Mütter des Grundgesetzes«, Bundestagsabgeordnete und Vorsitzende der Deutschen Zentrumspartei, versucht dasselbe in ihrer und der Bayernpartei. Adolf Scheu wiederum will außerparlamentarisch in der Industrie einen Unterstützerkreis mobilisieren. Die von Heinemann, Scheu und einigen politischen Freunden ein Jahr nach dem Rücktritt Heinemanns ins Leben gerufene »Notgemeinschaft für den Frieden Europas« nimmt inhaltlich einiges vorweg, was später im Programm der Gesamtdeutschen Volkspartei wiederzufinden ist.

Johannes Rau und viele seiner Gemarker Freunde sammeln Unterschriften für die »Notgemeinschaft«. Die Kriegserfahrungen sind den jungen Leuten noch gegenwärtig. Sie hoffen, mit ihrem Engagement gegen die Wiederbewaffnung einen aktiven Beitrag zur Kriegsverhütung zu leisten. Und vielleicht fällt dem evangelischen Christen Johannes Rau das Eintreten für die Heinemannsche Sammelbewegung auch deshalb so leicht, weil sie vorgibt, unabhängig von politischen, konfessionellen und wirtschaftlichen Einflüssen zu sein. Indes erweisen sich die Möglichkeiten der »Notgemeinschaft«, auf Politiker und andere Entscheidungsträger Einfluß nehmen zu können, schon bald als überschätzt. So sind die Stalin-Noten vom März und April 1952, die eine Wiedervereinigung der beiden deutschen Teilstaaten unter der Bedingung der Bündnisneutralität in Aussicht stellen, zwar noch einmal Anlaß für die Gruppe um Heinemann, ihre Anstrengungen zu intensivieren. Die kritischen Reaktionen in der Öffentlichkeit auf die sofortige Ablehnung der sowjetischen Offerte durch die Adenauer-Regierung lassen hoffen. Doch die Organisationsform der »Notgemeinschaft« schafft es nicht, die heterogene Schar der Kritiker von Adenauers Westbindungspolitik zusammenzufassen. Die Stimmen in der Gruppe mehren sich, eine Partei zu gründen. Es ist maßgeblich Adolf Scheu, der schon früh die Vorteile einer eigenen Partei sieht. Während einer zweitägigen Tagung der »Notgemeinschaft« im Oktober 1952 schafft es Scheu dann, Heinemann, Wessel und die Zentrumsabgeordnete Thea Arnold zum Austritt aus ihren Parteien zu bewegen. Nun ist der Weg frei für die Gründung der Gesamtdeutschen Volkspartei am 29. und 30. November 1952.

In einem auf der Gründungsversammlung verabschiedeten Manifest stellt die GVP ihre vorrangig außen- und deutschlandpolitische Zielsetzung heraus. Widerstand gegen die Aufrüstung und Verhandlungen mit der Sowjetunion und der DDR über eine »bedingte Neutralität« sollen die Wiedervereinigung ermöglichen. Man strebt dabei kein neutralistisches Deutschland an, sondern fordert ein kollektives Sicherheitssystem, das die Großmächte garantieren sollen.

Schon in der Gründungsphase wird erkennbar, daß die Partei ihren wichtigsten Rückhalt in den Kreisen der evangelischen Kirche hat. Bedeutende Kirchenmänner wie Martin Niemöller, Heinrich Held und Ernst Wilm machen aus ihrer Sympathie für die GVP keinen Hehl, auch wenn ihre kirchlichen Ämter einen Parteieintritt nicht zulassen.

Vor diesem Hintergrund wird der spontane Eintritt von Johannes Rau in die GVP nachvollziehbar. Wie mag die Familie diesen Schritt aufgenommen haben? Die einzige Berührung Ewald Raus mit Parteipolitik liegt schon sieben Jahre zurück und ist völlig anders verlaufen als bei seinem Sohn. Unmittelbar nach dem Krieg fragt man ihn, der nie Mitglied der NSDAP oder einer ihrer Organisationen gewesen ist, ob er sich nicht bei der Gründung einer christlichen Partei beteiligen wolle. Zur konstituierenden Versammlung in Köln werde auch Oberbürgermeister Konrad Adenauer erwartet. Rau bespricht sich mit seiner Familie. Man kommt überein, das Angebot abzulehnen. Die Gesundheit des Familienoberhauptes, aber auch dessen Mißtrauen gegenüber jeglicher Parteipolitik nach der Erfahrung des Dritten Reiches tragen zu dieser Entscheidung bei. So spielt Ewald Rau keine Rolle in der Geburtsstunde der CDU, obwohl er von seiner konservativen Grundhaltung her gut zur Union gepaßt hätte. Allerdings versuchte er später auch nicht, Einfluß auf seinen Sohn Johannes zu nehmen. Mit distanziertem Interesse verfolgt der Vater fortan die politischen Ambitionen des Sohnes.

Der erhält an seinem 22. Geburtstag seine politische Feuertaufe auf einer Großveranstaltung der GVP in Wuppertal. Heinemann hat sich angesagt, Rau soll die Eröffnungsrede halten. Es geht um die grundsätzliche Frage, wie nach der nationalsozialistischen Erfahrung das Verhältnis von Kirche und Politik zu gestalten sei. Viele evangelische Christen neigen nach dem Krieg zum Rückzug ins Privatleben. Engagierte Predigten, die parteipolitische Nähe vermuten lassen, werden skeptisch aufgenommen. Zwar hat man in evangelischen Kreisen die Erkenntnis gewonnen, daß die Bekennende Kirche mit ihrer Gegnerschaft zum Dritten Reich für die Zukunft die Einmischung der Christen in die Politik markiert hat, Parteipolitik bleibt aber suspekt. Gegen diese Einstellung kämpfen Parteien wie CDU und GVP noch einige Jahre. Christliche Partei oder christliche Politik – diese Grundfrage wird auch Johannes Rau weiter begleiten.

In einem Zeitungsartikel charakterisiert Johannes Rau das fünfköpfige Präsidium: »Da ist Gustav Heinemann, der unbestrittene Boß, der Mann der Einsichten und Konzeptionen, der nüchterne und überzeugende Referent einer sehr klaren Politik. Da ist Helene Wessel, in Jahrzehnten politischer Arbeit geprägt und bewährt, in sozialpolitischen Fragen versiert und doch nicht bloß Sozialpolitikerin. Da ist Robert Scholl, dessen Name für viele auch dann zeichenhafte Bedeutung hat, wenn er durch seinen Wohnsitz in München nicht allzu aktiv die Bundespartei beeinflussen kann. Da ist Diether Posser, der streitbare und zugleich intern ausgleichende Jurist mit einem für jeden Gegner tödlichen Gedächtnis und einer Redegabe, die ihm jeder neidet. Und da ist Adolf Scheu. Die Unruhe in der GVP, der Mann, der anschließend die Briefe schreibt und die Verhandlungen forciert.« Wilhelm Godde, Chef vom Dienst bei der *Gesamtdeutschen Rundschau*, der den jungen Rau im Redaktionsalltag kennen- und schätzenlernt, glaubt zu wissen, was den überzeugten Christen an der GVP am meisten fasziniert:»Er war von Hause aus so evangelisch, daß es ihn zu dieser Partei zog, in der es – bei aller weltanschaulichen Pluralität – von evangelischen Theologen nur so wimmelte.« Viel Zeit bleibt nicht mehr bis zur ersten Bewährung der neuen Partei. Am 6. September 1953 sind Bundestagswahlen. Im Vorstand wird der Organisationsaufbau vorangetrieben. Um Partei und politisches Programm so schnell wie möglich im Bewußtsein der Öffentlichkeit zu verankern, betreiben die Gesamtdeutschen mit den GVP-Nachrichten, die später Gesamtdeutsche Rundschau heißt, eine eigene Zeitung.

In den Führungszirkeln der GVP ist man sich schon frühzeitig bewußt, daß ein Erfolg der Partei bei den Bundestagswahlen 1953 von ihrer Bündnisfähigkeit abhängt. Um nicht an der Fünfprozentklausel zu scheitern, geht die Heinemann-Partei gleich mehrere Zweckbündnisse ein. Partei der Frauen, Freisoziale Union, Freie Mitte, Bund der Deutschen, bei völlig unterschiedlichen Weltanschauungen treffen sich die politischen Bewegungen oft nur in der gemeinsamen deutschlandpolitischen Zielsetzung. Unter dem Namen der GVP wird eine gemeinsame Kandidatenliste zur Bundestagswahl erstellt, die von den zuständigen Parteigremien akzeptiert werden muß. So ist die Partei in 232 von bundesweit 242 Wahlkreisen vertreten, in allen Bundesländern stellt sie Landeslisten mit insgesamt 211 Kandidaten auf.

Doch am Wahltag, dem 6. September 1953, kommt dann die Enttäuschung. Mit einem Prozent der Erst- und 1,2 Prozent der Zweitstimmen bleiben die Gesamtdeutschen weit hinter den Erwartungen der Anhänger zurück. Im Stadt- und Wahlkreis Siegen, einer Region mit hohem evangelischen Bevölkerungsanteil, erringt die kleine Partei noch ihr bestes Ergebnis mit 8,5 Prozent. In der Stadt Siegen, dem Wahlkreis Gustav Heinemanns, entfallen sogar 10,4 Prozent auf den Essener Politiker. In Raus Revier in Wuppertal-Barmen erreicht die GVP immerhin noch 4,3 Prozent. Unbeirrt setzen die Gesamtdeutschen ihren Kampf gegen Adenauers Westorientierung fort, versuchen sich durch eigene Entwürfe zur Außen-, Sicherheits- und Deutschlandpolitik zu profilieren.

Orts- und Kreisvorsitzender Johannes Rau, der im Laufe seiner Politikerkarriere in der GVP zwar dem Landesvorstand, nicht aber dem Präsidium angehört, entwickelt ein reges publizistisches Engagement in der Parteizeitung. Nirgendwo finden sich aufschlußreichere Dokumente über das politische Denken Raus in jener Zeit als in seinen Artikeln in der *Gesamtdeutschen Rundschau*.

Im Februar 1955 beschließt der GVP-Landesvorstand, eine Nachwuchsorganisation zu gründen, die den Namen Gesamtdeutsche Jugend tragen soll. Rau wird Landes-, später auch Bundesvorsitzender. Allerdings bleibt die Gruppierung bis zur Auflösung der Partei 1957 relativ bedeutungslos. Bewußt setzt sich Rau in einem im März 1955 verfaßten Beitrag für die *Gesamtdeutsche Rundschau* von den Nachwuchsorganisationen der anderen Parteien ab. »Ging und geht es darum, der ohnehin kleinen Partei (warum sollte man's verschweigen?) junges Blut zuzuführen? Suchen wir eine Basis für ideologische Schulung? Nein. Bei uns gibt es keine Überalterung, und wir werden uns dagegen wehren, daß man immer nur die Jugend anredet und zu überzeugen sucht, damit man mit ihr dann Parade machen kann.«

Jugend, das ist bereits für den jungen Rau kein Wert an sich. Zum Generationenverhältnis innerhalb politischer Parteien formuliert der 24jährige eine Ansicht, die wohl auch der gestandene Sozialdemokrat unterschreiben würde: »Wir wollen Jugend sein. Man soll uns ernst nehmen, aber nicht zu wichtig. Wir wollen unsere Worte wägen, aber die Alten sollen sie nicht immer auf die berühmte Goldwaage legen.«

Ein Thema, mit dem sich Johannes Rau ein Jahr vor Gründung der Bundeswehr auseinandersetzt, ist der Wehrdienst. Fast unnötig zu betonen, daß der Jungpolitiker – fest in der Tradition der Bekennenden Kirche stehend –, auch ohne

Pazifist zu sein, niemals Soldat geworden wäre. In der *Gesamtdeutschen Rundschau* geht er auf einen Beschluß der Jungen Union ein, in dem Kriegsdienstverweigerer ohne Not als »Ohne-mich-Leute« diffamiert werden. Rau wehrt sich vor allem gegen die »irrige Auffassung« der CDU-Nachwuchsorganisation, der Dienst an der Waffe dürfe nur aus christlicher Überzeugung oder von Angehörigen bestimmter Religionsgemeinschaften abgelehnt werden. Rau: »Wir halten es für gut möglich, daß auf Grund einer konkreten politischen Situation, der Existenz von chemischen Waffen oder der Teilung Deutschlands der Kriegs- und Wehrdienst aus Gewissensgründen verweigert wird. Wir protestieren dagegen, daß nach Meinung der ›Jungen Union‹ nur der grundsätzliche, nicht aber der konkrete Pazifismus berücksichtigt werden soll.« Man erkennt an der Argumentation auch die Auseinandersetzung Raus mit Martin Niemöller, der nach seinem Werdegang als Freiwilliger im Ersten Weltkrieg, Widerständler und KZ-Häftling im Dritten Reich und Kirchenfunktionär in der Nachkriegszeit das Militär als »hohe Schule für Berufsverbrecher« bezeichnet hat.

Der Landtagswahlkampf in Rheinland-Pfalz bietet die zweite Chance für die Gesamtdeutschen, Legitimität zu gewinnen. Diesmal scheint die Ausgangsposition günstiger. Franz Bogler, SPD-Vorsitzender des Bezirks Pfalz, stellt der GVP Listenplätze zur Verfügung. Die Parteiprominenz wittert ihre Chance und kämpft um jede Stimme.

Johannes Rau ist dabei. Für 400 Mark hat er einem befreundeten Pfarrer einen Volkswagen abgekauft, mit dem ist er in der Pfalz für seine Partei im Einsatz. Als Wahlkampfleiter verbringt Johannes Rau im Mai 1955 drei Wochen in der Provinz, nachdem er seinen Jahresurlaub im Jugenddienst Verlag genommen hat, organisiert, klebt Plakate und bereitet alles für Gustav Heinemann vor, der zu Wahlkampfauftritten am Wochenende anreist. Das Schema ist immer das gleiche. Rau hält die Vorrede, stimmt auf Themen und Thesen der GVP ein und kündigt abschließend den Hauptredner Heinemann an.

37

In den drei Wochen lernen die beiden Männer einander näher kennen. Auf der einen Seite ist da der in persönlichen Dingen eher wortkarge, aber zu rhetorischen Glanzleistungen fähige Heinemann, der sachorientiert und zuverlässig seine politischen Ziele verfolgt und Menschen mit der Kraft der Argumentation zu überzeugen versucht. Offensichtlich schätzt er den jungen Verlagshändler, der sich emsig um einen perfekten Rahmen für die Veranstaltungen bemüht. Es ist ein nach außen ungleiches Paar, das sich aber innerlich durch einen starken christlichen Glauben und die gemeinsame politische Arbeit verbunden weiß. Peter Heinemann bringt das Verhältnis seines Vaters zu Johannes Rau auf den Punkt: »Ich glaube, daß Rau durch meinen Vater eine Prägung als Mensch, als Politiker und als Christ erfahren hat. Er hat bei ihm oder besser von ihm gelernt, daß politischer Realismus und Moral einander nicht ausschließen, sondern im Gegenteil zusammengehören.« Obwohl Gustav Heinemann nie über sich und über andere gesprochen habe, sei das Verhältnis zu Rau eindeutig bestimmbar: »Wie er ihn begrüßte, mit ihm sprach, ja überhaupt auf ihn reagierte, das zeigte freundschaftliche, fast väterliche Gefühle.« Das Wahlkampfprojekt schweißt zusätzlich zusammen. Im Anschluß an die Landesvorstandssitzungen der GVP im Essener Handelshof kommt Rau nun auch zu Heinemanns nach Hause. Hier lernt er den Privatmann und dessen Familie kennen.

In der Pfalz geht jedoch das Kalkül, über Wahlbündnisse mit SPD und FDP Erfolge zu erzielen, nicht auf. Die Sozialdemokraten verzeichnen bei der Landtagswahl selbst in den mehrheitlich evangelischen Wahlkreisen keine nennenswerten Stimmenzuwächse. Erste Zermürbungserscheinungen stellen sich bei der GVP ein, prominente Parteimitglieder wie Erhard Eppler treten im Januar 1956 in die SPD ein. Stellvertretend für einige Sozialdemokraten, denen die GVP politischer Mutterboden war, begründet Eppler seinen Schritt heute damit, daß die GVP als politische Bewegung zu klein gewesen sei, um im Kraftfeld des Ost-West-Konflikts unabhängige Politik zu machen.

Auch die Beteiligung an der Landtagswahl in Baden-Württemberg bringt nicht den Befreiungsschlag für die Gesamtdeutschen. Der Partei, die bis 1957 lediglich rund 1000 Mitglieder an sich binden kann, unter notorischem Geldmangel leidet und auf den überzeugenden Wählerzuspruch vergeblich wartet, geht zunehmend die Puste aus. Die Beteiligung einiger GVP-Mitglieder bei den Kommunalwahlen in Nordrhein-Westfalen bringt lediglich in einzelnen Gemeinden gute Ergebnisse, insgesamt gehen 78 Mandate an die Gesamtdeutsche Volkspartei.

Im Januar 1957, dem Schicksalsjahr der GVP, ruft Johannes Rau in der *Gesamtdeutschen Rundschau* die Parteifreunde zum konzentrierten Blick auf das Wesentliche auf. Hier werden bereits seine pragmatischen Vorstellungen von Politik sichtbar:»Wir sollten uns nun nicht mit Programmen en detail abquälen und belasten. Das Frankfurter Manifest, in manchem sicherlich vorläufig und verschwommen formuliert, die Beschlüsse der Bundesparteitage – das alles ist so schlecht nicht. Wenn wir endlich auch im innerparteilichen Leben mit dem Cantus firmus des Manifestes Ernst machten, bekäme unsere GVP eine Schlagkraft, um die uns die anderen beneiden würden.«

Wieder wird bei SPD und FDP sondiert, welche Aussichten für Wahlbündnisse für die bevorstehende Bundestagswahl bestehen. Die Freidemokraten lehnen erstmals ab. Rau vermutet heute, daß die FDP wegen interner Flügelkämpfe sich nicht noch mit der Integration von GVP-Leuten zusätzlichen Zerreißproben aussetzen wollte.

Zwei Jahre vor dem Godesberger Parteitag, der die Wende der SPD von der Klassenpartei zur Volkspartei mit einem gewandelten Verhältnis zu den Kirchen markieren wird, signalisiert die SPD 1957 durchaus Interesse am Wählerpotential der GVP. Bei allen programmatischen Übereinstimmungen scheitern die Verhandlungen letztlich aber am Widerstand einiger sozialdemokratischer Landesverbände, die nicht bereit sind, auf die Aufstellung eigener Kandidaten zugunsten von GVP-Politikern zu verzichten. Im Februar 1957 schließlich teilt der Parteivorstand der SPD den Gesamtdeutschen mit, daß für die Sozialdemokraten nur Parteimitglieder kandidieren dürfen. Damit steht für die GVP fest, daß eine Beteiligung an der Wahl aussichtslos geworden ist.

Die Erkenntnis, daß die Gesamtdeutsche Partei gescheitert ist, setzt sich bei den Mitgliedern durch. Der Auflösungsparteitag am 17. und 18. Mai 1957 in Heinemanns Heimatstadt Essen spricht an die Mitglieder die Empfehlung aus, in der FDP oder der SPD eine politische Zukunft zu suchen. Gustav Heinemann hat seine Entscheidung zu diesem Zeitpunkt bereits gefällt. In einem Beitrag für die *Frankfurter Hefte* setzt er sich kurz vor dem Auflösungsparteitag mit den deutschlandpolitischen Ansätzen der deutschen Parteien auseinander und formuliert sein Credo einer Frieden und Freiheit sichernden Politik. Kurz darauf bekommt er Nachricht vom SPD-Vorstandsmitglied Fritz Erler. »Sie sind mit diesem Artikel so in unserer Nähe«, läßt er den GVP-Mann wissen. Heinemann sucht Rückversicherung in seiner Partei, ob er Gesprächsangebote seitens der Sozialdemokraten annehmen kann. Es folgen Treffen und längere Gespräche. Johannes Rau ist bei diesen Terminen nicht anwesend.

Schließlich geht es nur noch um Modalitäten des Wechsels. Nach nächtelangem Feilschen im Bonner SPD-Büro erhalten Gustav Heinemann und Helene Wessel für die Bundestagswahl sichere Plätze auf SPD-Landeslisten. Am 4. Juni 1957 ist es dann soweit. Heinemann und in seinem Gefolge Helene Wessel, Diether Posser, Adolf Scheu und Hans Bodensteiner treten medienwirksam im Rahmen einer Pressekonferenz im Ollenhauer-Haus der SPD bei. Die anderen GVP-Mitglieder, darunter auch Johannes Rau, werden an die Kreisverbände verwiesen. Ihrem Vorbild folgen viele, allein in Baden-Württemberg sind es 160 evangelische Pfarrer.

Der Schritt hat für beide Seiten erhebliche Konsequenzen. Die Einverleibung der ethisch gesinnten Protestanten führt die deutsche Sozialdemokratie mittelfristig auf einen anderen politischen Kurs, die Annäherung an christliche Gruppen bringt neue politische Aktionsbündnisse. Zunehmend streift die alte Tante SPD im Laufe der kommenden Jahre das Gewand des Antiklerikalismus ab. Auf Initiative von Adolf Scheu treffen sich die Neusozis Wolf Dieter Marsch, Johannes Rau, Professor Jürgen Moltmann, Arnold Falkenroth, der spätere Präses der Rheinischen Landeskirche, Karl Immer, und Gottfried Gurland zu Gesprächsrunden in Scheus Haus in der Wuppertaler Wolkenbergstraße 30. An mehreren Abenden entsteht dort ein Entwurf für das Kapitel »SPD und Kirchen«, der in unveränderter Form 1959 in das Godesberger Programm übernommen wird.

Doch auch Johannes Rau akklimatisiert sich nicht binnen Wochenfrist in der SPD. In der *Gesamtdeutschen Rundschau*, für die er noch bis zu ihrer Einstellung im März 1959 Artikel beisteuern wird, gibt er unter dem Titel »Der Christ hat die Wahl« drei Tage nach dem Parteiwechsel Einblick in seine Stimmungslage zwischen Wehmut und Aufbruch: »Der Übertritt ist kein Urlaubsschein. Wenn es für alle unter uns leicht gewesen wäre, in der SPD eine politische Heimat zu finden, wären wir nie in der GVP gewesen. Wir sind stolz darauf, fünf Jahre eben in der GVP gewesen zu sein und Spur gefahren zu haben für politische Argumente, von denen man noch 1952 glaubte, sie seien aus dem Irrenhaus oder aus einem kommunistischen Giftschrank geliehen.«

Die Wechsler haben sich an neue politische Melodien zu gewöhnen. Das beginnt mit der Anrede »Genosse«, erschließt aber auch Kontakte zu bisher unbekannten Gesellschaftsschichten und öffnet den Horizont für die politischen Handlungsfelder einer Volkspartei. »Genosse und du zu sagen, das war uns äußerst fremd. Vom Lebensgefühl her waren wir Bürgerliche. Außerdem war die SPD nicht die Partei von heute. Sie stand zwei Jahre vor Godesberg, vor ihrer Erneuerung. Doch wir GVPler sind dann in diese uns fremde Partei gegangen und merkten, was uns an einem gesamtpolitischen Konzept gefehlt hatte«, erinnert sich Rau.

Während sein Mentor Heinemann in der SPD alle Vorzüge eines prominenten Seiteneinsteigers genießt, scheint es zunächst, als stehe der 26jährige Verlagsbuchhändler wieder am Anfang seiner politischen Karriere, als er kurze Zeit nach dem Seitenwechsel bei der Wuppertaler SPD vorstellig wird. Nicht alle Genossen aus dem Tal empfangen Johannes Rau mit offenen Armen. In einer Stadt der Protestanten, Freikirchen und Sekten ist das Verhältnis der Sozialdemokraten zu den Kirchen »eher zwiespältig«, wie sich die SPD-Frau Freia Engelhardt-Schwaferts erinnert. Die Jungsozialisten sind natürlich gespannt, was für ein langweiliger, prüder Jüngling von der GVP da Einlaß sucht.

Rau bestätigt die Vorurteile nur insofern, als er wirklich bibelfest ist. Aber ansonsten: »Er flirtete heftig mit den weiblichen Mitgliedern, und so konnten ihn die dazugehörigen Jungs erst einmal nicht leiden«, berichtet Freia Engelhardt-Schwaferts. Feuereifer zeichnet ihn in seiner neuen politischen Heimat aus, schnell gehört er bei den Jusos dazu. »Er hatte nur einen großen Fehler«, merkt die Genossin an, »er rauchte zuviel!«

Aber bei Null muß Rau nicht beginnen. Ein wichtiger Anknüpfungspunkt ist neben seiner unkonventionellen Art im Umgang mit anderen das auch unter Jungsozialisten hoch im Kurs stehende Friedensthema. Juso-Gruppe, Falken und Evangelische Jugend unterhalten bereits seit Ende der vierziger Jahre Kontakte. Mit der ihm eigenen Leidenschaft arbeitet Rau sich in die Struktur der Arbeiterpartei ein, lernt die SPD-Basis kennen. Die Anrede »Genosse« wird ihm nie leicht über die Lippen gehen. »Zu kommunistisch« klinge ihm das, gesteht er Heinz Kühn. »Gut«, dekretiert der, »dann nennen wir dich eben ›Bruder Johannes‹.« Womit Rau den Spitznamen für alle Zeiten weghat. Auch mit dem »Du« der Genossen hat er so seine Probleme. Noch Jahrzehnte später ist es nur ein kleiner Kreis von Mitarbeitern, mit dem er sich vertraulich duzt. Ebenso dauert es sechs Jahre, bis sich Rau zum Eintritt in die Gewerkschaft Erziehung und Wissenschaft durchringt. Vielleicht hilft ihm dabei, daß das Grundmotiv von Kirche, SPD und Gewerkschaft die Solidarität ist.

Die Wuppertaler SPD wird binnen kürzester Frist Start-
rampe für die politische Karriere von Johannes Rau. Bei den
Jusos weiß er sich aufgrund seines guten Kontaktes zu herausragenden Politikern, seines geschliffenen Umgangs, der
in Kirche und GVP geschulten Art des Argumentierens und
Organisierens schnell in Szene zu setzen.

Auch wenn Rau heute abstreitet, schon während der
ersten Monate unter Sozialdemokraten an seiner Parteikar-
riere gebastelt zu haben, läßt er seinen Kletterweg doch mit
einem publizistischen Paukenschlag beginnen. Am 20.
August 1957, ganz Deutschland fiebert im Bundestagswahlkampf, erscheint in der *Gesamtdeutschen Rundschau*
unter dem Titel »Minister ohne Würde« Raus Frontalan-
griff gegen Verteidigungsminister Franz-Josef Strauß. Darin
stellt Rau zwei Äußerungen des bayerischen Politikers zum
Thema Wehrpflicht einander gegenüber. Im Wahlkampf
1949 habe er noch getönt: »Wer in Deutschland noch einmal ein Gewehr anfaßt, dem sollen die Hände abfallen.«
Jetzt habe er die Teilnahme an einer öffentlichen Diskussion über den Wehrdienst mit dem Zusatz abgesagt, er sei
nicht feige, denn er sei kein Wehrdienstverweigerer. Rau
bedauert, daß man Strauß für diese provozierende Äußerung nicht verklagen könne. Und dann sein Kraftwort:
»Geschicklichkeit und Mangel an menschlicher Würde
schließen sich nicht aus.« Sein Artikel endet mit der Fest-
stellung: »Unter der Führung solcher Männer wird die
Demokratie zu einer Karikatur, in der die Unlauterkeit die
Konturen gibt.«

Die Antwort aus Bonn läßt nicht lange auf sich warten.
Eine Woche später belehrt Minister Strauß Rau in einem
Brief, der später in der *Gesamtdeutschen Rundschau* abgedruckt wird, falschen Informationen aufgesessen zu sein. Er
droht mit Unterlassungsklage, falls Rau das Zitat von den
abfallenden Händen wiederhole. Eine Kontroverse mit
hoher Publizität ist losgetreten. Rau kontert wiederum eine
Woche später, indem er die jedermann zugänglichen Quellen für seine Strauß zugeschriebenen Zitate benennt. Er

beendet den Briefwechsel nicht, ohne dem katholischen Christsozialen Franz-Josef Strauß mitgeteilt zu haben, daß eine Partei wie die CDU/CSU, die in der Frage der Wehrpflicht nicht offen sei für Ratschläge des Rates der evangelischen Kirche und der katholischen Kirche, »nach meiner Ansicht das Adjektiv ›christlich‹ im Parteinamen – abgesehen von seiner theologischen Fragwürdigkeit – verwirkt hat.«

Ein mit allen Wassern gewaschener Parteiaktivist und Kommunikator – dieser Eindruck von Johannes Rau muß bei den Jungsozialisten in Wuppertal schnell entstanden sein. Ohne nennenswerte Konkurrenz wird Rau am 21. Januar 1958 zum Juso-Vorsitzenden seiner Heimatstadt gewählt. Gegenkandidat ist Werner Böwing, bei den Jusos durch seine betont gesellschaftskritische Einstellung ganz auf der Höhe der Zeit. Trotzdem macht schließlich der das Rennen, der Diskussionen nicht zum Selbstzweck erhebt, sondern auf die Verwirklichung des Gewollten drängt.

Respekt und Vertrauen gewinnt Rau nicht nur unter Gleichaltrigen. Als Chef der Jungsozialisten nimmt er auch an den Sitzungen des Unterbezirksausschusses teil, wo er die Ortsvorsitzenden kennenlernt. Hier wird man ebenfalls bald auf den Jungpolitiker aufmerksam. 1962 wählt man ihn in den Unterbezirksvorstand, zwei Jahre später zum stellvertretenden Vorsitzenden.

Die politische Zukunft des Johannes Rau liegt aber nicht in der Wuppertaler Kommunalpolitik. Ganze 302 Tage trägt er das SPD-Parteibuch in seiner Tasche, knapp drei Monate ist er Juso-Chef, als er auf dem Nominierungskongreß am 2. April 1958 gefragt wird, ob er nicht für den Düsseldorfer Landtag kandidieren wolle. Zuvor haben Freunde und Förderer Raus aber offiziell wie verdeckt den Weg zu diesem Ziel freischaufeln und parteiinterne Widerstände ausräumen müssen. Der Wuppertaler Genosse Knulp Goeke erinnert sich, daß vor allem bei jüngeren Mitgliedern schon frühzeitig die Meinung vorherrschte, Rau sei der richtige Mann für den Landtag. Die vier Direktmandate sind bei

Alfred Dobbert, dem Landtagsvizepräsidenten und Bezirks-
vorsitzenden, bei Kurt Gehrmann, dem Unterbezirksvorsit-
zenden, Fritz Sack, dem ehemaligen SPD-Geschäftsführer
und Arbeitsdirektor der Wuppertaler Stadtwerke, und bei
dem DGB-Vorsitzenden Arno Wulff in bewährten Händen.
Goeke trägt dazu bei, daß die Diskussion um Rau in der
Partei offen geführt wird. In der Meinungsbildungsphase
kann man sich auf dem Unterbezirksausschuß jedoch nicht
gegen die erneute Kandidatur der alten Herren entschließen,
für Rau spricht hier nur eine Minderheit.
Dann kommt der alles entscheidende Nominierungskongreß. Knulp Goeke macht sich zum Sprecher einer Gruppe
jüngerer Parteimitglieder. Er schlägt Johannes Rau als Land-
tagskandidaten vor. Die Stimmung unter den Genossen ist
günstig. Ausgiebig werden mögliche Konsequenzen einer
solchen Nominierung diskutiert. Schließlich erfolgt die
Abstimmung. Dobbert, Gehrmann und Wulff werden
bestätigt. Und, mit denkbar knappem Ergebnis, auch Rau.
In einem endgültigen Wahlgang spricht sich dann eine große
Mehrheit für alle vier aus. Trotz Überwindung dieser wichtigen Klippe kann sich der 27jährige Rau in dieser Situation keine ernsthaften Hoffnungen auf ein Landtagsmandat
gemacht haben. Gleichwohl wirft er sich in den Landtagswahlkampf, in dem die Sozialdemokraten neben lokalen
Themen auch auf die »Bach-Kampagne« reagieren müssen:
Der CDU-Bundesschatzmeister hat republikweit ein Flug-
blatt verteilen lassen, auf dem verkündet wird: »Wer SPD
wählt, wählt Moskau.«
Rau meistert solche platten Herausforderungen überzeugend. »Um dein Vertrauen wirbt Johannes Rau« ist auf Plakaten mit dem Brustbild des sympathischen jungen Mannes
zu lesen, die im Wahlkreis 58 (Wuppertal III) die Blicke des
Wahlvolkes einfangen.
Der Personality-Wahlkampf verfehlt seine Wirkung nicht.
Am Abend nach dem Urnengang am 6. Juli 1958 sind
Freund und Gegner zutiefst überrascht. Johannes Rau ist der
einzige SPD-Kandidat, der mit 750 Stimmen Vorsprung

durchkommt. Alle bisherigen sozialdemokratischen Direkt-
kandidaten fallen durch, drei sichere Wahlkreise verliert die
SPD an die CDU.

Für die Kommentatoren der *Westdeutschen Rundschau*
eindeutig ein »Testfall«. Zum überraschend guten Abschneiden Raus empfehlen sie der SPD: »Darüber sollte man gründlich nachdenken.« Seine »undogmatische Haltung, die in
weiten Kreisen Sympathien zu erwecken verstand, und zum
anderen seine lebhafte Aktivität im Wahlkampf« seien das
Erfolgsrezept des Jungpolitikers, »wobei ihm sein Rückhalt
in dezidiert protestantischen Kreisen gewiß nicht zuletzt
zugute kam.« Der Fall Rau sei richtungsweisend: »Alle Parteien, insbesondere aber die SPD, sollten sich vor Augen
führen, daß es nicht gleichgültig ist, wen sie als Kandidaten
nominieren.«

»Ich sitze auf Platz 49«, notiert Johannes Rau, kurz nachdem er am 21. Juli 1958 als jüngster Abgeordneter in den
Düsseldorfer Landtag eingezogen ist. Viele Jahre vor dem
Zeitalter der allgegenwärtigen Medien avanciert der Wuppertaler rasch zum Liebling von Presse und Fernsehen.
Inhaltlich heißt es jetzt für Rau, von der Sicherheits- und
Deutschlandpolitik in die Niederungen der Landespolitik
umzusteigen. Er sucht sich ein neues politisches Betäti-
gungsfeld. Auf einen Zettel notiert er Gremien, in denen er
arbeiten möchte. Er bekommt die Ausschüsse Jugend und
Kultur. Kein Neuland für ihn, mit jugend- und bildungspo-
litischen Fragen hat Rau sich bereits im Jugenddienst Verlag, in der Evangelischen Jugend und im Landesjugendring
beschäftigt.

Die sozialdemokratischen Fraktionskollegen lernen den
jungen Abgeordneten bald schätzen. Rau arbeitet sich
schnell ein, gilt nach kurzer Zeit als sachkundiger Bildungspolitiker, der keine Gelegenheit ausläßt, mit seinem
Detailwissen zu brillieren. Am 18. März 1959 hat Rau seinen ersten Auftritt im Hohen Haus. Als er am Rednerpult
seine Stimme erhebt, um bei der Mittelvergabe des Kultus-
ministeriums das vergleichsweise magere Abschneiden der

evangelischen Kirche zu kritisieren –»Jeder weiß, daß die katholische Kirche bevorzugt wird« –, entsteht Unruhe im Plenum. CDU-Abgeordnete, denen der Jungparlamentarier noch unbekannt ist, blättern suchend im Handbuch. Auf Seite 449 erfahren sie Näheres über den Abgeordneten aus Wuppertal. Kultusminister Schulz sagt Rau die Vorlage einer Statistik zu.»Als evangelischer Christ bin ich daran interessiert, daß wir Evangelischen mal ein bißchen wach werden«, setzt Rau nach. Kurz darauf winkt ihn die frühere Kultusministerin Teusch (CDU) im Landtagsrestaurant an ihren Tisch.»Sie sollten heiraten, junger Mann, dann sind Sie auch nicht mehr so heftig.«

Im Bundestagswahlkampf 1961 wird in Wuppertal auf großen Plakaten die Abschlußkundgebung der SPD mit Willy Brandt als Hauptredner angekündigt. Vor der Stadthalle in Elberfeld wartet eine dichtgedrängte Menschenmenge ungeduldig auf den populären Politiker. Dessen kurz zuvor geäußertes Wort vom blauen Himmel über dem Ruhrgebiet beeindruckt die Menschen hier.

Brandt wird sich verspäten. Landtagsvizepräsident und Bezirksvorsitzender der SPD Niederrhein, Alfred Dobbert, begrüßt die Wartenden und redet über die gesamtpolitische Lage. Danach tritt der Landtagsabgeordnete Rau ans Mikrofon. Ihm steht eine Redezeit von zehn Minuten zur Verfügung. Rau konzentriert sich auf wichtige soziale und außenpolitische Themen, zur politischen Einstimmung, bis Brandt kommt. Der Hubschrauber sei unterwegs, meldet die Polizei. Dann erreicht sie die Hiobsbotschaft. Wegen dichten Nebels ist Brandt nicht in Wuppertal, sondern im Raum Mettmann gelandet. Mit Auto und Polizeibegleitung wird sich seine Ankunft in Wuppertal entsprechend verzögern. Rau redet frei, geht auf Zwischenrufe ein. Er muß weiterhin Wesentliches sagen, dabei aber bereit sein, an jeder beliebigen Stelle seines Vortrages abzubrechen. Rau bewältigt die Aufgabe.

Mit über einer Stunde Verspätung erreicht Brandt die Veranstaltung. Es folgt tosender, nicht enden wollender Beifall für den Jungparlamentarier und Brandt, als dieser das Podium betritt und zu Rau sagt: »Johannes, rede weiter! Laß mich noch eine Zigarette rauchen. Es war so anstrengend.«

Die SPD drückt in jenen Jahren auch in Nordrhein-Westfalen die Oppositionsbank. Das eröffnet Rau vielfältige Möglichkeiten, sich zu profilieren. In der Aussprache zum Kulturetat im Landtag 1959 etwa steht auch er auf der Rednerliste. Thema ist ein Jahr vor dem von der Landesregierung verabschiedeten Ersatzschulfinanzgesetz die Bedeutung und Finanzierung von Privat-, Konfessions- und Gemeinschaftsschulen. Mit dem Hinweis, daß evangelische Privatschulen geringere Zuschüsse bekommen als andere nichtstaatliche Schulformen, bringt er die Vertreter der CDU-Fraktion gegen sich auf. Rau: »Wahrscheinlich hat sich in der Öffentlichkeit noch nicht herumgesprochen, daß die evangelische Kirche in Deutschland ein klares Ja zur Gemeinschaftsschule sagt!« Der CDU-Abgeordnete Pürsten: »Sie sind nicht die Kirche!« – Rau: »Nein, ich bin nicht die Kirche.« – Pürsten: »Das beruhigt mich!« – Rau: »Ich hoffe, daß das beruhigt! – Herr Pürsten, die Synode der evangelischen Kirche in Deutschland hat im vergangenen Jahr bei der Arbeitstagung in Spandau ein eindeutiges Wort zur Schulfrage gesprochen, und zwar ein ganz klares Ja zur Gemeinschaftsgrundschule!« – Beifall der SPD, Zuruf des CDU-Abgeordneten Dr. Stuckel. Rau: »Zur christlichen Gemeinschaftsschule! Ich danke Ihnen, Herr Dr. Stuckel, für diese Schützenhilfe. Vielleicht erinnern Sie sich daran, daß die SPD beantragt hatte, die Gemeinschaftsschule in Nordrhein-Westfalen christliche Gemeinschaftsschule zu nennen!« – Lebhafter Beifall bei der SPD, Zuruf des CDU-Abgeordneten Dr. Hofmann. Rau: »Ja, es geht um das Wesen. – Wir erleben es nicht zum ersten Mal, daß sich die Christlich-Demokratische Union gegen Ratschläge der evangelischen Kirche wendet. Das haben wir vor drei Jahren ganz deutlich im Bundestag gesehen.« – Zuruf. Rau: »Das können Sie nicht sagen, Herr Kollege, vielleicht kann ich jetzt auch einmal sprechen, denn ich hatte um Redezeit gebeten. Ich glaube nicht, daß die Atmosphäre vergiftet wird. Frau Dr. Teusch hat eben gesagt, daß sie der Auffassung sei, daß derjenige, der fest bei seiner Meinung stehe und sie sage, zu achten wäre. Ich sehe nicht ein, warum ich als evangelischer Christ hier nicht auch einmal deutlich meine Meinung sagen kann!« – Lebhafter Beifall bei der SPD.

Der neue Mann kommt gut an. Nach Fritz Holthoff, der sozialdemokratischen Nummer eins in der NRW-Kultur- und Bildungspolitik, avanciert Rau bald zur Nummer zwei. Betritt er im Plenum das Rednerpult, horchen Freund und Gegner auf. Denn der Wuppertaler riskiert gerne mal eine »kesse Lippe«, brilliert rhetorisch und sachlich. Ehrgeiz, ein enormes Arbeitspensum und wachsende Sachkompetenz zeichnen Rau aus und empfehlen ihn auch für größere Aufgaben. Am 27. Oktober 1966 wird Rau Vorsitzender des Kulturausschusses, eine Funktion, die er bis zum 9. Mai 1968 ausfüllen wird.

1966 bricht die christdemokratisch geführte Landesregierung von Ministerpräsident Dr. Franz Meyers auseinander. Im Dezember schlägt die Stunde des Oppositionsführers Heinz Kühn. In Koalition mit der FDP stellt er eine Regierungsmannschaft zusammen. Mit dem Hinweis, in Düsseldorf warteten wichtigere Aufgaben auf ihn, hat er Johannes Rau kurz zuvor davon abgehalten, in Wuppertal einen Dezernentenposten zu übernehmen. Doch dann gibt es keinen Stuhl für Rau im neuen Kabinett. Der unberechenbare Taktierer Kühn hält den vielversprechenden Politiker offensichtlich hin.

Ein neues Signal aus der Staatskanzlei erreicht Rau um die Jahreswende 1966/67. Der Ministerpräsident bietet ihm an, sein Nachfolger im Fraktionsvorsitz zu werden. Doch auch das stellt sich als bloßes Lippenbekenntnis heraus. Bei der Vorwahl im SPD-Fraktionsvorstand setzt sich Kühn völlig überraschend für den Dortmunder Oberbürgermeister Walter Klimt ein. Johannes Rau ist zutiefst verunsichert.

# Johannes Rau – der Kirchenmann

Johannes Rau erinnert sich an ein Gedicht, das der Vater über sein Kinderbett gehängt hat: »Vor allem eins mein Kind, sei treu und wahr, laß nie die Lüge deinem Mund entweichen.« Wie der Text weitergeht, ist in Vergessenheit geraten. Aber bereits aus diesem Beginn ist ablesbar, welchen Stellenwert im Hause Rau christliche Überzeugung und christlicher Lebensstil haben. Gebote und Verbote regeln das Leben bei den Raus. Zur Kategorie der schweren Sünden zählt der Kirmes- oder Kinobesuch; selbst der Umgang mit Radio und Plattenspieler gehört sich nicht bei überzeugten reformierten Christen. Unterhaltung abseits von Gesprächen und Diskussionen, die bei den Raus mit Leidenschaft gepflegt werden, ist verpönt. Für Tanz oder Karneval gibt es kein Bedürfnis, Tabak- und Alkoholgenuß sind schlicht tabu.

Bei weitgehender Abstinenz gegenüber weltlichen Genüssen ist der Leistungsgedanke bei den Raus stark ausgeprägt. Fleiß, Ehrgeiz, Durchhaltewillen und Zähigkeit bei der Umsetzung hehrer Ziele gehören hier gewissermaßen zum Grundgesetz. Und addiert man zu diesen Leitlinien das typische Rollenverständnis, wonach der Vater den Lebensunterhalt bestreitet und die Mutter die Familie zusammenhält, so hat man wichtige Schlüssel zu den Wertvorstellungen eines Johannes Rau. Das alles sind keine Eigenarten, die ausschließlich in der Riescheiderstraße 14 anzutreffen sind. Der Menschenschlag in Wuppertal verbindet auf einzigartige Weise Betriebsamkeit und das Bedürfnis nach Seelentrost. Nach einem Besuch im Bergischen Land hat Goethe geäußert:»Die Weber sind von jeher als ein abstrus religiöses Volk bekannt.« Die Worte des Dichterfürsten haben lange wie ein Stachel tief im Fleische der Wuppertaler gesteckt. Auch andere deutsche Geistesgrößen, die ihr Weg durchs Tal geführt hat, berichten über Eigentümliches bei den Ureinwohnern:»Man ist hier von fatalen Exemplaren umgeben, Predigern, die jede Freude sich und anderen versalzen, trockenen prosaischen Hofmeistern, die ein Concert für eine Sünde, einen Spaziergang für zerstreuend und verderblich, ein Theater aber für den Schwefelpfuhl und den ganzen Frühling mit Baumblüthen und schönem Wetter für ein Moderloch ausgeben«, so Felix Mendelssohn-Bartholdy 1834 über seine Beobachtungen in Elberfeld. Man mag kaum glauben, in Westeuropa zu sein. Als 1806 ebenda Pläne bekanntgeworden sind, die die Errichtung eines Schauspielhauses vorsehen, revoltiert der sittenstrenge Puritanismus. Und ein Jahr nachdem in Barmen 1875 das Theater eröffnet worden ist, brennt der Kulturbau bis auf die Grundmauern nieder. Frivole Fromme wittern ein Gottesurteil. Im Tal der Wupper ist der Geist der Reformation auf fruchtbaren Boden gefallen. Im Westen wird Elberfeld calvinistisch, die Nachbargemeinde Schwelm, zu der auch Barmen gehört, bleibt zunächst lutherisch. Im Laufe des 18. Jahrhunderts fühlen sich viele berufen, im Osten des Wuppertals eigene Wege zum rechten Glauben einzuschlagen. Am nachhaltigsten wirkt der Versuch eines gewissen Elias Ellers, der Elberfeld im moralischen Verfall wähnt und sich mit fünfzig Familien 1737 auf die umliegenden Höhen begibt, um ein neues Zion zu gründen. Heute zeugt die Existenz des Stadtteils Ronsdorf von Ellers' sektiererischen, aber erfolgreichen Bemühungen einer Distanzierung vom »sündigen Tal«. Neben Litzen und Bändern, seit der Industrialisierung das Markenzeichen für Barmen, sind es eine schier unüberschaubare Anzahl von Konfessionen und Glaubenszirkeln, die mit Ausschließlichkeitsanspruch im Tal beheimatet sind. Anthroposophen, Altlutheraner, Altkatholiken, Adamiten, Katholisch-Apostolische, Brudervereine, Independenten, Nazarener, Methodisten, Quäker, Niederländisch-Reformierte, Kinder Gottes, Zeugen Jehovas, Theosophen, Unitarier: Alle werben um die Seelen der bergischen Christenmenschen. Und das in der Regel ohne viel Aufsehen und Lärm. Es kann bei der Konfrontation der unterschiedlichen Heilsvorstellungen aber auch bergisch rustikal zugehen. Der Journalist Klaus Jürgen Haller, selbst Wuppertaler, erzählt von einer Begebenheit in einer bergischen Kneipe, in der der Schriftsteller Will Vesper einen Religionsdisput beobachtet hat, auf dessen Höhepunkt ein biederer Webermeister mit der Hand auf den Tisch haut und auf plattdeutsch verkündet: »Jett hant alle nich den reiten Glowen, du nich un du nich und de Pastor nich. Nä! Eck! Eck alleen un sus nümmes!« Vielleicht wundert es nicht, daß Wuppertals berühmtester Sohn, der Industriellen-Sprößling Friedrich Engels, als junger Mensch gleichfalls begeistert in die Kirche gegangen ist, um sich später jedoch um so heftiger von ihr zu distanzieren. »Der Gedanke quält mich auch heute noch«, schreibt 1963 Oberkirchenrat Johannes Schlingensiepen, Pfarrer in Unterbarmen und ehedem führender Kopf der Bekennenden Kirche, »daß die ganze Weltgeschichte anders verlaufen wäre, wenn dieser Sohn unserer Gemeinde, der später die schärfsten Waffen für den dialektischen Materialismus und den atheistischen Kommunismus geschmiedet hat, bei der Gemeinde geblieben wäre. Die himmelschreiende Not der damaligen Industriearbeiterschaft in unserem Tal hat den reichen Fabrikantensohn aus seinem Elternhaus und aus unserer Gemeinde vertrieben.« Ein anderer Sohn Wuppertals hat einen weit weniger revolutionären Weg genommen. Wie das Großbürgerkind Engels erfährt auch der Predigersohn Johannes Rau eine christliche Sozialisation. Als Gymnasiast äußert er häufig den Wunsch, Pfarrer zu werden.

Schon als Dreikäsehoch verschlingt er Karl Barths »Kirchliche Dogmatik«. Zusammen mit seinem Bruder Traugott verbringt er seine Freizeit in mehreren kirchlichen Jugendkreisen und dominiert dort »theologisch« jede Debatte. Seine Verehrung für den großen Theologen ist so ausgeprägt, daß er zeitweise wie sein Vorbild Baskenmütze und Lodenmantel trägt und Pfeife schmaucht. Als die Nationalsozialisten Mitte der dreißiger Jahre verfügen, daß in weiterführenden Schulen ab Obertertia der Religionsunterricht zu entfallen habe, werden vielerorts konspirative Treffen organisiert, auf denen Pfarrer oder Religionslehrer interessierte Schüler weiter unterrichten.

Auch Rau schließt sich einer solchen Gruppe um den Pfarrer Hermann Lutze in Barmen an. Regelmäßig finden sich Schüler im Pfarrhaus in der Westkotterstraße ein, um Gottes Wort zu hören und zu besprechen. Getragen wird die nicht ungefährdete Jugendarbeit von der Evangelisch-Reformierten Gemeinde Barmen-Gemarke. In der Hauptkirche ist 1934 die »Barmer Theologische Erklärung« beschlossen worden. Pfarrer und Gemeinde entwickeln sich zu einem geistlichen Bollwerk gegen den Nationalsozialismus. Hier trotzen dem menschenverachtenden Regime Pfarrer wie Paul Humburg, der während eines Gottesdienstes, der von Trommeln und Fanfaren der Hitlerjugend gestört wird, couragiert ausruft: »Das ist der Knospenfrevel, den man an unserer Jugend betreibt.« Oder der wegweisende Theologe und Wuppertaler Pfarrer Karl Immer, der angesichts des Nazi-Terrors zur »Reichskristallnacht« 1938 öffentlich kein Blatt vor den Mund nimmt. Beide haben den jungen Rau als Autoritäten und Vorbilder im Glauben bestärkt. Mit den Gleichaltrigen schlägt sich der Junge diskutierend ganze Nächte um die Ohren. An Beredsamkeit, Schlagfertigkeit und Belesenheit ist er jedem seiner Kirchenkumpel überlegen, niemand kennt die Bibel so gut wie er. Doch für viele läuft der Lebensweg in dieser Hinsicht geradliniger als bei Rau. Während etwa Freund Hans-Otto Schnepper die Reifeprüfung ablegt und in Köln Theologie zu studieren beginnt, absolviert der junge Rau eine Buchhändlerlehre und engagiert sich weiterhin in der Jugendarbeit von Barmen-Gemarke. Trotz der Teilung Deutschlands werden die Kontakte zwischen den westlichen und östlichen Partnergemeinden gepflegt. Gemarke ist mit einer Gemeinde in Oranienburg verbunden. In den fünfziger Jahren werden unter der Leitung von Pfarrern der Bekennenden Kirche gemeinsame »Rüstzeiten« veranstaltet, zu denen die jungen Westler für einige Tage »rübermachen«. In schlichten Berliner Ferienlagern findet man zusammen. Thema in der grenzübergreifenden kirchlichen Jugendarbeit ist der Frieden. »Nie wieder Krieg!« ist die Parole unter den Jugendlichen, von deren Vätern viele entweder gefallen oder noch in Gefangenschaft sind. Rau wird dort als Mensch erlebt, der an der zunehmend schwieriger werdenden Situation der Christen in der DDR teilhaben will. 1956 schwappt die Diskussion um die Wiederbewaffnung auch in den Ostteil Deutschlands. Zu regelrechten Auseinandersetzungen mit der Staatsgewalt kommt es an DDR-Schulen. Ostdeutsche Freunde berichten Rau von den Kontroversen. Der wiederum informiert die Gemeindekreise und publiziert Artikel in der *Jungenwacht*. Raus Gabe, Freundschaften auch in Notzeiten zu pflegen, wird noch heute von den Betroffenen gerühmt. Udo Semper, mit dem Rau während der Rüstzeiten eng befreundet ist, wertet dessen Mittlerrolle als »Beitrag zur Erhaltung der inneren Einheit«; hier habe er bereits als junger Mann mehr bewirkt als mancher, »der darüber große Reden hielt«.

Erfahrungen auf Kirchentagen und die kirchliche Jugendarbeit lassen in Rau die Gewißheit reifen, daß Kirche und Christen sich in politische Zeitfragen einzumischen haben. Auf dem Pfingsttreffen der Schülerbibelkreise 1950 in Marburg hämmern Gustav Heinemann und Hermann Ehlers den jungen Christen ein, daß Verzicht auf politische Verantwortung nicht erlaubt und nicht möglich sei. Wer nicht handle, lasse sich behandeln und sei dem anderen kein Nächster. Das, berichtet Rau später, habe den Hunderten junger Schüler aus den Bibelkreisen großen Eindruck gemacht. Vor diesem Hintergrund und in enger Orientierung an Vorbildern wie Gustav Heinemann vollzieht sich auch sein Eintritt in die Gesamtdeutsche Volkspartei.

Bis zum entscheidenden Ausgang der Landtagswahl 1958 ist Rau sich nicht sicher, ob der bis dahin eingeschlagene Berufsweg der richtige ist. Freunde raten dem Verlagsmitarbeiter, das Begabtenabitur abzulegen und noch Theologie zu studieren. Doch dann gewinnt Neusozi Rau wider Erwarten das Mandat für Düsseldorf. Rednerpult statt Kanzel: Offengebliebene Wünsche, den Menschen als Theologe ins Gewissen zu reden, werden nun durch die neuen Möglichkeiten, die die Politik dem jungen Mann bietet, ersetzt.

Oft wird Rau gefragt, warum er zu Beginn seiner politischen Karriere nicht in die CDU eingetreten ist, wie es einige seiner Kirchenfreunde gewiß gehofft haben. Immerhin habe doch der spätere Bundestagspräsident Hermann Ehlers zu Raus engsten Vertrauten gehört.»Unser Vorwurf war: Es gibt keine christliche Politik. Deshalb ist die Bezeichnung christlich-demokratische Politik im Grunde eine Irreführung«, so Rau. Auch Entgegnungen, die CDU nehme nicht für sich in Anspruch,»christliche Politik«, sondern»Politik aus christlicher Verantwortung« zu betreiben, läßt der Sozialdemokrat nicht gelten:»Dadurch, daß sie sich so nennen, kommen sie in einen Monopolanspruch hinein, der so nicht haltbar ist.«

Gemarker Mitstreiter zeigen sich irritiert über Raus Übertritt zur SPD 1957, einer Partei, die sich zwei Jahre vor dem Godesberger Programm als Klassenpartei definiert, in der auch ehemalige Kommunisten wie Herbert Wehner, Atheisten, Anarchisten und andere Linksutopisten zu Hause sind. Pfarrer Hermann Lutze erinnert sich:»Sein Schritt enttäuschte mich. Bedauert hatte ich, daß sich Johannes der GVP anschloß, die ich für ›Schwärmer‹ hielt, und daß er dann in die SPD eintrat statt zur CDU, zu deren Mitbegründern ich gehörte.«

Andere Weggefährten, häufig Pfarrer, die sich ihren Pazifismus der fünfziger Jahre bewahrt haben, können nicht nachvollziehen, daß Rau, als er Ministerpräsident geworden ist, auf den politisch pragmatischen Kurs der »Sicherheitsstrategie« von Bundeskanzler Helmut Schmidt einschwenkt.

Schließlich, erinnert Hans-Joachim Kraus, Moderator des Bekennenden Bundes in Wuppertal, sei auch Rau im Gefolge Heinemanns gewesen, der sich als Christ gegen jede Nutzung von Massenvernichtungsmitteln ausgesprochen habe.

Johannes Rau durchläuft, wie Heinemann, Posser, Eppler, Schmude und andere politische Christen auch, einen Entwicklungsprozeß, der es ihm ermöglicht, Christentum und Sozialdemokratie zu verkörpern. Das bedeutet die Notwendigkeit des Brückenschlages zwischen zwei Menschenbildern. Das sozialistische geht davon aus, daß der Mensch im Grunde gut sei, es aber nur sein könne, wenn die Verhältnisse es erlauben. Dagegen vermittelt das christliche die Erkenntnis, der Mensch sei böse, aber von Christus erlöst.

Rau versteht den theologischen Ansatz seiner Politik so: »Die Welt ist verbesserungsfähig und verbesserungswürdig, und es ist Pflicht des Christen, an der Verbesserung, Vermenschlichung der Welt mitzuwirken. Aber ich bin nicht der Meinung, daß erst die Verbesserung der Verhältnisse den Menschen selber bessert. Das halte ich für 19. Jahrhundert.«

Wie ist so einer anfangs mit den Linken und Marxisten in der SPD zurechtgekommen? Rau zitiert Christoph Blumhardt, den schwäbischen Pietisten und Prediger, der als Begründer des religiösen Sozialismus gilt: »Der Sozialismus ist der Staub, den das Evangelium auf seinem Weg durch diese Welt aufwirbelt.« Auch wenn Rau das nicht wörtlich übernehmen will, so verbinde ihn doch mit den Sozialisten im klassischen Sinne, daß man Armut und Not eben nicht durch Caritas und Diakonie, sondern auch durch »Veränderung der Strukturen« bekämpfen müsse.

Seit Rau Politiker ist, fährt er zum Wohle der Menschheit zweigleisig. Auch als Ministerpräsident ist er noch in der Leitung der rheinischen Landeskirche und Mitglied der Landessynode, des Kirchenparlaments. Dort liegen seine engsten persönlichen Bindungen, und seit 1956 besucht Rau alljährlich das Treffen des sogenannten Orbishöher Kreises, in dem unter Theologen, Soziologen und Entwicklungshelfern grundsätzliche Themen der Nord-Süd-Problematik erörtert werden. Hier ist Rau der einzige Prominente, der einer politischen Partei angehört. Erst im November 1998, als er von der SPD zum Kandidaten für das Amt des Bundespräsidenten nominiert wird, beendet er seine Arbeit als Synodaler.

Johannes Rau ist kein Einzelkämpfer. Immer schon hat der Gemeinschaftsgedanke eine wesentliche Rolle in seinem Wirken gespielt. Was dem Christen die notwendige »Gemeinschaft der Heiligen«, also die Gemeinde ist, findet auch in der Politik innerhalb der Parteien ihr Gegenstück. Nicht Seeheimer, nicht Frankfurter, der christliche Sozialdemokrat Rau hat sich nie einem der Flügel in der SPD zugeordnet. Gibt es einen Kreis der Gleichgesinnten in der SPD? »Man erkennt einander«, sagt er lapidar. Mit Schmude, Eppler, Posser und Helmut Schmidt hat er sich stets im Fundament des Protestantismus einig gewußt, abseits tagespolitischer Kontroversen. Diese Einigkeit weist aber über die Parteigrenzen hinaus. Mit dem ehemaligen Bundespräsidenten Richard von Weizsäcker verbindet ihn eine »fast freundschaftliche Beziehung«, und selbst zum katholischen Kollegen Bernhard Vogel gibt es religiös bedingte Bande.

Oft ist Rau befragt worden, wie er sich das Verhältnis von Kirche und Politik wünsche. Rau spricht sich für eine Kirche aus, die sich stets in alle öffentlichen Angelegenheiten einmischt, ohne darüber selbst zur Partei zu werden. Bewußt spricht er das heikle Thema der Staatsverschuldung an. Zu Beginn der achtziger Jahre habe die katholische Kirche den Abbau der Schulden verlangt, um die nachfolgende Generation zu entlasten. Rau begrüßt solche Parteinahme, bedauert aber gleichzeitig, daß die Tendenz in beiden Amtskirchen, sich zu Wort zu melden, in den letzten Jahren zurückgegangen sei.

»Politik hat nichts in der Kirche verloren.« Viele Christen haben nach den katastrophalen Erfahrungen des Nationalsozialismus versucht, mit solchen Postulaten eine »saubere« Kirche zu begründen, die nicht erneut von Parteipolitik vereinnahmt und mißbraucht wird. Rau indes hält nichts von dieser Einstellung. Dem *Rheinischen Pfarrblatt* sagt er 1994 dazu in einem Interview: »Ich bin nicht gegen die politische Predigt. Aber sie muß sich aus dem Bibeltext und nicht aus der politischen Meinung des Pastors ableiten. Bei vielen Pastoren stelle ich eine große Differenz zwischen dem, was sie der Gemeinde sagen, und dem, was sie die Gemeinde singen lassen, fest.« Allergisch reagiere er jedoch, wenn er bei einer Sonntagspredigt den Eindruck gewinne, der Pastor sei gerade dabei, seine aus der Feuilletonlektüre der *Frankfurter Rundschau* gewonnenen Erkenntnisse vorzutragen. So erreiche man Köpfe, nicht aber die Herzen der Gemeinde. »Es gibt Formen innerkirchlicher Kulturkritik, die in jedem Bibeltext die ›Dritte Welt‹ entdeckt und den eigenen Konsumverzicht anmahnt – das ist mir zuwenig.«

Zu Beginn der achtziger Jahre, als die bundesdeutsche Gesellschaft tief gespalten ist in Befürworter und Gegner der Nachrüstung, halten christliche Vertreter der Friedensbewegung Realpolitikern wie Bundeskanzler Helmut Schmidt und seinem Amtsnachfolger Helmut Kohl die Bergpredigt entgegen. Eine schwierige Zeit für den Ministerpräsidenten von Nordrhein-Westfalen, dessen Wort seit seiner Wahl zum stellvertretenden Parteivorsitzenden am 22. April 1982 in der SPD an Gewicht gewonnen hat. In einem Beitrag für eine Festschrift wehrt sich Rau 1983 gegen die »zweifache Verkürzung« der Bergpredigt, wie sie in der aktuellen Debatte sowohl durch die Friedensbewegung als auch durch die Bundesregierung vorgenommen werde. Die Gegner des NATO-Doppelbeschlusses, kritisiert Rau, sprächen lediglich von Frieden schaffen und stiften, ignorierten aber die darüber hinausgehende, im Bibelwort aufgeführte Forderung, die Ehe, Eid und Art des Betens vorschreibt. Schmidt und Kohl wirft er vor, die Bergpredigt als politische Handlungsanweisung abgelehnt zu haben: »Ist es Schwärmerei, wenn Menschen sich noch auf die Bergpredigt beziehen? Daß die Bibel kein Rezeptbuch mit konkreten Anweisungen für politische Sachverhalte und Probleme sei, steht auf jedem guten Rezept. Wie aber Übersetzung geschieht, wo das Allgemeine des Rufes Gottes zum konkreten Anruf wird, das ist eine ungelöste Frage, zu der das theologische Gespräch fehlt.«

Auch wenn Rau nur »angelernter« Sozialdemokrat ist, dem der Schmerz über die Spaltung der Arbeiterbewegung in Sozialdemokraten und Kommunisten gewiß nicht im Herzen brennt, sind ihm Berührungsängste mit Kommunisten sowjetischer Prägung, wie sie die DDR regiert haben, fremd. Als sich SPD und die Sozialistische Einheitspartei (SED) 1987 anschicken, den Dialog zu suchen, Unterschiede und Gemeinsamkeiten vor dem Hintergrund des Rüstungswettlaufs der beiden Militärblöcke zu eruieren, da findet diese Initiative bei Rau von Beginn an volle Unterstützung. Rau weiß wohl, daß zwischen der DDR-Partei und den Sozialdemokraten wenig zu versöhnen und eine Überwindung der Spaltung von beiden Seiten nicht wirklich gewollt ist. Aber er sieht ausschließlich Vorteile in den Gesprächen und verteidigt Vorgang und Ergebnisse, die später in einem gemeinsamen Papier mit dem Titel »Streit der Ideologien« veröffentlicht werden, gegen die Mehrheit der Gegner in der Bundesrepublik. Er versteht die Dialogbereitschaft der SPD als Fortsetzung der erfolgreichen Entspannungspolitik, die zwar nicht ungeschehen machen könne, was sieben Jahrzehnte erbitterter Streit zwischen Kommunisten und Sozialdemokraten angerichtet hätten. »Der Streit wird weitergehen, aber anders als früher«, schreibt Rau. »Es hat eine große Bedeutung, daß die Synode des Bundes der Evangelischen Kirchen in der DDR in Görlitz im September 1987 dieses SED/SPD-Dokument begrüßt hat. Empfindsamer als viele in der Bundesrepublik spüren Christen in der DDR, welche Chancen sich eröffnen durch eine Kultur des politischen Streits.«

Er erinnert an das gemeinsame Schicksal von Sozialdemokraten, Kommunisten und Christen in den Gefängnissen der Nazis und macht den Antikommunismus in der Zeit des Kalten Krieges dafür verantwortlich, daß über das zusammen Erlittene keine Annäherung zustande kommen konnte. »Heute überlagern die gemeinsamen Menschheitsinteressen die Fragen der Vergangenheit. Gerechtigkeit, Frieden und Bewahrung der Schöpfung verlangen gebieterisch nach Zusammenarbeit.«

So plausibel die Begründung für die Kooperation aus Sicht des Christenmenschen ist, die Anfeindungen sowohl von seiten der Bundesregierung als auch von einigen Genossen in der SPD sind beträchtlich. Auch längst nicht alle politisch interessierten Christen honorieren Raus Legitimationsversuche. Bruder Johannes im Bunde mit dem leibhaftigen Teufel? Nicht nach seinem Selbstverständnis: »Ich bin gegen alle Angst vor Kommunismus. Ein Volk, das ein gutes Gewissen hat, dessen demokratisches und soziales Leben in Ordnung ist, braucht keine Angst vor ihm zu haben. Und so erst recht nicht eine Kirche, die des Evangeliums von Jesus Christus gewiß ist.« Johannes Rau beruft sich auf diese Aussage des Theologen Karl Barth von 1948, den er als unverdächtigen Anwalt für Humanität und Demokratie wertet.

Als junger Christ, als Privatmann, als Synodaler und als Politiker beschäftigt sich Rau mit Israel. Ohne zu übertreiben, kann man sagen, daß es ihm Lebensthema geworden ist. Drei Jahre nach der Gründung des Staates Israel setzt sich der 21jährige Rau in dem christlichen Blatt *Jungenwacht* verärgert mit einigen Stimmen am Rande der Christengemeinde auseinander, die das Ereignis als Zeichen der nahenden Endzeit deuten wollen.

Die Einsicht, daß die Deutschen, ob kirchenverbunden oder nicht, exemplarisch am Volk der Juden schuldig geworden sind, gehört zu den Grundüberzeugungen Raus. »Wir geben es zu: Es gab keinen Aufschrei im Lande, die Kirchen hüllten sich in Schweigen, die Bischöfe blieben stumm, ja selbst die Bekennende Kirche äußerte sich nur zurückhaltend. So bleibt uns die Frage der Geschichte. Wir haben nicht das Recht, Vergebung und Versöhnung zu erwarten oder gar einzufordern, aber wir können darum bitten.« Worte von Johannes Rau, die er 1978 wenige Wochen nach seiner Wahl zum Ministerpräsidenten spricht. Wie wenige ist Rau bemüht, in Nordrhein-Westfalen die Gedenkstättenarbeit voranzubringen. Wer sich erinnert, wiederholt die Fehler der Vergangenheit nicht, steht als Einsicht hinter diesem Engagement. Nach dreißig Jahren Einsatz in der christlich-jüdischen Zusammenarbeit wählt Rau in seiner Rede in Düsseldorf am 6. Februar 1982 einen weniger zurückhaltenden Ton, wenn er von der Existenz eines »Wohnzimmer-Faschismus« spricht, der täglich auftauche. »Es gibt einen Antisemitismus, der immer da ist. Es gibt Gespräche und Bücher über das, was wir einen Antisemitismus ohne Juden nennen.« Der Regierungschef nutzt die Möglichkeiten, die ihm sein Amt einräumt, um die Forderung von Theodor W. Adorno, Sinnen und Trachten der Erziehung müsse sein, daß Auschwitz sich nicht wiederhole, zu erfüllen.

Wie außer bei ihm vielleicht noch in Bremen unter Hans Koschnik wird in Nordrhein-Westfalen der Jugendaustausch mit Israel angekurbelt, werden Finanzmittel für Forschung und Lehre bereitgestellt und Seminare und Ausstellungen zum Thema Judentum organisiert. Im Etat der Staatskanzlei sind seit Jahren Millionenbeträge festgelegt, mit denen Initiativen und Projekte gefördert werden, die den Dialog zwischen Israelis und Palästinensern unterstützen.

Mehr als dreißigmal hat Rau im Laufe seiner Zeit als Ministerpräsident Israel besucht. Seine Bemühungen haben ihm im Heiligen Land viele Freunde gemacht, 1986 erhält er als Anerkennung die Ehrendoktorwürde der Universität Haifa. Das Verhältnis von Juden und Christen gehört zu den zentralen Bestandteilen der politischen Ethik von Johannes Rau. Gustav Heinemann selbst hat die Protestanten nach dem Krieg aufgefordert, die »Stuttgarter Schulderklärung« zu konkretisieren, indem mit Nachdruck das Verhältnis zwischen Christen und Juden erneuert werde. Rau hat die Realisierung des Postulats in der Synode der Rheinischen Landeskirche in fünfzehnjährigem Prozeß mit vorangetrieben.

Ein Kernpunkt der Erneuerung ist der erklärte Verzicht der evangelischen Christen in der Bundesrepublik, Juden zum Christentum bekehren zu wollen. Die »Judenmission« widerspreche der Botschaft des Neuen Testamentes. Am 11.Janu-

ar 1980 beschließt die Rheinische Landessynode ein entspre-
chendes Dokument, das in aller Welt als wesentlicher Fortschritt im christlich-jüdischen Dialog anerkannt wird. Die
Existenz Israels wird anerkannt und darüber hinaus die
Selbstverpflichtung deutscher Christen ausgesprochen, an
der Existenzsicherung des Staates Israels mitzuwirken.

# KAPITEL 3

# »Wir in NRW«
## AUFSTIEG ZUM LANDESVATER

Der vorzeitige Schulabgänger Johannes Rau, Sohn eines Predigers aus Wuppertal, hat es als 27jähriger bereits bis zum Landtagsabgeordneten gebracht. Das ist eine beachtliche Leistung. Aber die Rolle des alerten Parlamentariers in einer Oppositionsfraktion genügt dem Aufsteiger auf Dauer nicht, zumal Anfang der sechziger Jahre nicht absehbar ist, ob und wann die SPD die Regierung in Nordrhein-Westfalen abzulösen vermag. Im sechsten Jahr nach seinem Einzug in den Landtag erhält der Kultur- und Bildungspolitiker Johannes Rau zwei durchaus interessante Offerten.

Der eine Weg weist nach Wuppertal. Seit Rau Spitzenkandidat der Sozialdemokraten in seiner Heimatstadt ist, hat er wiederholt seinen Wunsch geäußert, Fraktionsführer der SPD im Stadtrat zu werden. Warum noch eine kommunalpolitische Belastung neben der weit gewichtigeren Landespolitik? Rau erklärt das mit »meiner Wuppertal-Krankheit.« Der bergische Mensch Rau hat bei allem Erfolg die Bodenhaftung nicht verloren. Das Wort des Jungpolitikers hat in Düsseldorf bereits Gewicht, gegenüber »seinen Wuppertalern« demonstriert er gleichwohl Verbundenheit. 1964 kommt von dort das Angebot, Beigeordneter für Schule und Kultur zu werden. Noch bevor sich der Umworbene entscheiden kann, erhält er einen Brief von Fraktionschef Heinz Kühn. Darin appelliert dieser dringend an Rau, sich für wichtigere Aufgaben in der Landespolitik bereitzuhalten. Er stellt ihm ohne Umschweife ein Ministeramt in Aussicht, so Rau. Kühns denkwürdiges Schreiben ist heute verschollen.

Der andere Weg weist nach Wiesbaden. Mitten im Kommunalwahlkampf 1964 erhält Johannes Rau an einem Samstagabend einen Anruf des hessischen Ministerpräsidenten Osswald. Der erklärt dem Wahlkämpfer, noch am Wochenende einen neuen Kultusminister aus dem Hut zaubern zu müssen. Ob Rau wolle? Johannes Rau antwortet, Osswald müsse sich bis nach den Wahlen gedulden. Er sei jetzt in der Pflicht und könne nicht einfach abspringen. Aber Osswald kann nicht warten, das Arrangement kommt nicht zustande.

Rau wird weder Beigeordneter noch hessischer Minister. Aber den Wuppertalern bleibt er erhalten. Obwohl er eigentlich immer eine Nummer zu groß ist für die Stadt, die Friedrich Engels wegen der zahlreichen Glaubensrichtungen ironisch »Muckertal« geziehen hat, versieht er von 1964 bis 1978 sein Mandat als Stadtverordneter, ist von 1966 bis zu seiner Nominierung als Oberbürgermeisterkandidat im Vorstand der Wuppertaler Ratsfraktion, »mit Herz und Verstand«, wie er betont.

Das zweite Angebot von Heinz Kühn nach der geplatzten Ministerposten-Offerte bezieht sich nach dem Regierungswechsel 1966 auf dessen früheres Amt als Fraktionsvorsitzender. Mit der Präsentation von Walter Klimt als Kandidat bricht Kühn dann jedoch zum zweiten Mal sein Wort gegenüber Johannes Rau. Im Fraktionsvorstand kann sich Klimt knapp durchsetzen. Doch Rau hat einflußreiche Freunde und Fürsprecher. Hans-Otto Bäumer und Diether Posser, der Wegbegleiter aus GVP-Zeiten, gewinnen den wichtigen SPD-Unterbezirk Niederrhein für den Parteifreund Rau. Der alte SPD-Fahrensmann Ernst Bessel wird von seiner Kandidatur abgebracht.

Johannes Rau trägt schwer am Wortbruch Kühns und der

Wahlniederlage. Friedel Neuber, Bäumer und Posser richten den zutiefst verunsicherten Rau wieder auf, rühren in der Fraktion die Werbetrommel. Schließlich wird dort bestimmt, wer Chef wird. Die Kärrnerarbeit der Freunde lohnt sich. Am 9. Januar 1967 wählt die SPD-Fraktion im Düsseldorfer Landtag Johannes Rau mit 52 Stimmen zu ihrem neuen Fraktionsvorsitzenden. Klimt erhält nur 41 Stimmen.

Rau kann sich über seinen Sieg zunächst gar nicht freuen. Die Auseinandersetzungen haben Spuren bei ihm hinterlassen, er fühlt sich sterbenskrank. Wenige Stunden nach seinem und der Freunde Triumph über den Taktiker Heinz Kühn muß Rau mit einer Gallenblasenentzündung ins Krankenhaus. Sein Konkurrent und jetziger Stellvertreter Walter Klimt hält indessen loyal und ohne Ressentiments in Düsseldorf die Stellung.

Der erste bedeutende Schritt auf der Karriereleiter ist mit Hilfe von Friedel Neuber und Hans-Otto Bäumer geglückt. Rau residiert jetzt in Zimmer 114 des Landtages. Inmitten der 99 SPD-Abgeordneten sammelt der Fraktionschef schnell Punkte. Er entwickelt einen eigenen Führungsstil, der darauf ausgerichtet ist, die Genossen in Gesprächen an seinen Entscheidungen teilhaben zu lassen, außerhalb der Sitzungen die Vertreter der verschiedenen Fraktionsgruppen aufzusuchen und konstruktiv die oft gegenläufigen Interessen zum Konsens zu führen. Die Fraktion steht bald geschlossen hinter ihrem Vorsitzenden, der wiederum sorgt im Parlament für eine zuverlässige Stütze der Regierung Kühn. Ein halbes Jahr nach seiner Ernennung schreibt die in Stuttgart erscheinende *Christ und Welt*: »Rau prägt in Düsseldorf das Bild vom neuen Funktionär in einer sich erneuernden Partei. Sein gesunder Appetit nach Popularität verleitet zwar den Politiker Rau gelegentlich zu Schlagzeilenhieben, doch er ist klug genug, dies hinter dem Vorhang dann sehr schnell mit sanften Bemerkungen zu entschärfen.« Das stetig wachsende Arbeitspensum veranlaßt Rau, einen Teil seiner Diäten an seinen Verlag zu überweisen. Das nennt er »Rückvergütungen für Tage, an denen ich nicht dort arbeite«.

Als Christ und Politiker setzt sich der 38jährige Rau mit dem Phänomen der Jugend- und Studentenproteste vor dem Hintergrund von Rechtsextremismus und Linksradikalismus auseinander. 1969, die rechte Nationaldemokratische Partei Deutschlands (NPD) ist mittlerweile in sieben deutschen Landesparlamenten vertreten, und Ikonen des Marxismus-Leninismus werden noch immer durch die Straßen deutscher Städte getragen, spricht der SPD-Fraktionsvorsitzende im Landtag über »Gründe und Abgründe extremistischer Politik«. Rau weist zunächst darauf hin, daß das Problem des Radikalismus nicht ausschließlich in der Bundesrepublik Deutschland beheimatet sei, aber der Blick auf die Existenz rechtsextremer Gruppen – »und gar in deutschen Parlamenten – schafft für die Bundesrepublik eine andere Situation als für andere Länder«. In einer Zeit, wo das Thema Vergangenheitsbewältigung in Deutschland noch sehr emotional behandelt wird, spricht Rau das Verhältnis der Deutschen zu ihrer nationalsozialistischen Vergangenheit direkt und schonungslos an. Sechzehn Jahre bevor Bundespräsident Richard von Weizsäcker in seiner berühmt gewordenen Rede zum 40jährigen Gedenken an das Kriegsende die öffentliche Diskussion um die NS-Vergangenheit neu entfacht, formuliert Johannes Rau: »Nicht die, die daran erinnern, sind die Nestbeschmutzer, sondern die, die das nicht wahrhaben wollen, die das verschweigen und die das verdrängen. Nichts ist schlimmer, als wenn wir die braune Vergangenheit vergolden lassen, damit sie nicht so hart und nicht so klar wirkt als das, was sie gewesen ist.«

Ebenso eindeutig fällt Raus Distanzierung von den Zielsetzungen der linksradikal motivierten »Außerparlamentarischen Opposition« (APO) aus. Ohne den Anspruch, das politische Phänomen erklären zu können, wendet er sich den Wurzeln zu: »Radikalismus – vor allem unter der jungen Generation – ist auch Flucht vor der Realität unserer offenen Gesellschaft.«

Rau, nicht wesentlich älter als einige Protagonisten der Studentenbewegung, erweist sich als Mann der demokratischen Mitte: »Wir sollten uns in den Diskussionen mit Studentengruppen darüber klar sein: ›Manipulation‹ sagen sie, wenn sie Springer meinen, ›Bewußtmachung‹ sagen sie, wenn sie selber manipulieren. Nur derjenige, der der Manipulation widersteht, gleichgültig, ob sie von Springer oder von Cohn-Bendit kommt, nur der kann am Bewußtmachungsprozeß mitwirken und helfen, daß Menschen zu sich selber und zur Gesellschaft kommen.« Die APO, da läßt Rau keinen Zweifel aufkommen, habe einen antiparlamentarischen, antidemokratischen Kern und führe zu Anarchie: »Wir sollten das mit Deutlichkeit sagen, ohne damit Gesprächsbereitschaft aufzukündigen.«

Daß es Rau, der sich heute als Vor-Achtundsechziger bezeichnet, ernst ist mit dem Dialog zwischen Sozialdemokratie und Studentenschaft, hat er bereits ein Jahr zuvor in einem Streitgespräch mit dem Exponenten der Studentenbewegung, Rudi Dutschke, bewiesen. Am 4. Februar 1968 nimmt Johannes Rau an einer Forumsdiskussion in der Ruhr-Universität Bochum zum Thema »Sind wir Demokraten?« teil. Das Treffen ist durch Vermittlung des Schriftstellers Günter Grass zustande gekommen, und Rau hat zur Vorbereitung Che Guevara in Dutschkes Übersetzung, studentische Schriften und einige *Kursbuch*-Ausgaben gelesen. Im Auditorium Maximum haben sich viele Studenten und Interessierte eingefunden, um den charismatischen Dutschke und den aufstrebenden Sozialdemokraten Rau aufeinandertreffen zu sehen. Freunde Raus empfinden die Atmosphäre im Saal als feindselig gegenüber dem Landespolitiker, der in den Augen der meisten Anwesenden das von ihnen verhaßte politische System verkörpert. Bevor die Diskussion beginnt, überreicht Rau Dutschke eine rote Strampelhose für dessen Sohn Hosea Che. Das ist eine für Rau typische Geste. Er verleiht der auf Kampf und Konfrontation ausgerichteten Situation damit eine persönliche, freundschaftliche Note.

Was Dutschke im Laufe der Bochumer Abendveranstaltung abspult, ist Rau schon vorher klar. Er erzählt über das

Los der Lohnabhängigen, Rau kontert mit seiner Vorstellung einer sozial verpflichteten, auf dem Leistungsprinzip beruhenden Wirtschaft. Der SPD-Politiker sammelt selbst hier aufgrund seines ruhigen, werbenden Diskutierstils schnell Punkte. Die *Westdeutsche Rundschau* berichtet später über das Abschneiden des Sozialdemokraten: »Gag ist bei ihm hohe Kunst, Witz ebenso, Pointe nicht minder.« Eine inhaltliche Annäherung findet erwartungsgemäß nicht statt. Im Gegenteil: Mit der vermeintlichen Sicherheit des Visionärs prophezeit Dutschke zum Ende des Streitgesprächs das baldige Ende der SPD.

Ein Vierteljahr später wird der APO-Führer bei einem Attentat in Berlin schwer verletzt. Vergeblich versucht seine Familie, für eine Operation in den USA ein Visum zu bekommen. Der Revolutionär ist im Heimatland des Kapitalismus eine unerwünschte Person. Während sich etwa hundert Personen noch am gleichen Abend vor dem Schöneberger Rathaus versammeln, »Dutschke raus aus West-Berlin!«, »Nieder mit dem roten Mob!« skandieren und sich Innensenator Neubauer bei den Demonstranten bedankt, leistet Rau unspektakulär Hilfe, indem er den Dutschkes die nötigen Papiere besorgt. Nach der medizinischen Behandlung Dutschkes besucht er dessen Frau Gretchen in Boston. »Da habe ich Hosea Che gesehen, im Bettchen, und er hatte die rote Strampelhose an. Das war mir mehr wert als ein Bundesverdienstkreuz«, erzählt Rau.

Im September 1968 bildet die SPD einen Siebenerrat, um einen Kandidaten für die Nachfolge von Bundespräsident Heinrich Lübke zu finden. Die Bundespräsidentenwahl soll vorzeitig im März des nächsten Jahres stattfinden, weil Lübke nach den vielen gegen ihn gerichteten Angriffen und wegen der zunehmenden Alterserscheinungen seinen Rücktritt mit der Begründung angekündigt hat, die Wahl seines Nachfolgers solle nicht mit der Bundestagswahl zusammenfallen.

Nach FDP und CDU will nun auch die SPD den Präsidenten stellen. In das Parteigremium beruft die SPD-Spitze auch zwei Fraktionsvorsitzende aus den Ländern, einen aus einer Regierungs-, den anderen aus der einer Oppositionsfraktion. Das sollen Johannes Rau und Volkmar Gabert aus Bayern sein. Rau erfährt von seiner Berufung durch eine Luftpostausgabe der *Welt*, die er während eines USA-Aufenthalts in New York liest. Die Reise wird abgekürzt. »Der SPD-Kandidat muß in ganz besonderer Weise in der Lage sein, den Konflikt zwischen Gruppen und Generationen im Volk auszugleichen«, gibt Kommissionsmitglied Rau dann in Berlin zu bedenken und trägt den Vorschlag von Diether Posser vor, Gustav Heinemann zu benennen. Im Gremium werden daneben Carlo Schmid und Georg Leber in Erwägung gezogen, zeitweise auch Heinz Kühn. Bald hat man sich jedoch auf Heinemann verständigt. Für den Justizminister der Großen Koalition spricht in der Tat, daß er ein gutes Verhältnis zur Jugend herstellen könnte. Spätestens seit seinem Auftritt nach dem Anschlag auf Dutschke, wo er versöhnende Töne angeschlagen und die ältere Generation an ihre Mitverantwortung erinnert hat, gilt Heinemann als Integrationsfigur. Willy Brandt, Helmut Schmidt und Herbert Wehner beauftragen Rau, der über den besten Kontakt zu Heinemann verfügt, nachzufragen, ob und unter welchen Umständen dieser bereit sei, das Amt zu übernehmen. Für die Mission formuliert Wehner zwei Fragen, die Rau dem Auserwählten zu stellen habe.

Auf Diskretion und Geheimhaltung bedacht, treffen sich Rau und Heinemann im Hause einer gemeinsamen Freundin. Die hat den beiden Politikern eine Flasche Rotwein zurückgelassen. Rau berichtet Heinemann, daß er von dem Auswahlkreis den Auftrag erhalten habe, ihm zwei Fragen zu stellen. Unvermittelt sagt Heinemann: »Ich beantworte beide Fragen mit Ja.« Rau ist verdutzt. Doch der väterliche Freund hat geahnt, daß sich die Parteispitze zweier Dinge versichern will: Heinemann muß bereit sein, in der Bundesversammlung auch einen nervenaufreibenden dritten Wahlgang durchzustehen und wegen seines relativ hohen Alters – er ist zum Zeitpunkt der Wahl 70 Jahre alt – auf den

Anspruch einer zweiten Amtsperiode von vornherein zu verzichten. Beides ist ganz im Sinne Heinemanns. Zwar werden Rau und einige andere Genossen fünf Jahre später versuchen, den populären Bundespräsidenten zu einer Wiederkandidatur zu bewegen. Heinemann lehnt aber mit dem Hinweis ab: »Man muß gehen, solange man noch laufen kann.«

Erstmals findet die Bundespräsidentenwahl 1969 in Berlin statt. Die Sowjetunion protestiert dagegen, droht Maßnahmen an. Auf dem Flug in die geteilte Stadt sitzt Johannes Rau neben Peter Heinemann, dem Sohn des Kandidaten. Der schaut unentwegt aus dem Fenster und befürchtet, sowjetische Kampfflugzeuge könnten auftauchen.

Für Heinemann wird der Wahltag, wie erwartet, eine Strapaze. Rau erinnert sich: »Wir alle haben gezittert, aber er selber ließ sich das nicht anmerken. Er war vielleicht an einigen Stellen noch ein bißchen stärker unwirsch als vorher.« Heinemanns Ehefrau sitzt in der ersten Reihe der Zuhörer. Sie bebt vor Aufregung. Ab und an geht Rau zu ihr, setzt sich neben sie, und man wartet gemeinsam bis zum nächsten Wahlgang. Gegen den CDU-Kandidaten, Verteidigungsminister Gerhard Schröder, kommt Heinemann schließlich, unterstützt von den Stimmen der FDP im dritten Wahlgang, mit einfacher Mehrheit durch. Er ist der erste Bundespräsident, der gegen die Stimmen der CDU/CSU durchgesetzt werden kann.

»Gustav, kennst du mich noch von früher?« ruft Rau dem neuen Bundespräsidenten zu. Der flachst zurück: »Wenn ich dich noch kennen soll, muß ich mir überlegen, ob ich die Wahl überhaupt annehmen soll.« Danach trifft man sich im Hotel »Schweizer Hof« zur Siegesfeier. Gustav Heinemann hat mit Günter Gaus, Günter Grass, Diether Posser, Adolf Scheu und seinen Kindern nur einen kleinen Kreis um sich versammelt. Später gesellen sich noch Helmut Gollwitzer mit Gattin, Willy Brandt, Helmut Schmidt und Herbert Wehner dazu. Es wird der Wunsch geäußert, auf das Wohl des Präsidenten anzustoßen. Heinemann ist aber nicht nach

Feiern zumute. Er bittet Gollwitzer, eine Diskussion über die Lage der jungen Generation zu leiten. »In diesem Kreis kommen wir lange nicht mehr zusammen«, begründet er sein Anliegen. Schließlich wird der Dialog zwischen den Generationen künftig ein wichtiges Aufgabenfeld für Bundespräsident Gustav Heinemann sein.

Aber auch eine andere, vielleicht gewichtigere Bedeutung haftet dem Berliner Wahltag an. In einem Interview unmittelbar nach der Wahl bezeichnet Heinemann das Resultat als »ein Stück Machtwechsel«. Und in der Tat erweist sich die taktische Absprache von SPD und FDP vor dem dritten Wahlgang der Bundespräsidentenwahl als Probe aufs Exempel für eine künftige Zusammenarbeit in Bonn.

Wuppertal ruft. 1969 ist auch das Jahr der Kommunalwahlen in Nordrhein-Westfalen. Auf einen Mann wie Rau wollen die Genossen im Tal nicht verzichten. »Keine Schau ohne Rau« dichtet ein Laienkabarett im Barmer »Haus der Jugend« zu dieser Zeit. Der umtriebige Politiker gibt wahrheitsgetreu einer Schülerzeitung zu Protokoll, die nach seiner Lieblingsbeschäftigung fragt: »Im Moment sammle ich Posten.« Der des ersten Bürgers von Wuppertal wird dann bald dazukommen.

Donnernder Applaus dringt am 17. November 1969 um 19.25 Uhr durch die geschlossene Tür von Zimmer 226 des Rathauses in Wuppertal-Barmen auf den Flur. Die Wahl Johannes Raus zum Oberbürgermeister-Kandidaten in der SPD-Fraktion hat gerade mal zehn Minuten gedauert. Zu Beginn der Sitzung hat der Parteivorsitzende Gehrmann einen Vorstandsbeschluß verlesen, in dem der 38jährige als Kandidat für das OB-Amt empfohlen wird. Die Genossen stimmen mit 28 von 55 Stimmen für den Düsseldorfer Fraktionschef. Während die Fraktion noch weiter tagt, äußert sich der frisch Nominierte vor den Türen gegenüber Journalisten zu öffentlich gemachten Bedenken, er könne den repräsentativen Posten wegen seiner Aufgaben als Fraktionsvorsitzender im Landtag und als Mitglied im Parteivorstand nicht ausfüllen. Der Kandidat räumt ein: »Dieses Amt stand

nicht im Rahmen meiner persönlichen politischen Lebensplanung.« Gleichwohl wolle er für den Fall seiner Wahl mit
allem Nachdruck erster Bürger seiner Heimatstadt sein.
Nachgefragt, ob er denn wirklich fünf volle Jahre OB von
Wuppertal bleiben werde, kontert Rau: »Das weiß niemand
genau, der dieses Amt antritt. Es gibt diesbezüglich keine
Absprache mit Düsseldorf, die meine Amtszeit begrenzen
würde.«

Mit 50 Stimmen bei fünf Enthaltungen wird der Predigersohn Johannes Rau eine Woche später vom Stadtrat zum
jüngsten Oberbürgermeister in der Geschichte Wuppertals
gewählt. Unmittelbar danach hängt ihm Alterspräsidentin
Cläre Blaeser (FDP) die Bürgermeisterkette um und verpflichtet ihn auf sein Amt: »Damit ist Johannes Rau für die
nächsten fünf Jahre zum Oberbürgermeister gewählt.«

Es sollen indes nur zehn Monate werden. Ein knappes
Jahr, in dem Rau unter Beweis stellt, mit wieviel Intensität
und Hingabe das ausschließlich repräsentative Amt des
Oberbürgermeisters ausgefüllt werden kann. Keine Veranstaltung im Tal, auf der nicht der OB zumindest ein
Grußwort abliefert, kein hundertster Geburtstag eines Bürgers ohne ein Blumenstrauß aus der Hand Raus. Ob Kneipe, Kongreß oder Kinderheim, Rau verbringt in jedem Stadtteil einen Arbeitstag. Popularität, das ist vielleicht die
Einsicht, die er aus seiner Wuppertaler Zeit destilliert, ist
ein Machtfaktor. Mit Übermut, der manchmal zur Kaba-
rettreife gereicht, leitet Rau die Ratssitzungen. Auf einem
Pressetermin in einem Altenheim kontrolliert der Oberbürgermeister, ob Staub unter den Betten liege. Zehn Monate,
in denen der Leiter der Lokalredaktion der *Neuen Ruhr-Zei-
tung* (NRZ), Werner Lust, die Direktive ausgeben muß,
Johannes Rau höchstens einmal am Tag mit Bild im Blatt
erscheinen zu lassen.

Später wird Rau sagen, das Oberbürgermeisteramt sei sein
schönstes gewesen. Kritiker werfen ihm dagegen vor, nichts
Bleibendes in Wuppertal hinterlassen zu haben. Sie haben
Johannes Rau und sein Grundverständnis von Politik nicht

erkannt. Die Präsenz in der Bevölkerung, seine Gespräche, seine Aufmerksamkeit für die Probleme der Menschen sind dem Politiker wichtiger als eine persönliche Geschichtswerdung in einem Bauwerk, einer Straße oder einer Parkanlage.

Bei dem Oberbürgermeister sind zudem bereits einige politische Stilmerkmale zu besichtigen, die auch später den Minister und Ministerpräsidenten auszeichnen. Zum Beispiel sein politisches Meisterstück, nach seiner Wahl die CDU in die kommunale Pflicht zu nehmen. Für ihn gilt das Prinzip Einbindung statt Ausgrenzung. Rau läßt den ehemaligen OB Heinz Frowein zum Bürgermeister wählen und verkündet in seiner Antrittsrede: »Ich werde das Amt gemeinsam mit Dr. Frowein wahrnehmen.« Im übrigen stellt er fest, daß die Arbeit im Stadtrat, anders als in Bundes- oder Landtag, »mehr auf Ausgleich als auf Polemik« ausgerichtet sein müsse. Parteifreunde fragen sich, welchen Sinn Raus politische Strategie haben soll, die Opposition an der Macht zu beteiligen. »Es gab nicht eine Stunde Spannung mit Heinz Frowein«, beschreibt er heute seine Motivation, sich neben seiner zeitaufwendigen Tätigkeit als Fraktionschef in Düsseldorf nicht noch mit Querelen in Wuppertal zu belasten.

Die Skeptiker in Wuppertal sollen indes recht behalten. Rau ist nicht nur der jüngste Oberbürgermeister, er wird auch der mit Abstand jüngste Alt-OB Wuppertals sein. Ein halbes Jahr nach seiner Wahl vereinbaren Ministerpräsident Kühn und sein Koalitionspartner Willi Weyer (FDP), im Zuge einer Kabinettsreform das bisherige Kultusministerium in Kultus und Wissenschaft zu trennen. Die Planer folgen dabei der Einsicht, daß der gesamte Bildungsbereich in Nordrhein-Westfalen vom Kindergarten bis zum Max-Planck-Institut nicht in einem Ministerium zu bewältigen ist. Bald sind sich die beiden Politiker einig, daß Fritz Holthoff die Zuständigkeit für Kultur und Schulwesen behalten soll. Bei der Besetzung des Wissenschaftsressorts denkt Regierungschef Kühn zunächst gar nicht an Johannes Rau. Er favorisiert klar Fritz Kassmann, einen altgedienten Verwaltungsfachmann mit Kabinettserfahrung. Doch als er ihn anspricht, lehnt Kassmann mit der Begründung ab, nur ein jüngerer Politiker könne auf längere Sicht mit den unbequemen Studenten zurechtkommen. Alles läuft auf Johannes Rau zu, der schließlich am 28. Juli 1970 vereidigt wird.

»Wenn ich dieses Amt übernehme, dann ist das so, als würde ich einen Starfighter ohne Schleudersitz fliegen«, meint Rau, als ihn Regierungschef Kühn im Juni 1970 mit seinen Plänen vertraut macht. Die Kampfflugzeuge der Bundeswehr haben keinen guten Ruf, viele sind bereits abgestürzt.

Johannes Rau ist der erste Wissenschaftsminister ohne Abitur. Er ist ein Dienstherr über die Professorenschaft, der nie eine Universität von innen gesehen hat. Selbst der Sozialdemokratie gewogene Hochschullehrer sind irritiert. Werner Höfer macht in der *Zeit* auf das »Trauma« aufmerksam, mit dem Rau in diesem Amt als Nichtstudierter fertig zu werden habe. Er attestiert ihm aber, »nach Erfahrung und Neigung« nichts so gut und gern zu können wie »druckreif zu denken, schreiben und reden«. Höfer: »Er gehört zu jenen raren, aber gefährdeten Talenten der deutschen Politik, die es gelegentlich schwer haben, weil ihnen alles leichtfällt.«

Die Anforderungen an den frisch ernannten Minister für Wissenschaft und Forschung sind indes immens. In Nordrhein-Westfalen ist vom Urtyp der klassischen bis zum Prototyp der reformerischen Universität jede Hochschulform vertreten. Auch wenn Rau betont, kein »Studentenminister« sein zu wollen, liegt das Hauptproblem jedoch im Mangel an Studienplätzen. Doch Rau ist Realist: »Die Bewältigung dieses Problems ist nicht nur eine Frage der Finanzen, sondern eine Sache der Reform. Die Studiengänge müssen gestrafft, die Studienordnung vereinfacht werden. Für zu kurze Zeit wird zuviel verlangt, und zu viele Studenten bleiben zu lange, weil sie es in dem Dilemma zwischen Zeit und Ziel, Geld und Platz nicht schaffen.«

Kurz nach seiner Ernennung sitzt Rau bereits im Flugzeug und bereist in rascher Folge einige Städte in Nordrhein-Westfalen. Er hat ein milliardenschweres Hochschulprogramm der SPD/FDP-Koalition umzusetzen, das die Einrichtung neuer Universitäten vorsieht. Dabei befindet sich der Wissenschaftsminister durchaus im Clinch mit den Wünschen von Professoren und Studenten, den Bewerbungen der Städte um den Rang als Hochschulstandorte und innerparteilichen Rangeleien der auf Eigennutz ausgerichteten Bezirksfürsten.

Rau läßt sich aber zwischen den divergierenden Interessen nicht aufreiben. Der Politiker, der sich in seiner neuen Aufgabe als »Thermostat, nicht als Thermometer« versteht, formuliert ein Papier, in dem er klare Akzente für die Hochschulpolitik in NRW setzt. Neben den quantitativen Anforderungen durch ansteigende Studentenzahlen und der Verbesserung der wissenschaftlichen Leistungsfähigkeit strebt Rau die Demokratisierung der Hochschulen und die Verwirklichung sozialer Chancengleichheit an. Abschied vom Ordinarienwesen, Arbeiterkinder an die Unis, das sind seine hochgesteckten Ziele, die Aufbruchstimmung der siebziger Jahre ist hier deutlich zu spüren.

Die Landespolitiker können noch aus dem Vollen schöpfen; Sparzwänge und Rotstift-Politik sind noch nicht erfunden. Eine Situation, die dem Drang Raus nach gestaltender Politik zupaß kommt. Für die bis 1975 dauernde Amtsperiode kündigt der Minister die Verwirklichung großer Taten an: »Das Land wird sich bemühen, in diesem Zeitraum 60 600 Studienplätze einzurichten, um bis 1975 wenn schon nicht optimale, so doch wenigstens vertretbare Studienbedingungen für die 182 000 Studenten zu schaffen, mit denen man dann in Nordrhein-Westfalen rechnen muß.«

Noch im selben Jahr werden seine Pläne bekannt, die nach einem Regionalisierungsprinzip in den Städten Duisburg, Essen, Paderborn, Siegen und Wuppertal die Errichtung von Hochschulen des neuen Typus Gesamthochschule vorsehen. Die Kosten der Ausbildungsstätten betragen 1,9 Milliarden Mark. Innerhalb von zwei Jahren ist das Planungs- und Gesetzgebungsverfahren um das Gesamthochschulwesen abgeschlossen, und Rau hat das neue Ausbildungs- und Forschungssystem gegen teils erhebliche politische Widerstände durchgesetzt. Der Wissenschaftsminister rühmt sich, Nordrhein-Westfalen zu einem »Dorado für Professoren und Studenten« gemacht zu haben.

»Ende der sechziger Jahre haben wir eine Ausgangssituation vorgefunden, die eine völlige Reform des tertiären Sektors nötig machte, weil die Strukturen der deutschen wissenschaftlichen Hochschulen seit 150 Jahren keine neuen Impulse erhalten haben«, begründet er seine Maßnahmen. Kritiker werfen dem umtriebigen Wissenschaftsminister vor, bei seinem Dienstantritt 1970 bereits existierende Impulse zur organisatorischen und inhaltlichen Reform der Universitäten ignoriert zu haben. Der CDU-Landtagsabgeordnete Wolfgang Brüggemann, mit dem bereits der kulturpolitische Sprecher der SPD in Landtag und Ausschuß heftige Wortgefechte ausgetragen hat, erinnert daran, daß die vorherige Landesregierung Franz Meyers gemäß einer Empfehlung des Wissenschaftsrates von 1960 zum Ausbau der wissenschaftlichen Einrichtungen bereits 1961 den Bau der Ruhr-Universität Bochum beschlossen hat. Dortmund folgt 1966, Bielefeld 1969. Auch die Universität Düsseldorf gehe auf Initiativen von Paul Mikat und Helmut Schelsky in der Zeit vor der sozialliberalen Koalition zurück. Rau habe diese positiven Ansätze bewußt übersehen, »um sich ein freies Aktionsfeld zu schaffen«, so Brüggemann.

Bei der inhaltlichen Reformierung der Hochschulen beweist Rau eine weniger glückliche Hand. Sein Bestreben, demokratische Formen und demokratisches Verhalten aller Mitglieder in allen Bereichen der Hochschule zu verwirklichen, trägt schwerwiegende Konflikte in die Universitäten hinein. Hochkomplizierte paritätische Mitbestimmungsmodelle in den Selbstverwaltungsgremien werden über mehrere Jahre in den Unis nicht umgesetzt, die zudem nicht willens und in der Lage scheinen, sich selbst die von Düsseldorf vorgeschriebenen Verfassungen zu geben. Endloses Ringen zwischen akademischen Lehrbetrieben und dem Ministerium um »vorläufige Grundordnungen«, die Rau in den Unis installieren will, endet schließlich in Karlsruhe. Das Bundesverfassungsgericht zwingt 1973 den Landtag zur Überarbeitung der betreffenden Gesetze. Bei Ortsterminen in Universitäten schlägt Rau der geballte Unmut des akademischen Nachwuchses entgegen: »Rau, Rau, Rau – raus, raus, raus.« Tapfer kontert dieser einmal: »Trotz Sit-in, ich bleib drin!«

Im Mai 1974 pfeift Ministerpräsident Kühn seinen Wissenschaftsminister zurück, als der den »Entwurf eines Gesetzes zur Änderung des Hochschulgesetzes und des Gesamthochschulentwicklungsgesetzes« auf den Weg bringen will. Der Landtagswahlkampf hat begonnen, da will sich der Ministerpräsident nicht mit zuviel Konfliktstoff belasten.

In seiner zweiten Amtsperiode macht Rau die für ihn günstige Erfahrung, daß politische Dauerkonflikte, die nicht eben von nationaler Bedeutung sind, mit der Zeit aus dem öffentlichen Bewußtsein verschwinden. Vor dem Hintergrund der Ölkrise, die 1973 erstmals schmerzhaft die Abhängigkeit der Industrienationen von den Energielieferanten vor Augen führt, nimmt sich die Dimension der nordrheinwestfälischen Hochschulreformpolitik eher bescheiden aus.

Minister Rau versteht es überdies ausgezeichnet, rechtzeitig mit einem neuen Projekt wieder aus den negativen Schlagzeilen herauszukommen. Mit dem Modell der Fernuniversität bietet er Lösungsvorschläge gleich für mehrere Probleme an. Zum einen eröffnet er auch Arbeitnehmern die Möglichkeit zu einem berufsbegleitenden Studium mit einem den bestehenden Unis gegenüber gleichwertigen Abschluß. Außerdem erfährt der reguläre Universitätsbetrieb mit seinen teuren Seminar- und Laborplätzen eine nicht unerhebliche Entlastung. Ohne Probleme passiert die Initiative den Landtag. Rau bleibt im öffentlichen Bewußtsein trotz ungelöster Probleme im Bereich der inhaltlichen Hochschulreform als Wissenschaftsminister in Erinnerung, der mit fünf Gesamthochschulen und einer Fernuniversität wesentlich zum Strukturwandel in Nordrhein-Westfalen beigetragen hat.

Zählt man bei Amtsantritt Raus 1970 in Nordrhein-Westfalen etwa 100 000 Studenten, so wird sich die Zahl bis 1978 verdreifachen. Hochschulgründungspolitik bringt nicht nur Meriten. Die aus ihr resultierenden erheblichen finanziellen Belastungen des Landes rufen bald erste Kritiker auf den Plan. 1970 kostet das Hochschulwesen in NRW 1,075 Milliarden Mark, bis 1978 werden es stattliche 5,481 Milliarden Mark sein. Gleichwohl zieht Rau 1976, ein Jahr nachdem ihn Kühn in seinem Amt bestätigt hat, eine positive Bilanz seiner Arbeit: »Die wesentlichen Veränderungen der letzten zehn Jahre liegen sicher im quantitativen Bereich. Wenn Sie bedenken, daß zwar der Numerus clausus Schlagzeilen macht und daß damit viele bedrückende Schicksale einzelner junger Menschen verbunden sind – und das will ich nicht verkleinern –, dann muß man doch auch sagen, daß vor zwanzig Jahren nur jeder zwanzigste die Chance des Studierens hatte und jetzt jeder fünfte.«

Als weiterer regelrechter Karrierebrecher droht sich die Kostenexplosion beim Bau des Aachener Hochschulklinikums auszuwachsen. Ende der sechziger Jahre ist das medizinische Mammutprojekt auf 700 Millionen Mark taxiert worden. Verträge zwischen der Landesregierung und dem mit den Bauarbeiten beauftragten Generalunternehmen Neue Heimat Städtebau sehen für die Fertigstellung das Jahr 1977 vor. Daraus wird aber nichts, die Bauarbeiten ruhen während der Amtszeit Raus fast zwei Jahre. Gleichwohl verschlingt der Rohbau Unsummen. Die Frage nach der Verantwortung für die Verzögerung und den damit verbundenen wachsenden Finanzbedarf ist strittig. Politisch stehen bis 1977 Wissenschaftsminister Rau und Finanzminister Halstenberg für das gigantische Krankenhaus (im Volksmund: »Rau-Soleum«) in der Verantwortung. Die Belastung für den Landeshaushalt wächst bis 1980 auf 1,4 Milliarden Mark, erreicht 1984 einen vorläufigen Höchststand von 2,1 Milliarden Mark. Sowohl dem Wissenschaftsminister wie auch dem Ministerpräsidenten Rau dürfte das Klinikum manche schlaflose Nacht bereitet haben. Eine Ministeranklage zum Zwecke eines Verfassungsgerichtsverfahrens strengt die CDU gegen ihn an. Er muß sich vor einem Untersuchungsausschuß verantworten, wo er auch die Schwierigkeiten mit dem Thema bekennt.

Eigentlich ist das genügend Stoff, um einen Minister in die Wüste zu schicken. Nicht so bei Rau. Trotz seiner Probleme mit dem Klinikum und dem Eingeständnis »fideler Resignation«, die ihn zeitweise im Umgang damit befallen habe, bringt er genügend Selbstbewußtsein auf, das Krankenhaus am Rande des Ruins öffentlich als »Lebenswerk des Landes« zu preisen.

Rau kündigt zu Beginn seiner zweiten Amtsperiode zwar noch an, die Probleme der Hochschulreform und der Hochschulgesetzgebung aufs rechte Gleis zu bringen. Doch schon bald nach der gelungenen Landtagswahl von 1975 treiben ihn ganz andere Gedanken um. Der Stern Heinz Kühns sinkt offensichtlich. Die vom Regierungschef mitgetragene, aber nur halbherzig vorangetriebene Schulorganisationsreform, die langfristig auf die völlige Abschaffung der Gymnasien zielt, scheitert an der CDU und einem erfolgreichen Volksbegehren. Die »Poullain-Affaire« kostet zwar Finanzminister Halstenberg den Job, beschädigt Kühn jedoch nicht minder. Zusätzlich äußert sich Amtsmüdigkeit in häufigen, immer länger dauernden Auslandsreisen.

Wer indes den Werdegang seines Wissenschaftsministers verfolgt, kommt schnell zur Einsicht, daß der nächste Karriereschritt Raus nur das Amt des Ministerpräsidenten sein kann. Nicht, daß er öffentlich darüber reden würde. Seit Anfang der siebziger Jahre traut er sich den Job ganz einfach zu, fühlt sich besser geeignet als die anderen Kronprinzen, deren Namen immer mal wieder genannt werden. Ministerpräsident Rau, das ist Lebensplanung.

Kühns Frühwarnsystem registriert die noch stillen Ambitionen seines jüngsten Kabinettmitglieds. Er will den erfolgreichen Wuppertaler Politiker und dessen Werdegang unter Kontrolle haben. Was bietet sich da besser an, als ihn von der politischen Bühne zu entfernen, indem ihm ein attraktiver Posten auf eine Art und Weise angetragen wird, daß er nicht ablehnen kann?

Heinz Kühn spielt die WDR-Karte. Der amtierende Intendant Klaus von Bismarck verzichtet 1975 auf eine neue Bewerbung, ein Nachfolger muß gefunden werden. Die sozialdemokratischen Vertreter im WDR-Verwaltungsrat, dem auch Rau angehört, springen schnell auf ihn an, auch die FDP-Räte ziehen mit. Der Ministerpräsident lädt seinen Wissenschaftsminister in eines der teuersten Restaurants Düsseldorfs ein, um ihm in einem Gespräch unter vier Augen die Vorzüge des Intendantenpostens schmackhaft zu machen. Rau lehnt ab. Da die SPD aber keinen überzeugenderen Kandidaten aus ihren Reihen präsentieren kann, nimmt der Druck auf Rau zu. In der Landtagsfraktion gibt es eine ehrgeizige Nachwuchsriege, die eigene Karriereplanungen für die Zeit nach Kühn hat. Und die preist Rau als »besten Kandidaten« für den Job in Köln.

Rau setzt in dieser Situation der Bedrängnis ganz auf seinen Chef. Er fürchtet um sein Ansehen, wenn er ohne Rückendeckung weiterhin gegen die Offerte ankämpft. Ein klärendes Wort des Ministerpräsidenten, in dem dieser die Unentbehrlichkeit Raus im Kabinett betonte, würde ihn ohne Gesichtsverlust aus dem Scheinwerferlicht ziehen. Rückenstärkung findet Rau zunächst nur rheinaufwärts in Bonn. Brandt und Wehner setzen sich umgehend mit dem SPD-Landesvorsitzenden Werner Figgen in Verbindung. Er solle sich für den Verbleib Raus in der Politik einsetzen.

Kühn, der in Israel weilt, schweigt zur Causa. Mehrmals ruft Rau ihn an und drängt. In einem Rückruf bringt es der Ministerpräsident dann fertig, mit Rau über potentielle Nachfolgekandidaten für das Wissenschaftsressort sprechen zu wollen. Rau ist erschüttert. Ihm wird schlagartig klar, daß er in Kühn keinen Fürsprecher für seine Pläne finden wird, Landesvorsitzender und Ministerpräsident zu werden. Mehr denn je ist Rau aber andererseits von seinem Entschluß überzeugt, Politiker bleiben zu wollen. Er tritt die Flucht nach vorne an: Als Kühn von seiner Israel-Reise zurückkehrt, fängt Rau seinen Chef bei einem Zwischenstopp in Frankfurt ab. Auf dem Flug von der Mainmetropole nach Köln macht Rau Kühn unmißverständlich klar, daß er nicht beabsichtige, WDR-Intendant zu werden.

Was bleibt dem Ministerpräsidenten anderes übrig, als den überzeugend vorgetragenen Entschluß Raus mit »Freude« entgegenzunehmen? Unter dem Beifall der Fraktion in Düsseldorf betont er, er sei über den Verbleib des Wissenschaftsministers glücklich und dankbar, er habe diese Entscheidung erhofft. Eine Erkenntnis bleibt bei allen Genossen zurück: Johannes Rau strebt die Nachfolge Kühns an.

Zu Jahresbeginn erklärt SPD-Landesvorsitzender Figgen, nicht noch einmal für sein Amt kandidieren zu wollen. Seine Nachfolge bedeutet ohne Frage auch eine Vorentscheidung für die Ministerpräsidentenfrage. Friedhelm Farthmann, seit 1975 Minister für Arbeit, Gesundheit und Soziales in NRW, wirft als erster seinen Hut in den Ring. Ein ernst zu nehmender Kandidat, der den wichtigsten SPD-Bezirk Westliches Westfalen, die Gewerkschaften und die einflußreiche Arbeitsgemeinschaft sozialdemokratischer Arbeitnehmer hinter sich weiß.

Rau zögert, gegen den Professor von der Ruhr-Universität anzutreten. Seine engen Vertrauten, der Wuppertaler Abgeordnete Reinhard Graetz, sein späterer Regierungssprecher Helmut Müller-Reinig und sein Staatssekretär Herbert Schnoor müssen Rau zum Jagen tragen. Truppen werden mobilisiert. Wieder einmal wird man bei Hans-Otto Bäumer vorstellig, dem Unterbezirksfürsten. Er sagt zu, die Parteitagsdelegierten seines Bezirks hinter sich und die Personalie Rau zu bekommen. Als das gelingt, will Rau es wagen. Am 23. Februar 1977 teilt er der Findungskommission mit, daß er sich zu einer Kandidatur um den Landesvorsitz entschlossen habe. Dem Schreiben ist ein mehrseitiges Positionspapier beigelegt, in dem er seine Vorschläge für den Kurs der NRW-SPD formuliert.

Zum Wahlparteitag der SPD in der Duisburger Mercatorhalle am 25. Juni 1977 ist neben den Delegierten auch

Parteiprominenz aus Bonn angereist. Willy Brandt, Anne-marie Renger und Walter Arendt machen dem wichtigsten Landesverband ihre Aufwartung. Die beiden Kandidaten meiden zunächst den direkten Kontakt. Während Farthmann den lockeren Plausch mit Brandt und Kühn sucht, verharrt Rau am Vorstandstisch. Er raucht Kette, *Bild am Sonntag* zählt drei Schachteln Zigaretten, die der Wuppertaler leert. Für Farthmann hat er ein Geschenk mitgebracht, falls der wie erwartet siegt. Nach den üblichen Formalien sollen beide Politiker etwa eine Viertelstunde zu den Delegierten sprechen.

Farthmann ist zuerst dran. Seine Siegesgewißheit ist deutlich spürbar. »Ich war der Meinung, daß es sich bei den Delegierten überwiegend um langjährige Funktionäre handeln müsse, denen die beiden Wettbewerber und ihre politischen Einstellungen bestens bekannt seien und die deshalb lange Reden eher als lästig empfinden würden«, erinnert sich Farthmann. Um 12.23 Uhr schließt er seinen nur sechsminütigen Beitrag mit der Bemerkung: »Ich habe immer mit Engagement und Offenheit für die Partei gestritten.«

Das soll reichen. Man zollt ihm freundlichen, teils begeisterten Applaus. Um 12.40 Uhr folgt Rau. Der greift in seiner Rede die Vorbehalte, die Teile der Partei gegen den Protestanten und früheren gesamtdeutschen Pazifisten hegen, offensiv auf. »Niemand halte Behutsamkeit in der Sprache für Zaudern in der Sache.« Dann schwingt er sich auf zu einer brillanten Rede, in der er an das Godesberger Programm der Partei anknüpft und sich wichtigen Zeitfragen zuwendet. Rau schöpft die Redezeit voll aus, und als er schließt, brandet ein kaum enden wollender Beifall auf. Schlagartig wird klar, daß es Rau ist, der den Nerv des Parteitages getroffen hat. Inhalt und politischer Kurs sind hier gefragt, nicht das lustlose Absolvieren eines lästigen Vorstellungstermins. Unter dieser Prämisse wird Farthmanns Auftritt als anmaßend empfunden.

Während die Stimmen ausgezählt werden, beweist Kühn, wie instinktsicher er die Stimmung im Saal erfaßt hat: »Ich wünsche mir Johannes Rau als Gewinner. Denn dann brauche ich nicht bis 1980 weiterzumachen«, läßt er sich vernehmen. Hintergrund ist, daß Farthmann zu diesem Zeitpunkt noch nicht Mitglied des Landtages ist, also noch bis 1980 warten müßte, um die Voraussetzungen für das Amt des Ministerpräsidenten zu erfüllen. Derweil zeigen sich die Kandidaten gemeinsam den Fotografen. Rau zu Farthmann: »Noch kannst du dein Kreuz bei mir machen. Aber wenn du gewinnst, erbitte ich schon jetzt ein Autogramm.« Farthmann dagegen ernst: »Wenn es nach der Vorstellung geht, Johannes, dann hast du gewonnen.«

Und entgegen allen Schätzungen, die dem Professor eine satte Zweidrittelmehrheit prophezeit haben, gewinnt Rau wirklich; allerdings denkbar knapp im zweiten Wahlgang, mit einem Stimmenverhältnis von 158 zu 155. Rau spendet Freibier, das für Farthmann bestimmte Buchpräsent reicht er kurzerhand an Posser weiter. Der Titel lautet: »Über den Umgang mit der Macht«. Eine Geste mit Symbolkraft, wie sich zeigen soll.

Im Moment der Niederlage lernt Farthmann Rau wirklich kennen, mit dem ihn fortan bei wechselnden beruflichen Positionen ein eigentümliches Verhältnis zwischen Respekt und Argwohn verbinden soll. Am gleichen Abend sucht Rau den Unterlegenen zu Hause auf und zieht ihn zum gemeinsamen Auftritt vor die Presse: »Die SPD in Nordrhein-Westfalen braucht nicht Johannes Rau *oder* Friedhelm Farthmann, sondern Johannes Rau *und* Friedhelm Farthmann.«

Ein wichtiger Schritt zum Berufsziel von Johannes Rau ist getan. Zwar hat er in seiner Dankesrede vor den Delegierten des Parteitages noch versucht, den Automatismus zwischen Landesvorsitz und Regierungschefposten zu verwischen, »keinem wirklichen oder vermeintlichen Kronprinzen« sei »ein neuer Halbedelstein ins Diadem« gesetzt worden. Insgeheim hofft er aber doch, bald vom Ministerpräsidenten zum erklärten Nachfolger ausgerufen zu werden. Denn schon 1977 ist es Rau sehr viel lieber, wenn ihm ein wichtiges Amt angetragen wird, anstatt selbst Ansprüche anmelden und es im Kampf erobern zu müssen. Die *Frankfurter Rundschau* gibt ihm mit auf den Weg: »Wenn Rau 1979 auch Ministerpräsidentenkandidat seiner Partei werden will, ist er jetzt für zwei Jahre zu harter Parteiarbeit verpflichtet; dabei muß er die gute Form halten, die er am Samstag bewiesen hat.«

Auch wenn es nicht so lange dauern wird, hart wird das Gerangel um das höchste Amt im Land in der Tat. Denn in Heinz Kühn hat Rau nicht nur keinen Förderer, der taktierende Regierungschef treibt bis zu seiner Ablösung 1978 ein Spiel mit dem Landesvorsitzenden. Gewiß sieht er ein, daß es Rau als idealer Wahlkämpfer versteht, sozialdemokratische Politik ins Volk zu tragen. »Das Leben ist eine harte Nuß«, sagt Kühn aber einmal. »Zwischen zwei Kissen läßt sich die nicht knacken.« Das ist auf Rau gemünzt, em er Problemlösungskompetenz und administrativen Weitblick schlicht abspricht. »Der kann ja noch nicht einmal Akten lesen«, giftet Kühn ein anderes Mal. Rau verletzt das tief.

Kühn sieht in Diether Posser den besseren Kandidaten für seine Nachfolge. Der dienstälteste Minister, ein exzellenter Jurist, genießt das uneingeschränkte Vertrauen des Amtsinhabers. Solide, aber unspektakuläre Regierungsarbeit hat der Essener bislang geleistet, ein hervorragender Verwaltungsfachmann, dem jedoch im Urteil seiner Kritiker jedes politische Charisma und der Weitblick fehlen.

Der Ministerpräsident registriert mit Argwohn, wie der neue Landesvorsitzende in den kommenden Monaten in der NRW-SPD Punkte sammelt. Hat bislang seine Devise gelautet, keinen Kronprinzen ins Gespräch zu bringen, so wirft er nun in einem Rundfunkinterview mit vollen Händen Kandidaten ins Rennen. Farthmann wäre möglich, Halstenberg auch wünschenswert. Daraufhin sucht Rau seinen alten Freund Posser auf und informiert ihn über seinen Entschluß, nun für das Amt des NRW-Ministerpräsidenten zu kandidieren. Das Taktieren, Schweigen, Masketragen hat ein

Ende. Johannes Rau bekennt sich zu seinem Ziel, neben dem Parteivorsitz auch das höchste Regierungsamt bekleiden zu wollen.

Rau gegen Posser? Für den Essener Juristen ist das keine Kampffrage. Er versteht sich nicht als Gegner des Wuppertalers, »eher als Freund mit gleichen Zielen«, wie er augenzwinkernd kurz vor dem alles entscheidenden Duisburger Parteitag am 17. September 1978 einem Journalisten gesteht.

Fünfzehn Monate nach dem spektakulären Erfolg von Rau über Farthmann ist die Unsicherheit unter den SPD-Delegierten, wer die bessere Wahl für die Nachfolge Heinz Kühns sei, in der Mercatorhalle deutlich spürbar. Nervosität herrscht auch in der SPD-Führung aus Bonn ob der Ungewißheit, für welches der beiden Gewächse aus dem Garten Gustav Heinemanns sich die Delegierten entscheiden werden. Politische Unruhe und Unwägbarkeiten im größten Bundesland wünscht sich zwei Jahre vor der Bundestagswahl niemand in Bonn.

Zum ersten Mal hat die Parteitagsregie eine Knappenkapelle für ein sonst nicht übliches Eröffnungszeremoniell angeheuert. Während die Männer in der schwarzen Uniform der Zeche »Rheinpreußen« aus dem niederrheinischen Moers die Melodie »Glück auf, der Steiger kommt« intonieren, marschieren Willy Brandt und Heinz Kühn gemessenen Schrittes in den Saal ein, paarweise gefolgt von Bundesministerin Antje Huber und Johannes Rau, dessen Gegenkandidaten Posser neben dem DGB-Vorsitzenden Heinz-Oskar Vetter, dahinter der nordrhein-westfälische Partei-Vize Christoph Zöpel und der Bonner Staatsminister Hans-Jürgen Wischnewski.

Zu den Klängen der SPD-Hymne »Brüder, zur Sonne, zur Freiheit« erreicht die Prozession die Bühne. Offensichtlich haben einige Genossen im Saal den Text nicht mehr gut in Erinnerung. Man findet aber wieder zueinander, als sich die SPD-Spitzen nach alter Tradition zur Schlußstrophe »Brüder, in eins nun die Hände« die Hände reichen.

Und wieder ist es der Tag des Johannes Rau. Nach einer Rede des Vorsitzenden, in der Brandt nicht umhin kann, auch die Risiken der vorzeitigen Ablösung eines Ministerpräsidenten anzusprechen, werden die Delegierten zu den Urnen gerufen. Nach dem Wahlgang belegen 161 Stimmen den mehrheitlichen Willen des Parteitags, Rau das Ministerpräsidentenamt zu übertragen. Posser sprechen nur 150 Delegierte das Vertrauen aus. »Von heute an ist Wahlkampf.« Mit dieser Ankündigung nimmt Rau seine Wahl zum Nachfolgekandidaten der Partei für Ministerpräsident Kühn entgegen. Angesichts von vier anstehenden Wahlkämpfen in den kommenden zwei Jahren in Nordrhein-Westfalen fordert Rau eine faire Partnerschaft mit der FDP: »Wir haben es nötig, behutsam miteinander umzugehen.« Die Drohung des FDP-Landesvorsitzenden, Wirtschaftsminister Horst Ludwig Riemer, mit einer Stimmverweigerung der FDP-Abgeordneten bei der Wahl des Kühn-Nachfolgers wegen des Streits in der Bonner sozialliberalen Koalition um das Steuerpaket prägt die Atmosphäre des SPD-Parteitags bis zum Schluß.

Aber der freidemokratische Juniorpartner spielt artig mit. Auf der 82. Sitzung des Landtags Nordrhein-Westfalen am 20. September 1978 wird der Abgeordnete Johannes Rau mit allen 104 Koalitionsstimmen zum neuen Ministerpräsidenten gewählt. Kühn, der sich in die Europapolitik verabschiedet, hinterläßt seinem Nachfolger eine Fülle an Problemen. Die Zukunft des schnellen Brüters von Kalkar, die nicht zuletzt durch die Hochschulgründungen bedingte wachsende Neuverschuldung des Landes, das Aachener Großklinikum und das erfolgreiche Volksbegehren der Opposition gegen das Koop-Schulsystem sind nur diejenigen Probleme, die bald angegangen werden müssen. Zudem hat der Wechsel in einer Zeit stattgefunden, wo die Fragen nach der Zukunft der Ruhrindustrie drängender gestellt werden. Auch in NRW ist die Wachstumskrise zu spät als Strukturkrise erkannt worden. Für die achtziger Jahre werden wichtige industriepolitische Weichenstellungen von der Landesregierung erwartet.

Nach hundert Regierungstagen reiben sich Opposition und Medien verwundert die Augen. Der neue Ministerpräsident hat einige der Klippen bereits erfolgreich umschifft, die manche als Ursache für ein vorzeitiges Aus der Regierung Rau prophezeit haben. In Bonn hat er seinen Parteifreunden trotz immensen Drucks des liberalen Koalitionspartners einen Ausgleich für den Wegfall der Lohnsummensteuer abgerungen und damit auch die NRW-Städte von Defizit-Alpträumen befreit. Auch die dritte Teilerrichtungsgenehmigung für den Schnellen Brüter hat er sanft gegen den heftigen Widerstand seiner FDP-Minister Hirsch und Riemer durchgesetzt.

Es zeichnet sich für den interessierten Beobachter aber auch bereits das ab, was in den nächsten zwanzig Jahren der Regierungsstil an Rhein und Ruhr sein wird. »Nicht gerade entschlußfreudig« sei der neue Ministerpräsident, befindet etwa die *Frankfurter Rundschau* und zieht Prüfsteine wie die angekündigte und dann hinausgezögerte Liberalisierung der Einstellungspraxis im öffentlichen Dienst oder notwendige Konsequenzen aus dem Volksbegehren der CDU-Opposition gegen die Kooperative Schule als Beweise heran.

Ein Blick hinter die Kulissen verdeutlicht aber, wie das System Rau funktioniert. Der vielfach gescholtene »Zögerer und Zauderer« versteht sich in seinem Kabinett nicht als Verkünder, sondern Moderator. Hans Schwier, als Wissenschafts- und Kultusminister lange Jahre in Johannes Raus Diensten, spricht von »gruppendynamischen Prozessen«, in denen Rau alle Kabinettmitglieder auffordert, zu dem Problem eines Ressorts Diskussionsbeiträge zu liefern. Das kann den betreffenden Minister durchaus nerven: »Ich hatte den Eindruck, in einem Kabinett aus lauter Wissenschaftsministern arbeiten zu müssen«, so Schwier. Die Diskussionen verlaufen aber nicht ungesteuert. Rau greift nur kurz ein, gibt Gesprächsrichtungen vor. Schwier ist aber überzeugt, daß der Regierungschef Verlauf und Ergebnisse der Kabinettsdiskussionen zuvor geplant hat. Die Ergebnisse nutzt der Regierungschef indes keineswegs zur Selbstdarstellung. Jeder Minister kann die gemeinsam erarbeiteten Entscheidungen nach außen zur Profilierung gegenüber seinem politischen Gegner einsetzen. Rau kann sehr unangenehm werden, wenn Entscheidungsprozesse, bevor sie im Kabinett beendet sind, durch Festlegungen eines Ministers in der Öffentlichkeit vorab in eine bestimmte Richtung gelenkt werden, wenn unter Umständen nur noch eine einzige Entscheidung nach Ansicht der Öffentlichkeit sinnvoll erscheint. So unter Druck gesetzt, ist Rau nachhaltig verärgert. Selbst dann, wenn er die vorab getroffene Entscheidung politisch billigt.

Aber auch der politische Gegner hat seine liebe Not mit dem neuen Regierungschef. Die Landtagsdebatten seit 1978 verdeutlichen, wie schwer sich die Opposition mit Rau tut. Der sozialdemokratische Haudegen Kühn hat immer wieder Angriffsflächen geboten, an denen es sich reiben läßt. Rau ist kein raufender Regierungschef, er macht es dem Gegner schwer, weil er sich gar nicht erst in den Clinch begibt. Oppositionsführer Heinrich Köppler und nach ihm manch anderem motivierten CDU-Recken, der von der Konfrontation lebt, ist so ziemlich das Schlimmste widerfahren, was einem Oppositionspolitiker passieren kann: Ein diszipliniert-freundlicher, gelassen mahnender, stets zu Kooperation einladender Gegner. Bald beklagt man in der CDU die »Umarmungen« des Ministerpräsidenten, erstmals geäußert in Verbindung mit der Regierungserklärung. Rau hat es fertig gebracht, darin auch dem ländlichen Bereich einige Passagen zu widmen, sogar den Wettbewerb »Unser Dorf soll schöner werden« namentlich anzusprechen. Kein kleinkariertes Gemüt kommt da zum Vorschein, sondern vielmehr eine effektive Methode, bewußt Themen der CDU aufzunehmen und dem politischen Gegner auf diese Weise die Luft abzupressen. Diese Strategie schaut sich Rau von seinem hessischen Amtskollegen Holger Börner ab: Schritt für Schritt dem Gegner die Angriffsziele wegnehmen, eher im Kleinen wirken als mit spektakulären Aktionen.

Eine Episode macht dies besonders deutlich. Drei Tage vor der Landtagswahl am 8. Mai 1980 trifft Rau in einer Fernsehdiskussion auf seinen Herausforderer, CDU-Oppositionsführer Kurt Biedenkopf. Der scharfsinnige Professor ist glänzend auf eine sachliche Diskussion mit Rau vorbereitet. Bildungspolitik, Ruhr-Programm, Arbeitslosigkeit, Aachener Großklinikum: Biedenkopf schlägt dem SPD-Politiker die Schwachstellen von dessen Regierungspolitik um die Ohren, bis es für die Zuschauer wie Beteiligte peinlich wird. Rau befreit sich aus seiner offenkundigen Hilflosigkeit mit einem einzigen Satz: »Nun hör doch mal auf, Junge!« – und erntet spontanen Beifall. Alle Herzen sind auf seiner Seite. Ein kumpelhafter Ton, davon zeigt sich später auch Biedenkopf überzeugt, schlägt eben alle Sachargumente.

Rau legt Wert auf den intensiven Bürgerkontakt, reist besonders in den Anfangsjahren viel durchs Land. »Ich habe nicht gewußt«, gesteht er einmal, »daß es so viele Menschen gibt, für die der Ministerpräsident die letzte Adresse ist.« Und bald überlegt Rau, der Briefe der Bürger nicht nur liest, sondern auch ernst nimmt, ob er nicht in der Staatskanzlei ein Referat für Bürgerhilfe einrichten soll.

Eine Menge Kleingeld, will es scheinen. Doch des Ministerpräsidenten Mühen lohnen. Wenige Monate nach seiner Wahl wird er bereits von den meisten Zeitungen respektvoll als Landesvater tituliert, der doch schon ein bißchen über den Alltagsproblemen steht. Demoskopen, die das Phänomen Rau analysieren, stellen erstaunt fest, daß der Wuppertaler beliebt ist wie kein anderer Regierungschef in der Bundesrepublik, dabei weder Volkstribun noch politischer Intellektueller.

Den Beleg hierfür gibt es bei der Landtagswahl 1980. Rau erhält die absolute Mehrheit, der Koalitionspartner FDP ist gar unter die Fünfprozenthürde gerutscht. Klarer kann das Votum der Wähler nicht sein, auch wenn hier bei der Höhe des Erfolgs das Schmidt/Strauß-Duell eine Rolle gespielt haben mag. Johannes Rau hat sich freigeschwommen, und er unterstreicht seinen Führungsanspruch nach dieser Legitimierung deutlich.

Kurz nach der Wahl wird Rau von einem Journalisten

gefragt, ob sein Vorgänger so wie alle NRW-Ministerpräsidenten schon für die Ahnengalerie in der Staatskanzlei in Öl gemalt worden sei. »Der Maler ist bei der Arbeit«, so Rau. »Bei mir braucht er frühestens in zwölf Jahren ran.«

# KAPITEL 4

# Von Düsseldorf nach Bonn – und zurück

Die SPD und ihre Ministerpräsidenten – kaum hat ein erfolgreicher Landespolitiker eine Landtagswahl überzeugend gewonnen, läuft er Gefahr, gleich zum Hoffnungsträger seiner Partei und, im Falle einer bevorstehenden Bundestagswahl, zum Kanzlerkandidaten ausgerufen zu werden. Rudolf Scharping, Björn Engholm, Oskar Lafontaine – Johannes Rau ist der erste jenes unglücklichen Quartetts der Länderregierungschefs, mit dem die Sozialdemokraten vergeblich versuchen, die in Bonn verlorene Macht zurückzugewinnen, ehe mit Gerhard Schröder 1998 endlich der Regierungswechsel gelingt. Der lange Weg der Sozialdemokraten zurück ins Kanzleramt – die Etappe des Johannes Rau ist verschlungen und steinig, belastet mit Niederlagen und bitteren Enttäuschungen.

Sie beginnt im Frühjahr 1982. Nachdem Hans-Jürgen Wischnewski zu Jahresanfang angekündigt hat, im April auf dem Parteitag in München sein Amt als stellvertretender Parteivorsitzender niederzulegen, ist der Posten des neben Helmut Schmidt zweiten Stellvertreters von SPD-Chef Willy Brandt plötzlich vakant.

»Nach Lage der Dinge kamen für diese Position nur Johannes Rau und ich in Betracht«, erinnert sich der damalige Vorsitzende der SPD-Bundestagsfraktion, Hans-Jochen Vogel. Und weil Brandt eine einvernehmliche Lösung wünscht, einigen sich die beiden Kandidaten in einem nur halbstündigen Gespräch unter vier Augen. Rau soll es machen.

Die Überlegung: Sollte die SPD-geführte Bundesregierung innerhalb der nächsten Monate scheitern, kann der Neuaufbau nur über die Länder erfolgen. Also muß ein erfolgreicher Ministerpräsident der engsten Parteiführung angehören.

Daß die sozialliberale Regierung Schmidt/Genscher unmittelbar vor ihrem Zerfall steht, wissen die führenden Genossen nur zu gut. Wirtschaft, Finanzen, Soziales – es gibt kaum noch ein Thema, über das sich die Koalitionspartner, aber auch die immer stärker in den Vordergrund drängenden Flügel der SPD noch einigen können.

Um die verfahrene Lage zu diskutieren, treffen sich Rau, Vogel und andere Spitzengenossen in einem abgelegenen Wochenendhaus des niedersächsischen SPD-Vorstandsmitglieds Peter von Oertzen am Steinhuder Meer. In der Idylle fernab von Bonn kommt die Runde zu deprimierenden Ergebnissen: Die Koalition sei »in ihre Schlußphase eingetreten«. Schlimmer noch: Für die SPD gehe es nun nicht mehr allein um den Machterhalt, sondern um das Überleben als Volkspartei, sie drohe nicht nur ihre Regierungsfähigkeit, sondern auch die Oppositionsfähigkeit zu verlieren. Das Fazit: Um Schaden von der SPD abzuwenden, müsse der Kanzler die im Zerfall befindliche Koalition mit der FDP so schnell wie möglich beenden.

Mit der Entlassung der FDP-Minister zieht Helmut Schmidt am 17. September 1982 die Konsequenzen. Am 1. Oktober wählt der Bundestag in Bonn über ein konstruktives Mißtrauensvotum Helmut Kohl zum neuen Bundeskanzler, die SPD wechselt auf die Oppositionsbank – fast auf den Tag genau für sechzehn Jahre.

Daß die Sozialdemokraten bei der für den 6. März 1983 angesetzten vorgezogenen Neuwahl des Bundestags keine Chance haben werden, die Macht zurückzugewinnen, weiß die gesamte Parteiführung. Die anstehende SPD-Kanzlerkandidatur, das ist offensichtlich, wird eine reine Zählkandidatur mit dem einzigen Ziel, den Stimmenverlust so erträglich wie möglich zu halten. Aber einer muß es schließlich machen, und nach Lage der Dinge kommt nur Fraktionschef Vogel für die undankbare Aufgabe in Frage – oder Johannes Rau.

Hinter Parteichef Brandt ist er, ausgestattet mit einer absoluten Mehrheit im bevölkerungsstärksten Bundesland, der zweitmächtigste Mann in der SPD. Auf Parteitagen läuft nichts gegen die Delegierten des NRW-Landesverbandes, dessen unumstrittener Vorsitzender er ist. Und daß er zudem populärer ist als der oft oberlehrerhaft wirkende Vogel, belegen alle Umfragen. Aber Rau will nicht.

Eine klare Niederlage bei der anstehenden Bundestagswahl vorausgesetzt, würde die Stellung der SPD außer beim Bund auch noch an Rhein und Ruhr ins Wanken geraten, argumentiert er. Es könne jetzt nur noch darum gehen, die Macht in den Ländern zu erhalten und nach der Wahl von dort aus an den Wiederaufbau in Bonn zu gehen.

Nicht nur Vogel, sondern auch Willy Brandt und der abgewählte Kanzler Schmidt finden die Argumentation plausibel. Bei einem Treffen in Schmidts Haus in Hamburg fällt die Entscheidung: Der Kanzlerkandidat 1983 heißt Hans-Jochen Vogel. Als am Abend des 6. März 1983 die Stimmen ausgezählt werden, ist das Ergebnis ernüchternd: 38,2 Prozent. Der Weg zurück an die Macht ist noch lang.

Allen Bonner Turbulenzen zum Trotz – an der überragenden Popularität Johannes Raus kann auch die tiefe Depression nichts ändern, in die die Bundes-SPD nach der Wahlniederlage verfällt. Er hat sich während des rasanten Niedergangs der sozialliberalen Koalition weitgehend aus der Bundespolitik ferngehalten, um ein Übergreifen der Krise auf Nordrhein-Westfalen unter allen Umständen zu verhindern. Und es klappt. Eine SPD-interne Studie kommt zu dem Ergebnis, daß bundesweit 85 Prozent der Wahlberechtigten den Politiker Rau kennen, obwohl ihn nur 68 Prozent parteipolitisch zuordnen können.

Das Image des überparteilichen Landesvaters nimmt Formen an. So sieht er sich selbst, so will er gesehen werden: einer, der in der öffentlichen Wahrnehmung über den politischen Parteien steht, der stets nur für die Schwachen und Hilfsbedürftigen Partei ergreift. Wenn's darüber hinaus auch der Partei nützt, warum nicht.

In seiner Kritik an der neuen Regierungskoalition in Bonn gibt er sich trotzdem unversöhnlich. Die »Wendekoalition« habe sich die »Macht erschlichen«, wettert er auf Parteiveranstaltungen, den Vorwurf von CDU/CSU und FDP, Sozialdemokraten könnten nicht mit Geld umgehen, kontert er mit dem Satz: »Der derzeitige Kanzler und seine Bonner Regierung können nicht mit Menschen umgehen.«

Ungebrochen in seiner Popularität und unbeeinträchtigt vom konfusen Bild, das die Bundes-SPD in der ihr noch ungewohnten Oppositionsrolle abgibt, machen sich Rau und seine Mitarbeiter an die Vorbereitungen für die Landtagswahl, die im Mai 1985 stattfinden wird. Im Frühherbst bildet SPD-Landesgeschäftsführer Bodo Hombach ein zwölfköpfiges Expertengremium, in dem Werbefachleute, parteinahe Professoren und SPD-Funktionäre Grundzüge der Strategie für den Wahlkampf ausarbeiten sollen. In der Düsseldorfer Staatskanzlei wird ehrfurchtsvoll über die »Zwölf Apostel« getuschelt.

Daß er dieser Wahl gerade auch mit Blick auf die Chancen der Sozialdemokratie auf Bundesebene eine besondere Bedeutung zumißt, sagt Rau ganz unverblümt: »Von Nordrhein-Westfalen wird die Erneuerung der SPD auch für Bonn ausgehen.« Manchen in seiner Umgebung macht das demonstrative und robuste Selbstbewußtsein glauben, Rau habe insgeheim schon die nächste wichtige Personalentscheidung der SPD im Blick, die Kanzlerkandidatur für die Bundestagswahl 1987. Doch im kleinen Kreis macht der Ministerpräsident klar, daß ihm vor dem »Tollhaus Bonn« eigentlich graue.

Ein politisches Umfeld mit für ihn noch unübersichtlichen Kommunikationsstrukturen, unbekannten Fallstricken und einer unberechenbaren Presselandschaft, kurzum, Verhältnisse, in denen man bei Problemen nicht einfach zum Telefonhörer greifen und einen alten Duzfreund anrufen kann – das klingt nach bedenklichem, vielleicht sogar feindlichem Terrain.

Denn es sind auch die kleinen Tricks, mit denen Rau so souverän und effektiv regiert. Hier in Düsseldorf kennt er seine Pappenheimer. Wenn es gar nicht anders geht, reicht fast immer kurzfristiger, aber um so energischerer Liebesentzug aus, um einen Abweichler reumütig wieder an den politischen Küchentisch zu bekommen. Hans Leyendecker im *Spiegel* über die Kehrseite des Rauschen Erziehungssystems: »Wer sich einmal mit dem Christen aus Wuppertal angelegt hat, bekommt schnell zu spüren, wie garstig Nächstenliebe sein kann.« Merkwürdig sei schon, schreibt Gunter Hofmann in der *Zeit*, »wie weit Düsseldorf von Bonn entfernt ist, obwohl nur eine Autostunde dazwischenliegt«.

Trotz aller Vorbehalte gegenüber dem schillernden Regierungsstädtchen knapp 70 Stromkilometer rheinauf schüren Spitzengenossen in Düsseldorf und Bonn gezielt Gerüchte, Rau plane die bevorstehende Landtagswahl als Testlauf für bundespolitische Ambitionen. »Manche halten ihn für fähig und würdig«, schreibt der umtriebige Landesgeschäftsführer Hombach 1985 in einer SPD-Werbebroschüre, »eines Tages die goldene Taschenuhr des August Bebel zu tragen«, jenen sagenumwobenen Chronometer, der, zu dieser Zeit im Besitz von Willy Brandt, als die Insignie des jeweiligen Parteivorsitzenden gilt.

Fraktionschef Hans-Jochen Vogel geht bereits noch weiter. Schon im April 1985 äußert er im kleinen Kreis: »Wenn die SPD 1987 auf Sieg setzt, dann nur mit einem Gewinner Rau.«

Und gewinnen kann Rau! Am Muttertag 1985, es ist der 12. Mai, steht für die meisten Kommentatoren fest, daß der nordrhein-westfälische Ministerpräsident der kommende starke Mann der SPD ist. Bei der Landtagswahl haben die Sozialdemokraten ihre absolute Mehrheit nicht nur verteidigt, sondern mit 52 Prozent der Stimmen sogar noch ausgebaut. Demonstrativ reist Parteichef Brandt noch am Wahlabend nach Düsseldorf und präsentiert sich zusammen mit dem strahlenden Sieger den Fernsehkameras.

Als das SPD-Präsidium am nächsten Tag in Bonn zusammentritt, liegen die Pressekommentare auf den Tischen. Der überwältigende Sieg hat Johannes Rau zum Favoriten für die Kanzlerkandidatur 1987 gemacht. Die Stimmung ist blendend, aber etwas haben die Genossen doch zu kritisieren: »Waschmittelwerbung« sei das in Nordrhein-Westfalen gewesen, eigentlich gar kein richtiger Wahlkampf. Und der Gegner, habe man gehört, sei mit seinem Kandidaten Bernhard Worms auch nicht sonderlich in Form gewesen.

In den folgenden Wochen untermauern die Meinungsumfragen, daß Rau von allen Mitgliedern der Parteiführung die größten Chancen eingeräumt werden, Helmut Kohl erfolgreich herauszufordern. Im direkten Vergleich zu Hans-Jochen Vogel ermittelt das Forschungsinstitut Emnid einen Sympathiewert von 56 Prozent gegenüber nur 17 Prozent für den 1983 gescheiterten Fraktionschef. Allerdings bei der Frage nach dem idealen Bundeskanzler erreicht Rau nur schwache 23 Prozent. Aber im Vergleich mit Kohl führt er immerhin mit 55 zu 42 Prozent.

Daß Zustimmung in der eigenen Partei noch lange keine Garantie für einen Sieg bei der Bundestagswahl ist, weiß Rau nur zu gut. Hinzu kommt ein prinzipielles Problem. Während Union und FDP in Bonn unmißverständlich erkennen lassen, daß sie ihr Regierungsbündnis auch nach der Wahl 1987 fortsetzen wollen, fehlt der SPD ein potentieller Koalitionspartner. Denn eines ist für Rau klar: Eine Zusammenarbeit mit den Grünen kommt nicht in Frage. »Die Grünen erschienen ihm nicht solide genug«, erinnert sich der Rau-Vertraute und damalige Bundestagsabgeordnete Franz Müntefering, »obwohl er eigentlich gar keinen von denen wirklich kannte. Sein Weltbild war und ist in solchen Dingen von einer festgefügten Ordnung geprägt. Und alles, was neu ist, was möglicherweise Unruhe oder Unordnung in dieses Weltbild bringen könnte, bereitet ihm fast körperliches Unbehagen und stößt somit auf seinen Widerstand.«

Trotzdem weiß die SPD-Führung, daß nur mit einem Kandidaten von überragender Popularität eine kleine Chance auf einen erneuten Machtwechsel in Bonn besteht. Mit dem Auftrag, Rau zur Übernahme des Amtes zu überreden, reist Bundesgeschäftsführer Peter Glotz ins bayerische Elmau, wo die Familie Rau die Sommerferien verbringt.

»Ich habe fast eine ganze Nacht lang im Diskurs widerstanden«, erinnert sich Rau an das folgenschwere Treffen in der Alpenidylle, »ich wollte wirklich nicht.« Aber Glotz bleibt hartnäckig. Auch als Rau sich bitter beklagt, ihm werde von Neidern jetzt schon vorgeworfen, er habe aus purem Ehrgeiz sogar die Geburt seines Kindes – Sohn Philip-Immanuel ist Ende Januar mitten im nordrhein-westfälischen Landtagswahlkampf auf die Welt gekommen – nach Karrieregesichtspunkten geplant. Ehefrau Christina versucht, ihren Mann in seiner Ablehnung zu bestärken: »Die Familie, unser Kind ...«

Doch darauf kann die Partei keine Rücksicht nehmen. Denn Glotz' entscheidende Frage: »Wir brauchen jetzt wirklich einen Kandidaten. Sag, wen sollen wir denn sonst nehmen?« kann Rau nicht beantworten. Er weiß, daß es keine Alternative gibt. Im Gespräch mit Willy Brandt hat Fraktionschef Vogel ausgeschlossen, noch einmal anzutreten. Eine erneute Kandidatur, so argumentiert er, könne als Indiz gewertet werden, daß die SPD die Wahl bereits von vornherein verloren gebe. Nüchtern räumt er ein: »Mir fehlt die Ausstrahlung des potentiellen Siegers.«

Der mögliche Wechsel vom heimeligen Düsseldorf ins rauhe Bonn, der reichlich ungewisse Ausgang des Abenteuers Kanzlerkandidatur – Rau mag sich nicht entscheiden. Zumal eine besonders einflußreiche Stimme ihm dringend abrät.

Anfang Juli erreicht Rau ein Brief von Ex-Kanzler Helmut Schmidt aus Hamburg, der ihm schwer zu denken gibt. »Die Partei ist zur Zeit im Bund weniger regierungsfähig, als sie es zuletzt im Sommer und Herbst 1982 war«, warnt Schmidt, »es fehlen tragfähige Konzepte zur ökonomischen Politik wie auch zur Außen- und Sicherheitspolitik. Entsprechend fehlen die Personen, welche als Bundesminister auf diesen drei Feldern eine wenigstens halbwegs erfolgreiche Politik verwirklichen könnten.«

Eine vernichtende Prognose. Aber kaum einer in der engsten Parteiführung könnte zu diesem Zeitpunkt ihre Richtigkeit ernsthaft bestreiten. »Auch ich«, sagt Rau, »habe diese Analyse in den wesentlichen Punkten geteilt.«

Was die Grünen betrifft, stützt Schmidt zwar Raus Vorurteile, indem er schreibt: »Selbst bei ernsthafter Analyse ist nicht erkennbar, wie man vier Jahre lang mit diesem Partner eine konsistente, auf Erfolg und nicht bloß auf kurze Selbstbefriedigung gerichtete Politik ... durchhalten könnte.« Aber auch die von Rau favorisierte Alternative, das Anstreben einer absoluten SPD-Mehrheit, hält der Altkanzler für eine pure Illusion: »Eine absolute sozialdemokratische Mehrheit setzt katastrophale Mißerfolge der Regierung Kohl voraus. Dieser Fall ist ganz unwahrscheinlich.« Sollte sich Rau dennoch dazu durchringen, ins Rennen zu gehen, dann, rät Schmidt, »nur unter der Voraussetzung, daß zugleich Willy Brandt Dich zum Parteivorsitzenden vorschlägt«.

Rau grübelt. Auch über Schmidts bemerkenswerten abschließenden Wunsch am Ende des dreizehnseitigen Schreibens: »Ich möchte Dich nicht verschlissen sehen, denn ich denke wie viele andere auch an die Möglichkeit späterer Nachfolge hinter Weizsäcker.«

Das Amt des Bundespräsidenten, vakant 1990 oder, falls Weizsäcker für eine zweite Amtszeit gewählt würde, spätestens 1994 – wäre das nicht eine viel verlockendere Perspektive als eine zweifelhafte Kanzlerkandidatur? Das ›Prinzip Harmonie‹ überall zu verbreiten- anstatt als Kanzler im Feuer des politischen Alltagsgeschäfts zu stehen?

Doch für ein Zurück ist es zu spät. Als eine Passage aus dem Schmidt-Brief durch Indiskretion an die Öffentlichkeit gerät, steht die SPD noch mehr unter Zugzwang. Eine Debatte über die Frage, ob die Partei überhaupt einen vorzeigbaren Kandidaten aufbieten könne, ist das letzte, was die Sozialdemokraten jetzt gebrauchen können.

Das sieht auch Johannes Rau ein. Schließlich, Ende August, gibt er den Widerstand gegen die Spitzenkandidatur auf. Die Pflicht hat gerufen: »Ich hatte den Eindruck, ich darf mich nicht verweigern.« Seine Bedingung, das ist der Partei- und Fraktionsführung klar, wird die SPD auf eine harte Probe stellen. Er trete nur an, hat er im Präsidium klargestellt, wenn die SPD eine Wahlkampagne mit dem alleinigen Ziel der absoluten Mehrheit führe. Jede Form eines Bündnisses mit den Grünen müsse ausgeschlossen werden. »Ich hatte ein politisches Profil, das mit den damaligen Grünen nicht zu realisieren war«, begründet er seine Haltung rückblickend.

Es bleibt keine Wahl. Brandt und Vogel stimmen zu, »ein eklatantes Führungsversagen des Parteivorsitzenden«, wie einer der damals führenden SPD-Politiker findet. »Im Grunde war damit klar, daß wir das Ding nicht gewinnen konnten«, erinnert sich Franz Müntefering.

Einen Rat gibt Brandt Rau noch mit auf den Weg: Bei Klaus Schütz, einst erfolgreicher Wahlkämpfer in Berlin und nun Intendant der Deutschen Welle in Köln, soll er sich Tips für seine Strategie holen. »Führe den Wahlkampf von Düsseldorf aus«, empfiehlt Schütz.

»Er muß kämpfen, er, der nichts so haßt wie den Kampf…«, schreibt Heinrich Jaenecke im *Stern*, als bekannt wird, daß Rau die SPD in den Bundestagswahlkampf führen wird. Der stets nach Konsens Suchende im beinharten Kampf um die Macht in Bonn – geht das überhaupt zusammen? fragen viele Kommentatoren. Rau gibt die Antwort auf seine Weise. Er will auch beim Wettbewerb um die Kanzlerschaft nicht von seinen Grundüberzeugungen abgehen und lieber mit Anstand verlieren als sich verbiegen lassen.

»Das Kanzleramt ist ja nun nicht das Höchste, was man sich vorstellen kann«, begründet er seine Standhaftigkeit, »und wenn man dann wider Erwarten zweimal im größten Bundesland die absolute Mehrheit gekriegt hat und ist 55 Jahre alt und hat eine junge Frau und kleine Kinder und dann kommen sie und sagen, du mußt das machen, Bundeskanzler werden, dann sagt man als erstes, nee Leute, jetzt soll mal ein anderer. Deshalb habe ich so lange gezögert und mich wahrlich nicht beworben. Ich bin gedrängt worden. Aber als ich dann ja gesagt habe, habe ich es auch so gemeint. Und jetzt will ich auch.«

Ein Kanzlerkandidat, der seine Selbstzweifel öffentlich macht, einer, der seine Ansprüche nicht mit kriegerischem Feldgeschrei anmeldet – kann das gutgehen? »Die Leute wollten einen Kandidaten, der in der politischen Auseinandersetzung draufhauen kann«, sagt Hans-Ulrich Klose, zu dieser Zeit Mitglied im Vorstand der SPD-Bundestagsfraktion, »aber das ging mit Rau natürlich nicht. Er war einfach zu harmonisch für einen Bundestagswahlkampf.«

Doch Johannes Rau nimmt die Herausforderung an. Anfang September 1985 beauftragt ihn der SPD-Parteivorstand, bis Jahresende seine politischen Vorstellungen zu formulieren und dann in einer Grundsatzrede darzulegen. Damit ist auch für die Öffentlichkeit klar, daß die Entscheidung gefallen ist.

Gestärkt von einem erwartungsgemäß eindeutigen Votum bei der Wiederwahl zum SPD-Landesvorsitzenden am 29. September 1985 macht sich Rau an die Vorbereitungen für seine Kampagne im kommenden Jahr. Neben den Regierungsgeschäften in Düsseldorf bereitet er nun sein politisches Konzept vor, beauftragt seinen zum persönlichen Bundestagswahlkampfmanager beförderten Landesgeschäftsführer Hombach mit der Planung einer Strategie und gibt nebenbei zahllose Interviews.

Mitte Oktober gerät zum ersten Mal Sand ins Getriebe. In einem Gespräch mit der Kölner Boulevardzeitung *Express* kündigt Rau an, im Falle eines Wahlsieges alle von der Regierung Kohl durchgesetzten Kürzungen von Sozialleistungen rückgängig zu machen. Als Bonner Parteifreunde darauf hinweisen, daß dies wohl kaum finanzierbar sei, nimmt er das Versprechen ein paar Tage später wieder zurück – »man darf auch mal Bockmist machen«.

Obwohl das Programm für die Bundestagswahl noch längst nicht geschrieben ist, bleibt Rau in einem Punkt unbeirrbar: keine Zusammenarbeit mit den Grünen. In Werner Höfers Talk-Runde »City-Treff« sagt er Anfang November, auf die Koalitionsfrage angesprochen: »Es gibt für die SPD keinen Partner.« Beschlossen und verkündet, Punkt aus.

Und als wollte er in dieser Frage jeden Zweifel zerstreuen, läßt er es sich nicht nehmen, am 29. November das neue Kohlekraftwerk in Ibbenbüren bei Münster einzuweihen. Industriepolitik ja, grüne Miesmacherei nein, lautet die Botschaft. Soll das alternative Völkchen die Anlage doch als den »größter Stinker der Republik« verteufeln. Die Landesregierung hat ausgerechnet, daß das Kraftwerk pro Jahr anstatt der von den Grünen (und der CDU) angegebenen 32 000 Tonnen Stickoxide nur 17 000 Tonnen in den westfälischen Himmel pustet, ab 1989 dann dank neuer Filter sogar nur noch 1700 Tonnen. Da geht's lang!

Am dritten Advent, es ist der 15. Dezember 1985, reist der gesamte SPD-Parteivorstand geschlossen nach Düsseldorf, um den Beschluß über den Kanzlerkandidaten auch formell zu fassen. »Wir nehmen die Herausforderung an und sagen: Die Entscheidung des Jahres 1987 kann zu einer Schicksalswahl für unser Volk werden«, heißt es in dem Text, den die knapp vierzig Mitglieder der Parteiführung verabschieden. Damit alle Genossen wissen, woran sie sich in den nächsten Monaten zu halten haben, gibt SPD-Chef Brandt dazu »fünf Hinweise« an die Partei, die als Pressemitteilung veröffentlicht werden. »Das ehrgeizige Wahlziel einer eigenen Mehrheit ist bei umfassender und geduldiger Überzeugungsarbeit zu schaffen«, formuliert der Vorsitzende. Und er ergänzt: »Johannes Rau soll wissen: Er kann sich auf uns verlassen, wie sich die Partei auf ihn verlassen kann. Ich will für mich hinzufügen: Wer Johannes Rau seine schwierige Aufgabe unnötig oder unbedacht schwerer macht, der muß mit dem Parteivorsitzenden rechnen. Ich sehe meine Aufgabe im nächsten Jahr nicht zuletzt darin, Johannes Rau den Rücken freizuhalten.«

Daß am Ende sogar Brandt selbst dem Kanzlerkandidaten seine Loyalität entziehen wird, ahnt an diesem Sonntagnachmittag noch keiner der versammelten Vorstandsmitglieder.

Ein Triumphzug soll es werden, zurück ins Bonner Kanzleramt, doch der Jubel reicht nur bis Ahlen. In der westfälischen Kleinstadt will die Partei sich und ihren Kanzlerkandidaten feiern, sich Mut für den bevorstehenden Bundestagswahlkampf zusprechen. Der Ort ist mit Bedacht gewählt: Hier hatte die CDU 1947 ihr Wirtschaftsprogramm beschlossen, jenes legendäre Papier, in dem die Christdemokraten sich – allerdings nur vorübergehend – als revolutionäre Kraft darstellten und in dem es hieß: »Das kapitalistische Wirtschaftssystem ist den staatlichen und sozialen Lebensinteressen des deutschen Volkes nicht gerecht geworden.«

Am 16. November 1985 morgens um 8.08 Uhr setzt sich der Sonderzug D 25770 auf dem Bonner Hauptbahnhof in Bewegung, die SPD macht sich auf zum »Treffen in Ahlen«. Die Fahrt durch das SPD-Stammland ist sorgfältig inszeniert, in jedem Bahnhof, auf dem der Zug Station macht, haben sich Ortsvereine geschlossen zum Winken auf dem Bahnsteig eingefunden, die örtlichen Musikkapellen lassen die Bahnhofshallen erzittern. In Düsseldorf steigt Parteichef Brandt unter dem Beifall der Genossen ein, als Höhepunkt der zweieinhalbstündigen Jubelfahrt wartet auf dem Dortmunder Hauptbahnhof Johannes Rau.

Schon bei der Ankunft in der Ahlener Stadthalle ist die Euphorie verflogen. Hans-Jochen Vogel teilt der Festversammlung mit, daß Altkanzler Schmidt wegen »dringender Termine« leider abgesagt hat. »Er hat geahnt, daß von der Veranstaltung nichts Gutes ausgehen konnte«, erinnert sich einer der Organisatoren von damals, »und die Mißbilligung hat er durch seine demonstrative Abwesenheit zu Protokoll gegeben.«

Trotz unguter Omen läßt Rau sich nicht beirren. Auf seinem Rednerpult steht in roter Schrift der Slogan, unter den er seinen Wahlkampf stellen will: »Versöhnen statt spalten«. In einer 90minütigen Grundsatzrede unter der Überschrift

»Soziale und ökologische Erneuerung – Ein Beitrag zur Orientierung sozialdemokratischer Politik im Bundestagswahlkampf« macht der Kanzlerkandiat deutlich, wie er sich die Rückkehr an die Macht vorstellt.

»Wir haben einen langen, einen schweren Weg vor uns«, beginnt er und fügt hinzu: »Ich ziehe ohne Anflug von Resignation in den Wahlkampf.« Seltsam nachdenkliche, fast melancholische Sätze für einen Vollblutpolitiker, der sich anschickt, nach dem Amt des Bundeskanzlers zu greifen.

Die CDU habe in Ahlen, damals 1947, das Gemeinwohl des ganzen Volkes als Ziel auf ihre Fahne geschrieben, begründet Rau die Wahl der westfälischen Kleinstadt als Ort für das Treffen, sie habe damit einen Gemeinsinn zum Programm erhoben, der der Partei während der Ära Adenauer dann abhanden gekommen sei.

Zur Frage, wie die für einen Regierungswechsel erforderliche Mehrheit beschafft werden soll, sagt er: »Wir wollen keine Parteienkoalition. Wir wollen die Koalition unterschiedlicher sozialer Kräfte, die Koalition der Bürger. Und deshalb wende ich mich scharf dagegen, daß wir uns im Bundestagswahlkampf das Thema Parteienkoalitionen auch nur aufschwätzen lassen.« Für ihn, ergänzt Rau, sei »die Welt nicht eingeteilt in Rote, Schwarze, Grüne, Farblose. Unsere Welt besteht aus Menschen, aus Gesunden und Kranken, aus Glücklichen und Unglücklichen, aus Jungen und Alten, aus Einsamen und Geselligen, aus Frauen und Männern.«

Die »Koalition der Bürger«, eine Regierung, die über dem Parteiengezänk steht, sich nicht im ständigen Kampf um Mehrheiten verschleißen läßt, das ist es, was Rau vorschwebt. Aber spricht so einer, der Kanzler werden will, der im täglichen Wettstreit mit dem politischen Gegner Kompromisse aushandeln, in parlamentarischen Gremien um jedes noch so kleine Detail feilschen muß? Oder ist das nicht schon längst der Anspruch des politischen Moderators, über den Parteien stehend, viel lieber Präsident als Kanzler?

Nach einer Tour d'horizon durch die gesamte SPD-Programmatik, in der er auch seine Abneigung gegen den Bonner Politikbetrieb offen zugibt (»hat sich herumgesprochen«), ruft er in den Saal: »Ich setze mit euch auf Sieg!« Im aufbrausenden Applaus keimt in vielen der anwesenden SPD-Funktionäre für einen Moment ein wenig Hoffnung auf.

Hans-Jochen Vogel bemerkt in seiner Autobiographie »Nachsichten« lapidar: »Damit war von unserer Seite der Wahlkampf früh – wie sich zeigte, wohl zu früh – eröffnet.« Noch sind es 13 Monate bis zur Wahl.

Als der Sonderzug abends um 18.56 Uhr wieder in den Hauptbahnhof von Bonn einrollt, schwankt die Stimmung bei vielen Teilnehmern der Fahrt zwischen Hoffen und Ratlosigkeit: Vielleicht schafft die SPD bei der Wahl ja doch ein gutes Ergebnis, wird sogar stärkste Partei – aber was nützt das alles ohne Perspektive auf eine mögliche Koalition?

»Die nicht lösbare Koalitionsfrage führte zu einer Selbstlähmung der gesamten Partei und zu einer gespaltenen Stimmung«, erinnert sich Hans-Ulrich Klose Jahre später: »Rational wußte jeder, daß wir nicht gewinnen konnten. Aber laut sagen mochte es natürlich keiner, nicht einmal in den Parteigremien. Also haben wir ›Lobet den Herrn‹ gesungen, sind über Land gezogen und nach Ahlen gepilgert. Der Loyalitätsdruck in der SPD ist in so einer Situation ungeheuer groß.«

Die Zweifel, die die Genossen sich noch öffentlich verkneifen, werden in den Medien um so deutlicher ausgesprochen. Im *Spiegel* beschreibt Jürgen Leinemann, wie Rau krampfhaft versucht, bei öffentlichen Auftritten seine sonst so anekdotenreiche Sprache ins Staatstragende zu wenden. Leinemann: »Er bewegt sich am Rande der Selbstverstümmelung.« Und der *Stern* findet, das Rau-Motto »Versöhnen statt spalten« sei ein »penetrant nach Kirchentag schmeckender Slogan«.

Für Rau ist solche Kritik unverständlich. »Dieser Begriff ›Versöhnen statt spalten‹ ist ein richtiger Begriff«, ist er sich bis heute sicher: »Man darf ihn nicht so interpretieren, als wollte ich die Soße der Harmonie auf die Konflikte der Welt schütten. Das will ich nicht. Aber ich will Konflikte nicht nur verdeutlichen, ich will sie abbauen.«

Ganz in diesem Sinne startet die SPD in den ersten Tagen des neuen Jahres eine bundesweite Anzeigenkampagne, für die Schatzmeister Hans Matthöfer die erste Million des Wahlkampfetats bewilligt. In den Tageszeitungen der Republik appelliert Rau an die Wahlkämpfer der Parteien, in den kommenden Monaten »Anstand« zu wahren. Hier tritt ein guter Mensch gegen die Windmühlenflügel des Bonner Parteienbetriebs an, lautet die Botschaft. Wahlkampfmanager Hombach und SPD-Parteisprecher Wolfgang Clement haben sich die Aktion im Laufe ihres gemeinsamen Weihnachtsurlaubs in Israel ausgedacht.

Während in der SPD die Wahlkampfmaschinerie langsam anläuft, bricht in der Bonner Regierungskoalition – in den Augen der Sozialdemokraten gerade rechtzeitig – heftiger Streit aus. Es geht um ein längst für erledigt gehaltenes Thema, den völkerrechtlichen Status der ehemaligen deutschen Ostgebiete, die seit Kriegsende zu Polen gehören. Liberale und konservative Kreise beschimpfen sich öffentlich als »Stahlhelmfraktion« und »Genscheristen«, eine von der SPD-Fraktionspressestelle verfaßte Synopse der in Union und FDP gegenüber Parteifreunden geäußerten Beleidigungen reicht von »Hofhunde« über »Kurpfuscher« und »Spinner« bis zu »schwachsinniger Kleingeist«.

Überhaupt kann die SPD auf eine Reihe von teilweise bizarren Skandalen der Regierung verweisen – des Verteidigungsministers, der es zuläßt, daß einer seiner höchsten Generale als Homosexueller diffamiert wird, der ihn daraufhin entläßt und später kleinlaut rehabilitieren muß; des Kanzlers, der den amerikanischen Präsidenten in Bitburg auf einen Soldatenfriedhof mit Gräbern von Waffen-SS-Angehörigen lockt; des Bundesinnenministers, der die politische Verantwortung für einen der schwersten Spionagefälle der Nachkriegszeit übernehmen muß, sich aber weigert, den Stuhl zu räumen.

Trotzdem setzen die SPD-Strategen nicht auf die klassische

Angriffstaktik, sondern auf leisere Töne. In Düsseldorf versucht Hombach, das Erfolgsrezept des Landtagswahlkampfes 1985 (»Wir in Nordrhein-Westfalen«) auf die Bundesebene zu übertragen. »Wir müssen die Oma mit der Plastiktüte überzeugen und nicht die linken Lehrer«, lautet sein Motto.

Und die Oma soll nicht SPD, sondern Rau wählen! Also entwickelt der Düsseldorfer Stab eine Strategie, mit der die Person des Kanzlerkandidaten von der ihn tragenden Partei abgekoppelt werden kann. Politikverdrossenheit, meint Hombach, sei in erster Linie Parteienverdrossenheit. Rau, so lautet das Ziel, soll als überparteiliche, diese Verdrossenheit überwindende Instanz dargestellt werden. Der gute Mensch von nebenan – in welcher Partei der ist? Nicht so wichtig.

»Es gab eine Zeit«, heißt es in einem Strategiepapier der Düsseldorfer Wahlkampfplaner, »da haben sich die anderen bei der SPD die Randgruppen abgeholt. Und nun bietet Deine Politik und Deine Person die Chance, diesen Spieß umzudrehen. Die SPD kann gegenwärtig tatsächlich keine eigene Mehrheit gewinnen. Zur Zeit gibt es eine strukturelle Hegemonie der CDU. Aber darum geht es gar nicht. Zur Wahl am 25. Januar steht ja nicht die SPD, sondern die SPD unter Führung von Johannes Rau.«

Ein Wahlkampf, bei dem die Partei nur als bunte Kulisse für den Auftritt des Kanzlerkandidaten eingeplant ist – ein solches Vorhaben löst in der Bonner SPD-Zentrale umgehend energischen Widerstand aus. Vor allem Bundesgeschäftsführer Glotz will keine reine Personality-Show, in der alle Streitthemen ausgeblendet werden. Ihm schwebt eine »scharfkantige Auseinandersetzung« vor, die von politischen Grundüberzeugungen getragen wird.

Überhaupt erscheint das ganze Vorgehen der Düsseldorfer Rau-Truppe den Funktionären in der Bonner Erich-Ollenhauer-Straße suspekt. »Das gesamte Handling und auch die Person Hombach erschien uns nur bedingt seriös«, erinnert sich einer aus der damaligen Führung der Baracke, »und es zeigte sich, daß wir mit unseren Befürchtungen richtig lagen.«

Nicht nur an der Strategie, auch an der Person Rau wachsen die Zweifel in der SPD-Zentrale. »Er ist ein Außenseiter«, äußert Bundesgeschäftsführer Peter Glotz im kleinen Kreis seine Bedenken: »Sehr erfahren, aber kein Profi, sehr praktisch, aber kein Macher.« Kritische Stimmen kommen jedoch auch aus Düsseldorf: »Er (Rau) trällert Operetten, wenn Marschmusik fällig wäre«, kalauert der 1983 als nordrhein-westfälischer Umweltminister zurückgetretene ehemalige Rau-Weggefährte Hans-Otto Bäumer.

Das Rumoren in der SPD bleibt auch in der Öffentlichkeit nicht verborgen. »Verdüstert« hätten sich die Aussichten für Rau und die SPD, schreibt der *Spiegel* im Januar 1986 und zitiert eine Umfrage: Danach kommt die CDU/CSU bei der sogenannten »Sonntagsfrage« auf 45 Prozent, die SPD nur auf 40 Prozent. Die von Rau angepeilte »eigene Mehrheit« liegt in weiter Ferne.

Obwohl selbst einflußreiche Genossen der Parteiführung wie der neue saarländische Ministerpräsident Oskar Lafontaine angesichts der zu erwartenden Mehrheitsverhältnisse zu einem vorsichtigen Kurswechsel hin zu den Grünen raten, bleibt Rau stur. Er akzeptiere ja die Existenz der Grünen, räumt er ein, habe Verständnis für den »Protest gegen Parteien, die rein intellektualistisch sind, die Papier produzieren, statt mal zu lachen, zu tanzen, zu weinen«. Aber eine Zusammenarbeit mit dieser »zerrissenen, gesichtslosen Vereinigung« schließt er aus.

Vor allem in Wahlkampfzeiten muß der Wille des Kandidaten auch in den Ländern befolgt werden. In Niedersachsen kämpft gerade der junge Gerhard Schröder für die Ablösung des CDU-Ministerpräsidenten Ernst Albrecht. Im Gegensatz zu den Genossen in Düsseldorf würde er es auch akzeptieren, mit einer rot-grünen Koalition an die Macht zu gelangen. Schließlich sitzen auch in Hessen die Grünen neuerdings mit am Kabinettstisch, ein gewisser Joschka Fischer amtiert als erster Minister der Öko-Partei.

Genau das müsse Schröder in Niedersachsen verhindern, wolle er dem Kanzlerkandidaten nicht in den Rücken fallen, erklären ihm Bodo Hombach und Wolfgang Clement bei einem Besuch in Immensen. Schröder sieht ein, daß er nicht gegen die Linie der Bundes-SPD Wahlkampf führen kann und schwenkt auf klaren Anti-Grün-Kurs. »Das war ein schwerer politischer Fehler«, gesteht er später, »eine Mischung aus Feigheit und Kalkül.« Am 15. Juni 1986 wird in Niedersachsen gewählt. Schröder verliert – wenn auch knapp.

Sogar der sonst oft widerspenstige niedersächsische Spitzenkandidat hat sich der Parteiräson gebeugt. Als um so ärgerlicher empfindet es Rau, daß ausgerechnet das SPD-Parteiblatt *Vorwärts* jetzt immer häufiger Gastkommentare von Spitzenpolitikern der Grünen druckt. Auf einer Pressekonferenz in Bonn erläutert er, eine Kooperation sei unmöglich, »weil es nach meiner Überzeugung unüberbrückbare Meinungsunterschiede gibt in der Frage der Industriepolitik. Und zweitens: Die Grünen haben außen- und sicherheitspolitisch ein Konzept, das mit sozialdemokratischen Positionen nicht übereinstimmt und nicht in Übereinstimmung zu bringen ist.« Als die Grünen dann trotzdem auf einer Bundesdelegiertenkonferenz beschließen, sich, entsprechende Mehrheitsverhältnisse vorausgesetzt, an der Wahl Raus zum Kanzler zu beteiligen, lehnt der SPD-Kandidat selbst das ab: »Auf Umwegen ist Johannes Rau nicht zu kriegen.« Das einzige Problem ist, daß die Bürger dieser Versicherung allen Umfragen zufolge keinen Glauben schenken.

Dafür liegt Rau bei den Sympathie-Werten immer noch deutlich vor Helmut Kohl. 39:26 lautet der direkte Vergleich, laut Infas geben in Nordrhein-Westfalen fast 60 Prozent der Befragten an, ihren Ministerpräsidenten zum Bundeskanzler wählen zu wollen. Das Forschungsinstitut Forsa analysiert im Mai: Es gebe die »Wahl zwischen einer ›guten‹ Partei CDU/CSU mit einem ›schlechten‹ Kanzler Kohl und einem ›guten‹ Kandidaten Rau mit einer ›schlechten‹ SPD«.

Und die Partei macht ihrem Spitzenmann nun zunehmend Schwierigkeiten. Am 26. April 1986 ereignet sich im ukrainischen Tschernobyl der bis dahin schwerste Nuklear-

Unfall, erst Tage später wird das ganze Ausmaß der Katastrophe, die radioaktive Verseuchung ganzer Landstriche erkennbar. In der SPD, unter dem Einfluß vor allem ihrer jüngeren Mitglieder, seit Jahren auf einem zunehmend atomkraftkritischen Kurs, beginnt sofort die Diskussion über einen baldigen Ausstieg aus der Kernenergie.

Ein schwieriges Thema, vor allem für Nordrhein-Westfalen, das weiß Johannes Rau. Als geplanter Standort zweier High-Tech-Reaktoren, des THTR 300 in Hamm und des Schnellen Brüters in Kalkar, ist das Land führend in der Kerntechnik. Ein abruptes Ende ist nach Ansicht der überwiegend konservativen Parteifunktionäre und auch der Gewerkschaften eine überzogene Reaktion. Trotzdem beschließen die Bezirke der NRW-SPD unter dem Eindruck von Tschernobyl die Forderung nach baldigem Ausstieg, in der Bonner Parteiführung macht sich vor allem Gerhard Schröder für die Abschaltung aller Reaktoren stark.

In diesen schwierigen Wochen, bei all den Problemen im deutschen Wahlkampf genießt Rau die Wertschätzung aus dem Ausland besonders. Im April hat ihn die Universität Haifa mit der Ehrendoktorwürde geehrt, im Juni empfängt ihn der sowjetische Staats- und Parteichef Michail Gorbatschow, inzwischen international zum Polit-Darling avanciert, im Kreml. Und die kleinen Aufmerksamkeiten, die er daheim als Gastgeber selbst so souverän zu verteilen weiß, schmeicheln ihm. Während des Gesprächs im Büro des Kreml-Herrschers ignoriert dieser mehrfach ein hektisches Blinken auf seinem Telefonapparat. Als das Lämpchen wieder aufleuchtet, versteht Rau den diskreten Hinweis darauf, daß die Zeit nun um ist, und scherzt: »Herr Generalsekretär, jetzt hat entweder Ihre oder meine Frau angerufen, und in beiden Fällen müßten wir wohl aufhören.« Seine Begleiter diktieren den mitgereisten Journalisten in die Blöcke: Statt der für 90 Minuten geplanten Unterredung wurden es 45 mehr. Die Wertschätzung des mächtigen Sowjetchefs ist Balsam für die Seele des Wahlkämpfers Rau.

Mit einem riesigen Troß – 105 Begleitern, dazu 80 Mitgliedern des Bochumer Schauspielhauses und 50 Artisten des Zirkus Roncalli für das kulturelle Rahmenprogramm sowie 47 Journalisten – ist er an die Moskwa gereist. Eindrucksvolle Fernsehbilder sind fest eingeplant: Rau und Gorbatschow im Kreml, Männer von Welt unter sich. Doch das Timing ist schlecht. Am Abend des Treffens überträgt das deutsche Fernsehen vor allem Fußball, nur die dritten Programme berichten ausführlich über den Besuch.

Zurück in Bonn beginnt jetzt die heiße Wahlkampfphase. Und Woche für Woche kommt es zu neuen Irritationen innerhalb der SPD.

Mit Sommerbeginn haben sich die Wirtschaftsdaten leicht gebessert, die Zahl der Arbeitslosen beginnt zu sinken. Unter dem Motto »Weiter so, Deutschland« beginnt die Union eine Optimismuskampagne, die sich bereits nach kurzer Zeit in steigenden Umfragewerten niederschlägt. Während der Himmel über den Parteien der Bonner Koalition langsam aufklart, ziehen über der SPD schwere Gewitter auf.

Und die Medien stürzen sich im Sommerloch begierig auf das Schauspiel, das die Sozialdemokraten ihnen bieten. »31 Briefe an einen alten Freund«, unter diesem Titel veröffentlicht Ex-Regierungssprecher Klaus Bölling ein Buch, das der *Stern* mit großer Aufmachung vorab druckt. »Er (gemeint ist Rau) wird mit unausweichlicher Logik scheitern«, schreibt Bölling und weiter: »Ich weiß ihn mir nicht als politischen Führer in Bonn vorzustellen. Da würde er sich wohl nur quälen und einsam fühlen.« Überhaupt sei Volker Hauff der bessere Kanzlerkandidat.

Raus Wahlkampfstab ist empört. Weniger über Bölling selbst als über den Umstand, daß viele Bonner Kommentatoren hinter dessen Werk seinen einstigen Chef Helmut Schmidt vermuten.

Mitten hinein in die aufgeheizte Stimmung platzt die nächste Bombe: In seinem südfranzösischen Ferienhaus hat Parteichef Brandt den *Zeit*-Journalisten Gunter Hofmann zu einem Gespräch empfangen, das Interview erscheint am 26. Juli 1986. Obwohl das Blatt Brandts Äußerungen nicht wörtlich, sondern nur in indirekter Rede druckt, gilt der Text als vollständig autorisiert. Hofmann schreibt: »Auch 43 Prozent für seine Partei, so hört man bei Willy Brandt heraus, wären bei der Ausgangslage (1983: 38,2 Prozent) ein schöner Erfolg.« Das sitzt. Auch der SPD-Vorsitzende glaubt also nicht daran, daß Rau sein selbstgestecktes Ziel erreichen kann. Sicher, andere Mitglieder der Parteiführung äußern sich in Hintergrundgesprächen seit Wochen ähnlich. Aber Brandt, und dann auch noch öffentlich?

»Er ist Rau mitten im Wahlkampf in den Rücken gefallen«, sagt ein Mitglied des SPD-Präsidiums, »so was kann man mit einem Kanzlerkandidaten nicht machen. Eine ziemlich linke Tour.« Und der Einwand von Peter Glotz, alles sei doch nicht so tragisch, im übrigen habe Brandt ja recht und nur das gesagt, was viele dächten, macht alles nur noch schlimmer.

Der Kanzlerkandidat liest das Interview beim gemeinsamen Frühstück mit Wolfgang Clement in einem Hotel in Überlingen am Bodensee. »So, Wolfgang«, sagt er bedrückt zu Clement, »jetzt können wir den Wahlkampf einstellen.« Der SPD-Sprecher versucht zu beschwichtigen: »Das überschätzt du. Brandt hat das sicher nicht so gemeint. Und so viele Leute lesen die *Zeit* gar nicht.« Doch Rau weiß Bescheid: »Na warte mal morgen die Reaktionen in den Zeitungen ab ...« Er hat recht. »Zweifelt selbst Brandt an Rau?« fragen die Blätter am nächsten Tag in großer Aufmachung.

Rau ist verärgert, traurig, niedergeschlagen, seine Berater in Düsseldorf schäumen vor Wut. Er werde mit dem SPD-Chef über das Interview reden, antwortet Rau, von Journalisten auf die Brandt-Äußerungen angesprochen.

Zu besprechen gibt es da einiges. Denn Brandt hat Rau ganz nebenbei zu erkennen gegeben, daß er auch in anderen Fragen unterschiedlicher Meinung ist. Auf dem Parteitag im August will er besonders Oskar Lafontaine und Erhard Eppler belobigen, weil die bei den Themen Kernenergie und Umweltschutz jahrelang Meinungen vertreten hätten, die jetzt tatsächlich mehrheitsfähig würden. Auch mit der Ansicht, die SPD müsse ihren Platz links von der Union suchen, äußert er indirekt Zweifel an der Absage des Kanzlerkandidaten an die Grünen. Vielleicht, sinniert er, müsse sich ein SPD-Kanzler im Falle knapper Mehrheiten ja auch im Bundestag als Minderheitsregierung tolerieren lassen. Aber das will Rau ebenfalls nicht.

»Wie wollt ihr denn jetzt noch eure absolute Mehrheit schaffen«, wird SPD-Bundesgeschäftsführer Glotz immer häufiger von Bonner Journalisten gefragt. Eine Antwort weiß er darauf nicht. Rückblickend räumt auch Bodo Hombach ein, »daß uns auch in Düsseldorf klar war, wir konnten keine absolute Mehrheit holen. Aber sagen konnten wir das natürlich nicht, damit hätten wir uns eine nicht zu steuernde Koalitionsdiskussion aufgehalst. Denn jeder Schwenk zu den Grünen hätte die Partei gespalten.«

Vor allem im SPD-Stammland Nordrhein-Westfalen. Insgeheim plant Hombach schon über den Tag der absehbaren Niederlage hinaus. Die Losung: Egal, was im Bund passiert – die Basis in Nordrhein-Westfalen muß stabil bleiben.

Während hinter den Kulissen schon über die Zeit nach dem 25. Januar 1987 nachgedacht wird, geht auf offener Bühne das Wahlkampfdrama weiter, wie meistens bei der SPD vor den Augen der ungläubig staunenden Öffentlichkeit.

Mitte August kommt es bei einer SPD-Klausur auf Burg Rheineck zu einer Auseinandersetzung um die Finanzierung der Kampagne. Hombach verlangt rund 70 Millionen Mark, Schatzmeister Hans Matthöfer will nur 52 Millionen freigeben. Es gibt Streit, und ein paar Tage später steht natürlich alles detailliert in der Zeitung.

Ende August rafft sich die Partei noch einmal auf. Auf ihrem Parteitag in Nürnberg versuchen die Genossen, Geschlossenheit zu demonstrieren, wo kaum noch etwas zusammengeht. »Wir zeigen, daß die Partei und ihr Spitzenkandidat zusammengehören und sich nicht auseinanderschreiben lassen«, sagt Rau in seiner Rede. Zwei Stunden lang bemüht er sich, den Eindruck einer zu großen Distanz

zum Programm der SPD zu vermeiden, stellt sich sogar
nachdrücklich hinter den Beschluß zum Ausstieg aus der
Kernenergie. Ein Wahlsieg, betont er, sei aber nur möglich,
»wenn sich meine Partei mit mir bewegt«. Und er mahnt:
»Ich will auch jenseits aller Ratschläge der bleiben, der ich
bin.«

Als die Genossen dann abstimmen, ist das Ergebnis über-
wältigend: 425 von 429 Stimmen, drei Enthaltungen, eine
Nein-Stimme. In den donnernden Applaus ruft Sitzungslei-
ter Karl-Heinz Hiersemann: »Jeder, der weiterhin behauptet, zwischen der SPD und Johannes Rau gäbe es Differenzen, der lügt bewußt.« Für einen Moment zieht
Siegesstimmung durch die Parteitagshalle, mag der politische Gegner noch so sehr über den »Barmer Ersatzkanzler«
herziehen.

Doch der Alltag holt die Sozialdemokraten schnell wieder ein. »Hände falten, Köpfe senken, nur noch an Johannes denken«, lästern Mitarbeiter und Funktionäre, kaum
daß die Parteihymne »Wann wir schreiten Seit an Seit« ver-
klungen ist. Und Bundesgeschäftsführer Glotz orakelt: »Es
kann nicht ausgeschlossen werden, daß es nicht klappt.«
Anfang September ermittelt die Forschungsgruppe Wahlen:
45 Prozent für die Union, 41 Prozent für die SPD.

Trotzdem absolviert Johannes Rau tapfer sein enormes
Wahlprogramm, reist Tag für Tag als Menschenfischer durch
die Republik, kämpft auf zugigen Plätzen und in überfüll-
ten Hallen um jede Stimme für seine Koalition der Bürger.
Jedesmal steht das Motto an der Rückwand der Redner-
bühne: Versöhnen statt spalten.

Es reicht alles nicht. Am 12. Oktober wählen die Bayern
einen neuen Landtag. Großes erwartet die SPD nicht von
ihrem Spitzenkandidaten Karl-Heinz Hiersemann. Als es am
Ende dann aber nur magere 27,5 Prozent werden, noch 4
Prozent weniger als bei der letzten Wahl, ist die Enttäuschung groß.

Jetzt richten sich alle Augen auf die Bürgerschaftswahl in
Hamburg. Es gilt, die traditionelle absolute Mehrheit zu ver-

teidigen, aber die Prognosen sind schlecht. Johannes Rau ist nervös. In Gedanken daheim in Wuppertal, wartet er gemeinsam mit Brandt in der Bonner SPD-Zentrale auf die ersten Hochrechnungen. Ehefrau Christina erwartet das dritte Kind, die Geburt steht unmittelbar bevor. »Der Chefarzt sitzt in der Oper, aber er hat 'nen Pieper dabei«, witzelt er aufgeregt.

Um 18.20 Uhr ist niemandem mehr zum Scherzen. Die ersten Prozentzahlen, die über die Bildschirme flimmern, sind verheerend. Ein Stimmenminus von fast 10 Prozent, ein Ergebnis von nur noch 42 Prozent, die absolute Mehrheit ist dahin. »Was wollt ihr denn – wir sind doch stärkste Partei geworden«, scherzt Rau, um die Stimmung aufzuhellen. Aber jetzt ist Zeit, um Klartext zu reden.

»Wir können nicht mehr darum herumreden«, sagt Parteimanager Glotz den wartenden Journalisten in die Mikrophone, »die Situation wird jetzt mit Blick auf die Bundestagswahl ernst. Jetzt geht es darum, die drohende absolute Mehrheit der Union zu verhindern.«

Im für Reporter abgesperrten Teil des Ollenhauer-Hauses dringen aus dem Büro des Parteivorsitzenden Fetzen eines heftigen Wortwechsels. Mitarbeiter schnappen etwas von »fehlender Unterstützung« und »falscher Taktik« auf. Es sind die Stimmen von Rau und Brandt.

Als sich das Ergebnis langsam bestätigt, bittet Hombach Rau um ein kurzes Gespräch. Minuten zuvor, während einer improvisierten Präsidiumssitzung, ist Parteisprecher Wolfgang Clement von seinem Amt zurückgetreten, nachdem Erhard Eppler ihm vorgeworfen hatte, für das schlechte Erscheinungsbild der Partei mitverantwortlich zu sein. Er rate ihm, die Kanzlerkandidatur niederzulegen, redet Hombach auf Rau ein, die Wahl sei nicht mehr zu gewinnen. Im übrigen, fügt er hinzu, werde er sich nun auch aus der Planung des Bundestagswahlkampfs zurückziehen und nur noch für ihn als nordrhein-westfälischen Ministerpräsidenten arbeiten. Einen Moment überlegt Johannes Rau, dann entschließt er sich zum Weitermachen. Die Partei in dieser schweren Stunde allein lassen? Nein. Er wird seine Pflicht tun.

Es sind trostlose Stunden an diesem Sonntagabend. Nicht einmal aus Wuppertal kommt eine erlösende Nachricht. Tochter Laura Helene kommt erst am nächsten Tag auf die Welt.

Die Wahlkampflokomotive ist entgleist, die Genossen stehen vor einem Haufen rauchender Trümmer. Am nächsten Morgen in einer Präsidiumssitzung folgt das Scherbengericht über die vermeintlich Schuldigen. Dem Düsseldorfer Team um Hombach werfen die Parteiführer vor, »rein egoistisch« vorgegangen zu sein und nur die Interessen Nordrhein-Westfalens im Auge zu haben.

Die Nerven liegen blank. Nach der Sitzung von Journalisten auf die Koalitionsfrage angesprochen, antwortet Oskar Lafontaine gereizt: »Mit den Grünen? Ich kann diese Platte nicht mehr hören.« Und Gerhard Schröder warnt: »Wer jetzt darüber redet, bringt die Partei auf 35 Prozent.« Aber wie soll es jetzt weitergehen? »Rau am Ende« titelt der *Stern* donnerstags.

Verkehrte Welt: Während Glotz vor einer absoluten Mehrheit der Union warnt, setzt sich Rau eine Woche später erstmals öffentlich mit der Frage auseinander, was passieren soll, falls die SPD ihrerseits die absolute Mehrheit verfehlt. Dann werde er bei den anderen Parteien dafür werben, eine Minderheitsregierung der Sozialdemokraten zu tolerieren, sagt er. Das politische Bonn schüttelt verständnislos den Kopf, und aus Hessen kommentiert der Grünen-Umweltminister Joschka Fischer: »Rau schlägt die Chance auf eine Mehrheit aus.«

Die Loyalität gegenüber dem Kanzlerkandidaten hat führende SPD-Politiker bisher davon abgehalten, ihren Unmut über den Verlauf des Wahlkampfes zu äußern. Doch jetzt, nach der Wahl in Hamburg, läßt die Disziplin nach. Bei der nächsten Bundestagswahl müsse die SPD auf Oskar Lafontaine setzen, läßt aus Hannover Gerhard Schröder per Interview wissen. Mit einem »schwachbrüstigen Kandidaten« sei Helmut Kohl nämlich nicht zu schlagen. Und er fügt hinzu: »Mit diesem Kanzlerkandidaten gibt es nur eine Linie: Augen zu und durch.« Wieder ein böser Querschuß aus den eigenen Reihen! Ein Revanchefoul, weil der Niedersachse im Landtagswahlkampf auf Druck aus Düsseldorf auf eine Koalitionsaussage zugunsten der Grünen verzichtet und die Wahl verloren hat? Lange wird Johannes Rau dem hemdsärmeligen Genossen aus Hannover nachtragen, ihn so kurz vor der Bundestagswahl im Stich gelassen zu haben. Fast sieben Jahre später, im Kampf um die Nachfolge von Björn Engholm, wird Schröder von der nordrhein-westfälischen SPD die Quittung bekommen.

Es ist oft Matschwetter in diesen Wintertagen 1986/87. Je deutlicher die Umfragen einen klaren Sieg von CDU/CSU und FDP prognostizieren, desto melancholischer wird Johannes Rau. Immer seltener erzählt er Witze, die Pointen seiner Anekdoten kommen nicht mehr so recht an. Zur Heiterkeit besteht auch kein Anlaß, höchstens noch, wenn Töchterchen Anna zu Hause an der neuen Telefonanlage spielt, zufällig den Knopf des Rau-Büros drückt und plötzlich mitten in einer Konferenz mit Papa sprechen möchte. Von den unzähligen Wahlkampfauftritten ist die Stimme des Kandidaten rauh und krächzend geworden. »Jetzt weiß ich, was eine Zweitstimme wert ist«, scherzt er. Nun, in den letzten Wochen vor der Wahl, reist Rau im SPD-Sonderzug durch die Republik. Den »Looser-Train« werden ihn die Bonner Korrespondenten später nennen, weil alle gescheiterten Kanzlerkandidaten bis 1994 dieser Tradition folgen. Rau hat gemäß einem festen Ritual acht Auftritte am Tag, manchmal fragt er beim Aussteigen leise einen Mitarbeiter: »Wo sind wir hier?« Abends Pilstrinken und Skatspielen bis tief in die Nacht, ständig von Journalisten umgeben, alle paar Stunden in einer anderen Stadt, es ist eine Ochsentour!

Auch an seinem Geburtstag rollt der Zug. Wahlkampfmanager Wolfgang Clement schenkt seinem Freund Johannes ein paar Boxhandschuhe. »Ran an den Gegner und drauf« soll das wohl heißen. Aber die Botschaft kommt nicht an, die Handschuhe sind zu klein.

In banger Erwartung versammelt sich die SPD-Führung am Wahlabend im Büro von Parteichef Brandt. Die letzten internen Umfragen haben zwar signalisiert, daß die befürchtete Katastrophe ausbleiben wird. Aber einen Machtwechsel, das wissen Willy Brandt, Johannes Rau und Hans-Jochen Vogel, wird es nicht geben.

Um 18.24 Uhr veröffentlicht das ZDF die erste Hochrechnung, der Traum von der absoluten Mehrheit ist ausgeträumt: Nur 37 Prozent der Wähler haben für Rau und die SPD gestimmt, selbst Vogel hatte vier Jahre zuvor noch 1,2 Prozent mehr geholt.

Doch nach all den Irritationen, den Querschüssen und Rückschlägen hätte es noch schlimmer kommen können. Immerhin hat auch die CDU 4,5 Prozent verloren, und für Rau und seine Berater noch wichtiger: In Nordrhein-Westfalen hat die SPD mit 43,2 Prozent einen knappen halben Prozentpunkt dazugewonnen.

Trotzdem erklärt er nach kurzer Beratung im Kreis der Parteiführung vor den mehr als 2000 Gästen der SPD-Wahlparty: »Ich bin mit dem Ergebnis nicht zufrieden. Ich habe das Wahlziel verfehlt und gebe die Kanzlerkandidatur zurück.«

Es sei, als fiele in diesem Moment eine schwere Last von ihm ab, bemerken Beobachter und Freunde des Ministerpräsidenten. Sollen doch die Grünen höhnen, er habe »die SPD auf Katastrophenniveau stabilisiert«, sollen Oskar Lafontaine und andere führende Genossen jetzt, wo alles vorbei ist, doch öffentlich bekennen, daß sie die Absage an eine Koalition von Anfang an für einen Fehler gehalten haben. Natürlich behaupten jetzt alle, sie hätten es besser gewußt, selbst Fraktionschef Vogel räumt ein: »Die Koalitionsfrage, auf die wir keine einleuchtende Antwort geben konnten, war ein kaum zu bewältigendes Hindernis.« Aber wo waren sie alle gewesen, als die SPD 1985 einen gesucht hatte, der die Bürde der Kanzlerkandidatur zu übernehmen bereit war?

Er, Johannes Rau, hat sich in die Verantwortung nehmen

lassen, wohl wissend, daß es schwierig werden würde – politisch sowieso, aber auch menschlich. Er hat seine Pflicht getan, gegenüber der Partei, seiner Partei, die in der Stunde der Niederlage so tut, als habe sie die Wahl ohnehin schon abgeschrieben gehabt.

»Wenn ich jetzt kein Bier kriege, dann wähle ich diesen Verein nie wieder«, ruft er in das Gewühl der Journalisten und Gäste, die sich im Erich-Ollenhauer-Haus drängeln. Da hat er die erste Enttäuschung über das Ergebnis schon überwunden. Eigentlich, so streuen es seine Getreuen in den Fluren, habe ja der »Verein« die wirkliche Niederlage einzustecken. Aber eines stört ihn denn doch: Als er während der Sitzung des Parteivorstands am nächsten Morgen kurz den Saal verläßt, sieht er, wie Mitarbeiter des Erich-Ollenhauer-Hauses auf den Fluren die Wahlplakate mit seinem Konterfei und dem Slogan »Den Besten für Deutschland« abhängen. »Die hätten damit doch wenigstens bis zum Ende der Sitzung warten können«, grollt er. Aber so sind die Genossen eben!

Angesichts der schwierigen Umstände habe der Kandidat seine Sache eigentlich ganz gut gemacht, finden die meisten Kommentatoren, deren Berichte Rau an diesem Montag in den Zeitungen liest. Mit Interesse nimmt er zugleich die neuesten Spekulationen zur Kenntnis: Angesichts des guten Ergebnisses in Nordrhein-Westfalen sei er auch ein heißer Favorit für das Amt des Parteivorsitzenden, falls Willy Brandt in nächster Zeit sein Amt niederlege. Ein bißchen hat er selbst dazu beigetragen, den Eindruck zu erwecken, am Stuhl des Vorsitzenden interessiert zu sein. Rau wolle möglicherweise antreten, haben seine Berater noch am Wahlabend durchblicken lassen, und damit zugleich seinen Anspruch auf eine erneute Kandidatur für die nächste Bundestagswahl anmelden. So sei auch der Hinweis auf das gute Ergebnis in Nordrhein-Westfalen zu verstehen.

Aber Johannes Rau hat andere Pläne. Als Brandt kurz nach der Wahl bei einem Treffen mit ihm, Vogel und Lafontaine das Thema offen anspricht, schließt Rau definitiv aus, für das Amt zu kandidieren. Wenige Tage zuvor hat er die Frage in seinem Büro in der Düsseldorfer Staatskanzlei mit Wolfgang Clement, Klaus Matthiesen, Bodo Hombach und Franz Müntefering erörtert. Vor allem Matthiesen warnt: »Wenn du diese Last jetzt übernimmst, nimmst du sie mit in die Landtagswahl 1990. Das zieht alle Speere auf Nordrhein-Westfalen, und wir verlieren die Wahl. Du mußt dich entscheiden: Ministerpräsident oder SPD-Vorsitzender.« Vor diese Wahl gestellt, entscheidet sich Rau für Nordrhein-Westfalen und gegen die SPD. »Rückblickend weiß ich nicht, ob das richtig war«, sinniert er.

Am 20. März erörtert der amtsmüde Vorsitzende im Kreise seiner politischen »Enkel« in Norderstedt die Nachfolgefrage erneut und gibt zu erkennen, daß er sich Oskar Lafontaine als neuen Chef wünsche. Aber der winkt unter Hinweis auf sein jugendliches Alter – er ist 44 Jahre alt – ab. Drei Tage später erklärt Willy Brandt offiziell seinen Rücktritt und schlägt Hans-Jochen Vogel als neuen SPD-Vorsitzenden vor.

Die Dinge in Bonn sind vorerst geordnet. Mit Brandt hat sich Johannes Rau am 13. Juni ausgesprochen. Vier Stunden haben sie im Wintergarten der Bonner NRW-Vertretung zusammengesessen und den Wahlkampf noch einmal Revue passieren lassen. »Wie konnte das alles passieren?« hat der gescheiterte Kanzlerkandidat gefragt. »Ich weiß nicht, wie mir das unterlaufen konnte«, hat der Parteivorsitzende geantwortet. Der Streit ist begraben, die Verletzungen des Wahlkampfs beginnen zu vernarben.

Jetzt kann er sich fürs erste nach Düsseldorf zurückziehen und in Ruhe aus der Staatskanzlei den Gang der Ereignisse beobachten. »In der Bundes-SPD hat sich Rau auf einen Platz hinter den Kulissen zurückgezogen«, schreibt die *Stuttgarter Zeitung* Anfang 1988. Ja, er habe einen kurzen Durchhänger nach der Wahl gehabt, räumt er selbst ein. Aber dann sei die »Lust am Regieren« zurückgekehrt.

Die CDU hat in Nordrhein-Westfalen mit Bundesarbeitsminister Norbert Blüm einen neuen Spitzenkandidaten präsentiert, einen ernst zu nehmenden Gegner für die Landtagswahl 1990. Die Probleme im Land sind noch immer die gleichen – Strukturwandel, Stahl- und Kohlekrise, steigende Arbeitslosigkeit. Vieles ist während der vergangenen eineinhalb Jahre liegengeblieben. Also an die Arbeit!

Ganz nebenbei schlägt Rau im März 1988 auch noch den über die Parteigrenzen hinweg hoch geachteten Bundespräsidenten Richard von Weizsäcker zur Wiederwahl für eine zweite Amtszeit vor. Er selbst habe so kurz nach seiner Kanzlerkandidatur keine Chance auf eine erfolgreiche Bewerbung für das Amt, das er nie aus dem Blickfeld verliere, lautet das SPD-Kalkül in Düsseldorf und Bonn. Immerhin sei Rau mit 57 Jahren jung genug, um weitere fünf Jahre zu warten. Und wenn die SPD sich jetzt im Falle Weizsäcker kooperativ verhalte, könne man ja 1994 umgekehrt vielleicht auch auf Unterstützung aus der Union für einen eigenen Kandidaten hoffen.

Für seine künftigen Ambitionen sichert sich Rau im August einen weiteren starken Verbündeten, dessen Einfluß in den kommenden Jahren immer größer werden wird: Am 1. August stirbt Mutter Helene Rau, sie ist 87 Jahre alt geworden. Als sich Familie und Freunde nach der Beerdigung in Raus Wuppertaler Haus versammeln, bittet er Wolfgang Clement, als Chef der nordrhein-westfälischen Staatskanzlei nach Düsseldorf zu kommen. Clement nimmt das Angebot an. Rau hat sein politisches Gleichgewicht zurückgewonnen.

»Der kann ein Großer werden, wenn er mal eine Niederlage verdaut hat«, hat Helmut Schmidt einmal, lange vor Beginn des Abenteuers Kanzlerkandidatur, über ihn gesagt. Der Altkanzler sollte recht behalten. Aber bis dahin muß Rau noch mehr als nur eine Niederlage einstecken.

# KAPITEL 5

# In schwerer See

»Johannes, jetzt kannst du nicht mehr viel werden«, diesen Satz hat Antje Huber, seinerzeit Bundesfamilienministerin, Johannes Rau an dessen fünfzigstem Geburtstag scherzhaft zugerufen. Ein gründlicher Irrtum!

Obwohl er sich nie vorgedrängelt hat. Aber als ihn die SPD in die Pflicht nimmt, schultert er die Verantwortung, weil kein anderer es machen will; 1985 die Kanzlerkandidatur und 1993 nach dem Scheitern von Björn Engholm den vorübergehenden Parteivorsitz.

Dazwischen liegen schwierige Jahre, politische Erfolge und persönliche Niederlagen. Dreimal, gesteht Rau, habe er »vor der Frage gestanden, ob ich aufhören soll« – im April 1990 nach dem Attentat auf Oskar Lafontaine, im Sommer 1992, als ein Krebsleiden ihn zwingt, sich einer schweren Operation zu unterziehen, und am Pfingstmontag 1993.

Da steht er morgens um 8.00 Uhr vor der qualmenden Ruine eines Hauses in Solingen, in dem nachts fünf türkische Frauen und Mädchen Opfer eines feigen Brandanschlages geworden sind, und denkt erschüttert: »Es lohnt alles nicht, du kannst die Welt nicht ändern.« Rückblickend sagt Rau: »Nach Jahrzehnten der politischen Arbeit für Verständigung und Ausgleich steht man im Angesicht dieser rauchenden Ruine vor einem Scherbenhaufen. Ich habe mich gefragt, welchen Wert das alles hatte.« Aber dann setzt sich wieder der Calvinist Rau durch, der sich in seinem Gottvertrauen auch in schweren Stunden nicht davon abbringen läßt, seine Pflicht zu tun.

Von seinem verunglückten Ausflug in die Bundespolitik an seinen Schreibtisch in Düsseldorf zurückgekehrt, steht der nordrhein-westfälische Ministerpräsident vor einem schwerwiegenden Problem, dessen Lösung für das Selbstverständnis der gesamten SPD von Bedeutung ist. Seit Mitte der achtziger Jahre hat sich die Lage der Montanindustrie an Rhein und Ruhr drastisch verschlechtert, nach der Kohle hat die Strukturkrise jetzt auch die Stahlbranche erfaßt. Von Dortmund bis Duisburg sind Tausende Arbeitsplätze an den Hochöfen und Walzstraßen von Krupp, Hoesch und Mannesmann bedroht. Es wird zuviel und zu teuer produziert.

Für Rau ist es selbstverständlich, daß die SPD in dieser Situation an die Seite der Arbeiter, der sozialdemokratischen Stammwählerschaft, gehört. Allerdings weiß auch er: Man kann die Krise nur moderieren, aufzuhalten ist der Arbeitsplatzabbau nicht. Doch die Stahlkocher wollen kämpfen, für ihre Jobs, gegen die Manager der Konzerne, denen sie vorwerfen, in den Vorstandsbüros eiskalt über ihre Zukunft zu entscheiden, und gegen die EU-Bürokraten im fernen Brüssel, die ihren Betrieben feste Produktionsquoten vorgeben. Entscheiden soll sich der Kampf in einem bis dahin beispiellosen Ringen um den Erhalt des Krupp-Stahlwerks im Duisburger Stadtteil Rheinhausen.

Zwei vergilbte Zettel hängen im Büro des Betriebsrates hinter Tor II der Hütte. »In diesen Tagen sind viele von uns bei Euch in Rheinhausen«, hat Rau den Stahlarbeitern in einem handschriftlichen Brief versichert, dessen Kopie an der Pinwand befestigt ist, »um Euch unsere Solidarität zu zeigen. Wir suchen gemeinsam Wege der Hilfe.« Daneben ein Brief von SPD-Landesgeschäftsführer Hombach: »Eine SPD, die nur einen Millimeter von Eurer Seite weicht, gibt sich selber auf. Eine SPD, die nur eine Sekunde Eure Interessen vergißt, verrät ihre eigene Geschichte.«

Das klingt nach unverbrüchlicher Genossensolidarität, nach »Brüder, zur Sonne, zur Freiheit« und nach Herbert Wehners pathetischem Wort vom Ruhrgebiet als der Herzkammer der deutschen Sozialdemokratie.

Nachdem Gerüchte über eine bevorstehende Schließung der Hütte bekanntgeworden sind, tritt Krupp-Chef Gerhard Cromme am 27. November 1987 die Flucht nach vorn an und verkündet auf einer Betriebsversammlung das Aus für den Traditionsbetrieb. Von schlechter Stahlkonjunktur ist die Rede, von Überproduktion und zu geringen Renditen. Die knapp 6000 Stahlwerker kommentieren die Ankündigung mit gellenden Pfiffen. Es fliegen Eier und Tomaten.

Schließlich springt ein junger Kruppianer aufs Podium und ruft den aufgewühlten Kollegen in der Walzwerkhalle zu: »Kruppsche Arbeiter, nehmt jetzt diese historische Stunde wahr, um endlich das auszufechten, was wir ausfechten müssen.« Es beginnt ein Streik, der 160 Tage dauern wird und die Gemüter in der gesamten Republik bewegt wie kein Arbeitskampf zuvor.

Die Regierung in Düsseldorf ist in einer ausgesprochen schwierigen Lage. Natürlich steht die SPD an der Seite der Arbeiter, da gibt es für Rau und sein Kabinett gar keine Diskussionen. Allerdings, das wird in Gesprächen mit dem Krupp-Management schnell klar, gegen betriebswirtschaftliche Notwendigkeiten kann sich auch eine Regierung nicht stemmen. Nicht in Bonn, und in Düsseldorf schon gar nicht. Die Rechnung ist ganz einfach. Werden pro Jahr nicht mehr als 35 Millionen Tonnen Rohstahl abgesetzt, produzieren die beiden Hochöfen in Rheinhausen nur Überkapazitäten. Und die kosten das Unternehmen Millionen.

Auf dem Bonner Parkett will Rau das Problem auf bewährte Art lösen. Weitere Hilfen aus dem Steuertopf, Subventionen und Strukturhilfen. Tatsächlich gelingt es ihm, sogar Helmut Kohl von der Wichtigkeit des Themas zu überzeugen, den Kanzler, der in dieser Angelegenheit bisher selbst dringliche Rau-Briefe von seinem Minister Wolfgang Schäuble hat beantworten lassen. Am 9. Februar 1988 gibt Kohl 400 Millionen DM frei, die Umstrukturierung des Ruhrgebietes wird zur nationalen Aufgabe.

Trotz dieses Erfolges steht Johannes Rau, und mit ihm seine gesamte Landesregierung, plötzlich in einem gefährlichen Zwielicht. Hat die gesamte nordrhein-westfälische SPD-Spitze die streikenden Arbeiter verraten? Ist sie den um ihre Existenz kämpfenden Kruppianern in den Rücken gefallen?

Am 9. April, einem Samstag, zitiert die alternative *tageszeitung (taz)* aus einem offensichtlich abgehörten Gespräch, das Krupp-Chef Cromme am 8. Januar von seinem Autotelefon aus mit Thyssen-Vorstand Heinz Kriwet geführt hat. Vor dem Tor der bestreikten Hütte verteilt *taz*-Reporter Walter Jakobs an diesem Morgen druckfrische Exemplare seines Blattes an die frierenden Arbeiter, die sich an Feuern in alten Ölfässern wärmen. Die Wut schäumt hoch.

Cromme berichtet Kriwet über ein Gespräch, das er am Abend des 7. Januar in der Düsseldorfer Staatskanzlei mit Rau, Farthmann und mehreren Kabinettsmitgliedern geführt hat. »Wir waren zusammen da«, erzählt Cromme seinem Thyssen-Kollegen, »und haben das alles noch mal episch dargelegt und gesagt, das muß gemacht werden, und das wird gemacht, und die Meinung war dort – aber so können wir es natürlich nicht bringen –, ja, macht es möglichst schnell, denn dann ist das Thema gelöst und so weiter, und der Krach ist weg.«

Der erste Eindruck der sprachlosen Arbeiter ist: »Sie haben uns hintergangen!« War das beinahe tägliche medienwirksame Schulterklopfen führender Sozialdemokraten vor laufenden Fernsehkameras alles nur Fassade? Hat sogar Rau nur wegen der Publicity an der Seite der Stahlkocher gestanden und insgeheim der Stillegung seinen Segen gegeben?

Vom Betriebsratsbüro aus versuchen aufgebrachte Gewerkschafter, Rau ans Telefon zu bekommen. Doch der ist gerade auf der Rückfahrt vom Kurzurlaub auf Spiekeroog. Ohne von den Vorgängen zu wissen, hat er schon Tage zuvor für abends 19 Uhr ein Live-Interview in der »Aktuellen Stunde« des WDR zugesagt. Per Autotelefon sagt er den Termin am Nachmittag ab, weil er bei Münster in einen Stau geraten ist. Als er gerade rechtzeitig zu Beginn der Sendung zuhause in Wuppertal ankommt und den Fernseher einschaltet, trifft ihn fast der Schlag: Der WDR berichtet ausführlich über das abgehörte Telefonat, Moderatorin Randy Krott bemerkt dann, Rau habe ein vereinbartes Interview kurzfristig abgesagt, und fügt nach einer kurzen Pause hinzu: »Ab heute liegt ein Hauch von Schleswig-Holstein über unserem Land.«

Auch wenn der Vergleich mit der Barschel-Affäre von 1986 etwas übertrieben ist, die Lage ist brenzlig. Zwar hat die Staatskanzlei bereits vormittags offiziell mitgeteilt, daß der Inhalt des abgehörten Gesprächs nicht der Wahrheit entspricht. Aber an den Werkstoren in Rheinhausen wissen die Stahlwerker einfach nicht, was sie glauben sollen.

»Daß der Rau fest im Sattel sitzt, das hat er den Kumpels an Rhein und Ruhr zu verdanken«, wettert Betriebsratschef Manfred Bruckschen unter dem Beifall der Streikenden, »und nicht den Kumpels im bayerischen Wald.«

Nachdem sich die Stimmung übers Wochenende weiter erhitzt hat, eskaliert der Zorn am folgenden Montag. Stahlarbeiter sperren im morgendlichen Berufsverkehr die Rheinknie-Brücke in Düsseldorf, der WDR sendet pausenlos Staumeldungen aus dem gesamten Ruhrgebiet. Während die Arbeiter zum Landtag ziehen, muß Rau mit dem Hubschrauber einfliegen. Mit dem Auto ist kein Durchkommen.

Die Anspannung steht dem Ministerpräsidenten ins Gesicht geschrieben, als ihn Leibwächter unter Pfeifen und Gejohle von Hunderten Demonstranten ans Rednermikrophon schieben. »Wenn du jetzt rausgehst und sagst: ›Rheinhausen bleibt erhalten‹, dann bist du der König«, gibt ihm ein besorgter IG Metall-Funktionär mit auf den Weg. »Das kann ich nicht«, lautet Raus Antwort.

»Übelste Unterstellungen seien das«, ruft er in die Menge, aus der es »Judas« und »Verräter« zurückschallt. Cromme habe nicht die Wahrheit gesagt: »Das Gespräch hat es so nicht gegeben.« Rau wirkt mitgenommen, das Mißtrauen der Stahlarbeiter kränkt ihn tief. Schließlich springt ihm Betriebsrat Bruckschen zur Seite: »Dem Johannes glaube ich sein Dementi. Der Cromme muß der Lügner sein.«

Wie das Gespräch an die Öffentlichkeit kommen konnte und worauf der Krupp-Chef seine Darstellung stützt, darauf kann sich Rau bis heute keinen Reim machen. »Wir hätten uns gegenseitig erschlagen, wenn einer so etwas gesagt hätte«, sinniert er.

Um die letzten Zweifel der Stahlkocher zu zerstreuen und ihr Vertrauen zurückzugewinnen, bietet er an, zwischen Betriebsrat und Konzernleitung zu vermitteln. Als Moderator, der die Parteien an einen Tisch bringt, ist er wieder in seinem Element. Und es klappt. Am 4. Mai geben sich Betriebsrat und Krupp-Vorstand die Hand, und Rau legt seine obendrauf. Das Stahlwerk soll zwar dichtgemacht werden, aber nur schrittweise. Wenigstens einer der beiden Hochöfen soll bis Ende 1990 weiterlodern, für die meisten der Beschäftigten werden Verpflichtungen für neue Jobangebote vereinbart.

»Ich hätte nicht unterschrieben, wenn ich die Chance auf eine bessere Lösung gesehen hätte«, verteidigt Rau den Kompromiß. 1500 Jobs sollen in Rheinhausen gesichert werden, von 5250. Und Anfang 1990 – rechtzeitig vor der nächsten Landtagswahl – soll noch einmal verhandelt werden.

Es wird ein langsamer Abschied. Ein neuer Stahlboom läßt die Hoffnung in Rheinhausen Anfang der neunziger Jahre noch einmal aufglimmen, dann, am 5. Juni 1993, erlischt der letzte Krupp-Hochofen. »Stahlwerker trifft man nur noch bei Tchibo«, titelt die *Frankfurter Rundschau* zum zehnten Jahrestag des Streikbeginns.

Für Johannes Rau ist der 160tägige Kampf der Stahlarbeiter der dramatische Höhepunkt des Strukturwandels an Rhein und Ruhr. »Das war ein bundesweites Symbol«, erinnert er sich, »und es hat uns gezeigt, wie wenig der Staat und die Politik industriepolitisch tatsächlich bewirken können.«

*Mit Stock und Hut: Johannes Rau im Alter von etwa zwei Jahren – eines der wenigen Kinderbilder* (Foto: Ullstein – Poly-Press)

*Als »Jungmann« auf Fahrt mit dem Bibelkreis (1947). Lagerfeuer-
romantik und Zeltlager als fester Bestandteil der christlichen Jugendarbeit faszinierten auch den 16jährigen Johannes* (Foto: Ullstein – Poly-Press)

*Der Sohn hat es geschafft. Mutter Helene Rau gratuliert am 20. September 1978 dem neu gewählten Ministerpräsidenten von Nordrhein-Westfalen. 87jährig stirbt sie am 1. August 1988* (Foto: Süddeutscher Verlag)

*Sogar die engsten Freunde waren überrascht, als sich Johannes Rau und Christina Delius, die Enkelin Gustav Heinemanns, am 9. August 1982 in der Londoner Westminster City Hall das Ja-Wort gaben. Bei der Trauung tauschte das Brautpaar die Ringe des Ehepaares Heinemann*
(Foto: Otmar Grimm)

*Viel Zeit füreinander ist
ihnen schon zu Beginn
ihrer Ehe nicht vergönnt.
Der Arbeitstag des Mini-
sterpräsidenten dauert
oft bis in die Nacht*
(Foto: Otmar Grimm)

*Familienglück im tief
verschneiten Ober-
bayern. Alljährlich ver-
bringt die Familie Rau
den Winterurlaub im
bayerischen Elmau. Für
die Kinder Philip Imma-
nuel (geboren 28. Januar
1985), Anna Christina
(19. Dezember 1983)
und Laura Helene
(10. November 1986)
eine der seltenen Gele-
genheiten, den Vater für
ein paar Tage ganz für
sich zu haben*
(Ullstein – dpa)

*Selbst im Urlaub im Dienst (August 1991): In den Sommerferien fahren die Raus traditionell auf die ostfriesische Insel Spiekeroog. Aber ein paar Akten zum Abarbeiten sind immer dabei* (Foto: dpa)

*Der schönste Platz: Bei Skat und Pils am Stammtisch der Wuppertaler Kneipe »Karpaten« erfährt Landesvater Rau viel über die Sorgen und Probleme der Menschen im »wirklichen Leben«* (Foto: Otmar Grimm)

*Die Kraft des Wortes ist schon früh seine schärfste Waffe in der politischen Auseinandersetzung. Reden halten, die Menschen direkt ansprechen – unzählige Male hat Johannes Rau so aus Skeptikern und Gegnern glühende Rau-Anhänger gemacht* (Foto: Brigitte Hellgoth – Süddeutscher Verlag)

*Mit Helmut Schmidt 1982 kurz vor der »Wende«. In der Schlußphase der sozialliberalen Koalition drängte Rau den Kanzler, das Regierungsbündnis von sich aus zu beenden. Als einer der ersten führenden Sozialdemokraten brachte der Ex-Kanzler Johannes Rau 1985 als möglichen Bundespräsidenten ins Gespräch* (Foto: Ullstein – Poly-Presss)

Vom Wahlkampfslogan zum Lebensmotto: »Versöhnen statt spalten«,
der Slogan des Bundestagskampagne 1986/87, blieb auch nach der Niederlage gegen Helmut Kohl Raus Wahlspruch. Beim »Treffen in Ahlen«
erläuterte Kanzlerkandidat Rau das Motto am 16. Dezember 1985 seiner Partei                                    (Foto: dpa – Wilhelm Leuschner)

Die Schwächsten in der Gesellschaft waren und sind Johannes Rau
immer ein besonderes Anliegen        (Foto: K.Meyer-Andersen – Stern)

*Der Parteipatriarch und sein Kanzlerkandidat: In Ahlen herrschte noch Harmonie, ein halbes Jahr später fiel der SPD-Vorsitzende dem wahl-kämpfenden Johannes Rau in den Rücken, indem er sein Ziel, die abso-lute Mehrheit, in Frage stellte* (Foto: Süddeutscher Verlag)

*Eine schwere Stunde für den »Pater familias« der SPD: Gegen den aus-drücklichen Willen Johannes Raus stürzt der SPD-Parteitag im Novem-ber 1995 in Mannheim Parteichef Rudolf Scharping und wählt Oskar Lafontaine zum neuen Vorsitzenden* (Foto: Ullstein – Bonn-Sequenz)

*Annäherung der Generationen: Nach dem Verlust der absoluten Mehr-
heit bei der Landtagswahl im Mai 1995 muß sich Johannes Rau schweren Herzens auf eine Koalition mit den ungeliebten Grünen einlassen.
Der spätere Bauminister Michael Vesper ist sein erster Anprechpartner
bei den Alternativen* (Foto: Jürgen Eis – Süddeutscher Verlag)

*Rau und sein Wirtschaftsminister Wolfgang Clement, der Landesvater und der kühle Macher – eine schwierige Beziehung. Gegen Ende seiner Regierungszeit sah sich Rau immer größerem Druck aus der eigenen Partei ausgesetzt, das Amt an Clement abzugeben. Auch das persönliche Verhältnis der beiden litt unter dem Druck*

(Foto: Ullstein – Presseagentur Spiegl)

*Mit dem früheren SPD-Vorsitzenden Oskar Lafontaine verbindet Rau das gemeinsame Erleben des Attentats 1990. Vor allem Lafontaine machte sich für eine erneute Kandidatur Raus für das Amt des Bundespräsidenten stark* (Foto: Bernd Settnik – dpa)

*Begegnung mit einem alten Freund: Gemeinsam mit dem damaligen hessischen Ministerpräsidenten Hans Eichel (links) und der stellvertretenden hessischen Landtagspräsidentin Veronika Winter besucht Rau im November 1998 in Jerusalem Teddy Kolleck, den ehemaligen Bürgermeister der Heiligen Stadt* (Foto: dpa)

*Handschlag auf neue Ämter: Auf dem SPD-Sonderparteitag am 12. April 1999 in Bonn gratuliert Rau Gerhard Schröder zur Wahl zum neuen SPD-Vorsitzenden. In seiner Rede hat Schröder versichert: »Wir wollen, daß Rau unser Bundespräsident wird, weil er der Beste ist, den Deutschland zur Zeit anzubieten hat.«* (Foto: Frank Ossenbrink)

*Politiker mit Heiligenschein (1996)*     (Foto: Ullstein – Lasa Pressebildagentur)

Kaum ein deutscher Politiker kennt das Milieu so gut wie er, die Welt von Krupp, Hoesch und Mannesmann, festgefügte, geschlossene soziale Systeme, in denen vom Arbeitsplatz bis zum Brieftauben-Verein und zur Kneipe an der Ecke alles ineinandergreift.

Das einstige Kernland der deutschen Industrie ist in diesen Jahren in einem rasanten Wandel begriffen, Zechen und Hüttenbetriebe machen dicht, Arbeitsplätze in neuen Gewerbezweigen wachsen nur langsam nach. Für die Wirtschaft des Landes Nordrhein-Westfalen ist der Umbruch eine schwere Belastung.

Zehn Jahre ist Johannes Rau als Ministerpräsident im Amt, als eine Studie im September 1988 ernüchternd feststellt, daß das Land beim Bruttoinlandsprodukt pro Einwohner hinter Hessen auf den zweiten Platz zurückgefallen und die Verschuldung auf die astronomische Summe von 100 Milliarden Mark gestiegen ist.

Aber obwohl die CDU im Landtag ein ums andere Mal ein Schreckensszenario entwirft und Landeschef Norbert Blüm Rau immer wieder zu energischerem Handeln aufruft (»Komm aus dem Schlafwagen, Johannes«), kann die Opposition gegen den populären Landesvater keinen Boden gutmachen. »Rau verkörpert im Herzland der Republik politische Verläßlichkeit«, analysiert der *Rheinische Merkur* das Phänomen, »die Menschen spüren wohl, daß sie mit diesem Regierungschef zwar nicht zu neuen Ufern aufbrechen werden; aber sie ahnen auch, daß er sie nie in Untiefen treiben wird.« Für die CDU ist das eine nicht zu bewältigende Hürde. Im Mai 1987 haben noch 40 Prozent in einer Umfrage angegeben, im Falle einer Direktwahl für den neuen Rau-Herausforderer Blüm zu stimmen. Ein Jahr später sind es nur noch 26 Prozent. In Nordrhein-Westfalen sind die Oppositionsbänke besonders hart.

Da muß dann schon mal einer aus den eigenen Reihen dem Landesvater Versäumnisse vorwerfen, ehe die Kritik jenseits von Rhein und Ruhr Beachtung findet. Hans-Otto Bäumer ist so einer, einst treuer Weggefährte Raus, dann

Umweltminister im Düsseldorfer Kabinett und später im Zorn geschieden. Im System Rau werde »demokratische Kontrolle verhindert«, schimpft er gelegentlich, wenn etwa der finanzpolitische Sprecher der Landtagsfraktion, Heinz Schleußer, nach Kritik am Finanzgebaren des Landes kurzerhand zum zuständigen Ressortminister ernannt werde. »Rau kontrolliert sich selbst«, kritisiert er, »in Personalunion, als Ministerpräsident und als SPD-Landesvorsitzender.« Vielleicht ist ja was dran an solchen Vorwürfen. Nur eines übersieht der enttäuschte Rau-Jünger Bäumer. In Nordrhein-Westfalen stört das kaum jemanden.

Ebensowenig wie kleinliche Vorhaltungen der CDU, Rau bezahle seine Peter Stuyvesant-Zigaretten aus Steuermitteln. Auf derartige Hilflosigkeiten der Opposition reagiert die Düsseldorfer Regierung mit demonstrativer Nichtbefassung. Mögen Christdemokraten vor dem »Weg in den totalen SPD-Staat« warnen oder die Staatskanzlei bezichtigen, als »Politbüro der Landes-SPD« zu fungieren. Der Landesvater als Ehrengast der Steuben-Parade in New York, der Ministerpräsident zum Gedenken des 50. Jahrestages des deutschen Überfalls auf Polen in Warschau – Nordrhein-Westfalen spielt nicht Kreisklasse, sondern Weltliga, will Rau den Bürgern vermitteln.

Und dann steht er plötzlich tatsächlich mit auf der Bühne, auf der ein bedeutendes Stück Geschichte gespielt wird.

»Wer nicht an Wunder glaubt, ist kein Realist«, sagt Rau Ende August 1989 über die Lage in der DDR. Da drängeln sich schon seit Wochen Menschen aus Rostock, Leipzig und Görlitz in der bundesdeutschen Vertretung in Prag und an der ungarisch-österreichischen Grenze. Die »Abstimmung mit den Füßen«, das vorletzte Kapitel der Geschichte des selbsternannten Arbeiter- und Bauernstaates hat begonnen.

Im Westen löst der sich täglich beschleunigende Zerfallsprozeß nicht nur ungläubige Neugier, sondern auch Unbehagen aus. Daß Honecker und seinen greisen Genossen jetzt die Bürger weglaufen, mag ja angehen, aber daß sie alle in die Bundesrepublik wollen? Am Ende mit ihren westdeutschen Brüdern und Schwestern um Arbeitsplätze und bezahlbare Wohnungen konkurrieren? An den Stammtischen fängt man an zu murren.

Auch Johannes Rau beginnt zu spüren, wie Volkes Stimmung sich von Mitleid und Anteilnahme zur Furcht wandelt. »Wir wissen«, warnt er, »daß sich in der einheimischen Bevölkerung in dem Augenblick Widerstand zu regen beginnt, wenn sie meint, daß die neuen Bürger, die jetzt in unser Land kommen, bevorzugt werden könnten. Wenn dieser Eindruck entsteht, wandelt sich die zunächst sehr positive Grundstimmung sehr rasch in Ablehnung.«

Anders als die meisten westdeutschen Politiker kennt Rau die Verhältnisse, aus denen die Menschen jetzt fliehen, aus eigener Anschauung. All die Jahre hat er engen Kontakt vor allem zu Kreisen der evangelischen Kirchen in der DDR gepflegt, sowohl offiziell als auch privat.

»Ich kannte immer die Diskussion in der DDR«, erinnert er sich, »ich wußte, was der Kampf zwischen Jugendweihe und Konfirmation bedeutet, wo man sich anpaßt und wo nicht.« Er weiß auch, daß zwischen Mitmachen und Verweigerung, zwischen Schwarz und Weiß viele Grautöne zu finden sind, komplexe Biographien, die nicht in die starren Kategorien schuldig oder nichtschuldig einzuordnen sind.

Schon in den sechziger Jahren hat er die Haltung mancher bundesdeutscher Politiker kritisiert, die oft mit einer Mischung aus Arroganz, Mitleid und wohligem Gruseln vom Aussichtsturm am Brandenburger Tor über die Berliner Mauer spähten. Bei vielen gehe es nach dem Motto »Dein Päckchen nach drüben, deinen Koffer nach Italien«, hat er geschrieben. Er setzt seine Forderung dagegen: »Wir müssen versuchen, uns in die Situation der Menschen hineinzudenken.«

Andererseits hat er auch zu denen gehört, »die vor 1989 nicht geglaubt haben, daß die Einheit zu unseren Lebzeiten noch kommen würde«. Als es dann doch soweit ist, steht Johannes Rau mitten im Geschehen. Über seine Lebenserwartung könne er »nicht viel sagen«, hat er in einem Interview auf die Frage geantwortet, ob er glaube, den Abriß der Mauer noch zu erleben. Das Interview erscheint am 5. November 1989, vier Tage bevor sich die Grenzen öffnen.

Nach langen Planungen und komplizierten Abstimmungen soll im November 1989 unter dem Titel »Zeitzeichen« ein großes nordrhein-westfälisches Kulturfest in Leipzig stattfinden. Plötzlich, am 19. Oktober, einen Tag nach der Absetzung Honeckers, sagt die Regierung in Ostberlin plötzlich ab. Es sind die Wochen der großen Montagsdemonstrationen, und noch ist nicht klar, ob die Dinge einen friedlichen Fortgang nehmen oder der Staat wie Monate zuvor in Peking die Panzer rollen läßt. Doch eine Woche später nimmt die Krenz-Regierung die Absage wieder zurück. In der Düsseldorfer Staatskanzlei beginnen die Vorbereitungen. Natürlich will Rau zur Eröffnung des Festes in Leipzig sein.

Im Landtag gibt er am 4. November eine Regierungserklärung ab: »Ich bin überzeugt«, sagt er, »daß das Thema Einheit der Deutschen auf die Tagesordnung kommt.« Warnend fügt er hinzu, allerdings dürfe man die Entwicklung nicht forcieren, denn »die DDR muß sich so verändern, daß die Menschen sich da wohl fühlen. Ich möchte jetzt eine veränderte DDR, nicht eine Diskussion über die DDR und die Bundesrepublik.« Rückblickend räumt er durchaus auch selbstkritisch ein: »Ich bin – auch heute noch – erstaunt, daß es keine Konzepte für den Fall der Einheit gab, obwohl doch alle, zumindest am 17. Juni, von der Einheit sprachen.«

Als Johannes Rau am 9. November nach Ostberlin reist, ist er erst der zweite prominente Westpolitiker, der seit dem Sturz Honeckers in die DDR fährt. Nur FDP-Vorstandsmitglied Wolfgang Mischnick ist bereits vor ihm zu Besuch gewesen. Bevor er Parteichef Egon Krenz aufsucht, speist Rau mit zwei alten Bekannten, Landesbischof Gottfried Forck und Konsistorialpräsident Manfred Stolpe, zu Mittag. Die beiden Kirchenmänner beklagen sich über die ständig steigende Zahl der Ausreisenden.

Am frühen Nachmittag läßt sich Rau zum Staatsratsgebäude fahren, vor dessen Portal ein einsamer Schupo den spärlichen Autoverkehr regelt. Die Luft riecht nach Auspuffgasen von Zweitaktmotoren und Braunkohle-Hausbrand, der mächtigste Mann der DDR trägt den taubenblauen Einheitsanzug der ostdeutschen Nomenklatura, das SED-Parteiabzeichen am Revers. Alles so wie immer, so scheint es. Doch der erste Eindruck täuscht.

Krenz gibt gerade Interviews und übersieht seinen prominenten Gast zunächst, als der zusammen mit Friedhelm Farthmann und Wolfgang Clement die pompöse Treppe heraufkommt. »Die Presse ist jetzt wichtiger als wir«, sagt er entschuldigend und fügt beim Händeschütteln vor laufenden Kameras hinzu: »Hände sind besser als Fäuste.«

In den folgenden 60 Minuten wird dem Gast aus Düsseldorf klar, daß der Honecker-Nachfolger kein Hoffnungsträger ist. Da redet auch nur ein Apparatschik, ein Parteifunktionär ohne Visionen und Ideen und kein ambitionierter Reformer. Sicher, räumt er ein, das neue Reisegesetz sei noch »unvollkommen«. Aber ansonsten sei man auf einem guten Weg. »Laufen Sie nicht hinter den Dingen her, Herr Krenz?« fragt Rau. »Nein«, lautet die Antwort kurz und bündig. Im übrigen, mahnt der SED-Chef, seien »Schuldzuweisungen und Einmischungsversuche, von wem und in welchem Gewande auch immer, keine guten Ratgeber in schwierigen Zeiten«. Daß sich die Ereignisse noch am gleichen Abend überstürzen werden, weiß Krenz zu diesem Zeitpunkt selbst noch nicht.

Über die Autobahn, auf der nur wenige Trabis und Wartburgs unterwegs sind, rollt die Fahrzeugkolonne von Berlin nach Leipzig. Rau hat in seiner Limousine den Deutschlandfunk eingeschaltet, um sich ständig über die neuesten Entwicklungen auf dem laufenden zu halten. Nebenbei geht er noch einmal die Rede durch, die er am Abend halten will.

Für die Leipziger Prominenz ist die Eröffnung des Kulturfestes ein Ereignis. Um 19 Uhr findet in der Oper die festliche Eröffnungsveranstaltung statt, die Capella Coloniensis spielt Bach. Nicht weit entfernt in der Nicolaikirche diskutieren an diesem bitterkalten Abend junge Leute über den

Judenpogrom vor genau 51 Jahren, am 9. November 1938. Während DDR-Vize-Kulturminister Peter Lorf im Opernhaus noch die kulturellen Errungenschaften der Arbeiterklasse rühmt, versammeln sich auf den Straßen 10 000 Bürger zu einem Schweigemarsch.

Was in diesen Stunden in Berlin passiert, sickert in Leipzig nur gerüchteweise durch. Johannes Rau ist mitten in seiner Rede und hat gerade mit dem Satz »Systemexport ist nicht gefragt – in keiner Richtung« den Beifall der versammelten Honoratioren gefunden. Da schiebt ihm jemand einen Zettel aufs Rednerpult: In Berlin ist die Mauer auf. »Ich habe es im ersten Moment nicht geglaubt«, gesteht er später.

Erst beim anschließenden Empfang im Rathaus sind nähere Einzelheiten zu erfahren, obwohl die Meldungen aus der Hauptstadt sich noch immer widersprechen. Aber die Zeichen der Zeit sind unübersehbar. Die letzten Gäste halten noch das Sektglas in der Hand, als 200 Demonstranten die Rathaustreppe hinaufstürmen. Sie wollen offizielle Vertreter der Stadtverwaltung sprechen, nicht etwa um die SED-Funktionäre abzusetzen, sondern um über einen nicht genehmigten Aufruf zur Demonstration am nächsten Tag zu verhandeln. In Deutschland finden Revolutionen bei schlechtem Wetter eben im Saale statt.

Zurück im Hotel »Merkur« läßt sich Rau, soweit es geht, über die Lage informieren, denn die ARD-«Tagesthemen« wollen ihn für ein Live-Interview zuschalten. Auf die Frage von Moderator Hanns-Joachim Friedrichs nach einer ersten Einschätzung sagt er: »Ich habe das eben erfahren, und ich denke an das unendliche Leid, das durch Trennung in den letzten Jahrzehnten entstanden ist. An all die Hoffnungen, die mit dieser Öffnung jetzt verbunden sind, aber auch an die mangelnde Vorbereitung vieler auf diese Situation. Hoffentlich überheben wir uns da nicht.«

Auch an ein Kapitel seiner eigenen Geschichte mag er in diesem Moment denken. An seine erste große Liebe, die Pfarrmitarbeiterin Christa Grengel. Damals, 1959, ist sie gerade 20, er 28 Jahre alt. »Dann kam die Mauer«, erzählt sie später wehmütig, »als Politiker konnte er natürlich nicht rüber, ich als Pastorin später schon gar nicht. Da haben wir uns freigegeben. Für mich war die Freundschaft zu Johannes die wichtigste in meinem Leben.« Aber ganz aus den Augen verloren haben sie sich nie, selbst als sie schon Kirchenrätin und er längst Ministerpräsident ist. Geheiratet hat sie nie.

Die nächsten Tage sind turbulent, denn im allgemeinen Chaos gerät das offizielle Programm durcheinander. Bereits am Morgen des 10. November herrscht am Leipziger Hauptbahnhof ein heilloses Durcheinander, nach 28 Jahren Isolation wollen Tausende Bürger das Wochenende zu einem ersten Besuch im Westen nutzen. Abseits des Trubels, in einem kleinen Saal des Dimitroff-Museums wird ein Treffen mit Oppositionsgruppen und -parteien organisiert, bei dem Vertreter vom Neuen Forum, Demokratischen Aufbruch und der vor kurzem neugegründeten SDP, der sozialdemokratischen Partei, mit Rau diskutieren. »Das Gespräch verlief anfangs ziemlich zäh«, erinnert sich einer der Teilnehmer, »Rau redete mehr, als daß er zuhörte.« Die jungen Leute, die da gerade mit demokratischen Umgangsformen experimentieren, wollen nicht belehrt werden, sondern endlich selbst etwas zu sagen haben.

Das sieht Johannes Rau ein. Vier Tage später sagt er in einer Regierungserklärung vor dem Düsseldorfer Landtag: »Sie wollen nicht, daß wir ihnen sagen, was sie tun sollen.« Auch für die neue ostdeutsche SPD-Schwesterpartei SDP soll das gelten, obwohl in Bonn einflußreiche Sozialdemokraten in dieser Frage skeptisch sind. Vorerst »keine finanzielle oder ideologische Unterstützung«, verlangt Rau. Die SDP dürfe kein »Abbild oder Mündel« der SPD werden.

Daß dies den späteren Zusammenschluß nicht einfacher macht, erkennt die Bonner Parteispitze zu spät. Da haben die Genossen in der DDR aus dem kleinen Häuflein sozialdemokratisch orientierter Regimegegner bereits einen kompletten Parteiapparat aufgebaut und sich programmatisch und personell scharf von der SED-Nachfolgepartei PDS abgesetzt.

Die Chance der ersten Stunde, so glauben führende SPD-Funktionäre rückblickend, ist damit verspielt. Statt den Versuch zu unternehmen, die Zwangsvereinigung von SPD und KPD von 1947 quasi rückgängig zu machen und die zweifellos noch vorhandenen sozialdemokratischen Kräfte der SED/PDS zur »Rückkehr« in die SPD aufzufordern, entwickelt sich in diesen Monaten der Kern jener konfliktträchtigen Konkurrenz, die vor allem der SPD in Ostdeutschland über Jahre hinaus intern wie auch in ihrer Außenwirkung das Leben schwermachen wird.

Erst als sich die Vereinigung der beiden deutschen Staaten als Möglichkeit abzeichnet, wird ein gemeinsamer Ausschuß mit dem Ziel der Zusammenführung beider Parteien gegründet. Den Vorsitz übernehmen Rau und der SDP-Mitbegründer Stephan Hilsberg. Neben der programmatischen Arbeit finden die neuen Parteifreunde auch privat Gemeinsamkeiten. Zum Beispiel, daß der Vater des gerade amtierenden, der SDP angehörenden DDR-Außenministers Markus Meckel eine Tante von Johannes Rau geheiratet hatte. Dem Ausschuß gehören auf seiten der SDP mehrere Vertreter der protestantisch-kirchlichen Opposition an, für den evangelischen Christen Rau die richtigen Gesprächspartner.

Sehr viel schwerer als mit der Vereinigung der Partei tun sich die westdeutschen Sozialdemokraten mit der Frage, wie sie sich zur staatlichen Einheit stellen sollen. Im Januar 1990 ist Oskar Lafontaine, bei der Landtagswahl im Saarland gerade mit 54,4 Prozent eindrucksvoll als Ministerpräsident im Amt bestätigt, zum Kanzlerkandidaten für die Bundestagswahl benannt worden. Und seine Vorstellungen über die jetzt erforderlichen Entscheidungen zur Deutschlandpolitik sind mit der Mehrheitsmeinung kaum in Einklang zu bringen.

Während Willy Brandt auf Massenkundgebungen in Rostock, Berlin und Magdeburg als Vorbote der Einheit gefeiert wird, analysiert Lafontaine die Lage nüchtern und gestützt auf die Prognosen namhafter Wirtschaftsfachleute und Bundesbankexperten. Die Währungsunion könne erst der Endpunkt eines Angleichungsprozesses der ökonomischen Verhältnisse sein, eine vorschnelle Vereinigung der beiden Volkswirtschaften und die überstürzte Einführung der D-Mark im Osten werde unweigerlich zum Zusammenbruch der DDR-Wirtschaft führen.

Es habe eine Mischung aus vernünftigen sachlichen Einwänden und einem Alterskonflikt gegeben, meint Rau. Lafontaine und auch Schröder gehörten einer weniger gesamtdeutsch als europäisch geprägten Generation an, der »Maastricht und Straßburg damals näher lagen als Halle und Leipzig«. Aber er ist sich auch sicher: »In der Sache hatte Lafontaine recht.« In der Euphorie dieser Wochen will das nur niemand hören.

Die Situation ist für die Sozialdemokraten schon schwierig genug, da erschüttert ein Attentat auf den Kanzlerkandidaten die SPD. Es ist der 25. April 1990. Die Parteikundgebung in der Stadthalle von Köln-Mülheim ist bereits offiziell beendet, als sich eine unscheinbare Frau ans Podium herandrängt, um Lafontaine oder dem neben ihm stehenden Johannes Rau, wie es scheint, einen Blumenstrauß zu überreichen. Plötzlich blitzt ein Messer auf, der Stich verletzt den saarländischen Ministerpräsidenten lebensgefährlich an der Halsschlagader. Während sich Sicherheitsbeamte auf die starr vor sich hinblickende Attentäterin werfen, preßt Raus Leibwächter Martin Ewers seine Hand in die stark blutende Wunde und rettet Lafontaine damit wahrscheinlich das Leben. Starr vor Entsetzen, steht Rau in dem allgemeinen Tumult und muß zusehen, wie der Kanzlerkandidat von Rettungssanitätern in die Klinik abtransportiert wird.

Schon wenig später sagt die geistig verwirrte Adelheid Streidel aus, sie habe eigentlich nicht den Kanzlerkandidaten, sondern den nordrhein-westfälischen Ministerpräsidenten treffen wollen. Nur habe der »ungünstiger« gestanden. »Wenn sie von der anderen Seite gekommen wäre, wen hätte es dann getroffen?« fragt Rau sich immer wieder. Er kennt die Antwort.

In dieser Nacht, während Lafontaine in der Kölner Uniklinik um sein Leben ringt, denkt er ernsthaft daran, alles hinzuschmeißen und sich aus der Politik zurückzuziehen. Totalen Schutz vor Attentaten, das hat er gerade auf tragische Weise erlebt, können auch Bodyguards und Polizei nicht garantieren. Hat da nicht die Verantwortung gegenüber der Familie und vor allem den drei kleinen Kindern Vorrang?

Erst als die Ärzte am nächsten Morgen mitteilen, Lafontaine habe das Schlimmste überstanden, findet er seine Fassung wieder. »Es gibt Dinge«, sagt er in einem WDR-Interview auf die Frage, ob er am Abend zuvor ans Aufhören gedacht habe, »die darf sogar ein Ministerpräsident denken, ohne daß er sie öffentlich ausspricht. Und ich bin heute morgen aufgestanden in dem Bewußtsein, daß ich meine Arbeit zu tun habe, und das will ich tun.«

Für sein persönliches Verhältnis zu Oskar Lafontaine hat das Attentat von Köln-Mülheim dauerhafte Folgen. Seither fühlt er sich dem Saarländer ungeachtet politischer Differenzen auf eine besondere, tief emotionale Weise verbunden. »Das ergibt eine Bindung, die kann man nie wieder auflösen«, sagt er, »das bindet Menschen aneinander.«

Die Freundschaft wird gleich in den ersten Wochen auf eine harte Probe gestellt. Von seiner schweren Verletzung noch nicht wieder voll genesen, droht Lafontaine der SPD-Führung nun damit, die Kanzlerkandidatur niederzulegen, falls Partei und Fraktion ihm in seiner Ablehnung des Einigungsvertrages nicht folgen wollen. Um die Einheit nicht scheitern zu lassen, schlägt er vor, im Bundestag, wo CDU/CSU und FDP die Mehrheit besitzen, mit Nein zu stimmen und den Vertrag dann in der Länderkammer passieren zu lassen.

Aber wie soll man eine solche Doppelstrategie dem Wähler vermitteln? In Nordrhein-Westfalen ist am 13. Mai Landtagswahl, eine zweifelhafte Haltung zur Vereinigung, fürchten die Genossen in Düsseldorf, könnte sogar den Verlust der absoluten Mehrheit nach sich ziehen.

Also wallfahren Rau und Parteichef Vogel nach Saarbrücken und versuchen, den sich von seinen Verletzungen erholenden Kanzlerkandidaten umzustimmen. Doch Lafontaine bleibt stur, droht weiter damit zurückzutreten. Neben den inhaltlichen Differenzen plagen ihn Zweifel, ob er die Kampagne physisch wie psychisch durchstehen kann. Seine Rücktrittsdrohung ist zugleich eine Bitte an die SPD, die Last, die er glaubt nicht tragen zu können, von ihm zu nehmen. Der Hilferuf wird in Bonn nicht verstanden.

Auch nicht von Willy Brandt, dem Lafontaine unter vier Augen vorschlägt, für ihn die Kandidatur fortzuführen. Der Parteisenior und langjährige Förderer des Saarländers lehnt ab. Wegen der unüberbrückbaren Meinungsverschiedenheiten zum Prozeß der Vereinigung ist das Klima zwischen den beiden deutlich abgekühlt. Und zudem ahnt Brandt wohl, daß eine Bundestagswahl im Einheitstrubel für die SPD ohnehin kaum zu gewinnen ist.

Den Befürchtungen zum Trotz bleibt die schwere Führungskrise in der SPD-Spitze für Nordrhein-Westfalen ohne gravierende Folgen. Zwar verliert die SPD bei der Landtagswahl 2,1 Prozent der Stimmen. Doch 50 Prozent reichen zur absoluten Mehrheit, auch Norbert Blüm hat es als Spitzenkandidat der CDU nicht geschafft, das Denkmal Rau zu stürzen.

Durch das Wahlergebnis auch innerparteilich in seiner führenden Rolle bestätigt, versucht Rau erneut, Lafontaine zum Durchhalten zu überreden und ihn von seinem Nein zum Einheitsvertrag abzubringen. Er könne auch den Parteivorsitz von Hans-Jochen Vogel übernehmen und im Falle einer Niederlage den Vorsitz der Bundestagsfraktion, bietet er an. Vogel ist sogar bereit, sein Amt bereits auf dem Vereinigungsparteitag von SPD und SDP am 27. September, noch vor der Bundestagswahl am 2. Dezember also, zur Verfügung zu stellen. Daß bei dieser Wahl wieder kein Machtwechsel in Sicht ist, wissen alle drei.

Schließlich willigt der Kanzlerkandidat ein, bis zum Wahltag weiterzumachen. Die Übernahme von Partei- und Fraktionsvorsitz lehnt er allerdings ab.

Am 21. Juni 1990 billigt der Bundestag den Einigungsvertrag gegen die Stimmen von lediglich 25 sozialdemokratischen Abgeordneten. Einen Tag später stimmt auch die Länderkammer zu. Nur das Saarland und Niedersachsen bleiben bei ihrem Nein. Obwohl Johannes Rau schwere Bedenken gegen den Vertrag hat, stimmt seine Landesregierung mit Ja.

»Ich hatte die Befürchtung, daß der Umtauschkurs von 1:1 große wirtschaftliche Gefahren mit sich bringen könnte«, erinnert er sich: »Aber wir hatten auf seiten der Bundesländer mitverhandelt, also waren wir jetzt auch mit in der Verantwortung.« Bis zuletzt hat er bei den Gesprächen zudem dagegen gekämpft, daß der Rückgabe von Immobilien an die meist aus dem Westen stammenden Alteigentümer Vorrang vor einer finanziellen Entschädigung eingeräumt wurde. »Und ich habe recht behalten«, ist er sich sicher.

Die parlamentarische Mehrheit ist zwar am Ende gesichert, doch die SPD, ohnehin gegenüber der Union in einer defensiven Situation, hat sich mit dem Streit um den Einigungsvertrag weitere Sympathien verscherzt. Der große Sieger der Einheit heißt Helmut Kohl. Die Tatsache, daß die Sympathien am Tag der Vereinigung auch Willy Brandt gelten, können die Sozialdemokraten und ihr Kanzlerkandidat nicht in steigende Umfragewerte umsetzen. Drei Wochen vor der Wahl teilt zu allem Überfluß auch noch Altkanzler Schmidt in einem Interview der Öffentlichkeit mit, was er vom SPD-Spitzenkandidaten hält: »Lafontaine wird die Wahlen verlieren, und das verdient er auch«, grantelt er effektvoll. Auch sein Zusatz »aber das ist privat« kann die Äußerung nicht entschärfen.

So ähnlich war es auch 1986/87, als Rau kandidierte. Die Partei begehrt auf, führende Genossen entziehen ihrem Spitzenmann die Loyalität. Und die Bundestagswahl geht mit

Pauken und Trompeten verloren. 1987 hat die SPD immerhin noch 37 Prozent geholt, Lafontaine schafft am 2. Dezember 1990 nur 35,9. Noch einmal am Wahlabend versucht Rau, den geschlagenen Kandidaten zu überreden, am nächsten Tag bekanntzugeben, er werde Partei- und Fraktionsvorsitz übernehmen. Es ist vergeblich. Lafontaine fühlt sich von den Wählern gedemütigt und von der eigenen Partei im Stich gelassen. Er hat vorerst genug von Bonn. Grollend zieht er sich ins Saarland zurück.

Damit steht die Partei erneut vor der Führungsfrage. Und wie bereits 1987 rückt Johannes Rau in den Kreis der Favoriten für den Parteivorsitz. »Was macht Rau?« fragen die Leitartikler der Republik. Er sieht die Lage ähnlich wie drei Jahre zuvor und lehnt das Amt ab. Im übrigen gibt es da im Kreis der Ministerpräsidenten ja einen neuen Hoffnungsträger: Björn Engholm, jung, unverbraucht, seit 1988 mit absoluter Mehrheit im einstigen CDU-Stammland Schleswig-Holstein an der Macht und ein Liebling der Medien. Die Barschel-Affäre hat die Christdemokraten nicht nur um ihre Regierung, sondern für lange Zeit um jegliches Ansehen im nördlichsten Bundesland gebracht. Um so heller strahlt Engholms Stern. Daß die Nachbeben der Affäre auch auf seiner Weste dunkle Flecken hinterlassen haben, ahnt in der SPD-Führung zu diesem Zeitpunkt noch niemand.

Engholm ist der Richtige, glaubt Johannes Rau ebenso wie die Mehrheit der SPD-Präsidiumsmitglieder, obwohl der Holsteiner zur Bedingung macht, daß mit der Übernahme des Parteivorsitzes keine Vorentscheidung über die Kanzlerkandidatur verbunden sei. Fünfzehn Tage nach dem Wahldebakel nominiert der Parteivorstand den Ministerpräsidenten aus Kiel als neuen SPD-Vorsitzenden. Endlich wieder ein Star auf der Bühne der deutschen Sozialdemokratie, die Funktionäre im Erich-Ollenhauer-Haus geraten ins Schwärmen. »Mit dem können wir's packen«, glaubt auch Rau. Vor allem, weil der Mann aus Kiel mit seinem neuen Politikstil in der Bevölkerung besser ankommt als die Mitglieder des Bonner Parteiestablishments.

Schon seit geraumer Zeit hat Johannes Rau registriert, daß nicht nur die SPD mit ihren unglücklich agierenden Spitzenleuten, sondern die gesamte Parteiendemokratie in eine ernst zu nehmende Krise geraten ist. In der Öffentlichkeit grassiert ein Phänomen, das sich rasch einen Begriff sucht: Politikverdrossenheit.

In Bonn werde nur palavert und gekungelt, lautet der Vorwurf. Meinungsumfragen zufolge glaubt nur noch eine Minderheit der Bürger an die persönliche Integrität von Parteien, Parlaments- und Regierungsmitgliedern. Für eine Volkspartei wie die SPD sind das bedrohliche Signale. In einer pauschal gegen die Politik gerichteten Grundstimmung wird es immer schwieriger, junge Menschen für die Mitarbeit an der Basis zu gewinnen.

»Die Leute wollen nicht mehr«, warnt Rau, »weil sie ständig gefragt werden, ob sie korrupt sind. Politikerbeschimpfung ist zum Volkssport geworden.« Aber das Abwenden der Bürger treffe nicht nur Politiker, »auch Gewerkschaften und Kirchen zeigen Zerbröckelungserscheinungen«. Als einer, der immer sehr genau weiß, was in den Kneipen und an den Stammtischen geredet wird, kennt er die Ursachen des gefährlichen Trends: »Die Verbeamtung und Akademisierung der Parteien führt dazu, daß sich die Mehrzahl der Schichten in unserer Gesellschaft im Politischen nicht mehr wiederfindet.«

Vielleicht ist es auch gerade die zur Schau getragene Selbstsicherheit der Mandats- und Verantwortungsträger, die beim Bürger nicht mehr ankommt. Da werden Positionen in Parteigremien festgelegt, und nichts fällt dann schwerer, als einzugestehen, daß ein Argument der anderen Seite möglicherweise bedenkenswert wäre. Der Zweifel an der eigenen Haltung, gelegentlich auch offen ausgesprochen, für Johannes Rau gehört er mit zur politischen Glaubwürdigkeit. Der Satz »Ich weiß es nicht« kommt ihm wohl häufiger über die Lippen als den meisten seiner Berufskollegen.

Und manchmal sagt er auch ganz offen, er wisse nicht, ob die gerade von ihm vertretene Meinung die richtige sei.

Am 21. Juni 1991 zum Beispiel bei einem seiner seltenen Auftritte im Bundestag, der Debatte über den künftigen Regierungssitz. Natürlich ist er sozusagen qua Amt als nordrhein-westfälischer Ministerpräsident dazu verpflichtet, für die Interessen seines Landes einzutreten. An diesem Tag ist das der Verbleib des Bundestages in Bonn. Berlin, so sieht es der Antrag der Bonn-Befürworter vor, soll zwar offiziell Hauptstadt sein, das Zentrum der Regierungstätigkeit dagegen am Rhein verbleiben.

»Bonn ist nicht Krähwinkel und Berlin nicht Babylon«, hat er in den Wochen zuvor an die Adresse jener Eiferer bemerkt, die die beschauliche Universitätsstadt entweder als Provinznest diffamieren oder die 600 Kilometer weiter östlich gelegene Metropole als verkommenes Sündenbabel verdammen. Ja, er sei für Bonn, sagt er in der Debatte, aber er sei sich unsicher »in dem, was diese Abwägung bestimmt«. Schließlich ist es wohl am ehesten die Furcht, »eine Symbolentscheidung zu treffen, eine bloße Geste«. Ein Regierungsumzug, fügt er hinzu, nütze den Menschen in Ostdeutschland jetzt nichts.

Als Bundestagspräsidentin Rita Süssmuth mit den Worten »Jetzt wird gefeiert« um 21.49 Uhr die historische Bundestagssitzung nach fast zwölf Stunden schließt, haben 104 Abgeordnete und Ländervertreter ihre Meinung gesagt. Mit seiner kurzen Rede gegen den Umzug hat Rau selbst eingefleischte Berlin-Befürworter ins Grübeln gebracht. Aber gereicht hat es trotzdem nicht, wenn die Entscheidung auch denkbar knapp ausfällt: 338 zu 320 für Berlin.

Für den nordrhein-westfälischen Ministerpräsidenten bedeutet das Ergebnis, sich an die Arbeit zu machen, reden, verhandeln, überzeugen, damit der Raum Bonn und die Rheinschiene bei den geplanten Maßnahmen zum Ausgleich für den Wegzug von Regierung und Parlament nicht zu kurz kommen.

Es geht um viele Millionen, die das Land Nordrhein-Westfalen dringend braucht. Denn Anfang der neunziger Jahre hat eine erneute Wirtschaftskrise Rhein und Ruhr erreicht,

»viel ernster als in den achtziger Jahren«, wie Wirtschaftsminister Einert besorgt feststellt.

Und jetzt, gerade jetzt, wo er in Düsseldorf so dringend gebraucht wird, trifft es ihn wie ein Keulenschlag. Bei einer Routineuntersuchung hat sein alter Freund, der Chirurg Professor Dr. Christoph E. Brolesch, einen schrecklichen Befund diagnostiziert. Krebs, die linke Niere ist befallen. Um zu verhindern, daß das gefürchtete Wort als Schlagzeile die Boulevardzeitungen ziert, interveniert die Düsseldorfer Staatskanzlei in mehreren Chefredaktionen. Doch verheimlichen läßt sich die bedrohliche Wahrheit nicht.

Am 28. Juli 1992 läßt sich Rau von Brolesch und Professor Hartwig Huland im Universitätsklinikum Hamburg-Eppendorf operieren. Die Niere und die ebenfalls befallene Gallenblase werden entfernt. Trotz der guten Prognose und der Aussicht auf eine vollständige Genesung folgen bange Tage und Wochen. Ist der Krebs wirklich besiegt, fragt er sich im Krankenbett. Und er überlegt, ob er sich nicht doch ins Privatleben zurückziehen sollte, mit 61 Jahren, nach vierzehn Jahren Dienst als Ministerpräsident wahrlich keine Schande. Sechzehn Kilo nimmt er in diesen Wochen ab.

Als Rau am 6. August aus dem Krankenhaus entlassen wird und zur Erholung auf seine geliebte Insel Spiekeroog reist, hat er sich entschieden. Er macht weiter. Den ganzen Tag nichts Produktives tun, nicht eingreifen können, die Dinge treiben lassen, »Erholung ist anstrengend«, klagt er. Die Arbeit ist für ihn seit vielen Jahren eine unverzichtbare Droge: »Das ist mit der Politik wie beim Erdnußessen: Man kann nicht aufhören.«

Also kehrt er nach 105 Tagen wieder in sein Amtszimmer in der Staatskanzlei zurück, greift wieder zur Peter Stuyvesant und gibt seinen guten Vorsatz auf, weniger als 100 Stunden in der Woche zu arbeiten. »Johannes Rau ist wieder da, und alles ist beim alten«, schreibt die *Süddeutsche Zeitung*. Solche Kommentare liest er gern.

Am Kabinettstisch haben sie derweil seinen Sessel freigehalten, keiner hat gewagt, sich auf den Platz des kranken

Chefs zu setzen. Als er schließlich zum ersten Mal wieder vor die Landtagsfraktion tritt, empfangen ihn die Abgeordneten mit stehendem Applaus. Nicht nur Rau muß sich in diesem Moment mühsam eine Träne verkneifen. Als Willkommensgruß überreicht jedes seiner Kabinettsmitglieder zwei Flaschen Rioja. Innenminister Schnoor legt dazu einen Band mit Wilhelm Busch-Gedichten. »Rotwein ist für alte Knaben eine von den besten Gaben«, hat der alte Fahrensmann als Widmung reingeschrieben. Die Regierungsfamilie ist wieder vereint.

Für Sentimentalität bleibt dann allerdings wenig Zeit. Bereits wenige Tage später steht eine Haushaltsklausur im Terminkalender, dazu Kabinettssitzungen, Vorbereitungen des nächsten Parteitags, Interviews, die übliche Tretmühle. Rau habe nur weitergemacht, weil die Aussicht bestehe, in zwei Jahren Bundespräsident zu werden, wird in der Presse spekuliert.

Zurück an seinem Arbeitsplatz, versucht er der Öffentlichkeit den Eindruck zu vermitteln, er sei schon wieder ganz der alte. Rau mit dem Pils in der Hand, beim Skatspielen in seiner Stammkneipe »Karpathen«, die Staatskanzlei vermittelt jetzt besonders viele Fototermine. Der Landesvater ist wieder an Deck.

Die Wirtschaftskrise, muß Rau feststellen, hat sich in den Monaten seiner Abwesenheit weiter verschärft. Das Hauptproblem für Nordrhein-Westfalen ist noch immer die Überproduktion in der international kaum wettbewerbsfähigen Stahlindustrie.

Wie vor vier Jahren demonstrieren die Kumpel von Krupp wieder vor dem Düsseldorfer Landtag, wieder empfangen sie ihn mit Pfiffen und »Judas«-Rufen, am Ende lassen sie »unseren Johannes« hochleben, weil er, wie die *Neue Ruhr-/ Neue Rhein-Zeitung* spitz bemerkt »ihren Zorn mit allerlei Neuigkeiten« gedämpft hat.

Aber die Stimmung in der eigenen Partei hat sich geändert. Noch sind es nur die Jusos, die vorsichtig die Frage stellen: Was kommt nach Johannes Rau? Obwohl mittlerweile 62 Jahre alt, habe der Landesvater bisher »niemanden aus seinem Schatten treten lassen«, beklagt der nordrheinwestfälische Vorsitzende der Partei-Nachwuchsorganisation, Ralf Krämer, im Februar 1993. Daß er damit recht hat, wissen die Damen und Herren an Raus Kabinettstisch, zwei von ihnen sind selbst schon im Rentenalter, nur zu gut. Eine Verjüngung der Regierung wäre ja dringend erforderlich, neue Leute mit neuen Ideen, kurzum: frischer Wind, ist im Düsseldorfer SPD-Fraktionssaal zu hören, wenn Rau gerade mal rausgegangen ist. Aber, heißt es dann, der Johannes möge sich halt nicht von altbekannten Gesichtern trennen und fürchte die Unruhe, die ein Revirement bringe. Schade sei das. Nur laut sagen will das noch keiner.

Rau bemerkt von der schleichenden Entfremdung vor allem von den jüngeren Genossen nichts. Er hat Wichtigeres zu tun, als sich um die Seelenlage seiner Kabinettskollegen zu kümmern: Die SPD ist urplötzlich in eine schwere Krise gestürzt. Und sie hat ihren Versöhner aus Düsseldorf nach Bonn gerufen.

Am 12. April 1993, mitten in den Osterferien, hat der Kieler SPD-Bundestagsabgeordnete Norbert Gansel die Familie Rau auf Spiekeroog besucht und dem Parteivize unter vier Augen mitgeteilt: SPD-Chef Björn Engholm habe vor dem Barschel-Untersuchungsausschuß die Unwahrheit gesagt. Nicht erst am 13. September 1987, sondern schon sechs Tage zuvor, am späten Abend des 7. September, habe der damalige schleswig-holsteinische Oppositionsführer von den Machenschaften Barschels und seines Referenten Rainer Pfeiffer erfahren.

Die Lüge lasse sich nicht mehr verheimlichen, berichtet Gansel. Engholm sei entschlossen, von allen Ämtern zurückzutreten. »Johannes«, sagt er, »du mußt jetzt handeln!« Rau ist entsetzt. Die Querelen um seine Kanzlerkandidatur 1987, der Streit um die Einheit, die Katastrophenwahl 1990, und jetzt, wo mit Blick auf die Wahl im nächsten Jahr wieder Hoffnung auf ein Erstarken der SPD besteht, ein Rücktritt des populären Hoffnungsträgers? Das darf nicht sein.

Natürlich ist auch er in letzter Zeit nicht mit dem Erscheinungsbild der Partei zufrieden gewesen. Der Vorsitzende hat die Zügel zu sehr schleifen lassen, jede Kritik ist über Interviews in den Medien ausgetragen worden. Sie sollten »statt zum Mikrophon lieber zum Telefon greifen«, hat Rau die Genossen gemahnt. Aber sie haben nicht auf ihn gehört. Schließlich nimmt er immer seltener an Präsidiums- und Vorstandssitzungen teil, »weil ich ja schon aus der Zeitung alles wußte«. Die SPD, glaubt er, braucht mehr Disziplin. Aber doch keinen neuen Vorsitzenden.

Wenige Tage später trifft er sich mit Engholm, um die prekäre Lage zu besprechen. Ja, er habe gelogen, gesteht Engholm, und er werde die Konsequenzen ziehen. Rau versucht ihn von seinem Entschluß abzubringen. Sein Argument: »Wenn du deine Lage offenlegst und dich für den Fehler entschuldigst, dann muß es gut sein. Eine Sache, für die sich jemand entschuldigt hat, wird ihm nicht mehr vorgeworfen.« Engholm ist anderer Meinung: »Das stehe ich nicht durch.« Rau bittet ihn, die Sache noch einmal zu überdenken. Doch der Parteichef bleibt dabei.

Am Morgen des 1. Mai 1993 um 10.49 Uhr jagt eine Eilmeldung der Bonner Nachrichtenagentur *ddp* durch die Republik: »In Bonn verdichten sich die Hinweise auf einen bevorstehenden Rücktritt des SPD-Vorsitzenden und Kanzlerkandidaten Björn Engholm.« Elf Minuten später läuft die sensationelle Meldung in allen Rundfunknachrichten. Bis zu diesem Zeitpunkt wissen nur wenige in der SPD-Spitze von der Falschaussage und den drohenden Folgen.

Bereits im April hat das Magazin *Focus* Rau allerdings schon als »Kanzlerkandidaten im Wartestand« für den Fall bezeichnet, daß Engholm wegen seiner gerüchteweise an die Öffentlichkeit gedrungenen Verstrickungen in den Kieler Affärensumpf selbst nicht antreten wolle. Nach der »Schmuddelstory« hat Rau seinen Kieler Amtskollegen angerufen und ihm versichert: »Das kommt definitiv nicht in Frage.«

Doch jetzt kann er nicht zurück. Als dienstältester der

stellvertretenden SPD-Vorsitzenden läßt er sich, wieder einmal, in die Pflicht nehmen und erklärt sich bereit, die Partei bis zur Entscheidung über einen Nachfolger für Engholm zu führen. Zweimal hat er es in der Vergangenheit abgelehnt, den SPD-Vorsitz zu übernehmen. »Man weiß von mir, daß ich nur einen begrenzten persönlichen Ehrgeiz habe«, sagt er. »Insofern ist mir die Rolle des Moderators natürlicherweise zugewachsen.« Nun steht er also doch plötzlich auf der Kommandobrücke, wider Willen und mit dem schwierigen Auftrag, das Schiff durch ein tosendes Unwetter zu steuern. Welchen Kurs er dabei fahren soll, weiß er zu diesem Zeitpunkt selbst noch nicht.

Während die Mitglieder der Parteispitze unterwegs zu ihren Maikundgebungen sind, wird aus den Autos hektisch telefoniert. »Ich möchte das nur kommissarisch machen«, stellt Rau im Gespräch mit den anderen Präsidiumsmitgliedern klar. »Ich will die Karawane nicht mehr anführen«, antwortet er auf den Vorschlag von Parteivize Wolfgang Thierse, das Amt doch auf Dauer zu übernehmen.

Nachmittags läßt er über die Agenturen mitteilen: »Vor der angekündigten Erklärung Engholms vor dem Präsidium werden keine personellen Überlegungen angestellt.«

Überlegt haben allerdings schon viele, und einer hat dies auch öffentlich gemacht. Am Rande einer Maikundgebung sagt der niedersächsische Regierungssprecher Uwe-Karsten Heye einer freien Mitarbeiterin der Nachrichtenagentur *AP*, die Landes-SPD erwarte, daß sich Ministerpräsident Gerhard Schröder um die Engholm-Nachfolge bewerbe. Minuten später läuft die Ticker-Meldung: »Regierungssprecher Heye bestätigt: Schröder tritt an.«

Da hat der erste seinen Hut in den Ring geworfen, unter Mißachtung der vorgegebenen Kleiderordnung. So etwas mag Johannes Rau nicht. »Es gibt da den einen oder anderen, der mit den Hufen scharrt, obwohl der Startschuß noch gar nicht gefallen ist«, kommentiert er das Vorpreschen, ohne Namen zu nennen. Jeder weiß, wer gemeint ist.

Als der Startschuß dann am 3. Mai nachmittags um 15

Uhr fällt, sitzt Rau mit eingefallenem Gesicht aschfahl neben Engholm im Saal der Bundespressekonferenz. »Nun ist der nordrhein-westfälische Landesvater auch der sozialdemokratische Hausvater«, schreibt Helmut Lölhöffel in der *Frankfurter Rundschau.* Vor allem für Ordnung im SPD-Haus muß er sorgen und dafür, daß der Nachwuchs nach dem Abgang des Familienoberhauptes das Erbe nicht nach dem Recht des Stärkeren verteilt.

»O hilf, Herr, die Heiligen haben abgenommen«, lautet an diesem Tag die Losung der Herrnhuter Brüdergemeinde. »Die Frage der Parteiführung muß schnell entschieden werden«, sagt er, fügt dann aber eine »Warnung vor übereilten Entscheidungen« hinzu.

Wie das gehen soll, darüber haben sich Mitglieder der engsten Parteiführung mit Ausnahme Schröders schon ein paar Stunden zuvor Gedanken gemacht. Am besten werde es wohl sein, keinen raschen Sonderparteitag zu veranstalten, auf dem der drängelnde Genosse aus Niedersachsen den Vorsitz womöglich im Handstreich erobern könnte. Also muß Zeit gewonnen und ein anderes Verfahren gefunden werden.

Obwohl Schröder von den Vorgängen in Bonn nicht allzuviel erfährt, ist er von Beginn an mißtrauisch und überzeugt, daß der kommissarische Vorsitzende gemeinsam mit der Mehrheit des Präsidiums alles tun werde, um ihn vom Parteivorsitz fernzuhalten. Die Revanche für seine vorlauten Kommentare während Raus Kanzlerkandidatur und eine reflexartige Abwehr des Parteiapparats gegen seinen Machtinstinkt, so vermutet er, würden die SPD-Funktionäre gegen ihn mobilisieren.

Tatsächlich stehen die Chancen für den zweiten Bewerber von vornherein besser. Rudolf Scharping, Ministerpräsident von Rheinland-Pfalz, ist ein fleißiger Parteiarbeiter, der sich zumindest nach außen hin an die Spielregeln hält. Erst teilt er Rau mit, daß er antreten werde, dann der Öffentlichkeit. Als dritte hat zuvor die stellvertretende SPD-Vorsitzende und Chefin des einflußreichen Parteibezirks Hessen-Süd, Heidemarie Wieczorek-Zeul, ihre Ansprüche angemeldet. Als Vertreterin des linken SPD-Flügels ist sie nicht mehr als eine Zählkandidatin.

»Völlig unbefangen« sei er an die Sache herangegangen, betont Rau später, er habe sich »bemüht, das Verfahren so zu moderieren, daß keiner Schaden nahm.« Den von Schröder später erhobenen Vorwurf, er und die gesamte nordrhein-westfälische SPD hätten einseitig Partei ergriffen, weist er energisch zurück: »Das ist an keiner Stelle so gewesen.« Natürlich hat er eine persönliche Präferenz. Scharping, so glaubt er, sei der geeignetste der drei Bewerber. An Schröder stört ihn dessen manchmal kokett zur Schau gestellte Distanz zur Partei. Und natürlich erinnert er sich in diesen Wochen auch an die Quertreibereien während seiner eigenen Kanzlerkandidatur. »Sachkunde, Stehvermögen, Integrationsfähigkeit und Glaubwürdigkeit« müsse der neue Vorsitzende für sein Amt mitbringen, nennt Rau in einem Interview seine Kriterien. Auf Schröder treffe das nur bedingt zu, schlußfolgert die Mehrheit der Kommentatoren.

»Rau konnte mit der Heidi nichts anfangen und mit Schröder schon gar nicht«, erinnert sich ein Präsidiumsmitglied. »Der war ihm damals 1987 böse in den Rücken gefallen, und er hatte seine Bewerbung zu früh und nicht ordnungsgemäß angemeldet. In solchen Dingen ist der Johannes schrecklich empfindlich.«

Würde nur die Wählermeinung zählen, wäre die Entscheidung klar. Nach einer Emnid-Umfrage räumen 26 Prozent einem Kanzlerkandidaten Schröder die größten Chancen bei der nächsten Bundestagswahl ein. Rau, der gar nicht zur Wahl steht, kommt mit 23 Prozent auf Platz zwei, gefolgt von Lafontaine mit 12 Prozent. Der in der Öffentlichkeit außerhalb von Rheinland-Pfalz noch weitgehend unbekannte Rudolf Scharping schafft nur den vierten Rang.

Aber das SPD-Establishment denkt anders. Von »charakterlichen Defiziten« des Niedersachsen ist die Rede, Scharping spricht im Parteivorstand offen aus, mit dem könne er »nicht zusammenarbeiten«. Auch Lafontaine macht Front gegen Schröder, wirft ihm vor, »illoyal und unsolidarisch«

gegenüber Engholm gewesen zu sein. Hatte er sich nicht öffentlich über den »introvertierten Pfeifenraucher« lustig gemacht?

Wegen seiner Rolle als Moderator zumindest nach außen zur Neutralität verpflichtet, hält Rau sich mit Kritik zurück. Dafür streut die Führung der nordrhein-westfälischen SPD überall aus, mit dem Hannoveraner sei kein Staat zu machen. »Gegen Schröders Drängelei wächst Widerstand«, assistieren der Düsseldorfer SPD-Spitze freundlich gesonnene Medien wie die *Westdeutsche Allgemeine Zeitung (WAZ)*.

Nach welchem Verfahren der neue Vorsitzende auch immer bestimmt wird, eines ist Rau klar: Der Neue muß den Karren ziehen, sonst verliert die SPD nicht nur die nächste Bundestagswahl, sondern zudem ihre strukturelle Mehrheitsfähigkeit. Wenn es jetzt nicht gelinge, eine überzeugende Lösung zu finden, warnt er im Präsidium, werde »Schulterzucken die einzige Bewegung sein, zu der die Leute fähig sind, wenn sie an uns denken.«

Bereits am Tage des Engholm-Rücktritts schlägt die stellvertretende Parteivorsitzende Herta Däubler-Gmelin vor, die Nachfolge durch eine Befragung aller Mitglieder zu regeln. Obwohl zunächst skeptisch gegenüber einem solchen, noch nie probierten Verfahren, erwärmt sich Rau rasch für die Idee. Eine Entscheidung der Basis, sagt er, »macht vor allem dann Sinn, wenn sie zu einer Revitalisierung der Partei führt«.

Zwei Wochen später ist die Begeisterung über die Idee einer Befragung im Parteivorstand allerdings schon wieder merklich abgekühlt. Zu viele Fragen sind offen: Was passiert, wenn die Beteiligung der SPD-Mitglieder hinter den Erwartungen zurückbleibt, was, wenn das Ergebnis nicht eindeutig ist? Doch die Suche nach dem rechten Weg ist längst aus dem Ollenhauer-Haus an die Öffentlichkeit gedrungen. »Nachdem Erwartungen an eine Beteiligung aller Mitglieder geweckt worden sind«, warnt Rau die Vorstandsmitglieder, könne man die Befragung jetzt nicht mehr absagen.

Eine Abstimmung zwischen drei Bewerbern, kalkuliert die Bonner Parteispitze, wird besonders Scharping nützen. Als Zünglein an der Waage könnte Heidemarie Wieczorek-Zeul vor allem die Stimmen von Frauen und jungen SPD-Mitgliedern an sich ziehen, Prozente, die Schröder am Ende fehlen. Problematisch wäre nur der Fall, wenn das Ergebnis keine absolute, sondern nur eine relative Mehrheit bringen würde.

Rau bespricht das Thema mit den drei Bewerbern und stellt die Frage, ob jemand darauf bestehe, im Zweifelsfall eine Stichwahl zwischen den beiden Kandidaten mit den meisten Stimmen durchzuführen. Scharping und Wieczorek-Zeul betonen, das Ergebnis auch ohne zweiten Wahlgang respektieren zu wollen. Schröder schließt sich dieser Meinung an. Er ist sich sicher, bereits im ersten Wahlgang zu gewinnen. »Wenn man ganz rational vorgegangen wäre, hätte man eine Stichwahl verlangen müssen«, sagt er später. Aber da ist die Entscheidung bereits gefallen.

Am 13. Juni 1993 sollen 868 000 SPD-Mitglieder abstimmen, wer ihr künftiger Vorsitzender sein soll. Bis dahin ziehen die drei Kandidaten in einem bisher beispiellosen innerparteilichen Wahlkampf durch die Republik und werben um jede Stimme. Während die nordrhein-westfälische SPD nach Kräften versucht, Scharping zu unterstützen, hat Schröder es an Rhein und Ruhr schwer. Eine »ungeeignete Führungsfigur« sei der Niedersachse, stichelt der Düsseldorfer Umweltminister Klaus Matthiesen gegen Schröder, ein »politisches Risiko« gar. Ganz anders sei der Rudolf Scharping – »ein hochintelligenter, perspektivisch denkender Mensch«. »Nordrhein-Westfalen hat sich für Scharping ziemlich weit aus dem Fenster gelehnt«, findet einer der damaligen Spitzenfunktionäre rückblickend. Gleichwohl ermahnt Rau die Wahlkämpfer und ihre Helfer immer wieder zu Disziplin und fairem Umgang miteinander

Am SPD-Wahlsonntag macht auch Johannes Rau sein Kreuz hinter dem Namen Rudolf Scharping – wie die Mehrheit der Genossen, die an diesem Tag den Stimmzettel ausfüllen. 40,3 Prozent schafft der Mainzer Ministerpräsident, 33,2 Prozent sein Amtskollege aus Hannover, für Heidemarie Wieczorek-Zeul stimmen immerhin noch 26,5 Prozent.

Auf den ersten Blick ist es eine klare Entscheidung. Doch die absoluten Zahlen sprechen eine andere Sprache: Zwar hat Scharping rund 35 000 Stimmen mehr als sein Rivale, doch insgesamt haben von 868 000 eingetragenen Genossen nur 197 059 für ihn votiert.

Trotzdem kommt die Mitgliederbefragung in der Öffentlichkeit und in den Medien gut an, zumal Schröder sich als fairer Verlierer zeigt. Als die Delegierten des Sonderparteitags in Essen am 25. Juni das Ergebnis der Befragung offiziell legitimieren, stimmt er für Scharping.

»Wenn die SPD politisch in der gleichen Klasse spielen will wie das Gewandhausorchester musikalisch«, hat Rau Ende Mai in seiner Festrede zum 130. Gründungstag des Allgemeinen Deutschen Arbeiter-Vereins in Leipzig gesagt, »dann müssen wir noch üben. Aber keine Trauermärsche, sondern den Marsch, den die Opposition der Regierung blasen muß.«

Jetzt also soll Rudolf Scharping vorneweg marschieren. Bei der nächsten Bundestagswahl möglichst direkt ins Kanzleramt. Daß die Kapelle keine zwei Jahre später schon wieder aus dem Gleichschritt geraten und ihre musikalische Darbietung in schrille Dissonanzen abgleiten wird, ahnt in Essen niemand.

Rau ist zufrieden. Er hat die Krise geschickt moderiert, hat die mit Engholm entgleiste Partei wieder auf die Schienen gebracht und die Weichen gestellt. In den Augen der Partei ist er damit endgültig zum guten Gewissen der Sozialdemokratie geworden, zum Schiedsrichter und unparteiischen Schlichter ohne persönlichen Ehrgeiz.

»Johannes Rau wollte von sich selbst aus nie etwas im öffentlichen Leben werden«, schreibt Jürgen Leinemann im *Spiegel* über ihn und fügt hinzu: »Vielmehr fühlte er sich von Zeit zu Zeit für höhere Aufgabe geeignet, und prompt wurde das dann bemerkt.« Jetzt, im Sommer 1993, ist es wieder einmal soweit.

# KAPITEL 6
# »Ich hätte das Amt
# gerne wahrgenommen...«

Fragt man in Bonn oder Düsseldorf, wann Johannes Rau zum ersten Mal als möglicher Kandidat für das Amt des Bundespräsidenten genannt wurde, lautet die Antwort häufig: »Eigentlich immer schon.« Tatsächlich erinnern sich langjährige Weggefährten, daß der Name Rau schon Ende der siebziger Jahre des öfteren gefallen ist, wenn in der SPD darüber nachgedacht wurde, wer für die Position des Staatsoberhauptes geeignet sei.

Es ist wohl die enge Verbindung zu Gustav Heinemann, die ihn immer wieder als den einzig legitimen sozialdemokratischen Bewerber hat erscheinen lassen. Nicht nur weil er bisher der einzige der SPD angehörende Bundespräsident war, galt und gilt Heinemann vielen Sozialdemokraten als Vorbild in Amtsführung und Lebensstil: Ein Bürgerpräsident, bescheiden und unprätentiös, dabei immer Anwalt der Schwachen in der Gesellschaft. Oder, wie Rau es so gern auch für sich selbst formuliert, einer, für den die SPD auch heute noch »Dienstleistungsunternehmen der kleinen Leute« ist.

»Politik, richtig verstanden, ist nichts anderes, als das Leben der Menschen etwas menschlicher zu machen«, sagt Johannes Rau. Gustav Heinemann hätte es wohl kaum anders formuliert.

Aber darf man das Amt des Staatsoberhauptes planmäßig anstreben, jenes Amt, das Überparteilichkeit erfordert, dessen Inhaber alle gesellschaftlichen Gruppen vertreten muß? Die politischen Gepflogenheiten in Deutschland verbieten dies merkwürdigerweise.

Gleichwohl ist die Wahl eines Bundespräsidenten immer ein hochpolitisches Ereignis. Das denkbar knappe Votum für Heinemann hat 1969 die sozialliberale Wende in Bonn vorweggenommen, in gewisser Weise sogar eingeleitet, und auch bei den Entscheidungen früherer und späterer Bundesversammlungen hat oft nicht die Frage im Mittelpunkt gestanden, wer denn wohl der beste Bewerber sei. Da werden Kandidaten von der eigenen Partei gedrängt oder kurzerhand von den Regierenden ins Rennen geschickt, da wird mit allen Mitteln versucht, den Kandidaten des politischen Gegners zu desavouieren. Oder ein Bewerber wird – wie Helmut Kohls Protegé Steffen Heitmann – nach einigen mißglückten Auftritten wieder von der politischen Bühne abgezogen.

Es ist wohl die besondere Verknüpfung zwischen dem Anspruch an das Amt des Präsidenten aller Bürger und dem parteipolitisch geprägten Wahlsystem, die den Auswahlprozeß so schwierig macht. Würde das Staatsoberhaupt direkt vom Volk gewählt, wäre der dem Amt sicher nicht angemessene Schacher um Mehrheiten in der Bundesversammlung überflüssig.

Doch die Erfahrungen der Weimarer Republik haben gelehrt, daß ein direkt gewählter Präsident kraft seiner unmittelbaren demokratischen Legitimität eine viel stärkere Autorität besitzt als ein Staatsoberhaupt, welches durch eine parlamentarische Instanz bestimmt wird. Das Beispiel Hindenburgs belegt, daß ein Präsident mit weitreichenden politischen Vollmachten in einem repräsentativen System zum Problemfall werden kann. Aus guten Gründen sieht das Grundgesetz eine Direktwahl daher nicht vor.

Schon vor Beginn des Bundestagswahlkampfs 1986/87 hat in der SPD die Frage der Nachfolge Richard von Weizsäckers eine Rolle gespielt.»Wie viele andere« halte er Rau für einen geeigneten Bewerber für das Amt, hat Helmut Schmidt seinerzeit geschrieben.

In den Medien wird das Thema in der Folgezeit immer wieder aufgegriffen. Mal berichtet *Bild am Sonntag* über eine die Wahl 1994 betreffende Absprache zwischen Lafontaine und Rau, mal spekuliert die *Rheinische Post* darüber, ob der nordrhein-westfälische Ministerpräsident sich nicht längst entschieden habe anzutreten, zumal der designierte neue SPD-Vorsitzende Björn Engholm betont, Rau sei »die ideale Persönlichkeit« für die Position.»Man sollte über das Amt des Staatspräsidenten nicht spekulieren«, pflegt der Umworbene solche Berichte zu kommentieren, »dazu ist es ein zu reizvolles Amt.«

Jawohl, es reizt ihn! Abseits vom parteipolitischen Getümmel moderieren, Menschen zusammenführen – hat er seit Jahren nicht so regiert, seine Qualifikation für die Berufung zu Höherem tagtäglich unter Beweis gestellt?

Ohne eine Mehrheit in der Bundesversammlung nützt das allerdings alles nichts. Auch am 23. Mai 1994, das ist seit der Bundestagswahl vier Jahre zuvor absehbar, werden Union und FDP die meisten Wahlmänner und -frauen nach Berlin entsenden. Ein SPD-Bewerber, wissen die Strategen in Bonn, hat somit nur eine Chance, wenn Bundeskanzler Helmut Kohl dazu seinen Segen gibt.

Wider Erwarten sieht es so aus, als sei Kohl dazu tatsächlich bereit. Hans-Jürgen Wischnewski, unter Helmut Schmidt Staatsminister im Kanzleramt und Spezialist für besonders heikle Angelegenheiten, erinnert sich noch genau an ein Gespräch unter vier Augen im Frühjahr 1991. Er könne sich »gut vorstellen«, daß Rau in drei Jahren für das Amt des Bundespräsidenten kandidierte, habe Kohl offen bekannt, erzählt Wischnewski: »Ich habe das als ernsthaften Vorschlag verstanden.« Pflichtgemäß informiert Wischnewski seinen alten Freund »Hannes« über die ebenso unerwartete wie erfreuliche Entwicklung.

In der SPD stößt die Nachricht von der vermeintlichen

Unterstützung durch allerhöchste Stellen zunächst auf ungläubiges Erstaunen, dann auf Genugtuung. Nur Friedhelm Farthmann hat eine böse Ahnung und bemerkt: »Der Kohl spielt doch nur.«

Union und FDP reagieren derweil pikiert auf den Vorstoß des Kanzlers. Ein sozialdemokratischer Bundespräsident, unterstützt von einer Regierungsmehrheit, die dann im Frühjahr 1994 gerade im Bundestagswahlkampf steht, das gehe nicht, lautet die Begründung. Nur die Christdemokraten in Nordrhein-Westfalen sehen das anders. Wenn Rau erst einmal nicht mehr Ministerpräsident sei, glauben sie, bestehe für sie vielleicht die Chance, der SPD bei der Landtagswahl 1995 die Mehrheit abzujagen.

Trotz der Bedenken aus den eigenen Reihen bleibt Helmut Kohl zunächst bei seinem Vorhaben. An einem Montagmorgen im Frühsommer 1991 empfängt er Willy Brandt und Rau im Bonner Kanzleramt zu einem Gespräch über mögliche Hilfen für die Stiftung »Entwicklung und Frieden«. Überraschend spricht er das Thema Bundespräsidentenwahl erneut an und äußert sich detailliert über sein Vorhaben. Rau hört gebannt zu und schweigt. »Jetzt mußt du es wohl machen«, sagt Brandt gut gelaunt, als die beiden Gäste das Kanzleramt verlassen.

Doch im August ändert Helmut Kohl plötzlich seine Meinung. Bei der »ersten Wahl von nationaler Bedeutung« könne kein Kandidat aus dem Westen der Republik zum Zuge kommen, befindet er. Der Protest aus den eigenen Reihen gegen eine Unterstützung Raus zeigt Wirkung. Später wird Kohl vehement bestreiten, den Sozialdemokraten die Fürsprache der Union in Aussicht gestellt zu haben. »Keine Zusage für Rau« habe es gegeben, »davon kann keine Rede sein«, sagt er gereizt, von den Journalisten der Bundespressekonferenz auf das Thema angesprochen.

Als der saarländische Ministerpräsident Oskar Lafontaine am 3. Oktober während der Feiern zur Deutschen Einheit gemeinsam mit Rau auf den Kanzler zugeht und ihm seinen Parteifreund als »den neuen Bundespräsidenten« vorstellt, schlägt Kohl den beiden launig auf die Schulter und sagt lachend: »Ach, ihr zwei seid doch meine Lieblingssozis.« Beim anschließenden Kartoffelsuppe-Essen achtet der Bonner Regierungschef darauf, daß ihn keine Fernsehkamera beim Gespräch mit den Sozialdemokraten beobachtet.

Damit ist klar, daß die SPD sich selbst eine Mehrheit suchen muß, will sie einen eigenen Kandidaten in der Bundesversammlung erfolgreich zur Abstimmung stellen. Unmöglich ist das nicht, aber schwierig. »Wenn Rau und die SPD es wollen, dann schafft er es«, lautet der Pressetenor. Und: »Wird Rau gerufen, steht er bereit.«

Letzteres stimmt, wenngleich die CDU über Fraktionschef Wolfgang Schäuble auf vertraulichen Kanälen versucht, einen anderen Sozialdemokraten, den angesehenen ostdeutschen Theologen und SDP-Mitbegründer Richard Schröder, ins Gespräch zu bringen. Doch der durchschaut das Spiel und kommentiert den Vorstoß lakonisch: »Auf mich kommen sie doch nur als Ost-Quoten-Henry...«

Das Spiel mit immer neuen Namen und Personen hat begonnen. Da erklären Bundesaußenminister Klaus Kinkel und seine FDP Hans-Dietrich Genscher zu ihrem Wunschkandidaten, in Unionskreisen fällt immer häufiger der Name des Bundesverfassungsgerichtspräsidenten Roman Herzog.

Ende Juni 1993 meldet der erste Kandidat seine Bewerbung öffentlich an: Jens Reich, Molekularbiologe aus Berlin, unterstützt von den Grünen und einem Aktionsbündnis »Frankfurter Einmischung«, für das sich auch Prominente wie der Vorsitzende des Zentralrats der Juden in Deutschland, Ignatz Bubis, und der Bundesbeauftragte für die Stasi-Unterlagen, Joachim Gauck, einsetzen.

Im Parteipräsidium der SPD werden die Chancen für Johannes Rau weiterhin positiv gesehen, als sich das Führungsgremium kurz vor der Sommerpause erstmals mit dem Thema befaßt. Der Optimismus der Sozialdemokraten stützt sich auch auf die Annahme, daß Helmut Kohl »seine Zusage noch nicht zurückgenommen hat«. Die SPD-Spitze vereinbart, daß Helmut Schmidt sich in seinem Grußwort auf dem in wenigen Tagen bevorstehenden Parteitag in Essen für Rau aussprechen soll.

Erst die Wahl von Rudolf Scharping zum neuen SPD-Vorsitzenden, dann der zu erwartende rauschende Applaus der Delegierten für Rau, das werde wie eine offiziöse Akklamation wirken, kalkulieren die Mitglieder des SPD-Präsidiums, und sowohl der Partei als auch dem nordrhein-westfälischen Ministerpräsidenten zusätzliche Sympathien eintragen.

Die Rechnung geht auf. »Ich schlage ihn als Nachfolger für Richard von Weizsäcker vor«, sagt Schmidt am 25. Juni in der Essener Grugahalle. Die 460 Genossen im Saal jubeln. Johannes Rau schweigt – und genießt.

Obwohl er es weiterhin vermeidet, sich selbst zu seinen Plänen zu äußern, finden sogar politische Gegner in diesen Tagen anerkennende Worte. Die Ministerpräsidenten von Thüringen und Sachsen-Anhalt, Bernhard Vogel und Werner Münch, erklären, Rau sei »keine schlechte Wahl«, der nordrhein-westfälische FDP-Landeschef Jürgen Möllemann äußert die Ansicht, falls die Liberalen keinen eigenen Kandidaten aufstellen sollten, sei Rau der Richtige. Und selbst in der CSU gibt es positive Stimmen.

Aus Sachsen gibt Ministerpräsident Kurt Biedenkopf zu bedenken, es müsse ein »Präsident aller Deutschen« gefunden werden, 80 Prozent der Bevölkerung lebten aber nun einmal im Westen. Die Kohl-Vorgabe, einen Ostdeutschen zu wählen, sei nicht hilfreich. »Das Kriterium Ossi ist so blödsinnig, wie es nur sein kann«, findet auch FDP-Generalsekretär Werner Hoyer.

Das durchweg positive Echo in der Öffentlichkeit nährt in der SPD die Illusion, vielleicht doch mit Union und FDP zu einer einvernehmlichen Lösung zu kommen. Schließlich haben CDU und CSU trotz heftigen Bemühens noch keinen passenden Kandidaten gefunden, die Liberalen sind uneins, ob sie einen eigenen vorschlagen sollen. Bis in die Sommerpause hinein können die Sozialdemokraten das Thema allein besetzen.

»Übt er heimlich für die Villa Hammerschmidt?« fragt *Bild*-Kolumnist Maynhardt Graf Nayhauß augenzwinkernd und fügt hinzu: »Keiner ist für das Amt besser vorbereitet als Johannes Rau.« Was seine Person betrifft, stimmt das sicher. Hinsichtlich der Nachfolgefrage in Nordrhein-Westfalen dagegen nicht.

Anfang August reisen Staatskanzleichef Wolfgang Clement und Finanzminister Heinz Schleußer nach Spiekeroog, um mit Rau zu besprechen, wer im Falle einer geglückten Bundespräsidentenwahl Ministerpräsident in Düsseldorf werden soll. Eine brisante Frage, immerhin sagen Meinungsumfragen voraus, daß die SPD ohne Rau bei der nächsten Landtagswahl ihre absolute Mehrheit verlieren würde.

Vor allem Umweltminister Klaus Matthiesen, in seiner Loyalität gegenüber seinem Chef sonst nicht zu übertreffen, macht hinter den Kulissen bereits kräftig Stimmung. Nur er, flüstert er unschlüssigen Parteifreunden ein, könne die Rau-Nachfolge antreten. »Polternd, platt und dämlich« gehe er dabei zu Werke, streuen die Clement-Anhänger. Worauf Matthiesen in Anspielung auf die mangelnde Ausstrahlung des Konkurrenten wiederum kontert: »Stellt euch bitte vor, die Westfalenhalle ist voll besetzt mit Genossen. Das Licht geht an – und auf der Bühne steht der Clement …«

Sollte die Frage nicht einvernehmlich zu lösen sein, wird nach den guten Erfahrungen bei der Regelung der Engholm-Nachfolge in Düsseldorfer SPD-Kreisen eine Befragung aller Parteimitglieder angeregt. Rau ist unschlüssig, wie er sich entscheiden soll. Das Thema wird vorerst vertagt, auf den »23. Mai nach 18.30 Uhr« dekretiert er.

Wichtiger scheint ihm zunächst zu sein, innerhalb und außerhalb der Partei um Stimmen zu werben. Da bekommt dann auch schon mal ein CDU-Landtagsabgeordneter einen Anruf vom Landesvater. Als CDU-Generalsekretär Herbert Reul von der Eigenwerbung erfährt und aufgeregt im Kanzleramt nachfragt, was das denn zu bedeuten habe, bekommt er die Antwort: »Keine Panik, der Rau hat keine Chance.«

In der Gewißheit, daheim das Notwendige veranlaßt zu

haben, macht sich Johannes Rau Mitte August auf zu einer Balkanreise. Mit Millionenbeträgen unterstützt Nordrhein-Westfalen seit dem Sturz der kommunistischen Regierungen vor allem in Bulgarien und Rumänien humanitäre Projekte, die er nun besichtigen will.

Unmittelbar vor Abflug meldet sich aus Hannover Gerhard Schröder mit der Empfehlung, die Kandidatur doch nun endlich offiziell zu machen, »weil sonst eine Lähmung der SPD droht«. Rau reagiert verärgert auf den ungebetenen Ratschlag. »Es ist mir gelungen, drei Jahre lang zu schweigen«, grantelt er, »und das halte ich jetzt auch noch neun Monate durch.«

Warum spricht er eigentlich nicht offen aus, was ohnehin schon alle wissen? Auch in Bulgarien haben sich die Ambitionen des Gastes aus Düsseldorf herumgesprochen. Premierminister Ljuben Berov empfängt Rau mit den Worten: »Wir wissen, daß Sie der nächste Bundespräsident sind.« Ein Lächeln des Gastes ist die einzige Reaktion.

Johannes Rau glaubt, die Diskussion um seine Person habe zu früh begonnen. Ein zu früher Start der Kampagne, meinen auch seine Berater, könnte den Erfolg eher gefährden als sichern. Zudem ist er fest entschlossen, auch diesmal die Kleiderordnung einzuhalten. Erst müssen SPD-Präsidium und -Parteivorstand offiziell über die Personalie entscheiden, danach wird er sich öffentlich dazu äußern. Und keinen Tag früher! Sollen die Journalisten zu Hause und ihre Kollegen im Begleittroß ruhig spekulieren. Bevor die Partei die Präliminarien nicht erledigt hat, wird alles dementiert. Auch die Meldung der *Frankfurter Rundschau*, er habe gegenüber SPD-Chef Scharping bereits seine Bereitschaft zur Kandidatur zugesagt und das Präsidium werde in der kommenden Woche einen formellen Beschluß fassen. »In beiden Teilen falsch«, kommentiert Rau.

Als die SPD-Führungsgremien die Nominierung am 12. und 13. September dann einstimmig beschließen, ist bereits klar, wer sein Gegenkandidat sein wird. In den letzten Augusttagen hat die CDU auf Vorschlag von Helmut Kohl die Bewerbung des sächsischen Justizministers Steffen Heitmann bekanntgegeben.

Der in der gesamten Republik populäre Johannes Rau gegen einen außerhalb Sachsens völlig unbekannten CDU-Politiker, ein allseits beliebter Landesvater gegen einen blassen Kohl-Protegé aus dem Osten, besser könne es gar nicht laufen, glaubt die SPD-Spitze. Blitzumfragen belegen, daß 97 Prozent der Bundesbürger den SPD-Kandidaten kennen, während nur 26 Prozent mit dem Namen Heitmann etwas anfangen können.

Am Abend des 13. September präsentieren sich Bundespräsident Richard von Weizsäcker und Rau am Rande eines Staatsbanketts für den japanischen Kaiser Akihito auf Schloß Augustusburg bei Bonn medienwirksam den Fernsehkameras. Der sächsische Justizminister ist nicht eingeladen. Tags darauf begleitet der nordrhein-westfälische Ministerpräsident das Kaiserpaar aus Fernost durch Westfalen, Majestäten unter sich. Aus der Sicht der Bonner SPD-Spitze läuft die Rau-Kampagne genau nach Plan.

Nur aus Düsseldorf ertönt eine warnende Stimme. »Nach der Papierlage hat Rau keine Chance«, unkt SPD-Fraktionschef Friedhelm Farthmann. Am Ende wird er recht behalten, obwohl das Pendel der öffentlichen Meinung in den folgenden Wochen erst einmal weiter zugunsten der Sozialdemokraten ausschlägt.

Mit seiner Bemerkung, eine Gesellschaft vertrage »nur ein gewisses Maß an Überfremdung«, hat CDU-Kandidat Heitmann selbst die eigenen Parteifreunde irritiert. »Was redet der da?« fragen sich vor allem Abgeordnete des linken Parteiflügels. Die Antwort gibt der Sachse in weiteren Interviews: »Das Merkwürdige ist in der Bundesrepublik Deutschland«, sagt er in einem Gespräch mit der *Süddeutschen Zeitung*, »daß es ein paar Bereiche gibt, die tabuisiert sind ... Dazu gehört das Thema Ausländer, dazu gehört das Thema Vergangenheit Deutschlands, die Nazi-Vergangenheit, dazu gehört das Thema Frauen.«

Das Medienecho ist verheerend, zumal der unbedarfte

Kandidat seine Äußerungen nicht etwa relativiert, sondern noch weiter verschärft. »Ich kann mir nicht vorstellen, wie Herr Heitmann ein Präsident aller Deutschen sein will«, kommentiert Ignatz Bubis. Und mit ihm rückt die gesamte FDP vom Favoriten ihres Bonner Bündnispartners ab. Es gebe »Zweifel, ob er die Menschen unseres Landes richtig einschätzt«, meint Hermann Otto Solms, Vorsitzender der Bundestagsfraktion der Liberalen.

Für die FDP-Wahlmänner und -frauen sei ein solcher Bewerber eine »Zumutung«, heißt es in Bonn. Nachdem der eigene Wunschkandidat Hans-Dietrich Genscher inzwischen definitiv abgesagt hat, muß nun doch wohl oder übel jemand gefunden werden, der für die FDP ins Rennen geht. Schließlich erklärt sich Hildegard Hamm-Brücher bereit, die undankbare Aufgabe zu übernehmen.

Wieder ein Pluspunkt für Rau und die SPD, denn intern kündigt die »Große Alte Dame der FDP« an, sie werde zur Wahl des SPD-Kandidaten aufrufen, falls sie im entscheidenden dritten Wahlgang nicht mehr antreten sollte. Und noch eine weitere Option wird in der SPD-Zentrale hinter vorgehaltener Hand bereits diskutiert. Im schlimmsten Falle könne man ja auch Rau vor dem letzten Durchgang überreden, zugunsten von Frau Hamm-Brücher zu verzichten. Eine gemeinsam von SPD und FDP gewählte liberale Bundespräsidentin wäre für die Bonner Koalition wenige Monate vor der Bundestagswahl das sichere Ende.

Aber zunächst sieht es so aus, als würde die CDU mit ihrer unglücklichen Entscheidung für Heitmann Schiffbruch erleiden. Immer tiefer verstrickt sich der sächsische Justizminister in mißverständliche Äußerungen, und selbst die Kommentare aus dem Ausland werden zunehmend kritischer.

In diesen Wochen liest Johannes Rau besonders gerne Briefe, die er von CDU-Mandatsträgern erhält. »Den«, gemeint ist Heitmann, »wählen wir nicht«, liest er gelegentlich offen, meist aber zwischen den Zeilen. Auch die Umfragen sprechen eine deutliche Sprache: Rau 75 Prozent, Heitmann 12, ermittelt Emnid im Herbst.

Beunruhigend sind allerdings Gerüchte, Kohl habe selbst inzwischen genug von den Interview-Eskapaden seines Kandidaten und plane, ihn zum Verzicht zu drängen. Mitte Oktober scheint es bereits soweit zu sein. Während seines dreißigsten Besuchs in Israel erhält Rau die Botschaft vom vermeintlichen Rückzug des Konkurrenten. Er wisse das aus »sicherer Quelle in Bonn« teilt ihm Außenminister Schimon Perez mit. Eine Fehlinformation, wie sich herausstellt.

In der Bonner SPD-Zentrale wird der Ansehensverfall des CDU-Kandidaten mit gemischten Gefühlen verfolgt. Einerseits werde eine Mehrheit gegen Rau immer unwahrscheinlicher, wenn Heitmann tatsächlich antrete, lautet die Kalkulation. Trete er dagegen zurück, sei am 23. Mai mit einem ernst zu nehmenden Gegner zu rechnen.

Denn intern hat vor allem die CSU bereits signalisiert, sie halte ihren heimlichen Favoriten Roman Herzog, den über die Parteigrenzen hinweg hochgeachteten Präsidenten des Bundesverfassungsgerichts, ohnehin für den Besseren. Und der stehe für den Fall der Fälle zum Einspringen bereit.

Am Rande des SPD-Parteitags in Wiesbaden diskutiert Rau mit Scharping und den Mitgliedern des Präsidiums die Lage. Vielleicht sei es sinnvoll, Heitmann zu »stabilisieren«, damit er bis zur Wahl durchhalte und nicht doch noch durch Herzog ersetzt werde, lautet ein Vorschlag. Doch ein Kurswechsel wäre jetzt schwierig, weil führende Sozialdemokraten sich seit Wochen bemühen, den Sachsen als völlig untragbar darzustellen.

Kohl und die CDU hätten »der deutschen Öffentlichkeit diesen armen Mann als Bundespräsidenten präsentiert, um ihn am Ende wieder in der Versenkung verschwinden zu lassen«, wettert SPD-Chef Scharping am nächsten Tag vor den Parteitagsdelegierten. »Intellektuell bescheiden und politisch ausgelaugt« sei der Unionskandidat.

Rau ist an diesem Tag nicht in Bestform. Am Abend zuvor ist er vor seinem Hotel gestürzt und hat sich das Knie und den Ellenbogen aufgeschlagen. Erst zum Abschluß des Kongresses tritt er selbst ans Rednerpult. Nach einer Grundsatzrede, so sieht es die Parteitagsregie vor, sollen sich die 480 Delegierten applaudierend erheben und ihm per Akklamation ihren Segen für seine Kandidatur erteilen.

»Deutschland besitzt eine besondere Verantwortung für den Frieden«, sagt er. Sich bewußt von den Argumenten seines Konkurrenten absetzend, erinnert er an die »schrecklichen Erfahrungen, die unsere Nachbarn und die wir gemacht haben«. Patrioten »wollen wir sein, aber keine Nationalisten. Denn wir sind gebrannte Kinder«. Der Name Heitmann fällt kein einziges Mal.

Am Ende der Rede fegt ein Sturm der Begeisterung durch den Saal, die Delegierten springen von ihren Sitzen. »Rau kann es, Heitmann nicht«, lautet die Schlagzeile im Kölner *Express* am nächsten Morgen.

Immer stärker unter Druck, verfällt der sächsische Justizminister jetzt zunehmend in Larmoyanz. In einem Gespräch mit der niederländischen Nachrichtenagentur *ANP* gesteht er: »Als meine Kandidatur gleich so viele negative Reaktionen hervorrief, stand ich kurz davor, mich zurückzuziehen. Die Angriffe, die nun kommen, berühren mich nicht mehr so.«

Fünf Tage später, am 25. November, gibt er auf – »an Ersprochenem erstickt«, wie der *Spiegel* kommentiert. Als er dem Bundeskanzler mitteilt, er werde Anfang Dezember nach Washington reisen, um sich bei der US-Regierung vorzustellen, wird ihm bedeutet, das habe nun keinen Zweck mehr. Steffen Heitmann hat verstanden und legt seine Kandidatur nieder.

Noch am selben Tag versucht SPD-Chef Scharping, Helmut Kohl zu überreden, jetzt doch Johannes Rau zu unterstützen, es ist vergeblich. »Wenn Sie bei Ihrer Lösung, bei Ihrem Vorschlag bleiben, erübrigen sich Gespräche«, sagt Kohl am Telefon und bietet an, sich gemeinsam auf einen Kandidaten »aller demokratischen Parteien« zu verständigen.

Für die Sozialdemokraten ein unannehmbarer Vorschlag. Träte Rau jetzt ebenfalls von der Kandidatur zurück, würde ihn das auf eine Stufe mit Heitmann stellen und sowohl als Ministerpräsidenten wie auch als Parteivize irreparabel beschädigen. Ein möglicher Erfolg des neuen Kandidaten würde, selbst wenn es am Ende ein Sozialdemokrat wäre, den Schaden bei weitem nicht aufwiegen.

Vorsichtshalber kontaktiert SPD-Bundesgeschäftsführer Günter Verheugen an diesem Vormittag Richard Schröder, um sicherzustellen, daß der standhaft bleibt und den Lockrufen der Bonner CDU widersteht. Er werde den Parteifreunden nicht in den Rücken fallen, beruhigt Schröder den Anrufer aus Bonn und erklärt sich einverstanden, eine entsprechende Erklärung auch zu veröffentlichen: »Ich werde meine Loyalität gegenüber der SPD und gegenüber Johannes Rau nicht aus irgendwelchen Eigensinnigkeiten in Frage stellen.«

Nachmittags kann Verheugen vor der Presse feststellen: »Richard Schröder unterstützt die Kandidatur von Johannes Rau und wird sich von Dritten nicht in eine Kandidatur gegen ihn drängen lassen. Johannes Rau wird von uns in der Bundesversammlung vorgeschlagen und gewählt werden.«

Was das Gewähltwerden betrifft, ist die Lage jetzt allerdings erheblich schwieriger geworden. Auch wenn in der CDU am eigenwilligen Verfahren, mit dem Heitmann nominiert worden ist, und sogar an der Person Helmut Kohls deutliche Kritik laut wird – vor der CDU/CSU-Bundestagsfraktion bezeichnen aufgebrachte Abgeordnete das Procedere als »Schlüsselfehler« und »fahrlässige Methode« –, ist klar, daß in Kürze ein neuer Kandidat ins Rennen gehen wird. Und damit, sind die SPD-Strategen ziemlich sicher, wird es für ihren Favoriten schwer.

Zumal die Union nach ihrem Debakel mit Heitmann nun damit beginnt, Stimmung gegen Rau zu machen. Am 4. Dezember gibt Helmut Kohl mit einer Rede auf dem Landesparteitag der schleswig-holsteinischen CDU den Startschuß. Rau habe »in der Vergangenheit die Idee der Einheit verraten«, sagt er. Damit ist die Stoßrichtung für die nächsten Monate vorgegeben. Die Union ist wieder in der Offensive, und sie hat endlich einen vorzeigbaren Kandidaten.

Während einer CDU-Vorstandsklausur in Windhagen wird Roman Herzog am 15. Januar in geheimer Wahl nahezu einstimmig nominiert. Am gleichen Tag bestätigt ein SPD-Landesparteitag in Bielefeld Rau mit 99,4 Prozent im Amt des Vorsitzenden der nordrhein-westfälischen Sozialdemokraten.

»Wahrheitswidrig« seien die Vorwürfe gegen Rau, erklärt SPD-Chef Rudolf Scharping vor den Delegierten in Bielefeld. Und auch der Angegriffene selbst sagt, er kandidiere »mit gutem Gewissen« für das Amt des Bundespräsidenten. Am Schluß seiner Rede zitiert Johannes Rau den liberalen Meisterdiplomaten Hans-Dietrich Genscher: »Sachfragen suchen sich ihre Mehrheit.« Und mit einem werbenden Augenzwinkern an die Adresse der FDP fügt er hinzu: »Das muß sich nicht auf Sachfragen beschränken.«

Auch außerhalb der Partei wird nun Stimmung gemacht. Eine Initiative »Bürger für Rau« – Mitglieder sind unter anderem Ex-Krupp Chef Berthold Beitz, Rut Brandt, die Journalisten Hanns Joachim Friedrichs und Henri Nannen, Roncalli-Chef Bernhard Paul und der Schriftsteller Erich Loest – startet Unterschriftenaktionen und schaltet Zeitungsanzeigen. Sogar Karl-Otto Meyer, einziger Abgeordneter des Südschleswigschen Wählerverbandes der dänischen Minderheit, verspricht seine Unterstützung. »Jede Wette« gehe er ein, bietet SPD-Fraktionsgeschäftsführer Peter Struck an, daß das Ende der Kampagne ein überzeugender Sieg am Pfingstmontag, dem 23. Mai, sein werde.

Rau selbst hält sich jetzt aus dem politischen Tagesgeschäft weitgehend zurück und verlegt sich auf repräsentative Termine, besucht Stiftungen, läßt sich von Papst Johannes Paul II. in Rom zu einer Privataudienz empfangen oder mit dem Orden des Heiligen Daniil der russisch-orthodoxen Kirche auszeichnen.

Von Journalisten auf sein persönliches Verhältnis zu Helmut Kohl angesprochen und mit der Frage konfrontiert, ob der Kanzler ihm 1991 seine Unterstützung für die Präsidentenwahl zugesichert habe, sagt er: »Es hat solche Signale gegeben. Aber ich will mich nicht darauf berufen.« Seit dem CDU-Parteitag 1992, mutmaßt er, verfolge Kohl »offenbar eine andere Strategie.«

Die Strategie der Union wird wenige Tage später deutlich. Angesichts des großen Popularitätsvorsprungs wird nun die persönliche und politische Integrität des SPD-Kandidaten in Zweifel gezogen.

Am 31. Januar berichtet das ARD-Fernsehmagazin »Kontraste« ausführlich über einen angeblichen Handel zwischen Rau und der DDR-Regierung im Jahre 1986. Als SPD-Kanzlerkandidat habe er seinerzeit, lautet der Vorwurf, Erich Honecker die Respektierung einer eigenen DDR-Staatsbürgerschaft als Gegenleistung für Unterstützung im Wahlkampf angeboten.

Die Union reagiert erwartungsgemäß empört auf den Bericht, aus der CSU wird umgehend die Eignung als Bundespräsident in Frage gestellt. Da nützt es nichts, daß der Düsseldorfer Regierungssprecher Wolfgang Lieb die Vorwürfe zurückweist und versichert, es habe keinen Deal mit dem Honecker-Regime gegeben.

Aber was ist im Herbst 1986 wirklich passiert? Zu dieser Zeit strömen seit mehr als einem Jahr monatlich bis zu 5000 Tamilen auf der Flucht vor dem Bürgerkrieg in Sri Lanka über den Transitbereich des DDR-Flughafens Schönefeld nach Westberlin. Für die Behörden ist der Zustrom ein ernstes Problem, da die Flüchtlinge kein Visum besitzen, aber trotzdem unkontrolliert in die Bundesrepublik einreisen können.

Bei einem Treffen mit Erich Honecker am 7. Mai 1986 in Ostberlin bringen Rau und der saarländische Ministerpräsident Oskar Lafontaine das Thema zur Sprache. Für die DDR-Seite führt Politbüro-Mitglied Hermann Axen Protokoll. Honecker, heißt es darin, »möchte zum Ausdruck bringen, daß wir an einem Regierungswechsel in der BRD interessiert sind«. Im weiteren Verlauf ist dann von der »vollen

Respektierung der Staatsbürgerschaft der DDR« als »Gegenleistung für die Wahlkampfunterstützung durch die SED« die Rede. Werden da Zugeständnisse beim Staatsbürgerschaftsrecht als Gegenleistung für die Schließung des Schlupfloches Schönefeld angeboten?

Tatsache ist, daß sich zur gleichen Zeit auch hohe Vertreter von Union und FDP vertraulich um eine Lösung des Tamilen-Problems bemühen. Bei informellen Gesprächen in Berlin und Moskau wird von seiten der Bundesregierung als Gegenleistung ein Einlenken im jahrelangen Streit um den deutsch-deutschen Grenzverlauf an der Elbe in Niedersachsen in Aussicht gestellt. Doch das Rennen machen die SPD-Emissäre.

Am 5. September reist SPD-Unterhändler Egon Bahr noch einmal nach Berlin und bespricht letzte Details mit Hermann Axen. Es wird vereinbart, daß Johannes Rau die gute Nachricht von der Lösung des Tamilen-Problems exklusiv verkünden und den Erfolg für die Sozialdemokraten reklamieren darf. Dreizehn Tage später teilt Rau der Öffentlichkeit mit: »Jetzt ist eine Lösung da, über die wir uns alle miteinander freuen sollten.« Ab 1. Oktober, gibt er bekannt, werde die DDR nur noch Reisende mit gültigen Visa abfertigen.

Bereits 1991 waren bezüglich dieser Ost-West-Verhandlungen Vorwürfe gegen Johannes Rau laut geworden, die er mit dem Hinweis zurückwies, er habe damals nichts versprochen. Doch jetzt, zu Jahresbeginn 1994, tauchen wie von Geisterhand plötzlich große Mengen alter DDR-Akten auf, darunter auch das Axen-Protokoll und andere führende Sozialdemokraten diskreditierende Dokumente.

Ein »Superwahljahr« ist angebrochen, auf die Wahl eines neuen Staatsoberhauptes folgen Urnengänge in mehreren Bundesländern, die Wahl zum Europaparlament, und am 16. Oktober schließlich ist Bundestagswahl. Jetzt ist nicht die Zeit für feinsinnige Dispute, in Deutschland haben sich die Parteien zum Kampf um Stimmen und Mehrheiten eingegraben. Die Regierung verfügt über einen praktisch exklusiven Zugang zu den alten Stasi-Dokumenten. Warum das darin enthaltene politische Gift also nicht gegen den Konkurrenten einsetzen?

Nachdem die erneuten Vorwürfe gegen Rau in der Welt und die DDR-Protokolle in den Zeitungen ausführlich abgedruckt sind, beantragt die nordrhein-westfälische CDU-Fraktion für den 2. Februar 1994 eine Debatte im Landtag, in der das Thema ausführlich und medienwirksam behandelt werden soll. Es wird eine denkwürdige Sitzung.

Wie versteinert auf seinem Platz in der Regierungsbank sitzend, muß Johannes Rau hören, wie Oppositionsführer Helmut Linssen ihn als »Lügner« beschimpft. Noch vor drei Jahren habe er den Kuhhandel mit Honecker abgestritten, jetzt komme alles ans Tageslicht. Im Saal und auf der Zuschauertribüne bricht Tumult aus, die ersten »Pfui«- und »Buh«-Rufe ertönen.

Einmal in Rage, legt Linssen nach: »Rau hat die deutsche Einheit für einen Vorteil in seinem Wahlkampf 1986 verkauft. Er hat den moralischen Anspruch verwirkt, ein öffentliches Amt zu bekleiden.« Und: »Ein Mann, der das Parlament in dieser Weise belügt, der hat den Anspruch verloren, Ministerpräsident sein zu können.«

Solche Worte hat es im sonst eher beschaulichen Landtag am Düsseldorfer Rheinufer noch nicht gegeben. SPD-Abgeordnete gestikulieren mit hochroten Köpfen, die Grünen-Parlamentarierin Bärbel Höhn handelt sich eine Rüge des Sitzungspräsidenten ein, weil sie in das Durcheinander ruft, sie finde diese Debatte »zum Kotzen«.

Es wird erst wieder ruhiger, als der Ministerpräsident ans Rednerpult tritt. »Ich habe weder die Einheit verkauft noch das Parlament belogen«, sagt er mit bebender Stimme, »ich kann jedes Wort verantworten, das ich gesagt habe, ich kann jede Tat verantworten, die ich getan habe. Das will ich gerne tun, hier im Landtag, vor den Menschen in Nordrhein-Westfalen und, wie ich hoffe, später auch vor allen Deutschen.«

Obwohl er weiß, daß damals, im Sommer 1986, auch Wolfgang Schäuble für die CDU in Ostberlin vertraulich verhandelt und dabei Angebote unterbreitet hat, scheut sich Rau jetzt, dies offen auszusprechen, und macht nur eine diesbezügliche Andeutung: »Ich erwarte, daß auch Wolfgang Schäuble mich vor solchen Verleumdungen in Schutz nimmt.«

Aufgeschreckt durch den Hinweis greift Oppositionsführer Linssen zum Telefon und ruft den Vorsitzenden der CDU/CSU-Bundestagsfraktion noch während der Debatte an. Als das Gespräch beendet ist, stürmt er ans Mikrophon und ruft in den Saal: »Was da (gemeint sind die DDR-Akten) über Wolfgang Schäuble steht, ist erstunken und erlogen.« Haben die Protokollanten in Ostberlin damals wirklich nur bei Gesprächen mit SPD-Politikern wahrheitsgetreu mitgeschrieben? Oder überhaupt jemals? Geschichtsschreibung »nach Art des Kinderfernsehens« entfährt es FDP-Fraktionschef Achim Rhode. Und Grünen-Sprecherin Höhn stellt resigniert fest: »Was wir hier erleben, ist der Beginn einer Schlammschlacht.«

Auch wenn die Wirkung der Attacke in den folgenden Wochen nachläßt – ein Ziel hat die Kampagne erreicht. Während Raus Popularität in der Öffentlichkeit Meinungsumfragen zufolge weiter stabil bleibt, ist die absolute Mehrheit der Unions-Wahlmänner jetzt auf Linie. Mag die SPD sich mühen, mit Berichten über aufmunternde Briefe von bekennenden CDU-Wählern und -Mandatsträgern Optimismus zu verbreiten, es wird nun immer klarer, daß die Christdemokraten geschlossen hinter ihrem Kandidaten Roman Herzog stehen.

Trotzdem verzichtet die nordrhein-westfälische CDU darauf, wie noch vor fünf Jahren, Prominente aus Kultur, Sport und Wissenschaft in die Bundesversammlung zu entsenden. 1990 haben unter anderem der Kölner Fußballer Pierre Littbarski und der Astronaut Ulf Merbold an der Weizsäcker-Wahl teilgenommen. Diesmal sollen nur bewährte Abgeordnete nach Berlin reisen.

Mit beinahe schon provozierender Gelassenheit betrachtet Roman Herzog derweil das Geschehen. Er vergleicht seine Situation mit der eines Geißeltierchens: »Es liegt ruhig auf dem Wasser; doch was vorbeigeschwommen kommt, frißt es, wenn es ihm gefällt.« Welch ein Gegensatz zu Johannes Rau, dem die Anspannung jetzt, so kurz vor dem Ziel, nicht mehr aus dem Gesicht weicht.

Herzog, schreibt Hans-Joachim Noack im *Spiegel*, »redet seine Kandidatur zur ›reizvollen Möglichkeit‹ herunter, der um drei Jahre ältere Johannes Rau durchlebt und durchleidet sie.« Der barocke Bayer und der strenge Predigersohn aus dem Bergischen – zuweilen hat es den Anschein, als prallten mit den Personen zwei Lebensentwürfe, zwei Philosophien mit voller Wucht aufeinander. »Man hat schon Pferde kotzen sehen«, scherzt Herzog auf die Frage, wie er seine Chancen bewerte, »und wenn es nicht klappt, gehe ich eben auf Rente.« Undenkbar, daß ein solcher Satz Johannes Rau über die Lippen käme. Es gibt ernste Dinge, über die er nie einen Witz reißen würde.

Und die Lage ist ernst, aber zugleich paradox. Rau weiß, daß sein Konkurrent bei einer Direktwahl keine Chance hätte, während er zugleich ahnt, daß es nicht gelingen wird, in der Bundesversammlung eine Mehrheit zu organisieren. »Alles, was ihn groß, stark und mächtig machte«, schreibt *Die Woche* über das Dilemma, »Instinkt, Taktik, Raffinesse, Aktivität (nebst Ellenbogen, wo es pressierte), läuft ins Leere. Und wenig mißfällt dem Sozi mehr, als sich passiv einem Vorgang auszuliefern, den er weder durch Absprachen im Vorfeld noch Strippenziehen im Hintergrund zu seinen Gunsten wenden kann.«

Nur widerwillig macht er mit im großen Medienspektakel, das der Wahl vorausgeht. Da läßt sich Roman Herzog beim Geschirrspülen in der Küche fotografieren, Rau läßt die Presse an den »Beratungen« des Familienrates für den geplanten Umzug nach Berlin teilhaben. So erfährt die Öffentlichkeit, daß Sohn Philipp Immanuel sich auf das Wohnen im Schloß Bellevue, dem Sitz des Präsidenten, freue, daß aber trotzdem ein normales Wohnhaus angemietet werde, weil Platz für den »Familienzoo« – 15 Hühner, Hamster und Zwergkaninchen – geschaffen werden müsse. Und auch, daß Tochter Laura das heimatliche Wuppertal nur unter der Bedingung verlassen wolle, daß sie in Berlin ein Schwein halten darf.

»Wenn ihm am Pfingstmontag die Droge entzogen wird, klappt er zusammen«, befürchten besorgte Genossen in Düsseldorf. Aber Rau hat sich fest vorgenommen, genau das nicht zu tun. Denn daß es am Ende wahrscheinlich doch nicht reichen wird, weiß er selbst. In der provisorischen Bonner Landesvertretung an der Elisabethkirche hat neulich sein alter Freund Hans-Jürgen Wischnewski vorbeigeschaut und gesagt: »Mach dir nichts vor, Hannes, das Ding läuft nicht!« »Das glaube ich auch«, hat Johannes Rau da geantwortet.

Selbst in der Öffentlichkeit schlägt er jetzt pessimistischere Töne an. »Wir haben es«, bemerkt er mit resignierendem Unterton, »mit der Wahrscheinlichkeit zu tun, daß jemand gewählt wird, der nicht identisch ist mit dem, der von der Mehrheit der Bevölkerung gewollt wird.« Da nützt es auch nicht, daß Parteichef Rudolf Scharping an die Bundesversammlung appelliert, die »Meinung der Bevölkerungsmehrheit zu respektieren«.

Dem SPD-Vorsitzenden ist die Wahl Raus ein wirkliches Anliegen. »Ohne dessen geschicktes Handling wäre Scharping 1993 wohl kaum Parteichef geworden«, sagt ein damaliges Präsidiumsmitglied, »seitdem war da ein tiefes Gefühl der Dankbarkeit.«

Zehn Tage vor der Wahl lädt *Bild* seine Leser zur Probeabstimmung ein. Das Ergebnis läßt an Eindeutigkeit nicht zu wünschen übrig: 14 516 Bundesbürger stimmen per Ted-Umfrage ab – 72,5 Prozent für Johannes Rau, 27,5 Prozent für Roman Herzog.

Aber was nützt das alles? Was hilft es, wenn SPD-Fraktionsgeschäftsführer Struck immer wieder darauf verweist, daß die FDP vier Wochen vor dem Wahltag ihre Koalitionsaussage zugunsten der Union erneuert hat, und daraus mit kühner Logik schlußfolgert, die Liberalen seien jetzt freier in ihrer Entscheidung und könnten nun guten Gewissens für Johannes Rau votieren?

Im Düsseldorfer Partei- und Regierungsapparat werden vorsorglich erst gar keine Vorbereitungen für einen schnellen Wechsel an der Spitze getroffen. Das Landtagspräsidium geht mit der Gewißheit in die Pfingstpause, den Urlaub wohl kaum unterbrechen zu müssen, um – für den Fall der Wahl Raus zum Bundespräsidenten umgehend erforderlich – die Rücktrittsurkunde des Ministerpräsidenten entgegenzunehmen.

»Mein Schicksal hängt nicht an der Frage, ob ich Bundespräsident werde oder nicht«, bemerkt er eine Woche vor dem entscheidenden Tag. Und plant insgeheim schon für die Zeit danach. Dann, sagt er, wolle er es bei der nächsten Landtagswahl »ein viertes Mal wissen«. Ehefrau Christina hat ihm vorsichtshalber den Rat erteilt: »Tief durchatmen, zwei Tage wegtauchen und sich dann mit neuem Elan den Aufgaben in Nordrhein-Westfalen zuwenden.« Aber die Hoffnung auf eine Überraschung im Berliner Reichstag gibt er natürlich nicht auf.

»Die Entscheidung, wie es mit Helmut Kohl weitergeht, fällt Pfingstmontag in Berlin«, ist der niedersächsische Ministerpräsident Gerhard Schröder sicher. Er hat recht.

Der Himmel über Berlin ist grau verhangen, als sich am 23. Mai die festlich gewandeten Abgeordneten aus Bundestag und Landesparlamenten, Minister, Exzellenzen, Schauspieler und Prominente in den Berliner Reichstag drängen. 620 Stimmberechtigte stellen CDU und CSU, 502 die Sozialdemokraten. Die Liberalen sind mit 112 Wahlmännern und -frauen verteten, die Grünen stellen 44 und die PDS 34. Aus Stuttgart sind zudem acht baden-württembergische Landtagsabgeordnete der rechtsextremen Republikaner mit ihrem eigenen Kandidaten Hans Hirzel angereist, die letzten vier Stimmen verteilen sich auf fraktionslose Mitglieder verschiedener Länderparlamente.

Bis tief in die Nacht hinein feiert die SPD am Vorabend mit den aus der gesamten Republik angereisten Journalisten im Museum für Verkehr und Technikgeschichte am Land-wehrkanal in Berlin-Kreuzberg. Zwischen historischen Eisenbahnwaggons und alten Dampfmaschinen prosten sich die Genossen noch einmal Optimismus zu. Johannes Rau schaut nur kurz auf ein Pils vorbei, erzählt ein paar Anek-doten und hört interessiert den noch immer kursierenden Berichten über wankelmütige FDP-Delegierte zu. Schon früh verabschiedet er sich. Morgen muß er seine Kräfte zusam-mennehmen, so oder so.

Auch andere Mitglieder der Parteispitze brechen früh auf und machen sich auf den Weg ins Grandhotel Esplanade, wo die Sozialdemokraten Quartier bezogen haben. In der Eckkneipe der noblen Herberge tauchen zu später Stunde noch Hans-Dietrich Genscher und der nordrhein-westfäli-sche FDP-Vorsitzende Jürgen Möllemann auf. SPD-Chef Scharping, Heinz Schleußer und der Vorstandsvorsitzende der Westdeutschen Landesbank (WestLB), Friedel Neuber, machen beim Bier einen letzten Versuch, doch noch die eine oder andere FDP-Stimme zu sichern.

Während im Esplanade noch gekungelt wird, hat sich Johannes Rau längst mit seiner Familie in den Brandenbur-ger Hof zurückgezogen, nur wenige hundert Meter entfernt, im Kempinski, wohnt das Ehepaar Herzog.

»Dies ist der Tag, den Gott gemacht«, singt der Chor im Berliner Dom, wo sich die Kandidaten mit ihren Wahl-männern am nächsten Morgen zum ökomenischen Gottes-dienst versammeln. In seiner Jackentasche trägt Johannes Rau zwei Din-A-4-Zettel mit Notizen. Eine ausformulierte kurze Rede an die SPD-Fraktion für den Fall der Nieder-lage, ein paar Gedanken für eine Ansprache an das deut-sche Volk für den unwahrscheinlichen Fall, daß er doch ge-winnt.

Hinter dem Plenarsaal des Reichstagsgebäudes sind für die fünf Bewerber, ihre Mitarbeiter und Freunde Büros und Ruheräume bereitgestellt. Kein Journalist hat hier Zutritt, vor der Tür sind Sicherheitsbeamte postiert. Gemeinsam mit einigen treuen Weggefährten wartet die Familie Rau hier auf den Beginn der Sitzung, für die Kinder hat Ehefrau Christina ein paar Spielsachen mitgebracht.

Pünktlich um 11 Uhr eröffnet Bundestagspräsidentin Rita Süssmuth die Sitzung der 10. Bundesversammlung.

Per namentlichem Aufruf werden die 1324 Delegierten aufgefordert, ihre Stimmen abzugeben, um 11.59 Uhr steht das Ergebnis des ersten Durchganges fest: 604 Stimmen für Herzog, 505 für Rau, 132 für Hildegard Hamm-Brücher. Für den von den Grünen unterstützten Jens Reich haben 62 Wahlmänner votiert, für den Rechtsradikalen Hirzel zwölf.

Schon jetzt ist klar, daß der Plan der Sozialdemokraten, eine bedeutende Anzahl von Delegierten aus anderen Parteien für sich »umzudrehen«, gescheitert ist. Daß Konkurrent Herzog allerdings 16 Stimmen aus dem eigenen Lager fehlen, läßt Johannes Rau noch einen Rest Hoffnung. Im dritten Wahlgang wird die FDP-Kandidatin nicht mehr antreten. Entscheidend wird dann sein, ob die Mehrheit der liberalen Delegierten für den Unions- oder den SPD-Kandidaten votiert.

Das gleiche Bild wie im ersten bietet sich nach dem zweiten Wahlgang: Herzog hat 18 Stimmen zugelegt, Rau 54 – der Vorsprung des Unions-Kandidaten ist von 99 auf 63 Stimmen zusammengeschmolzen. Um 15.25 Uhr unterbricht Bundestagsvizepräsident Hans (»Jonny«) Klein die Sitzung. Hinter verschlossenen Türen treten die Fraktionen zusammen, zwischen den Sitzungssälen wird hektisch telefoniert. Nur im Kandidaten-Büro der SPD herrscht angespannte Ruhe. In diesen Minuten fällt die Entscheidung, das wissen Johannes Rau und seine Getreuen.

Die Sozialdemokraten haben eine schwierige Wahl zu treffen. Halten sie unbeirrt an Rau fest, droht fast unausweichlich eine Niederlage. Hildegard Hamm-Brücher will im dritten Durchgang zwar nicht mehr antreten. Aber eine Probeabstimmung der FDP-Delegierten hat ergeben, daß 69 der liberalen Wahlmänner für Roman Herzog votieren wollen, nur 40 für den SPD-Kandidaten. Und das, daran gibt es nichts zu deuten, reicht nicht.

Eine letzte Chance, das wissen Scharping, Lafontaine und Schröder, gäbe es trotzdem. Was, wenn die SPD Johannes Rau bewegen könnte, vor dem dritten Wahlgang aufzugeben? Die offizielle Ankündigung, bei der entscheidenden Abstimmung die FDP-Kandidatin zu unterstützen, würde die Liberalen vor eine Zerreißprobe stellen. Natürlich müßte Frau Hamm-Brücher dann doch antreten, die Delegierten der Freien Demokraten stünden vor dem Dilemma, entweder die eigene Parteifreundin fallenzulassen oder ihren Bonner Koalitionspartner und Roman Herzog.

»Die SPD hatte es damals in der Hand«, erinnert sich ein seinerzeit führendes Mitglied der FDP-Parteispitze: »Hätten die Sozialdemokraten für unsere Kandidatin gestimmt, wäre die FDP auseinandergeflogen oder die Koalition mit der Union – wahrscheinlich sogar beides.«

Als sich der engste Kreis der SPD-Führung in Scharpings Büro trifft, wird allerdings sehr schnell deutlich, daß die Sozialdemokraten diese Chance nicht wahrnehmen wollen und können. Der Parteivorsitzende lehnt es rundweg ab, mit der Bitte um Verzicht an Rau heranzutreten. Ein solches Vorgehen gegenüber ihrer überragenden Integrationsfigur, argumentiert er, werde die Partei nicht aushalten. Zudem sei es undenkbar, »so mit Johannes Rau umzugehen«.

»Ich hätte damals offen meine Meinung sagen sollen«, hat Gerhard Schröder danach oft mit sich gehadert, »hätte sagen sollen: Laßt uns das Ruder herumreißen und die FDP-Kandidatin wählen. Aber dazu fehlte mir der Mut.« Rau zur Aufgabe zu drängen, um die Koalition zu spalten, »das hatte keiner von uns im Kreuz«.

Scharping will nicht, Schröder traut sich nicht und Lafontaine verweist auf die besondere emotionale Nähe, die es ihm verbiete, das heikle Thema mit Johannes Rau zu besprechen.

Um nichts unversucht zu lassen, entscheidet Scharping sich dann trotzdem, zumindest zu ventilieren, wie weit die FDP zu einem Entgegenkommen bereit wäre. Zwischen den Vorstandsbüros von SPD und Freien Demokraten wird hin und her telefoniert, schließlich reden Rudolf Scharping und Amtskollege Klaus Kinkel direkt miteinander. Ob die FDP nicht doch bereit sei, für Rau zu stimmen, will der SPD-Vorsitzende wissen. Nein, lautet Kinkels Antwort, Frau Hamm-Brücher habe ihm vor wenigen Minuten mitgeteilt, sie werde aufgeben. Nur wenn Johannes Rau seine Bewerbung zurückziehe, sei seine Partei bereit, noch einmal neu nachzudenken.

Für die SPD eine unerfüllbare Bedingung. Ein solcher Schritt, teilt Scharping seinem Gesprächspartner mit, könne allenfalls das Ergebnis, auf gar keinen Fall die Voraussetzung für Gespräche sein. Aber dafür ist es jetzt zu spät.

»Ich bitte darum, konsequent und geschlossen für Herzog zu stimmen«, appelliert der FDP-Vorsitzende Minuten später an seine Fraktion und fügt die inständige Bitte hinzu: »Geben Sie Ihrem Herzen einen Stoß!« Die FDP-Delegierten wissen in diesem Moment, daß sie mit ihrer Entscheidung nicht nur über einen neuen Bundespräsidenten bestimmen. Es geht um den Fortbestand der Regierungskoalition in Bonn, darum, ob die FDP bei der Wahl im Herbst den Wiedereinzug in den Bundestag schafft oder die Abgeordneten ihr Mandat verlieren. Kurzum: Es geht »um unser politisches Überleben, als Partei und individuell«, wie ein FDP-Fraktionsmitglied später feststellt.

Um 17 Uhr ruft ein Gong die Mitglieder der Bundesversammlung zum dritten und letzten Mal an die Urne. Für Johannes Rau folgen bange Minuten des Wartens. So nah ist er dem Ziel, die Bürger wünschen ihn als Bundespräsidenten, aber am Ende wird alles umsonst sein. Lange steht Rau in diesen Minuten am Fenster seines Büros und starrt in den Berliner Nieselregen. »Guck mal, Papa«, durchbricht die Stimme von Töchterchen Laura Helene die gespannte Stille. Unbeeindruckt von der Bedeutung des Augenblicks probiert die Siebenjährige auf dem Fußboden einen Kopfstand.

Keine Viertelstunde später ist es amtlich. Johannes Rau hat verloren. 696 Delegierte haben Roman Herzog zum neuen Präsidenten gewählt, 605 für den SPD-Kandidaten gestimmt. Gefaßt gratuliert der Verlierer als erster seinem siegreichen Konkurrenten.

»Lachen hat seine Zeit, Weinen hat seine Zeit«, sagt er in der anschließenden Sitzung der SPD-Delegierten und gesteht: »Ich hätte das Amt gerne wahrgenommen.« In den Augen vieler Genossen stehen Tränen, Ausdruck der Enttäuschung über das Scheitern, aber auch der Wut über das Taktieren des politischen Gegners und des Gefühls, um den berechtigten Erfolg betrogen worden zu sein.

Während er spricht, spürt Rau die Resignation, die sich wie Mehltau auf die Genossen gelegt hat. »Wir müssen das Kunststück lernen, wie man aus der Niederlage in neuen Schwung gerät«, versucht er die Parteifreunde aufzurichten.

»Ich tue meine Arbeit weiter«, verspricht er, mit gutem Beispiel wolle er vorangehen. Natürlich sei er enttäuscht, räumt er ein, aber nun werde er sich wieder voll in die Landespolitik stürzen und im nächsten Jahr ein weiteres Mal um die absolute Mehrheit im Düsseldorfer Landtag kämpfen. »Johannes Rau wird in Düsseldorf wieder mit offenen Armen empfangen«, versichert SPD-Fraktionschef Farthmann. Selbst einem alten Rau-Kritiker wie ihm ist in diesem Moment die Rührung anzusehen.

Aber ein wenig schwingt da auch Erleichterung mit. Darüber, daß den nordrhein-westfälischen Sozialdemokraten eine womöglich quälende Debatte über den Nachfolger im Amt des Ministerpräsidenten vorerst erspart bleibt.

Ein »gutes Omen« für die Bundestagswahl sei die Wahl Roman Herzogs zum Staatsoberhaupt, hat Kanzler Helmut Kohl unmittelbar nach der Verkündung des Ergebnisses gesagt und hinzugefügt: »Im April und im Mai wird gesät und im Oktober geerntet.« Er hat mit hohem Einsatz gespielt und die Chance seiner Partei mit der unüberlegten Nominierung Steffen Heitmanns fast vertan. Aber am Abend des 23. Mai 1994 steht er, wieder einmal, als der große Sieger da. Spätestens jetzt, aus Sicht Kohls genau zum richtigen Zeitpunkt, hat die Union ihren bundesweiten Negativtrend durchbrochen und in eine optimistische Stimmung umgekehrt.

Unter dem Eindruck der Herzog-Wahl begeht die SPD gleich am nächsten Tag einen schweren taktischen Fehler. Enttäuscht, daß seine Rechnung nicht aufgegangen ist, rückt Parteichef Rudolf Scharping das Ergebnis der Wahl vor der Bundespressekonferenz in die Nähe eines Aktes von zweifelhafter politischer Legitimität. Nicht von dem Bemühen, den Besten zu wählen, sei die Mehrheit getragen worden, »sondern lediglich von machtpolitischem Kalkül von Helmut Kohl«. Nach dem Verhalten der Liberalen, im entscheidenden Durchgang mehrheitlich für den Unions-Kandidaten zu votieren, stelle sich die Frage, »wer denn die FDP eigentlich noch braucht«.

Das Medienecho auf Scharpings Auftritt ist verheerend. Von »bösem Nachtreten« ist die Rede, von »schlechten Verlierern«, die nicht begreifen wollten, daß sie von vornherein keine Aussicht auf Erfolg gehabt hätten. Selbst in der SPD löst der Auftritt des Vorsitzenden Kopfschütteln aus. Man solle jetzt »nicht nachkarten«, warnt Fraktionschef Hans-Ulrich Klose, »unser politischer Gegner heißt Helmut Kohl und nicht Roman Herzog«. Intern fällt die Kritik sogar noch heftiger aus. »Wie ein trotziges Kind« habe der Parteichef reagiert und damit ohne Not »politisches Porzellan zerschmissen«, rügen Präsidiumsmitglieder. Die SPD und ihr Kanzlerkandidat Scharping sind aus dem Tritt geraten.

Johannes Rau erholt sich derweil auf Spiekeroog von den Aufregungen und Enttäuschungen der vergangenen Tage. Gerührt liest er im Inselboten, wie die Wahl seines Konkurrenten Herzog mit Unverständnis kommentiert wird: »Die Deutschen«, schlußfolgert das Blatt aus einer Umfrage unter den Bewohnern des Eilandes, »sind mit dem Ergebnis der Bundespräsidentenwahl nicht zufrieden.« Vor allem für den prominentesten Leser der Zeitung trifft das voll zu.

Zum zweiten Mal ist Johannes Rau mit dem Versuch gescheitert, ein Spitzenamt auf Bundesebene zu übernehmen. 1987, bei der Bundestagswahl, hat nicht zuletzt die Illoyalität der eigenen Parteifreunde dazu beigetragen, daß das Ergebnis am Ende so enttäuschend ausgefallen ist.

Vielleicht ist das der Grund, warum er jetzt auf die zweite schwere Niederlage in seiner politischen Karriere mit weniger Bitterkeit reagiert. »Ich hatte nicht das Gefühl, daß ich da unten turnte und andere saßen auf den Rängen«, sagt er rückblickend. Diesmal hat die Partei ihr Bestes gegeben und sich für ihn in die Bresche geworfen. Auch wenn es am Ende nicht gereicht hat, so mit Anstand zu scheitern, damit kann man leben.

Zudem hat Johannes Rau rasch eingesehen, daß sein siegreicher Konkurrent Roman Herzog ein würdiger und allseits respektierter Bundespräsident geworden ist. »Er hat das Amt in hervorragender Weise ausgefüllt, an den richtigen Stellen das Richtige gesagt und da, wo es notwendig war, auch geschwiegen«, sagt Rau rückblickend.

Bereits eine Woche nach der Niederlage von Berlin ist er zurück in Düsseldorf. »Schnell erholt« habe er sich, schreibt die WAZ. Und das ist auch nötig. Mit Blick auf die Landtagswahl im Mai 1995 stehen erste Wahlkampfplanungen an, das Defizit im Landeshaushalt zwingt zu raschen Entscheidungen über zusätzliche Sparmaßnahmen. Der Alltag eines Ministerpräsidenten hat Johannes Rau wieder eingeholt.

»Hurra, wir bleiben in Wuppertal«, hat der kleine Philipp-Immanuel unter ein Bild des Rauschen Hauses geschrieben, das er am Abend der Niederlage in Berlin für seinen traurigen Papa gemalt hat. Wie seine beiden Geschwister ist er ganz froh, daß der Umzug nach Berlin ausfällt.

Oder ist er am Ende nur verschoben? Immerhin ist Johannes Rau, das belegen Umfragen, auch nach dem mißglückten Versuch, Bundespräsident zu werden, mit 77 Prozent Zustimmung der beliebteste Politiker in Deutschland. Und hat nicht Roman Herzog unter Hinweis auf seine Gesundheit angekündigt, er werde sich 1999 keiner Wiederwahl stellen? Die Abgeordneten der nordrhein-westfälischen SPD-Landtagsfraktion horchen auf, als der Landesvater ankündigt, er wolle im »Jahr 2000 die Neujahrsansprache halten – so oder so«.

Vielleicht, lautet die verschlüsselte Botschaft, sind die Umstände in fünf Jahren ja anders. Vorerst ist zwar keine Änderung der Mehrheitsverhältnisse in der Bundesversammlung in Sicht, zumal die SPD am 16. Oktober 1994 bei der Bundestagswahl erneut, wenn auch knapp, scheitert. Aber vielleicht gelingt 1998 endlich der Machtwechsel. Und vielleicht wird er sich dann ja bitten lassen, am 23. Mai 1999 noch einmal anzutreten.

# Annäherungen an die Persönlichkeit und den Privatmenschen

Drei junge Leute sind auf dem Weg in die Ferien nach Schloß Elmau in Oberbayern. Hinten im Fond des Opel P4 sitzt Waltraud Kalsbach-van Gerfsheim, die Freunde kurz Wawi rufen. Die junge Frau und ihr Mann Till Kalsbach sind in Wuppertal zugestiegen, man freut sich jetzt auf eine lange gemeinsame Autofahrt in Richtung Süden. Staus sind zu Beginn der sechziger Jahre noch nicht erfunden, und so ist die Reise auf der Autobahn bereits willkommener Bestandteil des Urlaubs.

Am Steuer sitzt Johannes Rau. Der dreißigjährige Verleger steht am Beginn einer verheißungsvollen politischen Karriere, seit drei Jahren gehört er bereits dem Landtag an. Doch im Auto werden jetzt keine tiefgreifenden Gespräche geführt. In fröhlicher Erwartung schöner Tage treiben die Wuppertaler lieber mehr oder minder geistreichen Unfug, indem sie fantasievoll-respektlos jüngst erschienene Lyrik verballhornen. Mit Gesprächen, Anekdoten, Erinnerungen vergeht die Zeit den dreien wie im Fluge.

Schloß Elmau, wenige Kilometer von Garmisch-Partenkirchen im Wettersteingebirge gelegen, ist für Johannes Rau schon seit einigen Jahren bevorzugtes Urlaubsziel. Das mittelalterliche Schloß beherbergt einen Hotelbetrieb für gehobene Ansprüche. Künstler, Politiker und Bildungsbürger kommen hierher. Elmau bietet Entspannung und Anregung gleichermaßen. Tagsüber lockt urwüchsige Natur zu Wanderung oder Spaziergang, abends werden die Erholungsuchenden mit erlesener Küche und kulturellen Darbietungen verwöhnt. Konzerte und Vorträge mit anschließenden Diskussionsrunden, das ist so recht nach dem Geschmack der Gäste auf Elmau.

Rau und Waltraud Kalsbach-van Gerfsheim haben sich ein paar Jahre zuvor hier kennengelernt, beide damals in Familienbegleitung. Dem offensiven Johannes hat es zunächst die Schwester Wawis angetan, wegen ausbleibenden Erfolges scheint danach deren Schwägerin begünstigt. Was bleibt, ist eine herzliche Freundschaft zu Wawi, die auch ihren späteren Ehemann Till wie selbstverständlich mit einbezieht.

Die Nachricht von der Ankunft der drei Wuppertaler spricht sich schnell herum im Schloß. Besonders Rau wird mit aller Herzlichkeit begrüßt. Dann trennen sich die Wege der drei Freunde. Während die meisten Gäste die Tage zu ausgedehnten Wanderungen nutzen, bleibt Johannes meistens verschollen. Er schreibt gern lange Briefe, und mehr noch als den Aufenthalt im Freien verabscheut er Spaziergänge. Einmal jedoch schwirrt das Gerücht durchs alte Gemäuer, daß Johannes sich freiwillig der Herausforderung stellt, auf die Alm zu klettern, auch wenn er schon vorher beklagt, das mit eigenen Füßen tun zu müssen. Eine muntere Jüngerschar begleitet ihn dabei und bezeugt später, daß er ohne erkennbare Erschöpfung die steilen 300 Meter auf die Alm und wieder herunter geschafft habe.

Überquellende Aktenkoffer und aufdringliche Telefone sind noch nicht Bestandteil seines Lebens, und doch wird Rau dauernd in Beschlag genommen, wenn er sich irgendwo zeigt. Auch in Elmau ist der Jungpolitiker als Diskussionspartner, Erzähler und Ratgeber heiß umworben. Eines seiner Spezialgebiete ist übrigens Erste Hilfe bei Liebeskummer. Und auf Elmau gibt es auffällig viele hübsche, unglücklich verliebte Damen. Als Rau einmal erkrankt, ist sein Bett bald von freiwilligen Helferinnen umgeben, die sich mit heißer Suppe, Wadenwickel und Mitgefühl aufopfernd um den Leidenden kümmern.

So wird er schnell wieder gesund. Abends trifft man sich in großer fröhlicher Runde und geht erst wieder auseinander, wenn die Verwalterin zu vorgerückter Stunde die Bons sortiert hat und energisch die Lichter löscht. Zu den gesellschaftlichen Höhepunkten auf Schloß Elmau zählt der Tanzabend. Quadrille, Walzer, Rheinländer, das kommt hier gut an. Rau lächelt, wenn er sich heute an diese Abende zurückerinnert. »Elmau war damals nicht unwesentlich wegen der Mädchen für mich attraktiv.« Mit Begeisterung wirbelt er eine Tänzerin nach der anderen übers Parkett, winkt der nächsten bereits von weitem zu.

Nach vierzehn Tagen geht es wieder nach Hause. Zum traditionellen Abwinken tritt der ganze Freundeskreis an. Herzzerreißende Abschiedsszenen spielen sich um Johannes ab. Augenscheinlich leiden die Frauen hier besonders.

Obwohl Johannes Rau nie zu den Politikern gezählt hat, die ihr Privatleben in den Dienst ihrer Karriere setzen, ist umgekehrt schon früh ein Interesse der Medien am Privatmann Rau erkennbar. Das Lieblingsthema ist Rau und die Frauen. Im Gegensatz etwa zu Ministerpräsident Bernhard Vogel, der keinen Zweifel an seinem überzeugten Junggesellentum zuläßt, liegt der Fall bei dem Predigersohn aus Wuppertal augenscheinlich anders. »Man kann auch im stillen Gutes tun«, pflegt Rau das immer wieder erneut aufflammende Interesse der Gazetten an seinem Intimleben eher anzuheizen, als in die Schranken zu weisen.

»Akten, Akten und keine Frau« titelt *Bild* am 28. September 1978. Da ist Rau erst einen Tag Ministerpräsident von Nordrhein-Westfalen. Der »blendend aussehende Mann« wird auf Herz, Nieren und anderes überprüft. Warum er denn nicht verheiratet sei? – »Ich hab' das mal chronische Entscheidungsschwäche genannt.« Wie stehe er als gesunder Mann zum Sex? – »Sex ist weniger als Liebe. Aber zu einer echten Liebesbeziehung gehört die Sexualität natürlich dazu.« Die entscheidende Frage aber lautet: Wird er Junggeselle bleiben? Rau hat vor und nach seiner Wahl zum Ministerpräsidenten viel über das Thema nachgedacht. Ein Landesvater ohne Landesmutter? Etwas schwach fällt seine Rechtfertigung aus: »Ich finde es gut, daß ich als Junggeselle hundertprozentig für alle verfügbar bin.« Den Zusammenhang zwischen seinem aufreibenden Job und dem Alleinleben will Rau nicht leugnen. »Ich glaube, ich wäre in meiner jetzigen Situation eine Zumutung für eine Frau, für eine Familie«, gesteht er der *Brigitte*. Und weil er im Kollegenkreis häufig miterlebt, wie auch gestandene Ehen unter dem Druck der Vereinnahmung durch die Politik zerbrechen, zögert er mit diesem Schritt. Fürs Protokoll bei offiziellen Anlässen ist immerhin die liebe Ordnung hergestellt. Da fungiert Mia Riemer, die Ehefrau von Wirtschaftsminister Horst-Ludwig Riemer, als Landesmutter.

Schmunzelnd erwähnt er ein anderes Mal seine erste Liebe namens Erika. Die hat er im Kindergarten kennengelernt: »Erikas Eltern haben für mich extra eine Sonderklingel an die Haustür angebracht, weil ich immer zu ihr wollte. Die richtige Klingel war zu hoch, an die kam ich nicht ran.« Selbstverständlich ist *Bild* zugegen, als sich nämliche Erika nach vier Wochen Amtszeit telefonisch in der Staatskanzlei meldet, um Rau nach so vielen Jahren einmal »hallo« zu sagen. Mehr nicht, schließlich ist sie bereits verheiratet.

Die weiblichen Begleiter Raus wechseln. Und stets kursiert die gleiche Frage: Ist sie es? Rau umgibt sich gern mit schönen Frauen. Auch das 31jährige Mannequin Elena Rotem aus Hascharon bei Tel Aviv gehört dazu. Doch die Botschaft, die die Mutter zweier Kinder im März 1980 zunächst einer israelischen Illustrierten und dann einem deutschen Boulevardblatt mitteilt, könnte pikanter kaum sein. »Ministerpräsident Johannes Rau will mich heiraten!« behauptet sie und erzählt, sie habe den NRW-Regierungschef zwölf Jahre zuvor bei einem Deutschlandbesuch kennengelernt. Der SPD-Politiker habe ihr danach glühende Liebesbriefe geschrieben, die sie aber seit ihrer Eheschließung mit dem Piloten Mass Rotem nicht mehr habe entgegennehmen wollen. »Verlaß deinen Mann und komm zu mir nach Deutschland«, soll Rau sie schließlich aufgefordert haben. Das sitzt. Daraufhin herrscht hektische Betriebsamkeit im Düsseldorfer Landespresseamt. Man interveniert bei vielen deutschen Zeitungen, um die Veröffentlichung zu verhindern. Viele Jahre später erklärt Rau einem Journalisten: »Ich hatte damals eine Freundin, die wegen dieser harmlosen Sache sehr eifersüchtig war.« Das ist der Preis der Prominenz, weiß Rau. Schwierig ist es für ihn, wenn er mal eine Frau kennenlernt, mit der er abtauchen möchte. Überall wird er erkannt, die Sicherheitsbeamten sind allgegenwärtig. Nur selten gelingt es ihm mit kleinen Tricks, die er nicht verrät, für ein paar Stunden zu entwischen. »Solche Ausflüge sind zwar nicht erlaubt, aber die gibt's«, sagt der Predigersohn und freut sich wie ein großer Junge.

Im Vorfeld der Landtagswahl 1980 wächst das Interesse der Medien am Privatmann Rau sprungartig. Es gibt kaum etwas, das der geneigte Leser nicht erfährt. Da wird Dackel Dolly als Partnerin-Ersatz vor Bücherwänden präsentiert, der Musikgeschmack des Regierungschefs unter die Lupe genommen. »Dat mot senn«, wird sich Rau gedacht und gute Miene zum manchmal einfältigen Spiel gemacht haben.

Wuppertaler Skatbrüder und Bielefelder Genossen hätten zuerst ahnen können, daß da was im Busche ist. Anfang 1981 bringt Rau zum Skatkloppen in das urbergische Wuppertaler Lokal »Karpaten« das Fräulein Christina Delius mit, Enkelin des früheren Bundespräsidenten. Mit der Heinemann-Sippe ist Rau bekanntermaßen eng verbunden, also insofern nichts Ungewöhnliches. »Die ist nicht zu bremsen, kloppt den Skat inzwischen wie ein Alter und kann kaum genug bekommen«, berichtet Skatbruder Roland Brahm anerkennend, als die Besuche der jungen Frau regelmäßig werden. Und die Genossen in Bielefeld fühlen sich schon seit zwei Jahren geehrt, daß Ministerpräsident Johannes Rau so häufig bei ihnen vorbeischaut, zweimal sogar Sitzungen der

Landesregierung in Ostwestfalen einberuft. Vom sehr persönlichen Hintergrund ahnen sie jedoch noch nichts.

Dabei ist es diesmal ernst. Vom öffentlichen Kartenspiel abgesehen sind Rau und Christina Delius bemüht, ihre Verbindung geheimzuhalten. Noch elf Tage vor der Trauung am 22. August 1982 bitten sie den ahnungslosen Brahm, »ein paar Fotos fürs Album« zu schießen. Dann passiert es. Eingeweiht sind nur die Schwiegereltern, wenige Freunde und Verwandte. Raus Mutter wird wegen Krankheit nicht dabeisein.

Einige Feriengäste, die dann zum sonntäglichen Gottesdienst in die evangelische Kirche auf der Nordseeinsel Spiekeroog gekommen sind, meinen den Bräutigam in der ersten Reihe zu kennen. »Der Rau, das ist doch der Rau«, tuscheln sie. Der 51jährige Ministerpräsident des größten Bundeslandes und die 26jährige Christina Delius geben sich am Ende des Gottesdienstes vor Pfarrer Berend Rauterberg und der Gemeinde das Jawort. Die Predigt ist unter das Wort aus dem dritten Epheserbrief gestellt: »Die Liebe sei die Wurzel und das Fundament eures Lebens.« Die Braut in weißem Baumwollkleid im Country-look trägt einen Blumenstrauß aus blaßroten Rosen und Männertreu aus einem Spiekerooger Garten.

Der Coup ist geglückt. Reporter, Fotografen und Kamerateams haben von der Aktion nichts erfahren. Oder doch? Merkwürdig, bei aller Heimlichkeit der Veranstaltung ist am Tag danach in den meisten Zeitungen detailliert nachlesbar, was auf Spiekeroog geschehen ist.

Nach der schlichten, schmucklosen Zeremonie zieht die kleine Hochzeitsgesellschaft, der die fast vollzähligen Familien Heinemann und Delius angehören, in die »Dünenklause«. Es wird Kutterscholle und Champagner gereicht. Gegen 15 Uhr verläßt das Paar mit dem Fährschiff »Spiekeroog I« die Insel, um auf eine fünftägige Hochzeitsreise zu gehen. Aber vorher sehen sie noch bei Raus Mutter vorbei, die die beiden Frischvermählten in einem Krankenhaus bei Wilhelmshaven empfängt. Nach zwei Tagen in Ostfriesland tauchen die Raus in Bad Neuenahr unter, dann ist's mit dem Flittern auch schon vorbei.

Nur wenige Eingeweihte wissen, wie der aus kleinbürgerlichem Milieu stammende Rau und die Tochter eines millionenschweren Textilfabrikanten zusammengekommen sind. Nach dem überragenden Landtagswahlsieg 1980 ist Rau zu einer Familienfeier der Heinemanns eingeladen. Bei dieser Gelegenheit muß sich das bis dahin bestehende »Kind-Onkel-Verhältnis« in Liebe verwandelt haben. Tatsache ist, daß der Dienstwagen des Ministerpräsidenten fortan häufig bei der eleganten Fabrikantenvilla im Albrecht-Delius-Weg 5 vorfährt.

Von Christina Delius berichten Freunde, daß sie die treibende Kraft zur Eheschließung gewesen ist. Sie mag keine halben Sachen. Doch selbst Familienmitglieder werden erst sechs Wochen vor der geplanten Hochzeit eingeweiht. Die standesamtliche Hochzeit findet am 9. August 1982 in der Westminster City Hall in London statt; neben der persönlichen Bindung Christinas, die in Großbritannien zur Schule gegangen ist und am King's College Politikwissenschaft studiert hat, ist es der Umstand, daß gegen eine erhöhte Gebühr die Veröffentlichung des Aufgebotes umgangen werden kann.

Aber neben den großen Gefühlen sehen einige Beobachter der politischen Szene auch eine andere Motivation bei Rau, sein Junggesellendasein zu beenden. Nach seinem überzeugenden Erfolg bei der Landtagswahl 1980 ist der Wuppertaler auch auf Bundesebene für die Sozialdemokraten interessant geworden. Umfragen ergeben, daß Rau noch vor Hans-Jochen Vogel und Willy Brandt von den Bundesbürgern als Nachfolger des gesundheitlich angeschlagenen Kanzlers Helmut Schmidt gewünscht wird. Der als Frauentyp geltende Rau liegt sogar noch höher in der Gunst der männlichen Wähler. Aber als Junggeselle hätte es Johannes Rau schwer gehabt, auch wenn viele überzeugt sind, daß er der geeignete Mann fürs Kanzleramt ist. Das deutsche Wahlvolk möchte neben dem mächtigsten Mann im Staat eine

Frau wissen. Vielleicht hat auch diese Erkenntnis Rau bewogen, noch als 51jähriger zu heiraten.

Kurz nach der Trauung wird Rau im hessischen Landtagswahlkampf gebraucht, von da an teilt Christina Rau das Schicksal aller Politikerfrauen. Sie müssen über die Woche das Privatleben verwalten, Kinder erziehen und bei wichtigen Terminen ihrer Gatten die bessere, aber nur Schmuckwerk bedeutende Hälfte abgeben. Auch im Hause Rau funktioniert die Arbeitsteilung reibungslos. Nie hat der frühere Junggeselle verhehlt, im Haushalt eine »ziemliche Niete« zu sein.

Morgens um 6.30 Uhr ist er der erste, der im Wohnhaus in Wuppertal-Elberfeld auf den Beinen ist und nach Nachrichten und Morgenandacht im Deutschlandfunk, dem Bibelwort der Herrnhuter Brüdergemeine und der Lektüre des Lokalteils der *Westdeutschen Zeitung* sich bereits den Regierungsgeschäften zuwendet. Ein Aktenkoffer mit amtlichen Vorgängen verläßt bereits um 8.00 Uhr das Haus Richtung Staatskanzlei, wenn der Ministerpräsident mit seiner Familie frühstückt. Oft hat Rau betont, wie wichtig ihm dieser Termin ist. Seit der Familienverband auf fünf Personen angewachsen ist, wird die allmorgendliche Zusammenkunft im Hause Rau genutzt, um über alle familiären Ereignisse und Planungen zu sprechen.

In Düsseldorf beschäftigt er sich ausgiebig mit der Post. Es hat Zeiten gegeben, wo täglich bis zu hundert Briefe unterschiedlichen Inhalts eingegangen sind. Bürger schreiben dem Landesvater, berichten vom eigenen Schicksal oder über Mißstände und Probleme. Sie können in der Regel mit einem Antwortbrief innerhalb von vierzehn Tagen rechnen. In Schönschrift vermerkt der Regierungschef am Briefrand: »G. sollte auf seinen bedenkenswerten Brief eine qualifizierte Antwort haben.« In der Zwischenzeit wandern die Schreiben zu Referenten, die Antwortentwürfe anfertigen und dem Chef zur Unterschrift vorlegen. Manchmal auch mehrmals, bis der MP zufrieden ist. Aus seiner Brieflektüre könne er auf die allgemeine Befindlichkeit in der Bevölkerung schließen, meint Rau. Einige Mitarbeiter halten den Briefdienst von Rau wegen des enormen Arbeitsaufwandes für einen Tick, das Kabinett muß jederzeit damit rechnen, daß der Regierungschef dringende Fälle herumreicht, um ressortübergreifend nach Problemlösungen zu suchen.

Mancher hat als Schlüssel zu Johannes Raus Fürsorglichkeit dessen Vater Ewald gesehen. Sein Foto hat auf dem Schreibtisch des Ministerpräsidenten gestanden, und Rau betont stets, daß er »ohne dessen prägende Kraft« nicht so weit gekommen wäre.

In nicht wenigen Fällen hat Rau wirklich helfen können. Für sein Image nutzt er solche Fälle nie. Es zählt der Einzelfall, eben auch hier möchte Rau die Politik in den Dienst des Guten stellen, wie im Falle einer Psychologiestudentin. Als der Ministerpräsident einmal in Bonn zwischen zwei Terminen im leeren Bundestagsrestaurant weilt, stürmt ein aufgeregter älterer Herr auf ihn zu. »Meine Tochter hat soeben ihr Examen als Diplom-Psychologin mit der Note eins gemacht«, kommt er sofort zur Sache. Das sei doch ein Anlaß, ihr ein Anerkennungsschreiben zu schicken. Rau lächelt freundlich. »Klar, das mache ich gern. Wie ist die Adresse?« Bis die Tochter das Belobigungsschreiben in Händen hält, werden gewiß nur wenige Tage vergehen.

Rau arbeitet gern und viel. Eine 100-Stunden-Woche zählt bei dem Ministerpräsidenten zur Normalbelastung. Wie alle Spitzenpolitiker ist er völlig verplant. Kaum eine Gemeinde in NRW, die er nicht schon bereist hätte. Die Anzahl der SPD-Ortsvereine im Lande, die den Wuppertaler bereits zu Gast gehabt haben, und das nicht nur zu Wahlkampfzeiten, ist stattlich. Bis zu zehn Termine absolviert Rau am Tag. Und doch bewältigt er den Tumult im Terminkalender auf bemerkenswerte Weise, wie es sein Freund, der Theologieprofessor Adam Weyer, beschreibt: »Du eilst von Termin zu Termin, aber du gibst den Termindruck nicht weiter an die anderen. Du hast nie mehr als eine Stunde Zeit, aber die wird voll genutzt. Niemand hat den Eindruck, daß du gehetzt bist. Jeder merkt: In der kurzen Zeit, die Johannes

Rau hat, hört er ganz zu, konzentriert sich auf das Gespräch, ist ganz da, läuft nicht in Gedanken fort.«

Eine andere bis zur Perfektion betriebene Leidenschaft sind seine Geburtstagsbriefe. Das Sekretariat hat Anweisung, rund 2000 Freunde und Bekannte in einem stets zu aktualisierenden Verzeichnis zu vermerken. Bundestags- und Landtagsabgeordnete, Freunde aus alten Zeiten, Kirchenleute, Prominente und Privatpersonen können sich darauf verlassen, pünktlich zum Geburtstag einen handgeschriebenen Brief des Landesvaters zu erhalten.

Johannes Rau, der das Gespräch zur Entwicklung politischer Strategien benötigt, ist aber mehr noch ein höchst disziplinierter und leidenschaftlicher Leser. Akten sind sein täglich Brot, die von ihm als »halbe Seiten« bezeichneten Gesprächsvorbereitungen und Redetexte, und vor allem Bücher. Privat zählen Thomas Mann, Ringelnatz und Fontane zu den bevorzugten Autoren.

Rau, dem es nicht vergönnt gewesen ist, Abitur zu machen und systematisches Denken und Arbeiten an einer Hochschule zu erlernen, ist der klassische Autodidakt. Oft berichtet er, wie er, beginnend mit seiner Buchhändlerlehre und seinen journalistischen Gehversuchen, eine wahre »Lese-Neurose« durchmacht, aufzuholen trachtet, was andere mit höheren Bildungsabschlüssen ihm vermeintlich voraushaben. Bücherfresserei und Schreibsucht sind die erkennbaren Zeichen seiner Gier nach Akzeptanz und Anerkennung. Rau ist Autodidakt, mit allen Vorteilen des Kluglesers, der sich unentwegt bildet und neues Wissen erwirbt. Aber auch mit der negativen Seite des mangelnden Selbstbewußtseins im Angesicht von Bildungsbürgern, die entsprechende akademische Titel tragen, hat er zu kämpfen. Als Beispiel dient das über Jahre schwierige Verhältnis Raus zu Oppositionsführer Kurt Biedenkopf. Dessen Auftritte im Hohen Haus bewirken eigentümliche Metamorphosen beim MP. Doziert der Professor etwa über Wirtschaft, sinkt der sonst so offensive Regierungschef in sich zusammen, und nicht selten bildet sich Streßschweiß auf seiner Stirn. Regelrechte Legenden ranken sich um Rau, den Trickser, der es prächtig versteht, mit außerpolitischen Mitteln Einfluß auf wichtige Entscheidungen zu nehmen. Weggefährten versichern glaubhaft, daß Rau dabei auch nicht vor dem Einsatz skurriler Mittel zurückschreckt. Bei einer nervenaufreibenden SPD-internen Debatte über den WDR tritt Rau mit Augenklappe auf. Seiner Regierung werden wegen eines Versäumnisses die Leviten gelesen, und während die Genossen heftig streiten, sitzt der Gehandikapte regungslos dabei. Kann man so mit einem Kranken umgehen, signalisiert dieses Bild des Jammers. Als sich das Blatt zu seinen Gunsten wendet, ist mit einem Male auch die Augenklappe entbehrlich.

Kaum jemand in der politischen Szene beherrscht die Kunst der druckreifen, aufrüttelnden Rede wie Rau. Er nutzt sein Erzähltalent aber auch, um von Themen abzulenken, die ihm offensichtlich unangenehm sind. Auf die Frage etwa, ob er sein fehlendes Abitur als Einschränkung oder Vorteil verstehe, erzählt er die Geschichte von einem Professor der Zahnmedizin, den nur eins im Leben wirklich interessiere: »Wurzelperforation oben rechts.« Will man von Rau wissen, ob er die Amerikaner 1945 als Befreier erlebt hat, bekommt man als Antwort: »Die ersten, das waren zwei, die hatten ein Mädchen im Arm, das war eine Mitkonfirmandin von mir, die kaute Kaugummi und fraß Schokolade. Das fand ich ganz unmoralisch.« Aber der Regierungschef ist auch Meister der nonverbalen Selbstdarstellung. Einen rhetorischen Überflieger versteht er wirkungsvoll durch gelangweiltes Aussehen abzuwürgen. Dauerrednern macht er durch demonstratives Versunkensein unmißverständlich klar, daß niemand mehr zuhört. Immer schon auf Kriegsfuß ist er mit der ausgeprägt programmatischen Ausrichtung der Sozialdemokratie gewesen. Kaum etwas langweilt ihn mehr als ausufernde Theoriedebatten. Als sich während einer Sitzung des SPD-Landesverbandes ein Mitstreiter ausschweifend über Keynes' Wirtschaftstheorien ausläßt, grinst und beendet Rau den Vortrag mit dem Spruch: »Ich kenne nur ›Die Caine war ihr Schicksal‹.«

Freunde rühmen, Gegner fürchten seit jeher das phäno-
menale Gedächtnis von Johannes Rau. Nichts entgeht ihm,
selbst Details sind noch nach Jahren abrufbar. Zahlen,
Namen, Informationen speichert er wie eine Datenbank.
Beim Besuch der niederländischen Königin Beatrix in
Aachen sind im Krönungssaal alle Bürgermeister und Land-
räte versammelt. Nur wenige erhaschen einen Blick oder gar
einen Händedruck der Monarchin. Ganz anders Rau. Aufmerksamkeit hat er für jeden, den er kennt: »Ist ihre Frau
wieder gesund?« erkundigt er sich bei einem CDU-Landrat.
»Hat Ihre kleine Karin immer noch die Grippe?« will er von
einem Bürgermeister wissen. Und wider jedes Protokoll zerrt
er einen rundlichen Herrn aus der dritten Reihe auf den
roten Teppich, um ihn der Königin vorzustellen: »Das ist
ein Abgeordneter der CDU, der hat zehn Kinder! Ich kenne
sie alle mit Namen.«

Raus Berater füttern die Presse gezielt mit Informationen,
die ein makelloses, harmlos-spießiges Tugendbild von Rau
darstellen. Dieses Bild hat sich im Bewußtsein der Mitmen-
schen verankert. Rau, der Skatspieler und Pilstrinker, der
Briefmarken sammelt und Erdnüsse knabbert. Der nette
Mann von nebenan, der auch schon mal einer alten Frau
über die Straße hilft wie seinerzeit im sauerländischen
Meschede, als die Betroffene nach vollbrachter Tat zu ihrem
Kavalier aufschaut und »Das ist doch ...« murmelt. – Rau:
»Joooh, da ist der Landesvater, der nach dem Rechten schau-
en will.« Rau liebt solche Situationen: »Je näher ich den
Menschen bin, desto mehr Spaß macht mir Politik.«

Raus Umgang mit anderen ist stark auf ein harmonisches
Miteinander ausgerichtet. Als ihn der Kölner *Express* 1994
im Vorfeld der Bundespräsidentenwahl pauschal auf seine
Verletzlichkeit anspricht, antwortet Rau spontan: »Ich lei-
de darunter, wenn ich mit einem früheren politischen Freund
nicht mehr zusammenkomme, die Wege sich irgendwann
einmal getrennt haben. Und ich versuche zehn Jahre lang,
auch länger, wieder eine Brücke zu bauen.« Gemeint ist
Hans-Otto Bäumer. 1983 ist Raus Landwirtschaftsminister

in der Hoffnung demissioniert, vom Regierungschef alsbald zurückgerufen zu werden. Schließlich hätte die politische Karriere Raus ohne die tatkräftige Unterstützung Bäumers gewiß nicht den kometenhaften Aufstieg erfahren. Es gibt also Verbindlichkeiten. Aber Rau schweigt. Bis zu seinem Lebensende verzeiht Bäumer dem Ministerpräsidenten dieses Verhalten nicht. Wenige Monate vor Bäumers Tod 1998 unternimmt Rau zusammen mit Friedel Neuber einen letzten Vermittlungsversuch. Der Brückenbau scheitert am strikten Unwillen des Verbitterten. Eine persönliche Niederlage für Rau, dessen Motto »Versöhnen statt spalten« besonderes Gewicht im zwischenmenschlichen Verhältnis gewinnt.

Mit den meisten Menschen kommt Rau aber problemlos zurecht. Er weiß, was bei den Leuten ankommt, versteht es vortrefflich, sich binnen kürzester Zeit in einer bestimmten Umgebung zurechtzufinden. Sein Einfühlungsvermögen ebnet ihm den Weg zu den jeweiligen Adressaten. Das kann das Deutschlandtreffen der Anonymen Alkoholiker sein, auf dem er die Schlußrede hält. Ohne sich anzubiedern und ohne übertriebenes Pathos trifft er den Geist der Versammlung, wenn er sich in seiner Ansprache weigert, die Welt einzuteilen in Gesunde und Kranke. »Es wäre gut, wenn wir ein wenig mehr auf die Meßlatten in unserem Leben achten würden.« Die »Unordnung der Liebe« tauge dafür besser als der »Zeigefinger der Belehrung«. Rau vermag es aber auch mit fortgeschrittenem Alter noch, Jugendliche anzusprechen und dabei authentisch zu bleiben. Zu seinem 65. Geburtstag 1996 ermöglicht ihm der WDR die Gestaltung einer Radiosendung. Gemeinsam mit der zwölfjährigen Tochter Anna, die für die Auswahl der Musik verantwortlich ist, moderiert der angegraute Ministerpräsident ausgerechnet die im Jugendprogramm »Eins live« ausgestrahlte Sendung »Sonderbar«. Während ihn einige Genossen lieber heute als morgen aufs Altenteil schieben möchten, beweist Rau, wie er die Teenie-Generation anzusprechen versteht. »Das waren die Toten Hosen, die nicht ins Paradies wollen. Im Gegensatz zu mir«, läßt er die erstaunten Zuhörer wissen.

Parteifreunde, Gegner und Politikwissenschaftler haben sich am »Phänomen Rau« schon die Zähne ausgebissen. Seit 1978 diagnostizieren Umfrageinstitute übereinstimmend, daß der Wuppertaler der beliebteste Sozialdemokrat ist, auch bei CDU- und FDP-Wählern. So ist Johannes Rau in den achtziger Jahren den meisten Bundesbürgern bekannt, aber viele können ihn parteipolitisch nicht zuordnen. Als Sozialdemokrat, so die Erkenntnis einer Parteistudie, wird Rau nicht unbedingt wahrgenommen. Das hat zum einen mit seiner wechselvollen politischen Vergangenheit zu tun. Obwohl er nach seinem Weggang von der Gesamtdeutschen Volkspartei seine sozialdemokratische Lektion gelernt hat, wird man sozialistische Perspektiven vergebens bei ihm suchen. Ideale wie Freiheit, Gleichheit und Brüderlichkeit, das sind die Nenner, auf denen sich der Christ Rau mit dem Sozi zu treffen vermag. Im Programmatischen gibt es dagegen erhebliche Diskrepanzen. Der überzeugte Pazifist würde nie Institutionen wie die NATO in Frage stellen, seine Auffassung von der Bewahrung der Schöpfung ginge nicht soweit, industriepolitische Entscheidungen, die Landschaftsruinen wie bei Garzweiler zeitigen, zu überdenken. Auch beim Thema Abtreibung ist Rau mit der Tante SPD innerlich sicher nicht immer auf Schmusekurs.

Ohnehin gilt für Johannes Rau das Wort von Erhard Eppler, wonach Politik zu neun Zehnteln aus Personen und ihrem Verhältnis zueinander besteht. Gemeinsam erlittene Schicksalsschläge vermögen da lebenslängliche Bindungen zu schmieden. Das Attentat auf Oskar Lafontaine 1990, das eigentlich Rau gegolten hat, begründet eine solche Schicksalsgemeinschaft. Zumindest aus der Sicht des Wuppertalers. Rau hält sich mit Kritik an Lafontaine seit dem Ereignis von Köln auffällig zurück. Selbst der überstürzte Rücktritt des Parteivorsitzenden im März 1999 veranlaßt ihn nicht, öffentlich den Stab über Lafontaine zu brechen.

Das Attentat hat Rau tief berührt. Nächtelang hat er im Krankenhaus ausgeharrt, als der saarländische Ministerpräsident und SPD-Kanzlerkandidat mit dem Tode gekämpft hat, wissend, daß er an seiner Stelle wegen der schlechteren körperlichen Konstitution weit geringere Überlebenschancen gehabt hätte. Noch 1999 wird er sich in einer Talk-Show ergriffen abwenden, als man ihn mit Fernsehszenen konfrontiert, in denen Lafontaine blutend am Boden liegt. Heute rechnet er es zu den Erfahrungen, die ihn ernstlich am Sinn des Politikerberufes haben zweifeln lassen. Ähnlich ging es ihm nach dem Brandanschlag auf das Haus der türkischen Familie Genç in Solingen am Pfingstsonntag 1993. Aber dann hat sich Rau doch wieder einen Ruck gegeben und jedesmal weitergemacht. Getreu seinem Lieblingskalauer: »Die Welt liegt im argen, aber da soll sie nicht liegenbleiben.« Johannes Rau will ihr aufhelfen, auch wenn zwischenzeitlich selbst seine treuesten Anhänger an ihm zweifeln.

Ende Juli 1995 ist Rau mit seiner Familie wieder in Elmau. Kaum ein Ort scheint für den Politiker mehr geeignet, Jubiläen zu begehen. 25 Jahre steht er in der Regierungsverantwortung, drei Jahre zuvor hat er seine schwere Krebsoperation überstanden, auf 40 Jahre Landtagszugehörigkeit blickt er zurück. Abgesehen von wenigen Freunden wie Finanzminister Heinz Schleußer möchte der Ministerpräsident diese Zeit im engsten Familienkreis verbringen. Rau ist in der »Tankstelle für Lebensessenz« für ein paar Tage dem Politzirkus NRW entronnen. »Elmau heißt für mich neue Impulse kriegen«, hat er einmal geschwärmt.

# KAPITEL 7
## Das Jahr der Krisen

Da sitzen sie nun wieder am Düsseldorfer Kabinettstisch zusammen, an dem sie gemeinsam in Ehren ergraut sind: Johannes Rau, mittlerweile bald 64 Jahre alt, und seine Ministerriege. Hans Schwier, der Kultusminister, der, fast 69jährig, seinen Chef seit Monaten zu überreden versucht, ihn endlich in die Rente zu entlassen; Herbert Schnoor, Innenminister und ein Garant für Grundsatztreue und Loyalität, aber mit 67 inzwischen ebenfalls längst amtsmüde, dazu Wirtschaftsminister Günter Einert (64) und der durch Affären angeschlagene Justiz-Ressortchef Rolf Krumsiek, mit gerade 60 nach Düsseldorfer Maßstäben beinahe der Kabinettsbenjamin.

Selbst die »Nachwuchstalente« sind in Nordrhein-Westfalen älter als anderswo. Staatskanzleichef Wolfgang Clement und Umweltminister Matthiesen sind beide 54, Sozialminister Franz Müntefering 55 und Finanzminister Heinz Schleußer ist mit 59 auch schon auf dem Wege ins Rentenalter.

»Kalkleisten« habe die Regierung angesetzt, lästert SPD-Fraktionschef Friedhelm Farthmann über die nicht mehr ganz jungen Herren, er selbst ist allerdings auch schon 64. Über solche kleinen Sticheleien kann sogar der Landesvater lachen. »Wir bleiben einfach so lange im Amt, bis unsere Nachfolger älter sind als wir«, witzelt Johannes Rau manchmal.

Daß sie ihn wieder bei sich haben, darüber herrscht im Kabinett einmütige Erleichterung. Im Mai 1995 stehen Landtagswahlen an. Und sich so kurz vor Ende der Legislaturperiode noch an einen neuen Chef zu gewöhnen, daran hat wirklich keiner von ihnen ein gesteigertes Interesse.

Viel angenehmer ist es, darüber sind sie einig, wenn alles so weiterläuft, wie viele Jahre zuvor. Die Demoskopen sagen jetzt, ein halbes Jahr vor dem Wahltag, übereinstimmend erneut eine stabile absolute Mehrheit voraus. Bei Kabinettssitzungen herrscht allgemeine Harmonie, nicht nur dann, wenn der Ministerpräsident die neuesten Familienfotos herumzeigt oder über die jüngsten Streiche seiner drei Kinder berichtet. Man versteht sich, ist aufeinander eingespielt, jeder hat seinen festen Platz, alles hat seine Ordnung. Glückliches Nordrhein-Westfalen.

Eigentlich hat Johannes Rau seinen Genossen draußen im Land ja versprochen, die Regierung bis spätestens Jahresende 1994 umzubilden und vor allem zu verjüngen. Aber dann hat ihn doch gefröstelt bei der Vorstellung, ganz plötzlich neue Gesichter am Kabinettstisch zu sehen. Nein, lautet seine Schlußfolgerung, das wird er sich und seinen Kollegen, von denen einige Freunde sind, nicht antun. »Was ich damals gesagt habe, kann ich so nicht einhalten«, erklärt er Anfang Januar 1995. »Ich werde den Wählern keine neuen Namen nennen, sondern mit dieser Mannschaft in den Wahlkampf gehen.« Daß mit Schwier, Einert und Krumsiek drei seiner Getreuen angekündigt haben, nach der Wahl nicht mehr zur Verfügung zu stehen, findet er bedauerlich.

Vor allem das bevorstehende Ausscheiden von Schwier und Schnoor stimmt ihn nachdenklich. In der neuen Landesregierung wird der Ministerpräsident, einen erneuten Wahlsieg als selbstverständlich vorausgesetzt, der Älteste sein. Damit »bin ich der Gejagte«, dämmert ihm. Immerhin ist die Zeit noch lang bis zum Mai 1999, dem Termin für die nächste Bundespräsidentenwahl. Besteht dann tatsächlich die Aussicht auf eine Mehrheit in der Bundesversammlung, muß er möglichst bis dahin im Amt bleiben.

Daß ihm zumindest der Wähler dabei keinen Strich durch die Rechnung macht, steht für ihn außer Frage. Und wenn ihn wirklich einmal jemand fragt, was denn passiere, wenn es nicht für die absolute Mehrheit reiche, bekommt er die Standardantwort: »Ich bewerbe mich um das Amt einer sozialdemokratischen Landesregierung und nicht irgendeiner Kungelei.«

Auch die Meinungsforscher im Lande bestärken Johannes Rau in seiner Überzeugung, sich über mögliche Koalitionen keine Gedanken machen zu müssen. »Die Opposition ist formschwach«, befindet Sample-Chef Helmut Jung, »und bietet einen blassen Kandidaten auf, der ohne Chancen ist gegen die politische Legende Rau.«

Helmut Linssen will es für die CDU diesmal versuchen. Ihm soll, so planen es die Düsseldorfer SPD-Strategen, das gleiche widerfahren wie seinen glücklosen Vorgängern Kurt Biedenkopf, Bernhard Worms und Norbert Blüm. Zur Wahl steht der Ministerpräsident und sonst niemand, lautet die Botschaft der Sozialdemokraten. »Es riecht nicht nach Wechsel«, muß Linssen kleinlaut eingestehen.

Bei der Frage, wer das Land in den kommenden fünf Jahren regieren soll, sind sogar ein Drittel der CDU-Wähler der Meinung, Johannes Rau könne das am besten. Warum das so ist, glaubt der Chef des Meinungsforschungsinstituts Forsa herausgefunden zu haben: »Rau versteht es, alles Positive auf sich und alles Schlechte auf Bonn zu lenken.«

Und dort regiert eine Koalition aus CDU/CSU und FDP, die nach dem Wahlsieg im Oktober 1994 nur schwer wieder in Schwung kommt. Mit Leidenschaft streiten sich die Bündnispartner in aller Öffentlichkeit über Steuer- und Innenpolitik, die knappe Mehrheit im Bundestag macht das Regieren gegen eine SPD-dominierte Länderkammer schwierig. Das komme davon, wenn eine Regierung in Koalitionen zu ständigen Kompromissen gezwungen werde, gibt die SPD-Werbung in Nordrhein-Westfalen den Wählern zu verstehen.

Zudem machen es die Grünen den Sozialdemokraten auch nicht schwer, eine rot-grüne Koalition als Schreckensszenario an die Wand zu malen. Selbst nach Einschätzung führender Bundespolitiker der Alternativen ist der nordrhein-westfälische Landesverband eine »Chaostruppe« eigenwilliger Öko-Fundamentalisten. Wenn die Landtagsabgeordnete Brigitte Schumann die Forderung der CDU nach einem Ausbau der Begabtenförderung in die Nähe der Judenselektion in Auschwitz rückt, ist ihr Beifall aus der Fraktion sicher, wenn aus den Reihen der Grünen die Forderung erhoben wird, einem Wanderweg für Frösche Vorrang vor einer Industrieansiedlung zu geben, ebenfalls.

»Lieber Pils trinken als in einen grünen Apfel beißen«, pflegt Johannes hartnäckige Fragesteller zu bescheiden, die sich nach seinem Verhältnis zu den Grünen erkundigen. Im Kernland der deutschen Industrie sei ein Regierungsbündnis mit so einer bunten Truppe undenkbar, glaubt Johannes Rau. Und wozu darüber nachdenken, wo die SPD doch in allen Umfragen bei mindestens 50 Prozent liegt?

Bemerkt er nicht, daß die Stimmung in Nordrhein-Westfalen sich in den letzten Jahren grundlegend gewandelt hat? Statt der Montanindustrie beherrscht zunehmend der Dienstleistungssektor das Wirtschaftsleben, statt der Kohle- und Stahlkumpel bevölkern immer mehr Versicherungsfachleute und Telekommunikationsexperten die Unternehmen zwischen Rhein und Ruhr. Ein Umbruch, der die traditionellen Milieus der Sozialdemokratie nachhaltig verändert, denn junge, gut ausgebildete Facharbeiter lassen sich nicht mehr so selbstverständlich für die SPD vereinnahmen wie noch ihre Eltern.

Beispielhaft für den Wandel ist Wuppertal, wo sich das Umweltinstitut des SPD-Ökologieexperten Ernst-Ulrich von

Weizsäcker angesiedelt hat. Rund um das Institut schießt eine ganzes Biotop von Forschungs- und Beratungsstellen aus dem Boden, die sich eher einer Grünen-Umweltpolitik als der konsequenten, vor allem auf Wachstum ausgerichteten SPD-Linie verpflichtet fühlen. Die Grenzen zwischen Sozialdemokratie und Grünen sind vielerorts nur noch schwer erkennbar. »Ich habe mehr gegen das rot-grüne Denken in der SPD argumentiert, weniger gegen die Grünen selbst«, sagt Johannes Rau rückblickend.

Mit dieser Strategie zieht er Anfang 1995 in den Landtagswahlkampf. Huldvoll lächelnd, den Kopf leicht nach rechts geneigt, blickt Rau von 5300 riesigen Plakatwänden auf seine Wähler. Daneben wirbt die SPD mit Strichmännchen des spanischen Zeichners Gustavo, die Sendezeit im dritten Fernsehprogramm wird werbewirksam an Kinderhilfsorganisationen verschenkt.

Selbst um die Opposition sorgt sich Johannes Rau. »So böse, wie er auf den Plakaten guckt, ist er gar nicht«, scherzt er über seinen Herausforderer Linssen. Hier sorgt der Ministerpräsident persönlich dafür, daß sogar der politische Gegner nicht verhungert, lautet die Botschaft. Gut gelaunt reist Johannes Rau in seiner gepanzerten Limousine mit dem symbolträchtigen Kennzeichen D-LV (für Landesvater) durch Nordrhein-Westfalen, im festen Glauben, daß der Wähler am 14. Mai schon wissen werde, was er zu tun hat.

»Ordentliche Verhältnisse« müsse es weiterhin im Lande geben, predigt er bei unzähligen Auftritten zwischen Detmold und Mönchengladbach. Jeden noch so zaghaften Angriff des politischen Gegners pariert er mit Witzchen, die die Oppositionspartei als im Grunde nicht unsympathisch, aber auf gar keinen Fall regierungsfähig erscheinen lassen.

Ja, es stimme, daß CDU-Landeschef Blüm ihn als »Kapitän der Titanic« bezeichnet habe, kalauert Johannes Rau, als einen, der das Schiff Nordrhein-Westfalen auf den Eisberg zusteuere. »Norbert, du bist der einzige Mensch in Deutschland«, habe er geantwortet, »der den Kapitän der Titanic noch persönlich gekannt hat und ihn auch noch sympathisch findet.«

Wenn Herausforderer Linssen den Ministerpräsidenten in braver Wahlkämpfermanier als »Cunctator«, als Zauderer, schmäht, folgt postwendend die pointensichere Retourkutsche: »›Cunctator‹ war doch der Spitzname des römischen Feldherrn Quintus Fabius, der mit seinem militärischen Geschick Hannibal besiegt hat. So erfolgreich wie der möchte ich auch wieder sein – nur bin ich weit davon entfernt, Linssen mit dem großen Strategen Hannibal zu vergleichen.«

Weil sich die nordrhein-westfälischen Christdemokraten scheuen, den Landesvater direkt zu attackieren, versucht die Bonner CDU-Führung, Schützenhilfe zu leisten. Wie schon 1993 werden noch einmal alte Geschichten ausgegraben, um seine persönliche Integrität zu erschüttern. Brigitte Seebacher-Brandt, Witwe des früheren SPD-Vorsitzenden, bezichtigt führende Sozialdemokraten, einen Vermerk ihres verstorbenen Mannes beiseite geschafft zu haben, in dem der einstige SPD-Fraktionsgeschäftsführer Karl Wienand der Spionage für den sowjetischen Geheimdienst KGB beschuldigt wird. Auch Rau, lautet der CDU-Vorwurf, sei an der Aktion beteiligt gewesen.

Doch der schweigt und kommentiert die Anschuldigung lediglich mit dem Hinweis, er werde sich zu seinen letzten Gesprächen mit dem bereits im Sterben liegenden Brandt niemals öffentlich äußern. Sein Verhalten grenze an Strafvereitelung im Amt, wettert CDU-Justitiar Reinhard Göhner, eine Strafanzeige werde man erwägen. Als Umfragen zeigen, daß sich die Wähler von den Vorwürfen kaum beeindrucken lassen, verläuft die Angelegenheit im Sande.

Wenige Wochen vor dem Wahlsonntag scheint die Wahlbeteiligung das einzige Problem zu sein. Deutlich weniger Bürger als 1990 wollten ihre Stimme abgeben, warnen die Demoskopen. Zwar halte sogar ein Drittel der CDU-Wähler Rau für den besseren Ministerpräsidenten, doch die Hälfte wisse, drei Wochen vor dem 14. Mai, noch gar nicht, daß am Muttertag Landtagswahl sei.

Für die Sozialdemokraten könne das gefährlich werden, warnen die Wahlkampforganisatoren den Ministerpräsidenten. Das Gefühl, die Wahl sei ohnehin schon zugunsten der Sozialdemokraten gelaufen, könnte viele SPD-Anhänger davon abhalten, zur Wahl zu gehen. Jetzt geht es nicht mehr darum, dem politischen Gegner zusätzliche Stimmen abzujagen, sondern nur noch darum, die eigene Stammwählerschaft an die Urne zu bekommen. Vor allem deshalb stellt Johannes Rau seine Reden in den letzten 14 Tagen um. Statt gründlicher Überzeugungsarbeit lautet der Slogan jetzt nur noch: »Wählen gehen!«

Auch die Grünen versuchen mit großem Aufwand, ihre Anhänger zu mobilisieren. Mit einem Wanderzirkus ziehen Michael Vesper und Bärbel Höhn über Land, der Grünen-Landesgeschäftsführer tritt als Clown auf, die Spitzenkandidatin der Alternativen als Feuerschluckerin. Bei ihren Auftritten vermeiden sie alles, was Rau und die Sozialdemokraten verstimmen könnte. Politisch gesehen sei fast alles verhandelbar, wenn es denn zu einer Regierungsbeteiligung komme, lautet ihre Strategie. Unter Hinweis darauf, daß bereits achtzig nordrhein-westfälische Städte und Gemeinden rot-grün regiert werden, prophezeit Vesper: »Wenn die SPD einen Partner braucht, wird sie schon bei uns anklopfen.«

Am 14. Mai um kurz vor 19 Uhr ist es soweit.

Bereits am Nachmittag des Wahlsonntags, als die Demoskopen die ersten Nachfragedaten, sogenannte Exit-Polls, auswerten und den Parteien vorläufige Trends mitteilen, ist klar, daß es für die absolute Mehrheit der Sozialdemokraten ganz eng werden wird. Zwar liegt die SPD weit vorne, die CDU hat kaum aufgeholt. Doch die Grünen haben stark zugelegt.

Um 19.55 Uhr melden ARD und ZDF in ihren Hochrechnungen übereinstimmend: »Die SPD kann künftig nicht mehr allein regieren.« Im ersten Stock der Staatskanzlei am Düsseldorfer Mannesmannufer sitzt Johannes Rau in seinem Büro und kann es nicht glauben. Nur noch 46 Prozent für die Sozialdemokraten, 4 Prozent weniger als vor fünf Jahren. Warum, fragt sich der Ministerpräsident, haben die Wähler, seine Wähler, ihm das angetan?

Als einer der ersten begreift Friedhelm Farthmann, was geschehen ist. »Es ist aus, Johannes«, sagt er niedergeschlagen an seinen versteinert dasitzenden Ministerpräsidenten gewandt. Ja, es ist aus, das sieht Rau in diesem Moment genauso. Und er will auch nicht mehr. Siebzehn Jahre hat er an der Spitze des Landes gestanden, dreimal haben ihm die Bürger mit einer absoluten Mehrheit vertraut. Jetzt wird ihm dieses Vertrauen auf einen Schlag entzogen. Während unten im Erdgeschoß auf der Wahlparty zwei Wuppertaler Künstlerinnen mit Klavier und Geige das jüdische Freudenlied »Hava Nagila« anstimmen, trifft Johannes Rau eine Treppe höher die schwerwiegende Entscheidung, daß es Zeit ist aufzuhören. »Laß es die anderen machen«, rät der alte Fahrensmann Heinz Schleußer.

Die Bonner SPD-Spitze ist da allerdings anderer Meinung. In Düsseldorf, soviel scheint an diesem Abend festzustehen, wird in den kommenden fünf Jahren eine rot-grüne Landesregierung amtieren. Tritt Johannes Rau jetzt ab, würde dieser Schritt in der Öffentlichkeit als Eingeständnis gewertet, daß er dem ungeliebten Bündnis keine dauerhafte Überlebenschance einräumt.

Um eine übereilte Entscheidung des enttäuschten Ministerpräsidenten zu verhindern, eilt SPD-Chef Rudolf Scharping nach Düsseldorf, als die ersten Prognosen den Verlust der absoluten Mehrheit andeuten. Gemeinsam mit Brandenburgs Regierungschef Manfred Stolpe leistet er Johannes Rau in dieser schweren Stunde Beistand und versucht ganz vorsichtig, ihn zum Weitermachen zu überreden.

Die Perspektive ist ebenso einfach wie verlockend. Gelingt Rot-Grün in Nordrhein-Westfalen, ist damit der letzte Beweis erbracht, daß die Grünen auch in Bonn regierungsfähig sind. Für die Bundestagswahl 1998 wäre in diesem Fall sogar eine konkrete Koalitionsaussage denkbar. Aber Johannes Rau muß diesem Bündnis seinen Segen geben, er, der wie kaum ein anderer seine Vorbehalte gegen die Öko-Partei öffentlich gemacht hat.

Ob er es sich denn nicht zutraue, zumindest noch für einen Übergangszeitraum als Ministerpräsident zur Verfügung zu stehen, fragen Scharping und Stolpe hartnäckig. Befinde sich die neue Koalition erst einmal in ruhigem Fahrwasser, könne er ja jederzeit zurücktreten. Auch Wolfgang Clement und Klaus Matthiesen reden auf ihren Chef ein: »Entscheide heute abend noch nichts. Überleg's dir erst in Ruhe.«

Johannes Rau wirkt geistesabwesend, sein Blick ist unendlich müde, als er kurz nach 11 Uhr aus seinem Büro tritt und zu den wartenden Journalisten hinuntergeht. »Ich habe noch nichts entschieden«, sagt er und fügt auf eifriges Nachfragen der Reporter hinzu: »Es ist zu früh, um etwas zu sagen. Ich will weder etwas ein- noch ausschließen.« Viele Gespräche werde es in den nächsten Tagen geben, »schnelle Nachrichten« seien nicht zu erwarten.

Rudolf Scharping ist zufrieden. Ein überstürzter Abgang ist fürs erste abgewendet, in den kommenden Tagen, wenn der Schock langsam verdaut ist, wird man weitersehen. Bis dahin werden die Genossen alles tun, um Rau optimistisch zu stimmen und zu verhindern, daß er sich gedrängt fühlt oder in die Situation gerät, in der er nur eine rasche Entscheidung als Ausweg sieht.

Auch die Grünen, die ihn im Wahlkampf noch hart angegangen haben, ändern noch am Abend die Tonlage. Jetzt gilt es, die Seelenlage der Sozialdemokraten nicht noch weiter zu strapazieren. »Wir werden der SPD genügend Zeit lassen, sich wiederzufinden«, streicht Spitzenkandidatin Bärbel Höhn Balsam auf die von den Wählern geschlagene Wunde, um dann hinzuzufügen: »Wir würden uns freuen, wenn sich Johannes Rau durchringen könnte, an die Spitze einer rot-grünen Regierung zu treten.«

Auch am nächsten Morgen hat er sich noch immer nicht entschieden, ob er dem Werben des ungeliebten künftigen Partners nachgeben soll. »Ein Bündnis mit den Grünen habe ich nie ausdrücklich ausgeschlossen«, stellt er vor der Land-tagsfraktion fest. »In einer Woche entscheidet die Fraktion, ob wir mit ihnen verhandeln.« Der erste tastende Schritt ist getan. Ob er persönlich diesen Weg weitergehen will, darü-ber vermeidet er mittags im Bonner Parteipräsidium jede Äußerung. Und zu fragen traut sich keiner.

Parteichef Scharping deutet der Runde noch einmal an, daß der Erfolg oder Mißerfolg der neuen Düsseldorfer Koali-tion mit darüber entscheide, welche Chance es 1998 auf Bundesebene für die SPD gebe. Eine rot-güne Regierung in Nordrhein-Westfalen, führt er aus, könne »eine Vorstufe für ein solches Bündnis in Bonn« sein und eine »Perspektive für den Regierungswechsel« aufzeigen.

Johannes Rau schweigt zu alledem. »Heute kannst du nicht mehr zurücktreten«, haben ihm seine Düsseldorfer Vertrauten mit auf den Weg nach Bonn gegeben, »wenn du es am Wahlabend nicht getan hast, mußt du zumindest erst einmal mit den Koalitionsverhandlungen anfangen.«

Aus Hamburg hat ihm Helmut Schmidt, der unbeugsame Grünen-Gegner, einen anderen Ratschlag zukommen lassen: »Das darfst du dir nicht antun.« Und auch Niedersachsens Ministerpräsident Gerhard Schröder ist der Ansicht, »du soll-test überlegen, ob du dir das zumuten kannst«. Ob die vielen aufmunternden, aber auch mahnenden Worte der Genossen etwas nützen, ist an diesem Montagmittag völlig unklar.

Zwei Tage später nimmt Rau sich, wieder einmal, in die Pflicht. Bei einem vertraulichen Treffen mit Scharping, Grü-nen-Fraktionschef Joschka Fischer, Bärbel Höhn und Mi-chael Vesper im Bonner Bundeshaus beschwört ihn der SPD-Vorsitzende: »Jetzt kommt es mehr denn je auf dich an. Kein anderer könnte der Partei besser vermitteln, warum wir die-sen Weg gehen müssen.«

Der Parteichef weiß, wie man Johannes Rau am Portepee faßt.

»Ich bin als Landesvorsitzender, als Spitzenkandidat und als Ministerpräsident bereit, die Verhandlungskommission der SPD zu führen«, erklärt er genau eine Woche nach dem

Wahlsonntag, an dem er spätabends noch alles hat hinschmeißen wollen. Allerdings hat er sich zuvor während einer Sitzung des engeren Landesvorstandes der nordrheinwestfälischen SPD in Bonn eine Zusicherung geben lassen: »Du kannst von einem Tag auf den anderen sagen: Es geht nicht mehr«, verspricht Umweltminister Matthiesen. »Keiner wird dir daraus einen Vorwurf machen.«

Mehrmals in den nächsten Wochen steht Johannes Rau kurz davor, das Versprechen einzulösen und aufzugeben. Es sind nicht nur die zähen Koalitionsverhandlungen, in denen zwölf Sozialdemokraten und acht Grüne miteinander oft knallhart aneinandergeraten, die ihn zweifeln lassen, ob eine Koalition mit den Grünen, deren »vergiftete Angebote« er im Wahlkampf »nicht einmal ignorieren wollte«, tatsächlich funktionieren kann. Mindestens genauso wie das Klima der Verhandlungen bedrücken ihn die Begleitumstände.

Vor allem der Streit über den von der Landesregierung längst genehmigten Braunkohletagebau Garzweiler II droht über die Bündnisgespräche hinaus für die Partei zu einer Zerreißprobe zu werden. Schon im Wahlkampf haben die Grünen angekündigt, das Projekt im Falle einer Regierungsbeteiligung umgehend zu stoppen.

Es geht um eine 48 Quadratkilometer große Fläche zwischen Köln, Aachen und Mönchengladbach, wo ab dem Jahr 2006 gigantische Abbaubagger im Tagebau Braunkohle brechen sollen. 7000 Menschen müssen umgesiedelt werden, damit rund 9000 Arbeitsplätze gesichert sind – für die Grünen ein ökologisch und ökonomisch unsinniges Projekt.

Aber Johannes Rau weiß, daß die Braunkohlekumpel im Rheinland nicht nur zur Stammwählerschaft der Sozialdemokraten zählen, sondern in der Industriegewerkschaft Bergbau und Energie (IGBE) zudem eine starke Lobby haben. »100 Büsche dürfen nicht wichtiger sein als 100 000 Arbeitsplätze«, hat IGBE-Vorsitzender Hans Berger, im Nebenberuf SPD-Bundestagsabgeordneter, als Parole ausgegeben und mit einem »Marsch nach Düsseldorf« gedroht, falls die neue Regierung an der Genehmigung für Garzweiler rüttele.

Gibt die Düsseldorfer SPD-Spitze dem Druck der Gewerkschafter nach, ist ein Scheitern der Koalitionsverhandlungen wahrscheinlich, rückt sie dagegen von ihrem uneingeschränkten Ja zu Garzweiler II ab, drohen ein Aufstand innerhalb der SPD und Proteste der Kumpel gegen »ihre« Partei. Aber genau das will Rau mit allen Mitteln verhindern.

Wochenlang ringen die Verhandlungsdelegationen um einen Kompromiß. »Manchmal war es wie eine Erholung, wenn die Grünen ihre Liste mit den 84 Forderungen zur Frauenpolitik rausholten und wir endlich vom Thema Garzweiler wegkamen«, erinnert sich ein Teilnehmer.

Um den Zeitdruck zu erhöhen, wird für den 2. Juli ein SPD-Sonderparteitag einberufen, der über den Koalitionsvertrag entscheiden soll. Gebe es bis dahin keine Einigung, läßt Rau die Delegationen wissen, werde er zurücktreten und das Ruder an Wolfgang Clement übergeben. Doch daran haben weder SPD noch Grüne ein Interesse. Insbesondere die Grünen argwöhnen, daß die Gespräche mit dem kühlen Staatskanzlei-Chef noch schwieriger würden.

Bislang hat die Bonner SPD-Führung die Verhandlungen ohne direkte Einflußnahme beobachtet, sich mit Absicht im Hintergrund gehalten und nur hin und wieder Ratschläge gegeben. Jetzt, wo es auf Messers Schneide steht, greifen Parteivize Oskar Lafontaine und, auf seiten der Grünen, Joschka Fischer ein. In getrennten Gesprächen machen sie ihren Delegationen klar, was auf dem Spiel steht. Es geht nicht nur um Düsseldorf, es geht um die Macht in Bonn.

Am 28. Juni, mehr als vier Wochen nach Beginn des Sitzungsmarathons, kann Johannes Rau endlich mitteilen: »Für mich zeichnet sich ein sinnvolles, auf fairer Partnerschaft beruhendes Regierungsprogramm ab. Wir sind in den allermeisten Sachfragen zu gemeinsamen Positionen gekommen.« In den langen Stunden der Verhandlungen hat er eine andere, ihm bisher fremde Lebenskultur kennengelernt und sich entschlossen, sie anzunehmen.

Trotz entgegengesetzter Interessen ist es gelungen, das brisante Thema Garzweiler II wenigstens formal mit einem Kompromiß abzuschließen. Es bleibt zwar beim genehmigten Zeitplan für den Beginn des Abbaus. Sollten sich in der Zwischenzeit jedoch neue Rahmenbedingungen einstellen, wird das Projekt nochmals überprüft, nach Lesart der Grünen der »Einstieg in den Ausstieg«.

Das Entgegenkommen danken die Sozialdemokraten ihrem neuen Partner mit eher symbolischen Zugeständnissen. So finden sich im 198 Seiten starken Koalitionsvertrag eine Frauenquote für Führungspositionen im öffentlichen Dienst, Kürzungen im Straßenbau und eine Ausländerquote für den Landesdienst.

Daß die eigentlichen Schwierigkeiten jetzt erst beginnen, macht ihm Klaus Matthiesen klar. Im niederrheinischen Frimmersdorf demonstrieren am 29. Juni 5000 aufgebrachte Bergleute gegen den Garzweiler-Kompromiß. »Der Teufel ist da los« berichtet der Umweltminister seinem Landesvater. »Johannes go home«, »Judas« und »Grün und Rot – des Bergmanns Tod« habe auf den Spruchbändern der Protestierer gestanden. Vergeblich hat er versucht, die Kumpel zu beruhigen und ihnen versichert: »Der Tagebau kommt!« Aber sie haben ihn niedergebrüllt.

»Wer hat uns verraten – Sozialdemokraten«, skandieren sie zwei Tage später vor der Hagener Stadthalle, wo sich die nordrhein-westfälische SPD zum Landesparteitag versammelt, um über das Ergebnis der Koalitionsverhandlungen abzustimmen. Als Johannes Rau sich auf dem Balkon der Halle den 6000 Demonstranten zeigt, gellen die Pfiffe der Bergleute über den Vorplatz, aus der Menge tönt es »Verräter«. Die Schmährufe aus den Kehlen der Kumpel, seiner Kumpel, treffen Johannes Rau tief. »Ich werde dafür kämpfen, daß in Garzweiler wie geplant Braunkohle abgebaut wird«, ruft er in die Menge und setzt fast flehend hinzu: »Ich habe meine ganze Lebenskraft für das Land eingesetzt und lasse das alles jetzt nicht kaputtgehen.«

Und wieder geschieht ein Mirakel, wie damals, als die

Stahlkocher aus Rheinhausen den Düsseldorfer Landtag belagerten. Die Bergleute glauben an das Versprechen des Mannes, der mit von der Anstrengung gerötetem Gesicht hoch über ihnen auf dem Balkon steht und um ihr Vertrauen, ihre Unterstützung, ihre Anerkennung kämpft, ringt, ja bettelt. Und als er am Ende mit der rhetorischen Frage schließt, ob sie etwa lieber mit »den Schwarzen zusammenarbeiten« wollten, ist die Antwort eindeutig. Er hat sie wieder einmal umarmt, fest an das sozialdemokratische Herz gedrückt.

»Glaubt denn irgend jemand«, ruft er später den Delegierten in der Halle zu, »daß ich ein Papier unterschreibe, das Wortbruch gegenüber den Bergleuten begeht?« Tosender Applaus ist die Antwort, der Vertrag mit den Grünen wird mit 309 gegen 12 Stimmen angenommen.

In die Koalition mag die SPD ihrem Landeschef folgen, bei einer wichtigen Personalie hingegen nicht. Für das Funktionieren von Rot-Grün, das wissen alle Beteiligten, ist die Besetzung des SPD-Fraktionsvorsitzes von zentraler Bedeutung. Eine Integrationsfigur muß gefunden werden, einer, der, wie sonst nur Rau das kann, die unausweichlich bevorstehenden Konflikte schlichtet und das fragile Bündnis zusammenhält.

Eigentlich hat Rau seinen alten Fahrensmann Finanzminister Schleußer gebeten, das Amt von Friedhelm Farthmann zu übernehmen, der selbst nicht mehr im Landtag ist. Doch plötzlich gibt es Widerspruch. Klaus Matthiesen, bisher Umweltminister, meldet seinen Anspruch an, die Fraktion zu führen. Wie kein zweiter hat der kantige Norddeutsche, den die Genossen in der Landtagsfraktion wegen seines oft polternden Auftretens fürchten, vor der Wahl auf die Grünen eingedroschen.

Seine an Haß grenzende Gegnerschaft gegenüber den Alternativen hat nicht nur politische, sondern auch ganz persönliche Gründe. Wären die Grünen, damals im April 1979, seinem dringenden Rat gefolgt, hätten darauf verzichtet, ausgerechnet in Schleswig-Holstein ihre ersten politischen

Gehversuche zu unternehmen und bei der Landtagswahl anzutreten, dann wäre er seinerzeit Ministerpräsident in Kiel geworden. Aber sie haben auf stur geschaltet, magere 2,4 Prozent geholt und damit um Haaresbreite eine sozialliberale Mehrheit verhindert.

Gerade 1287 Stimmen sind es, die Matthiesen und der FDP am Ende fehlen, um die CDU-Landesregierung und Ministerpräsidenten Gerhard Stoltenberg zu stürzen. Die Niederlage, einen Wimpernschlag vor dem Ziel, wegen der Sturheit des bunten Völkchens stürzt ihn in eine schwere politische und menschliche Krise. Das wird Klaus Matthiesen sein Lebtag nicht vergessen.

Auch deshalb hat er im nordrhein-westfälischen Landtagswahlkampf 1995 immer wieder gepredigt:»Rot-Grün wäre für dieses Industrieland ein großes Verhängnis. Mit uns ist das auch nicht zu machen.« Und jetzt soll er neben dem Ministerpräsidenten zum wichtigsten Garanten ausgerechnet einer solchen Koalition werden? Das gehe auf gar keinen Fall, streuen Raus Vertraute auf den Fluren des Landtags. Mit seiner ebenso undiplomatischen wie unberechenbaren Art sei Matthiesen das »personifizierte Risiko«.

Als Heinz Schleußer sich nun auch noch weigert, vom Ministerstuhl in den Fraktionsvorsitz zu wechseln, drängt Johannes Rau seinen bisherigen Verkehrsminister Franz-Josef Kniola, für das Amt zu kandidieren. Doch der Plan mißlingt, in einer Kampfabstimmung gewinnt Matthiesen klar gegen seinen Konkurrenten.»Die lange Zeit gültige Regel in der nordrhein-westfälischen SPD«, kommentiert die FAZ die Wahl,»daß keine wichtige Entscheidung ohne die Zustimmung Raus getroffen werde, gilt nicht mehr.«

Da steht er nun, einen dicken Strauß Sonnenblumen im Arm, die ihm die künftige Umweltministerin Bärbel Höhn von den Grünen überreicht hat. Das Lächeln, mit dem Johannes Rau an diesem 6. Juli 1995 kurz vor Mittag in das Rund des Düsseldorfer Landtags-Plenarsaales blickt, wirkt gequält. Zum vierten Mal haben ihn die Abgeordneten zum Ministerpräsidenten wiedergewählt. Aber nur 129 Parlamentarier mögen ihm ihre Stimme geben, drei weniger, als die rot-grüne Koalition im neuen Landtag Sitze hat.

Ein bitterer Moment für Johannes Rau, für die Sozialdemokraten aber zugleich ein bedeutsamer. Funktioniert Rot-Grün im Kernland der deutschen Wirtschaft, ist bewiesen, daß es auch auf Bundesebene geht. Scheitert das Experiment, dürfte damit klar sein, daß die SPD auch 1998 keine Chance hat, die Regierung Kohl in Bonn abzulösen.

Die ganze Tragweite des Ereignisses scheint an diesem Donnerstagvormittag in einem einzigen Augenblick zu gerinnen. Es gratuliert der neue Fraktionssprecher der Grünen, Roland Appel, dem im Amt bestätigten Ministerpräsidenten zur Wiederwahl. Im dunklen Zweireiher, die Miniatur des Bundesverdienstkreuzes im Knopfloch am linken Revers, von Kopf bis Fuß alte Schule, steht Johannes Rau kerzengerade in der ersten Reihe der SPD-Bank. Der Gratulant trägt eine mit Sternen verzierte Jeans, das braune Haar fällt als langer Zopf über ein knallrotes Jackett.

Da prallen nicht nur zwei Welten aufeinander, hier treffen sich zwei aus unterschiedlichen Generationen hervorgegangene Lebensentwürfe. Ein wenig ratlos noch, neugierig sicher, aber stumm die Frage stellend: Kann das mit uns gutgehen?

»Respekt« habe er vor denjenigen, »die diesen Weg mitgehen wollen, und denjenigen, die glauben, ihn nicht mitgehen zu können«, sagt Rau nach seiner Vereidigung. Lange hat er mit sich gerungen, für welche Seite er sich selbst entscheiden sollte.

Die »ungeheure Disziplin, mit der sich Johannes Rau in Nordrhein-Westfalen in die Pflicht genommen« hat, sei »auch ein Signal an die in sich zerstrittene SPD«, ist am nächsten Morgen in den Zeitungen des Landes zu lesen. Rudolf Scharping, der Parteivorsitzende sei durch die gelungene Regierungsbildung stabilisiert worden, schlußfolgern die Kommentatoren. Für den nordrhein-westfälischen Ministerpräsidenten, den stellvertretenden SPD-Chef, den Paterfamilias der Sozialdemokraten ist das in diesen Tagen ein Grund mehr, den schweren Weg an der Spitze einer rot-grünen Koalitionsregierung anzutreten.

Schon Anfang des Frühjahres ist in der SPD erneut eine Führungskrise ausgebrochen, verdeckt zunächst, aber von Beginn an gezielt gegen die Person und Autorität von Rudolf Scharping gerichtet.

»Ich hätt's gepackt!« Mit dieser Antwort auf die Frage, ob die SPD mit einem Kanzlerkandidaten Schröder bei der Bundestagswahl besser abgeschnitten hätte, mit diesen drei Worten, in einer Talk-Show scheinbar achtlos flapsig dahingesagt, hat der niedersächsische Ministerpräsident Gerhard Schröder eine Jagd auf den Parteivorsitzenden eröffnet, die neun Monate später letzthin zum dramatischen Wechsel an der SPD-Spitze führen wird.

Johannes Rau ahnt noch nicht, welche rasante Dynamik die Ereignisse während des Sommers gewinnen werden. Aber er macht sich ernstlich Sorgen. Zumal Oskar Lafontaine, sein Kollege im Amt des stellvertretenden Parteichefs, ihn frühzeitig davon in Kenntnis gesetzt hat, er gehe davon aus, daß »der Rudolf es nicht schafft«. Der saarländische Ministerpräsident ist der Meinung, die Ämterhäufung – SPD-Vorsitzender, Chef der Bundestagsfraktion und perspektivisch erneut Kanzlerkandidat – sei zuviel für den verschlossenen Scharping.

Rau ist anderer Meinung. Wenn die Partei nur loyal zu ihrem Vorsitzenden stehe, glaubt er, werde der die Schwierigkeiten schon meistern, seine Schwächephase überwinden und auch 1998 wieder als Kanzlerkandidat zur Verfügung stehen. Ja, wenn!

Als Scharping mit einer Forderung nach Erhöhung des Kindergeldes politisch in die Offensive geht, kündigen mehrere SPD-Länderregierungschefs energischen Widerstand gegen den Plan aus Bonn an. Nicht zu bezahlen sei das Projekt, teilen sowohl Schröder als auch seine schleswig-holsteinische Amtskollegin Heide Simonis mit. In einem Hintergrundgespräch mit Journalisten beklagt sich die Kieler Ministerpräsidentin, Scharping kapsele sich immer mehr ab, stimme Vorhaben nicht mehr parteiintern ab, ja, fügt sie hinzu, er entwickle sich zu einem »kontaktscheuen Autisten«.

»Meine Geduld ist am Ende, ich lasse es mir nicht bieten, daß einige versuchen, aus der Politik ein Kasperltheater zu machen«, keift der Bedrängte öffentlich zurück. Er will kämpfen. Auf die Frage, ob er weiter an seinem Anspruch festhalte, die SPD auch 1998 als Spitzenkandidat in die Bundestagswahl zu führen, antwortet er: »Kennen Sie einen anderen oder gar einen besseren?«

Es gehe, kommentiert die *Frankfurter Rundschau*, »hemmungslos zu: Ring frei, jeder gegen jeden, unfair und ohne Schiedsrichter«. Johannes Rau ist der einzige in der SPD, der die Autorität hätte, den Streit zu schlichten. Aber er ist ratlos. »Was ist mit Scharping los?« Diese Frage, von der *Süddeutschen Zeitung* in einer Schlagzeile gestellt, treibt ihn um. Nur, eine Antwort weiß auch er nicht.

Ein Konsens der Streithähne scheint unmöglich, zumal die Töne aus Hannover immer schriller werden. »Wer Krawall haben will, kann ihn haben«, dröhnt Schröder. Postwendende Antwort Scharpings aus Bonn: »Wenn Schröder damit nicht aufhört, wird es ein böses Erwachen geben.« Auch Oskar Lafontaine beobachtet mit zunehmendem Entsetzen, wie die Autorität des SPD-Vorsitzenden zerbröselt. Aber er kann Rau einfach nicht davon überzeugen, daß gehandelt werden muß.

Beim Sommerfest der nordrhein-westfälischen Landesvertretung im Garten des Poppelsdorfer Schlosses in Bonn zeigen sich Johannes Rau und Rudolf Scharping, einander betont freundschaftlich zugetan, den Journalisten. Um Gelassenheit und gute Laune zu demonstrieren, läßt sich der sonst eher spröde SPD-Chef zur Freude der Fotografen einen lustigen Strohhut mit bunten Bändern aufsetzen. An diesem Donnerstag hat er in der *Woche* erstmals eine offene Rücktrittsforderung gelesen: »Wann geht Scharping?« titelt Herausgeber Manfred Bissinger, ein enger Vertrauter Schröders, in seinem Blatt. »Rudolf ist der richtige Vorsitzende der

SPD«, meint Johannes Rau noch immer, »die Troika hilft ihm.«

Das ist eine krasse Fehleinschätzung. Die Troika, das Wahlkampfbündnis, das Scharping, Schröder und Lafontaine 1994 eingegangen sind, ist längst zerbrochen. Vor allem der saarländische Ministerpräsident, der nach außen hin eisern schweigt, ist überzeugt, daß die SPD zwangsläufig in eine schwere Führungskrise stolpert, falls Scharping sich nicht bereit erklärt, die Macht in der Partei zu teilen. Schröder dagegen fühlt sich von seinem Vorsitzenden als notorischer Nörgler und Querulant denunziert. Und Johannes Rau sitzt zwischen allen Stühlen.

In der Hoffnung, die inzwischen längst unkontrollierbar gewordene Personaldebatte einzudämmen, versucht er intern, Scharping zu stabilisieren. Nicht nur Führungswillen müsse er zeigen, sondern auch beweisen, daß er die Kraft zum Durchhalten habe, redet er auf den SPD-Vorsitzenden ein. Und fast flehend fügt er hinzu: »Eine neue Personaldebatte können wir uns jetzt nicht leisten.«

Auch öffentlich fordert er mehr Solidarität der Genossen: »Wenn jemand Fehler macht und Schwierigkeiten hat, dann muß man mit ihm reden. Und nicht über ihn.« Rau bittet und mahnt. Doch seine Appelle verhallen ungehört, vielleicht auch unverstanden. Der große Moderator, der Versöhner wirkt hilflos. Sprachlos steht er vor einem Konflikt, der nicht im Konsens lösbar ist. Natürlich hat er längst begriffen, daß der interne Machtkampf die SPD an den Rand des politischen Abgrundes führt. Aber was kann er tun? Schröder ins Gewissen reden?

Seit der Mitgliederbefragung 1995 haben sie nur das Nötigste miteinander geredet. Rau, glaubt der Niedersachse, habe damals dafür gesorgt, daß er nicht Nachfolger von Björn Engholm wurde. Seitdem ist das ohnehin kühle Verhältnis der beiden geradezu vereist.

Im September unternimmt Johannes Rau einen letzten Versuch, die aufeinander zurasenden Züge doch noch aufzuhalten. Gemeinsam mit Scharping reist er nach Saarbrücken zu Oskar Lafontaine, um zu beraten, wie es weitergehen soll. Der saarländische Regierungschef wiederholt seine Forderung, die Ämter des Kanzlerkandidaten, Partei- und Fraktionsvorsitzenden auf mehrere Schultern zu verteilen.

Aber Scharping hat auf stur geschaltet und ist entschlossen, es notfalls auf eine offene und öffentliche Machtprobe ankommen zu lassen. Denn, glaubt er, ehe es tatsächlich zum Schwur kommt, werden seine Gegner aus Angst vor der eigenen Courage doch klein beigeben.

»Scharping macht weiter«, erklärt Rau am 18. September nach einer Sitzung des SPD-Präsidiums den Bonner Journalisten. Das klingt nach Durchhalteparole. Und daß sie vom Parteipatriarchen persönlich ausgesprochen wird, beweist, wie ernst die Lage ist. »Verzweifelt« sei er über die mangelnde Einsichtsfähigkeit des Vorsitzenden, beklagt der sonst in Sachen Genossenseelsorge so erfolgreiche Streitschlichter in kleiner Runde.

Verzweifelt auch, weil in der engsten Parteiführung niemand mehr auf ihn hört. Gegen seinen Rat entläßt Scharping den Rivalen Schröder in einer Kurzschlußreaktion aus dem Amt des wirtschaftspolitischen Sprechers der SPD. »Bei aller Kritik gegenüber bestimmten Äußerungen Schröders, wir können auf seine Mitarbeit keinesfalls verzichten«, findet Johannes Rau.

Nachdem er sich auch noch mit seinem Bundesgeschäftsführer Günter Verheugen überworfen hat, beruft Rudolf Scharping den Rau-Vertrauten und nordrhein-westfälischen Arbeits- und Sozialminister Franz Müntefering zum neuen Parteimanager. Vielleicht werde es ihm ja gelingen, den Vorsitzenden zu entlasten oder zumindest mäßigend auf die Streithähne einzuwirken.

Als Müntefering am 11. Oktober sein Amt antritt, ist seine Eröffnungsbilanz erschreckend. Als Folge des monatelangen Streits liegt die Partei in Umfragen bei nur noch 27 Prozent, die Zahl der SPD-Mitglieder ist auf einen historischen Tiefstand von 829 000 gesunken. Wie er diesen rasanten Abwärtstrend stoppen soll, weiß auch der neue Bundesgeschäftsführer nicht. Eines steht allerdings fest: In wenigen Tagen beginnt ein Parteitag; gelingt es bei dem Delegiertentreffen im Mannheimer Kongreßzentrum nicht, den Machtkampf zu beenden, gerät die SPD in eine existentielle Krise.

Die knisternde Spannung ist mit Händen zu greifen, als die 522 Delegierten am 13. November in die Mannheimer Parteitagshalle strömen. Mit einer gehörigen Portion Wut sind die meisten SPD-Funktionäre angereist. Aber nicht nur den Zorn der Parteibasis über den Führungsstreit haben sie im Gepäck, auch die bange Frage: Wie geht es weiter?

Johannes Rau glaubt noch immer, es könne Rudolf Scharping gelingen, das Ruder herumzureißen. Mit einer starken Rede mit neuen politischen Visionen, einem mitreißenden Appell an die SPD, der aus dem deprimierten Oppositionshaufen mit einem Schlag wieder eine angriffslustige Offensivkraft werden läßt, dazu vielleicht noch die Aussöhnung mit Schröder, das alles in 60, vielleicht 90 Minuten. Der Jubel der Delegierten würde die Partei wieder emporreißen.

Aber dann steht der Vorsitzende am Rednerpult auf der viel zu großen Bühne, einsam und bleich, im grellen Scheinwerferlicht, als friere er innerlich. Die Parteitagsregie hat ihn da hingestellt, die Vorstandsmitglieder, sonst üblicherweise auf einem Podium hinter dem Rednerpult, schauen aus dem Publikum neugierig zu, wie sich ihr Chef verzweifelt und allein an seinem Kunststück auf dem politischen Hochseil versucht.

Gut 60 Minuten später haben sich die schlimmsten Befürchtungen bestätigt. Die Trapeznummer ist schiefgegangen, der Parteivorsitzende abgestürzt. Vor allem über seine Fehler spricht Rudolf Scharping in seiner letzten Rede als SPD-Chef. »Zuviel gemacht« habe er, »zuwenig bewegt«, nicht »hinter allem« mit vollem Einsatz gestanden. Aber Larmoyanz ist das letzte, was die Delegierten von ihrem Vorsitzenden jetzt hören wollen. Der Beifall, hoffnungsvoll kräftig zu Beginn, wird immer spärlicher, das Entsetzen der Genossen im Saal von Minute zu Minute größer. Als Scharping mit dem kraft- und hilflosen Appell endet, den Streit beizulegen und wieder gemeinsam nach vorn zu blicken, starren viele Funktionäre fassungslos vor sich hin.

Auch Johannes Rau weiß jetzt, daß seine Hoffnung, unter Führung dieses Vorsitzenden zu neuer Geschlossenheit zu finden, getrogen hat. Sollen sie jetzt weitermachen mit einem Vorsitzenden, der offenkundig nicht einmal selbst mehr daran glaubt, das Steuer wieder in die Hand zu bekommen? Und welche Alternative gibt es?

Die Antwort gibt Oskar Lafontaine am nächsten Tag. Als Vorsitzendem der Antragskommission kommt ihm die Aufgabe zu, den Leitantrag des Parteitages zur Außen- und Sicherheitspolitik zu begründen.

Johannes Rau sitzt in diesen Minuten in der ersten Reihe der Delegierten, neben ihm der Präsident des Deutschen Industrie- und Handelstages (DIHT), Hans-Peter Stihl, der den Parteitag als Gast verfolgt. Zur allgemeinen Lage soll Lafontaine in der Begründung des Leitantrages nur am Rande sprechen. Doch schon nach wenigen Minuten flüstert der DIHT-Chef Rau ungläubig die Frage zu: »Was der da sagt, steht das alles in diesem Antrag drin?«

Nein, steht es nicht. Mit einer echten Kampfrede peitscht Lafontaine die Delegierten auf, wettert wider die atomare Rüstung, verteidigt seine restriktive Haltung hinsichtlich der Einsätze deutscher Soldaten und Kampfflugzeuge im Ausland. Der Saal brodelt. »Es gibt noch Politikentwürfe, für die wir uns begeistern können«, ruft er am Schluß in das weite Rund, seine Lesebrille in der rechten Hand fast zerquetschend, »und wenn wir selbst begeistert sind, dann können wir auch andere begeistern.«

Das ist es! Im aufbrandenden Jubel springen die Delegierten von den Stühlen und spenden Lafontaine nicht enden wollenden Beifall. Hier legt sich eine Partei demjenigen zu Füßen, von dem sie Rettung erwartet. Wer wollte in diesem Moment glauben, daß der Abgang ihres Messias derselben

Partei drei Jahre und vier Monate später kaum mehr als ein Achselzucken wert sein wird?

Am Abend dieses 15. Novembers 1995 ist die SPD innerlich aufgewühlt wie selten in ihrer Nachkriegsgeschichte. »Wer mit mir reden will, kann kommen«, ist das einzige, was Rau in diesem Moment einfällt. In seiner Suite des Maritim-Hotels wartet er, daß Scharping, Lafontaine oder Schröder, am besten alle drei, ihn um Rat fragen, den Patriarchen bitten, Streit zu schlichten, wo es doch nichts mehr zu schlichten gibt. Als schließlich nur der deprimierte Parteivorsitzende kommt, bleibt ihm nichts anderes übrig, das Unausweichliche zu raten. »Den Oskar« müsse der SPD-Chef morgen öffentlich und ultimativ zur Kampfkandidatur herausfordern. Nur wenn die offene Führungsfrage eindeutig entschieden werde, gewinne die Partei die notwendige Klarheit. Sich offensiv für Scharping einsetzen will Rau allerdings nicht mehr, Wolfgang Clement hat ihm dringend davon abgeraten, mit einer flammenden Rede für den Vorsitzenden ins Feuer zu gehen. Zu riskant sei das, meint Clement.

Aber daß er und mit ihm seine nordrhein-westfälischen Delegierten für Scharping stimmen werden, steht für ihn außer Frage. Und damit, so glaubt er, ist die Mehrheit für den amtierenden Vorsitzenden sicher.

Das ist ein schwerer Irrtum, wie sich am nächsten Morgen herausstellt. Als der Parteivorsitzende seinen Rivalen Lafontaine vom Rednerpult aus zum Abstimmungsduell fordert, bricht im Saal Tumult aus. In dem Durcheinander versammeln sich die Delegierten, nach Landesverbänden getrennt, um über ihr Verhalten bei der bevorstehenden Abstimmung zu beraten.

Um sich in dem wilden Durcheinander überhaupt verständlich machen zu können, muß Rau zu einem Megaphon greifen. Die nordrhein-westfälische SPD wähle Scharping und stärke den Parteivorsitzenden, gibt er als Parole aus. Doch in dieser dramatischen Stunde verweigern seine getreuen Genossen die Gefolgschaft. Johannes Rau ist zutiefst erschrocken über die Ungeheuerlichkeit der Vorgänge, die für sein traditionalistisches Empfinden »jenseits aller Bräuche« sind, aber mehr noch darüber, daß sein Landesverband sich heute, zum ersten Mal, von ihm abwendet. »Wen wählst du denn?« ruft ihm einer aus den hinteren Reihen zu. Aber da hat Rau schon keine Kraft mehr, um sich noch einmal für die Rettung des SPD-Chefs in die Schlacht zu werfen.

Resigniert gibt er die Abstimmung frei und kehrt auf seinen Platz auf dem Vorstandspodium zurück. Dort, zwischen Scharping und Lafontaine sitzend, kann er nur noch abwarten. Jetzt kann er nichts mehr tun, als zuzusehen, wie die Partei in Minutenschnelle ihre Satzung ändert, um dann ihren Vorsitzenden stürzen zu können.

Um 10.53 Uhr ist klar, daß nicht nur Scharping, sondern auch Johannes Rau verloren hat: 321 Stimmen für Oskar Lafontaine, nur 190 für Rudolf Scharping. Versteinert sitzt er dort oben, während sich Sieger und Verlierer vor seinen Augen die Hand schütteln, so, als wisse er nicht recht, ob er tatsächlich aufstehen und dieser Wahl seinen Segen erteilen soll.

Schwerfällig erhebt er sich dann doch von seinem Stuhl, gratuliert dem strahlenden Lafontaine, tröstet den vor sich hin starrenden Scharping. Um Jahre gealtert, schaut Rau in diesem Augenblick drein. Grau, mit traurigen und müden Augen blickt er in den Saal, als verstehe er nicht, was passiert ist. Wie ein »hilfloser Stammesältester« habe er agiert, notiert die FAZ.

Nein, nachvollziehen könne er das Geschehen von Mannheim bis heute nicht, gesteht er noch Jahre später. Er kann nicht begreifen, daß seine Instrumente der Konfliktbewältigung versagt haben. Und daß ihn die Delegierten anschließend bei der Wiederwahl zum Parteivize mit blamablen 78,7 Prozent obendrein noch für seine Solidarität mit dem Parteivorsitzenden abgestraft haben, versteht er auch nicht.

»Auf diesem Parteitag liegt kein Segen«, kommentiert ein erfahrener Bonner Zeitungskorrespondent das Wahlergebnis. Daß diese Einschätzung letztlich zutreffend ist, stellt sich im Frühjahr 1999 heraus, plötzlich und abrupt.

»Der lange Abschied« oder »Herbst des Patriarchen« lauten die Überschriften, unter denen das Leiden des Johannes Rau in Mannheim in den Medien kommentiert wird. Die SPD habe ihr politisches Widerlager verloren, als sie ihren Vorsitzenden gegen den Rat des Übervaters abgewählt habe, heißt es. Außerdem gehe es ab jetzt nur noch um die Frage, wann er sich vollständig aus der Politik zurückziehe. Ein alter Mann, der erleben muß, wie Jüngere lustvoll zerwerfen, was er mühevoll gekittet hat.

Aber Johannes Rau will sich nicht unterkriegen lassen. Sollen sie doch schreiben, er stehe vor einem politischen Scherbenhaufen, sollen sie ihm übelnehmen, daß er bis zuletzt an Rudolf Scharping festgehalten hat. Schließlich hat er aus Loyalität gegenüber dem amtierenden Parteivorsitzenden gehandelt, aus Solidarität, die, hätten andere sie in gleichem Maße geübt, die SPD vor einer schweren Krise bewahrt hätte.

Schlimmer als die Analysen der Zeitungskommentatoren ist für ihn, daß sich auch im heimatlichen SPD-Landesverband Zweifel regen, ob er noch der richtige Regierungs- und Parteichef ist. Jetzt muß er handeln, ehe aus dem leisen Nachdenken heraus laut die Frage gestellt wird: Wie lange noch, Johannes?

Nicht einmal eine Woche nach dem Debakel von Mannheim legt in Düsseldorf der als Bundesgeschäftsführer in die Bonner SPD-Zentrale gewechselte Franz Müntefering sein Amt als Arbeits- und Sozialminister nieder. Um Handlungsfähigkeit zu demonstrieren, stellt Rau mit dem Vorsitzenden des SPD-Bezirks Ostwestfalen-Lippe, Axel Horstmann, noch am gleichen Tag den Nachfolger vor. Und als Landesgeschäftsführer Ernst-Martin Walsken öffentlich ankündigt, Rau wolle um seine Ämter kämpfen, teilt er pikiert mit, er gedenke um sein Amt nicht zu kämpfen, sondern es auszufüllen.

Nicht zurückblicken, lautet seine Devise, nicht auf den

heftigen Streit in der Partei, nicht auf die dramatischen Ereignisse von Mannheim, den bis dato einmaligen Sturz eines Vorsitzenden. Es gibt keine Verlierer, sondern nur Gewinner. Einen kurzen Moment des Schreckens heißt es innehalten, dann trottet die Karawane weiter.

Und doch haben die Tage von Mannheim etwas verändert, für die SPD, aber vor allem für Johannes Rau. Der Optimismus, den Oskar Lafontaine mit seinem furiosen Auftritt neu entfacht hat, wird die Sozialdemokraten knapp drei Jahre später zwar ins Kanzleramt tragen. Aber Rau, ihr einstiger Paterfamilias, er, zu dem sie alle kamen, wenn es etwas zu schlichten gab, ist abgetreten. Er kehrt zurück ins Glied, enttäuscht, angeschlagen, jedoch mit der Hoffnung, daß ihn die neuen Mächtigen der Partei nicht vergessen werden, sollten sie eines Tages in Bonn regieren.

# KAPITEL 8

# Düsseldorfer Kabale: Garzweiler, Grüne und garstige Genossen

»Nicht zufällig haben die Grünen im Industrie- und Arbeiterland Nordrhein-Westfalen – und da vor allem im Ruhrgebiet – nur wenig Chancen. Menschen, die ihr Geld seit Generationen in Bergwerken und Fabriken verdienen, wissen genau, warum sie sich ihren Blick für die wahren gesellschaftlichen Verhältnisse nicht durch vorgeschobene Menschheitsfragen trüben lassen.«

Als Johannes Rau diese Zeilen 1982 für eine Monographie über die Grünen schreibt, ist die Welt des zwei Jahre zuvor mit absoluter Mehrheit gewählten Ministerpräsidenten noch in Ordnung. Nur mühsam findet Rau nach dem Mannheimer Parteitag wieder zu seinem inneren Gleichgewicht zurück. Nicht nur bei ihm haben Landtagswahl, die nervenzehrenden Koalitionsverhandlungen mit den ungeliebten Grünen und das Parteiführungsdebakel tiefe Spuren hinterlassen. In den nordrhein-westfälischen Ortsvereinen der SPD registriert man mit wachsendem Unbehagen, wie der Landesvater zunehmend an Autorität einbüßt. In der Tat wird dem Regierungschef Rau im Herbst 1995 kein gutes Zeugnis ausgestellt. Da kritisiert die *FAZ*, Rau verstehe es nicht mehr wie früher, der Kitt zwischen den unterschiedlichen Erwartungen in der Partei gegenüber der rot-grünen

Regierung zu sein. Sein verzweifelter Spagat zwischen konservativen, pragmatischen und rot-grün beseelten Sozialdemokraten sei gescheitert.

Rau kommen solche Berichte über Machterosion und Autoritätsverfall herzlich ungelegen. In solchen Situationen, weiß der alte Fuchs, sind klare Signale vonnöten, die Führungsstärke beweisen.

Eine wichtige Personalentscheidung steht schon wenige Tage nach Mannheim an, nachdem Arbeitsminister Franz Müntefering als Geschäftsführer in die Baracke wechselt. Vor der Fraktion in Düsseldorf macht er es dann richtig spannend. Nach einem wortreichen Vortrag über die Geschehnisse auf dem Parteitag verkündet er im letzten Satz: »Ich habe Axel Horstmann gebeten, die Funktion von Franz Müntefering zu übernehmen.« Niemand hat so schnell mit einer Entscheidung gerechnet, denn erst im Sommer hatte Rau quälend lange gebraucht, um drei Regierungspräsidenten zu benennen. Kein Zögern und Zaudern mehr, Rau meldet sich wieder offensiv zurück.

Im April 1996 will er sich der Wiederwahl als Landesvorsitzender stellen. Bis dahin darf aus einzelnen Zweiflern keine breite Front von innerparteilichen Gegnern geworden sein. Präsenz zeigen ist das Gebot der Stunde: Rau meldet sich um die Jahreswende in den Parteibezirken an und besucht deren Vorstandssitzungen. Nicht, daß er etwas Spektakuläres zu verkünden hätte. Aber die Gegenwart des Landesvorsitzenden läßt die Kritiker aus der zweiten und dritten Reihe verstummen.

Dafür brodelt es erneut in der fragilen Koalition. Rau-Intimus Finanzminister Schleußer hat bei der Besetzung des Verwaltungsrates der WestLB zwar den CDU-Oppositionsführer Helmut Linssen bedacht, den Koalitionspartner jedoch übergangen. Die Grünen berufen sich daraufhin empört auf eine mündliche Absprache mit der SPD, doch Schleußer mag sich daran nicht erinnern. Liegt es am Kandidaten, den die Grünen präsentieren? Manfred Busch haben die Sozis nicht in guter Erinnerung. Busch hat in der zurückliegenden Legislaturperiode als Oppositionspolitiker Minister Schleußer in einem Korruptionsuntersuchungsausschuß fast zum Rücktritt getrieben. Zudem finden sich in der 27köpfigen Runde des Verwaltungsrates mit Clement, Gewerkschafts- und Wirtschaftsvertretern, Landes- und Stadtdirektoren durchweg honorige Persönlichkeiten, die die Finanzierung komplexer Projekte in NRW verabreden. Da wünscht sich Schleußer offenbar eher schwarze Mitstreiter als grüne Unsicherheitsfaktoren. Der Juniorpartner der SPD erfährt erst aus Pressemitteilungen der WestLB, daß der erlauchte Kreis sich mit den neuen Mitgliedern Matthiesen und Linssen geschlossen hat. »Ein gezielter Affront!« poltert Grünen-Fraktionssprecher Roland Appel. – »Postenschacher!« gibt Matthiesen postwendend zurück. »Fast ein halbes Jahr nach Abschluß des Koalitionsvertrages hat sich die 15 Jahre allein regierende SPD noch nicht daran gewöhnt, Rücksicht auf einen Partner nehmen zu müssen«, ist in der *Woche* zu lesen.

Die nachdenklichen Stimmen in der grünen Partei mehren sich. Denn fast wöchentlich testen die sozialdemokratischen Grünen-Gegner Matthiesen und Schleußer die Leidensfähigkeit des Koalitionspartners. Da streitet der Finanzminister die Existenz einer grünen Wunschliste ab, die angeblich im Koalitionsvertrag enthalten sei und Projekte von etwa 600 Millionen Mark umfasse. Als sich die »Koalitionsgegner« endlich auf einen Kompromiß geeinigt haben, verfügt Schleußer kurzerhand eine Haushaltssperre, die eine 30prozentige Kappung aller nicht gesetzlich gebundenen Haushaltsposten vorsieht. Die Grünen schauen wieder in die Röhre. Andererseits werden sozialdemokratische Vorhaben wie die finanzielle Förderung von Meisterlehrgängen oder Straßenbau ohne Abstriche weitergeführt. »Es ist viel böser Wille am Werk«, befindet der Grünen-Landtagsabgeordnete Stefan Bajohr, der selbst früher der SPD angehört hat.

Rau hält sich bei diesem Dauerzwist erstaunlich zurück. Zu sehr ist er während des Jahreswechsels damit beschäftigt, seine eigene Position in der Partei zu stabilisieren. Und abseits der alltäglichen Regierungsarbeit füllt sich sein Kalender immer häufiger mit repräsentativen und solchen Terminen, wo er der Bevölkerung nah sein kann. Rau braucht Bestätigung und das Geliebtwerden wie der Motor den Kraftstoff. Beim »Schnuppern im Volk«, wie der 64jährige diesen Vorgang manchmal bezeichnet, wird ihm noch Verehrung zuteil, die Demoskopie ermittelt stets einen Spitzenplatz für den Landesvater.

Ob es die Eröffnung eines neuen Elefantenhauses im Zoo seiner Heimatstadt Wuppertal ist oder eine Predigt vor niederrheinischem Christenvolk in einer Kirche zu Mönchengladbach: Freude, Respekt und ehrlicher Beifall sind ihm gewiß. Doch selbst wenn er in seinem Element ist, scheint er dem Erfolg nicht mehr ganz zu trauen. Nach der Predigt, beobachtet die *Welt*, habe sich der Ministerpräsident in der Sakristei hastig eine Zigarette angezündet und zum Erstaunen der Anwesenden gefragt: »Wie war ich?«

Während sich viele Menschen mit 65 Jahren auf ein bißchen Ruhe nach einem arbeitsreichen Leben freuen, kann Johannes Rau solche Aussicht nicht locken. »Die Vollendung des 65. Lebensjahres ist ein Ereignis, das allenfalls die Reichsversicherungsordnung heiligt«, spottet der Jubilar, als ihm zu Ehren in der Wuppertaler Stadthalle, einem Prunkbau der Neurenaissance, in Anwesenheit von gut 1800 Gästen gefeiert wird. Sehr zum Gefallen Raus wird auf Grußworte und Ansprachen völlig verzichtet. Fast zwangsläufig wäre dann über vergangene Verdienste gesprochen worden, und über die Zukunftsperspektiven.

Dafür besorgen die Medien den Nachruf. »Johannes Rau weht ein scharfer Wind entgegen«, titelt das *Wiesbadener Tageblatt* und zieht Parallelen zu den Umständen des Regierungswechsels von 1978, als Rau die Kühn-Nachfolge angetreten hat. Andere wiederum blicken nach vorne und stellen fest, daß durchaus noch einiges zu tun ist für den Versöhner. Die *taz* sieht Rau noch lange nicht im Ruhestand, da er die rot-grüne Regierung zu stabilisieren habe. »Rau ist der Garant für unsere Koalition«, wird Bauminister Vesper zitiert, der sich in dieser Einschätzung einig weiß mit der grünen Führungsriege.

Zwar trägt das rot-grüne Haus architektonisch unverkennbar die Handschrift von Wolfgang Clement, der mit dem kühlen Charme eines Politmanagers seinerzeit in den Koalitionsverhandlungen das Gaspedal getreten hat. Dem fragilen Gebäude verleiht aber Rau erst die nötige Stabilität. Und kein Sozialdemokrat an Rhein und Ruhr würde in dieser diffizilen Übergangsphase, wo die Bonner Oppositionsblicke auf dem »Laborversuch« in Düsseldorf ruhen, einem anderen als Rau ernsthaft die Kommandobrücke zutrauen.

Trotz größter Vorbehalte will Rau den Erfolg dieser Koalition, wenn auch nicht um des politischen Experimentes willen. Er steht bei den Bonner Genossen in der Pflicht, außerdem kann er als erfolgreicher Regierungschef nach den erniedrigenden Schlappen des Vorjahres unter Beweis stellen, wie wichtig seine oft so geringgeschätzten Qualitäten als Moderator sind.

Rau entgeht allerdings auch nicht, daß die Ambitionen seiner beiden politischen Ziehsöhne, Wolfgang Clement und Klaus Matthiesen, dem Wuppertaler im Amte des Ministerpräsidenten zu folgen, seit dem Verlust der absoluten Mehrheit eher zugenommen haben. Franz Müntefering, dem viele den Regierungsjob zutrauen, ist zwar als Bundesgeschäftsführer vornehmlich in Bonn aktiv. Der stets umsichtig handelnde Sauerländer hat aber sein Landtagsmandat behalten, spätere Rückkehr nicht ausgeschlossen.

Clement und Matthiesen haben, um ihre Ausgangspositionen im Rennen um die Staatskanzlei zu verbessern, gewichtige Positionen übernommen: Clement als »Superminister« mit Herrschergewalt über Wirtschaft und Verkehr, Matthiesen als Fraktionschef. Wie Rau selbst sind sowohl der wegen seiner Sturheit bekannte Westfale Clement wie auch der zu cholerischen Ausbrüchen neigende Norddeutsche Matthiesen bekennende Grünen-Gegner. Einem der beiden das rot-grüne Projekt anzuvertrauen hieße wohl, das baldige Scheitern einzukalkulieren, ist Rau überzeugt. Clement und Matthiesen gefallen sich in ihrem Selbstverständnis als Macher, Rau präsentiert sich lieber als Moderator. Und der, weiß Rau, ist jetzt unverzichtbar.

Keine Experimente, denken sich die Delegierten, als sie sich am 2. März 1996 in Duisburg zum Landesparteitag zusammenfinden. Rau wird mit eindrucksvoller Mehrheit von 291 Stimmen im Amt des Vorsitzenden bestätigt. Auch Clement kann sich über einen Karrieresprung freuen. Gemeinsam mit Schulministerin Gabriele Behler, wenn auch mit besserem Ergebnis, rückt er zum stellvertretenden Landesvorsitzenden auf. Damit ist das Gleichgewicht der Chancen unter den Nachfolgekandidaten zugunsten des Technokraten Clement verändert.

Konkurrent Matthiesen indes muß zwei Monate später eine empfindliche Niederlage einstecken, als er den Vorsitz im mitgliederstärksten SPD-Bezirk Deutschlands, Westliches Westfalen, anstrebt. Unmittelbar nachdem Rau von den Plänen seines Fraktionschefs erfährt, nimmt er Kontakt zu Müntefering auf. »Du mußt kandidieren«, fordert er den Bundesgeschäftsführer auf, als der sich mit dem Hinweis, Bonner Amt und Chef des Bezirksverbandes gehe nicht zusammen, kneifen will. Müntefering fügt sich, kandidiert und wird Bezirksvorsitzender.

Ein offenes Geheimnis, daß der Landesvater da seine Finger im Spiel hat. Rau hat seinem scheidenden Arbeitsminister 1995 mit auf den Weg gegeben: »Franz, wir hoffen auf eine Rückkehr. Bei dir weiß man, im Unterschied zu anderen, woran man ist.«

Matthiesen ist tief getroffen. Mit Argwohn und zunehmender Verbitterung beobachtet er seit 1989, wie Wolfgang Clement in der Gunst Raus stetig gewachsen, wie zwischen beiden eine Vater-Sohn-Beziehung entstanden ist. Die Vertraulichkeit ist so weit gediehen, daß Clement, Frau Karin und die fünf Töchter sogar mit Familie Rau Urlaub machen. Und nach Raus vergeblichem Versuch, Matthiesen als Fraktionsvorsitzenden zu verhindern, nun diese Aktion, um ihm als Kandidaten für den Bezirksvorsitzendenposten das Wasser abzugraben.

Nach der Sommerpause zieht Matthiesen in der Nachfolgediskussion die Konsequenzen. Am 27. August teilt er in der *Westdeutschen Rundschau* lapidar mit, daß er nicht beabsichtige, Ministerpräsident von Nordrhein-Westfalen zu werden. »Ich bin Fraktionsvorsitzender und beabsichtige, im November erneut für dieses Amt zu kandidieren.« Und für den Fall, daß Rau aufhören wolle, mache er keinen Hehl aus seiner Sympathie für Clement.

Viele Kommentatoren vermuten hinter Matthiesens Schritt ein Signal an den grünen Koalitionspartner, daß nun nach der Klärung der Kandidatenfrage mit einem noch unbequemeren Duo Clement/Matthiesen zu rechnen sei. Und Konfliktstoff gibt es sowieso zuhauf. Ob es sich um Autobahnabfahrten, die Aufhebung des Nachtflugverbots am Köln/Bonner Flughafen handelt, die Sicherung der PVC-Produktion in NRW, Energie- oder Schulfragen, Rau gibt in der Koalition die Devise aus, daß jegliche Differenzen von Emissären hinter geschlossenen Türen zu debattieren seien. Und wer immer von den Sozis aufmuckt, wird von Rau zur Ordnung gerufen.

Im Düsseldorfer Kabinett ist es mittlerweile ein offenes Geheimnis, daß Rau mindestens bis zur Bundestagswahl 1998 im Amt bleiben will. Dafür spricht der besorgniserregende Zustand der Koalition, aber auch die von Rau so geschätzte Symbolik. Immerhin ist er seit 1978 Ministerpräsident. »Der Nachfolger in Düsseldorf«, kommentiert Regine Deitermann im WDR-Hörfunk, »muß also einen langen Atem haben.«

Gewiß, Wolfgang Clement besitzt Ausdauer, aber Geduld ist seine Tugend nicht. Der Wirtschaftsminister ist der Prototyp des Realpolitikers, dessen politisches Credo schlicht, für jeden nachvollziehbar und verständlich ist. Das bevölkerungsreichste Land der Bundesrepublik hat innerhalb von vier Jahren 460 000 industrielle Arbeitsplätze verloren. Die SPD müsse, um soziale Verelendung abzuwenden, günstige

Voraussetzungen für neue, wettbewerbsfähige Jobs schaffen. In Clements Weltbild ist kein Platz für Träumer und politisches »Klein-klein«, wie er es verächtlich auszudrücken pflegt. Dringend rät er seiner Partei, sich »den Realitäten zu stellen und auf knallharte ökonomische Kompetenz« zu setzen. Clement und Matthiesen haben die gleiche politische Grundierung, und wenn sie über Politiker wettern, die sich »träumend« der grundlegenden Umorientierung verweigern, so geht das zunächst gegen den grünen Koalitionspartner. Aber auch, wenn er nie namentlich Erwähnung findet, ein weiterer Adressat der schonungslosen Wahrheiten ist Johannes Rau selbst. Der Wirtschaftsminister gibt im Gespräch mit *Spiegel*-Reporter Hans-Joachim Noack Ende November 1996 zu, »daß wir ein bißchen auseinander sind«. Die Gründe liegen für Clement klar auf der Hand. Während er sich nach besten Kräften bemüht, das Profil der träge gewordenen SPD zu schärfen, die als aufgeschlossene »Problemlösungspartei« die fehlenden Arbeitsplätze herbeizuschaffen habe, zeige sich der Regierungschef angesichts der »Unruhe in der Koalition« besorgt. Dies und die Tatsache, daß er selbst schon lange nichts mehr zur »inhaltlichen Debatte« beizutragen habe, macht Rau in den Augen der beiden ehrgeizigen Ziehsöhne zur Belastung für die Landesregierung.

So sehr es Clement versteht, politische Interessen etwa gegenüber den Grünen durchzusetzen, gegenüber dem in die Jahre gekommenen Rau erweist er sich bislang als zaghaft. Er ist selbst bereits 57 Jahre alt. Er wolle »den Johannes« zwar niemals bedrängen und habe ihm das auch versichert, aber irgendwann werde er dann eben »den Schlußstrich ziehen«. Eine Drohung, die er ein halbes Jahr später konkretisieren wird.

Rau hat seine ganz eigenen Instrumente, um sich der Loyalität der Mitstreiter zu vergewissern. An einem späten Novemberabend finden sich einige enge Berater in Raus Arbeitszimmer ein, als der Chef andeutet: »Ich kann nicht mehr. Das lasse ich mir nicht bieten. Ich hau' in den Sack.« Der Auslöser: In der *NRZ* des Tages steht ein Artikel zur

»sozialen Krise in NRW«, dem sich die Frage anschließt: »Wo ist eigentlich Johannes Rau?« Zusammengesunken verfolgt der dann, wie sich die Genossen mühen, ihn wieder aufzumuntern. Und wieder einmal wagt es in der Runde niemand, das Thema Rückzug aufs Altenteil anzusprechen. Rau hat seinen Willen und fährt nach Hause. Später formuliert ein Teilnehmer des besagten Kreises unter dem Eindruck des MP-Auftritts: »Der Kerl muß weg.« Rau, der das Zitat im *Spiegel* wiederfindet, vermutet lange Zeit Bodo Hombach dahinter. Vom *Stern* darauf angesprochen, sagt er, er befasse sich nicht mit »Heckenschützen, schon gar nicht, wenn sie meilenweit danebenschießen«. Erst später erfährt er von Hombach selbst, daß es sich bei dem Urheber der Äußerung um Klaus Matthiesen gehandelt hat.

Rau besetzt nun immer häufiger präsidiale Themen, anstatt sich in die Niederungen der Landespolitik zu begeben. Während der Umgangston zwischen Rot und Grün am Kabinettstisch wegen des Dauerstreitthemas Garzweiler II schärfer wird und die Grünen eine Klage vor dem Landesverfassungsgericht in Münster vorbereiten, kalauert der Ministerpräsident nur einen Steinwurf vom Gerichtsgebäude entfernt im historischen Erbdrostenhof anläßlich seiner Berufung zum Bruder Eulenspiegel: »Man sollte nur so lange Politik machen, wie man in der Politik noch lachen kann.«

Das Lachen vergeht Rau schlagartig, als Clement von Rau-Vertrauten verdächtigt wird, Material für Presseberichte über einen baldigen Rücktritt des Ministerpräsidenten geliefert zu haben. *Bild* titelt: »Löst Müntefering Rau ab?« und gibt Spekulationen breiten Raum, wonach die Bonner SPD-Führung wohlwollend registriere, daß Rau-Freunde nicht nur erstmals ein zeitliches Limit für die Nachfolge nennen, sondern mit Franz Müntefering einen überaus akzeptierten Nachfolgekandidaten ins Gespräch bringen. Müntefering sei eher als Clement geeignet, die dauerhaft in schwerer See befindliche rot-grüne Koalition in Düsseldorf zumindest bis zur Bundestagswahl 1998 über Wasser zu halten.

Die Reaktion des Wirtschaftsministers läßt nicht lange auf sich warten. Ausgerechnet am Tag des 20. Amtsjubiläums als SPD-Landesvorsitzender wird Wolfgang Clement hinsichtlich eines Rücktrittstermins für Rau ganz konkret. »An Pfingsten, wann denn sonst?« habe das klärende Gespräch unter vier Augen stattgefunden. Dabei sei man übereingekommen, daß der Rücktritt im Frühjahr 1998 anstünde, berichtet Clement in einem Interview der *Woche*. Auf die Frage, ob der Wechsel noch vor der Bundestagswahl stattfinde, meint der Befragte spöttisch: »Sie beweisen damit eine außerordentliche Gedankenschärfe.«

»Dazu habe ich nichts zu sagen«, reagiert Rau verstimmt auf Journalistennachfragen am Tag darauf. Und er fügt vielsagend hinzu: »Ich hoffe, daß die Partei Geschlossenheit bewahrt, das Miteinander und nicht das Gegeneinander pflegt.«

Das Lager um Clement reagiert auf den Vorstoß erleichtert. »Das mußte sein«, sagt einer, »sonst hätte der Johannes nie gemerkt, daß irgendwann Schluß sein muß.« Bestürzung zeigen dagegen die Rau-Vertrauten: »Es war abgesprochen, daß Johannes selbst entscheiden kann und bis dahin alle die Klappe halten.«

Mitten hinein in die voll entbrannte Nachfolgedebatte meldet sich der nordrhein-westfälische Bundesratsminister Manfred Dammeyer mit einer weiteren Hiobsbotschaft: Die Landesregierungen Baden-Württembergs und Bayerns hätten die Bundesregierung aufgefordert, die Subventionen zur Steinkohleförderung bis zum Jahre 2005 von zehn auf zwei Milliarden Mark jährlich zu senken.

Für die Industrie an Rhein und Ruhr würde das bedeuten, daß weitere Zechen stillgelegt werden müßten und Tausende Arbeitsplätze in der Montanwirtschaft verloren gingen. In der Düsseldorfer Staatskanzlei fürchten Rau und seine Minister sogar, daß ein derartiger Beschluß aus Bonn das Ende für die Kohleförderung bedeuten würde.

Daß die jährliche Subventionierung mit Steuermilliarden langfristig zurückgeführt werden muß, weiß auch Johannes

Rau. Aber einen Kahlschlag will und kann er nich zulasssen. »Es ist an der Zeit«, wettert er, »daß Helmut Kohl, der sich gern einen Freund der Kohle nennen läßt, diese Querschüsse beendet.« Nicht ganz zu Unrecht vermutet er hinter dem Vorstoß aus Stuttgart und München auch einen parteipolitischen Hintergrund. Streikende Kohlekumpel, die gegen ihre SPD-Landesregierung auf die Straße gehen, das wäre so recht nach dem Geschmack der christlich-liberalen Regierung in Bonn.

Während Rau seine Forderung nach Einhaltung der gesetzlich festgeschriebenen Subventionszusagen einfordert, macht sich die nordrhein-westfälische CDU die Position der Bonner Parteifreunde zu eigen und verlangt, weitere Zuschüsse von Zugeständnissen der Düsseldorfer Landesregierung bei der Atommüllentsorgung abhängig zu machen.

Für Rau ist das eine gefährliche Zwickmühle. Werden Kohlekumpel und Arbeitnehmer der Atomindustrie gegeneinander ausgespielt, droht er und mit ihm die SPD zwischen die Fronten zu geraten.

Um das Problem zu lösen, vereinbaren Kanzleramt und der Chef der Industriegewerkschaft Bergbau und Energie, Hans Berger, für den 12. März ein Gespräch, bei dem über die Hohe der Zuschüsse verhandelt werden soll.

Doch darauf wollen sich die Bergleute nicht allein verlassen. Mit einer Großdemonstration in Bonn wollen sie ihren Forderungen Nachdruck verleihen und die Position ihres Gewerkschaftschefs stützen. Bereits in den frühen Morgenstunden des 12. März rollen endlose Kolonnen gecharterter Reisebusse mit Kumpeln aus ganz Nordrhein-Westfalen über die Autobahnen Richtung Bonn, aus dem Saarland rücken Kollegen zur Solidaritätskundgebung an.

Als klar ist, daß rund 13 000 wütende Bergleute rund um das Regierungsviertel aufmarschiert sind, sagt Bundeskanzler Kohl das Gespräch mit IGBE-Chef Berger ab. Dem »Druck der Straße«, läßt er mitteilen, werde sich die Bundesregierung auf keinen Fall beugen.

Nachdem die Nachricht bei den Demonstranten durchgesickert ist, droht die Situation zu eskalieren. 300 Bergleute versuchen, die Sperren entlang der Bannmeile zu durchbrechen, aus der gesamten Republik zusammengezogene Einsatzhundertschaften der Bereitschaftspolizei stehen mit Plexiglasschild und Schlagstock bereit, um Parlaments- und Regierungsgebäude zu schützen. Vereinzelt kommt es zu Rangeleien.

Schließlich springt SPD-Fraktionschef Scharping auf ein Absperrgitter und ruft den wütenden Kumpeln zu: »Ich kann euren Zorn verstehen, aber laßt euch nicht von der Regierung provozieren!« Parteichef Lafontaine gelingt es schließlich, die Stimmung in den Griff zu bekommen, indem er die Bergleute zur Besonnenheit mahnt: »Euer Gewerkschaftschef braucht jetzt eure uneingeschränkte Unterstützung.«

Der Machtkampf wird schließlich friedlich ausgetragen, der Konflikt Wochen später am Verhandlungstisch gelöst. Aber wo ist Johannes Rau gewesen?

Während in Bonn der Ausnahmezustand herrscht, ist er abgetaucht. Früher, da sind sich die Beobachter einig, wäre eine solche Kraftprobe nicht ohne den Versuch des Versöhners geblieben, zwischen den Konfliktparteien zu vermitteln.

Aber Johannes Rau hat in diesen Wochen andere Probleme – nicht nur was seine eigene Person betrifft, sondern auch mit dem Klima innerhalb des rot-grünen Regierungsbündnisses.

»Die Grünen stehen mit der Industriepolitik auf Kriegsfuß«, poltert Matthiesen in einem Interview mit der WAZ im Mai. Die Grünen haben kurz davor auf ihrem Parteitag in Borken einige Fundi-Positionen verabschiedet, die beim Seniorpartner nicht gut ankommen. »Ich sehe große Differenzen in der Verkehrspolitik, bei den neuen Industrien, in der Energiepolitik, beim Religionsunterricht«, so Matthiesen. Mit den NRW-Grünen sei kein Staat zu machen, der Chef der Bonner Grünen-Fraktion Joschka Fischer möge doch bitte »ein Zweigbüro« in Nordrhein-Westfalen errichten und die Fundis zur Räson bringen. Das beste wäre nach

Auffassung des SPD-Landesfraktionschefs, wenn sich die grüne Partei spaltete. Da hat der Grünen-Hasser wieder zugeschlagen.

Und wie so oft ist Rau gefragt. Gisela Nacken, Sprecherin der Grünen-Landtagsfraktion, beeilt sich nach dem Matthiesen-Interview, beim Landesvater Schützenhilfe gegen den spitzbärtigen Choleriker zu suchen. Die Gefahr, daß der Kreis der Befürworter von Neuwahlen innerhalb der SPD-Fraktion wachse, sei nicht von der Hand zu weisen. Ebenfalls in der *WAZ* äußert die Grünen-Politikerin ihre Überzeugung, daß Ministerpräsident Rau »das nicht mitbetreibt«. »Wir stehen zu ihm als Ministerpräsidenten, wir haben Vertrauen zu ihm«, schmust Gisela Nacken. Ihr Lob kennt keine Grenzen: »Er selbst und das, was er verkörpert, gewinnen auch bundesweit an Gewicht und Bedeutung.«

Nach den Entgleisungen Matthiesens scheint ein Bonbon für den kleinen Koalitionspartner angebracht. Bei der Frage der Herabsetzung des Wahlalters bei Kommunalwahlen von 18 auf 16 Jahre und bei der Änderung des Stimmauszählverfahrens bei Wahlen zugunsten kleinerer Parteien nutzen Rau und andere führende Mitglieder des SPD-Landesvorstands die Gelegenheit, Herzensprojekte der Grünen zu begünstigen.

Im Sommer 1997 gibt Wolfgang Clement der Nachfolgediskussion neue Nahrung. Auf dem Kölner Medienforum äußert er sich erstmals konkret zu Spekulationen über seine berufliche Zukunft. Der 57jährige erklärt gegenüber *Focus* und dem *Kölner Stadtanzeiger*, er könne sich einen Wechsel in die Kommunikationswirtschaft vorstellen. Den möglichen Zeitpunkt läßt er jedoch offen: »Jetzt nicht und heute nicht. Ich versuche, mir meine Unabhängigkeit zu erhalten und lasse mich nicht verbiegen.« Dann folgt die obligatorische Solidaritätsbekundung: Auf seine freundschaftliche Loyalität könne sich Rau jedoch verlassen.

Viel deutlicher kann man nicht drohen. Clement gibt jetzt

auch in der Nachfolgeproblematik Gas, er will das Verhalten seines Chefs und Förderers, den Zeitpunkt des Abdankens von persönlichen Zukunftsplänen abhängig zu machen, nicht mehr tolerieren. Ohnehin wundert es viele Beobachter, wie lange der kühl kalkulierende Politmanager seine Ungeduld gezügelt hat.

Zum Jahreswechsel 1997/98 redet Clement in der Landtagsfraktion erstmals Tacheles. Er erwarte, so der Wirtschaftsminister, daß Rau auf dem nächsten Landesparteitag Ende Januar 1998 in Dortmund zunächst den SPD-Vorsitz an Rhein und Ruhr an ihn weitergebe und wenig später, deutlich vor dem Ende der Legislaturperiode, den Wechsel in der Staatskanzlei vollziehe.

Die Genossen staunen nicht schlecht. Die Wortmeldung Clements muß eindeutig als Kampfansage an Rau wie auch die innerparteilichen Gegner verstanden werden. Mit einem Male sind auch Spekulationen vom Tisch, Clement könnte sich als Schattenminister für die Bundestagswahl zur Verfügung stellen. »Ein nordrhein-westfälischer Ministerpräsident ist für die SPD allemal wichtiger als ein Bonner Schattenminister«, so Clement.

Damit hat sich der Taktiker erstmals aus der Deckung gewagt. Clement geht seine Probleme stets offensiv an. Auch jetzt hat er sich durchgerungen, das Risiko zu akzeptieren, dem man als Kronprinz ausgesetzt ist. Und das ist nicht unerheblich. Schon bald wird von Komplotten berichtet, die führende Landespolitiker angeblich gegen Clement schmieden, um ihn als Ministerpräsidenten zu verhindern. Der wendet sich wieder an die Landtagsfraktion und macht sich dafür stark, »die Katzenkirmes wechselseitiger Äußerungen« zu beenden. Starker Applaus für den Bochumer, als dieser betont, sich bei der Entscheidung um die Rau-Nachfolge selbstverständlich den Parteigremien zu stellen. So wünschen sich die Genossen den Clement; kein unberechenbarer Solist, sondern freiwillig eingebunden in das Prozedere des Parteiapparates. Jetzt werden die Reihen wieder geschlossen. Rau mahnt: »Hier wird versucht, Mißtrauen in unsere Reihen zu bringen. Wenn das bei uns Platz greift, dann ist das eine tiefe Gefährdung unserer Arbeit.« Jeder wisse, daß er Clement »einmal in diesem Amt sehen möchte«, das er jetzt innehabe.

Aber wann wird das sein? In einem Interview der Pfingstausgabe der *Süddeutschen Zeitung* macht Rau unmißverständlich klar, daß das Thema Rückzug noch nicht anstehe. Auf die Frage, ob sein Rücktritt vom Zustand der Koalition abhänge, winkt Rau ab: »Nein, von mir.« – Ob es eine Bedingung gebe? »Keine Bedingung, sondern einen Wunsch. Wenn ich gehe, möchte ich gerne dankbar sein, fröhlich und auch ein bißchen stolz.«

Kurz vor Weihnachten transportiert Rau noch einmal öffentlich seine Botschaft, daß er sich ein Leben ohne Politik durchaus vorstellen könne. Mindestens gleichwertig vermittelt er in einem *Stern*-Interview aber, daß die rot-grüne Regierung in NRW seiner bedarf: »Ich tue es mir an, weil wir hier Probleme zu bewältigen haben, bei denen eine ruhige Kraft gebraucht wird. Da vertrauen mir offenbar viele Menschen.«

Auch auf dem Dortmunder Landesparteitag ist der zentrale Begriff in Raus Rede vor den Delegierten das Vertrauen. Das wird dem 67jährigen Politiker, der nun schon zum elften Mal für den Vorsitz kandidiert und auf 21 Jahre als Spitzenmann des mitgliederstärksten Landesverband zurücksieht, mit überzeugender Mehrheit von 92,5 Prozent das Vertrauen ausgesprochen. Nach den innerparteilichen Turbulenzen der letzten Monate wartet man gespannt auf das Auszählungsergebnis für Clement. Der Wirtschaftsminister wird mit 83 Prozent der Stimmen bestätigt.

Zu Gast ist der Parteivorsitzende Lafontaine, der die Delegierten auf das bevorstehende Wahljahr 1998 einschwört. Viele unter den Delegierten erwarten von dem Saarländer eine Botschaft über die politische Zukunft Raus. Mit der Diskussion um den Zeitpunkt der Ablösung des Ministerpräsidenten müsse jetzt Schluß gemacht werden, fordert Lafontaine. Und direkt an den Regierungschef gewandt:

»Über Personalfragen entscheiden wir dann, wenn sie anstehen, auch darüber, wer Roman Herzog im Amt des Bundespräsidenten folgen soll.«

# KAPITEL 9

# Auf nach Berlin

Es ist das Jahr der Entscheidung; für Johannes Rau und für die deutsche Sozialdemokratie.

Im September 1998 hat die Generation der sogenannten Enkel Willy Brandts die letzte Chance, das Vermächtnis des einstigen Vorsitzenden der SPD einzulösen. Fünf Parteivorsitzende und vier Kanzlerkandidaten haben in den sechzehn Jahren seit der »Wende« von 1982 vergeblich versucht, die Sozialdemokraten in Bonn wieder an die Macht zu bringen. Scheitert die Partei auch diesmal, da sind sich die Mitglieder der SPD-Führung einig, werden die Folgen unabsehbar sein.

Sie alle wissen, was auf dem Spiel steht: SPD-Chef Oskar Lafontaine und Niedersachsens Ministerpräsident Gerhard Schröder, die unter sich auszumachen haben, wer von ihnen als Spitzenkandidat in den Wahlkampf zieht. Und Johannes Rau, dem klar ist, daß das Ergebnis der Bundestagswahl auch darüber entscheidet, ob er am 23. Mai 1999 die Chance haben wird, doch noch Bundespräsident zu werden.

»Ich halte es nicht für ausgeschlossen, daß Rau sich noch einmal um dieses Amt bewirbt«, hat sein alter Weggefährte Diether Posser bereits im Mai 1995 spekuliert. Dementiert hat er seine Ambitionen nie, auch wenn er gegenüber Parteifreunden gelegentlich vieldeutig betont, sein »Berufsfindungsprozeß« sei »ein für allemal« abgeschlossen. Daß man ihn nicht erst überreden muß, wenn es denn eine Mehrheit in der Bundesversammlung geben sollte, daran zweifelt in der SPD-Führung niemand.

Die Ausgangslage ist vielversprechend. Roman Herzog hat schon früh angekündigt, aus persönlichen Gründen auf eine zweite Amtszeit als Bundespräsident verzichten zu wollen, ein Nachfolgekandidat aus den Reihen der Union ist zunächst nicht in Sicht.

Zudem befinden sich Christdemokraten und FDP seit Sommer 1997 in einem bedenklichen Stimmungstief, während Gerhard Schröder und Oskar Lafontaine die SPD in den Meinungsumfragen nach oben ziehen; Schröder, indem er sich medienwirksam als Vertreter eines neuen, wirtschaftsfreundlichen Politikstils in Szene setzt; Lafontaine, indem er als Garant für sozialdemokratische Werte und soziale Gerechtigkeit auftritt.

»Innovation und Gerechtigkeit« wird später der Slogan lauten, mit dem die Sozialdemokraten in den Wahlkampf ziehen. Zwei Begriffe, zwei Politikkonzepte, zwei Personen. Man müsse »die großen Strömungen zu einem Fluß zusammenleiten«, meint Johannes Rau. Wenn das gelinge, sei die Ausgangslage für die Bundestagswahl hervorragend.

Wer Kanzlerkandidat werden soll, so haben Schröder und Lafontaine vereinbart, werde erst im Frühjahr 1998 entschieden. Am 1. März ist Landtagswahl in Niedersachsen. Ein zuvor schon zum Spitzenmann gekürter Gerhard Schröder wäre im Falle einer Niederlage im eigenen Land schon vor Beginn des Bundestagswahlkampfes gescheitert. Stünde Lafontaine dagegen als Kandidat fest, brächte ein überragender Wahlsieg Schröders in Niedersachsen die SPD in den Verdacht, nur mit dem zweitbesten Mann anzutreten.

Hinter den Kulissen hat Schröder bereits seit Anfang 1997 keinen Zweifel daran gelassen, daß er sich selbst für den einzig aussichtsreichen Herausforderer von Helmut Kohl hält. Sein innerparteilicher Konkurrent ist da in einer erheblich schwierigeren Lage. Als SPD-Vorsitzender muß er sich zurückhalten. Selbst wenn er sich über das »Gedrängel« aus Niedersachsen ebenso ärgert wie über die ihm zugetragenen Schröder-Zitate. »Der Oskar« habe keine Chance, streuen der Niedersachse und seine Vertrauten, »den wählen die Leute einfach nicht«.

In der Düsseldorfer Staatskanzlei wird das kraftvolle Vorpreschen des Kollegen aus Hannover mit Argwohn verfolgt.

Geliebt wurde Schröder am Rhein noch nie. Sein forsches Auftreten, die manchmal offen zur Schau getragene Geringschätzung gegenüber der Partei und ihren Gremien, der demonstrative Machtwille, dem niedersächsischen Ministerpräsidenten haftet noch immer das Image des SPD-Rowdys an, der seine eigenen Interessen über die der ihn tragenden Sozialdemokratie stellt.

Hinzu kommt, daß Rau in Schröders Konzept der »Neuen Mitte« keine zentrale Rolle spielt. Rechtzeitig vor der Bundestagswahl müsse Wolfgang Clement in Nordrhein-Westfalen die Regierung übernehmen, wünschen sich Wahlkampfplaner in Bonn und Hannover.

Ein Signal der Erneuerung aus Nordrhein-Westfalen, so lautet das Kalkül, werde auch auf Bundesebene den Wahlkampf beflügeln, eine starke Achse Clement/Schröder verspreche einen wirtschaftsfreundlichen Kurs. Daß Schröder zudem auch noch lieber eine Frau im Amt des Bundespräsidenten sähe, vertieft die Skepsis zusätzlich.

Drei Tage vor Heiligabend besuchen Bundesgeschäftsführer Müntefering, der den Bundestagswahlkampf organisiert, Clement und Finanzminister Schleußer ihren Landesvater in seinem Haus in Wuppertal. Vorsichtig sprechen sie ihn auf die Frage an, wann ein Wechsel im Amt des Ministerpräsidenten für die SPD-Kampagne den größten Schub bringen könnte. »Ich gehe, wenn für NRW die bestmögliche Situation da ist«, hat er seinen Vertrauten immer wieder gesagt, dabei aber immer an einen Termin nach der Bundestagswahl gedacht.

Direkt nach der Landtagswahl in Niedersachsen, versu-

chen die drei Besucher Johannes Rau ihren Plan schmackhaft zu machen, könne eine Situation eintreten, die für NRW
und die SPD besonders günstig sei. Ein »interessanter Gedanke« sei das, gibt sich Rau wortkarg, er werde mit SPD-Chef
Lafontaine darüber sprechen.

»Man darf über den Tag seines Rückzuges nichts sagen«,
hat er in seinem langen politischen Leben gelernt. Sonst drohe eine Lage wie die, in die sich sein Vorgänger Heinz Kühn
1978 ohne Not hineinmanövrierte. Der hatte den Rücktritt
zu früh angekündigt, wurde ein Ministerpräsident auf
Abruf, handlungsunfähig und gezwungen zuzusehen, wie die
Nachfolger sich um das Erbe stritten.

Das, hat Rau beschlossen, wird ihm nicht passieren. »Ich
weiß ihn, meine Frau ahnt ihn«, ist seine Standardantwort
auf die Frage nach dem Termin, an dem er sein Amt nie-
derlegen will. Daß ihn seine Parteifreunde jetzt drängen wollen, die Lebensplanung den taktischen Überlegungen eines
Wahlkampfes unterzuordnen, findet er unangemessen.

Ebenso unangemessen findet er den Plan Schröders, die
Landtagswahl am 1. März quasi zu einer Volksabstimmung
über den Kanzlerkandidaten zu machen. »Wenn ich 2 Prozent oder mehr verliere, bin ich aus dem Rennen«, kündigt
der Niedersachse seit Monaten an, was im Umkehrschluß
heißen soll: Verliere ich nicht oder gewinne sogar noch hinzu, kann mich in der Partei niemand mehr aufhalten.

Die Stimmung in der SPD-Führung ist in den Wochen nach
Weihnachten zum Zerreißen gespannt. Jeder Schritt von
Lafontaine und Schröder wird in den Medien auf die Frage
hin abgeklopft, ob eine Vorentscheidung intern nicht doch
schon gefallen ist. Ebenso genau wird beobachtet, ob Johannes Rau für die eine oder andere Seite Partei ergreift.

Da listet Rau zum Beispiel beim Empfang zu seinem 67.
Geburtstag im Barmer Bahnhof in einer launigen Rede die
bevorstehenden wichtigen Wahlentscheidungen des Jahres
1998 auf und läßt dabei die Niedersachsenwahl aus. »Rau
vergißt plötzlich Schröder«, titelt die *Berliner Morgenpost*
am nächsten Tag.

Daß er aus Nordrhein-Westfalen keine aktive Unterstützung seiner ehrgeizigen Ambitionen zu erwarten hat, weiß Schröder genau. Aber wenigstens sollen sie ihm keine Knüppel zwischen die Beine werfen, verlangt er im kleinen Kreis. Denn plötzlich hat er den Eindruck, als wolle sich das SPD-Establishment wieder gegen ihn verschwören. Wie damals, im Frühjahr 1993, als vor allem die nordrhein-westfälischen Genossen verhinderten, daß er als Nachfolger des zurückgetretenen Björn Engholm Parteivorsitzender und Kanzlerkandidat wurde. »Hoffentlich behält der Gerhard die Nerven«, gibt sich Lafontaine nachdenklich. Ein offener Machtkampf, warnt er, könne die guten Wahlchancen im Herbst mit einem Schlag ruinieren.

Doch Schröders Mißtrauen ist geweckt. »Die Jungs fangen wieder an zu tricksen, vor allem der Johannes«, schwant ihm, als er am Abend des 9. Januar nach einem Treffen der Parteispitze die Bonner Saarlandvertretung verläßt. Nicht allein gute Umfragewerte reichen aus, um die Bundestagswahl zu gewinnen, haben die NRW-Genossen ihm zu verstehen gegeben, genauso wichtig sei die Frage, wie integrationsfähig der Kandidat sich für die Partei darstelle.

Auch hinter dem geplanten Verkauf des Preussag-Stahlwerkes in Salzgitter und Peine an den österreichischen VOEST-Konzern wittert Schröder Hintermänner in der Düsseldorfer Staatskanzlei. Am 8. Januar hat er durch Indiskretion von den Verkaufsplänen erfahren. Hinter Preussag, das ist ihm sofort klar, stehen die WestLB und ihr Chef Friedel Neuber, langjähriges SPD-Mitglied und Vertrauter Raus.

Eine »Riesenscheiße« sei der Coup, tobt Schröder. Wie könne man einen der größten Arbeitgeber in Niedersachsen ans Ausland verscherbeln, das Ganze keine drei Monate vor der alles entscheidenden Landtagswahl und ohne daß er ein Wort davon erfährt. »Die hätten mitten im Wahlkampf einen Clown aus Schröder gemacht, und die Arbeiter hätten ihm zu Recht Stahlbarren in die Fenster der Staatskanzlei geschmissen«, meint ein Vertrauter des niedersächsischen Ministerpräsidenten rückblickend.

Zum blitzschnellen Handeln gezwungen, veranlaßt Schröder den Kauf des Stahlwerkes durch das Land Niedersachsen. Eine schwere Belastung für seinen Wahlkampf hat er in letzter Minute abgewendet, doch sein Mißtrauen, so glaubt er, habe sich als berechtigt erwiesen. Als der »Fall« Preussag zehn Tage später im SPD-Präsidium besprochen wird, läßt sich schon nicht mehr aufklären, wer wann was gewußt hat. Eindeutig ist nur noch das Medienecho: »Was da auf offener Bühne als Politik vorgeführt wird, sind kaputte Beziehungsgeschichten«, schreibt Hans Leyendecker in der *Süddeutschen Zeitung.*

Daß er nun in der Öffentlichkeit als Auslöser der Irritationen dargestellt wird, kann Johannes Rau natürlich nicht auf sich sitzen lassen. »Wenn man mich zum Oberschurken macht«, wettert er bei einer Klausur des SPD-Parteivorstandes in Goslar mit für ihn ungewohnter Deutlichkeit, »dann frage ich mich, ob meine Arbeit noch Sinn macht.« Wenn man immer mißverstanden werde, setzt er hinzu, »wenn man das, was man da macht, unter solchen Voraussetzungen machen muß, da kann man es ja lassen«. Er habe die ständigen »Illoyalitäten und Lügen« satt.

»Verleumder und Dreckschleuderer« seien gegen ihn am Werk. Selbst Freunde hätten ihn schriftlich aufgefordert, »mit der Trickserei aufzuhören«, berichtet er. Und das ihm, dem großen Versöhner, »so was habe ich in 40 Jahren Politik für die SPD noch nicht erlebt!« Im Saal herrscht betretenes Schweigen. »Johannes hat Kante gezeigt«, meint Bundesgeschäftsführer Müntefering beeindruckt.

Die Situation ist grotesk. Während Schröder im niedersächsischen Wahlkampf, organisiert vom einstigen Rau-Intimus Bodo Hombach, eine gigantische Personality-Show abrollen läßt, verfällt die SPD in Bonn und Düsseldorf in eine verschreckte Starre. »Matte Töne aus der Herzkammer«, registrieren die Kommentatoren, als die NRW-SPD am 2. Februar in der Dortmunder Westfalenhalle ihren Landesparteitag abhält. Die SPD hält den Atem an. Und alles blickt nach Hannover.

Am 1. März ist bereits vor Schließung der Wahllokale alles entschieden. Schon am Nachmittag ruft Lafontaine bei Schröder in Hannover an und begrüßt ihn mit den Worten »Hallo, Kandidat!« Die ersten Trends der Meinungsforscher belegen unzweifelhaft, daß die SPD ihr Ergebnis nicht nur gehalten, sondern sogar noch 3,9 Prozent zugelegt hat. »Morgen ist Gerhard Schröder der Kanzlerkandidat der deutschen Sozialdemokraten«, verkündet Franz Müntefering in Bonn.

Johannes Rau hat wenige Tage zuvor per Fax die Mitteilung erhalten, daß der Spitzenkandidat entgegen der bisherigen Planung bereits am Tag nach der Wahl offiziell vorgestellt werden soll. Bis zuletzt war er davon ausgegangen, frühestens am 16. Mai werde die Entscheidung fallen, in dem Gremium, das nach der Kleiderordnung dafür zuständig sei, im SPD-Parteivorstand. Aber eine zweiwöchige Hängepartie, das haben die Planer des Bundestagswahlkampfes um Müntefering eingesehen, kann der SPD jetzt nur schaden. Sie wollen den Schwung der Niedersachsenwahl ausnutzen, um die SPD auf die Siegerstraße zu bringen. Um dabeisein zu können, sagt Rau eine lange geplante Reise nach Israel kurzfristig ab.

Die Wirkung, die Schröders Wahlsieg und die rasche Entscheidung über den Kanzlerkandidaten in der SPD, aber auch in weiten Teilen der Öffentlichkeit entfaltet, ist enorm. »Wir stehen vor atemberaubenden Veränderungen, die wir uns immer gewünscht haben«, sagt Wolfgang Clement in einer Festrede vor der Handwerkskammer Köln. Ein mehrdeutiger Satz, schließlich wartet er selbst seit Jahren auf den Wechsel an der Spitze der nordrhein-westfälischen Landesregierung. Jetzt, da ist er sich sicher, ist das Amt des Ministerpräsidenten zum Greifen nah.

An einem Samstagnachmittag im März besucht Johannes Rau SPD-Chef Oskar Lafontaine in Saarbrücken, um darüber zu beraten, wie und wann der Wechsel in Düsseldorf am besten zu organisieren ist. Dabei ahnt er wohl schon, was seine Parteifreunde Müntefering, Schleußer und Clement meinen, wenn sie wenige Tage zuvor von einer »Aktion Rückenwind für Bonn« gesprochen haben, mit der die nordrhein-westfälische SPD der Bundespartei zusätzlichen Schwung verleihen will.

Der Zeitpunkt für die Stabübergabe werde von vielen in der Partei jetzt für besonders günstig angesehen, erklärt Lafontaine seinem Gast. Ein neuer Ministerpräsident im bevölkerungsreichsten Bundesland, dazu ein enger Vertrauter von Kanzlerkandidat Schröder, das sei ein unübersehbares Aufbruchssignal.

Aber er hat noch ein anderes Argument. Schröder signalisiert inzwischen, er lasse sein Vorhaben fallen, für die Bundespräsidentenwahl im kommenden Jahr eine Frau zu nominieren. Was hindert also die Sozialdemokraten, erneut Johannes Rau aufzustellen, nun, da die Chancen für eine erfolgreiche Kandidatur ungleich größer zu werden versprechen als 1994?

Ein Rücktritt mehr als ein Jahr vor der nächsten Bundesversammlung allerdings ist riskant. Gelingt es nicht, die Popularität auch ohne öffentliches Amt zu halten, könnte die Bewerbung zu einem Vabanquespiel werden. Sollte die Union einen starken weiblichen Gegner ins Rennen schicken, könnten Delegierte beispielsweise der Grünen schwankend werden. Und allein, soviel ist sicher, wird die SPD auch nach der Bundestagswahl nicht über das Staatsoberhaupt entscheiden können.

Johannes Rau glaubt, das Risiko beherrschen zu können. »Entweder meine Lebensleistung ist so, daß ich ein tauglicher Bewerber für die Präsidentschaft bin«, vertraut er *Spiegel*-Reporter Jürgen Leinemann an, »auch wenn ich mal 15 Monate ohne öffentliches Amt war. Oder es ist alles Haschen im Wind.«

Aber insgeheim schaudert ihm doch bei dem Gedanken, plötzlich ohne Amt dazustehen, ohne das unerbittliche Diktat des Terminkalenders, der die 100-Stunden-Woche in ein Stakkato von Reden, Auftritten und Sitzungen einteilt. Was da auf ihn zukommt, hat er erst kürzlich erlebt. Nach einem

Sitzungsmarathon ist er in die Bonner Landesvertretung gegangen, um ein paar Stunden zu schlafen. Doch dann hat er dagelegen »und hatte vier Stunden nichts«: keine Akten, keine Literatur, kein Telefon. »Ich war vier Stunden mit mir völlig allein«, erzählt er, »und dann merkte ich, daß ich das nur schwer aushalte.« Aber es gibt kein Zurück mehr.

Als Rau nach dem Gespräch mit Lafontaine an diesem Samstag in seinen Dienst-Mercedes steigt, sind die Würfel gefallen. Gleich Anfang der Woche wird der Rücktritt angekündigt, hat er beschlossen. Noch während er auf der Heimfahrt nach Düsseldorf ist, informiert Lafontaine Gerhard Schröder über das Gespräch. Rau werde übermorgen seinen Rücktritt für den Frühsommer ankündigen. Beiden ist in diesem Moment klar, daß nun sie am Zuge sind. Die SPD werde Johannes Rau bei seiner Bewerbung für das Amt des Bundespräsidenten unterstützen, stellt der SPD-Chef klar. Schröder ist einverstanden.

Die Entscheidung zum Rücktritt ist spät gefallen, fast zu spät. Als Rau an diesem Samstagabend in Düsseldorf eintrifft, laufen bereits die Vorabmeldungen der *Bild am Sonntag* über den Ticker. Mit Bernhard Kasperek und Friedhelm Farthmann fordern erstmals zwei prominente Landespolitiker offen den Rücktritt ihres Ministerpräsidenten.

»Rau muß wissen, daß er durch sein Ausharren im Amt die Wahlchancen für die SPD schmälert«, läßt sich Farthmann zitieren. Und Kasperek findet: »Das Gespann Schröder für Bonn, Clement für Düsseldorf ist ein Gebot der Vernunft.«

Ein selbstbestimmter Rücktritt, die freie Entscheidung, wann es soweit ist, so hat sich Rau seinen Abgang immer vorgestellt. Aber dann hat er den Tag immer wieder hinausgezögert, gezaudert, das Thema vertagt. Und jetzt nehmen ihm andere das Heft aus der Hand.

»Ich habe auch Fehler gemacht und die Nachfolgediskussion vielleicht selber zu früh angestoßen oder jedenfalls laufen lassen«, räumt er später ein. »Da ich in der Frage meiner Nachfolge in der Sache und der Person nie unsicher gewesen bin, habe ich das vielleicht etwas zu dilatorisch behandelt.«

Am 16. März sickern tagsüber erste Gerüchte über die bevorstehende Ankündigung des nordrhein-westfälischen Ministerpräsidenten durch. Für den Abend ist der geschäftsführende SPD-Landesvorstand in die Bonner NRW-Vertretung einberufen, die Parteizentrale an der Ollenhauerstraße hat Journalisten schon am Vortag diskret darauf hingewiesen, sich »die nächsten Tage besser nichts vorzunehmen«.

»Er weiß, daß es Zeit ist, selbst in Würde zu gehen«, hat Heribert Prantl in der *Süddeutschen Zeitung* geschrieben. Und dann steht Johannes Rau an diesem Abend am Zaun vor der nordrhein-westfälischen Landesvertretung des Kanzleramts vis-à-vis, wo die Fernsehleute ihre Kameras schon am späten Nachmittag aufgebaut haben. Daß die TV-Teams Bescheid wissen, noch ehe er den Genossen seinen Entschluß mitteilt, hat er aufmerksam registriert. Eigentlich will er in diesem Moment gar nichts sagen, sondern am nächsten Vormittag zuerst die Fraktion in Düsseldorf informieren. Aber dann überredet Heinz Schleußer ihn doch, zu einem kurzen Pressestatement in die naßkalte Nacht hinauszutreten.

Bleich sieht er aus, als er in das gleißende Licht der Scheinwerfer blinzelt. »Ich bin ein Stück weit erleichtert«, sagt Rau und fügt hinzu: »Ich kann mit einem gewissen Stolz dankbar und fröhlich zurückblicken.« Noch vor der Sommerpause werde er gehen und das Amt des Regierungschefs in die Hände von Wolfgang Clement legen. Den SPD-Landesvorsitz solle Franz Müntefering übernehmen. Mit Würde will er abtreten, nach fast zwanzig Jahren als Ministerpräsident. Auch wenn ihm seine Partei es ihm nicht gönnt, das runde Dienstjubiläum noch im Amt zu feiern.

»Wir hätten uns einen anderen Abgang gewünscht«, seufzt am nächsten Morgen in der Landtagsfraktion mancher SPD-Abgeordnete, als Rau seinen Entschluß erläutert. Selbst gestandene Genossen haben Tränen in den Augen, und insgeheim glauben viele, daß Bundeskanzler Kohl mit seinem ersten Kommentar zum Amtswechsel in Düsseldorf vielleicht doch nicht ganz unrecht gehabt hat. »Rau ist nicht zurückgetreten«, hat Kohl süffisant bemerkt, »er ist zurückgetreten worden.«

Hinzu kommt, daß es auch in der SPD-Führung Zweifel gibt, ob es Clement tatsächlich gelingen wird, das fragile rot-grüne Bündnis über die Runden zu bringen. Mit seiner ruhigen Art hat Johannes Rau schon in den ersten Monaten manche gefährliche Klippe umschifft. Und er hat gezeigt, daß es manchmal besser ist, abzuwarten, Entscheidungen reifen zu lassen, anstatt mit Druck durchzusetzen. Clement, der Politmanager, ist da ein anderes Kaliber, ungeduldiger, schneller, härter. Auch Johannes Rau mag sich in diesen Tagen die Frage stellen, ob das gutgehen wird.

Aus gutem Grund, denn er hat diskret sondiert, ob der Nachfolger bei der Wahl zum Ministerpräsidenten denn alle Stimmen der Koalition hinter sich bringen kann. Immerhin muß Clement gegenüber seinen ungeliebten Grünen-Partnern schon das Thema Neuwahlen ins Gespräch bringen, um der Fraktion den Ernst der Lage vor Augen zu halten. Ein glücklicher Start ist das nicht. Als am 27. Mai im Düsseldorfer Landtag abgestimmt wird, fehlen Rot-Grün acht Stimmen. Nur 124 der 132 Abgeordneten der Regierungsparteien haben dem neuen Ministerpräsidenten ihre Stimme gegeben.

Für Johannes Rau sind dies die Tage des Abschieds, melancholisch nachdenklich, nicht ganz ohne Groll. Er nimmt Abschied von seiner Partei, die er fast 21 Jahre als Landesvorsitzender angeführt, und vom Amt des Landesvaters, welches er bald zwei Jahrzehnte ausgefüllt hat. »Danke, Johannes«, lautet der Titel eines Erinnerungsbuches, das die Genossen ihrem scheidenden Chef am 23. Mai auf einem Sonderparteitag überreichen, der unter dem gleichen Motto steht.

Die Zeitenwende für Nordrhein-Westfalen ist fast mit Händen greifbar. Ein letztes Mal streichelt der Menschenfischer liebevoll seine Partei, spricht mit launigem Unterton zu den 300 Delegierten in der Düsseldorfer Stadthalle, als sitze man gemütlich beim Bier zusammen. Noch einmal die alten Sprüche, daß den Genossen warm ums Herz wird. Der zum Beispiel von der Politik und den Erdnüssen: »Nimmt man eine, dann hört man nicht mehr auf, bevor die Schale leer ist.«

»Glück auf für unser Land, dem ich gerne gedient habe«, sagt er zum Schluß mit bewegter Stimme. Als der Jubel nicht enden will, kehrt er noch einmal ans Rednerpult zurück und ruft: »Schreibt mir doch mal!« Der Applaus endet nach langen, wohltuenden zwölf Minuten.

Als Wolfgang Clement am nächsten Tag in seiner Antrittsrede als künftiger Ministerpräsident die betriebswirtschaftlichen Daten des Landes referiert, bleibt der Beifall der Delegierten spärlich. Bei der Nominierung zum Ministerpräsidentenkandidaten erhält er 89,7 Prozent, deutlich weniger als Franz Müntefering, der es bei der Wahl zum neuen Landeschef auf traumhafte 99,7 Prozent bringt.

»Ich gehe in Pension, aber nicht in den Ruhestand«, witzelt Rau in diesen Tagen häufig, »ich will weder Golf spielen noch Briefmarken sammeln.« Er will Bundespräsident werden.

In seinem Grußwort hat Gerhard Schröder in Düsseldorf klargestellt, daß er Johannes Rau bei seinen Ambitionen unterstützen wird: »Wir haben miteinander noch viel vor, und, wenn die Menschen zustimmen, liegt noch viel vor uns.«

Auf der Zuschauertribüne des Plenarsaales im Düsseldorfer Landtag, dort, wo alle »Meinungskundgebungen« sonst per Hausordnung strikt untersagt sind, gibt es stehende Ovationen, als Johannes Rau fünf Tage später sein Amt als Ministerpräsident des Landes Nordrhein-Westfalen niederlegt. Seinem Nachfolger Wolfgang Clement gibt er eine unmißverständliche, in ein Zitat des französischen Schriftstellers André Gide gekleidete Mahnung mit auf den schwierigen Weg: »Vertraue denen, die die Wahrheit suchen, mißtraue denen, die sie gefunden haben.«

Als schlage er den Rat seines Vorgängers bewußt in den Wind, kündigt Clement unmittelbar nach seiner Wahl zum neuen Regierungschef eine Verkleinerung des Kabinetts an. »Da ruht keen Sejen drup«, schwant es einem gestandenen Kölner Sozialdemokraten angesichts solch offen zur Schau getragenen Aktionismus.

Und wirklich wird wenige Monate später das Landesverfassungsgericht die Zusammenlegung von Innen- und Justizressort für rechtswidrig erklären und die Regierung zwingen, ihre Entscheidung zurückzunehmen. Damit noch nicht genug, tritt Clements Kandidat für das widerwillig reaktivierte Justizministerium, sein alter Freund und Ex-Chef des Fußballclubs Borussia Dortmund, Reinhard Rauball, noch vor Amtsantritt wieder zurück.

Auf Rau warten nun die letzten Reden und Empfänge, das große Auf-Wiedersehen-Sagen, dann ist endlich Zeit zum Durchatmen. Für den Bundestagswahlkampf hat er sich noch einmal ein Mammutprogramm vorgenommen. Kaum ein anderes Mitglied der Parteiführung tritt so oft auf Kundgebungen auf, um für den Regierungswechsel in Bonn zu werben. Aber schließlich geht es ja nicht nur um einen neuen Mann für das Kanzleramt, sondern auch darum, ob die Wahl am 27. September die Mehrheitsverhältnisse in der Bundesversammlung zugunsten der Sozialdemokraten verändert.

Die SPD-Kampagne läuft auf vollen Touren, der Ruf »Kohl muß weg« fegt durch Kundgebungshallen und über die Marktplätze. Nichts, so scheint es, kann Kanzlerkandidat Schröder stoppen, und nichts kann verhindern, daß Johannes Rau am 23. Mai 1999 zum Bundespräsidenten gewählt wird. Oder doch?

Am 9. Juli kursieren plötzlich Gerüchte im Bonner Regierungsviertel, daß Bundespräsident Herzog unter bestimmten Bedingungen bereit sei, entgegen allen bisherigen Erklärungen 1999 doch zur Wiederwahl anzutreten. Einen Tag später werden die leitenden Mitarbeiter des Präsidialamtes in der Morgenbesprechung darüber informiert, daß Herzog seine Entscheidung im Lichte des Bundestagswahlergebnisses noch einmal überdenken wolle.

Der überraschende Vorstoß mitten im Wahlkampf bringt die SPD in eine verzwickte Lage. Immerhin würden, Umfragen zufolge, fast 80 Prozent der Bundesbürger eine Wiederwahl befürworten. Trete Herzog noch einmal an, wäre eine einmütige Unterstützung für Rau kaum zu organisieren, zumal auch viele Sozialdemokraten dem amtierenden Präsidenten hohen Respekt für seine Arbeit zollen.

Aber was steckt hinter Herzogs überraschendem Meinungswechsel? »Kohl hat ihn bearbeitet, noch einmal anzutreten, um den Weg in eine Große Koalition nach der Bundestagswahl zu ebnen, falls es für eine Neuauflage des schwarz-gelben Bündnisses nicht reichen sollte«, mutmaßen die Strategen in der Bonner SPD-Wahlkampfzentrale. Besondere Brisanz gewinnt der Vorstoß, weil Kanzlerkandidat Schröder insgeheim, entgegen dem öffentlichen Eintreten der SPD für Rot-Grün, auf ein Wahlergebnis hofft, das ihn zum Kanzler eines Bündnisses mit der Union macht, und Herzog zudem auch noch überaus schätzt.

Doch in der Hektik des Wahlkampfes verpuffen die Avancen der Christdemokraten genauso schnell, wie sie in der aufgeheizten Bonner Atmosphäre dieses Sommers zum Thema geworden sind. Vor der Bundestagswahl werde er sich zur Frage der Wiederwahl nicht mehr äußern, erklärt Herzog, wenige Tage nachdem sich die Medien begierig auf die neue Personalspekulation geworfen haben.

Der Bundespräsident habe sich nur Gedanken gemacht, wird hinterher gestreut, was passiere, wenn die Wahl kein eindeutiges Ergebnis bringen würde. Die Möglichkeit einer SPD-Minderheitsregierung, damit in Zusammenhang stehende schwerwiegende verfassungsrechtliche Fragen und angesichts der unsicheren Lage eine Übereinkunft der großen Parteien, ihn um Weiterführung seines Amtes zu bitten: nur unter diesen Voraussetzungen sei eine erneute Kandidatur denkbar gewesen.

Am 27. September um 18 Uhr sind alle Spekulationen beendet.

Strahlend steht Gerhard Schröder auf einer Bühne vor der

SPD-Zentrale, wo 3000 Parteianhänger den Wahlsieg bejubeln, und reckt beide Arme zum Victory-Zeichen in den Abendhimmel.

Nach sechzehn Jahren auf den unbequemen Oppositionsbänken haben die Sozialdemokraten die Regierungsmacht zurückgewonnen. Während Schröder mit seinen engsten Freunden im Friesenkeller der Bonner Niedersachsenvertretung den Sieg begießt, zeigen die Hochrechnungen immer deutlicher eine klare Mehrheit für Rot-Grün. Der Vorsprung ist so groß, daß der künftige Kanzler seine Hoffnungen auf eine Große Koalition begraben muß.

Für Johannes Rau bedeutet das Ergebnis, daß die Mehrheit in der Bundesversammlung gesichert ist, seiner Wahl zum Bundespräsidenten steht eigentlich nichts mehr entgegen.

Eigentlich. Obwohl es jetzt für die SPD jede Menge Posten und Ämter zu verteilen gibt, muß Schröder in der Personalpolitik Fingerspitzengefühl beweisen. Frauen und Männer, Ost- und Westdeutsche, Nord und Süd, linker Parteiflügel und rechter – jede Gruppe meldet ihre Ansprüche an. Und auch der künftige grüne Koalitionspartner will möglichst viele Positionen besetzen.

Das ungeschriebene Gesetz der Quotierung gilt insbesondere für die Spitzenämter. Soll Rau also Bundespräsident werden, muß der nächsthöhere zu vergebende Posten, der des Parlamentspräsidenten, an eine weibliche Bewerberin gehen.

Schon wenige Tage nach der Wahl melden die SPD-Frauen, angeführt von der Arbeitsgemeinschaft Sozialdemokratischer Frauen, ihre Ansprüche an. »Eine Frau statt Rau«, lautet ihre Forderung. Alternativ könne aber auch die zum linken Parteiflügel zählende Abgeordnete Christel Hanewinkel Bundestagspräsidentin werden.

»Rau wird Bundespräsident, weil ich es durchsetzen werde«, dekretiert Parteichef Oskar Lafontaine und fügt zur Begründung hinzu: »Es gibt Absprachen, die eingehalten werden müssen.« Das Ganze sei keine Frage von innerparteilicher Demokratie, sondern eine Frage der Führung. »Ein Wort bricht man nicht ohne Not«, meint auch der noch amtierende Fraktionsvorsitzende Rudolf Scharping.

Schröder, der bereits ahnt, daß die Aufstellung eines ausgewogenen Personaltableaus ein schwieriges Unternehmen werden wird, äußert sich da zurückhaltender zu Raus Ambitionen: »Wenn er will, dann wird er es.«

Johannes Rau selbst verfolgt die öffentliche Diskussion um seine Person mit zunehmender Mißbilligung. »Ich habe nie eine Zusage erbeten und auch nie eine bekommen«, sagt er zu immer neuen Medienberichten, er habe die Unterstützung bei der Präsidentschaftskampagne zur Bedingung für den Rücktritt als Ministerpräsident gemacht.

Mitten in die Debatte hinein platzt die Nachricht, Scharping habe den stellvertretenden Parteivorsitzenden Wolfgang Thierse als neuen Bundestagspräsidenten vorgeschlagen. Für Lafontaine, mehr noch aber für Rau wird die Lage nun noch komplizierter. Zwei Männer an der Spitze des Staates, das kann bei der Bundespräsidentenwahl wichtige Stimmen von enttäuschten weiblichen Delegierten aus den eigenen Reihen kosten. Parteichef Lafontaine sieht sich zudem bei seinem Vorhaben hintergangen, die Ämter erst nach Abschluß der Koalitionsverhandlungen mit den Grünen zu verteilen. Denn noch steht nicht fest, wie viele Posten der neue Bündnispartner für sich beanspruchen wird.

Es ist eine groteske Situation. Wenige Tage nach ihrem sensationellen Wahlsieg steckt die SPD in einer handfesten Führungskrise.

Als Scharping dann auch noch ankündigt, er wolle nach der Regierungsbildung auf jeden Fall Vorsitzender der Bundestagsfraktion bleiben, bricht der Streit offen aus. Eine Personalpolitik »wie im Selbstbedienungsladen« sei das, wettert Lafontaine, mit »gezinkten Karten« werde da gespielt. Denn in seinem Konzept ist Scharping als Verteidigungsminister vorgesehen, die Abgeordnete Hanewinkel als Bundestagspräsidentin. Aber der amtierende Fraktionschef will nicht weichen. Wenn Lafontaine, so argumentiert er, sich das Recht nehme, selbst zu entscheiden, ob er Finanzminister werden wolle oder die Bundestagsfraktion übernehme, dann habe er das gleiche Recht, auf seinem Posten zu beharren, zumal eine große Mehrheit der Abgeordneten dies wünsche.

Eine Woche lang erhöhen beide, unterstützt von ihnen wohlgesonnenen Medien, den Druck gegeneinander. Dann greift Lafontaine zum letzten Mittel. Wenn Scharping nicht weiche, werde er selbst in der Fraktion zur Kampfabstimmung antreten. Mit Unterstützung des künftigen Kanzlers werde er klar gewinnen, das Ende der politischen Karriere seines Vorgängers als SPD-Chef wäre damit besiegelt. Im letzten Moment findet sich eine Lösung. Rudolf Scharping stimmt zu, das Verteidigungsressort zu übernehmen, Peter Struck wird Fraktionsvorsitzender und Lafontaine Finanzminister.

In einem Punkt kann sich Scharping allerdings dennoch durchsetzen. Wolfgang Thierse wird Bundestagspräsident, eine Entscheidung, die die SPD-Kampagne für die Wahl von Johannes Rau zum Staatsoberhaupt schwer belasten kann.

Vielleicht ist es kein Zufall, daß sich jetzt, wenige Wochen nach der Bundestagswahl, in den Medien Berichte häufen, die den Sinn der geplanten Rau-Wahl grundsätzlich in Zweifel ziehen. Als Gegenleistung in einem »Tauschgeschäft« habe Rau die Unterstützung der SPD eingehandelt. Er profitiere von »der Feigheit der SPD-Führung, ihm offen zu sagen, daß er im Wege steht«, schreibt Hans-Ulrich Jörges in der *Woche*, »Selbstverliebtheit« werfen ihm *Süddeutsche Zeitung* und *Stern* vor.

Der *Spiegel* entfacht eine regelrechte Kampagne. Rau sei schwer krank, läßt das Hamburger Magazin seine Leser wissen, gegenüber engen Freunden habe er zugegeben, daß in seinem Körper eine »Zeitbombe« ticke. »Warum ausgerechnet Rau, ein Fossil der Welt von gestern?« fragt das Blatt und zitiert als Höhepunkt ungenannte »enttäuschte Rau-Freunde«, die sich über dessen »zunehmendes Gesabber« beklagen.

Johannes Rau selbst ist entsetzt über das »Mobbing«, mit

dem gegen ihn agitiert wird. Während er in seinem Haus auf Spiekeroog Briefe an Vertraute in seinen Laptop tippt, kommen ihm Zweifel, ob er unter diesen Umständen überhaupt antreten soll.

»Aber dann hat meine Frau gesagt: ›Jetzt kommt es knüppeldick, jetzt müssen wir es erst recht machen‹«, erzählt er.

Um den Gerüchten über seine angeblich angeschlagene Gesundheit den Boden zu entziehen, geht er in die Offensive und äußert sich öffentlich zu diesem doch sehr privaten Thema. »Ich bin fit, ich fühle mich gesund«, läßt er via *Bild am Sonntag* verbreiten. Was seine Gegner hinterhältig als »Zeitbombe« bezeichneten, sei nichts anderes als ein vergleichsweise harmloses Aneurysma, eine Aussackung der Bauchschlagader, die von den Ärzten als keineswegs bedrohlich angesehen werde.

Im Koalitionsvertrag der rot-grünen Bundesregierung ist festgeschrieben, daß die SPD allein über den Kandidaten für das Amt des Bundespräsidenten entscheiden kann, die offizielle Nominierung wird für den SPD-Sonderparteitag am 25. Oktober 1998 in Bonn ins Auge gefaßt.

Doch Gerhard Schröder ist da anderer Meinung. Zwei Tage später steht im Bundestag seine Wahl zum Kanzler an, die wichtigste Abstimmung seiner politischen Karriere will er sich nicht durch fehlende Stimmen aus den eigenen Reihen verhageln lassen. Die SPD-Frauen hätten »Hummeln im Hintern«, glaubt er. Die Nominierung Raus zwei Tage vorher könne gerade bei den »Damen vom linken Flügel« zu enttäuschten Reaktionen führen.

Als am 2. November 1998 im SPD-Parteivorstand schließlich geheim über den Präsidentschaftsbewerber abgestimmt wird, läßt Oskar Lafontaine weiße Zettel verteilen. Jedes Mitglied soll den Namen draufschreiben – die Handschrift verrät mehr über den Urheber als ein bloßes Kreuzchen. Schließlich bleiben nur vier Blätter leer, die übrigen knapp 40 Mitglieder des Gremiums schreiben den Namen Johannes Rau. Nun ist es also beschlossen, einmütig zwar, einstimmig allerdings nicht.

Der Kandidat tue so, schreibt Rudolf Augstein im *Spiegel*, »als sei das ganz und gar nicht sein Herzenswunsch, vielmehr eine Art Dienstpflicht. Den Ruf, den gibt es zwar, doch nicht von außen. Seine eigene Windmaschine hat ihn erzeugt.« Solche Kommentare tun weh!

Um wieviel angenehmer ist es da, im Ausland bereits wie ein Staatsoberhaupt empfangen zu werden. »Beim nächsten Treffen sind wir Kollegen«, scherzt Israels Präsident Ezer Weizman, als Rau Anfang Dezember zum 36. Mal das Heilige Land besucht. Und in Gaza, dem Sitz der palästinensischen Regierung, feiern sie ihn schon als »Rais alamanyi«, als Präsidenten der Deutschen. Obwohl zur gleichen Zeit auch Roman Herzog durch Israel reist, darf Johannes Rau gemeinsam mit Palästinenserchef Jassir Arafat den neuen Flughafen von Gaza, ein Symbol der angestrebten Unabhängigkeit, eröffnen. Hand in Hand mit dem greisen Arafat schreitet er eine Ehrenformation der Streitkräfte ab, er, der noch Mitte der siebziger Jahre Willy Brandt gedroht hatte: »Wenn du dich noch einmal mit Arafat fotografieren läßt, trete ich aus der SPD aus.«

Zurück in Deutschland muß Johannes Rau feststellen, daß seine SPD, und mit ihr die neue Bundesregierung, mehr und mehr ins Schußfeld der Medien gerät. Auslöser ist eine Serie politischer Pannen, die sich eingeschlichen haben, weil die rot-grüne Koalition sich müht, so schnell wie möglich die im Wahlkampf versprochenen Reformen ins Werk zu setzen.

Da wird eine Neuregelung der sogenannten geringfügigen Beschäftigungsverhältnisse auf den Weg gebracht, die noch vor Inkrafttreten mehrmals verändert werden muß, im Streit um den Ausstieg aus der Kernenergie geht fast der Grünen-Bundesumweltminister verloren, die zum Jahresbeginn 1999 angekündigte Einführung einer Öko-Steuer zur Absenkung der Sozialabgaben muß um drei Monate verschoben werden. Das alles sind »Akzente eines Fehlstarts«, wie auch Rau zugeben muß. Zu allem Überfluß sorgt der neue Bundeskanzler persönlich für Irritationen. Auch in der SPD-Führung gibt es kopfschüttelndes Unverständnis, als in zwei Illustrierten Modefotos erscheinen, auf denen Gerhard Schröder in teuren italienischen Anzügen posiert.

Schon die obligatorische 100-Tage-Bilanz, mit der die Medien die Arbeit der neuen Regierung bewerten, fällt verheerend aus, und Besserung ist nicht in Sicht, was Johannes Rau mit besonderer Sorge erfüllt. Sorgen bereitet ihm auch, daß Finanzminister und SPD-Chef Oskar Lafontaine immer mehr zum Buhmann der rot-grünen Koalition wird. Ein »Experiment, das auch schiefgehen kann« sei die Verknüpfung des Regierungsamtes mit dem Parteivorsitz, hat der Saarländer nach Dienstantritt im Finanzministerium verkündet. Mitte Februar, fünf Monate nach dem triumphalen Sieg bei der Bundestagswahl, spürt Johannes Rau, daß es wahrscheinlich schiefgehen wird.

Am 4. März treffen sich die beiden in der nordrhein-westfälischen Landesvertretung in Bonn zu einem Gespräch unter vier Augen und fahren anschließend zu einem gemeinsamen Termin nach Köln. Dort angekommen, zieht Rau den neuen saarländischen Ministerpräsidenten Reinhard Klimmt beiseite und fragt besorgt: »Was ist denn mit dem Oskar los?«

Eine Woche später bekommt er die Antwort. Am Donnerstagnachmittag, es ist der 11. März 1999, teilt das Bundespresseamt um 17.27 Uhr lapidar mit: Oskar Lafontaine tritt als Bundesfinanzminister und SPD-Vorsitzender zurück, legt auch sein Mandat als Bundestagsabgeordneter nieder. So wie er 1995 in der SPD an die Macht gekommen ist, so geht er, mit einem gigantischen Paukenschlag!

Wie die anderen Spitzengenossen trifft auch Rau der Rücktritt völlig überraschend. Natürlich, sie haben alle gewußt, daß Lafontaine mit seinem Amt unzufrieden war, auch, daß er für politische Fehler in Haftung genommen wurde, die andere Regierungsmitglieder zu verantworten haben. Und daß aus dem Kanzleramt gegen den Finanzminister gestichelt wurde, haben sie zumindest geahnt.

Das »Mannschaftsspiel« habe nicht gestimmt, erläutert Lafontaine drei Tage nach seinem überstürzten Abgang in einer kurzen Erklärung. Ansonsten keine Begründung, keine Statements, nichts. Der totale Rückzug ins Privatleben von einem Tag zum anderen. Johannes Rau ist der einzige, der in diesen Tagen telefonisch Kontakt zu Oskar Lafontaine hält, sogar Kanzler Schröder erreicht in Saarbrücken nur den Anrufbeantworter.

»Das hättest du so nicht gemacht«, sagt Christina Rau ihrem Mann, als sie die sensationelle Nachricht erfährt. Natürlich nicht! Ein Pflichtmensch wie er läuft nicht davon, zieht sich nicht zurück, solange es noch Probleme gibt, die gelöst werden wollen.

Und doch kann Johannes Rau vielleicht als einziger wirklich nachvollziehen, was seinen Parteifreund Lafontaine getrieben hat, so abrupt alles hinzuschmeißen. Das gemeinsam durchlebte Attentat vom 27. April 1990, die im Bundestagswahlkampf 1987 gemachte Erfahrung, von den eigenen Leuten im Stich gelassen worden zu sein, wenn einer in den Märztagen 1999 mit Lafontaine fühlt, dann ist es Johannes Rau.

»Teneo, quia teneor« – ich halte stand, weil ich gehalten werde – lautet eine der vielen Lebensweisheiten Raus. Oskar Lafontaine hat am Ende keiner seiner Kabinettskollegen mehr gehalten, und daraus hat er die Konsequenzen gezogen. »Ich bin überzeugt«, ist sich Rau noch Ende 1998 sicher gewesen, »daß Oskar Lafontaine und Gerhard Schröder ihre gute und freundschaftliche Arbeitsteilung weiterführen werden.« Gute drei Monate später ist es aus.

Am Montagnachmittag, es ist der 14. März 1999, steht Johannes Rau gemeinsam mit Bundeskanzler Gerhard Schröder nach der Sitzung des Parteivorstandes vor der Bonner Presse, erklärt bleich und mit düsterer Miene, er bedaure den Rücktritt des Parteivorsitzenden, und bittet inständig darum, über Motive und Hintergründe nicht zu spekulieren.

Erinnerungen werden wach an den 3. Mai 1993, jenen Montag, als er vor der Bundespressekonferenz das politische Ende von Björn Engholm über sich und die Partei ergehen lassen mußte. Und wie damals haben sie ihn auch diesmal gefragt, ob er bis zur Wahl eines neuen SPD-Chefs kommissarisch die Führung übernehmen wolle. Aber diesmal hat er abgelehnt. Kanzler Schröder, das hat die engste Parteispitze noch am Abend des Rücktritts beschlossen, soll neuer Vorsitzender werden. Die Nachfolge ist also geklärt, ein Moderator des Überganges wird nicht gebraucht.

Es ist ein politisches Paradoxon. Nun wird Gerhard Schröder, dessen kompromißlosem Drang zur Macht Johannes Rau lange Jahr hindurch mißtraut hat, Vorsitzender der SPD. Und er selbst, dem der Kanzler in der Vergangenheit mehr als einmal unterstellt hat, seine Ambitionen zu hintertreiben, soll mit dessen Unterstützung Bundespräsident werden.

Eine »stärkere Integrations- als Profilierungsleistung« müsse der neue SPD-Chef vollbringen, formuliert Rau diplomatisch auf die Frage, was die deutsche Sozialdemokratie von ihrem neuen Vorsitzenden erwartet. Im Klartext heißt das wohl, daß die Partei sich einen Chef wünscht, der Politik nicht nur pragmatisch managt wie ein Großunternehmen, sondern der auch die sozialdemokratische Seele zu wärmen weiß. Einen, der sich nicht als prominentes Polit-Model der Schickeria versteht, sondern weiß, daß sein Platz an der Basis ist.

In solchen Momenten ist Johannes Rau noch immer die Vaterfigur der SPD, der Warner und Mahner. Vor allem wenn es um sein Verständnis von Begriffen wie Solidarität und Loyalität geht. Wenn er sich in diesen Tagen öffentlich äußert, dann verleiht das der Aussage besonderes Gewicht. Denn eigentlich ist er längst damit beschäftigt, die für einen Präsidentschaftskandidaten üblichen Präliminarien über sich ergehen zu lassen.

Zu den üblichen Gepflogenheiten gehört auch, sich bei den Fraktionen des Deutschen Bundestages vorzustellen. Während die sozialdemokratischen Abgeordneten ihren »Johannes« mit warmem Beifall empfangen, ist die Aufnahme bei der Unionsfraktion kühl.

Nach langem Suchen haben CDU und CSU sich auf einen eigenen Personalvorschlag für das höchste Amt im Staate verständigt. Eine Frau, möglichst aus den neuen Bundesländern muß es sein, haben die Unionsstrategen beschlossen, um gegen den populären Rau zumindest eine Außenseiterchance zu haben.

»Eine attraktive Frau und Quereinsteigerin« müsse gefunden werden, findet Ex-Arbeitsminister Norbert Blüm. Eine »wie Anne-Sophie Mutter«, meint CDU-Generalsekretärin Angela Merkel. Die weltberühmte Geigerin allerdings ist laut Grundgesetz mit gerade 35 Jahren noch gar nicht wählbar. Schließlich ventiliert die CDU-Führung bei der ehemaligen DDR-Bürgerrechtlerin Bärbel Bohley, jedoch ohne Erfolg.

Weil auch die bayerischen Christsozialen ein Wort mitzureden haben, wird schließlich abgewartet, bis Anfang 1999 der Wechsel an der Parteispitze von Theo Waigel zu Ministerpräsident Edmund Stoiber vollzogen ist. Dann, am 24. Januar, präsentieren die Schwesterparteien ihre Bewerberin: Dagmar Schipanski, die 55jährige, als Kernphysikerin hoch angesehene Rektorin der Universität im thüringischen Illmenau.

Der überparteiliche Umgang der Kandidaten untereinander verbietet es, sich negativ über Konkurrenten zu äußern. Auch Johannes Rau hält sich daran. Aber ganz kann er es sich denn doch nicht verkneifen.

»Entscheidend ist«, stichelt er, »wer die Erfahrung mitbringt und die Begabung, das Amt auszufüllen.« Ein dezenter Hinweis auf die Tatsache, daß seine Mitbewerberin Schipanski als parteilose Physik-Professorin naturgemäß keinerlei politische Erfahrung mitbringt. Auch »Herkunft und Geschlecht sollten keine Rolle spielen«, fügt er hinzu. Soll heißen, die Auswahl darf nicht durch eine Quotierung, zum Beispiel der bewußten Entscheidung für eine Frau aus den neuen Ländern, beeinflußt werden.

Aber allzu viel Aufmerksamkeit schenkt er seiner Konkurrentin nicht, schließlich deuten die Mehrheitsverhältnisse in der Bundesversammlung darauf hin, daß Johannes Rau gute Chancen hat, bereits im ersten Wahlgang mit absoluter Mehrheit der 1338 Delegierten im Berliner Reichstag gewählt zu werden. Nur 19 Stimmen fehlen Sozialdemokraten und Grünen, um den Präsidenten aus eigener Kraft zu bestimmen.

Aus diesem Grund widmet sich Rau Anfang Februar einem Treffen mit den 54 Wahlmännern und -frauen der FDP mit besonderer Aufmerksamkeit. Im Gegensatz zu 1994 haben die Liberalen diesmal keinen eigenen Bewerber benannt und statt dessen die Kandidaten von SPD und Union zu Gesprächen eingeladen, um möglichst eine einheitliche Linie für die Abstimmung festzulegen.

»Rau hat eine erstklassige Bewerbung abgegeben«, meint ein Führungsmitglied der Freien Demokraten nach der Begegnung. Daß Parteichef Wolfgang Gerhardt seine Parteifreunde geradezu beschwört, einheitlich für die Unionskandidatin Schipanski zu votieren, werde, so glauben Rau-Mitarbeiter, nichts daran ändern können, daß zwei Dutzend FDP-Delegierte den Sozialdemokraten bereits im ersten Durchgang über die Hürde tragen werden.

So werden sie also am 23. Mai ins gerade umgebaute Reichstagsgebäude einziehen, die Abgeordneten aus Bund und Ländern, dazu die Prominenten aus Sport, Kultur und Wirtschaft. Unter der gläsernen Kuppel des Plenarsaales werden sie das neue Staatsoberhaupt wählen. Und diesmal wird Johannes Rau keine Trostrede an die SPD-Delegierten für den Fall dabeihaben, daß es nicht klappt.

Geht das gut? Ein Bundespräsident, in der zweiten Hälfte des siebten Lebensjahrzehnts, einem Alter, von dem der zwei Jahre jüngere scheidende Amtsinhaber Roman Herzog augenzwinkernd sagt, da werde der Mensch »nicht mehr unbedingt noch gescheiter«.

»Ich bin nicht älter als die bisherigen Bundespräsidentenkandidaten«, meint Rau zur Diskussion über die Frage, ob er nicht doch schon zu alt für das Amt sei. Ob jemand gesundheitlich dazu in der Lage sei, könne man nur selbst beantworten, sagt er und fügt hinzu: »Ich fühle mich fit.«

Daß die Präsidentschaft sein Lebenstraum sei, dagegen widerspricht er heftig. Eine »schöne, hoffentlich erfüllende Aufgabe« sei das Amt schon, das immer schon angestrebte Ziel seines politischen Lebens dagegen nicht.

Vielleicht stimmt es ja wirklich, daß jeder Abschnitt der bundesdeutschen Geschichte sich in der Person des Bundespräsidenten widerspiegelt. Während der Amtszeit von Heuß und Lübke kehrte Deutschland in die Gemeinschaft zivilisierter Staaten zurück und erlebte den Aufstieg zur Wirtschaftsmacht. Mit dem Namen Heinemann verbindet sich der gesellschaftliche Aufbruch nach der Adenauer-Ära, mit Scheel und Carstens der Höhepunkt und Niedergang der sozialliberalen Koalition in Bonn. Richard von Weizsäcker verkörperte das Gewissen einer Republik, die sich zu ihrer Geschichte bekennt und mit der staatlichen Einigung ihre Zukunft gewinnt. Und über Roman Herzog wird vielleicht später nachzulesen sein, er habe die Gesellschaft aufgerüttelt und für die Probleme des 21. Jahrhunderts sensibilisiert.

Und Johannes Rau? Immer wieder hat er an sein großes politisches Vorbild Gustav Heinemann erinnert. Als Mitglied der Kommission, die 1968 in den Reihen der SPD nach einem Präsidentschaftskandidaten Ausschau hielt und Heinemann schließlich nominierte, hat Rau geschrieben: »Der Kandidat muß in ganz besonderer Weise in der Lage sein, den Konflikt zwischen Gruppen und Generationen im Volk auszugleichen.«

Ein Anspruch, der heute genauso aktuell klingt wie vor 31 Jahren.

# PERSONENREGISTER

Adenauer, Konrad 31 ff., 36, 105, 267
Albrecht, Ernst 109
Appel, Roland 216, 229
Arafat, Jassir 261
Adorno, Theodor W. 62
Arendt, Walter 84
Arnold, Thea 31, 33
Augstein, Rudolf 261
Axen, Hermann 169 f.

Bäumer, Hans-Otto 66 f., 83, 109, 129, 196 f.
Bahr, Egon 170
Bajohr, Stefan 229
Barschel, Uwe 127, 141, 146
Barth, Karl 14, 54, 61
Bebel, August 97
Behler, Gabriele 232
Beitz, Berthold 168
Berger, Hans 211, 237
Berov, Ljuben 162
Bessel, Ernst 66
Bicker, Anna 12
Biedenkopf, Kurt 91, 160, 194, 203
Bismarck, Klaus von 82
Bissinger, Manfred 218
Blaeser, Cläre 74
Blüm, Norbert 121, 129, 139, 203, 205, 265
Blumhardt, Christoph 57
Bodensteiner, Hans 40
Bölling, Klaus 112
Börner, Holger 90
Böwing, Werner 44
Bogler, Franz 37
Bohley, Bärbel 265
Brahm, Roland 189 f.
Brandt, Rut 168
Brandt, Willy 47, 71 f., 82, 84, 87 f., 93 ff., 97, 99 ff., 103 f., 112 f., 116, 119 ff., 136, 139 f., 158, 191, 206, 243, 261

Brecht, Bertolt 9
Brolesch, Christoph E. 144
Bruckschen, Manfred 127 f.
Brüggemann, Wolfgang 78
Brunner, Peter 21
Bubis, Ignatz 159, 164
Busch, Manfred 228

Carstens, Karl 267
Clement, Wolfgang 107, 110, 113, 116, 118, 121 f., 133, 161, 201, 209, 212, 223, 229, 231 ff., 235 ff., 239 ff., 245, 249 ff., 253 ff.
Cohn-Bendit, Daniel 69
Cromme, Gerhard 125 ff.

Dammeyer, Manfred 236
Däubler-Gmelin, Herta 151
Deitermann, Regine 233
Delius, Christina (siehe Rau, Christina)
Dobbert, Alfred 44 f., 47
Dörr, Karl 10
Dutschke, Gretchen 70
Dutschke, Hosea Che 69 f.
Dutschke, Rudi 69 ff.

Ehlers, Hermann Dr. 26, 55 f.
Eichendorff, Joseph Freiherr von 23
Einert, Günter 144, 201 f.
Ellers, Elias 52
Engelhardt-Schwaferts, Freia 42
Engels, Friedrich 11, 53, 66
Engholm, Björn 93, 118, 123, 141, 146 ff., 151, 153, 157, 161, 219, 247, 263
Eppler, Erhard 38, 57 f., 113, 116, 198
Erler, Fritz 40
Ewers, Martin 137

Falkenroth, Arnold 41
Farthmann, Friedhelm 83 ff.,

FERDINAND OPLL
FRIEDRICH BARBAROSSA

# GESTALTEN DES MITTELALTERS UND DER RENAISSANCE

Herausgegeben von
PETER HERDE

FERDINAND OPLL

# FRIEDRICH BARBAROSSA

WISSENSCHAFTLICHE BUCHGESELLSCHAFT
DARMSTADT

Die Deutsche Bibliothek – CIP-Einheitsaufnahme

**Opll, Ferdinand:**
Friedrich Barbarossa / Ferdinand Opll. – 2., unveränd.
Aufl. – Darmstadt: Wiss. Buchges., 1994
(Gestalten des Mittelalters und der Renaissance)
ISBN 3-534-04131-3

Bestellnummer 04131-3

Das Werk ist in allen seinen Teilen urheberrechtlich geschützt.
Jede Verwertung ist ohne Zustimmung des Verlages unzulässig.
Das gilt insbesondere für Vervielfältigungen,
Übersetzungen, Mikroverfilmungen und die Einspeicherung in
und Verarbeitung durch elektronische Systeme.

2., unveränderte Auflage 1994
© 1990 by Wissenschaftliche Buchgesellschaft, Darmstadt
Gedruckt auf säure- und holzfreiem Bilderdruckpapier
Satz: Satzrechenzentrum Elda GmbH, Darmstadt
Druck und Einband: Wissenschaftliche Buchgesellschaft, Darmstadt
Printed in Germany
Schrift: Times, 9.5/11

ISSN 0944-7504
ISBN 3-534-04131-3

# INHALT

VI  Inhalt

## VORWORT DES REIHENHERAUSGEBERS

Mit dem vorliegenden Band wird eine Reihe von Monographien über bedeutende Gestalten des Mittelalters und der Renaissance, Männer und Frauen sowohl des politischen als auch des kulturellen Lebens im weitesten Sinne, eröffnet. Die Autoren werden dabei ein Resümee der Forschung ziehen, aber auch eigene Forschungen einbringen. Trotz der Notwendigkeit, dem Umfang der Arbeiten gewisse Grenzen zu setzen, werden alle Bände den für den wissenschaftlichen Gebrauch unerläßlichen Anmerkungsapparat und Verzeichnisse von Quellen und Literatur aufweisen. Die Monographien wenden sich somit als weiterführende Synthese einmal an die Fachwelt, nicht zuletzt auch an Studierende; sie sollen aber ebenfalls, wie es guten Traditionen der Geschichtswissenschaft entspricht, ein weiteres gebildetes und historisch interessiertes Publikum ansprechen. Auf Klarheit der Darstellung und der sprachlichen Gestaltung wird daher besonderes Gewicht gelegt. Die ersten Bände werden vornehmlich herausragenden Herrschergestalten der deutschen und europäischen Geschichte gewidmet sein; später werden ausgewählte Gestalten des geistigen Lebens hinzutreten. Daß Biographien von Persönlichkeiten weit zurückliegender Jahrhunderte angesichts der Quellenlage selten, wenn überhaupt, in Bereiche eindringen können, wie wir es von Biographien von Persönlichkeiten der jüngeren Geschichte gewohnt sind, braucht nicht besonders betont zu werden. Das handelnde Subjekt muß hier viel stärker in eine Darstellung der allgemeinen Geschichte seiner Umwelt eingebettet werden. Daß dabei eine gute 'erzählende Darstellung' in der Terminologie Droysens seit jeher in hohem Maße Analyse und Interpretation, 'untersuchende Darstellung' mit moderner Fragestellung, einschloß und daß es verfehlt ist, einen Gegensatz zwischen beiden zu konstruieren, ist treffend bemerkt worden.

Bei der Planung der Reihe standen keineswegs geschichtstheoretische oder methodische Fragen im Vordergrund. Dennoch scheint es angebracht, angesichts der gegenwärtigen Lage der Geschichtswissenschaft einige Punkte kurz anzusprechen. Daß im Rahmen der 'Humanisierung' (Gertrude Himmelfarb) der mittlerweile in die Tage gekommenen 'New History' die Überzeugung überhandnimmt, daß Geschichte kein abstrakter Prozeß und ohne die handelnden Menschen nicht zu verstehen ist und daß 'Geschichte unter Ausschluß der Politik' nicht

geschrieben werden kann, beweist nicht zuletzt der große Erfolg einer
im Verlag Fayard in Paris erscheinenden biographischen Reihe, an der
sich mittlerweile französische Historiker verschiedenster methodischer
Ausrichtung beteiligen. Daß dabei das Extrem 'Männer machen Geschichte' ebenso wie andere Extreme, wonach „Mickey Mouse wohl
wichtiger ist für das Verständnis der dreißiger Jahre des 20. Jahrhunderts als Franklin Roosevelt" (Warren I. Susman) oder daß „die Geschichte der Menarche ebenso wichtig ist wie die Geschichte der Monarchie" (Peter N. Stearns) abzulehnen sind, dürfte wohl nicht bestritten
werden (wobei in unserem Zeitraum für die Geschichte der Menarche
wohl hauptsächlich sozialstatistisch problematische hagiographische
Viten in Betracht kämen). Die Mittelalterforschung hat überhaupt in
bezug auf moderne Fragestellungen relativ geringen Nachholbedarf.
Sie hat die Darstellung der weiterhin wichtigen politischen Geschichte
(Napoleon I. zu Goethe: „Die Politik ist das Schicksal") längst durch
vertiefende Fragestellungen der Verfassungsgeschichte (Geoffrey El-
ton: „eine Form der Gesellschaftsgeschichte … Sie beschäftigt sich mit
dem, was geschieht, um eine Gesellschaft zu einem angemessen struk-
turierten, ständig lebenden Körper zu machen"), der Geistesgeschichte,
der Rechtsgeschichte, der Sozial- und Wirtschaftsgeschichte erweitert;
alle diese Ergebnisse sowie neuere der Struktur- und Mentalitätsge-
schichte (was immer man darunter verstehen will, und vieles ist hier
keineswegs neu), der quantitativen Methode sowie der Alltagsge-
schichte sollen in die Darstellungen einfließen, soweit es im Einzelfalle
sinnvoll und quellenmäßig belegbar ist und kritischer Rrationalität entspricht. Jeglicher Schematismus wäre hier verfehlt, da entsprechende
Fragestellungen bei Herrscherpersönlichkeiten andere sind als bei
Theologen, bei Philosophen, bei Dichtern oder Künstlern; und zudem
sollen die Forschungs- und Interessenschwerpunkte der einzelnen Autoren berücksichtigt werden. Das Problem der umstrittenen Psychohi-
storie, d. h. der allumfassenden Deutung von Persönlichkeiten aufgrund psychologischer, meist freudianischer Prämissen, dürfte angesichts der Quellenlage für diese Zeit kaum auftreten; daß Teilaspekte
psychologisch gedeutet werden können, ist dagegen längst anerkannt.
    Das Interesse vor allem von Forschern der jüngeren und mittleren
Generation an einer Mitarbeit war erfreulich groß, und es besteht somit
die berechtigte Aussicht, daß die Publikationen dieser Reihe zügig vor-
anschreiten werden. Dankbar ist der Herausgeber dem Autor des ersten
Bandes dafür, daß er in relativ knapp bemessener Zeit die Monographie Friedrichs I. Barbarossa fertiggestellt hat, so daß sie am 800. To-
destag des populärsten deutschen Herrschers des Mittelalters erscheinen kann. Ferdinand Opll war für dieses Werk besonders qualifiziert

und durch frühere Arbeiten ausgewiesen, gehört er doch zu den Mitarbeitern Heinrich Appelts, deren Arbeiten an der Diplomata-Ausgabe Friedrichs I. die bedeutendsten Fortschritte der letzten Jahrzehnte in der Erforschung der frühen Stauferzeit gebracht haben. Der Wissenschaftlichen Buchgesellschaft, insbesondere Herrn Hermann Cürten, gilt der Dank für das große Interesse, das den Start dieser Reihe ermöglicht hat.

Würzburg, im Dezember 1989                          Peter Herde

## VORWORT DES AUTORS

Die Beschäftigung mit Leben, Person und Epoche eines auch im allgemeinen Geschichtsbewußtsein so fest verankerten Herrschers, wie es Friedrich Barbarossa ist, übt ohne Zweifel für den Historiker einen ganz besonderen Reiz aus. Es bedarf somit keiner weiteren, allgemeingehaltenen Begründung für den Entschluß, eine Biographie dieses ersten staufischen Kaisers vorzulegen. Verpflichtung wie auch Bürde für den Autor stellt nicht zum wenigsten die Tatsache dar, daß Barbarossa schon seit langem vielfach im Zentrum von biographischen Abhandlungen und Darstellungen steht. In der hier vorliegenden Biographie wird einem an traditionellen Vorbildern dieses literarischen Genres orientierten, chronologisch-entwicklungsgeschichtlichen Teil ein zweiter Großabschnitt zur Seite gestellt, in dem wesentliche strukturelle Gegebenheiten der behandelten Epoche analysiert und erhellt werden, um damit den Beziehungsrahmen für die Aktivitäten und das Wirken des ersten staufischen Kaisers auszuleuchten. Zu erklären bleibt freilich, inwiefern der Autor des vorliegenden Buches sich selbst fachlich motiviert sah, an die Abfassung solch eines Werkes zu gehen: Seit den Tagen meines Studiums an der Universität Wien hat die Beschäftigung mit der frühstaufischen Epoche einen ganz besonderen Stellenwert innerhalb meiner wissenschaftlichen Arbeiten. Noch als Student zog mich mein späterer Dissertationsvater, Herr Univ.-Prof. Dr. Dr. h. c. Heinrich Appelt, zur Mitarbeit an der Edition der Urkunden Friedrich Barbarossas im Rahmen der Wiener Diplomata-Abteilung der Monumenta Germaniae historica heran. Nach Abschluß meiner Studien wurde ich sodann mit der Neubearbeitung der Böhmerschen Regesta Imperii für die Zeit dieses Herrschers betraut, was eine äußerst intensive Erforschung der gesamten auf uns gekommenen Überlieferung aus der frühstaufischen Epoche zur Folge hatte. Frucht dieser Tätigkeit ist der 1980 erschienene erste Teilband für die Zeit bis zum Jahr 1158. Auch nach meinem Eintritt ins Wiener Stadt- und Landesarchiv wurden und werden diese Arbeiten nebenamtlich weitergeführt; derzeit steht das Manuskript für den zweiten Teilband (bis 1167/68) vor dem Abschluß. Die Tätigkeit im Archiv führte mich zu stärkerer Beschäftigung mit Fragen der Stadtgeschichte, so daß es durchaus sinnvoll erschien, die nunmehr gegebenen zwei Schwerpunkte meiner Tätigkeit im Rahmen meiner Habilitationsschrift (›Stadt und Reich im 12. Jahrhundert‹) miteinander zu verbinden.

Mein verehrter Lehrer, Herr Professor Appelt, hat meine Arbeiten auch nach seiner Emeritierung weiterhin mit Interesse und Wohlwollen verfolgt und gefördert. Als sich dann die Möglichkeit ergab, eine Geschichte Friedrichs I. abzufassen, war er es, der mich in meinem Entschluß zu diesem Buch nachhaltig bestärkt hat. Er hat seine Entstehung mit großer Anteilnahme begleitet und durch höchst wertvolle Anregungen bereichert. Als Ausdruck meiner tiefempfundenen Dankbarkeit widme ich ihm daher die vorliegende Arbeit.

Wien, im Sommer des Jahres 1989                    Ferdinand Opll

## ZUR EINLEITUNG: DIE GRUNDLAGEN UNSERES WISSENS

Biographien sind ein ebenso traditionelles wie gängiges und gerne gelesenes Genre der wissenschaftlichen, aber auch der populären literarischen Darstellung. Die Beschäftigung mit Persönlichkeiten, die Untersuchung ihres Agierens und Reagierens in ihrem jeweiligen zeitgenössischen Umfeld hat seit jeher breites Interesse gefunden. Dabei standen und stehen immer wieder gerade die Herrscherpersönlichkeiten aller Zeiten und Kulturen im Brennpunkt derartiger Darstellungen, wenngleich sich dabei insofern ein wesentlicher Wandel ergeben hat, als im Gefolge des Aufschwungs von wirtschafts- und sozialgeschichtlichen Analysen der Blick entschieden geweitet und verstärkt die Problematik des historischen Umfeldes der jeweiligen Person ins Auge gefaßt wurde.

Die Persönlichkeit des ersten Kaisers aus staufischem Hause, Friedrich Barbarossas, hat schon seit den frühen Anfängen wissenschaftlicher Darstellungen auf dem Gebiet der Geschichtsforschung das Interesse und die Aufmerksamkeit von historischen Biographien gefunden. Dabei spielte freilich immer wieder der eigene, zeitgenössisch-historische Hintergrund der betreffenden Autoren eine nicht unwesentliche Rolle, wenn die ferne Zeit des Kaisers nicht selten als ein Idealbild im Gegensatz zu den eigenen, als zerrüttet empfundenen Zuständen des Staatswesens präsentiert wurde[1] oder die gesamte Zeit der Staufer – in der Epoche der Romantik – mit den Worten von „blendendem Sonnenglanze und unvergleichbarer Höhe" beschrieben wurde[2].

Ebenfalls aus aktuellem politischen Anlaß, nämlich der im Zusammenhang mit der Bildung des von Preußen ausgehenden zweiten deutschen Kaiserreiches aufgeworfenen Frage nach Sinn und Berechtigung der staufischen Italienpolitik, zog die historische Forschung der zweiten Hälfte des 19. Jahrhunderts neue Impulse. Den Vorwurf, die Staufer hätten durch die ausgeprägte italienische Komponente ihrer

---

[1] So etwa bei *Heinrich von Bünau*, Leben und Thaten Friedrichs I., Römischen Kaysers, 1722. – Zur Literatur über die Staufer vgl. *Borst*, in: Die Zeit der Staufer 3, 263 ff., sowie – speziell zu Friedrich Barbarossa – *Appelt*, Federico Barbarossa nella storiografia tedesca, 17 ff.

[2] *Friedrich von Raumer*, Geschichte der Hohenstaufen und ihrer Zeit. 6 Bände, 1823–1825. – Zitiert nach *Borst* (wie Anm. 1) 270 f.

Politik dem deutschen Bereich, und hier vor allem den Problemen der Ostkolonisation, zuwenig Augenmerk geschenkt, ja sie geradezu vernachlässigt, trat insbesondere der Münchner Historiker Wilhelm von Giesebrecht mit Nachdruck entgegen. Sein monumentales Werk ›Geschichte der deutschen Kaiserzeit‹, dessen 5. und 6. Band (der letzte nach Giesebrechts Tod von Bernhard von Simson fertiggestellt, 1880–1895) sich der Epoche Barbarossas widmen, stellt bis auf den heutigen Tag die quellenmäßig am besten fundierte Abhandlung für die Regierungszeit des ersten Stauferkaisers dar.

War die Reflexion zeitgeschichtlicher Diskussionen vor dem Hintergrund einer als 'groß' empfundenen Epoche der eigenen Vergangenheit somit nicht selten wichtiger Impuls für detaillierte, quellennahe Untersuchungen, so sollten ähnliche Vorgänge in unserem Jahrhundert zu einer ideologisch motivierten Überspitzung, ja geradezu Pervertierung der historischen Interpretation führen. Nicht zuletzt der Abbau des konstruierten Gegensatzes zwischen Barbarossa als 'Italienpolitiker' und seinem welfischen Vetter Heinrich dem Löwen als 'Ostpolitiker' machte es möglich, den Rußlandfeldzug Adolf Hitlers als 'Unternehmen Barbarossa' zu bezeichnen.[3] So mußte der Staufer nach dem Ende des Zweiten Weltkrieges zwangsläufig nicht selten als „Symbol für die notorische Aggressivität der Deutschen"[4] herhalten. Damit wurde es eine der wesentlichen Aufgaben der mittelalterlichen Geschichtsforschung nach 1945, das historische Bild Barbarossas wieder ins rechte Licht zu rücken. Zur Bewältigung dieser Aufgabe war freilich eine erneute Besinnung auf die Quellen dringend vonnöten. Als kennzeichnend für diese neuen Wege darf eine Reihe von seither erschienenen Biographien des Staufers angeführt werden.[5] Bisweilen trat – im Gegensatz zu früher üblichen, heroisierenden Überhöhungen der Zeit des Staufers – eine äußerst kritische Sehweise zutage, faßbar etwa im Werk Friedrich Heers. Das so negative Urteil dieses Forschers über Barbarossa ist nicht zuletzt als Reaktion auf vorangegangene Glorifizierung, vielleicht auch Überbewertung, zu sehen. Viel charakteristi-

---

[3] Vgl. *Schreiner*, in: Die Zeit der Staufer 5, 558.

[4] *Schreiner*, ebda.

[5] Ich nenne hier die Arbeiten von *Heimpel* (NDB 5), *Jordan, Pacaut, Munz* und *Cardini*. – Für die rasche Information zur gesamten Stauferzeit vgl. *Engels*, Staufer; zu Friedrich I. speziell vgl. auch *Appelt*, Friedrich Barbarossa, 177 ff. Wichtige Einzelbeiträge finden sich in: Die Probleme des 12. Jahrhunderts (VuF 12), in: Friedrich Barbarossa, hrsg. v. *G. Wolf* (WdF 390) und in: Die Zeit der Staufer 3 und 5. – Selbstverständlich findet die Epoche Barbarossas auch in den einschlägigen Handbüchern Berücksichtigung, vgl. zuletzt etwa *Beumann*, in: Handbuch der europäischen Geschichte 2, 339 ff.

scher erscheint der Umstand, daß es nunmehr auch gelungen ist, das seit dem Ende des 19. Jahrhunderts eingeleitete Bemühen um die Herausgabe der Urkunden des Herrschers im Rahmen der Diplomata-Edition der Monumenta Germaniae historica[6] sowie die Neubearbeitung der Böhmerschen Regesta Imperii[7] für ebendiese Epoche Gestalt annehmen zu lassen. Als publizistischer Höhepunkt von bislang unerreichter Breitenwirkung hat schließlich die 1977 in Stuttgart veranstaltete Staufer-Ausstellung zu gelten, deren Anlaß – typisch für die Wertschätzung von Jubiläen in unserer Zeit – das 25jährige Bestehen des deutschen Bundeslandes Baden-Württemberg war.[8]

Eine in manchem vergleichbare Entwicklung läßt sich auch in der italienischen Geschichtsforschung erkennen. Auch dort war das Bild des Staufers seit der Mitte des 19. Jahrhunderts vom zeitgenössischen Hintergrund des Risorgimento mit seinen Einigkeits- und Verselbständigkeitsbestrebungen geprägt. Was lag näher, als den jahrzehntelang währenden, heftigen Kampf der italienischen Stadtstaaten gegen den Kaiser mit all seinen ebenso grausamen wie auch heroischen Akzenten als Präfiguration der eigenen Epoche und damit im staufischen Kaiser den 'Feind' schlechthin zu sehen? Noch in der bis heute unvergleichlichen, durch keine moderne Studie ersetzten Arbeit von Cesare Vignati über das Bündnis der oberitalienischen Kommunen, die Lega Lombarda, kommt der hier skizzierte, gleichsam weltanschauliche Grundzug zum Ausdruck.[9] Die historische Forschung hat sich jedoch auch in Italien von dieser Sicht des Kaisers und seiner Epoche gelöst, ist unter strenger Beachtung der Quellenzeugnisse zu einer objektiveren Auffassung von der historischen Entwicklung gekommen. Arbeiten von Gina Fasoli[10] und Paolo Brezzi[11] – um hier nur einige wenige Namen stellver-

---

[6] Unter der Leitung von *Heinrich Appelt* sind bisher drei Bände der Diplomata-Edition (Herrscherurkunden von 1152–1180) erschienen; der 4. Band (1181–1190, mit den Urkunden der Kaiserin Beatrix, den verlorenen Herrscherurkunden und den Fälschungen) liegt bereits im Umbruch vor, den ich in der Wiener Diplomata-Abteilung einsehen konnte.

[7] Den ersten Teilband (1122/52–1158) konnte ich gemeinsam mit *Hubert Mayr* 1980 vorlegen (zitiert als: BOM), am zweiten Teilband (1158–1168), der bereits im Rohentwurf vorliegt, arbeite ich seither.

[8] Vgl. dazu den Katalog zur Ausstellung: Die Zeit der Staufer 1–5.

[9] *Vignati*, Storia diplomatica della Lega Lombarda.

[10] Vgl. etwa *Fasoli*, Federico Barbarossa e le città lombarde, 121 ff. (in deutscher Übersetzung in: WdF 390, 149f.), *dies.*, La Lega Lombarda, 143 ff. sowie *dies.*, Aspirazioni cittadine, 131 ff.

[11] Vgl. etwa *Brezzi*, I Comuni cittadini italiani, 177 ff. und *ders.*, Gli uomini, 247 ff.

tretend für viele andere anzuführen – haben entscheidend zu diesem
wirklichen Fortschritt beigetragen. Detaillierte Studien haben gezeigt,
wie gerade die Politik der Kommunen[12] nicht als monolithischer, un-
wandelbarer Block angesehen werden darf, vielmehr Parteiungen in
der Stadtbevölkerung, freilich auch im Adel[13] vorherrschten. Erst eine
differenzierte und differenzierende Sicht vermag die historische Entwicklung in all ihren Facetten verständlich zu machen.

Immer wieder muß in dieser Skizze des Fortschreitens der
Geschichtsforschung über die staufische Epoche von der Bedeutung
der Quellennähe bei allen Untersuchungen gesprochen werden. In der
Tat ist es bei vielen biographischen Darstellungen ein gravierendes
Manko, daß der Bezug auf die jeweilige historische Quelle nicht in
wünschenswerter Breite und Ausführlichkeit geboten werden kann, ein
Manko, das freilich nicht zuletzt aus den Problemen des begrenzten
Umfanges solcher Werke[14] zu begründen ist und ohne Zweifel auch für
das vorliegende Buch gilt. Um hier wenigstens einen bescheidenen Ersatz zu bieten, erscheint es angeraten, in einigen groben Zügen die Probleme der Überlieferung zu streifen und Hinweise darauf zu geben, in
welcher Vielfalt Quellen für die behandelte Epoche vorliegen und herangezogen werden können, aber auch mit welchen Schwierigkeiten dabei zu rechnen ist.

Die zentrale Bedeutung für unsere Kenntnis von der frühstaufischen
Epoche kommt ohne Zweifel den Urkunden dieser Zeit, hier insbesondere den Kaiserurkunden oder Diplomen, zu. Sie stellen das sichere
Fundament der historischen Überlieferung überhaupt dar, sie erschlie-
ßen uns die Weite des hochmittelalterlichen Imperiums nicht nur durch
die in ihnen angesprochenen Empfänger, Geistliche und Laien ebenso
wie Städte. Sie gewähren uns Einblick in die rechtlichen Verhältnisse
des Reiches. Die in ihnen genannten Zeugen zeigen die gesellschaftliche Struktur der Umwelt des staufischen Hofes auf, mit ihren Angaben
über Ausstellungsort und Datum dokumentieren sie den Weg des
Kaisers durch sein Reich.[15] Gerade der zuletzt genannte Punkt bean-
sprucht mehr als bloß kulturgeschichtliches Interesse über 'Reisen' des

[12] Vgl. *Appelt*, Kommunen, *Haverkamp*, Herrschaftsformen (dazu *von der Nahmer*, Zur Herrschaft, 587 ff.), *von der Nahmer*, Toscana und *Opll*, Stadt und Reich.
[13] Vgl. *Haverkamp*, Adel sowie *Brezzi*, Gli alleati italiani, 157 ff.
[14] Aufs engste an den Quellen orientiert sind die Arbeiten von *Simonsfeld*, Jahrbücher (bis 1158) und von *Giesebrecht* bzw. *Giesebrecht – Simson*, Kaiserzeit 5 und 6 (für die gesamte Regierungszeit).
[15] Dazu vgl. *Opll*, Itinerar.

Hofes. Das weitgehende Fehlen einer durchorganisierten Reichsverwaltung machte es in dieser Epoche für den Herrscher vielmehr unabdingbar, seine Herrschaft durch das Moment der persönlichen Anwesenheit immer wieder zur Geltung bringen zu müssen. Er regierte durch
das Umherziehen im Reich, sein Itinerar, sein Weg, den er dabei genommen hat, ist somit völlig zu Recht als „Gerippe der Reichsgeschichte"[16] bezeichnet worden. Aus der Beschäftigung mit den Kaiserurkunden stammt freilich auch die Kenntnis der Forschung von den
Verhältnissen in der Reichskanzlei, dem eigentlichen Kern im Funk-
tionsablauf der typisch mittelalterlichen Form von Verwalten und Regieren. Diese Institution, deren institutioneller Charakter keinesfalls
mit modernen Kategorien zu definieren ist, war in vieler Hinsicht so etwas wie eine 'Schaltstelle' im Ablauf des Reichsgeschehens. Die bedeutendsten Berater des Herrschers, die für die staufische Politik maßgeblichen Persönlichkeiten, standen entweder mit der Kanzlei in Kontakt,
gehörten ihr nicht selten persönlich an oder gingen nach Jahren einer
Karriere in dieser Stelle aus ihr hervor, um vom Herrscher zu höheren
Aufgaben herangezogen zu werden.[17]

Neben den Kaiserurkunden sind es die päpstlichen und das schier
unüberschaubare Feld der sogenannten 'Privaturkunden' (Urkunden
von Erzbischöfen, Bischöfen, Äbten, Pröpsten, Fürsten, Adeligen und
Städten), die ebenfalls hier genannt werden müssen. Die Papsturkun-
den der Barbarossa-Zeit[18] gewinnen für die Reichsgeschichte nicht nur
im Fall unmittelbarer Kontakte zum Herrscher Bedeutung. Infolge des
von 1159–1177 während Schismas und des damit verbundenen französischen Exils Papst Alexanders III. sind diese Dokumente wertvolle
Zeugnisse für die unterschiedlichen Parteinahmen im Klerus des
Reichsgebietes ebenso wie sie auch das päpstliche Itinerar widerspie-
geln. Die vorhin angesprochenen 'Privaturkunden'[19] bieten ebenfalls

---

[16] Dieses prägnante Wort von *Julius Ficker* zitiert bei *Opll*, Itinerar, 2.

[17] Zur Kanzleigeschichte vgl. *Zeillinger*, Notare der Reichskanzlei, 472 ff.,
*Riedmann*, Reichskanzlei 1, 322 ff. und 2, 23 ff., *Koch*, Reichskanzlei, *ders.*,
Schrift, *Herkenrath*, Reichskanzlei 1 und 2 sowie den Überblick bei *Appelt*, in:
Die Zeit der Staufer 5, 17 ff. – Zu der Bedeutung einzelner Persönlichkeiten der
Kanzlei vgl. auch *Herkenrath*, I collaboratori tedeschi, 199 ff.

[18] Vgl. dazu *Jaffé – Loewenfeld*, Regesta pontificum Romanorum 2 sowie die
Bände der Italia bzw. Germania pontificia. Die Urkunden des Gegenpapstes
Viktor IV. sind im Detail behandelt bei *Mayr*, Pontifikat des Gegenpapstes Vik-
tor IV.

[19] Für Detailstudien sind daher auch die in unüberschaubarer Zahl vorliegenden, daher hier nicht im einzelnen anzuführenden, regionalen Urkundenbü-
cher heranzuziehen.

eine Reihe wichtiger Ergänzungen für unsere Kenntnisse der Reichsgeschichte. Nicht selten haben geistliche oder weltliche Fürsten 'im Auftrag des Herrschers' (*iussu/mandato domini imperatoris*) geurkundet.
'Privaturkunden', die auf Hoftagen ausgestellt wurden, erweitern unsere Kenntnis über den Kreis der Teilnehmer an solchen Ereignissen,
ebenso wie sie auch das Bild von den dabei behandelten politischen
Geschäften abrunden. Städtische Urkunden sind insbesondere aus
dem Bereich der italienischen Kommunen mit ihrem selbständigen politischen Agieren wichtige Dokumente für das Verhältnis der Reichsgewalt zu diesen neuen gesellschaftlichen Kräften. Die im Rahmen der
Lega Lombarda ab 1167 abgeschlossenen Bündnisverträge[20] müssen
hier in erster Linie genannt werden. Einen besonderen Stellenwert besitzen schließlich die unter Barbarossa – vor allem in Italien – ausgestellten Urkunden von Reichslegaten,[21] sind sie doch wesentliche historische Quellen für das Bestreben, eine staufische Reichsverwaltung
aufzubauen.

Stellen Urkunden in erster Linie Zeugnisse der rechtlichen, wirtschaftlichen und sozialen Verhältnisse der Epoche dar und vermag man
aus ihnen ein Bild der politischen Gegebenheiten vielfach nur indirekt
zu gewinnen, so sind es die zahlreichen Schreiben der frühen Stauferzeit, die dagegen als hochrangige Quellen zur Politik des Kaisers anzusprechen sind. Der Überlieferungszusammenhang dieser Schreiben
– sie sind in der überwiegenden Zahl in sogenannten 'Briefsammlungen'[22] auf uns gekommen – macht es freilich nicht immer einfach, sie
entsprechend zu interpretieren und die Frage ihrer historischen Authentizität befriedigend zu klären[23]. Als Beispiel einer hinsichtlich ihrer
Zuverlässigkeit über jeden Zweifel erhabenen Sammlung sei das Briefbuch des Abtes Wibald von Stablo und Corvey, des wohl bedeutendsten Staatsmannes der Zeit Konrads III. und noch der ersten Jahre der
Regierung Friedrich Barbarossas, angeführt, das vor allem für die
Fragen des Verhältnisses zwischen Reich und Papsttum, wie auch dem

---

[20] Vgl. zu ihnen die Edition in den Atti del comune, ed. *Manaresi*.
[21] Vgl. etwa *Knipping*, Reg. Köln 2 (Urkunden Rainalds von Dassel, auch als
Reichslegat), *Hägermann*, Urkunden, 202 ff. (Christian von Buch, ab 1165 Erzbischof von Mainz, als Reichslegat) oder *Wurst*, Hermann von Verden (Regesten
der Legatenurkunden dieses Verdener Bischofs).
[22] Vgl. dazu etwa die höchst bedeutsamen Schreiben der Admonter und der
Salzburger Briefsammlung, jetzt ediert durch *Hödl – Classen*, Admonter Briefsammlung (MGH. Briefe 6).
[23] Zur Interpretation von Briefsammlungen vgl. auch *Opll*, Hildesheimer
Briefsammlung, 497 ff.

Reich und Byzanz, von grundlegender Bedeutung ist.[24] Die Briefe des
Johann von Salisbury[25] wiederum vermitteln – bei all ihrer Parteilich-
keit und Ablehnung des 'deutschen Tyrannen' – wesentliche Einsichten
in die Entwicklung des Schismas und die Beziehungen des Reiches zu
England und Frankreich. In beiden Fällen – bei Wibald und bei Johann – handelt es sich um wohlinformierte Persönlichkeiten, deren
Aussagen – unter Berücksichtigung von tendenziöser Berichterstattung
im Einzelfall – höchste Authentizität beanspruchen dürfen. Es gibt freilich auch andere 'Briefsammlungen' der Zeit, bei denen die (Be-)Wer-
tung der in ihnen enthaltenen Schreiben ungleich schwieriger ist.[26]
Selbst eindeutig als 'Stilübungen' zu qualifizierende Texte – d. h. für
den Unterricht zusammengestellte Musterbriefe – behalten aber bei
sachgemäßer Interpretation hohen historischen Wert und liefern wichtige Hintergrundinformationen.[27]

Bei allen bisher besprochenen Überlieferungsträgern fehlt freilich
ein entscheidendes Element in ihrer Aussage, nämlich das der kontinu-
ierlichen Darstellung des Geschehens. Es ist das große Feld der eigentlichen Geschichtsschreibung, der Historiographie,[28] das nun dieses
Element als grundlegendes Charakteristikum aufweist. Diese Quellen
haben daher – bei aller Vorsicht vor tendenziös entstellten Berichten
und allem Augenmerk auf behutsame, differenzierende Interpretation – seit jeher das zentrale Interesse der Forschung gefunden. Biographien haben dabei durchaus schon historische, aus der Zeit Barbarossas selbst stammende Vorläufer. Wenn wir nunmehr auch zur Historiographie der frühen Stauferzeit einige Bemerkungen machen wollen,
so sind wir uns der Bruchstückhaftigkeit des Gebotenen voll bewußt,
meinen aber doch, in einem Kapitel über die Grundlagen unseres Wissens hier nicht ohne einige Beispiele auskommen zu können.

Bleiben wir zunächst im deutschen Bereich und gehen wir von zeitgenössischen zu später entstandenen Werken, so ist an erster Stelle auf
den Babenberger Bischof Otto von Freising,[29] durch seine Mutter

---

[24] Hier ist immer noch die alte Edition von *Jaffé*, Monumenta Corbeiensia
heranzuziehen. – Zur Person des Abtes vgl. *Stephan – Kühn*, Wibald sowie *Zeillinger*, Friedrich Barbarossa, 210 ff.
[25] Edition: John of Salisbury, Letters 1 und 2 (mit englischer Übersetzung).
[26] Zu den 'Bremer' Schreiben der Hildesheimer Briefsammlung vgl. etwa
*Opll* (wie Anm. 23) 474 und jetzt *Hucker*, Friedrich Barbarossa, 125 ff.
[27] Vgl. etwa *Höing*, 'Trierer Stilübungen' 1, 257 ff. und 2, 125 ff.
[28] Vgl. dazu den Überblick bei *Wattenbach – Schmale*, Deutschlands
Geschichtsquellen 1.
[29] Vgl. zu seiner Bedeutung als Geschichtsschreiber *Goetz*, Geschichtsbild
und *Lammers*, in: Die Zeit der Staufer 5, 77 ff.

Agnes Halbbruder Konrads III. und damit Oheim Barbarossas, mit seinen ›Gesta Friderici‹ zu verweisen. Durch sein erstes historisches Werk, die ›Chronik‹, als Fachmann für die Darstellung großer geschichtlicher Zusammenhänge bestens ausgewiesen und durch seine Verwandtschaft zum Staufer in einem besonderen Vertrauensverhältnis zu diesem, erhielt Otto 1157 den offiziellen Auftrag zur Abfassung der 'Taten' des Herrschers. Sein Werk, das nach seinem 1158 erfolgten Tod von seinem Sekretär Rahewin bis 1160 fortgesetzt wurde und in einem Anhang Nachrichten bis zum Ende der 1160er Jahre enthält, ist das beherrschende Denkmal der frühstaufischen Historiographie, auf dem zahlreiche spätere Darstellungen fußen. In seinen ›Gesta‹, die Otto auf Wunsch des kaiserlichen Neffen schrieb, spiegeln sich vielfältige Aspekte einer schillernden Persönlichkeit: Als Zisterzienser den religiösen Idealen und der Geisteswelt seiner Epoche aufs engste verbunden, war er doch auch Reichsbischof, der die Interessen seiner Kirche mit großem Nachdruck und Elan zu vertreten wußte. Seine Kontakte zum Hof gingen nicht über das übliche Maß hinaus, doch war er durch frühere historiographische Tätigkeit offenbar auch in den Augen des staufischen Herrschers für die Abfassung einer historischen Darstellung seiner (des Staufers) Taten prädestiniert.

Darf die 'Hofnähe' für Ottos ›Gesta‹ als besonders signifikantes Element gelten,[30] so gibt es eine Reihe zeitgenössisch entstandener Werke 'hofferner' Prägung, deren Bedeutung nicht minder groß ist, aber doch etwas anders gesehen werden muß. Sie – und das gilt auch für die große Zahl der Annalen – enthalten nur dann Nachrichten von reichsgeschichtlicher Dimension, wenn es sich dabei um 'große' Ereignisse (Königswahl, Kaiserkrönung, Triumph über Mailand, Friedensschluß mit Alexander III. in Venedig usw.) handelt, wenn die Reichsgewalt in den von ihnen vorzüglich behandelten Raum unmittelbar eingreift oder wenn die im Mittelpunkt stehenden Persönlichkeiten mit dem Herrscher in Kontakt treten (Teilnahme an Reichsheerfahrten, an Hoftagen usw.). Als Beispiele für diese Art von erzählenden Quellen seien die ›Slawenchronik‹ Helmolds von Bosau und deren Fortsetzung durch Arnold von Lübeck angeführt. Geradezu modellhaft werden diese Zusammenhänge auch in den Annalen des Prager Domherrn Vinzenz verdeutlicht, der infolge der regelmäßigen böhmischen Teilnahme an den

---

[30] Zur hier angesprochenen 'Hofnähe' vgl. *Holtzmann,* Hofhistoriographie, 252 ff. und – differenzierend – *Engels,* Stauferstudien, 234. Sie ist in keinem Fall so aufzufassen, als hätte Otto im Vergleich zu anderen Geschichtsschreibern häufiger die Nähe des Hofes gesucht, sie weist vielmehr auf einen außerordentlichen Informationsstand des Historiographen hin.

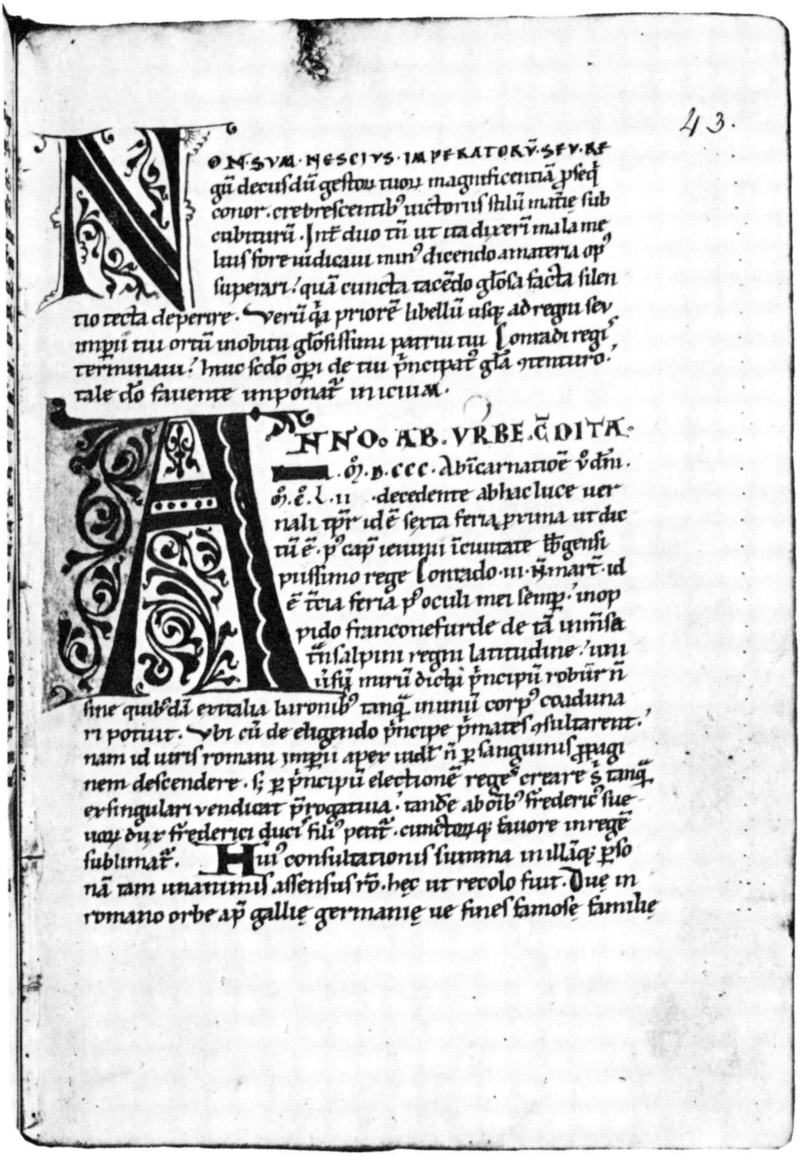

Abb. 1: Otto von Freising, ›Gesta Friderici‹: Bericht über die Königswahl Friedrichs I.
(1152 März 4, Frankfurt)

frühen Italienzügen Barbarossas (ab 1158 bis 1166/67) vielfach Augenzeuge des behandelten Geschehens war und damit aus erster Hand berichten konnte.

Nicht nur durch 'Hofferne', sondern auch durch größeren zeitlichen Abstand von dem behandelten Geschehen charakterisiert sind einige Werke vom Ende des 12. und vom Beginn des 13. Jahrhunderts, die gleichwohl – unter kritischer Würdigung ihrer Aussagen – zur Ergänzung unseres Wissens beitragen. Dies gilt insbesondere von den ›Gesta‹ der Hennegauer Grafen des Gislebert von Mons sowie von den ›Chroniken‹ Ottos von St. Blasien und Burchards von Ursberg,[31] denen wir zum Teil durchaus wichtige Informationen verdanken. Dabei zeichnet sich das Werk des Ursberger Propstes durch eine besonders ausführliche Verwertung älterer Geschichtswerke aus, es fußt auf der genannten St. Blasianer Chronik und schreibt auch italienische Chroniken aus.

Neben den bisher angeführten Arbeiten, die nicht selten als literarisch überhöhte Darstellungen zu gelten haben, ist es freilich der für die mittelalterliche Geschichtsschreibung so überaus kennzeichnende Typus der 'Annalen',[32] auf den wir auch bei biographischen Forschungen immer wieder zurückgreifen müssen. Im Gegensatz zu Chroniken und Gesta treffen wir hier auf keine zusammenhängenden Darstellungen, vielmehr handelte es sich dabei in der Regel um kurze, prägnante Einzelnachrichten, für deren historischen Wert wieder die schon vorher erwähnten Momente des Informationsstandes und -grades gelten. In der Regel werden also die 'großen' Ereignisse der Reichsgeschichte ihren Niederschlag in den Annalen finden, oder sie geben Nachricht von Geschehnissen aus ihrem engeren Einzugsbereich, d. h. Regensburger Annalen über bayerische bzw. Regensburger, Magdeburger Annalen über sächsische bzw. Magdeburger Vorfälle usw.

An der Grenze zwischen Chronik und Annalen, herausragend durch detaillierte, umfangreiche Berichte zum Reichsgeschehen von höchster Authentizität, steht die Kölner Königschronik (›Chronica regia Coloniensis‹)[33] – ihr Wissen resultiert nicht zuletzt aus der 'Königsnähe' des Kölner Erzbistums.

Die deutsche Historiographie des hohen Mittelalters ist nun zum weitaus überwiegenden Teil Ausdruck des historischen Interesses des Klerus, findet ihren Kristallisationspunkt in der Regel im Umfeld geist-

---

[31] Zu ihm vgl. jüngst *Wulz*, Burchard.
[32] Zum überwiegenden Teil ediert in der Reihe Scriptores (Folio-Ausgabe) bzw. Scriptores rerum Germanicarum in usum scholarum (Schulausgabe) der Monumenta Germaniae historica.
[33] Vgl. zu ihr auch *Breuer*, Geschichtsbild.

licher Institutionen. Ein Beispiel für ein Geschichtswerk, das seinen
Ausgang dagegen von der Welt des Adels nimmt, das sein Interesse
ganz auf eine hochadelige Familie und deren Schicksale konzentriert,
sei mit der ›Historia Welforum‹,[34] der Darstellung der Familiengeschichte der Welfen mit besonderer Betonung des süddeutschen Zwei-
ges dieses Hauses, angeführt. Was im deutschen Bereich des 12. Jahrhunderts auf historiographischem Feld dagegen vollkommen fehlt, ist
eine genuin städtische Geschichtsschreibung.

Die italienische Historiographie der frühen Stauferzeit ist dagegen
gerade umgekehrt weitgehend von diesem, zuletzt genannten Typus geprägt. Dabei kommen nachhaltig die auch im politischen Geschehen
der Epoche wirksamen strukturellen Unterschiede zwischen Nord und
Süd zur Geltung. In gewisser Weise stellt dieses überlieferungsge-
schichtliche Phänomen ein Spiegelbild der zentralen Bedeutung der
italienischen Stadtstaaten dar. Als Motive, die bei der Entstehung
dieser Geschichtswerke zum Tragen kommen, sind vor allem das Interesse für die das Leben der Kommunen beherrschende Auseinandersetzung mit der staufischen Reichsgewalt, die Erkenntnis von der Bedeutung der eigenen städtischen Geschichte, die Liebe zum städtischen
'Vaterland', aber auch die Faszination, die von der Persönlichkeit
Friedrich Barbarossas ausging, zu nennen. Geradezu selbstverständlich
ist es, daß in diesen Werken die pro- oder antistaufische Haltung der jeweiligen Kommune ihren Niederschlag findet. Paradebeispiele für
diese Art von Geschichtsschreibung haben sich vor allem aus dem Bereich der Lombardei erhalten, zum einen in den mailändischen ›Gesta
Frederici‹, deren ohnehin nicht belegter Titel in der jüngsten Edition[35]
mit gutem Grund in 'Bericht von der Bedrückung und Unterwerfung
der Lombardei' (›Narration de Longobardie obpressione et subiec-
tione‹) verändert worden ist, zum anderen im Geschichtswerk der beiden Lodeser Bürger Otto und Acerbus Morena sowie dessen anonymer
Fortsetzung bis 1168,[36] in dem Reichsgeschichte vor der Schablone der
städtischen Entwicklung der im steten Kampf mit Mailand stehenden
Kommune Lodi[37] geboten wird. So wie die beiden Lodeser in ihrer Heimatstadt in wichtigen Funktionen wirkten, so war auch der Genuese
Caffaro als Staatsmann, Feldherr und Admiral in höchst einflußrei-

---

[34] Historia Welforum, hrsg. v. *König* (mit deutscher Übersetzung).
[35] Italische Quellen, ed. *Schmale* (Freiherr vom Stein-Gedächtnisausgabe
XVII a) 240 ff.
[36] Jüngste Edition in: Italische Quellen (wie vorige Anm.) 34 ff. (vgl. dazu
meine Rezension in den MIÖG 96, 1988, 172 ff.).
[37] Vgl. *Opll*, Lodi, 63 ff.

chen Positionen tätig. Seine Genueser Annalen[38] sind allerdings in ungleich stärkerem Maße auf die Geschichte der großen Seestadt konzentriert, berichten über das Reich nur im Fall der jeweiligen Kontaktnahmen zum Herrscher. Dennoch ist Caffaro, vor allem in Verbindung mit
den Pisaner Annalen des Bernardo Maragone,[39] eine höchst wichtige
Quelle für die frühe Stauferzeit, fällt daraus doch Licht auf das immer
wieder krisenreiche Verhältnis zwischen den beiden Seestädten vor
dem Hintergrund der staufischen Politik.

In den bislang angeführten Quellen dominiert stets das innere Geschehen des Imperiums, während die außenpolitische Dimension wie
auch die Beziehungen zum Sacerdotium eher nur am Rande Erwähnung finden. Gerade für diese Bereiche der historischen Entwicklung
gilt es, abschließend noch einige der wichtigeren Werke anzuführen.
Das Leben der Päpste steht im Mittelpunkt des in der frühen Stauferzeit von Kardinal Boso weitergeführten ›Liber pontificalis‹,[40] einer
Quelle von eminenter historischer Bedeutung, deren Aussagen freilich
– angesichts der vielfachen Spannungen zwischen Kaiser und Papst –
nicht selten tendenziös entstellt sind und korrigiert werden müssen.

Bleiben wir zunächst im Mittelmeerraum, so stellen hier die wechselvollen Beziehungen zum normannischen Königreich Sizilien einen
wesentlichen Faktor der Reichspolitik dar, der seinerseits aufs engste
mit dem staufischen Verhältnis zum Papsttum und zum oströmischen
Reich der Komnenen verknüpft ist. Im wesentlichen ist es hier die
Chronik des Erzbischofs Romuald von Salerno, die erste bekannte
Weltchronik im mittelalterlichen Italien, die als zentrale Quelle hinsichtlich Siziliens anzusprechen ist. Romuald berichtet ab 1125 genauer
und bietet vor allem für die Friedensverhandlungen von Venedig 1177
– ein Abschnitt, der immerhin etwa ein Zehntel des Gesamtwerkes ausmacht– überaus detaillierte Angaben von höchster Authentizität.[41]

Die Historiographie des byzantinischen Komnenenreiches des
12. Jahrhunderts – repräsentiert durch die Geschichtswerke des Johan-

---

[38] Annali Genovesi 1 und 2, ed. *Belgrano – Imperiale di Sant'Angelo*; teilweise auch in: Italische Quellen (wie Anm. 35) 296 ff. – Zu Caffaro vgl. *Face,
Caffaro of Genoa*, 169 ff.
[39] Annales Pisani, ed. *Gentile*.
[40] Boso, ed. *Duchesne*; zum Autor vgl. zuletzt *Maleczek*, in: Lexikon des Mittelalters 2, 478 f.
[41] Dieser Abschnitt wurde daher auch mit vollem Recht in die jüngst erschienene Edition von *Schmale* (wie Anm. 35) 308 ff. aufgenommen. – Zum Verhältnis der Reichsgewalt zu Sizilien vgl. *Chalandon*, Histoire 2; s. dazu auch unten
S. 273 ff.

nes Kinnamos und des etwas jüngeren Niketas Choniates – bietet wertvolle Angaben zu den Maßnahmen der staufischen Reichsgewalt gegenüber Ostrom,[42] damit verbunden aber auch wichtige Einsichten in die Verhältnisse des Königreiches Ungarn als Pufferstaat zwischen West und Ost. Die Problematik der byzantinischen Überlieferungen liegt freilich nicht zum geringsten in der mangelhaften chronologischen Fixierung ihrer Nachrichten, ebenso aber auch in der Frage der historischen Zuverlässigkeit, damit der Notwendigkeit ihrer Überprüfung durch andere Quellenzeugnisse. Ein weiteres, außerhalb des Imperiums gelegenes Gebiet, dessen Stellenwert gerade die wechselnden Beziehungen der hier angesprochenen Zone – also zwischen Byzanz, Ungarn, Sizilien und dem Papsttum – entscheidend mitgeprägt hat, stellt die Seestadt Venedig dar, die im 12. Jahrhundert die wohl entscheidende Phase ihres Aufstiegs zur wirtschaftlichen und politischen Großmacht in Europa erlebte. Die Angaben der ›Historia ducum Veneticorum‹ ('Geschichte der venezianischen Dogen') bilden hier eine wertvolle Quellenbasis.[43]

Wenden wir unsere Aufmerksamkeit schließlich zuletzt dem west- und nordeuropäischen Umfeld des staufischen Reiches zu, so ist nach den Überlieferungen über das Verhältnis zu den Königreichen Frankreich, England und Dänemark zu fragen. Zum einen ist hier grundsätzlich darauf hinzuweisen, daß natürlich auch Quellen des Reichsgebietes selbst, besonders solche, die aus den Grenzbereichen zum jeweiligen 'Ausland' stammen, heranzuziehen sind. Dies gilt etwa nicht nur für das schon genannte Werk Helmolds von Bosau hinsichtlich der Beziehungen zu Dänemark, dieses Phänomen wird auch durch verschiedene Annalen des ostmitteldeutschen Raumes mit ihren Nachrichten über das Verhältnis zu Polen verdeutlicht. Zum anderen sind es aber freilich Quellen der betreffenden Herrschaftsgebiete außerhalb des Imperiums selbst, denen wir unser Wissen verdanken. Für diese historiographischen Werke – ebenso wie für die bereits angeführten Überlieferungen brieflicher Art (Briefsammlung des Johann von Salisbury) – gilt im wesentlichen eine ähnliche Charakteristik, wie wir sie schon für die als 'hoffern' entstanden bezeichneten Quellen aufgezeigt haben: Sie zeigen somit kein unmittelbares Interesse am Reichsgeschehen, beschränken sich vielmehr auf die Aufnahme 'international' bedeutsamer Ereignisse (Kaiserkrönung, Zerstörung von Mailand) und – vor allem – Nachrichten über unmittelbare Kontakte ihres Landes bzw. ihrer Herr-

---

[42]  Zu den Beziehungen mit Byzanz vgl. *Lamma*, Comneni e Staufer 1 und 2; s. dazu auch unten S. 273 ff.
[43]  Historia ducum Veneticorum, MGH. Scriptores 14, 72 ff.

scher zum Reichsoberhaupt. Kennzeichnend für diese Überlieferungs-
arten ist etwa das dänische Werk des Saxo Grammaticus mit seinem
deutlich antikaiserlichen und national-dänischen Gepräge.[44] Aus dem
französischen Bereich sei auf die Klostergeschichte von Vezelay des
Hugo von Poitiers hingewiesen, deren Bedeutung für die Reichsgeschichte einzig und allein aus dem Umstand resultiert, daß die Verhandlungen zwischen Friedrich Barbarossa und Ludwig VII. von
Frankreich über die Beendigung des Schismas im Spätsommer 1162
nicht nur in der Nähe des Klosters (bei S. Jean-de-Losne an der Saône)
stattfanden, sondern dieses Kloster während dieser Tage und Wochen
auch unmittelbar in den Informationsfluß eingebunden war.[45] Die
Nähe zu 'weltpolitisch' bedeutsamen Ereignissen und die Möglichkeit,
detailliertere Informationen darüber zu erhalten, führte hier also zu
einer exzeptionellen Steigerung der Bedeutung einer lokalen
Geschichtsquelle.

Mit diesem Beispiel aus dem Bereich des Königreiches Frankreich
wollen wir abbrechen. Exemplarisch sollte ein Überblick zur historischen Überlieferung der frühen Stauferzeit geboten werden, ein Überblick, der trotz seines fragmentarischen Charakters die Möglichkeiten
und Bedingungen historischen Forschens und Erkennens deutlich gemacht haben dürfte. Unser Wissen beruht somit auf einem bunten,
bruchstückhaften und nicht eben einfach zusammenzustellenden Mosaik ganz verschiedenartiger Quellen. Sie sind und bleiben die Basis
dieses Wissens, sie müssen in all ihrer Komplexität und unter größt-
möglicher Vorsicht und Sorgfalt des interpretatorischen Bemühens für
jede historische Darstellung einer Epoche herangezogen werden.

---

[44] Saxonis Gesta Danorum, ed. *Olrik – Ræder*.
[45] Ex Hugonis Pictavini Libro, MGH. Scriptores 26, 143 ff. – Vgl. zur Kritik
zuletzt *Schmale*, Friedrich I. und Ludwig VII., 328 ff.

# I

# LEBEN UND WIRKEN
# FRIEDRICH BARBAROSSAS

Im ersten Großabschnitt dieses Buches stehen die traditionellen Aspekte jeder biographischen Darstellung im Vordergrund. Es geht hier also in besonderer Weise um die Schilderung des Lebens und Wirkens des ersten staufischen Kaisers im Sinne des chronologischen Ablaufs. Im Mittelpunkt stehen demzufolge die Stationen seines Lebens in ihrem zeitlichen Auf- und Nacheinander, verknüpft mit der Darlegung des Auf und Ab, erfolgreicher Phasen wie schwieriger Abschnitte der Regierung des Herrschers. Diese Art der Darstellung orientiert sich im Prinzip am Itinerar des Staufers, d.h. seinem für die damalige Regierungsweise charakteristischen Umherziehen von Pfalz zu Pfalz, Burg zu Burg und Stadt zu Stadt und gewinnt dadurch besondere Lebendigkeit und Unmittelbarkeit. Sie läßt allerdings nicht selten den erwünschten Einblick in wesentliche, strukturelle Verhältnisse zu kurz geraten oder sogar vermissen. Diese Aspekte versucht der zweite Großabschnitt unserer Biographie auszuleuchten.

Dem Kennenlernen von Herkunft und Persönlichkeit Barbarossas dient ein einleitendes Kapitel, das in zeitlicher Hinsicht die Epoche vom Aufstieg des staufischen Hauses zur schwäbischen Herzogswürde bis zum Ende der Regierung des ersten Staufers auf dem Thron, Konrads III., reicht. Die eigentliche Regierungszeit Friedrichs I. wird in sieben Abschnitten geschildert, die wichtige Phasen seiner Herrschertätigkeit markieren: Die Jahre der Konsolidierung reichen im wesentlichen bis zum Jahr 1158. Auf sie folgen die Kämpfe gegen Mailand und der Ausbruch des Schismas. Höhepunkt und Rückschlag wechseln einander in den sechs Jahren zwischen dem Triumph über Mailand und der Rückkehr vom vierten Italienzug (1162–1168) rasch ab. Von tiefen Veränderungen geprägt stellt sich das folgende Jahrzehnt (1168–1178) dar. Die Auseinandersetzungen mit Heinrich dem Löwen und dessen Absetzung sowie die Bemühungen zur Sicherung der Herrschaft für den 1169 zum König gekrönten Kaisersohn Heinrich bestimmen Friedrichs Regierung in den Jahren von 1178 bis 1184. Auf seinem letzten Italienzug (1184–1186) werden sodann die Verhältnisse Reichsitaliens auf der Basis des Friedens von Konstanz mit den Städten der Lega Lombarda neu geregelt. In seinen letzten Regierungsjahren (1186–1190) schließlich, vor allem aber mit seinem Tod auf dem Kreuzzug, ist ohne Zweifel der Höhepunkt der 'Weltgeltung', von Macht und Ansehen des ersten staufischen Kaisers erreicht.

Abb. 2: Der 'Cappenberger Barbarossa-Kopf', eines der bekanntesten Bildnisse Kaiser Friedrichs I.

# 1. FAMILIE, JUGEND UND PERSÖNLICHKEIT

Am Anfang unserer Beschäftigung mit Leben und Wirken des ersten
Stauferkaisers soll der Versuch stehen, seine Herkunft und die Fragen
der Persönlichkeitsstruktur, des Wesens und Charakters Friedrich
Barbarossas eingehender zu beleuchten. Nur spärlich fließen die Quellen über die ersten Mitglieder des staufischen Hauses.[1] Für den großen
deutschen Historiographen der Mitte des 12. Jahrhunderts, Bischof
Otto von Freising, setzt das historische Interesse überhaupt erst mit
dem ersten Stauferherzog Friedrich, dem 1105 verstorbenen Großvater
Barbarossas, ein. Einer im Zusammenhang mit der Scheidung der ersten Ehe des 1152 gewählten Herrschers überlieferten Stammtafel (›Ta-
bula consanguinitatis‹) im Briefbuch des Abtes Wibald von Stablo und
Corvey verdanken wir weiter zurückreichende Aufschlüsse über die
staufische Familie. Ergänzt wird unsere Kenntnis durch die Angaben
des sogenannten 'Roten Buches' von Lorch aus dem späten 15. Jahrhundert, einem Verzeichnis derjenigen Mitglieder des staufischen Hauses, deren sterbliche Überreste um 1140 aus dem um 1060 gegründeten
Kanonikerstift im Dorfe Lorch in das 1102 entstandene Benediktinerkloster bei Lorch transferiert wurden. Daraus geht zum einen die Bedeutung des Leitnamens Friedrich, zum anderen der Aufstieg dieser
Familie über die Erhebung zu Herren der Riesgrafschaft und die frühe
Erwerbung der schwäbischen Pfalzgrafschaft hervor. Ursprünglich aus
dem bayerischen Bereich stammend, profilierten sich diese frühen
'Staufer' – dieser Familienname ist für diese Epoche noch nicht greifbar – als Gefolgsleute Kaiser Heinrichs II. und verstanden es bald, ihre
Position in der neuen ostschwäbischen Heimat auszubauen und zu befestigen. Jedenfalls darf sowohl aus der schwäbischen Pfalzgrafen-
würde wie auch insbesondere aus der Eheschließung Friedrichs von
Büren, des Vaters des ersten staufischen Schwabenherzogs und damit
des Urgroßvaters Friedrich Barbarossas, mit Gräfin Hildegard von
Schlettstadt aus dem Hause Mousson-Mömpelgard (†1094) nicht nur

---

[1] Vgl. die genealogischen Angaben bei *Decker-Hauff*, in: Die Zeit der Staufer
3, 339 ff. (ohne Belege und in manchem problematisch) sowie knapp bei *Engels*,
Staufer, 7. – Des weiteren vgl. zu den frühen Staufern *Engels*, Neue Aspekte,
28 ff. und *Schmid*, De regia stirpe Waiblingensium, 454 ff. (zum Selbstverständnis der Staufer) sowie zuletzt *Bühler*, Die frühen Staufer, 270 ff.

die Zugehörigkeit zum Hochadel ihres Lebensbereiches im deutschen Südwesten, sondern auch eine bereits um die Mitte des 11. Jahrhunderts gut abgesicherte, keineswegs unbedeutende Machtposition abgeleitet werden.[2]

In einer für die Entwicklung des Reichsadels im hohen Mittelalter typischen Weise findet sich bei dem zuletzt erwähnten Friedrich, also in der dritten Generation der Stammtafel, mit der Namensnennung 'von Büren' (wohl das heutige Wäschenbeuren bei Göppingen) erstmals der deutliche Bezug auf eine Burg als Stammsitz der sich formierenden Adelsherrschaft. Der Burgenbau stellt in dieser Epoche das charakteristische Leitmotiv adeliger Politik dar, die mit diesem Instrument zu Herrschaftsverdichtung und -konzentration findet. Als weiteres Mittel der Ausweitung und Konsolidierung der Machtposition der Familie ist zweifelsohne die Heiratspolitik anzusehen, geht doch bereits auf die Ehe Friedrichs von Büren mit Hildegard der Brückenschlag der staufischen Herrschaft über den Rhein zurück. Seit dieser frühen Zeit bildet sich somit im Elsaß ein zweiter Besitzschwerpunkt des aus dem Schwäbischen kommenden Adelshauses.

Mit dieser Entwicklung ordnet sich das Geschick der staufischen Familie in den Rahmen des allgemeinen und tiefgreifenden strukturellen Wandels im Gefüge des Reiches dieser Epoche ein. Die damals einsetzende Veränderung des älteren Personenverbandsstaates zum territorialen Flächenstaat, der seine Blüte in der Landesherrschaft ab dem 12. Jahrhundert finden sollte, vollzieht sich parallel zur Auflösung der älteren Stammesherzogtümer. Vor allem die gräflichen Adelsfamilien treten dabei zunehmend aus dem großen Verband des Stammes heraus und gewinnen durch die Errichtung von Herrschaftssitzen wie auch durch Klostergründungen in Verbindung mit den darüber eingerichteten Vogteirechten ein eigenes, unverwechselbares und charakteristisches Profil. Verstärkt lassen sich nun Arrondierungsbemühungen fassen, die den nicht selten verstreuten Besitz zu einer machtvolleren, intensiv durchdrungenen Herrschaft zusammenfügen. Siedlungsausbau und Rodung treten als weitere Merkmale des hier nur allgemein skizzierten Phänomens hinzu.

Auf dem von seinem Vater vorgezeichneten Weg schritt sodann auch Friedrich 'von Staufen', der Großvater Barbarossas, voran, mit dem Otto von Freising die staufische Geschichte erst richtig einsetzen läßt. Er errichtete auf der Anhöhe des Hohenstaufen die später namengebende Burg seines Geschlechtes. Mit der Gründung des Klosters Lorch im Remstal im Gefolge einer älteren Stiftsgründung gab er seinem

---

[2] Dazu vgl. jüngst *Bühler*, Die frühen Staufer, 270 ff.

Haus auch ein eigenes Hauskloster. Die Wirren im Reich unter Heinrich IV. – geprägt von der Notlage des Herrschers infolge der Maßnahmen des Reformpapsttums unter Gregor VII., aber auch infolge einer weite Kreise erfassenden Adelsopposition – sollten zur wohl entscheidenden Wende im Schicksal der staufischen Familie führen. Trotz der Aufhebung des päpstlichen Bannspruches über den Salier in Canossa war noch im Jahr dieses Ereignisses, 1077, auf dem Fürstentag in Forchheim der schwäbische Herzog Rudolf von Rheinfelden zum Gegenkönig ausgerufen worden. Rudolf zog sehr bald zur Stützung seiner Position in Schwaben die Hilfe der Zähringer, einer in vieler Hinsicht mit den frühen Staufern vergleichbaren Adelsfamilie des deutschen Südwestens, heran und gab 1079 Berthold von Zähringen seine Tochter zur Frau.

Diese Situation – für den Salier bestimmt von größter Bedrängnis – sollte für die staufische Familie zum Ausgangspunkt ihres großen Aufstiegs werden. Heinrich IV. gab – ebenfalls 1079 – seine Tochter Agnes dem Staufer Friedrich zur Frau und erhob ihn gleichzeitig zum Herzog von Schwaben. Er unterstrich damit zum einen seine ungebrochene Verfügungsgewalt über das schwäbische Herzogtum und band andererseits auf diese Weise den neuen Herzog zugleich aufs engste an sein eigenes Haus. Der Staufer war freilich um diese Zeit kein unbedeutender, lokaler Graf mehr, vielmehr handelte es sich bei ihm um das Oberhaupt einer der führenden Adelsfamilien Schwabens. Sein Haus verfügte schon damals über ein wohlbefestigtes Fundament an Herrschaftsrechten und Besitzungen, die sich zudem beiderseits des Rheins erstreckten. Die Spannungen hielten freilich weiter an. Die häufige Abwesenheit des Herrschers, der seine Aktivitäten in den folgenden Jahren verstärkt nach Italien verlagerte, ließ den Stauferherzog weitgehend ohne die Stütze des Thrones. 1092 stieg Berthold von Zähringen in Nachfolge des Sohnes des Gegenkönigs zum Herzog von Schwaben auf. Erst sechs Jahre später konnte ein Ausgleich gefunden werden, der zwar den Staufern endgültig das Herzogtum sicherte, den Zähringern aber doch die Führung des herzoglichen Titels zugestand und ihnen mit der Überlassung der Reichsvogtei Zürich und der Erlassung der Folgepflichten gegenüber dem schwäbischen Herzog fortan eine weitgehend selbständige Stellung garantierte.[3]

Die Bedeutung des Aktes von 1079 ist für die staufische Familie ohne Zweifel in dem enormen Zuwachs an Prestige und Ansehen wie an Macht und politischem Spielraum zu sehen. Machtpolitisch betraten die Staufer damit freilich ein höchst gefahrvolles Terrain. Angesichts

---

[3] Vgl. *Maurer*, Schwaben, 268.

der durchaus vergleichbaren Ausgangsposition ihrer zähringischen Konkurrenten stellten die Bewahrung und Konsolidierung ihrer neuen Stellung höchste Ansprüche, erforderten größte Anstrengungen. Notwendigerweise mußten sich die Bindungen an die Herrscherfamilie der Salier besonders eng gestalten. Andererseits erfuhren die Staufer infolge der Fülle der ihnen übertragenen Aufgaben nicht nur eine wesentliche Erweiterung ihres Horizonts, sondern gewannen zunehmend auch an eigenständigem Profil. Gegen Ende der Regierung des ersten staufischen Herzogs hatte sich im Verhältnis zu den beiden anderen dominierenden Adelshäusern Schwabens, den Zähringern und Welfen, eine weitgehende Interessenteilung herausgebildet. Die Staufer lenkten ihr Augenmerk verstärkt auf die nördlichen Teile ihres Herzogtums, wo sie es – unter Ausnutzung ihres Hausbesitzes auch im Elsaß – mit der Erwerbung der Vogteirechte (Reichskloster Weißenburg, Hochstift Speyer) verstanden, ihre Herrschaftsrechte im territorialen Konnex abzusichern, während der Süden des Herzogtums weitgehend welfischen und zähringischen Ambitionen überlassen blieb.

Im Jahre 1105 starb Herzog Friedrich. Die Nachfolge in Schwaben trat sein gleichnamiger Sohn an. Die Witwe nach dem ersten Stauferherzog, die Kaisertochter Agnes, heiratete in der Folge den Babenberger Leopold III., der sich mit dieser Ehe in der Endzeit der Regierung Heinrichs IV. an dessen Sohn und Nachfolger Heinrich V. band. Durch diese Verbindung kam die Verwandtschaft zwischen Staufern und Babenbergern zustande. Die zahlreichen Kinder aus der zweiten Ehe Agnes', unter ihnen Markgraf Leopold IV., ab 1139 Herzog von Bayern, Heinrich Jasomirgott, zunächst Pfalzgraf bei Rhein, dann Herzog von Bayern und ab 1156 erster Herzog von Österreich, sowie die Bischöfe Otto von Freising und Konrad von Passau, ab 1164 Erzbischof von Salzburg, waren demnach Halbgeschwister sowohl Herzog Friedrichs II., des Vaters Barbarossas, als auch König Konrads III. Barbarossa selbst war Neffe dieser Generation des babenbergischen Hauses.[4]

Friedrich II. von Schwaben, der 'Einäugige',[5] führte die Politik seines Vaters, geprägt von den grundlegenden Komponenten der engen Zusammenarbeit mit seinem salischen Oheim, Kaiser Heinrich V., und des Bemühens um den Ausgleich mit den Welfen und den Zähringern, im Rahmen der territorialpolitischen Grundlagen seiner Herzogsherrschaft weiter. Vor allem in der Zeit des zweiten Italienzuges des Saliers

---

[4] Zu den Babenbergern vgl. *Lechner*, Babenberger.
[5] Der Zeitpunkt des Eintretens dieses körperlichen Defektes ist allerdings nicht zu ermitteln, vgl. *Schmidt*, Königswahl, 62 mit Anm. 10.

(ab 1116) trat er im Reichsgeschehen hervor, als ihn der Kaiser gemeinsam mit dem Pfalzgrafen von Lothringen, Gottfried von Calw, zum Verweser des Reiches bestellte.[6] Wohl in diese Jahre geht das bekannte Diktum Ottos von Freising über den Staufer, der „am Schwanz seines Pferdes immer eine Burg mit sich zog",[7] zurück – Ausdruck der energischen Territorialpolitik des Herzogs, die ihren Brennpunkt von neuem besonders im Burgenbau fand. Dabei zeigte er sich als Politiker, der nicht nur traditionelle Mittel der Herrschaftsausweitung zur Anwendung brachte, sondern offensichtlich auch die neuen Möglichkeiten seiner Zeit, vorab die der Förderung frühstädtischer Siedlungs- und Wirtschaftsformen, in sein Kalkül miteinbezog. Wenngleich etwa die Anfänge des nordelsässischen Hagenau, dessen Stadtentwicklung in dem Diplom Barbarossas von 1164 seinen urkundlichen Niederschlag findet, nicht in allen Einzelheiten rekonstruierbar sind und vor allem die Frage, welche Maßnahmen bereits von Herzog Friedrich II. hier ergriffen worden sind, schwer zu klären ist, gibt es doch Indizien dafür, daß bereits der Vater des ersten staufischen Kaisers zukunftsweisende Initiativen einer frühstädtischen Siedlungsförderung gesetzt hat.[8] Dabei wird man durchaus auch die Möglichkeit von Einflüssen des zähringischen Vorbildes mit zu berücksichtigen haben, hatte man doch dort mit der Entwicklung von Freiburg im Breisgau ein nachahmenswertes Beispiel in unmittelbarer Nachbarschaft vor Augen. Dazu tritt eine zeitgenössische Aussage über das Wesen, den Charakter des Herzogs, die uns doch auch für eine gewisse Aufgeschlossenheit des Staufers in allgemeiner Hinsicht zu sprechen scheint: Gerhoch von Reichersberg bringt in einer seiner Psalmenauslegungen[9] eine Anekdote über Friedrich II. von Schwaben, die sein Gefallen an der Enthüllung von geheimen Verfehlungen, ja Sünden anderer schildert, ihn also eines charakterlichen Mangels beschuldigt. Wenn es hier dann freilich heißt, der Staufer sei ein „dem höfischen Leben und den weltlichen Freuden, um nicht zu sagen nichtigen Genüssen sehr zugetaner Mensch" gewesen, so scheint uns hier doch ein wertvoller Hinweis darauf vorzuliegen, daß dieser Staufer eben ein weltgewandter, agiler, in seinem Agieren geschickter Mensch war, der es wohl verstand, seinen eigenen Vorteil zu wahren. Durchaus in dieselbe Richtung weist auch der Umstand, daß der Herzog bei der Erwerbung zweier Burgen im inneren Schwa-

---

[6] Vgl. dazu *Schmidt*, Königswahl, 34 mit Anm. 2.
[7] Otto von Freising, Gesta I, 12, ed. *Schmale*, 152. – Zur Bedeutung des Oberrheingebietes für die Staufer vgl. auch *Opll*, Oberrheingebiet, 36 ff.
[8] *Opll*, Stadt und Reich, 83 f.
[9] Gerhohi opera inedita 2, 52 f.

ben nicht davor zurückscheute, ein wertvolles byzantinisches Reliquienkreuz aus dem Familienbesitz seiner ersten Frau, der Welfin Judith, als Zahlungsmittel zu verwenden. Obwohl er dasselbe Kreuz zuvor in seinen Kämpfen als schutz- und heilbringendes Symbol mit sich geführt hatte, setzte er es also unbedenklich für die Zwecke seiner Güterpolitik ein. Gerade hierin erweist er sich von neuem als nüchterner, geradezu rational vorgehender Mensch, ein weiterer Beleg für die knappe, aber überaus präzise Charakterisierung durch seinen Halbbruder Otto von Freising als „im Kampf mutig, in Geschäften einfallsreich".[10]

Die Betrauung des Stauferherzogs mit derart zentralen Agenden der Reichspolitik fand von seiten des Kaisers ohne Zweifel ihre Begründung in dem festen Vertrauensfundament, das seit langem zwischen Saliern und Staufern bestand. Der Schwabe, aber auch sein Bruder Konrad, der zur Bekämpfung der Opposition um Bischof Erlung von Würzburg zum Herzog von Franken erhoben worden war, rechtfertigten dieses Vertrauen. Dennoch ist nicht auszuschließen, daß der Herrscher nicht mit allem, was von den staufischen Brüdern an Aktivitäten gesetzt wurde, restlos einverstanden sein mochte. Andererseits gibt es auch Hinweise darauf, daß die Staufer mit der salischen Kirchenpolitik nicht völlig konform gingen. Zu Recht hat Odilo Engels etwa auf die Übertragung des staufischen Hausklosters Lorch an den Papst (1102) aufmerksam gemacht und sie als Indiz dafür gewertet, daß man „für die Sache der Salier nur bis zu einer gewissen Grenze ein inneres Engagement aufbrachte".[11]

In der Tat ist dann ab etwa 1120 eine gewisse Entfremdung zwischen dem Schwabenherzog und seinem kaiserlichen Oheim nicht zu verkennen, eine Entfremdung, die zum einen in den Notwendigkeiten der auf eine endgültige Bereinigung der Kirchenfrage zielenden salischen Politik mit ihrem Zwang zu Kompromissen, zum anderen aber wohl doch auch in der zunehmend bedeutsamen Machtstellung der Staufer wurzelte. Die Aussöhnung Heinrichs V. mit dem Würzburger Bischof und in der Folge die Frage der Nachbesetzung dieses Stuhles führten zu einer merklichen Abkühlung, wenngleich es nicht zu einem regelrech-

---

[10] Vgl. *Opll*, Amator ecclesiarum, 85 und *Schreiner*, in: Die Zeit der Staufer 3, 10.

[11] *Engels*, Staufer, 20. – Anzumerken ist allerdings, daß die Unterstellung von Hausklöstern unter den päpstlichen Schutz in der Epoche des Investiturstreits nicht selten zu belegen ist und in mancher Hinsicht geradezu als Ausdruck adeliger Mentalität, weniger der eigentlichen politischen Haltung im Investiturstreit, gelten darf.

ten Bruch kam. Etwa um die Zeit, als Friedrich einmal mit dem doch
recht auffälligen Titel eines 'Herzogs des Elsaß' belegt ist[12] – zweifelsohne Spiegel der vor allem in den Jahren der Reichsverweserschaft ab
1116 mit großem Nachdruck ausgebauten Stellung links des Rheins –,
heiratete er die Tochter des Welfenherzogs Heinrich des Schwarzen von
Bayern, Judith. In dieser Eheverbindung manifestierte sich der seit
dem Beginn des 12. Jahrhunderts erreichte, innere Kräfteausgleich in
Schwaben, bestanden doch damit – auch durch die Ehe Bertholds III.
von Zähringen († 1122) mit der Welfin Sophie[13] – enge familiäre Bindungen zwischen den drei tonangebenden Familien des schwäbischen
Herzogtums.

Als dann mit dem Tod des Kaisers im Jahre 1125, aus dessen Ehe mit
der englischen Königstochter Mathilde keine Kinder hervorgegangen
waren, die salische Dynastie ausstarb, zählten die Staufer aufgrund
ihrer engen Verwandtschaft zum Herrscherhaus zu den hervorragend-
sten Anwärtern auf die Nachfolge im Reich,[14] wenngleich auch der Babenberger Leopold III. durch seine Ehe mit der Mutter der staufischen
Brüder, Agnes, über eine in manchem vergleichbare Stellung verfügte.
Heinrich V. hatte nun zwar sowohl seine Eigengüter als auch die Obhut
über seine Gemahlin auf seinem Totenbett an Herzog Friedrich
„gleichsam als seinen Erben"[15] übertragen, allerdings kam es zu keiner
förmlichen Empfehlung hinsichtlich der Nachfolge im Reich. Auch die
in späteren Quellen berichtete Übergabe der Reichsinsignien an den
Herzog ist kaum wahrscheinlich. Eine wesentliche Rolle spielte sodann
bei der Wahl, über deren Ablauf ausführliche Quellen vorhanden sind,
Erzbischof Adalbert von Mainz, der einer Nachfolge der Staufer im
Reich doch wohl ablehnend gegenüberstand. Bereits im Einladungsschreiben zur Wahl, das auch von Herzog Friedrich unterzeichnet
wurde, kam der Wunsch, die Bedrückungen von Kirche und Reich
unter dem verstorbenen Herrscher künftig zu beseitigen, damit die
deutliche Kritik an der salischen Herrschaft, klar zum Ausdruck. Als
dann aus der freien Wahl, deren Kandidaten neben dem Staufer der babenbergische Markgraf Leopold III. und Herzog Lothar von Sachsen
waren, der Sachse als neuer König hervorging, zeigte sich der Schwabenherzog zutiefst enttäuscht und verstimmt. Dennoch wird man den
Ergebnissen der jüngsten Forschung wohl zustimmen dürfen, daß näm-

---

[12] *Schreiner*, in: Die Zeit der Staufer 3, 9 f.
[13] Vgl. Die Zähringer 2, 11 ff.
[14] Zur Wahl von 1125 vgl. *Engels* Beiträge, 439 f. und *Schmidt*, Königswahl,
34 ff.
[15] So bei Ekkehard von Aura, vgl. *Schmidt*, Königswahl, 37 mit Anm. 14.

lich von seiten des Staufers keine geblüts- und erbrechtlichen Ansprüche erhoben worden waren.[16]

Herzog Friedrich huldigte zwar in der Folge dem neuen Herrscher, die ohne Zweifel bestehenden Spannungen sollten sich jedoch an der Frage der Herausgabe des Reichsgutes sehr bald entzünden. Es war die Vermengung von Reichs- und Hausgut, die eine Aufteilung der beiden Bereiche so schwierig machte, seitens des Staufers als Privaterben des Saliers eine kompromißlose Haltung zeitigte und zu einer Verhärtung der Fronten führte. Zehn Jahre sollten die Auseinandersetzungen zwischen dem Herrscher und den staufischen Brüdern anhalten. Vor allem die südlichen Reichsteile zwischen dem Rhein und den ostfränkischen Territorien wurden davon schwer in Mitleidenschaft gezogen. Eine extreme Zuspitzung erfuhren die Gegensätze infolge der Erhebung des Staufers Konrad, der wohl im Sommer 1127 von einer längeren Pilgerfahrt ins Heilige Land zurückgekehrt war, zum Gegenkönig (18. Dezember 1127).[17] Die Frage, warum damit nicht der Schwabenherzog selbst, sondern sein Bruder in rechtlicher – nicht in faktischer – Hinsicht an die Spitze der Opposition trat, ist schwer zu beantworten, dürfte ihren Grund aber wohl am ehesten im Rechtsempfinden der Zeit haben. Man hat dafür zum einen Konrads Temperament, zum anderen die Einäugigkeit seines Bruders ins Treffen geführt. Entscheidend dürfte aber eher die Tatsache gewesen sein, daß der Schwabenherzog zunächst König Lothar den Treueid geleistet hatte und infolge seiner Weigerung, das Reichsgut herauszugeben, im Dezember 1125 in die Reichsacht getan worden war.

Das Gegenkönigtum der Staufer vermochte deren Lage im deutschen Bereich allerdings in keiner Weise zu verbessern, es stieß vielmehr auf breite Ablehnung. Charakteristisch für diese Entwicklung ist nicht zuletzt der Umstand, daß sich Konrad bereits im Frühjahr 1128 nach Italien begab, um dort die Ansprüche auf die Mathildischen Güter, umfassende Besitzungen und Rechte der Gräfin Mathilde von Tuszien, die Heinrich V. nach deren Tod ab 1116 für das Reich zu sichern versucht hatte, durchzusetzen. Trotz seiner Königskrönung in Monza und auch in Sant' Ambrogio in Mailand konnte er sich dort nur gestützt auf die Hilfe der Stadt Mailand vorübergehend behaupten, mußte Italien im Frühjahr 1130 wieder verlassen.[18] Unterdessen hatte sich auch im deutschen Bereich das Glück der Staufer gewendet. Nach einigen Anfangserfolgen ihrer Waffen konnte sich König Lothar 1129 im Oberrheinge-

---

[16] *Schmidt*, Königswahl, 52 ff.
[17] Vgl. *Giese*, Gegenkönigtum, 202 ff. und *Schmidt*, Königswahl, 60 ff.
[18] Vgl. dazu auch *Opll*, Stadt und Reich, 320 f.

biet und im Elsaß durchsetzen, die internen Konflikte wurden zudem durch das 1130 ausgebrochene päpstliche Schisma überschattet. Dabei verstand es der Herrscher, die territoriale Machtbasis seiner Widersacher durch eine Reihe politischer Maßnahmen wesentlich zu schwächen: 1127 wurden die Zähringer, seit dem 11. Jahrhundert traditionelle Gegner der Staufer im lokalen Konnex des Herzogtums Schwaben, mit dem neugeschaffenen Rektorat Burgund belehnt. Zu Anfang der 1130er Jahre entstanden im Oberelsaß, im Unterelsaß und im Speyergau eigene Landgrafschaften, die den staufischen Aktionsradius weiter einengten.

Lothar III., der seine Stellung nicht zuletzt durch die ebenfalls 1127 erfolgte Eheschließung seiner einzigen Tochter Gertrud mit dem mächtigen Bayernherzog Heinrich dem Stolzen hatte verbessern können – damit waren neben den Zähringern auch die Welfen auf seine Seite gezogen worden –, konnte sodann auf seinem ersten Italienzug 1133 die Kaiserwürde erlangen. Die jahrelange staufische Opposition, die Episode des Gegenkönigtums dieser vehementen Gegner von Lothars Herrschaft, vermochten immer weniger eine tatsächlich wirksame Gegenkraft im Reich zu bilden. Im Zug eines gemeinsamen militärischen Vorgehens des Kaisers und seines welfischen Schwiegersohnes im Jahre 1134 gegen die Staufer fiel mit Ulm eine der letzten festen Positionen des Widerstands. Im Jahr darauf unterwarfen sich die staufischen Brüder, im Frühjahr der Herzog, im Herbst der Gegenkönig, und wurden gegen das Versprechen der Teilnahme an der künftigen Italienfahrt des Herrschers in dessen Gnade aufgenommen. In den letzten beiden Jahren der Regierung Lothars III. waren demnach das Einvernehmen mit den Staufern und der Friede im Reich wiederhergestellt.

Ähnlich wie sich im Jahre 1125 der staufische Schwabenherzog größte Hoffnungen auf die Nachfolge im Reich gemacht hatte, sah sich nach dem Tod Lothars, der im Dezember 1137 auf der Rückkehr von seinem zweiten Italienzug bei Reutte in Tirol gestorben war, offensichtlich der welfische Schwiegersohn des Kaisers, Heinrich der Stolze, als der gegebene künftige Herrscher. Heinrich hatte als treuer Gefolgsmann des Supplinburgers vor allem in den letzten Jahren von dessen Regentschaft eine Reihe von Gunsterweisen erfahren, die die welfische Macht zu einem besonderen Höhepunkt geführt hatten: Die Markgrafschaft Tuszien – gemeinsam damit die so bedeutenden Mathildischen Güter – und das Herzogtum Sachsen fielen damals in welfische Hände. Ohne Zweifel entsprach es den Intentionen Lothars III., Heinrichs Aussichten auf die Nachfolge auf dem Thron nach Möglichkeit zu gewährleisten. Dafür spricht vor allem die – im Gegensatz zu den Ereignissen von 1125 – zweifelsfreie Übergabe der Reichsinsignien an den

Welfen. Anders als Heinrich der Stolze begannen die Staufer allerdings schon unmittelbar nach dem Tod des Kaisers, sich um Unterstützung im Kreis der Fürsten des Reiches zu bemühen und damit ihr eigenes Streben nach der Königswürde entsprechend vorzubereiten. Obwohl nun der Termin für die Wahlversammlung auf Pfingsten (22. Mai) 1138 nach Mainz festgelegt worden war, trat bereits zu Anfang März dieses Jahres eine Fürstenversammlung in Koblenz zusammen. Von dem dort versammelten Personenkreis, neben Erzbischof Albero von Trier, dem Erwählten (d. h. gewählten, aber noch nicht geweihten Erzbischof) Arnold von Köln, Bischof Bucco von Worms, Herzog Friedrich von Schwaben und einigen ungenannten lothringischen Großen, wohl auch Abt Wibald von Stablo, wurde in einem Wahlvorgang, der mit vollem Recht als 'Staatsstreich' qualifiziert wurde, der ehemalige Gegenkönig Konrad zum neuen König bestimmt.[19]

Wie schon 1125, wahrscheinlich sogar noch in stärkerem Maße als damals, war der Ausbruch eines neuen, schweren Konfliktes unvermeidlich. Um den Widerstand des Welfenherzogs zu brechen, bediente sich der staufische König, der auf dem Bamberger Reichstag Ende Mai 1138 von den zahlreich dort versammelten Großen Anerkennung gefunden hatte, zunächst rechtlicher Mittel. Heinrich der Stolze wurde nach der Verweigerung der Huldigung geächtet und verlor seine beiden Herzogtümer. Sachsen wurde an den Askanier Albrecht den Bären, Bayern an den babenbergischen Halbbruder des neuen Königs, Markgraf Leopold IV. von Österreich, verliehen. Das Reich sollte erneut schwere Zeiten erleben. Heftige Unruhen und kriegerische Auseinandersetzungen prägten die Reichsgeschichte der nächsten Jahre, sie sollten ihr Ende letztlich erst mit dem Tod Konrads III. finden. Rückschläge für die staufische Königsherrschaft resultierten zum einen aus der beständigen Gegnerschaft Welfs VI., des Bruders Heinrichs des Stolzen, der vor allem in Süddeutschland einen ständigen Brennpunkt von gegen das Königtum gerichteten Aktionen bildete, zum anderen waren es eine Reihe von Todesfällen und darauf folgende, nur halbherzige und unzulängliche Entscheidungen Konrads, die dessen Sache nicht zum Erfolg führten. So konnten sich die staufischen Kräfte etwa trotz des Todes Heinrichs des Stolzen im Herbst 1139 in Sachsen nicht durchsetzen. Zu groß waren dort die um die Witwe Lothars III., Kaiserin Richenza, konzentrierten Gegenströmungen. Die Hoffnung auf Frieden im Reich wurde zwei Jahre später infolge des Ablebens Richenzas und – wenig später – des babenbergischen Bayernherzogs wie-

---

[19] Zur Wahl von 1138 vgl. *Engels*, Staufer, 28 ff. und zuletzt *Schmidt*, Königswahl, 69 ff.

Abb. 3: Die sogenannte 'Taufschale' Kaiser Friedrichs I.

der genährt. Der im Frühjahr 1142 eingeleitete Ausgleich – das Herzogtum Bayern kam an den Bruder des verstorbenen Babenbergers, den
seit 1140 als Pfalzgraf bei Rhein wirkenden Heinrich Jasomirgott, der
zugleich mit der Witwe Heinrichs des Stolzen, Gertrud, vermählt
wurde, Sachsen wurde dem noch unmündigen Sohn Gertruds, Heinrich dem Löwen, übertragen, nachdem der Askanier darauf verzichtet
hatte – sollte nur allzubald wieder scheitern. Die Gründe dafür lagen
zum einen darin, daß der König das Reichsgut in Bayern seinem eigenen Einfluß vorbehalten hatte, zum anderen darin, daß Gertrud, die
zentrale Figur in diesem politischen Spiel, schon bald nach der Hochzeit im Wochenbett starb.

Diese von so vielen Wirren und von so tiefer Unruhe beherrschte
Zeit ist es nun auch, in der der Neffe des Königs, Friedrich, den die Italiener später nach seinem rötlichen Bart 'Barbarossa' nennen sollten,
erstmals aus dem Dunkel der Quellen hervortritt.[20] Schon ab dem Frühjahr 1138, wenige Wochen nach der Königswahl Konrads III., begegnet
der junge Staufer – er stand damals im Alter von 16 Jahren – als Zeuge
in Herrscherurkunden, erstmals im April 1138 in einem in Mainz ausgestellten Diplom für das Kloster Maria Laach. Bei diesen Nennungen
ist bis zum Jahr 1145 festzuhalten, daß er stets neben seinem herzoglichen Vater erwähnt wird und er dabei durchwegs im Süden des Reiches, der eigentlichen staufischen Einflußzone (1138: Mainz, 1141:
Straßburg, 1142: Konstanz, 1143: Ulm, 1144: Würzburg und Lorch,
1145: Worms), nachzuweisen ist. Erst in den letzten Monaten vor dem
Tod seines Vaters, ab dem Januar 1147, ist er dann auch mit dem Titel
eines 'Herzogs von Schwaben' belegt.

Über die frühe Jugend und Kindheit des späteren Kaisers ist so gut
wie gar nichts bekannt. Selbst sein Geburtsdatum ist – ganz entsprechend dem für diese Epoche typischen Phänomen der geringen Beachtung des Zeitpunktes der Geburt – nicht unmittelbar bekannt, kann
vielmehr nur mit einiger Wahrscheinlichkeit auf den Dezember des Jahres 1122 bestimmt werden.[21] Als Taufpate fungierte Graf Otto von Cappenberg, den der Staufer später durch wertvolle Geschenke, eine sil-
berne Taufschale und den bekannten 'Cappenberger Barbarossakopf',
ehrte. In die Jahre seiner Jugend fällt ohne Zweifel die Zeit seiner Ausbildung, die gemäß seiner Herkunft und seinem Stand in ritterlichen
Formen erfolgte. Wesentliche Inhalte dieser Ausbildung werden demnach darin zu sehen sein, daß Friedrich vor allem mit dem Waffenhand-
werk vertraut gemacht wurde, daß besonderer Wert auf die körperliche

---

[20] Vgl. dazu die Belege BOM 3 ff.
[21] Vgl. dazu *Opll*, Winterquatember, 332 ff.

Ertüchtigung des jungen Mannes gelegt wurde. Eine Charakteristik des
jugendlichen Friedrich verdanken wir Abt Wibald von Stablo und Corvey, der im Frühjahr 1152 Papst Eugen III. über die Wahl des Staufers
zum König und aus diesem Anlaß auch über dessen Persönlichkeit
unterrichtete. Wenn es dort[22] heißt, der noch nicht dreißigjährige König
zeichne sich durch einen scharfen Verstand, rasche Entschlußkraft in
Beratungen, großes Kriegsglück, Streben nach Ruhm, Abscheu gegenüber Ungerechtigkeit, Zugänglichkeit und Freigebigkeit und eine deutliche rhetorische Begabung in seiner Muttersprache aus, so treten Prägung und Wesen seiner Persönlichkeit, wie sie sich schon in seinen
Jugendjahren herausgebildet hatte, plastisch hervor. Beim Antritt seiner Regentschaft stand er am Ende seines dritten Lebensjahrzehntes.
Als Sohn eines überaus klugen und politisch geschickt agierenden
Mannes, als Neffe des Königs und als Enkel des Welfenherzogs Heinrich des Schwarzen war er nicht nur Mitglied der führenden Schichten
des Reiches, er verfügte auch über die Möglichkeiten, reiche Erfahrungen zu sammeln, sie zu nutzen und auch anzuwenden. Gemeinsam mit
dem gleichaltrigen Prinzen Sven von Dänemark wurde er – wohl in den
frühen vierziger Jahren – in den ritterlichen Fertigkeiten und Tugenden
unterwiesen. Um diese Zeit erhielt er die Schwertleite, wurde damit
zum Ritter geschlagen.[23]
      Interessant ist nun vor allem der Umstand, daß sich der jugendliche
Staufer offensichtlich von allem Anfang an auch der Familie seiner
Mutter, damit den Welfen, den beständigen Gegnern des Königtums
seines Oheims Konrad, in besonderer Weise verbunden fühlte. Ob dies
damit zusammenhängt, daß er noch im Kindesalter die Mutter verlor –
sein Vater heiratete um 1130/36 in zweiter Ehe die Grafentochter
Agnes von Saarbrücken[24] –, ist nicht mit Sicherheit zu sagen, wäre aber
durchaus denkbar. Fest steht jedenfalls, daß sich der junge Staufer
schon bei seinen ersten überlieferten, kriegerischen Aktionen (ab 1143)
mehrfach auf die Seite der Welfen, hier vor allem seines Oheims
Welf VI., stellte und bei seinen übrigen Unternehmungen stets ein
durchaus eigenständiges Verhalten an den Tag legte. Schauplatz der
von ihm gesetzten Maßnahmen war immer wieder der schwäbische Bereich, wobei er mit großem Durchsetzungsvermögen und dem ihm von
Wibald von Stablo zugesprochenen 'Kriegsglück' die Rechte seines

---

[22] BOM 73.
[23] BOM 9.
[24] Aus dieser Ehe gingen eine Reihe von Halbgeschwistern Barbarossas, wie
der spätere Pfalzgraf bei Rhein, Konrad, und Judith, die Gemahlin Landgraf
Ludwigs II. von Thüringen, hervor.

Hauses gegen konkurrierende Adelsfamilien, etwa die Zähringer, wahrnahm. Ob er bei all diesen Unternehmungen, Fehden und Kämpfen, stets auf das Einverständnis seines Vaters oder gar seines königlichen Oheims zählen konnte, ist unbekannt, scheint in manchen Fällen durchaus zweifelhaft.[25] Dennoch hat es den Anschein, als hätte Konrad III. die Rolle seines Neffen als Verbindungsglied zu der vehementen welfischen Opposition – freilich wohl kaum bei jeder einzelnen der so überaus unabhängig vorgetragenen Aktionen Friedrichs – als wichtig einzuschätzen gewußt.

Erst zu Anfang des Jahres 1147 trat Barbarossa sodann – wenige Tage, nachdem er unter dem Einfluß des großen Zisterziensers Bernhard von Clairvaux gemeinsam mit dem König das Kreuz genommen und damit die Teilnahme am Kreuzzug beschworen hatte – als Herzog von Schwaben hervor. Von nun an löste er sich zusehends von der bislang das schwäbische Herzogtum dominierenden Persönlichkeit seines Vaters. Noch vor dessen Tod begegnete er bereits im Rahmen der umfassenderen Reichspolitik, als er einem vom Straßburger Bischof gefällten Fürstenspruch zugunsten des Klosters Corvey zustimmte und damit in gewisser Weise die Bühne reichspolitischer Entscheidungen betrat.[26] Zu Anfang April 1147 folgte er schließlich seinem damals verstorbenen Vater im Herzogtum nach, wobei gerade in diesen Tagen interessanterweise die Titulatur als „Herzog von Schwaben und vom Elsaß" begegnet.[27]

Keine Rede konnte damals noch von dem künftigen Aufstieg des jungen Herzogs zum Reichsoberhaupt sein. Auf dem Frankfurter Reichstag vom März 1147 war der älteste Sohn Konrads III., Heinrich (VI.), zum König gewählt worden.[28] Dieser Erfolg des Herrschers – knapp vor dem Antritt des Kreuzzuges – wurde allerdings dadurch gleich wieder in Frage gestellt, daß auf demselben Reichstag der junge Sachsenherzog Heinrich der Löwe die Forderung nach Rückstellung des Herzogtums Bayern an ihn erhob. So konnte der zweifellos rational kaum zu begründende Entschluß zum Antritt eines Kreuzzuges – trotz der zunächst auf die inneren Wirren befriedend und ausgleichend wirkenden Folgen – keine echte Basis für ein tatsächliches Ende der Spannungen sein, im Gegenteil, sie hielten weiter an. Friedrich Barbarossa nahm am Kreuzzug teil, sein bereits mehrfach bewiesenes militärisches Geschick zeigte sich dabei in einzelnen, durchaus erfolgreichen Aktio-

---

[25] Vgl. etwa BOM 10.
[26] BOM 25.
[27] BOM 25, 26, 28 und 29.
[28] *Schmidt*, Königswahl, 109 ff.

nen. Eine Nachricht über ein Unwetter, dessen Verheerungen er deshalb entging, weil er gemeinsam mit seinem welfischen Oheim Welf VI. an einem Berghang sein Lager bezogen hatte, belegt von neuem seine engen Kontakte zur welfischen Familie.[29] Im Verlauf des Kreuzzuges wurde der Herzog vom König nicht nur zu diplomatischen Missionen herangezogen, er nahm auch an militärischen Beratungen auf höchster Ebene teil und betrat schließlich mit seiner Einbeziehung in den wohl in Thessalonike geschlossenen Vertrag Konrads mit dem oströmischen Kaiser Manuel,[30] der ein gemeinsames Vorgehen gegen König Roger von Sizilien zum Inhalt hatte, die Bühne der Außenpolitik des Reiches. Immer mehr zeichnete sich somit die 'Schlüsselrolle'[31] ab, die dem staufischen Herzog von Schwaben in den letzten, so schwierigen Jahren der Regierung seines Oheims zuwuchs und zukam. Er bewahrte dabei mit großem Geschick eine Position zwischen den Fronten, zeigte damit eine eminente politische Begabung, die ihn ja auch in der Zeit seines eigenen Herrscheramtes auszeichnen sollte.

Nach der Rückkehr vom Kreuzzug, der zu keinem irgendwie erkennbaren Erfolg geführt hatte, ja als Desaster zu charakterisieren ist, hielten die inneren Auseinandersetzungen im Reich weiter an. Zu dem Konflikt mit den Welfen war nunmehr auch eine schwere außenpolitische Krise getreten. Die enge Bindung Konrads an Ostrom hatte das Normannenreich und Frankreich zu Gegnern werden lassen. Das infolge der stadtrömischen Bewegung schwer erschütterte Papsttum stand der außenpolitischen Orientierung des Staufers ebenfalls mit Skepsis gegenüber. Friedrich Barbarossa verstand es in diesen Jahren, seine Stellung als schwäbischer Herzog durch seine Ehe mit der Tochter des Markgrafen Diepold von Vohburg, Adela, weiter zu festigen und damit zugleich seine territoriale Machtbasis nach dem Osten entscheidend auszuweiten. Weiterhin bewahrte er seine vermittelnde Stellung zwischen den großen Fronten im Reich. Der Tod des Thronfolgers, Heinrichs (VI.), im Jahre 1150 änderte seine Position im Reichsgefüge zwar zunächst noch nicht, dennoch mußte er in der Folge zunehmend als der hervorragendste Repräsentant seines Hauses unmittelbar nach dem König gelten. Sein Verhältnis zu den Zähringern, die er 1145 als territorialpolitische Konkurrenten noch mit Waffengewalt bekämpft hatte und die 1147 durch die Ehe der Tochter des Zähringerherzogs,

---

[29] BOM 34. – Zu den Ereignissen auf dem Kreuzzug Konrads III. im Heiligen Lande vgl. zuletzt auch *Niederkorn*, Traditio, 53 ff.

[30] BOM 41. – S. dazu auch S. 274.

[31] So prägnant bei *Engels*, Staufer, 35.

Clementia, mit Herzog Heinrich dem Löwen ihre bereits früher eingegangenen Verwandtschaftsbeziehungen zu den Welfen erneuert hatten,
dürfte sich in diesen Jahren ebenfalls entspannt haben. Von einer Teilnahme des Schwabenherzogs an den erneut aufflammenden Kämpfen
Welfs VI. gegen Konrad III., die 1150 zu einer Niederlage des Welfen
am Flochberg führten, verlautet nichts. Dennoch zeigt seine Zeugen-
nennung in einer in diesen Jahren zu Memmingen ausgestellten Urkunde Heinrichs des Löwen, daß er auch nach dem Kreuzzug seine
welfischen Kontakte weiterhin pflegte.[32]

Immer wieder begegnet der staufische Herzog in den letzten Jahren
Konrads III. bei Hofe. Die letzten Wochen des Lebens seines von
schwerer Krankheit gezeichneten Oheims wich er nicht mehr von
dessen Seite. Konrad mußte die Bedeutung seines Neffen als des – vor
dem Hintergrund des ungeklärten Verhältnisses zu der unvermindert
vehementen welfischen Opposition – aussichtsreichsten Kandidaten
für eine Nachfolge im Reich und wohl auch einzigen Garanten für eine
Befriedung der politischen Szene damals klar erkennen. Aus dieser
Einsicht des Königs resultierte zweifelsohne sein Entschluß, die künftigen Geschicke seines Hauses wie auch – nach Möglichkeit – die des
Reiches in die Hände Friedrichs zu legen. Weder die Übergabe der
Reichsinsignien an den Schwabenherzog noch das deutliche Eintreten
Konrads für seinen Neffen können freilich dazu führen, die nach dem
Tod des Herrschers (Bamberg, 15. Februar 1152) erfolgte Wahl Barba-
rossas zum König (Frankfurt, 4. März 1152) als eine erbrechtlich be-
gründete Nachfolge im Reich anzusehen.[33] Konrad hatte seine Ansicht,
seine Wünsche kundgetan, das Element der freien Wahl, die letztliche
Entscheidung der wahlberechtigten Reichsfürsten, war damit aber weder beseitigt noch in irgendeiner Weise rechtlich präjudiziert.

In klarer Erkenntnis der Lage trat Friedrich vielmehr unmittelbar
nach dem Ableben des Oheims in Wahlverhandlungen mit den Fürsten
ein, verhielt sich damit nicht anders, als es gerade Konrad III. auch im
Jahre 1138 in allerdings weitaus kritischerer Lage getan hatte. Diese
Verhandlungen werden nicht nur durch eine Reihe von Privilegien und
Maßnahmen, die der Herrscher dann in den ersten Monaten seiner Regentschaft erteilte und traf, belegt, sie erhellen auch aus zwei unmittelbar aus den Wochen vor der Wahl stammenden Zeugnissen, die ihn bei
Gesprächen und Kontakten mit den bedeutenden Fürsten des Reiches

---

[32] BOM 59. – Die zeitliche Einordnung nach dem Kreuzzug ergibt sich aus
dem Herzogstitel Barbarossas, den er erst ab 1146 / 47 führte.
[33] Zur Königswahl Barbarossas vgl. *Engels*, Beiträge, 399 ff. und zuletzt
*Schmidt*, Königswahl, 123 ff.

zeigen. Bereits vier Tage nach dem Tod seines Oheims hatte er 'am Ufer des Mains' mit den Bischöfen Gebhard von Würzburg und Eberhard von Bamberg eine Besprechung über die Neuordnung des Reiches *(colloquium ... de reformando et componendo regni statu)*, ein deutlicher Hinweis auf seine Bemühungen um die Nachfolge.[34] Zu diesen Verhandlungen wurde auch der wohl bedeutendste Staatsmann seiner Zeit, Abt Wibald von Stablo und Corvey, zugezogen.[35] Wenn wir Barbarossa dann noch in diesen Tagen neben den Erzbischöfen Heinrich von Mainz und Arnold von Köln, den Bischöfen Gebhard von Würzburg und Gunther von Speyer, Herzog Heinrich dem Löwen, Pfalzgraf Hermann bei Rhein und einer Reihe von Grafen und weiteren Geistlichen als Zeugen in einer im Dezember 1152 ausgestellten, der Rechtshandlung nach aber zweifellos in den Februar / März, unmittelbar vor die Königswahl zu datierenden Urkunde für das Kloster Alteburg genannt finden, erweitert sich unsere Kenntnis über den Kreis der Teilnehmer an diesen Beratungen ganz entscheidend.[36] Barbarossa hatte damit umfassende Vorkehrungen für die in Frankfurt vorzunehmende Wahlhandlung getroffen.

Am 4. März 1152 schritten sodann die im alten Pfalzort am Main versammelten Fürsten zur Wahl des neuen Königs. Die Namen der Teilnehmer sind nur zum geringsten Teil direkt überliefert: Neben den Erzbischöfen Heinrich von Mainz, Arnold von Köln und Hillin von Trier wird man wohl in den Teilnehmern an den vorangehenden Verhandlungen im Februar des Jahres die Wähler zu sehen haben. Das überaus harmonische Bild, das uns Otto von Freising vom Verlauf der Wahl zeichnet, wird vor allem von dem Bericht des Gislebert von Mons, einer allerdings erst vom Ende des 12. Jahrhunderts stammenden Quelle, in schärfster Weise kontrastiert. Nach ihm hätte es der schwäbische Herzog, dem wegen der Uneinigkeit unter den Wählern gemeinsam mit drei anderen mächtigen Fürsten – dabei ist vor allem an Heinrich den Löwen, Welf VI. und Berthold von Zähringen, weniger an Heinrich Jasomirgott, zu denken – die Wahl übertragen worden sei, durch List verstanden, seine Konkurrenten auszuschalten. Er hätte nämlich jedem seiner Mitkandidaten in geheimen Verhandlungen zugesagt, er würde ihn wählen, falls ihm allein die Vornahme der Wahl übertragen werde, hätte sich dann aber selbst gewählt und diesen Akt auch durch 3000 bewaffnete Ritter, die er mitgebracht hätte, militärisch abgesichert.[37] An-

[34] BOM 61.
[35] BOM 62. – Zu Wibald vgl. *Stephan-Kühn*, Wibald.
[36] BOM 63.
[37] *Engels*, Beiträge, 412 ff.

gesichts des krassen Widerspruchs zum üblichen Ablauf einer Königswahl – 'wählen' konnte sich nicht ein Kandidat, die Wahlhandlung
wurde vielmehr vom Mainzer Erzbischof geleitet –, aber auch aufgrund
neuer Forschungen, die deutlich gemacht haben, daß vor allem Heinrich der Löwe keineswegs als Gegenkandidat in Frankfurt auftrat, wird
man die Aussagen Gisleberts zumindest stark zu relativieren haben.[38]
An einem derart gewaltsamen Vorgehen Barbarossas ist mit Fug und
Recht zu zweifeln. Allerdings wird man dem 'klassischen' Bild Ottos
von Freising doch einige Ergänzungen anzufügen haben:
Vor allem ist es die intensive Vorbereitung seiner Wahl, sind es die im
Februar nach dem Tod Konrads III. geführten Verhandlungen des
schwäbischen Herzogs, die den Staufer von neuem als großes politisches Talent zeigen. Erst aufgrund dieses dynamischen Vorgehens,
dieser umsichtigen Bereitung des Feldes, konnte es am 4. März 1152 zu
der erfolgreichen Kandidatur als Nachfolger auf dem Thron des Reiches kommen. Der zeitgenössisch belegte Widerstand Heinrichs von
Mainz gegen Barbarossa in Frankfurt war angesichts der breiten Zustimmung zu ihm kein wirkliches Hindernis. Was wirklich zählte – und
hier unterrichtet uns Otto von Freising sicherlich zutreffend –, war die
verwandtschaftliche Einbindung Barbarossas in die beiden großen
Adelsfamilien des Reiches, die Staufer und die Welfen, war seine Haltung als Politiker des Ausgleichs, die er schon in den vierziger Jahren
des 12. Jahrhunderts bewiesen hatte und die nach langen Jahren der
Wirren im Reich erstmals wieder berechtigte Hoffnung auf allgemeinen Frieden, die langersehnte Ordnung der zerrütteten Verhältnisse eröffnen mußte.
Erneut stellt sich unserem historischen Interesse bei diesem so ein-
schneidenden Ereignis im Leben Friedrich Barbarossas die Frage nach
Persönlichkeit, Wesen und Charakter des nunmehr zum König aufge-
stiegenen Staufers. Mit der Königswahl fand nicht nur seine Jugend ihr
Ende, sie stellte ihn darüber hinaus in einen völlig neuen Beziehungsrahmen und konfrontierte ihn mit neuen Aufgaben in ungeheurer Fülle
und Komplexität. Schon früher konnten wir ein Zeugnis aus dem Frühjahr 1152, das bekannte Schreiben Wibalds von Stablo an Papst Eugen III., anführen, das uns eine kurze Charakteristik Barbarossas überliefert.[39] Ausführliche Schilderungen sind uns in diesem Zusammenhang aus der Fortsetzung der ›Gesta Friderici‹ Ottos von Freising
durch Rahewin und aus dem Lodeser Geschichtswerk des Acerbus Morena überliefert. Diese – wenngleich teilweise an antiken und karolin-

[38] Vgl. dazu *Schmidt*, Königswahl (wie oben Anm. 33).
[39] Wie oben Anm. 22.

gerzeitlichen Vorlagen orientierten, dennoch durchaus lebensnahen – Charakterzeichnungen des staufischen Monarchen sollen hier angeführt werden, geben sie uns doch ein plastisches und vielschichtiges Bild seiner Persönlichkeit.

Rahewin schreibt[40]:

Der göttliche Kaiser Friedrich zeichnet sich, wie ein Schriftsteller von Theoderich sagt, durch seinen Charakter wie durch sein Äußeres aus, daß er wert ist, auch von denen gekannt zu werden, die ihn nur selten im vertrauten Umgang zu sehen bekommen; ... Sein Charakter ist derart; daß dessen Lob nichts, nicht einmal der Neid auf seine Herrscherstellung beeinträchtigen kann. Seine leibliche Gestalt ist wohl gebaut, von Statur ist er kleiner als die Größten und größer als die Mittelgroßen, sein Haar ist blond und oben an der Stirn etwas gekräuselt, die Ohren werden kaum durch darüberfallende Haare verdeckt, da der Barbier aus Rücksicht auf die Würde des Reichs das Haupthaar und den Bakkenbart durch dauerndes Nachschneiden kürzt. Seine Augen sind scharf und durchdringend, die Nase ist schön, der Bart rötlich, die Lippen sind schmal und nicht durch breite Mundwinkel erweitert, und das ganze Antlitz ist fröhlich und heiter. Die in schöner Ordnung stehende Reihe der Zähne zeigt schneeige Weiße. An der Kehle und am nicht fetten, aber ziemlich kräftigen Halse ist die Haut milchigweiß und manchmal mit jugendlicher Röte übergossen; diese Färbung aber ruft meist nicht der Zorn hervor, sondern das Schamgefühl. Die Schultern sind etwas hochstehend, in den kurzen Weichen liegt Kraft, die Schenkel ruhen auf starken Waden, sind ansehnlich und durchaus männlich. Sein Gang ist fest und gleichmäßig, seine Stimme hell und die ganze Körperhaltung männlich. Durch diese Leibesgestalt gewinnt er sowohl im Stehen wie im Sitzen höchste Würde und Autorität. Seine Gesundheit ist gut, nur mitunter durch eintägiges Fieber getrübt.[41] Er liebt Kriege, aber nur, um dadurch den Frieden zu gewinnen, er ist persönlich tapfer, im Rat außerordentlich überlegen, Bittenden gegenüber nachgiebig und mild gegen die zu Gnaden Angenommenen. Über seine alltägliche Tätigkeit außerhalb des Hauses ist folgendes zu sagen: er besucht entweder allein oder mit ganz geringem Gefolge in aller Frühe das gemeinsame Gebet in den Basiliken oder seiner Priester ... Dem Gottesdienst erweist er so große Verehrung, daß er jede Stunde, da man vor Gott selbst betet, durch angemessenes Schweigen ehrt und daß währenddessen niemand wagt, ihn mit irgendeinem Geschäft zu behelligen. Wenn er nach Beendigung

---

[40] Rahewin, Gesta IV, 86, ed. *Schmale*, 708 ff. – Zur äußeren Erscheinung des Staufers vgl. insbesondere *Grundmann*, Cappenberger Barbarossakopf sowie *Willemsen*, Bildnisse der Staufer, 10 ff., besonders 14 ff.

[41] Tatsächlich ist eine derartige Fiebererkrankung bereits 1154 nachzuweisen (BOM 229). Es scheint sich dabei um eine Infektion gehandelt zu haben, die sich der Staufer auf dem Kreuzzug Konrads III. zugezogen hatte. Wahrscheinlich deshalb war er dann 1167 bei der furchtbaren Malariakatastrophe vor Rom gegen diese Seuche weitgehend immun (zur Katastrophe vor Roms s. unten S. 98).

der Andacht und der Messe mit den göttlichen Reliquien gesegnet worden ist, widmet er den übrigen Morgen den Regierungsgeschäften. Wenn er die Jagd ausübt, steht er keinem darin nach, Rosse, Hunde, Falken und ähnliche Vögel abzurichten, zu prüfen und anzuwenden.[42] Auf der Pirsch spannt er selbst den Bogen, ... Bestimme, was er treffen soll: was du bestimmst, trifft er. Beim Gastmahl herrscht folgender Brauch: königliche Fülle, doch so, daß sich weder die Mäßigkeit über Völlerei noch der Hunger über Knausrigkeit beklagen kann. Beim Spielen legt er den königlichen Ernst ein wenig ab, und sein Temperament ist so, daß seine Herablassung nicht bedrohlich, seine Strenge nicht blutgierig ist. Seinen Hausgenossen droht er nicht, wenn er sie anredet, noch verachtet er ihren Rat, noch zeigt sich bei der Aufspürung von Verbrechen verfolgungssüchtig. Die Schriften und die Taten der alten Könige durchforscht er eifrig. Almosen im Dienst der Armen verteilt er meist eigenhändig, ein Zehntel seiner Einnahmen spendet er gläubig Kirchen und Klöstern.[43] In seiner Muttersprache ist er sehr redegewandt, Lateinisch aber kann er besser verstehen als sprechen. Er kleidet sich nach heimischer Weise, nicht verschwenderisch oder herausfordernd, aber auch nicht gewöhnlich, ... Obwohl er in der Erweiterung des Reiches und der Unterwerfung von Völkern so Großes leistet und sich ständig den erwähnten Beschäftigungen widmet, hat er doch an verschiedenen Orten zahlreiche zur Verschönerung und zum Vorteil des Reiches dienende Bauten begonnen, einige auch vollendet und den größten Teil seiner Fürsorge der Betätigung seiner Frömmigkeit gewidmet.[44]

Prägnanter und kürzer, mit geringerem Pathos behaftet und noch weitaus lebensnaher präsentiert sich uns die eindrucksvolle Schilderung des Staufers durch den Lodeser Historiographen Acerbus Morena, der seine Kenntnis wie Rahewin aus der unmittelbaren, persönlichen Bekanntschaft mit dem Herrscher beziehen konnte[45]:

Der Kaiser entstammte einem sehr vornehmen Geschlecht; er war mittelgroß, von schöner Gestalt und besaß wohlgestaltete Glieder; sein helles Angesicht war von rötlicher Farbe, sein Haar fast blond und gekräuselt; sein Antlitz war heiter, und immer schien er lächeln zu wollen; seine Zähne waren weiß, seine Hände sehr schön, sein Mund anmutig; äußerst kriegerisch, zögernd zum Zorn, kühn und unerschrocken, geschwind und beredt; freigebig, aber nicht ver-

[42] Ein höchst interessanter Hinweis auf die Beliebtheit der Falknerei bereits zur Zeit Barbarossas, der sich noch durch das Diplom für Arnold von Dorstadt von 1167 (MGH.DF.I.522), der dem Kaiser für die Belehnung mit Annone jährlich einen Jagdfalken zu geben hatte, ergänzen läßt. Schon der erste Staufer huldigte somit dieser Liebhaberei, die dann im Werk seines Enkels, Kaiser Friedrichs II., ›De arte venandi cum avibus‹ in so anschaulicher, prächtiger Form ihren bildhaften Niederschlag gefunden hat.

[43] Zu den Stiftungen für Kirchen vgl. *Opll*, Amator ecclesiarum, 72 ff.

[44] Zur Bautätigkeit des Kaisers vgl. etwa *Hotz*, Pfalzen und Burgen sowie *Arens*, in: Die Zeit der Staufer 3, 129 ff.

[45] Acerbus Morena, ed. *Schmale*, 186 ff.

schwenderisch, behutsam und vorausschauend im Rat, von schneller Auffas-
sungsgabe und sehr weise; gegenüber Freunden und Guten liebenswürdig und
gütig, schrecklich aber gegenüber Bösen und unerbittlich; er verehrte die Gerechtigkeit und liebte die Gesetze, fürchtete Gott und war bereit zu Almosen;
vom Glück außerordentlich begünstigt, von fast allen geliebt, und in ihm irrte
die Natur der Dinge nicht von ihrem Wesen ab, außer daß sie ihn sterblich geschaffen hatte, und seit weit zurückliegenden Zeiten war ihm kein Kaiser zu vergleichen.

Selbstverständlich kommen in diesen aus dem Bereich der staufischen Hofhistoriographie stammenden Charakterisierungen der Persönlichkeit Barbarossas insbesondere die positiven, hohen Eigenschaften des Monarchen zum Ausdruck. Sein Verhalten wäre demnach unvollständig geschildert, würde man nicht auch andere, vereinzelte Belegstellen anführen, die ihn als durchaus harten, ja teilweise grausamen
Kriegführenden kennzeichnen, was aber nicht nur aus dem jeweiligen
historischen Zusammenhang der geschilderten Kämpfe, sondern auch
aus der für seine Zeit durchaus typischen Mentalität heraus zu verstehen ist. So hat man dem Bild seiner Persönlichkeit, wie es sich aus
den oben angeführten Quellenbereichen ergibt, Nachrichten über das
besonders strenge Vorgehen des Herrschers gegen die aufständischen
Reichsuntertanen in den italienischen Städtekämpfen gegenüberzustellen. Hier zeigte sich Barbarossa durchaus als Mann seiner Zeit und als
Herrscher. Seine Maßnahmen wichen zudem von denen seitens der
Kommunen selbst in den Auseinandersetzungen mit ihren Rivalen er-
griffenen hinsichtlich ihrer Rigorosität in keiner Weise ab, waren vielmehr allgemeiner Ausdruck der Zeit.

Ein Mann im besten Alter somit, reich an Erfahrungen auf politischem wie militärischen Gebiet, mit einem ansprechenden, reich struk-
turierten Charakterbild, in dem durchaus die positiven Eigenschaften
überwogen, bestens geeignet für die Übernahme der Regierungsgeschäfte, mit Verhandlungsgeschick, voll Entscheidungskraft und
Durchsetzungsvermögen – so stellt sich uns der Staufer Friedrich
Barbarossa in dem Augenblick dar, als er die Herrschaft im Reich im
Frühjahr 1152 antrat. Zuletzt ist an dieser Stelle wohl auch die Frage zu
berühren, welche Auffassung der neue Herrscher denn von seinem
Herrscheramte hatte, d. h., es ist die Frage nach der 'Kaiseridee' Barbarossas[46] zu stellen: Dabei ist keinesfalls daran zu denken, daß der Staufer hinsichtlich derartiger Probleme intensive theoretische Überlegun-
gen angestellt hätte. Seine Auffassung war vielmehr durch Tradition,
Wissen um die Stellung des Herrschers und ein markantes Selbstver-

---

[46] Dazu vgl. *Appelt*, Kaiseridee, 208 ff.

ständnis hinsichtlich seiner Familie und deren Position bestimmt[47] und läßt sich vor allem im Verhältnis des Reiches zu den anderen großen Machtblöcken der Epoche, der Kirche, den Fürsten, den italienischen Stadtstaaten, dem Oströmischen Reich und den Westmächten England und Frankreich, in interessanten Zeugnissen belegen. Im Zentrum der Kaiseridee stand die feste Überzeugung, das Reich von Gott und durch die Wahl der Fürsten übertragen bekommen zu haben. Als integrierender Bestandteil des Herrscheramtes, ja geradezu als dessen Kern, galt dem Staufer die uneingeschränkte Verfügungsgewalt über die Stadt Rom. Von dieser Haltung wurde nicht zuletzt auch das Verhältnis zwischen Imperium und Sacerdotium, zwischen dem staufischen Kaiser und dem Papsttum seiner Zeit, nachhaltig beeinflußt. Besonders klares Zeugnis davon legen etwa auch die Worte ab, die der Herrscher selbst unmittelbar vor seiner Krönung zum Kaiser an eine Gesandtschaft der Stadtrömer richtete. In dieser geradezu programmatischen Rede, deren Wortlaut bei Otto von Freising überliefert ist und von diesem Historiographen vielleicht um einige Zitate angereichert, dem Gehalt nach aber sicher nicht verändert worden ist, weist der König das Ansinnen der Römer, die Kaiserkrone von ihnen zu empfangen, mit Nachdruck zurück. Er betont die faktische Herrschaft über die Stadt Rom und unterstreicht dabei vor allem das Eroberungsrecht, das diese Herrschaft seit den Tagen der Franken, in deren Nachfolge er steht, grundlegend abgesichert hat.[48]

Einen nachhaltigen Wandel erfuhren die Vorstellungen hinsichtlich des Verhältnisses zum Papsttum sodann mit dem Ausbruch des Schismas (1159), wies Alexander III. doch die bis dahin akzeptierte Zweischwerter-Lehre als Grundlage der gegenseitigen Beziehungen zurück. Das Ende der Kirchenspaltung im Frieden von Venedig (1177) brachte das Aufkommen einer neuen Herrschaftskonzeption mit der im Werk Gottfrieds von Viterbo faßbaren Auffassung der seit jeher unverändert bestehenden *imperialis prosapia*, als deren Höhepunkt eben das staufische Haus zu gelten habe.[49] Untrennbar mit den Fragen der Kaiseridee verbunden ist auch das auffällige Phänomen eines besonders feierlichen, auf Würde wie Wirkung bedachten Stils der Reichskanzlei, wie er sich schon ab der Mitte der 1150er Jahre fassen läßt und etwa vor allem in der markanten Wendung vom *sacrum imperium*, dem heiligen Reich,[50] hervortritt. Ohne daß sich hierbei nun ein regelrechter Einfluß

---

[47] Dazu vgl. besonders *Schmidt*, De regia stirpe Waiblingensium, 454 ff.

[48] BOM 316.

[49] Vgl. dazu *Engels*, Stauferstudien, 8 ff. und 225 ff.

[50] Vgl. dazu *Koch*, Sacrum Imperium sowie *Appelt*, Kaiseridee, 243.

des Herrschers selbst, etwa in dem Sinn, daß er persönlich die Verwendung derartiger Formulierungen angeordnet hätte, nachweisen läßt, stellen sie doch wertvolle Hinweise auf die Prägung des allgemeinen geistigen Klimas, die Gedankenwelt des staufischen Hofes dieser Zeit dar. Auch dabei baute man unter Barbarossa auf bereits vorhandenen Möglichkeiten auf, griff damit Traditionen auf, verlieh ihnen aber durch zielbewußten Einsatz neue Dynamik und neue Wirkungsfelder. Nicht nur als Politiker, sondern offensichtlich auch im Hinblick auf die persönliche Auffassung vom Herrscheramt, zeigte sich der Staufer als Mann, dem die Fähigkeit zum Aufgreifen von schon seit längerem grundgelegten Mitteln der Herrschaftsgestaltung in ganz besonderer Weise eignete.

## 2. KONSOLIDIERUNG UND NEUE PROBLEME (1152–1158)

Am[1] 4. März 1152 ging aus der in Frankfurt vorgenommenen Königswahl[2] mit dem schwäbischen Herzog Friedrich der Mann als neuer Herrscher hervor, der sich diesen Erfolg nicht nur durch geschickte Vorverhandlungen mit den Fürsten zu sichern verstanden hatte, sondern der auch infolge seiner Abstammung von Staufern und Welfen die Aussichten auf ein Ende der jahrelangen Krise des Reiches durchaus günstig erscheinen ließ. Unmittelbar nach der Wahl leisteten die anwesenden Fürsten dem neuen König den Formen des Lehnsrechtes entsprechend Treueid und Mannschaft. Zu Schiff und – von Sinzig aus – zu Pferde begab sich Friedrich sodann in den traditionellen Krönungsort Aachen, wo am Sonntag Letare Jerusalem (9. März) die von Erzbischof Arnold von Köln vorgenommene Salbung, Krönung und Thronsetzung erfolgte. Die allseitige Anerkennung des neuen Herrschers, dessen Wahl und Krönung sich so nachhaltig von den spannungsgeladenen Vorgängen der Jahre 1125 und 1138 unterschieden, zeigte sich auch in einem deutlichen Optimismus, mit dem man jetzt in die Zukunft blickte. Bezeichnend dafür ist etwa der Umstand, daß man die am Krönungstag in Aachen vorgenommene Weihe des neuen Bischofs von Münster nicht zuletzt deshalb als gutes Vorzeichen ansah, weil

---

[1] Zu Beginn der nun folgenden, chronologisch geordneten Darstellung der Regierung Friedrich Barbarossas sei nochmals (s. auch oben S. 4 ff.) kurz auf die heranzuziehenden Quellen und deren Erschließung hingewiesen: Für die ersten sechs Regierungsjahre liegen nicht nur die von *Simonsfeld* bearbeiteten Jahrbücher, sondern auch die Neubearbeitung der Böhmerschen Regesta Imperii (zitiert: BOM) vor. Ab 1158 ist immer noch das Werk von *Giesebrecht* bzw. *Giesebrecht – Simson* (Kaiserzeit 5 und 6) heranzuziehen. Allerdings konnte ich für die Jahre 1158–1168 auch schon den bereits in Rohfassung vorliegenden Fortsetzungsband der Regesta Imperii, dessen Bearbeitung weiterhin in meinen Händen liegt, verwenden. Die Diplome des Staufers liegen bis 1180 bereits im Druck vor (MGH. DDF. I.), den vierten und abschließenden Band für das letzte Jahrzehnt der Regierung Barbarossas konnte ich im bereits vorliegenden Umbruch einsehen. – Generell ist im folgenden auch immer wieder auf die inhaltlich in vieler Hinsicht überschneidenden Darstellungen in den Kapiteln II / 1–5 des vorliegenden Buches zu verweisen sowie zu Fragen des kaiserlichen Itinerars stets meine entsprechende Arbeit einzusehen.

[2] S. dazu S. 33 mit Anm. 33.

dieser Bischof ebenfalls Friedrich – dem Wortsinn nach 'reich an Frieden' – hieß.

Wie der junge König bereits in diesen ersten Tagen seiner Regentschaft seine politischen Entscheidungen mit großer Umsicht und unter Festlegung klarer Prioritäten traf, erhellt aus den zu Aachen geführten Gesprächen mit den Fürsten. Wiewohl vor allem der deutsche Episkopat auf den von Konrad III. 1151 beschlossenen Italienzug zur Kaiserkrönung drang, gab Friedrich den Einwänden der weltlichen Fürsten nach, vordringlich sei die Beruhigung der gespannten inneren Lage des Reiches. An Papst Eugen III. wurde eine Gesandtschaft, bestehend aus Hillin, dem erwählten Erzbischof von Trier, Bischof Eberhard von Bamberg und Abt Adam von Ebrach, abgeordnet. Sie überbrachten ein von dem seit langem in Staatsgeschäften bewährten Abt Wibald von Stablo verfaßtes Schreiben, in dem das Verhältnis zum Sacerdotium auf der Grundlage der Zweigewaltenlehre als gleichgeordnet dargestellt wurde.

Friedrich selbst trat einen Umritt durch das Reich an, der ihn zunächst von Aachen aus an den Niederrhein führte. Die mit seiner Wahl sehr rasch wiedergewonnene Autorität des Königtums machte mehrfach das erfolgreiche Eingreifen in lokale Streitigkeiten möglich, ein Eingreifen, das in der Folge wieder positiv zurückwirkte und die Stellung des Herrschers weiter festigte. In der Stadt seines Koronators, in Köln, wurde das Osterfest (30. März) begangen; sodann zog er von hier aus ins Herzogtum Sachsen, und damit in die unter Konrad III. so lange feindliche Hochburg der welfischen Macht. Auf dem zu Pfingsten (18. Mai) in Merseburg abgehaltenen Reichstag konnte der staufische König mit der erfolgreichen Klärung der dänischen Thronwirren erstmals sein Ansehen auch gegenüber den Nachbarn seines Reiches zur Geltung bringen. Sein welfischer Vetter, Heinrich der Löwe, der in diesen Monaten vielfach in seiner unmittelbaren Umgebung weilte, drang damals mit seinem Anspruch auf das Winzenburger Erbe, das nach der Ermordung des letzten Grafen von Winzenburg auch der askanische Markgraf Albrecht der Bär für sich reklamierte, nicht durch. Der Herrscher verstand es überaus geschickt, die Interessen der Fürsten für den Ausgleich der Kräfte wie auch für die Bestärkung der Stellung des Königtums auszunützen.

Bereits während seines Aufenthalts in Utrecht im März, als er nach der Aachener Krönung an den Niederrhein gezogen war, hatte Friedrich gezeigt, welchen Stellenwert er dem Einfluß auf die Neubesetzung der Bistümer des Reiches beimaß. In Merseburg griff er in die Magdeburger Doppelwahl ein, indem er eine der beiden Parteien dazu bewog, Bischof Wichmann von Naumburg-Zeitz zu wählen, dem er dann sofort die Regalien verlieh. Zwei Jahre hindurch sollte diese königliche Entscheidung zu den mit dem Papsttum heftig diskutierten Streitpunkten zählen. Die eindeutige Parteinahme des deutschen Episkopats für die Sache des Staufers, ebenso wie die ungleich größere Bedeutung geordneter Beziehungen zum Reich verhinderten allerdings, daß es wegen der Magdeburger Frage[3] zu einem regelrechten Bruch gekommen wäre. Vordringlich blieb für den Herrscher zunächst – entsprechend dem Ergebnis der Gespräche von Aachen – die endgültige Beilegung der Spannungen im Reich, insbesondere die Klärung der welfischen Ansprüche auf das Herzogtum Bayern. Sein noch in der Mitte der 1140er Jahre konfliktbeladenes Verhältnis zu den Zähringern wurde noch vor dem Juni 1152 vertraglich mit der Übertragung Burgunds an Herzog Berthold IV. geregelt. Wie der Staufer bei all diesen Aktivitäten die Notwendigkeit des Italienzuges nicht aus den Augen verlor, erhellt aus der Verpflichtung des Zähringers zur Teilnahme an diesem durchaus auch weiterhin geplanten Unternehmen.[4]

Zu Ende Juni 1152 suchte Barbarossa die bayerische Herzogsstadt Regensburg auf, wo ihn sein babenbergischer Oheim Heinrich Jasomirgott, seit 1143 Herzog von Bayern und damit der unmittelbare Gegner der welfischen Ansprüche auf dieses Herzogtum, empfing. Für den Babenberger standen die Zeichen der Zeit schlecht, sowohl das Interesse des Herrschers als auch das der überwiegenden Mehrzahl der Fürsten war auf die Beendigung der Auseinandersetzung gerichtet. Konnte es somit letztlich keinen Zweifel daran geben, daß den Welfen ihr angestammtes bayerisches Herzogtum zurückzugeben war, so trachtete der König doch nach einer möglichst harmonischen, einvernehmlichen Lösung. Er konnte kaum daran interessiert sein, neue Gegnerschaften im Reich aufleben zu lassen. Nur aus diesem Bestreben ist es zu erklären, mit welcher Geduld und Nachsicht – insbesondere gegenüber den Babenbergern – der Staufer in dieser Frage in den nächsten Jahren vorging.[5]

Eng hatte sich seit jeher das Verhältnis Barbarossas zu seinem welfischen Oheim, Herzog Welf VI.,[6] gestaltet, der gerade auch in den ersten Monaten seiner Regierung stets an seiner Seite zu finden war. Im Bereich der welfischen und staufischen Besitzungen im südlichen Schwaben wurde zu Ende Juli / Anfang August in Ulm ein Hoftag abgehalten,

---

[3] Vgl. dazu *Claude*, Geschichte des Erzbistums Magdeburg 2, 71 ff.

[4] BOM 94, vgl. *Heinemann*, Zähringer 1, 155 ff.

[5] Zur bayerischen Frage vgl. *Jordan*, Heinrich der Löwe, 48 ff. und *Lechner*, Babenberger, 151 ff.

[6] Zu ihm vgl. *Feldmann*, Welf VI.

auf dem erstmals auch eine größere Zahl italienischer Reichsangehöriger erschien, die Urkunden des Königs erhielten. Bereits fünf Monate nach seiner Wahl konnte der Staufer auf eine Reihe beachtlicher Erfolge zurückblicken. Im Rückgriff auf spätsalische Traditionen wurde in Ulm ein eigener Landfriede für das Reich verkündet, deutlicher Hinweis darauf, daß man mit Zuversicht und Vertrauen in die Zukunft blickte, die Festigung des lange ersehnten Friedens nicht nur als notwendig erachtete, sondern eben auch für möglich hielt.[7]

Mit dem Erscheinen von Italienern in Ulm wurde eine Brücke nach dem Süden geschlagen. Fortan suchten immer wieder Geistliche, Adelige und Bürger aus dem Süden den staufischen Hof auf, brachten hier ihre Probleme und Bitten vor, erhielten Urkunden und rückten damit die Belange des Königreiches Italien verstärkt ins Blickfeld des neuen Herrschers.[8] Papst Eugen III. zeigte sich über die Erhebung Wichmanns zum Magdeburger Erzbischof ausgesprochen verärgert. Mit seiner Wibald von Stablo übermittelten Nachricht über eine Verschwörung in Rom, die auf Anstiften des vehementen Kritikers der kirchlichen Hierarchie, Arnolds von Brescia, eine eigene Kaiserwahl plane, versuchte er offensichtlich, Friedrich unter Druck zu setzen. Der König sah die Lage allerdings durchaus realistisch, wenn er in diesen römischen Umtrieben weniger eine Gefahr für sich als eine weitere Bedrohung für das Papsttum sah. Im Oktober 1152 wurde auf dem Hoftag von Würzburg die weitere politische Linie des Herrschers festgelegt. In geschickter Weise nahm Friedrich die Klagen einiger von König Roger von Sizilien vertriebenen Apulier zum Anlaß, von den Fürsten den Antritt des Italienzuges zur Kaiserkrönung binnen der nächsten beiden Jahre beschwören zu lassen. Immer enger gestaltete sich das Verhältnis zu den Welfen. Welf VI. erhielt in Würzburg die schon von Lothar III. Heinrich dem Stolzen übertragenen Positionen des Reiches in Mittelitalien, neben der Markgrafschaft Tuszien und dem Hausgut der Gräfin Mathilde auch das Herzogtum Spoleto und den Prinzipat Sardinien. Zwar konnte die bayerische Frage wegen des Nichterscheinens Heinrich Jasomirgotts nicht behandelt werden, die Übertragung des Winzenburger Erbes an Heinrich den Löwen war aber ein wichtiger Erfolg für die Territorialpolitik der Welfen in Sachsen.

Zu Ende des Jahres begab sich Friedrich nach dem Westen, wo er in Trier das Weihnachtsfest feierte. Wenn er dort mit seinem Vorhaben, die Oberhoheit über das Bistum Cambrai an Graf Dietrich von Flandern

---

[7] Vgl. dazu allgemein *Gernhuber*, Landfriedensbewegung in Deutschland.

[8] Zum ersten Eingreifen des Königs im Gebiet von Como, damit in einer Zone der Mailänder Territorialinteressen, vgl. *Maurer*, Chiavenna, 339 ff.

gemäß dessen territorialpolitischen Ambitionen zu übertragen, Schiffbruch erlitt und den Ausbruch von Kämpfen zwischen den beiden Kontrahenten nur mit Mühe verhindern konnte, so spiegelt sich darin beides: sowohl die Grenzen der politischen Möglichkeiten des neuen Herrschers als auch dessen Durchsetzungsvermögen. Zu Anfang des nächsten Jahres zog er über das Elsaß nach Burgund, wo er in Ausführung des Vertrages mit dem Herzog von Zähringen vom Vorjahr dessen Herrschaft im Lande befestigen wollte. Die Grundlagen hatten sich allerdings gewandelt: Schon auf dem Regensburger Hoftag vom Juni 1152 hatten die Fürsten sich nicht nur gegen einen Feldzug nach Ungarn, sondern auch gegen einen solchen nach Burgund ausgesprochen. Zu Anfang 1153 erschien der König dann tatsächlich ohne Heer im Lande Burgund. Hier bewährte sich aber sein Verhandlungsgeschick, wenn er die bestehenden Gegensätze des Zähringers zu Graf Wilhelm von Mâcon, der in Besançon bei Hofe erschien, während der Herzog nur bis nach Colmar mitgezogen war, offensichtlich zu entspannen vermochte.

Noch im Spätherbst 1152 hatte Barbarossa die Gespräche mit dem Papsttum wieder intensiviert. Nachdem das zunächst vorhandene Einvernehmen durch die Frage der Magdeburger Wahl empfindlich gestört worden war, hatten jene unter dem Einfluß Arnolds von Brescia in Rom entwickelten Pläne zu einem radikalen Umsturz der Verhältnisse, zur Vornahme einer eigenen Kaiserwahl, beide Seiten, Papst wie König, wieder unter Zugzwang gesetzt. Daß der Herrscher selbst auch durch diese römischen Unruhen irritiert war, zeigt sich wohl darin, daß er mit Graf Ulrich von Lenzburg einen der Männer an Eugen III. entsandte, die ein deutscher Parteigänger der stadtrömischen Bewegung in einem Schreiben an ihn als besonders geeignet für Verhandlungen mit den Römern bezeichnet hatte. An der Jahreswende 1152/53 war es dann zu einem Vertrag mit dem Papst gekommen, den man nach seiner Ratifizierung im März 1153 zu Konstanz als 'Konstanzer Vertrag' zu benennen pflegt. Offensichtlich hatten sich beide Seiten, der König wie der Papst, durch Kontakte zur stadtrömischen Opposition gegen einen Einsatz derartiger Verbindungen zugunsten des anderen abgesichert, so daß die Positionen bei den Verhandlungen annähernd ausgeglichen waren. Im Vertrag selbst verpflichtete sich der Staufer zur Unterstützung der römischen Kirche gegen die Stadtrömer, Roger von Sizilien und eine etwaige byzantinische Expansion auf Italien sowie zum Schutz der Kirche als deren Vogt. Der Papst sagte dagegen die Kaiserkrönung, die Verhängung der Exkommunikation über Reichsfeinde und das Eintreten gegen die erwähnten byzantinischen Expansionsbestrebungen zu. Betrachtet man diese Bestimmungen in ihrem gegenseitigen Verhältnis, so wird man kaum umhinkönnen, dem Papsttum im unmittelbaren Sinne den größeren Erfolg zuzuschreiben. Dennoch wäre es völlig verfehlt, daraus einen wirklichen Nachteil oder gar Schaden für die Position des Königs herauslesen zu wollen, sollte doch die politische Realität der nächsten Jahre so manche der Punkte des Vertrages ohnehin ad absurdum führen.[9]

Der Passus über das gemeinsame Vorgehen gegen mögliche byzantinische Expansionsbestrebungen in Richtung auf Italien, der zunächst wie ein völliger Neuansatz der Politik Barbarossas, ein Abgehen von den guten Beziehungen zu Byzanz unter Konrad III., wirkt, erweist sich bei näherem Zusehen als politischer Schachzug. Der Staufer nahm gerade dabei ganz bewußt Maßnahmen seines Vorgängers wieder auf, wobei es parallel zu deutsch-byzantinischen Eheverhandlungen[10] darum gegangen war, die als Mitgift für die Gemahlin Kaiser Manuels, Bertha von Sulzbach, vorgesehene Abtretung italienischen Bodens wieder rückgängig zu machen. In der Tat nahm Friedrich derartige Pläne gerade ab diesem Tag von Konstanz in verstärktem Maße auf, war damals doch seine erste Ehe mit Adela von Vohburg – offiziell wegen zu naher Verwandtschaft, faktisch aber wohl eher wegen weiter ausgreifender, politischer Motive – von den päpstlichen Legaten getrennt worden. Damit konnte der Staufer selbst als Brautwerber in den ab dem Sommer 1153 geführten Verhandlungen mit Ostrom auftreten. Sowohl die bereits im Oktober 1152 bestimmte Ausrichtung des Italienzuges gegen Süditalien wie auch der Konstanzer Vertrag und die Verhandlungen mit Byzanz fügen sich zu einem Bild der Politik Barbarossas zusammen: Darin wirkt zwar die traditionelle Grundtendenz der Reichspolitik Konrads III. fort, kann aber nun durch neue Dynamik und Energie, gestützt auf eine weitgehende Anerkennung der königlichen Herrschaft, auch in die Realität umgesetzt werden.

Erstmals wurde der König in Konstanz infolge der spontan vorgebrachten Klage zweier Lodeser Kaufleute mit dem Hegemoniestreben der Mailänder konfrontiert.[11] Sein weitgehend wirkungslos gebliebener Befehl an die Lombardenmetropole zugunsten Lodis sollte die erste Maßnahme in einem jahrzehntelangen Ringen sein. Im Gefolge des Konstanzer Vertrages war das Verhältnis des Staufers zum Papsttum ausgezeichnet. Wiewohl die Magdeburger Frage auch weiterhin ungelöst blieb und erst mit dem Nachgeben des Nachfolgers Eugens III.,

---

[9] Dazu vgl. zuletzt *Engels*, Konstanzer Vertrag, 235 ff. mit kritischer Würdigung der älteren Literatur.
[10] S. dazu unten S. 274 ff.
[11] Vgl. *Opll*, Lodi, 70 ff.

Anastasius' IV., im Frühjahr 1154 endgültig bereinigt werden konnte, zeigten sich die von Eugen III. nach Deutschland entsandten Kardinallegaten dennoch bereit, im Zusammenhang mit Personalentscheidungen im deutschen Episkopat den Wünschen des Herrschers nachzukommen. Auf dem zu Pfingsten 1153 (7. Juni) in Worms versammelten Hoftag setzten sie Erzbischof Heinrich von Mainz, einen vehementen Gegner der königlichen Territorialpolitik, der der Wahl des Staufers als einziger Metropolit zunächst ablehnend gegenübergestanden war, ab. Auch die Bischöfe von Eichstätt, Hildesheim und Minden mußten von ihren Stühlen weichen, Vertraute des Staufers, allen voran Kanzler Arnold von Selehofen auf dem Mainzer Stuhl, folgten nach. Die Beziehungen nach Burgund, vor allem auch zum Arelat, die militärisch zu Anfang des Jahres nicht hatten geregelt werden können, wurden in Worms durch eine Reihe von Privilegien unterstrichen.

Der Vorbereitung des Italienzuges, der Intensivierung der Verhandlungen mit dem oströmischen Kaiser wie dem Bemühen um einen Ausgleich zwischen Welfen und Babenbergern war die zweite Hälfte des Jahres 1153 gewidmet. Immer enger gestalteten sich die Beziehungen zum welfischen Vetter des Herrschers, zu Heinrich dem Löwen. Mit der Übertragung des königlichen Investiturrechtes über die Bistümer Oldenburg, Ratzeburg und Mecklenburg sowie alle künftig im Lande östlich der Elbe zu errichtenden Bistümer an den Sachsenherzog wurde dessen königsgleiche Stellung im Norden Deutschlands entscheidend befestigt, dem intensiven Landesausbau und der Kolonisation im Heidenland die königliche Sanktionierung erteilt.[12] Im Juni 1154 wurde dem Löwen wegen abermaligen Nichterscheinens Heinrich Jasomirgotts, gegenüber dem der Herrscher größte Langmut bewies, durch Fürstenspruch das Herzogtum Bayern zuerkannt, ohne daß damit das Problem freilich wirklich gelöst war.

Der nunmehr gemäß den Beschlüssen des Würzburger Hoftages vom Oktober 1152 unmittelbar bevorstehende Italienzug machte es noch einmal erforderlich, die Angelegenheit zu verschieben. Im Oktober 1154 zog Friedrich in Begleitung der wichtigsten Reichsfürsten und mit einem eher bescheidenen Heer von nur 1800 Rittern über die Brennerstraße nach dem Süden.[13] Er schlug zu Ende November auf den Feldern von Roncaglia unweit von Piacenza am Po sein Lager auf. Dort fand der erste Hoftag des Staufers auf italienischem Boden statt. Zu-

---

[12] MGH. DF. I. 80 ( = BOM 223).

[13] Im normannischen Königreich Sizilien, gegen das sich der Italienzug ja richtete (vgl. BOM 135), war nach dem Tod Rogers II. am 26. Februar 1154 dessen Sohn Wilhelm I. auf den Thron gefolgt, vgl. *Chalandon*, Histoire 2, 166.

nächst wurde Heerschau gehalten: Laien wie Geistliche, darunter Erzbischof Hartwig von Bremen und Bischof Ulrich von Halberstadt, wurden wegen Fernbleibens vom Italienzug mit der Aberkennung ihrer Lehen bestraft. Das eigentliche Thema dieser Tage zu Roncaglia war freilich die Begegnung des Herrschers mit den wichtigsten geistlichen, adeligen und städtischen Vertretern Reichsitaliens. Obwohl er schon seit
dem ersten Jahr seiner Regierung mit den Problemen dieser Gebiete in
Berührung gekommen war, konnte er sich nunmehr von der Situation
durch persönlichen Augenschein doch ein weit genaueres Bild verschaffen. Die vorgebrachten Klagen richteten sich ausschließlich gegen
die Städte des Landes, die ihrer adeligen Umwelt, ihrem eigenen Bischof oder den benachbarten, schwächeren Städten als Gegner gegenüberstanden. Insbesondere waren es die Mailänder und die mit ihnen
verbündeten Tortonesen, gegen die schwere Anschuldigungen vorge-
bracht wurden. Im Piemontesischen standen Chieri und Asti im Mittelpunkt der Klagen des Markgrafen von Montferrat und des Bischofs
von Asti.

Diese erste unmittelbare Konfrontation des Staufers mit der Welt
und der Macht der Kommunen konnte angesichts der dem traditionellen Gefüge des Reiches so diametral zuwiderlaufenden, neuen Ord-
nungsprinzipien des Städtewesens zu keiner anderen Reaktion als zu
einem Vorgehen gegen die städtischen Expansionsbestrebungen führen. Die gesellschaftlichen Verhältnisse in den Städten Reichsitaliens
waren den deutschen Reichsfürsten und sicher auch dem Herrscher
völlig fremd, wie vor allem aus der Schilderung durch Otto von Freising klar hervorgeht.[14] Dennoch wäre es verfehlt, beim Staufer von
allem Anfang an die prinzipielle Ablehnung des konsularischen
Regiments vorauszusetzen. Sowohl er selbst als auch sein Vorgänger
Konrad III. hatten in urkundlichen Verfügungen schon vor 1154 der
Existenz dieser Regierungsform durch ausdrückliche Nennung der
Konsuln Rechnung getragen.[15] Es war nun allerdings das deutlich
zutage tretende Hegemonie- und Expansionsstreben der Städte, gegen
das der Herrscher unbedingt einschreiten mußte, wollte er nicht eine
empfindliche Störung im Ausgleich zwischen den lokalen Kräften
zulassen.

Grundsätzlich wurde noch in Roncaglia mit der Erneuerung des
Lehnsgesetzes Lothars III. gegen die Aushöhlung der das gesamte
Reichsgefüge bestimmenden lehnsrechtlichen Bande eingeschritten.

---

[14] Zu dem von Otto gezeichneten Bild Reichsitaliens vgl. auch S. 175 ff.
sowie des weiteren die Arbeit von *Haverkamp*, Zentralitätsgefüge, 48 ff.
[15] Vgl. dazu *Opll*, Stadt und Reich, 528 mit Anm. 32.

Der Verkauf von Lehen ohne Zustimmung der Lehnsherren war in Italien gang und gäbe. Trat der Staufer damit bereits bei seinem ersten Erscheinen in Italien als Gesetzgeber auf, so ließ er den legislatorischen Maßnahmen unmittelbar darauf auch militärische folgen. Für ein direktes Vorgehen gegen Mailand reichten freilich seine Kräfte nicht aus. So beschränkte sich Friedrich auf einen Zug durch das Umland der Stadt, wobei Befestigungen und Brücken zerstört wurden. Zu Anfang des neuen Jahres suchte der König das westliche Oberitalien auf, wo die königlichen Tafelgüter Reichsitaliens in großer Zahl massiert lagen.[16] Ein in Rivarolo Canavese ausgestelltes Diplom für den im zentralburgundischen Raum um Vienne einflußreichen Dauphin Guigo sowie eine Urkunde des den Herrscher begleitenden Herzogs von Zähringen für ebendiesen Mann zeigen, wie Barbarossa damals noch an der 1152 vereinbarten Herrschaft der Zähringer über Burgund festhielt.[17] Zugleich verstand er es aber damit, seinen eigenen Einfluß im Lande zu wahren, und bezog auch die Westalpenpässe[18] in seine Politik ein. Noch im Januar 1155 kam dann eine mit den Legaten Hadrians IV. vereinbarte Erneuerung des Konstanzer Vertrages zum Abschluß.

Hatte Barbarossa seine militärischen Maßnahmen gegen Mailand auf kleinere Aktionen im Umland der Stadt beschränken müssen, so konnte er gegen Chieri und Asti, zwei doch ungleich schwächere städtische Gegner, im Zusammenwirken mit deren machtvollen Opponenten, Markgraf Wilhelm von Montferrat und Bischof Anselm von Asti, unmittelbar vorgehen. Beide Städte wurden kampflos eingenommen und durch Feuer verwüstet. Die Reichstruppen waren nunmehr durch den Zuzug italienischer Kontingente, etwa des Bischofs von Como, der Bewohner von Pavia, Marengo, Vercelli und Novara, verstärkt worden. Zu Anfang Februar rückte der König gegen das mit Mailand verbündete Tortona vor und begann in der Mitte des Monats die Belagerung. Bereits bei dieser – durch ihre natürliche Lage freilich äußerst wehrhaften – Stadt zeigten sich die Schwierigkeiten des militärischen Vorgehens gegen eine wohlbefestigte Siedlung aufs deutlichste. Die waffentechnische Ausrüstung des Ritterheeres war in keiner Weise für eine wirksame Bekämpfung von städtischen Befestigungen geeignet. Zwei Monate währte die Belagerung, nur die Unterstadt von Tortona konnte durch Heinrich den Löwen eingenommen und zerstört werden. Der Sieg über die Oberstadt konnte erst durch die Unterbindung der Wasserzufuhr er-

[16] *Brühl – Kölzer*, Tafelgüterverzeichnis, 24 ff.
[17] *Heinemann*, Zähringer 1, 170 ff.
[18] Zur Stellung der Alpenpässe in der frühstaufischen Politik vgl. *Büttner*, Alpenpaßpolitik, 243 ff. und *Schaller*, Alpenpässe.

zwungen werden. Über Vermittlung des Abtes Bruno von Chiaravalle[19] wurden den Einwohnern Leben und Freiheit geschenkt. Sie mußten aber aus ihrer Stadt wegziehen, diese fiel der Zerstörung anheim. An dem Vernichtungswerk beteiligten sich insbesondere die Pavesen, die in Tortona einen steten Gegner ihrer territorialpolitischen Interessen in der südlich des Po gelegenen Zone des Oltrepò Pavese sahen.

In deren am Ticino gelegene Stadt begab sich Friedrich sodann unmittelbar nach dem Triumph über Tortona. Zu S. Michele wurde er in demonstrativer Weise gekrönt. Obwohl er mit dem militärischen Erfolg seine herrscherliche Stellung in Reichsitalien in eindrucksvoller Weise hatte unterstreichen können, war er doch damit in das von steten Parteiungen geprägte politische Gefüge an der Seite der Gegner Mailands eingetreten. Bereits einen Monat nach der Zerstörung Tortonas, im Mai / Juni 1155, gelang es den Mailändern, die Stadt Tortona ungeachtet des Widerstandes der Pavesen wiederaufzubauen, ohne daß der inzwischen schon im Umland von Rom weilende Herrscher dagegen hätte etwas unternehmen können.[20] Barbarossa war zu Ende April vom Ticino aus zu seinem Zug nach Rom aufgebrochen. Während seines Aufenthalts am Reno bei Bologna kam er mit den Vertretern der seit der spätsalischen Epoche in Blüte stehenden Rechtsschule dieser Stadt in Berührung. Sein Interesse an diesen Kontakten zeigte er mit der Erteilung eines Privilegs für die Scholaren dieser Schule, der sogenannten 'Authentica Habita'.[21] Über die Porretta gelangte Friedrich noch im Mai in die Toskana, um dort über die Via Francigena weiter gegen Rom zu ziehen. Sein Befehl an die Pisaner, Schiffe gegen König Wilhelm von Sizilien auszurüsten, zeigt in diesen Tagen deutlich, daß er unbeirrt an der Generalplanung des Zuges gegen das Normannenreich festhielt.

Immer näher rückte der Staufer an Rom heran, die persönliche Begegnung mit dem Papst stand unmittelbar bevor. Zwischen Kurie und Königshof gingen Gesandtschaften hin und her, kaum zu verbergen war das Mißtrauen zwischen den beiden Männern. Differenzen gab es etwa hinsichtlich des königlichen Herrschaftsanspruches über das dem Apostolischen Stuhl unterstehende Kloster Farfa. Mit der Auslieferung des Häretikers Arnold von Brescia an den Papst setzte Friedrich eine Geste des guten Willens, schließlich wurde ein persönliches Treffen in

---

[19] Der Klerus agierte in der Frühzeit Barbarossas nicht selten als Vermittler zwischen Stadt und Reich; vgl. dazu auch *Opll*, Stadt und Reich, 286 (Gubbio), 435 (Spoleto) und 466 (Verona).

[20] Otto Morena, ed. *Schmale*, 56ff.

[21] BOM 300.

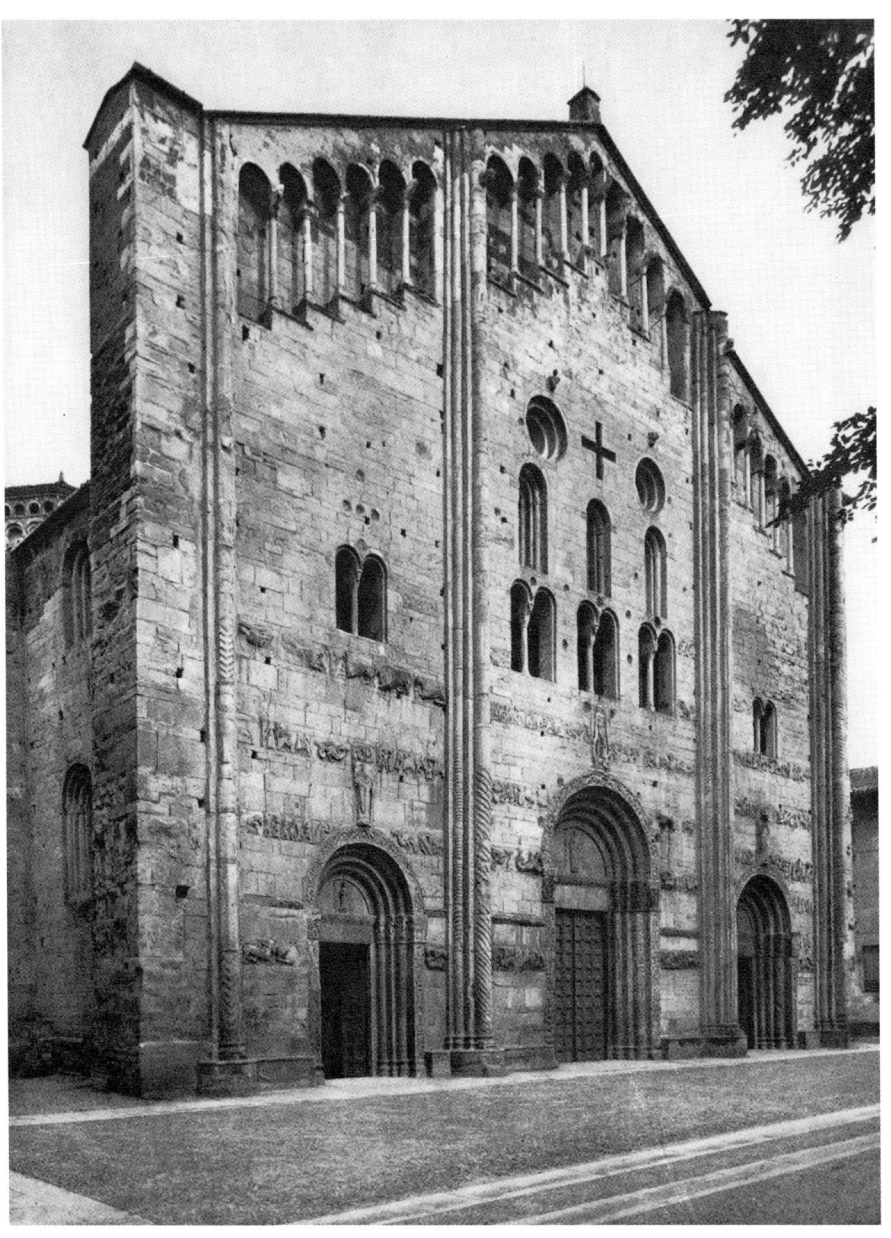

Abb. 4: S. Michele in Pavia, Schauplatz der Festkrönung Friedrichs I.
im April 1155

Grassano unweit von Sutri vereinbart. Das gegenseitige Mißtrauen hatte trotz der Verhandlungen nicht beseitigt werden können. An der Frage der Leistung des Strator- und Marschalldienstes – Ehrendiensten gegenüber dem Papst von freilich enormer rechtssymbolischer Bedeutung – entzündeten sich die Gegensätze. Beinahe wäre es noch hier, unmittelbar vor Rom, zu einem Bruch gekommen. Friedrich willigte nach längeren Beratungen, wobei sich der Papst mit seiner Zustimmung zur Beseitigung der diskriminierenden Darstellung Lothars III. als Lehnsmann des Papstes auf einem Wandgemälde im Lateran ebenfalls zum Einlenken bereit zeigte, dann doch ein, die Dienste in etwas reduzierter Form zu leisten. Druckmittel gegenüber dem jeweils anderen waren freilich auf beiden Seiten vorhanden. Wenngleich Friedrich einer damals bei Hofe erschienenen stadtrömischen Gesandtschaft, die ihm die Kaiserkrone anbot, eine Ablehnung erteilte, mußte dem Papst doch die Bedrohung seiner Position durch derartige Kontakte des Staufers stets vor Augen stehen.

Nur mit entsprechender militärischer Absicherung war es dann möglich, am Samstag, den 18. Juni 1155 die Zeremonie der Kaiserkrönung in der Peterskirche zu vollziehen. Unmittelbar nach dem Abschluß der Feier brachen in der Stadt Kämpfe aus. Der eben erst gekrönte Kaiser eilte aus seinem Lager auf den Neronischen Wiesen an der Stadtmauer zurück in die Stadt. Bei den erbitterten Kämpfen behielten die Kaiserlichen schließlich die Oberhand. Dennoch war es angesichts dieser Unruhen, aber auch wegen der ungesunden klimatischen Verhältnisse unbedingt erforderlich, die Truppen von Rom wegzuverlegen. Wenn der Kaiser während des in der Folge angetretenen Umrittes durch das römische Umland mehrfach in die bestehenden päpstlichen Herrschaftsrechte eingriff,[22] war klar, daß das Verhältnis zum Papst auch fortan keineswegs reibungsfrei war. Schwerwiegende Folgen sollte dann das Eingehen Friedrichs auf den mehrheitlich vorgetragenen Wunsch der Fürsten, den Heereszug nicht auf Sizilien auszudehnen, haben. Hadrian IV. sah sich damit in einer für seine eigenen Interessen wesentlichen Hoffnung getrogen. Der Kaiser hielt freilich – wie schon seit den Anfängen seiner Regierung – nicht nur am prinzipiellen Zusammenwirken mit den Fürsten fest, sondern stellte offensichtlich die Konsolidierung seiner Herrschaft im Inneren als vordringlich über das politische Abenteuer eines Sommerfeldzuges in Süditalien.

---

[22] Kennzeichnend dafür ist etwa die Unterstellung der Stadt Tivoli unter den Papst, wobei sich der Kaiser allerdings ausdrücklich die Rechte des Reiches vorbehielt, MGH. DF. I. 113 (= BOM 327). – Zur Vorbehaltsformel in kaiserlichen Diplomen vgl. *Appelt*, Vorbehalt, 33 ff.

Quer durch Mittelitalien führte der Weg des Herrschers an die Adriaküste. Sein Itinerar belegt deutlich seine Absicht, seine Stellung in möglichst vielen Teilen Reichsitaliens zur Geltung zu bringen. Die Stadt
Spoleto, die das geforderte Fodrum, eine steuerähnliche Abgabe, nur
zum Teil und zudem in falscher Münze bezahlt hatte, wurde trotz tapfe-
rer Gegenwehr erobert und zerstört. Im Gegensatz zu Tortona war Spoleto auf sich allein gestellt und vermochte sich nicht zu halten. Im
August traf Friedrich bei Ancona[23] mit einer byzantinischen Gesandtschaft zusammen, die ihn – ebenso wie zuvor der Papst – zum militärischen Vorgehen gegen Sizilien aufforderte. Der Kaiser übergab den Byzantinern zwar Schreiben an die Küstenstädte Apuliens, die von den
Griechen dann freilich mißbräuchlich verwendet werden sollten.[24] Eine
Teilnahme an den Unternehmungen lehnte er aber nach neuerlichen
Beratungen mit den Fürsten ab. Die Adriaküste entlang bis nach Ravenna führte ihn sein weiterer Weg. Von der Via Emilia aus erreichte er
über S. Benedetto Po zu Anfang September das Gebiet von Verona.
Dort wurde gemäß einem Spruch der Fürsten der Bann über Mailand
verhängt. Mit der Verleihung des früher mailändischen Münzrechtes an
Cremona zog Friedrich einen weiteren Gegner der lombardischen Metropole auf seine Seite.

Die unmittelbar darauffolgenden Tage sollten den Herrscher in
höchster Lebensgefahr sehen. Bereits bei der Überquerung der Etsch
oberhalb von Verona war man einem Anschlag der Veronesen nur
knapp entronnen, als man gerade noch rechzeitig entdeckt hatte, daß
die von den Städtern errichtete Schiffsbrücke zu geringe Tragkraft auf-
wies. In der Veroneser Klause war sodann der Weg von Straßenräubern
unter der Führung eines Veroneser Ritters versperrt. Nur die Hilfe
zweier reichstreuer Veronesen, der Ritter Garzaban und Isaak, sowie
der Wagemut Pfalzgraf Ottos von Wittelsbach befreiten den Staufer aus
dieser Zwangslage. Noch während des Regensburger Hoftages im Oktober dieses Jahres erschien eine veronesische Delegation bei Hofe, um
die Unschuld der Stadt an diesen Vorgängen zu betonen. Die kaiserliche Gnade wurde Verona allerdings erst später wieder gewährt.[25]

---

[23] Aus dem Schreiben der zur Vorbereitung des zweiten Italienzuges im
Frühjahr 1158 nach Italien entsandten Legaten Rainald von Dassel und Otto
von Wittelsbach erfahren wir, daß der Kaiser während seines Aufenthaltes bei
Ancona im Sommer 1155 gemeinsam mit dem bayerischen Pfalzgrafen im Meer
gebadet hatte, vgl. BOM 341 und 546.
[24] Dazu vgl. jetzt *Zeillinger*, Barbarossa, Manuel I. Komnenos und Süditalien, 53ff.
[25] Vgl. *Opll*, Verona, 37 ff.

Die Rückkehr des Staufers nach Deutschland, nunmehr im Glanz der kaiserlichen Krone, eröffnete die letzte Phase der Bemühungen um die Beilegung der welfisch-babenbergischen Frage. Bereits auf dem erwähnten Hoftag in Regensburg wurde Heinrich der Löwe gemäß dem Goslarer Fürstenspruch vom Juni 1154 in die Rechte des Herzogtums Bayern eingewiesen. Heinrich Jasomirgott war abermals dem Hofe ferngeblieben. Während der Kaiser aber etwa in dieser Zeit in Streitigkeiten zwischen Erzbischof Arnold von Mainz und Pfalzgraf Hermann bei Rhein mit für beide Seiten harten Strafen rigoros durchgriff, wich er gegenüber dem babenbergischen Oheim nicht von seiner politischen Linie des Zuwartens, der Geduld und Langmut ab. Wie streng er gegen andere Reichsfürsten vorzugehen pflegte, zeigt auch die Konfiszierung der Höfe und Einkünfte der Bremer und Halberstädter Kirche, deren Vorsteher ja in Roncaglia zum Verlust ihrer Lehen verurteilt worden waren. Bischof Ulrich von Halberstadt wurde erst im Mai 1156 wieder in die kaiserliche Gnade aufgenommen, die Aussöhnung mit Hartwig von Hamburg-Bremen sollte überhaupt erst 1158 erfolgen.

Das Jahr 1156 sollte die Konsolidierungsphase der Reichsherrschaft während der ersten Regierungsjahre Friedrichs I. zum Abschluß bringen.[26] Im Mai dieses Jahres ist in einem Diplom für das Stift Hilwartshausen der aus dem Hildesheimer Domklerus hervorgegangene Rainald von Dassel erstmals als neuer Kanzler zu belegen. Sein politischer Einfluß auf den Kaiser sollte in den folgenden Jahren immer deutlicher hervortreten, bis zu seinem Tod im Sommer 1167 stand die Reichspolitik wesenhaft unter seinem Stern. Die Ausrichtung der staufischen Politik war bis zum Sommer 1155 im wesentlichen von dem Gegensatz zu den Normannen bestimmt gewesen, wobei sowohl das Papsttum als auch Byzanz an Verbindungen zum Staufer Interesse gezeigt hatten. Gegenüber dem Oströmischen Reich hatte man in Fortführung von Maßnahmen Konrads III. das Projekt einer Eheverbindung ventiliert, über die noch in Ancona verhandelt worden war. Die dort gefällte Entscheidung gegen einen Feldzug nach Süditalien hatte aber die Situation ganz entscheidend gewandelt. Das zunächst von Friedrich noch unterstützte Vorgehen der Griechen in Apulien führte wegen der mißbräuchlichen Verwendung kaiserlicher Mandate zu einer schweren Verstimmung auf seiten des Staufers. Das Eheprojekt wurde nunmehr endgültig fallengelassen. Wohl um die Jahreswende 1155/56, sicher nach dem Tod Graf Wilhelms von Mâcon am 20/24. September 1155,[27] begann Barbarossa um die Nichte dieses Grafen, Beatrix, die Erbin der Graf-

---

[26] Vgl. *Büttner*, Das politische Handeln, 54 ff.
[27] Vgl. *Heinemann*, Zähringer 1, 184 f.

schaft Burgund, als Braut zu werben.[28] Im Juni 1156 wurde auf dem Hoftag in Würzburg die Hochzeit gefeiert.

In Würzburg fanden sich damals vor allem zahlreiche Vertreter Italiens ein. Die Spannungen in diesem Königreich wurden erneut offenkundig. Eine byzantinische Gesandtschaft wurde wegen der vorhin erwähnten Verstimmung des Kaisers zunächst nicht einmal vorgelassen. Wegen der griechischen Eroberungszüge in Süditalien beschworen die Reichsfürsten eine Heerfahrt gegen Apulien. Gleichzeitig muß man aber wohl auch schon an ein Vorgehen gegen Mailand gedacht haben, zeigte sich doch die gebannte Stadt weiterhin höchst unbotmäßig. Wahrscheinlich noch in Würzburg versicherte sich der Herrscher in einem Geheimabkommen mit Herzog Vladislav von Böhmen dessen Waffenhilfe in Italien. Die Planungen im Hinblick auf Süditalien waren freilich schon gar nicht mehr aktuell. Zu Ende Mai 1156 hatte Wilhelm I. von Sizilien die Byzantiner bei Brindisi geschlagen. Am 18. Juni – genau ein Jahr nach der Kaiserkrönung Barbarossas – schloß Papst Hadrian IV. mit dem Normannen den Vertrag von Benevent.[29] Die Grundlagen der politischen Möglichkeiten auch des staufischen Reiches hatten sich damit entscheidend gewandelt.

Die inneren Verhältnisse des deutschen Reichsgebietes erfuhren freilich noch im Sommer 1156 ihre endgültige Konsolidierung. Noch unmittelbar vor der Hochzeit in Würzburg hatte Friedrich seinen babenbergischen Oheim endgültig zur Zustimmung zur Überlassung des bayerischen Herzogtums an Heinrich den Löwen bewegen können. Im September des Jahres wurde mit der auf dem Regensburger Hoftag verkündeten Erhebung der Markgrafschaft Österreich zum Herzogtum dann klar, auf welchem Wege der Kaiser diesen Ausgleich erreicht hatte. Welfen und Babenberger standen dem Herrscher fortan im Rahmen seiner Politik zur Seite, dieser hatte freilich den Aufstieg des Landesfürstentums entscheidend gefördert. Auch gegenüber den Zähringern, die infolge seiner Heirat mit Beatrix von Burgund eine schwere Einbuße hinsichtlich ihrer Position als Rektoren von Burgund erlitten hatten, verstand es der Kaiser, mit der Übertragung der Investiturrechte über die Bistümer Genf, Lausanne und Sitten das hochadelige

---

[28] *Assmann*, Barbarossas Kinder, 461 f. macht wahrscheinlich, daß sich an der Brautwerbung wohl vor allem Markgraf Wilhelm von Montferrat, der durch seine babenbergische Gemahlin Judith mit dem Staufer und über seinen Großvater, Wilhelm I. von Burgund, mit Beatrix verwandt war, Herzog Matthäus von Lothringen, der Schwager Barbarossas, dessen Schwester Agathe die Mutter Beatrix' war, und Erzbischof Humbert von Besançon beteiligten.
[29] Vgl. *Chalandon*, Histoire 2, 231 ff. und *Classen*, La politica, 267.

Haus entsprechend zu entschädigen.[30] Wenn dann noch im Herbst 1156 nach dem Tod Hermanns von Stahleck (20. September 1156) der Halbbruder des Staufers, Konrad, zum Pfalzgrafen bei Rhein erhoben wurde,[31] rundet sich damit das Bild eines überaus erfolgreichen Regierungsjahres, in dem der Übergang von den ersten Jahren der Konsolidierung zur Auseinandersetzung mit nunmehr verstärkt auftretenden, neuen Problemlagen erfolgte.

Die Situation im Reichsgebiet südlich der Alpen war weit von einer zufriedenstellenden Regelung der Verhältnisse entfernt. Das seit dem Spätsommer 1155 gebannte Mailand setzte seine Expansionspolitik unbeirrt fort.[32] Weder die Entsendung von Legaten noch das persönliche Eingreifen hatten bisher Wirkung gezeigt. Bereits während seines ersten Italienzuges hatte sich Friedrich auf die Seite der Gegner der Mailänder gestellt. Nun leitete er Bemühungen ein, auch die Verbündeten der Lombardenmetropole auf seine Seite zu ziehen. Erfolgreich war er dabei vor allem im Hinblick auf die Postadt Piacenza, konnte er doch diese Stadt durch Billigung ihres Interesses an dem so wichtigen Poübergang nach und nach für sich gewinnen. Bereits im Dezember 1156 sprach der kaiserliche Bote Kapellan Balduin den Piacentinern diese bedeutenden Rechte zu. Auf dem Ulmer Hoftag vom 2. Februar 1157 bekräftigte der Kaiser diese Entscheidung, die sich gegen alte Ansprüche des Reichsklosters S. Giulia zu Brescia richtete.

Hatte Friedrich 1156 mit der Beendigung des Gegensatzes zwischen Welfen und Babenbergern die innere Ruhe des Reiches weitgehend festigen können, so setzte er seine Bestrebungen zur Befriedung der Verhältnisse auch weiter fort. Zu Anfang des Jahres 1157 begab er sich persönlich nach Trier, um die dort entstandene *coniuratio* der städtischen Kräfte, einen eidlichen Zusammenschluß und Schwurbund der Städter gegen den erzbischöflichen Stadtherrn, kraft kaiserlicher Autorität zu verbieten.[33] Der bereits erwähnte Ulmer Hoftag zu Anfang Februar diente nicht zuletzt der neuerlichen Sicherung des Landfriedens, der schon 1152 urkundlich verkündet worden war. Diese weiten Reisen des Herrschers mitten im Winter, bei ungünstigsten Verkehrs- und Witterungsverhältnissen, zeigen auch das große physische Leistungsvermögen des Staufers. Über Würzburg begab er sich im März nach Fulda, wo

---

[30]  BOM 424. – *Heinemann*, Zähringer 1, 184 ff. datiert dieses Übereinkommen noch in die Zeit vor der Hochzeit zu Würzburg.
[31]  *Brinken*, Politik Konrads von Staufen, 38 ff.
[32]  Vgl. *Opll*, Stadt und Reich, 325 f.
[33]  Allerdings mußte Friedrich auch noch 1161 gegen diese Bewegung in Trier einschreiten, vgl. *Opll*, Stadt und Reich, 162 f.

er der von Eberhard von Bamberg und Hermann von Verden vorgenommenen Weihe der neuen Abteikirche beiwohnte. Während dieses
Aufenthalts in der altehrwürdigen Reichsabtei wurde der Beschluß zur
Reichsheerfahrt nach Apulien in Absprache mit den Fürsten in einen
Zug gegen Mailand umgewandelt, der um Pfingsten 1158 von Ulm aus
angetreten werden sollte. Abermals zeigt sich hier die realistische Einschätzung der politischen Möglichkeiten und Erfordernisse. Vorrang
gegenüber dem höchst schwierigen Feldzug gegen Sizilien erhielt nun –
nach dem Umschwung der Verhältnisse infolge des Vertrages von Benevent – das Vorgehen gegen die geächteten und weiterhin widerspenstigen Mailänder.

Auf dem Wormser Hoftag zu Ende März / Anfang April 1157 wurden
die Reichsfürsten auf dieses neue Ziel des künftigen Italienzuges vereidigt. Anwesend waren dort Vertreter der Städte Pavia, Lodi, Novara,
Como und wohl auch Cremona, damit die Exponenten der gegen Mailand stehenden Kommunen der Lombardei. In Worms wurde auch ein
für die Wirtschaftspolitik des Kaisers in Deutschland[34] überaus charakteristisches Diplom ausgestellt: Friedrich beurkundete hier seine auf
Klagen von Bürgern und Kaufleuten zurückgehende Verfügung über
die Zollstätten am Main zwischen Bamberg und Mainz. Wenn er dabei
alle Zölle mit Ausnahme derjenigen zu Neustadt (bei Rothenfels) und
Aschaffenburg und des kaiserlichen Zolls in Frankfurt aufhob, erreichte er damit nicht nur eine wesentliche Erleichterung für den Handel, sondern verstand es zugleich, Reichsrechte und -einkünfte entsprechend abzusichern. Wie sehr dem Kaiser selbst damals bereits der
Erfolg seiner bisherigen Maßnahmen bewußt war, von welch hohem
Selbstbewußtsein er erfüllt war, erhellt aus dem noch im Frühjahr 1157
an seinen Oheim, Bischof Otto von Freising, gegebenen Auftrag zur literarischen Darstellung seiner Taten, wofür er ihm als Material einen
kurzgefaßten, eigenen Bericht zur Verfügung stellte.

Intensiviert wurden in der Folge die Vorbereitungen für den Italienzug. Neben der bereits durch Eid fixierten Teilnahme der Reichsfürsten
ging es nunmehr darum, auch weitere Unterstützung für dieses Unternehmen zu finden. Mit Herzog Vladislav von Böhmen war in dieser
Hinsicht schon im Juni des Vorjahres in Würzburg ein Übereinkommen
getroffen worden. Im Sommer 1157 ging Bischof Daniel von Prag in
kaiserlichem Auftrag nach Ungarn, wo sich König Geisa II. – steter
Gegner des byzantinischen Kaisers und damit nun auch dem Staufer
geneigter als in der Zeit engerer Kontakte zwischen den beiden Imperien – zur Stellung von 500 Mann gegen Mailand bereitfand. Im August

---

[34] Vgl. dazu allgemein *Fried*, Wirtschaftspolitik, 195 ff.

begab sich Friedrich nach Halle, von wo aus ein Feldzug gegen Polen angetreten wurde. Äußerer Anlaß war die Vertreibung Herzog Wladislaws II. durch seine Brüder und deren Weigerung, den üblichen Jahrestribut von 500 Mark Silber zu entrichten. Dem Reichsheer, das bei Glogau die Oder überschritt und das Gebiet der Bistümer Breslau und Posen verwüstete, vermochten die Polen keinen Widerstand entgegenzusetzen. Bei Krzyszkowo unterwarf sich Boleslaw IV. und mußte sich bezeichnenderweise auch zur Teilnahme am Zug gegen Mailand verpflichten.[35]

Das Ansehen des Kaisers weit über die Grenzen seines Reiches hinaus spiegelte sich wenig später in der Anwesenheit von Gesandten aus Byzanz, Dänemark, Ungarn, Italien, Burgund, Spanien, Frankreich und England auf dem großen Hoftag, der sich zu Ende September in Würzburg versammelte. Mit Ostrom gelangte man zu einem freilich wenig dauerhaften Ausgleich. Gemäß dem Wunsch der Kaiserin Irene wurde deren Neffe, Herzog Friedrich von Schwaben, der Sohn Konrads III. und zugleich Vetter Barbarossas, zum Ritter geschlagen. Die Gesandten Heinrichs II. von England überbrachten ein höchst prunkvolles Zelt als Gastgeschenk und einen Brief, in dem der Plantagenet zwar auf das vom Kaiser vorgeschlagene Freundschaftsbündnis in diplomatisch geschickter Weise in devotem Ton einging. Die geforderte Rückstellung der von seiner Mutter, Mathilde, der Witwe Kaiser Heinrichs V., nach England verbrachten Jakobsreliquie, eines Teiles des Reichsschatzes, der in der Epoche des hochmittelalterlichen Jakobskultes mit seinem Brennpunkt in Santiago de Compostela besondere Bedeutung besaß, lehnte er aber ab. Nach dem 6. Oktober brach der Kaiser vom Main nach Burgund auf, wo gegen Ende des Monats in Besançon eine weitere große Reichsversammlung zusammentrat.

Auch hier, am Doubs, waren Gesandte aus weiten Teilen des Reiches und des christlichen Abendlandes zugegen. Wir erfahren von Römern, Apuliern, Tusziern, Venetern, Franzosen, Engländern und Spaniern. Vor allem aber kamen hier die päpstlichen Legaten Bernhard von S. Clemente und Roland von S. Marco, der Kanzler Hadrians IV. (und spätere Papst Alexander III.), an den Hof. Sie überbrachten ein Schreiben des Papstes, in dem dieser wegen der Gefangennahme Erzbischof Eskils von Lund Klage führte. Diesem schwedischen Metropoliten hatte Hadrian zu Anfang des Jahres den Primat über den Norden verliehen, damit die Rechte des Reiches, insbesondere die des Metropolitansitzes Hamburg-Bremen, verletzt. Kanzler Rainald von Dassel, dem

---

[35] Dieser Verpflichtung ist der Pole dann allerdings nicht nachgekommen, s. dazu auch S. 281.

die Verlesung und Übersetzung des Schreibens übertragen wurde, gab die darin enthaltene Wendung, der Papst hätte dem Kaiser gerne noch größere *beneficia* übertragen, als er es schon bisher getan habe, mit dem inkriminierenden Wort 'Lehen'[36] wieder. Als die allgemeine Erregung über diese päpstliche Aussage noch durch die Diskussion über die trotz Zusage bisher noch immer nicht erfolgte Beseitigung der Gemälde im Lateran (Darstellung Lothars III. als Lehnsmann des Papstes)[37] gesteigert wurde, brach ein Tumult aus. Nur das persönliche Eingreifen des Kaisers rettete die Kardinäle vor Pfalzgraf Otto von Wittelsbach, der mit gezücktem Schwert auf sie losgegangen war.

Das bereits seit dem Vertrag Hadrians IV. mit den Normannen schwer gestörte Verhältnis zwischen Imperium und Sacerdotium erfuhr nun einen regelrechten Bruch. Friedrich teilte die Vorkommnisse in einem im ganzen Reich verbreiteten Rundschreiben der „Öffentlichkeit"[38] mit. Die päpstlichen Legaten, in deren Gepäck bei einer Durchsuchung besiegelte Blankette gefunden wurden, die zur Beschlagnahmung kirchlicher Gerätschaften und Vermögenswerte hätten verwendet werden sollen, wurden nach Rom zurückgeschickt. Nachdrücklich wurde betont, daß die kaiserliche Würde durch die Wahl der Fürsten nur von Gott stamme, der die Herrschaft im Weltkreis durch die Verleihung zweier Schwerter, des geistlichen an den Papst, des weltlichen an den Kaiser, geordnet habe.

Trotz dieser schweren Erschütterung der christlichen Weltordnung ergab sich daraus keine wirkliche Krise für die staufische Herrschaft. Im Gegenteil, der Kaiser konnte in der Folge von Besançon aus einen Umritt durch das nördliche Burgund antreten und damit die Inbesitznahme des Landes nach seiner im Vorjahr erfolgten Vermählung mit Beatrix verwirklichen.[39] Bei Hofe erschienen in diesen Wochen die Erzbischöfe von Vienne, Lyon, Besançon und Moûtiers-en-Tarentaise, die Bischöfe von Avignon und Valence sowie zahlreiche Adelige des Landes, erhielten zum Teil die Investitur und huldigten dem staufischen Herrscher. Ein geplantes Treffen mit König Ludwig VII. von Frankreich kam allerdings nicht zustande. Der Kapetinger zeigte durch das vorsorgliche Zusammenziehen von Truppen nicht nur sein grundsätzliches Mißtrauen, sondern eben auch seinen Respekt vor der staufischen Macht. In einem Schreiben an den König betonte Barbarossa seine Ab-

---

[36] Vgl. dazu Heinemeyer, beneficium, 155 ff.
[37] S. dazu auch S. 51.
[38] Selbstverständlich darf dieser Begriff nicht im heutigen, allumfassenden Sinn verstanden werden.
[39] S. dazu unten S. 197 ff.

sicht, nach dem Italienzug, auf den er sich derzeit vorbereite, ein neuer-
liches Treffen zu vereinbaren.[40] Im Dezember trat der Kaiser die weite
Reise von Burgund in das östliche Sachsen an, wo er in Magdeburg das
Weihnachtsfest feierte. Obwohl sich dort die polnischen Gesandten
entgegen dem Versprechen Herzog Boleslaws vom August nicht einfan-
den, tat dies den weiteren Planungen für die bevorstehende Heerfahrt
gegen Mailand keinen Abbruch. Die Fürsten und insbesondere Herzog
Vladislav von Böhmen erneuerten ihre Zusage zur Teilnahme an
diesem Unternehmen. In Regensburg, wohin sich der Kaiser im Januar
1158 über den traditionsreichen Pfalzort Goslar begeben hatte, erhielt
der Böhme gemäß den Würzburger Vereinbarungen von 1156 die Königskrone aus der Hand des Kaisers.

Zu Anfang des Jahres hatte Friedrich in einem Tausch mit Heinrich
dem Löwen gegen Reichsrechte im Harzgebiet das schwäbische Erbe
von dessen zähringischer Gemahlin Clementia erworben. Obwohl das
schwäbische Herzogtum in der Hand seines Vetters Friedrich von Rothenburg war, zeigte sich der Kaiser doch immer wieder in Schwaben
überaus aktiv. Besonders traten dabei die südlichen Gebiete dieses Herzogtums und der elsässische Raum hervor. Auf einem der beiden 1157
und 1158 jeweils zu Mariä Reinigung (2. Februar) in Ulm abgehaltenen
Hoftage unterstellte er die schon 1152 zwischen den Konsuln von Chiavenna und dem Bischof von Como umstrittene Grafschaft Chiavenna
dem Herzogtum Schwaben. In der darüber ausgestellten Urkunde,
einem allerdings außerhalb der Reichskanzlei entstandenen Dokument, führt Friedrich neben dem kaiserlichen Titel auffälligerweise
auch den eines Herzogs von Schwaben. Ohne dieses Dokument aus
dem Zusammenhang der Eindämmung der Mailänder Hegemonie im
Gebiet des Comer Sees lösen zu wollen, scheint sich hier doch auch die
Absicht des Staufers zu spiegeln, die Position seines Hauses in Schwaben im Hinblick auf einen territorialen Brückenschlag über die Alpen
auszubauen.

Bereits in Goslar war Erzbischof Hartwig von Hamburg-Bremen
wieder bei Hofe erschienen, der seit dem Entzug seiner Lehen wegen
des Versäumnisses der Heerfahrtspflicht im Dezember 1154 zu Roncaglia in Ungnade gefallen war. Nicht nur der nunmehr bevorstehende
Italienzug und die infolge des Eintretens des Papstes für Eskil von
Lund 1157 verletzten Primatsrechte der hamburgisch-bremischen

---

[40] Erst 1162 wurde dann – unter freilich völlig geänderten Bedingungen –
solch ein Zusammentreffen vereinbart (s. unten S. 81 ff.). – Tatsächlich sollten
Friedrich und Ludwig nur ein einziges Mal, nämlich im Februar 1171, einander
persönlich begegnen, s. unten S. 108.

Kirche im skandinavischen Raum, sondern wohl auch das Streben des Kaisers, die Position seines welfischen Vetters im Herzogtum Sachsen nicht übermächtig werden zu lassen, führten im März 1158 zur endgültigen Aussöhnung mit dem Metropoliten. Die Ruhe im Reich war für den Antritt des Italienzuges eine unabdingbare Voraussetzung. Der letzten Vorbereitung des Unternehmens diente die Entsendung Rainalds von Dassel und Ottos von Wittelsbach als Reichslegaten nach dem Süden. Mittels umfassender diplomatischer Aktivitäten und vereinzelter militärischer Maßnahmen wurden die Grundlagen für den bevorstehenden Kampf gegen Mailand geschaffen. Vor allem die hohe Geistlichkeit Reichsitaliens, darunter auch Erzbischof Obert von Mailand, leistete dem Kaiser neben den städtischen Gegnern Mailands den von den Legaten geforderten Treueid. Die Lombardenmetropole dachte freilich keineswegs an ein Einlenken, im Gegenteil, noch im Frühjahr 1158 wurde das benachbarte Lodi unter schweren militärischen Druck gesetzt, schließlich zum zweitenmal in seiner Geschichte von den Mailändern zerstört.[41]

Rainald und Otto trafen in Modena mit den an den Kaiser abgeordneten päpstlichen Legaten zusammen, wußten damit bereits früh über das Einlenken Hadrians in den seit Besançon so schwer gestörten Beziehungen zum Reich Bescheid. In weiterer Folge zogen die kaiserlichen Legaten an die Adriaküste, wo sich sowohl Ravenna als auch Ancona der Reichsherrschaft unterstellen mußten. Byzantinischen Aktivitäten in dieser Zone wurde damit ein entscheidender Riegel vorgeschoben. Die in Ancona anwesenden griechischen Gesandten mußten sich rechtfertigen und 'durften' danach in ihre Heimat zurückkehren. Zugleich wurden bei all diesen Maßnahmen der Legaten die Weichen dafür gestellt, daß sich dann im Sommer 1158 zahlreiche Städte auch Mittelitaliens mit Truppen oder finanzieller Unterstützung an den Kämpfen gegen Mailand beteiligten. Erst zu Anfang Juni waren Rainald und Otto dann auch bei ihren Verhandlungen mit einem der wichtigsten Verbündeten der Mailänder erfolgreich. Sie konnten die Stadt Piacenza zum Abschluß eines militärischen Bündnisses mit dem Kaiser bewegen.

Friedrich hatte sich im Frühjahr 1158 an den Niederrhein begeben, um auch in diesem Gebiet für Recht und Ordnung zu sorgen. Im Mai verbrachte er einige Tage in seiner Pfalz zu Kaiserslautern, wo er nach Gesprächen mit bewährt frommen Männern, insbesondere seinem Vertrauten, Bischof Hartmann von Brixen, den Kirchen zahlreiche Geschenke stiftete. Dieses Verhalten des Kaisers, dieser Charakterzug sei-

---

[41] *Opll*, Lodi, 75 f.

ner Persönlichkeit, in dem sich mittelalterliche Frömmigkeit und um-
sichtiges, politisches Planen miteinander verbinden, ist auch sonst
mehrfach zu belegen. Die bevorstehenden Auseinandersetzungen sollten im Hinblick auf mögliche Fährnisse für das Seelenheil schon vor-
beugend kompensiert werden. Auf dem Lechfeld bei Augsburg sammelte sich dann zu Anfang Juni das Reichsheer, soweit es den Weg
nach dem Süden unter der Führung des Kaisers selbst antrat. Umfassende Kontingente schlugen andere Wege ein, die Österreicher und
Kärntner über das Kanaltal, die Burgunder und Lothringer mit dem
Herzog von Zähringen über den Großen St. Bernhard, die Franken, die
Bewohner der Niederrheingebiete und die Schwaben über Chiavenna
und – wahrscheinlich auf Schiffen – über den Comer See. König Vladislav von Böhmen zog als Vorhut des Kaisers über den Brenner.

Noch im Lager bei Augsburg trafen die in Modena schon mit den Legaten Rainald und Otto zusammengetroffenen päpstlichen Legaten bei
Hofe ein. Sie überbrachten ein Schreiben Hadrians IV., das das so problematische Wort *beneficia* des in Besançon überreichten Briefes mit
*bonum factum* (Wohltat) erläuterte. Die auch von den geistlichen
Reichsfürsten einhellig abgelehnte Übersteigerung der päpstlichen Ansprüche hatte Wirkung gezeigt, Hadrian lenkte ein.[42] Auch das Erscheinen einer Gesandtschaft des aus den dänischen Thronstreitigkeiten des
Vorjahres hervorgegangenen neuen Königs Waldemar stellte in diesen
Tagen einen weiteren Erfolg der staufischen Politik dar. Waldemar
wurde zum persönlichen Erscheinen bei Hofe 40 Tage nach der Rückkehr des Kaisers nach Deutschland verpflichtet, die bereits 1152 befestigte Lehenshoheit des Reiches über Dänemark damit erneut unterstrichen. Mitte Juni konnte Friedrich im Gefühl, die Herrschaft im deutschen Reichsgebiet bestens abgesichert zu haben, zu seinem zweiten
Italienzug – wie 1154 über die Brennerroute – aufbrechen.

---

[42] Dazu vgl. *Heinemeyer* (wie oben Anm. 36).

## 3. DIE KÄMPFE GEGEN MAILAND
## UND DIE ERSTEN JAHRE DES SCHISMAS (1158–1162)

Seit[1] dem Vertrag von Benevent, den Hadrian IV. im Juni 1156 mit König Wilhelm I. von Sizilien geschlossen hatte, war ein grundlegender Wandel in den Bedingungen und Voraussetzungen der staufischen Italienpolitik eingetreten. Priorität hatte nun das Vorgehen gegen die mächtigste Kommune Oberitaliens, Mailand, das trotz der im September 1155 verhängten Reichsacht und der Förderung seiner städtischen Gegner durch den Kaiser nicht in die Knie hatte gezwungen werden können. Die Stadt hatte ihre überaus erfolgreiche Expansionspolitik nach dem Abzug des Herrschers fortgesetzt. Ebenso wie 1154 trat Friedrich auch seinen zweiten Zug nach dem Süden über den Brenner an. Anders als damals verfügte er diesmal über eine eindrucksvolle Heeresmacht, die sich in Italien durch den Zuzug zahlreicher weiterer Kontingente aus dem Reichsgebiet südlich der Alpen noch beträchtlich verstärken sollte. Verona, seit dem Überfall in der Veroneser Klause ein Unruheherd am Eingang in die oberitalienische Ebene, stellte sich dem Kaiser diesmal nicht entgegen. Durch die Eroberung der die Straße nach dem Süden beherrschenden Feste Rivoli nördlich von Verona hatten die im Frühjahr 1158 vorausgesandten Reichslegaten Rainald von Dassel und Otto von Wittelsbach bereits Vorsorge für einen sicheren Durchmarsch getroffen.

Bei Brescia vereinigten sich die unter Führung des Herrschers stehenden Truppen mit der Vorhut unter König Vladislav von Böhmen. Dem Druck des Reichsheeres mußten sich die traditionell mit den Mailändern verbündeten Brescianer beugen, Geiseln und ein Kontingent gegen Mailand stellen. Den Formen des Rechts entsprechend wurden die Mailänder nochmals vor das kaiserliche Gericht geladen. Eine städtische Delegation erschien bei Hofe, doch ging Barbarossa auf das Angebot einer Geldbuße nicht ein – die militärische Konfrontation war unvermeidlich. An der Adda kam es in den letzten Julitagen zu ersten Kampfhandlungen. Unter Verlusten konnte der Fluß überquert werden. Mit der Eroberung der Burg Trezzo wurde ein erster größerer Erfolg erzielt, eine deutsche Mannschaft übernahm die an der wichti-

---

[1] Zu den Einzelheiten s. oben S. 41 Anm. 1 (Bemerkungen zu Quellen und grundlegender Literatur).

gen Verbindung zwischen Mailand und Brescia gelegene Feste. Unmittelbar darauf erschienen Lodesen vor dem Kaiser und flehten um Hilfe gegen Mailand. Diese Stadt[2] stand seit dem frühen 12. Jahrhundert unter Mailänder Herrschaft, 1111 war sie ein erstes, im Frühjahr 1158 ein zweites Mal zerstört worden. Noch der erste, 1153 von zwei Lodeser Kaufleuten ohne Absprache mit ihren Stadtvätern aufgenommene Kontakt zum Staufer war in Lodi selbst keineswegs begrüßt worden. Die Furcht vor den übermächtigen Mailändern war zu groß, um auf die Hilfe des seit Jahrzehnten in Italien kaum aktiven Reiches berechtigt Hoffnung setzen zu können. Nun hatte sich die Situation entscheidend gewandelt. Angesichts der abermaligen Zerstörung ihrer Stadt gab es keinen anderen Ausweg mehr als den, die Verbindung zum Herrscher zu suchen. Am 3. August wurde nach vorhergehender Besichtigung des Platzes die Stadt Lodi an anderer Stelle – unter Verlegung vom Lambro an die Adda – neubegründet.

Drei Tage später war Mailand von den Reichstruppen eingeschlossen, die Belagerung begann. Dem Heer hatten sich zahlreiche Kontingente Reichsitaliens angeschlossen, neben den traditionellen Städtegegnern der Mailänder auch Adelige, wie etwa die Markgrafen Obizo Malaspina und Wilhelm von Montferrat, sowie geistliche Reichsfürsten, wie Patriarch Pilgrim von Aquileia und Erzbischof Anselm von Ravenna, der frühere Bischof von Havelberg. Darüber hinaus wurden die Kämpfe durch Stellung von Truppen oder Geldzahlungen von zahlreichen Städten und Orten Mittelitaliens unterstützt, darunter etwa von Ancona, Ascoli Piceno, Fano, Fermo, Florenz, Foligno, Genua, Lucca, Luni, Perugia, Pisa, Rimini, Rom, Siena, Tivoli und Viterbo. Dieser Übermacht vermochten schließlich auch die Mailänder nicht standzuhalten. Noch zu Ende August wurden unter Vermittlung zahlreicher Fürsten, insbesondere des kaisertreuen Grafen von Biandrate, der zugleich Bürger von Mailand war, Verhandlungen aufgenommen, die rasch zum Abschluß eines Übereinkommens (1. September 1158)[3] führten.

Trotz der zweifellos damit verbundenen Demütigung der lombardischen Metropole – besonders bei der an Mariä Geburt (8. September) im Lager des Kaisers vollzogenen öffentlichen Unterwerfung – ließ Friedrich in den festgelegten Kapitulationsbedingungen doch kluges politisches Augenmaß erkennen. Zwar wurde die so bedrohliche Hegemonie der Stadt[4] zerschlagen, Como, Lodi und das Seprio, wenig später

[2] Vgl. dazu *Opll*, Lodi, 65 ff.
[3] MGH.DF.I.224, vgl. dazu *Opll*, Stadt und Reich, 327 ff.
[4] Dazu vgl. *Haverkamp*, Zentralitätsgefüge, 48 ff.

auch Monza, wurden vom Mailänder Joch befreit, eine hohe Strafsumme (9120 Mark Silber) festgesetzt und der Entzug der Regalien und
der Bau einer Pfalz anbefohlen. Dennoch blieb der Stadt aber ihre erst
im Vorjahr errichtete neue Befestigung und das Wahlrecht ihrer Konsuln, die allerdings vom Kaiser bestätigt werden sollten. Gerade im
letzten Passus zeigte sich schon das zentrale Problem im Verhältnis zwischen dem Reich und den Kommunen, die Frage der konsularischen
Verfassung und deren Einbindung ins Reichsgefüge. Sie sollte wenige
Wochen später in Roncaglia einer generellen Regelung unterzogen
werden.

Noch im September suchte Barbarossa sodann Monza auf, das aus
der Mailänder Herrschaft unter die des Reiches genommen wurde.
Dort führte er mit den Rittern der Martesana und des Seprio, jener Zonen im Nordwesten Mailands, die seit langem bevorzugtes Objekt der
territorialpolitischen Interessen dieser Stadt waren, Verhandlungen
und unterstellte diese Landschaften seinem Bevollmächtigten, Graf
Goswin von Heinsberg. Damit errichtete er zwischen Mailand und
Como einen Riegel unmittelbaren kaiserlichen Einflusses. In Monza
wurde dann ein Großteil der deutschen Reichstruppen in die Heimat
entlassen. Zeigte sich darin bereits die seine weitere Italienpolitik immer wieder belastende Problematik, eine ausreichende Heeresmacht
zusammenzuziehen und auch halten zu können, so mußte seine Sorge
insbesondere der Sicherung der Verkehrswege nach dem Norden gelten. Auf die Nachricht von der Eroberung der Feste Garda durch den
Veronesen Turisendus zog Friedrich im Oktober ins Veronesische, um
an diesem neuralgischen Punkt seine Macht entsprechend zur Geltung
zu bringen.

Nach einem kurzen Aufenthalt im Gebiet der Mathildischen Güter
an der Via Emilia, über die er trotz ihrer Übertragung an Herzog
Welf VI. doch auch den unmittelbaren kaiserlichen Einfluß wahren
wollte, wurde am 11. November, am Fest des hl. Martin, auf den roncalischen Feldern bei Piacenza am Po der bereits seit längerem vorberei-
tete, große Reichstag eröffnet. Zentrales Thema dieses Tages war die
Regelung des Verhältnisses zwischen der Reichsgewalt und den Kommunen.[5] Der Kaiser verkündete hier ein regelrechtes Programm, Normen, nach denen die Beziehungen sich künftig richten sollten, und
stellte damit die Reichspolitik in Italien auf völlig neue Grundlagen.
Anders als bisher, als er sich im Bündnis mit einer Städtegruppe gegen
eine andere gewandt hatte, wurde nunmehr die oberste Autorität des

---

[5] Vgl. dazu *Appelt*, Kommunen, 83 ff. und *Opll*, Stadt und Reich, 327 ff. sowie
529.

Reiches gegenüber der Gesamtheit der Kommunen grundsätzlich betont. In überaus geschickter Weise bediente er sich seiner schon seit 1155 bestehenden Kontakte zu der Rechtsschule von Bologna. Vier der bedeutendsten Juristen der Zeit, Bulgarinus, Martinus Gosia, Jacobus und Ugo de Porta Ravennata, wurden zu seiner Beratung herangezogen, aber auch die Betroffenen, vierzehn Städte, wurden gehört. Mit der Definition der Regalien wurde der wesentliche Kern der Spannungen zwischen kaiserlichem Anspruch auf diese Reichsrechte und städtischer Ausübung bzw. tatsächlicher Inanspruchnahme derselben auf eine klare, rechtliche Grundlage gestellt. Die nunmehr – nach der Kapitulation Mailands – allgemein erhobene Forderung nach Rückstellung dieser Hoheitsrechte und deren Neuverleihung von seiten des Reiches sollte künftig eine wesentliche Basis der Einnahmen des Staufers aus Reichsitalien bilden.

Im besonderen waren es sodann die drei zu Roncaglia erlassenen Gesetzestexte über die Herleitung jeglicher Gerichtsbarkeitsrechte und hoheitlicher Zwangsgewalt vom Reich, das kaiserliche Recht zur Errichtung von Pfalzen und Amtssitzen, wo immer es dem Herrscher beliebe, und die Definition der Steuerarten, wie sie unter den altrömischen Imperatoren üblich gewesen waren, die als Höhepunkte des Reichstages zu gelten haben. Die Verwirklichung dieser Gesetze, vor allem des erstgenannten, bildete einen zentralen Inhalt der staufischen Politik in den nächsten Jahren, sollte allerdings auch zum Ausbruch neuer Gegensätze führen. In den traditionell reichsfreundlichen Städten gab es dabei keine Probleme. Die kaiserliche Bestätigung der gewählten Konsuln, damit die Umsetzung der roncalischen Gesetze, stieß angesichts der prostaufischen Politik von Kommunen wie Pavia, Cremona oder Lodi auf keinen Widerstand. Anders verhielten sich die Dinge freilich dort, wo in der Stadt unterschiedliche Parteinahmen gegeben waren (Piacenza) oder man sich dem staufischen Diktat nur aus militärischen Rücksichten gebeugt hatte (Mailand). Auch gegenüber der Seestadt Genua stieß Friedrich auf eine ablehnende Haltung, als er dort im Hinblick auf Sardinien und Korsika die Macht des Reiches zur Geltung bringen wollte. Nur dem militärischen Druck des bis nach Bosco vorgerückten Staufers beugten sich die Genuesen, leisteten den Treueid und eine Geldzahlung und verpflichteten sich zur Einstellung des städtischen Mauerbaus. Auch hier gelang es dem Kaiser, die hegemoniale Stellung dieser Seestadt – wenigstens vorübergehend – zu brechen. Savona, Albenga und Ventimiglia wurden dem Reich unmittelbar unterstellt.[6]

---

[6] *Opll*, Stadt und Reich, 279 f.

Obwohl Friedrich gegen Ende des Jahres 1158 auf eine Reihe beachtlicher Erfolge zurückblicken konnte, zeigten sich somit doch bereits damals wieder im Keim künftige Probleme und Spannungen. Das Verhältnis zu Papst Hadrian IV.[7] war zwar seit dem Treffen mit den päpstlichen Legaten im Lager vor Augsburg im Juni des Jahres wieder in einigermaßen geordnete Bahnen zurückgelenkt worden, als gut war es freilich nicht zu bezeichnen. An der Frage der Besetzung des Ravennater Stuhles, wo der Staufer nach dem Tod Erzbischof Anselms am 12. August vor Mailand für den gleichnamigen Sohn des Grafen Guido von Biandrate eingetreten war, entzündete sich ein neuerlicher Konflikt, der bereits zu Ende des Jahres schwerwiegende Formen annahm. Der Kaiser, erzürnt über die ablehnende Haltung des Papstes in der Ravennater Angelegenheit und bei anderen Dingen, ordnete damals an, in Briefen an den Papst künftig den kaiserlichen Namen voranzustellen und den Pontifex im Singular anzureden, wie es früher üblich gewesen sei – gleichsam eine Frage des Protokolls, der Etikette, die allerdings die Mißstimmung deutlich wiedergibt.

Zu Anfang des neuen Jahres (1159) hielt sich der Kaiser im Piemontesischen auf, wo er in Turin und dann in Occimiano, südöstlich von Casale Monferrato unweit des Po, hofhielt. Zunächst nur mittels Befehlen ging er gegen das schon seit dem Reichstag von Roncaglia zunehmend gegnerische Piacenza und das auch weiterhin mit Mailand verbündete Crema vor und befahl dort die Abtragung der Befestigungen. In beiden Fällen stand hinter diesen Maßnahmen nicht zum wenigsten das territorialpolitische Interesse von Cremona, das sich nun immer nachhaltiger als unverzichtbarer Verbündeter des Herrschers zeigte. In Occimiano erfuhr Friedrich sodann von der schimpflichen Behandlung seiner nach Mailand entsandten Legaten, an der Spitze Rainalds von Dassel, die wegen der Neukonstituierung der städtischen Regierung gemäß den Beschlüssen von Roncaglia dorthin abgeordnet worden waren. Einer Vorladung nach Marengo leisteten die Mailänder im Februar zwar Folge, doch kam keine Einigung zustande. Sie erhielten einen weiteren Aufschub bis nach Ostern, um Genugtuung zu leisten.

Offensichtlich standen beide Seiten einem tatsächlichen Ausgleich höchst skeptisch gegenüber, jedenfalls verstärkten sowohl der Kaiser als auch Mailand in der Folge die Bemühungen um eine Befestigung der eigenen Position. Friedrich hob Truppen aus, zog nach Como, wo er bestens aufgenommen wurde und die den Mailändern verbündete

---

[7] Zum Verhältnis zwischen Imperium und Sacerdotium während der 1150er Jahre vgl. *Maccarrone*, Papato e Impero.

Isola Comacina – nicht zuletzt ein entscheidendes Hindernis für die Zuführung deutscher Truppen über den Comer See – eroberte. Die in Italien verbliebenen Reste seines Heeres hatte er an die Via Emilia in das Gebiet von Bologna verlegt, wohin er sich im März persönlich begab. Die Mailänder richteten ihre Aktivitäten gegen das nunmehr staufische Lodi, hatten schon bei der Einsetzung der neuen Stadtregierung zu Anfang des Jahres dort zu intervenieren versucht. In raschem Marsche eilte Friedrich herbei, die Gefahr war zunächst gebannt. Als er aber zu Anfang April über Piacenza, das nur mehr mit größter Anstrengung vom Abfall vom Reich abgehalten werden konnte,[8] erneut an die Via Emilia zurückkehrte, nutzten die Mailänder dies und eroberten die seit dem Vorjahr unter staufischer Herrschaft stehende Burg Trezzo an der wichtigen Straße nach Brescia. Kurz nach Ostern erfuhr Barbarossa vom Fall dieser Feste und begab sich in das Gebiet von Bologna, wo sein Heer lagerte. Unter Beiziehung der Bologneser Rechtsgelehrten wurden die Mailänder durch eine Sentenz zu Rebellen erklärt und wegen Hochverrats erneut gebannt.

Die Probleme der nun neuerlich erforderlichen Rüstung waren freilich groß. Kennzeichnend dafür ist insbesondere der Umstand, daß der Kaiser nun nicht sogleich an eine abermalige Belagerung der lombardischen Metropole gehen konnte, sich vielmehr im Mai / Juni 1159 zunächst auf einen Verwüstungszug durch das westliche Umland der Stadt beschränkte. Erfolgreich konnte sich die junge Stadt Lodi gegen Mailänder Angriffe behaupten. Sie sollte in den nächsten Jahren nicht nur zu einem der bevorzugten Aufenthaltsorte des Kaisers, sondern auch zu einem seiner wichtigsten Stützpunkte in den Kämpfen werden. Wie prekär die Situation freilich bisweilen sogar für den Herrscher persönlich werden konnte, erhellt aus dem Attentatsversuch, der im Juni des Jahres von einem – nach dem Bericht Rahewins[9] – von den Mailändern gedungenen Mann im Zeltlager zu Lodi am Ufer der Adda auf ihn unternommen wurde. Das neue Lodi entbehrte damals noch der Stadtmauern. So war es möglich, daß ein Attentäter tatsächlich ungehindert bis zum Kaiser, der ja hier nicht einmal über eine feste Unterkunft verfügte, vordringen konnte.

In ebendiesen Wochen erschienen auch eine päpstliche und eine stadtrömische Gesandtschaft bei Hofe. Die schwelenden Gegensätze im Verhältnis zu Hadrian IV. hatten trotz mehrerer Vermittlungsversuche, vor allem Bischof Eberhards von Bamberg, nicht beigelegt werden

---

[8] Zur Situation in Piacenza im Frühjahr 1159 vgl. *Opll*, Potestates Placentie, 31 ff.

[9] Rahewin, Gesta IV, 43, ed. *Schmale*, 598.

können. Der Vorschlag zur Erneuerung des Konstanzer Vertrages wurde von Friedrich unter Hinweis auf den Vertrag von Benevent abgelehnt. Tatsächlich war dieser Vorschlag kaum ernst gemeint, hatte der Papst doch im Vorjahr in konsequenter Fortführung seiner seit 1156 eingeschlagenen Politik einen dreißigjährigen Frieden zwischen Byzanz und Sizilien[10] vermittelt, und gab doch auch im Kardinalskollegium die sizilische Partei den Ton an. An der Kurie trug man sich sogar mit dem Gedanken, den Kaiser zu exkommunizieren. Wenige Wochen später schloß sich der Papst eng mit den kaiserfeindlichen Städten Mailand, Brescia, Piacenza und Crema zusammen.

Gegen Crema[11] sollte sich dann auch das militärische Vorgehen des Herrschers konzentrieren. Bereits seit längerem hatten sich die Cremasken gegenüber kaiserlichen Befehlen durchaus widerspenstig gezeigt. Zugleich hatten die Cremonesen dem Staufer für die Zerstörung dieses wohlbefestigten Burgfleckens hohe Geldzahlungen angeboten. Barbarossa verband den finanziellen Vorteil für das Reich mit dem Möglichen: An eine Belagerung von Mailand war ganz offensichtlich nicht zu denken, so rückte er zu Anfang Juli 1159 gegen Crema vor. Zunächst begab er sich noch mehrmals ins Gebiet von Mailand, um die Verwüstung dieser Zone fortzusetzen. Erst ab dem August lagerte auch Friedrich selbst ständig bei Crema. Dort trafen dann aus Deutschland nicht nur seine Gemahlin, sondern auch bedeutende Truppenverstärkungen ein. Insbesondere beteiligten sich Heinrich der Löwe und Welf VI. an den Kämpfen, und im Herbst sollte dann Rainald von Dassel als neuerwählter Kölner Erzbischof mit frischen Truppen aus Deutschland zu dem bei der am Serio gelegenen Festung zusammengezogen Belagerungsheer stoßen. Noch in den Anfängen der Belagerung kam es zu neuerlichen Kontakten mit den Stadtrömern, die Barbarossa nun durchaus als für sein Verhältnis zum Papsttum wichtige Gruppe höher einschätzte als zuvor. Eine kaiserliche Gesandtschaft unter Pfalzgraf Otto von Wittelsbach, Propst Heribert von Aachen und Graf Guido von Biandrate wurde nach Rom entsandt.[12]

Heftig wogten die Kämpfe vor Crema hin und her. Die kleine Stadt leistete dem Reichsheer geradezu heroischen Widerstand, die Belagerung sollte sich durch viele Monate hinziehen. In dieser Zeit starb am 1. September Papst Hadrian IV. Die Wahl des Nachfolgers[13] erbrachte ein zwiespältiges Ergebnis: Die Mehrheit der prosizilischen Mitglieder

---

[10] Dazu vgl. *Ohnsorge*, Byzanzpolitik, 125.
[11] Zu dieser Stadt vgl. *Opll*, Stadt und Reich, 242 ff.
[12] Vgl. dazu *Petersohn*, Seu de recipiendo prefecto, 397 ff.
[13] Vgl. *Madertoner*, Papstwahl.

des Kardinalskollegiums entschied sich für den Kanzler Hadrians IV.,
Roland, der schon auf dem Reichstag von Besançon im Herbst 1157
unliebsame Erfahrungen mit dem Kaiser gemacht hatte. Eine Minderheit gab Kardinal Oktavian von Monticelli ihre Stimme, der nach einer
Aussage Eugens III. in dessen Antwort auf die Wahlanzeige Barbarossas von 1152 sich bereits damals durchaus günstig über den Staufer
geäußert hatte, diesen damit seit langem (vielleicht sogar persönlich)
gekannt haben muß.[14] Das Majoritätsprinzip galt damals bei Papstwah-
len noch nicht, so mußte letztlich das Durchsetzungsvermögen des jeweiligen Kandidaten entscheidende Bedeutung gewinnen. Auswirken
sollte sich dabei nicht zuletzt der Umstand, daß sich seit dem Hochsommer 1159 die bereits genannte kaiserliche Delegation in Rom befand und auch die stadtrömischen Kreise eher einer prostaufischen
Entscheidung zuneigten.

Friedrich erfuhr von der zwiespältigen Papstwahl spätestens im Oktober vor Crema. Waren die Beziehungen zur Kurie bisher bereits sehr
gespannt gewesen, so hatte sich die Situation nunmehr noch weiter verschärft. Für die kaiserliche Politik eröffnete sich damit neben der Auseinandersetzung mit Mailand und dessen Verbündeten eine weitere
Front. Der Staufer beriet sich mit Vertretern des Reichsepiskopats und
den Zisterzienseräbten von Cîteaux und Clairvaux über die einzuschla-
gende Vorgehensweise und berief für Anfang Januar des kommenden
Jahres eine Kirchenversammlung nach Pavia ein, auf der die Entscheidung fallen sollte. Von allem Anfang an war aber ganz offenkundig an
kein objektives Vorgehen gedacht, ließ er doch in den Ladungsschreiben an die beiden Kandidaten bereits mit deren Titulatur erkennen,
wen er für den rechtmäßigen Papst hielt: Alexander III. wurde als
'Kanzler Roland', Oktavian von Monticelli dagegen als 'Papst Viktor'
angesprochen![15]

Noch immer waren aber die Kämpfe gegen Crema zu keiner Entscheidung gelangt. Daß der Staufer nunmehr auch von der Verschwörung zwischen der feindlichen Städtegruppe und dem verstorbenen
Papst Kenntnis erhielt, mußte seine Verbitterung nur noch steigern. Immer grausamer wurden die Auseinandersetzungen geführt. Barbarossa
ließ 40 Cremasker Geiseln und sechs vornehme Mailänder Ritter, darunter einen Neffen des in den Jahren zuvor stets loyalen Erzbischofs
Obert von Mailand, hinrichten. Erst der Übertritt des bisher auf der
Seite der Cremasken stehenden, hochberühmten Technikers Marchese

[14] BOM 86. – Zur prostaufischen Gruppe unter den Kardinälen vgl. auch
*Zeillinger*, Zwei Diplome, 568 ff.
[15] Vgl. *Opll*, Mandat, 315 f. mit Anm. 197.

sollten es die Geschehnisse im Erzbistum Mainz[20] sein, die das Problem der Abwesenheit des Herrschers deutlich hervortreten ließen. Erzbischof Arnold hatte schon für seine Teilnahme am Zug gegen Mailand im Sommer 1158 umfassende Verpfändungen vornehmen müssen. Die Zwänge der Heerfahrtspflicht brachten ihn in der Folge in schweren Gegensatz zu ministerialischen, bürgerlichen aber auch geistlichen Kreisen seiner Stadt. Mehrfach waren bei Hofe Gesandtschaften dieser Gegner des Metropoliten erschienen. Arnold fand dagegen zwar die prinzipielle Unterstützung des Herrschers, an ein direktes Eingreifen in Mainz war aber nicht zu denken. Im Juni 1160, als Barbarossa seine Aktionen gegen Mailand fortsetzte, kam es dann in Mainz zur folgenschweren Ermordung des Erzbischofs. Die höchst kritische Verquikkung dieser Geschehnisse mit der Italienpolitik des Staufers trat bei dem Fürstentag vom 25. Juli 1160 in Erfurt zutage, als geistliche und weltliche Reichsfürsten, darunter die Erzbischöfe von Trier und Magdeburg sowie der Erwählte Rainald von Köln, die Herzoge von Sachsen und Schwaben, der Pfalzgraf bei Rhein und Markgraf Albrecht der Bär von Brandenburg die Reichsheerfahrt gegen Mailand beschworen und zugleich die Mainzer mit Interdikt und Exkommunikation belegt wurden.

Friedrich mußte angesichts dieser Situation sein Augenmerk auch auf die Sicherung der Wege über die Alpen, damit die Gewährleistung der Zuführung neuer Truppen, richten. Zu Ende Juli 1160 zog er in das Gebiet von Brescia, wo die befestigte Siedlung Iseo erobert werden konnte. Unmittelbar darauf begab er sich auf die Nachricht über die Belagerung der Burg Carcano durch die Mailänder in die zwischen den beiden Ausläufern des Comer Sees im Süden gelegene Landschaft der Brianza und sollte dort wenig später, am 9. August, nach anfänglichen Erfolgen eine unangenehme militärische Schlappe erleiden. Obwohl die Herrschaft des Reiches in Como, wo Barbarossa mit der Burg Baradello über einen wichtigen Stützpunkt verfügte, dadurch keine unmittelbare Beeinträchtigung erfuhr, hatte sich doch von neuem erwiesen, daß ohne den Zuzug von Truppenverstärkung aus dem Norden die militärische Lage nicht entscheidend für den Staufer zu bessern war. Auch ein mit den befreundeten Truppen der Pavesen, Lodesen, von Markgrafen und Grafen unternommener Zug gegen Piacenza, den Verbündeten der Mailänder im Süden, scheiterte zu Ende August. Die Piacentiner brachen die Schiffsbrücke über den Po rechtzeitig ab. Die von den Pavesen bereitgestellten Schiffe reichten offentsichlich nicht aus, um den Fluß zu überqueren.

---

[20] S. dazu unten S. 215 f.

Mittels Eides wurden noch in diesen Tagen zu Ende August/Anfang September 1160 die Bischöfe von Novara, Vercelli und Asti, die Markgrafen von Montferrat, Vasto und Bosco, Markgraf Obizo Malaspina, Graf Guido von Biandrate und andere lombardische Fürsten dazu verpflichtet, für die Zeit von Mariä Geburt (8. September) an bis zum nächsten Osterfest (16. April 1161) Bogen- und Armbrustschützen zu stellen, die beim Kaiser in Pavia bleiben sollten. Dort, am Ticino, verbrachte Friedrich dann auch den Großteil des Winters 1160/61. Die militärischen Aktivitäten waren nach einem weiteren, erfolglosen Vorgehen gegen Piacenza im Oktober zum Erliegen gekommen. Am 29. Januar 1161 treffen wir den Staufer in Como an. Die Nennung Heinrichs des Löwen als Zeuge in dem dort ausgestellten Diplom für das Bistum Passau[21] zeigt, daß es damals wieder um die Zufuhr neuer deutscher Truppen nach Italien ging.

Mit dem Frühjahr 1161 wurden die militärischen Unternehmungen gegen Mailand wiederaufgenommen. Weiterhin stellten die Kräfte der Kommunen die wichtigsten Kontingente. Eine Nachricht der Annalen von Afflighem berichtet darüber, daß Barbarossa in dieser Zeit für den Fall seines Todes Herzog Friedrich von Schwaben und – nach diesem – Heinrich den Löwen als seine Nachfolger designiert habe. Die neuere Forschung[22] hat dagegen zum Teil durchaus berechtigte Zweifel erhoben: Sicherlich wird man hier an keine Erhebung zum 'Mitkönig' denken dürfen. Andererseits geht das Argument, daß Friedrich bei der Verpflichtung der Fürsten auf dem Würzburger Reichstag von 1165, nur einen Nachfolger zu erheben, der an seiner Politik im Schisma festhalten würde, auf die Regelung von 1160/61 nicht Bezug nahm, ins Leere. Der Kaiser hatte damals, 1165, bereits einen eigenen Leibeserben, den im Juli 1164 in Pavia geborenen Sohn Friedrich. So wird man die Nachricht der erwähnten Annalen vermutlich doch als Ausdruck höchst verantwortungsbewußten Planens und der Vorsorge für alle Eventualitäten in den seit Jahren anhaltenden Kämpfen gegen Mailand ansehen müssen.

Im April/Mai 1161 trafen dann endlich die dringend erforderlichen neuen Truppen aus dem Reichsgebiet nördlich der Alpen beim Kaiser ein. Sein Schwager, Landgraf Ludwig II. von Thüringen, sein Vetter, Herzog Friedrich von Rothenburg, Rainald von Dassel und böhmische Fürsten stellten fortan neben vielen anderen ungenannten Grafen, Edlen und Fürsten, aber auch Gegnern des normannischen Königs von Sizilien aus Süditalien, frische Kräfte für den Kampf in Oberitalien. Zu

[21] MGH.DF.I.322.
[22] *Schmidt*, Königswahl, 167 ff.

Ende Mai und Anfang Juni wurden – wie schon in den Jahren zuvor – die Anbauflächen im Mailänder Umland verwüstet. Zunehmend machte sich in der Stadt Lebensmittelknappheit bemerkbar. Die Truppenverstärkungen ließen es nun auch zu, bis unmittelbar an die Stadtmauer vorzurücken, ohne daß freilich ein regelrechter Belagerungsring, wie 1158, geschlossen werden konnte.

Unbeirrt hielt Friedrich an seiner Haltung im Schisma fest. In der zweiten Junihälfte trat in Lodi, dessen Ausbau zur Stadt nunmehr bereits weit vorangeschritten war, eine gemeinsam mit Papst Viktor IV. einberufene Kirchenversammlung zusammen, die eine neuerliche Bestätigung des staufischen Papstes aussprach. Dort gelangte auch die seit dem Vorjahr in Schwebe befindliche Neubesetzung des Mainzer Erzbistums nach der Ermordung Erzbischof Arnolds zur Entscheidung. Im Einvernehmen mit Friedrich setzte Viktor IV. die bisherigen Erwählten Rudolf von Zähringen und Christian von Buch ab und inthronisierte den mit dem Staufer verwandten Konrad von Wittelsbach als neuen Mainzer Metropoliten. Über die an der Ermordung Arnolds von Mainz Beteiligten, aber auch über Erzbischof Obert von Mailand, die Bischöfe von Piacenza und Brescia samt deren städtischen Anhängern wurde die Exkommunikation ausgesprochen. Bischof Gerhard von Bologna und andere ungenannte Bischöfe wurden abgesetzt, Johannes von Padua von seinem Amt suspendiert. Die Säuberung des Klerus Oberitaliens von Anhängern Alexanders III. entsprach nicht nur der kaiserlichen Politik im Schisma, sie war auch dringendes Erfordernis der Auseinandersetzung mit den Kommunen der Region. Schließlich zeigen die zu Lodi ausgestellten Diplome für die Bischöfe von Avignon und Grenoble, daß auch der burgundische Raum erneut ins Blickfeld der kaiserlichen Aktivitäten geriet. Wohl noch im Jahre 1161 vollzog der Staufer im südlichen Burgund eine Wende seiner Politik, deren Hintergrund ebenfalls in den Erfordernissen des Schismas zu sehen ist. Graf Raimund Berengar IV. von Barcelona, dessen gleichnamiger Neffe, Raimund Berengar III., schon im Herbst 1161 die nach dem Tod des kastilischen Königs Alfons VII. verwitwete Cousine des Staufers, Richilde, geheiratet hatte, wurde mit den Grafschaften Provence und Forcalquier sowie mit der Stadt Arles – vorbehaltlich der Rechte des dortigen Erzbischofs – belehnt. Der Graf nahm auch persönlich an den Kämpfen gegen Mailand teil.[23]

Im Sommer 1161 setzte Friedrich seine militärischen Unternehmungen im Umland der lombardischen Metropole fort. Zu Anfang August scheiterte die über Vermittlung des Thüringer Landgrafen, des böhmi-

---

[23] S. dazu unten S. 294.

schen Herzogs und des Pfalzgrafen bei Rhein eingeleitete Kontakt-
nahme von Mailänder Unterhändlern zum Hofe, als diese Delegation
von Rittern Rainalds von Dassel überfallen wurde.[24] Die Fürsten zeigten sich über Rainald aufs höchste erbost. Nur seine Versicherung, er
sei über das eigenmächtige Vorgehen seiner Leute nicht unterrichtet gewesen, und die Fürsprache des Kaisers entspannten die Lage wieder.
Aversionen und Ressentiments unter den deutschen Reichsfürsten treten hier zutage, wie sie zum einen durch das zweifellos recht selbstherr-
liche Agieren des die kaiserliche Politik immer stärker prägenden Kölner Erwählten bedingt waren, zugleich aber wie ein Wetterleuchten
künftige territorialpolitisch motivierte Gegensätze in Deutschland
erahnen ließen. Friedrich beteiligte sich dann unmittelbar nach seiner
Benachrichtigung über die Kämpfe der Kölner Ritter persönlich an den
Auseinandersetzungen und wurde damals auf einer Brücke über den
Mailänder Stadtgraben leicht verwundet. Anders als in den Jahren zuvor konzentrierten sich die militärischen Maßnahmen nun zusehends
auf die Zone unmittelbar vor den Stadtbefestigungen. Hart ließ der
Kaiser jetzt durchgreifen: Mailändern, die beim Holzholen aufgegriffen wurden, drohte der Verlust der rechten Hand.
Weiterhin vermochte Friedrich seine Autorität außerhalb Reichsitaliens, insbesondere in Deutschland, nur mittels Befehlen, Anordnungen und der Entsendung von Legaten zur Geltung zu bringen. Am
1. September 1161 wiederholte er zu Landriano sein bereits im Januar
1157 in Trier ausgesprochenes Verbot der Schwurgemeinschaft der dortigen Bürger.[25] Pfalzgraf Konrad bei Rhein, der von dieser Entwicklung
für sein Verhältnis gegenüber dem Trierer Metropoliten als Vogt von
dessen Kirche durchaus profitiert hatte, mußte sich dem Spruch des
kaiserlichen Bruders nun ebenfalls fügen. Zunehmend schwierig gestaltete sich die Situation für den Herrscher infolge der prononciert
alexandrinischen Haltung Erzbischof Eberhards von Salzburg,[26] der
bereits mehrfach ergangenen Ladungsbefehlen des Kaisers bisher nicht
Folge geleistet hatte. Von Cremona oder von Lodi aus, wo Friedrich
dem neuerwählten Patriarchen Udalrich II. von Aquileia nach dem
Obödienzeid auf Viktor IV. die Investitur erteilt hatte, entsandte der
Staufer seinen Notar Burchard als Legaten in den Südosten des deutschen Reichsgebietes und nach Ungarn.[27] Der Notar sollte den Patriarchen in die Regalien einweisen und sodann in Kärnten und Ungarn für

[24] Vgl. dazu *Brinken*, Politik Konrads von Staufen, 53 und 176 ff.
[25] *Opll*, Stadt und Reich, 162 f.
[26] Zur Haltung der Salzburger Kirche s. schon oben Anm. 18.
[27] Vgl. *Güterbock*, Le lettere, 1 ff.

die Sache Viktors IV. werben. Obwohl der Mission mit der Einsetzung des neuen Kärntner Herzogs Hermann in Villach durchaus Erfolg beschieden war, scheiterte sie im Hinblick auf die kaiserliche Kirchenpolitik völlig. Der Patriarch nahm eine zusehends distanzierte Haltung zum kaiserlichen Gegenpapst ein. Eberhard von Salzburg zeigte sich trotz eines neuerlich überbrachten Ladungsschreibens nicht bereit, zum Kaiser zu kommen. Er bot vielmehr unter Hinweis auf seinen schlechten Gesundheitszustand eine finanzielle Ablöse seiner Verpflichtung zu Heer- und Hoffahrt an.

Gegen Ende des Jahres 1161 schien sodann der Sieg über Mailand in greifbare Nähe gerückt. Friedrich hatte diesmal sein Winterquartier in Lodi aufgeschlagen, da von dieser Stadt aus die Sperre der Verbindungswege Mailands nach Brescia und Piacenza besser ins Werk zu setzen war. Trotz mancher Rückschläge für seine Kirchenpolitik hatte er seine Position verbessern können. Im Dezember 1161 erschien eine Delegation des englischen Königs, der sich bisher angesichts der alexandrinischen Haltung der Geistlichen seines Reiches gegenüber kaiserlichen Einwirkungen durchaus reserviert verhalten hatte, bei Hofe, um über ein Freundschaftsbündnis zu verhandeln. Der Kaiser trug sich damals mit dem Gedanken, ein allgemeines Konzil über die Kirchenfrage einzuberufen. Gegen Alexander III. gingen Beauftragte des Reiches im Umland von Rom mit derartigem Erfolg vor, daß der Papst zu Ende des Jahres gezwungen war, die Stadt zu verlassen und sich auf den Weg nach Frankreich zu machen. Selbst Erzbischof Eberhard von Salzburg mußte angesichts dieser Entwicklung einlenken.

In Mailand begann sich nach und nach die Überzeugung durchzusetzen, daß ein weiterer Kampf gegen den Kaiser aussichtslos war. Die mehrere Jahre hindurch immer wieder erfolgte Vernichtung der Saaten der Mailänder, nun – ab dem Herbst 1161 – die Absperrung der Nachschubwege aus Brescia und Piacenza zwangen die Lombardenmetropole endgültig in die Knie. Vereinzelt hatte es in der Stadt auch prostaufische Kreise gegeben, die allerdings vorerst noch stets vertrieben worden waren. Nun bekamen die Stimmen derjenigen, die auf den Ausgleich, die Aufnahme von Verhandlungen drängten, immer mehr Gewicht.[28] Am 21. Februar 1162 erschienen vor dem Kaiser in Lodi Vertreter der so lange bekämpften Stadt, wobei sich Graf Guido von Biandrate – wie schon 1158 – in besonderer Weise vermittelnd einschaltete. Zunächst hatte es durchaus den Anschein, als fände das Angebot eines Übereinkommens, einer *conventio* wie vier Jahre zuvor, gegen die sich nur eine Minderheit der Fürsten unter dem Erwählten Rainald von

---

[28] Zum Folgenden vgl. *Herkenrath*, Miszellen, 251 ff.

Köln aussprach, Anklang. Die Mailänder boten die Zerstörung der städtischen Befestigungsanlagen, die Stellung von Geiseln, die Annahme eines deutschen oder lombardischen Podestà, die Zahlung eines Strafgeldes, die Errichtung einer Pfalz auf eigene Kosten, den Verzicht auf die Regalien und die Beendigung der bisherigen Bündnisse sowie die Ausweisung von 3000 Bewohnern aus ihrer Stadt an, gingen damit deutlich über die 1158 vereinbarten Punkte hinaus. Die Mehrheit der Fürsten trat für eine Annahme dieses Angebots ein. Offensichtlich erschien ihnen die Forderung nach einer bedingungslosen Kapitulation die Gefahr erneuten Widerstandes der so hartnäckig verteidigten Kommune nur wieder heraufzubeschwören.

Letztlich drang aber dann doch die Überzeugung durch, daß eine auch nur annähernde Erfüllung der angebotenen Unterwerfungsbedingungen kaum realistisch war, daß nur eine bedingungslose Unterwerfung – wie sie schon gegenüber Tortona 1155 und vor allem Crema 1160 exerziert worden war – die Gewähr bot, den Widerstand Mailands völlig und auf Dauer zu brechen. In einer für die Mailänder überaus demütigenden Weise wurde der endgültige Unterwerfungsakt in das von ihnen seit Anfang des 12. Jahrhunderts mit Erfolg unterjochte Lodi verlegt, dessen Wiederbegründung an neuem Ort durch den Kaiser vier Jahre zuvor die Kämpfe eingeleitet hatte. Konsuln, Ritter und Fußtruppen von Mailand erschienen in den ersten Märztagen 1162 in der Stadt an der Adda und lieferten ihre Waffen und Feldzeichen, darunter den Fahnenwagen mit dem Banner des Stadtpatrons S. Ambrogio, den für die Mailänder Kriegführung so symbolträchtigen 'carroccio', ab. Am 7. März schenkte Friedrich den Unterworfenen das bloße Leben und löste sie vom Bann, nachdem sie auf die letzten der – nach Aussage der Quellen – ursprünglich 2000 mailändischen Burgen verzichtet hatten. Lombardische und deutsche Beauftragte des Herrschers nahmen der Stadtbevölkerung in der Folge den Gehorsamseid ab. Die Stadtmauer mußte bei den Toren niedergerissen werden, um dem Heer des Kaisers den leichteren Zutritt zu ermöglichen.

Von Pavia aus, wohin sich Friedrich um die Mitte des Monats begab und wo die Mailänder Geiseln eingekerkert wurden, erging sodann am 19. März der Befehl, die Stadt völlig zu räumen. Den Mailändern wurden vier neue Wohnplätze im Umland, bei Nosedo, Vigentino, Lambrate und einem nicht näher identifizierbaren Ort bei Dergano nördlich von Mailand, zugewiesen. Sie erlitten damit dasselbe Schicksal, das sie 1111 nach der ersten Zerstörung von Lodi den Lodesen bereitet hatten. Der Großteil der Städter konnte offensichtlich nicht glauben, daß der Kaiser diese Anordnungen tatsächlich zu realisieren gedachte, und lagerte zunächst noch außerhalb des Stadtgrabens. Wenige Tage später mußten sie sich dann aber eines Besseren belehren lassen. Barbarossa erschien am 26. März mit den eigenen und mit den Truppen der befreundeten Städte in Mailand und ließ das Vernichtungswerk[29] beginnen. In konzentriertem Vorgehen – den städtischen Gegnern der Mailänder waren einzelne Stadtteile (den Pavesen die Gebiete an der Porta Ticinese, den Comasken diejenigen an der Porta Comasca usw.) zur Zerstörung übertragen worden – wurde Feuer gelegt, die blühende Lombardenmetropole, das mächtigste kommunale Zentrum der gesamten Lombardei, zweifellos eine der bedeutendsten Städte des gesamten christlichen Weltkreises, dem Erdboden gleichgemacht. Nur einige wenige Kirchen, bezeichnenderweise aber nicht der Dom, blieben verschont. In Sant'Ambrogio, dessen Mönche im Gegensatz zum dortigen Kanonikerstift auf seiten des Herrschers standen, empfing Barbarossa am Palmsonntag, dem 1. April 1162, in demonstrativer Weise die Ölzweige.

---

[29] Vgl. dazu *Opll*, Stadt und Reich, 333 (mit Nennung weiterer Literatur).

## 4. VOM TRIUMPH ÜBER MAILAND ZUM ZUSAMMENBRUCH DER REICHSHERRSCHAFT IN OBERITALIEN (1162–1168)

Mit[1] der Unterwerfung der Mailänder und der Zerstörung ihrer Stadt stand Friedrich auf dem Gipfel seiner in langjährigen Auseinandersetzungen gegenüber den feindlichen Städten der Lombardei befestigten Macht. Von deutlichem Hochgefühl beseelt, ließ der Staufer der Datierung seiner Diplome einen Hinweis auf die *dedicio* bzw. *destructio Mediolani* anfügen, den Klöstern in Italien und Deutschland stiftete er aus den damals in großem Umfang eingehenden Geldern als Almosen einen Zehnten. Sogar der seit längerem im Gegensatz zur kaiserlichen Kirchenpolitik stehende Salzburger Erzbischof Eberhard war noch im März 1162 zu Pavia bei Hofe erschienen. Im Gefühl des großartigen Triumphes wurde der greise Metropolit trotz seines auch vor dem Kaiser verteidigten Beharrens auf die Parteinahme für Alexander III. in Gnade wieder entlassen, behielt somit die Huld des Staufers. Dabei sollte Friedrich gerade im Frühjahr 1162 einen empfindlichen Rückschlag hinnehmen müssen, als Alexander III. die Flucht über Genua nach Frankreich glückte. Sein Verhalten gegenüber dem Salzburger wie auch um dieselbe Zeit durchaus erfolgreiche Verhandlungen mit den Genuesen zeigen aber, wie er es trotz allem verstand, vorschnelle, übereilte Reaktionen zu vermeiden.

Am Ostersonntag, dem 8. April 1162, wurde der Triumph über Mailand in Pavia in großartiger Weise gefeiert. Gemeinsam mit seiner Gemahlin Beatrix ließ sich der Staufer während der Messe im Dom krönen, was er wegen seines Vorsatzes, erst nach dem Sieg über die Lombardenmetropole wieder die Krone zu tragen, seit drei Jahren nicht mehr getan hatte. In der Paveser Bischofspfalz, wo auch die städtischen Volksversammlungen abgehalten zu werden pflegten, versammelten sich dann die anwesenden geistlichen und weltlichen Großen zu einem Festmahl an der kaiserlichen Tafel. Obwohl der Herrscher damals noch nicht alle Gegner in die Knie gezwungen hatte, traten nun zunehmend neue Dimensionen in das politische Geschehen. Schon seit längerem

---

[1] Zu den Einzelheiten s. oben S. 41 mit Anm. 1 (Bemerkungen zu Quellen und grundlegender Literatur).

waren die Kontakte zu den Seestädten Pisa und Genua[2] immer wieder durch städtische Delegationen aufrechterhalten worden. Nun nahm der Staufer seinen früheren Plan eines Feldzuges gegen Sizilien wieder auf und versicherte sich dafür mittels der Verleihung umfassender Privilegien der so wesentlichen Flottenunterstützung dieser Städte. Der mittelitalienische Bereich sollte in der Folge überhaupt stärker ins Blickfeld der Reichspolitik geraten, hatten sich hier doch die Gegebenheiten infolge der schon 1160 erkennbaren, proalexandrinischen Haltung Welfs VI.,[3] seit 1152 durch königliche Verfügung Herr dieser Gebiete, für das Reich immer ungünstiger gestaltet.

Der nunmehr so nachhaltig hervorgetretenen Macht des Kaisers in Oberitalien konnten die noch feindlich verbliebenen Städte Piacenza und Brescia nicht standhalten. Bereits am 22. April unterwarfen sich die Brescianer in Pavia unter Abschluß eines Kapitulationsvertrages. Die Piacentiner, gegen die noch einmal die Belagerung beschworen worden war, folgten am 11. Mai. Gegenüber beiden Städten kamen ähnliche Bedingungen, wie sie in den Verhandlungen vom Februar ursprünglich für die Mailänder vorgesehen waren,[4] zur Anwendung. Allerdings erfolgte keine Zerstörung dieser Städte, ihre Bewohner durften weiterhin in ihrer Heimat verbleiben. Die Grundlagen für die Herrschaft des Reiches in der Lombardei wurden nun umfassend neu gestaltet. Hatte es bislang erst vereinzelt staufische Amtsträger in ländlichen Gebieten dieser Zone gegeben,[5] so wurden derartige Bestellungen fortan zu einem regelrechten Organisationsprinzip. Insbesondere für die aus ihrer Stadt gewiesenen Mailänder mußten entsprechende Vorkehrungen getroffen werden. Sie wurden um den 1. Mai 1162 Bischof Heinrich von Lüttich unterstellt. Wohl noch im selben Monat wurden dann Markward von Grumbach als Podestà über die Bergamasken und Brescianer, Egenolf von Urslingen für Piacenza, Konrad von Ballhausen über das schon mehrfach unruhige Ferrara, Azo über Parma und Magister Paganus über die Grafschaft Como eingesetzt, so daß sich ein Netz unmittelbarer staufischer Reichsverwaltung über die Lombardei spannte. Wenngleich einer Reihe kaisertreuer Städte, darunter Pavia, Cremona und Lodi, gleichzeitig die Rückkehr zur konsularischen Regierungsform gestattet wurde, kam diesem Zugeständnis kaum weiter-

[2] Zu diesen Städten vgl. *Opll*, Stadt und Reich, 274 ff. und 384 ff.
[3] Zu ihm vgl. *Feldmann*, Welf VI.
[4] Vgl. *Herkenrath*, Miszellen, 252 ff.
[5] 1158 waren etwa die Gebiete des Seprio und der Martesana nordwestlich von Mailand Goswin von Heinsberg unterstellt worden, s. dazu schon oben S. 64.

reichende Bedeutung zu. Der Einfluß des Kaisers auf das städtische Regierungsgremium war dadurch in keiner Weise beeinträchtigt oder gar gemindert. Im Detail sollten sich bei diesen Maßnahmen allerdings nicht selten wieder die alten Probleme der Bevorzugung einzelner Städte bei gleichzeitiger Benachteiligung anderer zeigen. Zudem mochten sich dabei seit längerem prostaufische Städte durchaus als zurückgesetzt empfinden. So kann es keinesfalls als geschickte Regelung gelten, daß man Bergamo gemeinsam mit den lange Zeit feindlichen Brescianern ein- und demselben Amtsträger unterstellte. Auch die Lodesen mußten die Verleihung Cremas an Cremona im Jahre 1162 als ihren territorialpolitischen Interessen abträglich empfinden.[6] Zunächst schwelten derartige Spannungen freilich noch im Verborgenen, als wirkliche Konflikte sollten sie erst später ausbrechen.

Friedrich konnte seine Aktivitäten mit der endgültigen Unterwerfung der gesamten mailändischen Städtegruppe, also auch von Brescia und Piacenza, dann vollends auf die Kirchenfrage und die Planung des Feldzuges gegen Sizilien konzentrieren. Verbittert war er vor allem über die Aufnahme des gegnerischen Papstes im französischen Königreich. Die Folge dieser Verärgerung war, daß der Kapetinger Ludwig VII. einlenken mußte und Graf Heinrich von Troyes an den kaiserlichen Hof nach Pavia entsandte. Hatte der Staufer noch an der Jahreswende 1161/62 an die Einberufung eines allgemeinen Konzils zur Klärung der Kirchenfrage gedacht, so griff er diesen Plan nun in modifizierter Form wieder auf. Parallel zu einem für den 29. August 1162 vereinbarten Treffen mit dem französischen König an der Reichsgrenze zu S. Jean-de-Losne an der Saône sollte dort ein paritätisch besetztes Schiedsgericht über die ebenfalls dorthin vorgeladenen Päpste ein Urteil fällen und das Schisma beenden.[7] Nicht anders als bei den Vorbereitungen für die Paveser Kirchenversammlung zu Anfang des Jahres 1160 dachte Friedrich freilich auch diesmal keinesfalls an die Möglichkeit eines Scheiterns der von ihm vertretenen Ansprüche. In seinen Ladungsschreiben an den Episkopat Deutschlands und Burgunds[8] ließ er keinen Zweifel daran, daß beim Treffen an der Saône Viktor IV. endgültig als rechtmäßiger Papst bestätigt werden würde. Ludwig VII., der über diplomatische Kanäle von diesen Absichten des Kaisers Kenntnis

---

    [6] Vgl. dazu *Opll*, Lodi, 80 ff.
    [7] Zu diesen Verhandlungen vgl. *Heinemeyer*, Verhandlungen, 155 ff., *Schmale*, Friedrich I. und Ludwig VII., 315 ff. und *Kienast*, Deutschland und Frankreich 1, 203 ff.
    [8] Vgl. MGH.DDF.I.363 und 365; vgl. auch MGH.DF.I.364 an Herzog Matthäus von Lothringen.

erhielt, geriet dadurch in der Folge in eine höchst mißliche Lage, die vor allem auch durch die beharrliche Weigerung Alexanders III., vor der Kirchenversammlung zu erscheinen, für den König äußerst prekär zu werden drohte.

Noch in seinem Diplom für Genua vom 9. Juni 1162 hielt Barbarossa an dem Vorhaben eines Feldzuges gegen Sizilien fest.[9] Unmittelbar darauf ausbrechende Streitigkeiten Genuas mit Pisa entzogen den Planungen aber die so wesentliche Grundlage der Flottenunterstützung der beiden Seestädte. Zu Anfang Juli wurde Rainald von Dassel als kaiserlicher Legat an die Meeresküste entsandt und vermochte die Gegensätze vorläufig beizulegen. Der Kölner Erwählte betrat damals zum erstenmal den Boden Mittelitaliens, der in den nächsten Jahren bevorzugter Schauplatz der Aktivitäten von Reichslegaten[10] werden sollte. Das Legatenamt wurde ab diesem Zeitraum zum wichtigen Instrument der staufischen Herrschaftsübung. In Oberitalien[11] trat es als ergänzendes Element neben die Amtsträger der Reichsverwaltung, in Mittelitalien hatte es durchaus den Charakter einer das Reich repräsentierenden Stellvertretergewalt. Noch im Juli 1162 gelang Reinald der Abschluß eines Abkommens mit Lucca, das nun endgültig aus der Kompetenz Welfs VI. als Markgraf der Toskana genommen und dem Reich unmittelbar unterstellt wurde.[12]

Friedrich war zur selben Zeit an die Via Emilia gezogen, wo er in der Begleitung deutscher und lombardischer Truppen die Stadt Bologna zur Unterwerfung zwang. Aus Furcht vor einem ähnlichen Schicksal, wie es wenige Monate zuvor dem mächtigen Mailand bereitet worden war, gab die am Reno gelegene Stadt klein bei. Zu Anfang August hielt der Kaiser dann hof in Turin. Schon sein Itinerar zeigt, daß er nunmehr endgültig auf dem Weg zu seinem Treffen mit dem französischen König war. Sowohl Pisaner als auch Genueser Gesandte waren in Turin erschienen, um ihre Streitigkeiten nach Aufforderung durch den Legaten Rainald von Dassel vor den Kaiser zu bringen. Mit dem Einsatz von Geldern verstanden es die Genuesen, vor allem unter den Fürsten für sich Stimmung zu machen. Allerdings traf der Herrscher keine Entscheidung, die Zeit drängte. So wurde das Urteil bis zur Rückkehr des Kaisers vertagt. Dicht gedrängt war das Programm dieser Tage in der

---

[9] MGH.DF.I.367, vgl. *Opll*, Stadt und Reich, 280 f.

[10] Vgl. *Herkenrath*, Reinald von Dassel, 212 ff. und *Hägermann*, Urkunden, 202 ff.

[11] Zu dem hier eingesetzten Bischof Hermann von Verden vgl. die Arbeit von *Wurst*; zu Daniel von Prag vgl. *Hilsch*, Bischöfe von Prag, 24 ff., besonders 83 ff.

[12] *Opll*, Stadt und Reich, 313.

Tat: Der in Ausführung seines schon 1161 geschlossenen Vertrages mit dem Staufer an den Hof ziehende Graf Raimund Berengar IV. von Barcelona verstarb zu Anfang August in Borgo S. Dalmazzo unweit von Turin. Barbarossa begab sich persönlich dorthin und erwies dem bewährten Waffengefährten die letzte Ehre. Erst am 18. August wurde der Vertrag nunmehr mit dem Neffen des Verstorbenen, Raimund Berengar III., dem Mann der verwitweten Königin von Kastilien und Cousine Barbarossas, Richilde, erneuert. Noch am 21. August urkundete der Kaiser in Turin für die Johanniter in der Provence. Ebenfalls in diesen Tagen gelang es ihm, mit der Vergabe der für die Stadt Piacenza so wichtigen Brücke über den Po, die er 1157 an eine Gruppe prostaufischer Bürger und später an die alte Ansprüche betonende Abtei S. Giulia in Brescia verliehen hatte, an die Kommune die Postadt enger an das Reich zu binden. Der für Piacenza eingesetzte Podestà Egenolf von Urslingen hatte sich nicht bewährt und wurde vor dem 27. September 1162, vielleicht noch während des Aufenthalts in Turin, durch Arnold von Dorstadt, den die Italiener 'Buntbart' ('Barbavaria') nannten, abgelöst.[13]

Zweifellos verspätet konnte der Kaiser dann erst von Turin nach Burgund aufbrechen. Erst am späten Abend des festgesetzten Termins, des 29. August, kam er am Ort des Treffens mit Ludwig VII., in S. Jean-de-Losne an der Saône, an. Ludwig kam diese Verspätung des Staufers durchaus gelegen. Er war – nur in Begleitung von Gesandten Alexanders III., nicht aber von diesem selbst – noch während des Tages an der Saônebrücke erschienen und konnte sich nun ohne eigenes Verschulden am Nichtzustandekommen des Treffens nach Dijon zurückziehen. Ohwohl dem König von seiten Friedrichs ein Fristaufschub von drei Wochen gewährt wurde, ließ dieser die geplante Versammlung, zu der sich eine immense Zahl von Reichsfürsten eingefunden hatte,[14] dennoch gleich zusammentreten. Schwierigkeiten der Versorgung dieser ungeheuren Zahl von Menschen fernab jeder bedeutenderen Stadt oder sonstiger Versorgungszentren, aber auch Probleme der Unterbringung der Fürsten, die der Kaiser schon bei der Einladung zum Treffen vorsorglich zum Mitbringen von Zelten aufgefordert hatte, hatten den Herrscher in eine Zwangslage gebracht. An eine weitere Verschiebung des Termins war nicht zu denken. Unter maßgeblicher Lenkung der Geschehnisse von seiten Rainalds von Dassel, der in einer lateinisch,

---

[13] Vgl. *Güterbock*, Piacenzas Beziehungen, 83 ff. und *Opll*, Stadt und Reich, 381.

[14] Vgl. MGH.DF.I.388 für das Bistum Genf mit der umfangreichsten Zeugenliste sämtlicher Diplome Friedrich Barbarossas.

deutsch und französisch gehaltenen Rede den prinzipiellen Anspruch
des Kaisers unterstrich, über die Besetzung des bischöflichen Stuhles
der Stadt Rom als dem Mittelpunkt des Imperiums allein, ohne Beachtung eventueller Einwendungen der 'Provinzkönige' befinden zu können, fiel die von allem Anfang völlig unzweifelhafte Entscheidung für
Viktor IV. Der gemäß seinen Zusagen vom Juni 1158 persönlich bei
Hofe erschienene Dänenkönig Waldemar hatte bereits vor der eigentlichen Synode die Belehnung erhalten. Für die übrigen Königreiche
des Abendlandes, insbesondere für Frankreich und England, mußte die
Rede des Kölner Metropoliten einen schweren Affront darstellen.[15]

Die noch am 7. September in S. Jean-de-Losne beurkundete Reichsunmittelbarkeit des Bistums Genf, damit die Aberkennung der 1156 an
den Herzog von Zähringen verliehenen Investiturrechte, sollte in der
Folge zu einer schweren Verstimmung zwischen Friedrich und diesem
Adelshaus, das bereits seit der Ablehnung der Wahl Rudolfs von Zähringen zum Erzbischof von Mainz in Gegensatz zur Reichsgewalt gekommen war, führen.[16] Zunehmend erwies sich die staufische Kirchenpolitik, verbunden mit den ab 1162 feindlichen Beziehungen zum Königreich Frankreich, als Problem für die Aufrechterhaltung der Reichsherrschaft in Burgund. Berthold IV. von Zähringen sagte wohl noch im
Herbst 1162 König Ludwig VII. Unterstützung in dessen Auseinandersetzungen mit dem Kaiser zu. Französische Fürsten, wie etwa Graf Raimund V. von Toulouse, verstärkten in den nächsten Jahren ihre Expansionsbestrebungen in Richtung auf Reichsburgund.[17] Auch der Episkopat dieses Landes bildete keine feste Stütze für die staufische Politik:
Der nach dem Tod Humberts von Besançon 1162 auf diesen Stuhl
nachgefolgte Dekan Walter von St. Stephan in Besançon, ein Bruder
des französischen Herzogs Hugo von Burgund, weilte zwar im September dieses Jahres am kaiserlichen Hof, trat aber in der Folge offen auf
die Seite Alexanders III. über. Konnte Friedrich seinen Einfluß auf
dieses Erzbistum durch die 1163 erfolgte Erhebung des bewährten Aachener Propstes Heribert zwar wahren, so sollte noch im selben Jahr
mit dem Tod des kaisertreuen Erzbischofs Heraclius von Lyon ein
neues Problem entstehen.[18]

---

[15] Vgl. dazu die bekannten Aussagen des Johann von Salisbury, John of Salisbury, Letters 1, Nr. 124 (allerdings schon zum Jahre 1160 im Zusammenhang
mit der Synode von Pavia): „Wer hat die Deutschen zu Richtern über die Natio-
nen bestellt?"
[16] Vgl. *Kupper*, Raoul, 31 ff. und *Heinemann*, Zähringer 2, 163 ff. und 175.
[17] S. dazu auch unten S. 294 f.
[18] Vgl. *Mariotte*, Le schisme, 305 f.

Obwohl Friedrich im September 1162 seinen ursprünglichen Plan der abermaligen Bestätigung Viktors IV. kompromißlos verwirklicht hatte, mußte ihm doch auch selbst bald bewußt werden, wie folgenschwer das Scheitern des Treffens mit dem König von Frankreich war. Nach einer Aussage Johanns von Salisbury soll der Kaiser davon gesprochen haben, daß sich damals das Rad des Glückes zu seinen Ungunsten gewendet habe.[19] Ob der Kaiser ursprünglich geplant hatte, aus Burgund nach Deutschland zu ziehen, ist nicht sicher auszumachen. Jedenfalls brach er nun gegen Norden auf und entsandte Rainald von Dassel, später auch Hermann von Verden, mit umfassenden Vollmachten zurück nach Italien. Unruhen im Elsaß, wo der offensichtlich pro-zähringische Graf von Dagsburg gegen die Burg Horburg vorging, zwangen ihn zum persönlichen Eingreifen. Von seiner nunmehr pron, onciert antizähringischen Linie ging er auch weiterhin nicht ab. Auf dem Hoftag in Konstanz am 23. November 1162 wurde – durchaus auch in seinem Interesse – die Ehe Clementias von Zähringen mit Heinrich dem Löwen, damals feste Stütze der staufischen Politik, geschieden.[20]

Im Frühjahr des nächsten Jahres exekutierte der Kaiser sodann auf einem Hoftag in Mainz die schon seit langem anbefohlene Verurteilung dieser Stadt für die Ermordung Erzbischof Arnolds (24. Juni 1160). Die städtischen Befestigungen und mehrere Häuser von diskreditierten Bürgern wurden geschleift bzw. abgebrochen, Mainz verlor entsprechend den kanonischen Vorschriften für das Vorgehen bei Bischofsmord seinen städtischen Rang.[21]

Die Entwicklung in Ungarn, wo nach dem Tod des auf die Seite Alexanders III. übergetretenen Königs Geisa II. (31. Mai 1162) dessen Brüder Ladislaus II. († 1163) und Stephan IV. mit dessen Sohn Stephan III. um die Nachfolge rangen und zugleich immer mehr unter byzantinischen Einfluß gerieten, ließen den Kaiser in der Folge an ein Eingreifen im Arpadenreich denken.[22] Schließlich beschränkte man sich aber darauf, den Herzog von Österreich und den Markgrafen von Steier mit der Wahrnahme der Interessen des Reiches zu betrauen. Mit Polen wurde noch im Sommer 1163 der seit der Weigerung Boleslaws IV., am Zug gegen Mailand teilzunehmen, gestörte Frieden wiederhergestellt. Vor allem im Inneren des deutschen Reichsgebietes war die Autorität des Staufers allseits anerkannt. Aufkeimende Gegensätze süddeutscher

---

[19] John of Salisbury, Letters, Nr. 168.
[20] *Jordan*, Heinrich der Löwe, 74 f.
[21] *Opll*, Stadt und Reich, 120.
[22] S. dazu unten S. 277.

und sächsischer Fürsten mit Heinrich dem Löwen konnten noch vor
ihrem Ausbruch beigelegt werden, sogar Berthold von Zähringen erschien im Juli 1163 in Selz wieder bei Hofe.[23]

Auf einem Hoftag in Nürnberg im August kamen erstmals Gesandte
Alexanders III. zum Staufer und leiteten Verhandlungen ein, die bis ins
Frühjahr des nächsten Jahres weitergeführt wurden und offensichtlich
auf das Drängen des Gastgebers des Papstes, Ludwigs VII. von Frankreich, zurückgingen.[24] Dabei zeichneten sich durchaus Hoffnungen auf
ein günstiges Ergebnis dieser Gespräche ab. Im Oktober begab sich der
Staufer sodann – von neuem über die Brennerstraße, an deren Südaus-
gang Markward von Grumbach im Sommer dieses Jahres nach einjäh-
riger Belagerung die Herrschaft des Reiches über die Burg Garda hatte
vertraglich sichern können[25] – nach Italien. Diesmal wurde er von keinen bedeutenderen Truppenkontingenten begleitet, die Herrschaft in
Oberitalien war ja seit 1162 weitgehend gesichert. Ziel dieses dritten
Italienzuges war zum einen die weitere Planung und Vorbereitung des
Feldzuges gegen Sizilien, zum anderen insbesondere die Intensivierung
der unmittelbaren Reichsverwaltung im Süden, die nach den Maßnahmen Rainalds von Dassel während seiner Legation seit dem Herbst
1162 nun zunehmend auch Mittelitalien zu erfassen begann. Zu Ende
Oktober / Anfang November 1163 trat in Lodi ein großer Hoftag zusammen, auf dem die Aktivitäten Rainalds nun auch die kaiserliche Bestätigung erfuhren. Gemeinsam mit Papst Viktor IV. nahm der Kaiser
persönlich an der Übertragung der Reliquien des Stadtpatrons von
Lodi, des hl. Bassianus, von Alt- nach Neu-Lodi teil, womit die Stadtgründung an der Adda auch die kirchenrechtliche Sanktionierung, die
Zustimmung zur Verlegung des Bischofssitzes, erhielt.[26]

Über Pavia begab sich Friedrich zu Anfang Dezember nach Monza.
Auf dem Weg dorthin wurde er bei Vigentino mit den Klagen der ausgesiedelten Mailänder über die Bedrückung von seiten der Amtsträger
des Reiches konfrontiert. Ohne ihren Wünschen nach Linderung des
harten Joches nachzugeben, kam er ihnen doch dadurch etwas entgegen, daß er die Freilassung der Mailänder Geiseln anordnete. Von der
einschlägigen Forschung ist zwar festgestellt worden, daß sich die Tri-
butforderungen der staufischen Reichsverwaltung nicht in ihrer Höhe

[23] Vgl. *Feldmann*, Welf VI., 64, *Jordan*, Heinrich der Löwe, 114 f. und *Heinemann*, Zähringer 2, 177 ff.
[24] Zur Haltung des Kapetingers vgl. auch *Jordan*, Staufer und Kapetinger,
146.
[25] *Opll*, Verona, 42 f.
[26] *Opll*, Lodi, 81.

von denen der bisherigen kommunalen Herrschaft unterschieden, sondern hauptsächlich dadurch, daß sie eben von Landfremden (bzw. einheimischen Parteigängern des Kaisers) erhoben wurden. Dennoch wird man in Rechnung zu stellen haben, daß insbesondere im Mailändischen davon nun auch die früheren Stadtbewohner selbst betroffen waren und es wohl auch gar nicht selten zu Übergriffen und zu überzogenen Forderungen kam.

Zu Anfang des neuen Jahres zog Barbarossa über die Via Emilia an die Adriaküste, um die Vorbereitungen des Feldzuges gegen Sizilien weiterzuführen. Eng gestalteten sich damals die Kontakte mit den Genuesen,[27] wobei das Interesse der Seestadt freilich eindeutig auf den Ausbau der eigenen Position in Sardinien – im Gegensatz zu den dortigen Pisaner Ansprüchen – gerichtet war. Mangels ausreichender Truppen verschob Friedrich mehrfach seine Entscheidung über den Antritt des Feldzuges. Auf einem Hoftag in Parma zu Anfang März 1164 ging er dann auf das von den Genuesen nachhaltig unterstützte Angebot des sardinischen Richters Bareso von Arborea ein, ihm gegen eine beachtliche Summe Geldes die Insel als eigenes Königreich zu verleihen. Ganz bewußt überging der Herrscher dabei nicht nur Pisaner Ansprüche auf Sardinien, er nahm auch weder auf die 1152 an Herzog Welf VI. verliehenen Rechte noch auf Herrschaftsansprüche des Papsttums über die Insel Rücksicht. Die kaum anders als abenteuerlich zu bezeichnende 'Bareso-Episode' seiner Politik brachte den Staufer sogleich in Gegensatz zu den Pisanern, muß freilich von dem ungeheuren Geldbedarf der staufischen Herrschaft in dieser Zeit her gesehen und wohl auch beurteilt werden.

Wegen einer Erkrankung konnte Barbarossa nicht – wie ursprünglich geplant – persönlich über den Apennin ziehen. Rainald von Dassel wurde von Parma aus als Legat nach Mittelitalien entsandt. Friedrich begab sich wieder in den lombardischen Kernraum, wo er von Pavia aus seine seit dem Vorjahr im Gange befindlichen Verhandlungen mit Alexander III. intensivierte. In einer Zeit, da sich im östlichen Oberitalien der latent vorhandene Widerstand gegen das Reich in der Form des schon bald unter Veroneser Führung stehenden ersten Städtebündnisses der Stauferzeit, der Lega Veronese,[28] verdichtete, hätte ein Ausgleich mit Alexander zweifellos die Position des Kaisers entscheidend zu verbessern vermocht. Kennzeichnend für das Bestreben Friedrichs, auch mit den rebellischen Städten, Verona, Padua und Vicenza, zunächst auf dem Weg von Verhandlungen zu einer Einigung zu kommen,

[27] Zum damaligen Verhältnis zu Genua vgl. *Opll*, Stadt und Reich, 282.
[28] *Opll*, Verona, 43 ff.

ist die Tatsache, daß er noch zu Anfang April Vertreter der reichstreuen Städte Cremona, Pavia, Novara, Lodi und Como nach Verona entsandte und unter Ladung nach Pavia ein gerechtes Urteil zusagte. Da änderte sich die Situation infolge des Ablebens Viktors IV. am 20. April 1164 in Lucca vollständig. Rainald von Dassel eilte sofort in diese Stadt und setzte – ohne sich vorher mit dem Kaiser beraten zu haben oder auch zu können – die Wahl Guidos von Crema zum neuen Gegenpapst Paschal III. ins Werk.

An eine Fortführung der Gespräche mit Alexander III. war nun nicht mehr zu denken. Nach anfänglichem Zögern – wohl ein deutlicher Hinweis auf eine Verstimmung wegen des eigenmächtigen Vorgehens seines Legaten – konnte auch der Kaiser nicht anders, als den neuen Papst anzuerkennen. Die Aussicht auf ein Ende des Schismas war vertan. Mittels Mandaten wurden deutsche Fürsten in der Folge zur Stellung von Truppen gegen die Lega Veronese aufgefordert. Zugleich band der Kaiser mehrere Städte der gefährdeten Zone, insbesondere Ferrara, Treviso und Mantua, durch umfassende Privilegien enger an das Reich. Erstmals war nun auch die Situation im östlichen Oberitalien aufs höchste bedroht, erstmals hatten die Kommunen bei ihrem Widerstand gegen das Reich zu der schlagkräftigen und zukunftsweisenden Form des Städtebündnisses gefunden. Ein zum weitaus überwiegenden Teil aus städtischen Kontingenten bestehendes Heer rückte unter Führung des Kaisers noch im Juni gegen Verona, mußte aber angesichts der Stärke der feindlichen Truppen unverrichteter Dinge wieder zurückkehren.

Pavia war dann im Sommer 1164 monatelang kaiserliche Residenz. Mittels eines umfassenden Diploms[29] wurde der Dank für die bewährte Reichstreue der Stadt am Ticino abgestattet. Am 16. Juli erblickte hier mit Friedrich der älteste Sohn des kaiserlichen Paares das Licht der Welt.[30] Am 3. August wurde in Ausführung der Vereinbarungen von Parma (März 1164) Richter Bareso von Arborea zum König von Sardinien gekrönt. Die dafür festgesetzte Summe wurde zu Anfang September von den Genuesen entrichtet, sie versprachen sich von dieser Maßnahme des Herrschers ja den größten Gewinn. Die für die nunmehr erforderliche Wiederaufnahme der Kämpfe gegen die Städte dringend nötige Sammlung von Truppen veranlaßte Friedrich, im späten September über die Alpen nach Deutschland zurückzukehren. Sein kleiner Sohn, ein schwächliches Kind, wurde in die Obhut des treuen Markgrafen Wilhelm von Montferrat übergeben und blieb in Italien zurück.

---

[29] MGH.DF.I.455, vgl. dazu *Opll*, Stadt und Reich, 373 f.
[30] *Assmann*, Barbarossas Kinder, 446 und 459 (hier: irrig 18. Juli 1164).

Noch vor seinem Abzug ordnete der Herrscher auch die lombardische Reichsverwaltung neu, setzte weitere Amtsträger ein. Seit dem Entstehen der Lega Veronese war der traditionelle Weg über den Brenner versperrt. Friedrich zog daher über Disentis nach dem Norden und traf durch die Ausstellung eines Diploms für die Ritter der Val Camonica nördlich von Brescia[31] kluge Vorsorge für künftige Alpenübergänge.

Noch in Pavia hatten ihn bereits mit dem Erscheinen des nach dem Tod Eberhards von Salzburg neugewählten Metropoliten Konrad, seines babenbergischen Oheims und zuvor Bischofs von Passau, gleichsam die „deutschen Probleme" eingeholt.[32] Die nach dem Tode Viktors IV. eingetretene Verhärtung der Fronten im Schisma ließ es nicht zu, daß der Staufer sich gegenüber dem ebenfalls alexandrinischen neuen Erzbischof nachgiebig gezeigt hätte. Er verweigerte Konrad die Investitur. Salzburg sollte in den nächsten Jahren nun erst recht zu einer der echten Problemzonen im Schisma nördlich der Alpen werden. Vielfache, nicht nur kirchenpolitisch, sondern auch territorialpolitisch bedingte Wirren beherrschten die deutsche Szene bei der Rückkehr des Staufers.[33] An das rasche Aufbieten von Truppen und die unverzügliche Rückkehr nach dem Süden war angesichts dieser Situation nicht zu denken. In Ulm wurde zunächst die zwischen Pfalzgraf Hugo von Tübingen und Herzog Welf VII. ausgebrochene Fehde durch Einwirken auf den Tübinger, der die Gefangenen freilassen mußte, beigelegt. Bald sollten die Streitigkeiten aber wieder aufflammen, wobei sich der Herzog von Schwaben auf die Seite des Pfalzgrafen, der von Zähringen auf die des jungen Welfen stellte.

Auf dem Bamberger Hoftag im November 1164 mußte der Kaiser auch hinsichtlich der sogenannten 'Rheinecker Fehde' zwischen Rainald von Köln und dem Pfalzgrafen bei Rhein schlichtend eingreifen. Obwohl Friedrich dabei zunächst auch den Kölner hart anfuhr, konnte dieser ihn letztlich für sich gewinnen, so daß der Halbbruder des Kaisers, der schon früher bei seinen gegen den Trierer Erzbischof gerichteten Aktivitäten eine Schlappe erlitten hatte, in die Schranken gewiesen wurde. Rainald war trotz der vorübergehenden Verärgerung des Herrschers über sein übereiltes Vorgehen bei der Wahl Paschals III. unverzichtbarer Teil der politischen Planungen des Staufers, in der Regel

---

[31] MGH.DF.I.465. – Zur Alpenpaßpolitik Barbarossas vgl. *Büttner*, Alpenpaßpolitik, 243 ff. und *Schaller*, Alpenpässe.

[32] Vgl. *Dopsch*, in: Geschichte Salzburgs I / 1, 284ff.

[33] Zur damaligen Situation in Deutschland vgl. *Jordan*, Heinrich der Löwe, 113 f., *Brinken*, Politik Konrads von Staufen, 167 ff. (zur Rheinecker Fehde) und *Feldmann*, Welf VI., 65 ff. (zur Tübinger Fehde).

sogar deren 'Motor' und 'Seele'. Bisher hatte er immer noch nicht die
Bischofsweihe eingeholt, als Erwählter von Köln und vielfach bewähr-
ter Reichslegat bestimmte er maßgeblich die Richtung der Reichspolitik.

Im Frühjahr des neuen Jahres leitete Friedrich einen entscheidenden
Wandel in seinem Verhältnis zu den westlichen Königreichen ein, der
nur vor dem Hintergrund seiner Kirchenpolitik zu verstehen ist.[34] Die
Beziehungen zu Frankreich waren seit dem gescheiterten Treffen an der
Saône auf einem Tiefpunkt angelangt. Obwohl Ludwig VII. auf den
vom byzantinischen Kaiser an ihn herangetragenen Plan einer umfassenden antistaufischen Koalition mit Sizilien, Ostrom und Alexander III. im Jahre 1164 nicht eingegangen war,[35] konnte an der feindlichen Frontstellung zwischen dem Imperium und Frankreich kein Zweifel sein. Heinrich II. von England hatte es in den frühen 1160er Jahren
trotz der alexandrinischen Haltung seiner Geistlichkeit und trotz des
prinzipiellen Einvernehmens mit Alexander III. dennoch verstanden,
die Fäden zum staufischen Hof nicht vollends abreißen zu lassen. Vor
allem der Gegensatz, in den er dann zu seinem früheren Kanzler und
jetzigen Erzbischof von Canterbury, Thomas Becket, geriet, gestaltete
sein Verhältnis zum Papst zunehmend schwieriger. In dieser Situation
ging Rainald von Dassel im April 1165 als kaiserlicher Legat an den
englischen Hof nach Rouen und konnte dort – trotz seiner Ablehnung
als Schismatiker von seiten mancher Kreise dieses Hofes – ein Bündnis
vereinbaren, das durch die in Aussicht genommene Doppelhochzeit
des Kaisersohnes Friedrich mit Eleonore und Heinrichs des Löwen mit
Mathilde, beide Töchter des englischen Königs, bekräftigt wurde.

Gemeinsam mit englischen Legaten erschien Rainald zu Pfingsten
(23. Mai 1165) auf dem Reichstag zu Würzburg. Auf seinen Vorschlag
hin wurden die sogenannten 'Würzburger Eide' verkündet, nach denen
sich der Kaiser ausdrücklich verpflichtete, Roland (Alexander III.) niemals anzuerkennen, sondern Papst Paschal III. und dessen von seiner
(Paschals) Partei gewählten Nachfolgern anzuhängen. Auf Drängen
des Herrschers erklärte sich Rainald nun auch bereit, die Priester- und
Bischofsweihe zu empfangen, und leistete als erster den Eid auf Paschal. Ihm folgten die englischen Gesandten, Friedrich selbst und dann
die anwesenden geistlichen und weltlichen Fürsten.[36] Bereits bei dieser

---

[34] S. dazu unten S. 288 f. – Zur Situation Englands im Schisma vgl. vor allem
*Reuter*, The papal schism.
[35] Dazu s. auch unten S. 288 f.
[36] Vgl. dazu *Rill*, Würzburger Eide, 7 ff. und – allgemein – *Petersohn*, Saint
Denis – Westminster – Aachen, 420 ff.

Vereidigung in Würzburg ergaben sich erste Probleme. Alexandrinisch gesinnte Prälaten und Laienfürsten, aber auch Persönlichkeiten, die einer derartigen Zuspitzung der staufischen Kirchenpolitik ablehnend gegenüberstanden, gingen mehr oder weniger deutlich auf Distanz zum Kaiser. Insbesondere war es der wittelsbachische Erzbischof Konrad von Mainz, der sich jetzt offen als Alexandriner deklarierte und aus seinem Bistum weichen mußte. Nur mit Vorbehalt legten die Erzbischöfe von Magdeburg und Hamburg-Bremen sowie Eberhard von Bamberg den Eid ab. Hillin von Trier war gar nicht in Würzburg erschienen, und auch Konrad von Salzburg rückte von seiner Parteinahme für Alexander III. nicht ab. Von den weltlichen Fürsten war es der junge Herzog von Schwaben, der – nicht zuletzt wegen seiner Verstimmung über das Eingreifen des kaiserlichen Vetters in die Tübinger Fehde – den Hof noch vor der Ablegung des Eides verließ.

Allen Fürsten des Reiches wurde in der Folge die Verpflichtung zur Ablegung dieses Eides auferlegt. Gegen die seit Beginn des Schismas stets proalexandrinischen Zisterzienser ging der Kaiser sogar mit Waffengewalt vor.[37] Die politische Szene im Reich nahm durchaus radikale Züge an, persönlich hatte sich der Staufer nunmehr offen gegen den Papst gestellt. Schon im Juni zog Friedrich nach Bayern, wo in Passau der dortige Bischof Rupert vereidigt wurde. Über die Donau ging die Reise weiter nach Wien, wo sein babenbergischer Oheim, Herzog Heinrich Jasomirgott, der erwählte Bischof von Regensburg und wohl auch Bischof Albert von Freising den verlangten Eid leisteten. Dem Staufer war es damit gelungen, mehrere Suffraganbistümer und weite Teile der widerspenstigen Salzburger Kirchenprovinz unter sein Gebot zu zwingen.

Die Verhärtung der Fronten im Kirchenstreit erforderte ein rasches Durchgreifen des Herrschers. Die Strenge Barbarossas bekam noch im Sommer 1165 Abt Markward von Fulda zu spüren, der zur Abdankung gezwungen wurde. Im September begab sich Friedrich an den Mittelrhein, wo in Worms erneut Konrad von Salzburg bei Hofe erscheinen sollte, der Ladung aber nicht nachkam. Hier traf Barbarossa dann seine Entscheidung über die Neubesetzung des Mainzer Stuhles, indem Christian von Buch zum Erzbischof erhoben wurde. Christian, der schon als Propst von Merseburg 1160 zum Mainzer Metropoliten erwählt worden war, dann aber ebenso wie sein Gegenkandidat Rudolf von Zähringen nicht die kaiserliche Zustimmung gefunden hatte, war seit dem November 1162 als Reichskanzler in eine höchst bedeutende Position in der unmittelbaren Umgebung des Herrschers aufgerückt.

---

[37] Vgl. dazu *Reuter*, Edikt, 328 ff.

Seit dem Spätsommer 1164 war er als Legat des Kaisers in Italien tätig, hauptsächlich wurde er im mittelitalienischen Raum und bei der Rückführung Papst Paschals III. nach Rom aktiv. Auf seine Initiative ging nicht zuletzt die in Umkehrung der progenuesischen Maßnahmen des Kaisers aus dem Sommer 1164 im April 1165 durchgeführte Belehnung der Pisaner mit Sardinien zurück, womit es gelang, den steten Gegensatz der beiden Seestädte mit beachtlichem finanziellen Vorteil für das Reich auszunützen.[38] Die Entscheidung des Kaisers für Christian als neuen Mainzer Erzbischof fiel somit auf einen treuen, bewährten und erfolgreichen Mann, dessen enge Verflechtungen mit den Erfordernissen seiner Italienpolitik ihm zum einen südlich der Alpen die Fortführung seiner politischen Aktivitäten erlaubte und zum anderen im Bereich des Mainzer Erzbistums zugleich den wünschenswerten, territorialpolitischen Spielraum sicherte.

Friedrich war damit der ab dem Reichstag von Würzburg deutlich hervortretenden Opposition nach und nach Herr geworden. Die Bedrohlichkeit der Situation hatte sich nicht zuletzt in Gerüchten gezeigt, die in England umliefen: Danach hätten sich mehrere Fürsten des Reiches, darunter die Erzbischöfe von Trier, Magdeburg und Salzburg, die Herzöge von Schwaben, Österreich, Zähringen und Welf VI. sowie der Bruder des abgesetzten Erzbischofs von Mainz, Pfalzgraf Friedrich von Wittelsbach, verschworen, um einen neuen Kaiser zu wählen. Wiewohl den Gerüchten im wörtlichen Sinn sicher kein Glauben zu schenken ist, kam darin doch deutlich Umfang und Ausmaß der dem Herrscher zunehmend distanziert gegenüberstehenden Kräfte zum Ausdruck.[39]

Im Herbst 1165 begab sich der Staufer über Köln, wo Rainald von Dassel am 2. Oktober vom Osnabrücker Bischof Philipp die Bischofsweihe erhielt, an den Niederrhein. Wohl noch im November erlebte er in seiner Pfalz zu Nimwegen die große Freude der Geburt seines zweiten Sohnes, der den traditionellen Saliernamen Heinrich erhielt und später sein Nachfolger werden sollte.[40] Bis hierher kamen damals Gesandte aus Piacenza, die den Regalienzins und die für die Überlassung des Pohafens der Brescianer Abtei S. Giulia schuldige Entschädigung überbrachten. Delegationen aus Italien waren seit dem Abzug des Herrschers aus dem südlichen Königreich immer wieder bei Hofe er-

---

[38] Die Genuesen hatten dafür 1164 4.000 Mark, nach einer zweifelhaften Nachricht der Pisaner Annalen sogar 15.000 Pfund bezahlt, die Pisaner entrichteten 1165 13.000 Pfund (= 5.416,6 Mark), vgl. *Opll*, Stadt und Reich, 562 sowie 282 mit Anm. 70.
[39] Vgl. dazu *Schmidt*, Königswahl, 170 f.
[40] *Assmann*, Barbarossas Kinder, 438.

Abb. 5: Der anläßlich der Heiligsprechung Karls des Großen (1165) gestiftete
'Barbarossa-Radleuchter' in der Pfalzkapelle zu Aachen

schienen, so daß die Verbindungen nach dem Süden in ausreichender Form aufrechterhalten werden konnten. Zugleich walteten im Süden die Amtsträger der staufischen Reichsverwaltung und Reichslegaten.

Zum Weihnachtsfest begab sich Friedrich über Utrecht sodann nach Aachen.[41] Der dort versammelte Hoftag hat als einer der Höhepunkte staufischer Machtentfaltung und Repräsentation in der Epoche des Schismas zu gelten. Neben politischen Entscheidungen hinsichtlich der Herrschaftsverhältnisse in den westlichen Randzonen des Imperiums, in Flandern und im Bistum Cambrai, war es vor allem die Heiligsprechung Karls des Großen, dessen Gebeine zur Ehre der Altäre erhoben wurden, die den Glanz dieser Tage ausmachte. Die Kanonisation des ersten mittelalterlichen Kaisers, sanktioniert durch den kaiserlichen Gegenpapst Paschal III., war freilich ein Akt von höchster politischer Tragweite hinsichtlich der Stellung des Staufers im Schisma. Zugleich unterstrich sie mit der so deutlichen Orientierung an früheren, ähnlichen Vorgängen im französischen und englischen Königreich die seit dem Würzburger Reichstag hervortretende, neue Ausrichtung der Reichspolitik auf England. Karl der Große, den auch die Tradition des französischen Königtums als Ahnherrn beanspruchte, wurde damit demonstrativ als Reichsheiliger proklamiert. Seine Pfalz und sein Begräbnisort Aachen, traditioneller Schauplatz der Krönung des neugewählten Königs, erhielt umfassende städtische Privilegien. Gemeinsam mit dem Marienstift wurde Aachen mit dem Ehrentitel eines „Hauptes des deutschen Königreiches"[42] ausgezeichnet.

Im Februar des neuen Jahres treffen wir den Kaiser in Nürnberg an, wo der nach dreimaliger, vergeblicher Vorladung nunmehr doch bei Hofe erschienene Salzburger Erzbischof Konrad sich abermals weigerte, von seiner alexandrinischen Haltung abzulassen, diesmal aber ohne die Gnade des Herrschers entlassen wurde.[43] Beratungen über die Finanzierung des neuen Zuges nach Italien, die hier geführt wurden, zeigen, daß die Italienpolitik nun wieder zusehends das Interesse des Staufers zu bestimmen begann. Ein Aufbruch nach dem Süden war aber unmöglich, ohne zuvor die wesentlichen Krisenherde in Deutschland erstickt zu haben. Auf einem Hoftag im Ulm um Mitte März 1166 gelang es Friedrich, die trotz seines Eingreifens vom Herbst 1164 immer noch schwelende Tübinger Fehde zu beenden. Bezeichnender-

[41] Zum folgenden vgl. *Petersohn* (wie oben Anm. 36).
[42] Zu dieser Bezeichnung, die keinesfalls im Sinn von 'Hauptstadt' zu interpretieren ist, vgl. *Opll*, Stadt und Reich, 28, 94 und 497f.
[43] Dazu vgl. *Dopsch*, in: Geschichte Salzburgs I/1, 285.

weise traf die ganze Härte des kaiserlichen Spruches den schwächsten unter den an den Auseinandersetzungen beteiligten Kontrahenten: Pfalzgraf Hugo von Tübingen mußte sich unterwerfen und in die Haft seines Gegners, Herzog Welfs VII., begeben. Damit konnte der Kaiser nicht nur den jungen Welfen und dessen Verbündete, darunter besonders Herzog Berthold von Zähringen, wieder enger an sich binden, auch der für den Tübinger eingetretene Schwabenherzog Friedrich wurde nicht unmittelbar bestraft, so daß sich das seit dem Würzburger Reichstag gestörte Verhältnis zwischen den staufischen Vettern wieder entspannte.[44]

Alle hier genannten Fürsten nahmen in der Folge an der Italienfahrt teil. In Ulm ausgestellte Diplome für Wichmann von Magdeburg belegen, daß sich auch die Beziehungen Friedrichs zu diesem Mann wieder gebessert hatten. Standhaft gegen das kaiserliche Machtgebot war nur Konrad von Salzburg geblieben. Auf einem Hoftag in Laufen unweit von Salzburg am 29. März 1166 leitete der Herrscher deshalb das militärische Vorgehen gegen dieses Erzbistum ein. Lokale Gegner, wie insbesondere die Grafen von Plain, verwüsteten in der Folge das Erzstift. In der Nacht vom 4. zum 5. April 1167 ging die Stadt Salzburg selbst in Flammen auf.[45]

In den Monaten nach dem Laufener Hoftag verstärkte Friedrich seine vorbereitenden Maßnahmen für den bevorstehenden Italienzug. Ebenso wie vor dem Antritt des Krönungszuges (1154) der normannische König gestorben war (Roger II. †26. Februar 1154), so starb nun am 7. Mai 1166 Wilhelm I. von Sizilien. Die Aussichten für ein erfolgreiches Vorgehen gegen Süditalien, das man seit dem Triumph über Mailand nun schon seit Jahren plante, standen somit durchaus günstig. Friedrichs Absicht war es, mit einem machtvollen Heereszug unter nochmaliger Anspannung aller zur Gebote stehenden Kräfte des Reiches sowohl das Normannenreich endgültig zu schlagen als auch mit demselben Schlag unmittelbar gegen Alexander III., der im Spätjahr 1165 aus dem französischen Exil wieder nach Rom hatte zurückkehren können, vorzugehen. Im Juli 1166 begab sich der Kaiser nach Burgund, wo zwar das Erzbistum Vienne mittels eines Privilegs an seine Seite gebunden wurde, die vielfältigen Schwierigkeiten angesichts des Schismas und der Gegnerschaft zu Frankreich aber wegen der Kürze der zur Verfügung stehenden Zeit nicht bereinigt werden konnten.[46] Vergeblich

---

[44] Zur Tübinger Fehde vgl. *Feldmann* (wie oben Anm. 33).
[45] *Dopsch*, in: Geschichte Salzburgs I / 1, 287.
[46] Vgl. *Büttner*, Burgund, 104.

blieb auch im September darauf zu Worms sein Bemühen, die seit längerem bestehenden Spannungen mit seinem Halbbruder, Konrad bei Rhein, unter Vermittlung Abt Heinrichs von Lorsch aus der Welt zu schaffen.[47]

An einen weiteren Aufschub des Italienzuges war dennoch nicht mehr zu denken. Im Oktober 1166 trat er mit einem großen Heer, dem nun erstmals auch Söldner, sogenannte 'Brabanzonen' (nach ihrer überwiegenden Herkunft aus Brabant), angehörten, von Augsburg über den Brenner seinen vierten Zug nach dem Süden an. Anders als zuvor war diesmal der übliche Weg von Trient nach Verona durch die Kräfte der Lega Veronese versperrt. Der Kaiser war gezwungen, seinen Weg über den Tonalpaß und die Val Camonica[48] zu nehmen. Die Situation im Lande hatte sich seit dem Abzug des Staufers zwei Jahre zuvor gewandelt: Die städtische Opposition war nicht nur in der Form des Veroneserbundes aktiv, zunehmend hatte sich die Kritik an den rigorosen Maßnahmen der staufischen Reichsverwaltung auch in der engeren Lombardei verstärkt. Schon im Sommer 1164 hatte sich sogar in den Städten Cremona und Pavia Unmut zu regen begonnen. Die Cremonesen[49] waren dann – wohl schon an der Jahreswende 1165/66 – in Kontakt mit der Lega Veronese, namentlich zu Padua und Venedig, getreten, wobei die seit längerem über die Lagunenstadt fließenden byzantinischen Hilfsgelder eine nicht unwesentliche Rolle gespielt haben dürften.

Nach der Verwüstung der Gebiete von Brescia und Bergamo und der Einforderung von Geiseln traf Friedrich im November in Lodi ein. Ungerührt über mannigfache Klagen, die ihm dort über das Terrorregiment seiner Amtsträger zu Ohren kamen, wurde nun abermals der Beschluß zur Romfahrt verkündet. Auch in Italien ließ Barbarossa jetzt die Vereidigung von Geistlichen auf Paschal III. gemäß den Würzburger Beschlüssen vom Vorjahr vornehmen.[50] Nur mit Mühe konnten die nach der Verleihung Sardiniens an Pisa im April 1165 erneut aufgeflammten Kämpfe dieser Stadt mit den Genuesen, die auch im Apennin mit lokalen Adeligen in Gegensatz geraten waren, für die Zeit der gemeinsamen Reichsheerfahrt beigelegt werden.[51] Die Voraussetzungen für den Feldzug waren somit keinesfalls aufs beste geregelt. Allerdings dürfte der Staufer größte Hoffnungen auf die hohe Zahl der unter sei-

---

[47] *Brinken*, Politik Konrads von Staufen, 189 ff.
[48] S. dazu schon oben S. 89 mit Anm. 31.
[49] Zur Haltung Cremonas vgl. *Opll*, Stadt und Reich, 256.
[50] Vgl. dazu etwa *Güterbock*, Schisma, 376 ff. sowie *Opll*, Lodi, 86 f.
[51] *Opll*, Stadt und Reich, 283 f. und 395 f.

nem Befehl stehenden Truppen gesetzt haben. Mit einem weiteren Aufenthalt zu Bagnolo unweit von Brescia an der Jahreswende 1166/67
führte der Kaiser den unruhigen Brescianern noch einmal seine Macht
vor Augen.

Von Lodi aus brach Friedrich im Januar zu seinem Zug gegen Süden
auf. Auch an der Via Emilia, gegenüber Parma und Bologna, mußte er
militärischen Druck zur Wahrung seiner Autorität ausüben. Die Städte
stellten Geiseln, teilweise mußten sie sich zu hohen Tributzahlungen
bereitfinden. Nur äußerst langsam ging der Vormarsch des Heeres
voran. Nicht zuletzt war die Verzögerung wohl auch durch die Schwan-
gerschaft der Kaiserin bedingt, die im Februar auf der Burg des Grafen
Guido Guerra zu Modigliana unweit Faenzas von ihrem dritten Sohn,
Konrad, entbunden wurde.[52] Zu Anfang März hielt Friedrich hof in
Imola. Dort wurde mit der Entsendung des erst jetzt zum Bischof geweihten Erzbischofs Christian von Mainz und des Kölner Metropoliten
Rainald über den Apennin nach Mittelitalien die nächste Phase des
Heerzuges eingeleitet. Über mehrere, verschiedene Wege sollte der Weitermarsch nach dem Süden erfolgen. Barbarossa selbst zog an die Ad-
riaküste, wo er schon zu Anfang 1164 in Sachen seiner Feldzugspla-
nung gegen Sizilien geweilt hatte.

Während die beiden bewährten Reichslegaten auf getrennten Wegen
durch Mittelitalien zogen, wobei sich vor allem die Pisaner, die nun mit
der Wahl eines neuen Erzbischofs auch im Schisma eine eindeutig staufische Haltung bezogen,[53] bestens bewährten, rückte der Kaiser über
Ravenna und Rimini gegen Ancona[54] vor. Diese Seestadt war schon seit
langem stets Angelpunkt der byzantinischen Politik an der Adriaküste.
Zuletzt 1158 hatten die Oströmer nach Verhandlungen mit Rainald von
Dassel und Otto von Wittelsbach von dort weichen müssen. Seither
hatten sie ihre Bemühungen wieder intensiviert. Zugleich dürfte sich
auch Ancona selbst durch die rigorose Städtepolitik des Staufers bedroht gefühlt haben. Der Kaiser schloß einen Belagerungsring um die
wohlbefestigte Stadt, ohne freilich wirklich durchschlagend gegen sie
vorgehen zu können. Während der dreiwöchigen Belagerung erfuhr er
durch Boten, daß es schon zu Anfang März in seinem Rücken in der
Lombardei zu einem Aufstand der Städte gekommen war. Bergamo,
Brescia, Cremona, Mantua, die seit 1162 aus ihrer Stadt ausgesiedelten
Mailänder und wohl auch Ferrara hatten sich unter deutlicher Vorbild-
wirkung der Lega Veronese zu einem lombardischen Städtebund zu-

---

[52] *Baaken*, Altersfolge, 60 f.
[53] *Opll*, Stadt und Reich, 396.
[54] Zum Folgenden vgl. *Leonhard*, Ancona, 63 ff.

sammengeschlossen. Diese Lega Lombarda[55] nahm nun den Kampf für eine Wiederherstellung der alten Freiheiten gegen die als so despotisch empfundene staufische Reichsverwaltung auf. Die Situation für den Kaiser war prekär. Von seinem eben erst angetretenen Feldzug gegen Süditalien konnte und wollte er nicht lassen, vielleicht vertraute er auch auf die Stärke der Machtmittel seiner Amtsträger in der Lombardei. Jedenfalls begnügte er sich damit, Bischof Hermann von Verden nach Pavia zu entsenden, um diese Hauptbastion seiner Herrschaft in Oberitalien in der Treue zum Reich zu erhalten.

Zu Ende Mai traf dann die ungleich freudigere Botschaft über den gewaltigen Sieg, den die Reichslegaten Rainald und Christian bei Tusculum über die Römer (29. Mai 1167) errungen hatten, im Lager vor Ancona ein. Angesichts dieses Erfolges verzichtete Friedrich auf eine Fortführung der Belagerung der Seestadt, die sich unter pisanischer Vermittlung offensichtlich nicht ungern zu einem Unterwerfungsabkommen mit dem Herrscher bereitfand. Rasch trat Barbarossa den Weitermarsch an, unternahm dann allerdings zunächst – im Juni – von der Reichsgrenze am Tronto aus einen Streifzug nach Apulien.[56] Wer hätte damals ahnen können, daß dies das einzige militärische Vorgehen gegen die Normannen bleiben sollte? Vor allem der staufische Gegenpapst drängte den Herrscher von Viterbo aus auf möglichst rasches Kommen, um den immer noch in Rom weilenden Alexander III. endgültig abzusetzen.

Am 22. Juli 1167 erschien der Kaiser gemeinsam mit Papst Paschal III. vor Rom, wo er seine Truppen mit den siegreichen Streitkräften seiner Reichslegaten zu einer höchst ansehnlichen Streitmacht vereinigte. Vom Monte Mario aus ging Friedrich in den nächsten Tagen gegen die Ewige Stadt vor. Die Kämpfe konzentrierten sich insbesondere um die Peterskirche, die bei der Niederbrennung der daneben gelegenen Kirche S. Maria in Turri auch selbst Schaden nahm. Vergeblich blieben Verhandlungen, die seitens der alexandrinischen Kardinäle durch den seit 1165 an der Kurie weilenden, ehemaligen Erzbischof von Mainz, Konrad von Wittelsbach, aufgenommen wurden. Allerdings glückte Alexander selbst zur größten Bestürzung des Herrschers die Flucht nach Benevent.

Die bislang feindseligen Römer mußten sich schließlich der kaiserlichen Übermacht beugen. Friedrich schloß mit ihnen einen Pakt, der ihnen den Bestand ihres Senats zusicherte und damit die Stadt auf die

---

[55] Vgl. zu ihr allgemein neben dem klassischen Werk von *Vignati*, Storia diplomatica della Lega Lombarda vor allem *Fasoli*, Lega Lombarda, 143 ff.

[56] *Opll*, Itinerar, 40 f.

Seite des Kaisers zog.[57] Am 30. Juli wurde Paschal III. feierlich in St. Peter inthronisiert, zwei Tage später erteilte der Papst der Gemahlin des Staufers, Beatrix, die Krönung zur Kaiserin. Erfolg und Mißerfolg der staufischen Politik vermengten sich in diesen Tagen in völlig untrennbarer Weise, da kam es in den ersten Augusttagen zum Ausbruch der für die Tibersümpfe typischen, gar nicht seltenen Sommermalaria in Rom. Die Spitzen des kaiserlichen Heeres wurden von der Seuche dahingerafft, die Blüte der staufischen Machtentfaltung brach wie ein Kartenhaus in sich zusammen. Schon den Zeitgenossen erschien das Geschehen wie ein furchtbares Gottesgericht, wobei dem Kaiser nicht nur seine Haltung im Schisma, sondern insbesondere die Zerstörung von Gotteshäusern während der Kämpfe in Rom zum Vorwurf gemacht wurde. Als Opfer der Katastrophe vor Rom waren Erzbischof Rainald von Köln, die Bischöfe Konrad von Augsburg, Alexander von Lüttich, Daniel von Prag, Eberhard von Regensburg, Gottfried von Speyer und Hermann von Verden, die Herzöge Friedrich von Schwaben, Welf VII. und Theobald von Böhmen, zahlreiche Grafen und Edelfreie, insgesamt Tausende von Toten im Reichsheer zu beklagen.

Schon um den 6. August brach Friedrich unter Zurücklassung vieler Erkrankter und Todgeweihter von Rom auf und zog über Viterbo in die höher gelegenen Zonen des Monte Amiata. Der Kaiser selbst dürfte infolge früherer Fiebererkrankungen – vielleicht schon seit den Tagen des Kreuzzuges mit Konrad III. – gegen die Seuche weitgehend immun gewesen sein.[58] Aufs schwerste betroffen und tief geschlagen setzte er, begleitet von den kümmerlichen Resten seines noch vor wenigen Tagen so prächtigen Heeres, seinen Weg über die traditionelle Route der Via Francigena fort.[59] Gestützt auf Lucca und Pisa, aber auch auf die Hilfe lokaler Adeliger, wie etwa der Herren von Buggiano und Maona, erreichte er am 31. August die Arnostadt, die ihm weiterhin zur Seite stand.

Auf das Angebot der Pisaner, ihn zu Schiff weiterzubefördern, ging er allerdings nicht ein, sondern brach bereits nach wenigen Tagen in die Lombardei auf. Der Abschnitt der Via Francigena über den Monte Bardone (heute: Paß von La Cisa)[60] war seit längerem von der Reichsgewalt als freier Übergang gesichert worden. Noch im Februar 1167 hatte

---

[57] MGH.DF.I.533, vgl. *Petersohn*, Pactum, 289 ff.

[58] S. dazu etwa oben S. 87 (zu 1164) sowie BOM 229 (zu 1154).

[59] Zum Rückmarsch von Rom vgl. zuletzt *Opll*, Barbarossa in Bedrängnis, 194 ff.

[60] Zu diesem Paß vgl. *Opll*, Monte Bardone, 57 ff.

Abb. 6: Darstellung Kaiser Friedrichs I. von der ehemaligen, 1171 errichteten
'Porta Romana' in Mailand

Barbarossa den Bewohnern von Pontremoli ein Privileg erteilt. Nun fand er bei dieser Stadt den Weg von Pontremolesen und Lombarden versperrt vor. Zum erstenmal stieß er damit auf den direkten militärischen Widerstand der seit dem Frühjahr entstandenen Lega Lombarda. In der Tat hatten die feindlichen Städte in der Zwischenzeit in einem überaus erfolgreichen Vorgehen ihre Position ausbauen und festigen können. Bereits am 27. April waren die Mailänder in demonstrativer Weise in ihre Stadt zurückgeführt und damit die Lombardenmetropole wiederbegründet worden. Bis zum 22. Mai war die Stadt Lodi unter Anwendung von militärischem Druck zum Beitritt zum Bündnis gezwungen worden, und noch im August des Jahres hatten die wiedererstarkten Mailänder im gemeinsamen Vorgehen mit Bergamasker Truppen die schon in den Auseinandersetzungen von 1158/59 stets umstrittene Burg Trezzo zurückerobern können.

Die Schwäche seiner Truppen ließ dem Kaiser bei Pontremoli keine andere Möglichkeit als zurückzuweichen. Unter dem Geleit des nun schon seit Jahren prostaufischen Markgrafen Obizo Malaspina wurde der Zug über beschwerliche, mühevolle Wege[61] durch den Apennin westlich von der ungangbaren Paßstraße fortgesetzt. Über das Gebiet von Tortona und Piacenza – zweifellos unter Umgehung dieser Städte – erreichte Friedrich gemeinsam mit seiner Gemahlin und den Resten seines schwer dezimierten Heeres am 12. September das treue Pavia. Diese seit den Anfängen seiner Regierung stets auf seiner Seite stehende Stadt gewährte ihm beste Aufnahme, sicherte ihm die dringend erforderliche Zuflucht. Schon am 21. September wurden hier in öffentlicher Volksversammlung die feindlichen Städte mit Ausnahme von Cremona und Lodi gebannt. Friedrich warf ihnen in einer überaus dramatischen Szene den Fehdehandschuh hin.

Die militärische Position des Kaisers war aufs höchste bedroht. Seine Truppen waren nach der Katastrophe vor Rom schwer dezimiert, zugleich stand ihm nun die überwiegende Zahl der lombardischen Städte feindlich gegenüber. Den bei ihm verbliebenen Fürsten konnte die teilweise geäußerte Bitte um Erlaubnis zur Heimkehr kaum abgeschlagen werden. Berthold von Zähringen und Christian von Mainz mußten – wohl noch im September – zur Beilegung der Unruhen in Sachsen, wo sich der Erzbischof von Magdeburg, der Landgraf von Thüringen, Albrecht der Bär und – im Bündnisvertrag vom 12. Juli 1167 – auch noch der inzwischen verstorbene Rainald von Dassel gegen Heinrich den Löwen verbündet hatten,[62] nach dem Norden entsandt

---

[61] *Opll*, Itinerar, 42 f.
[62] Vgl. *Jordan*, Heinrich der Löwe, 117 f.

werden. So war der Staufer bei seinen Unternehmungen gegen die
feindlichen Städte, die sich im Herbst freilich nur gegen das ländliche
Umland dieser Kommunen richten konnten, ausschließlich auf lombardische Streitkräfte, die Städte Pavia, Novara und Vercelli, die Markgrafen Wilhelm von Montferrat und Obizo Malaspina sowie Graf
Guido von Biandrate, angewiesen. Obwohl ihm dabei sowohl im Mailändischen als auch im Piacentinischen große Beute in die Hände fiel,
änderte dies letztlich nichts an der Ohnmacht seiner Lage. Der Abzug
aus Italien mußte über kurz oder lang erfolgen, allerdings waren die
traditionell verwendeten Alpenpässe infolge der städtischen Opposition nicht gangbar.

Als dann im November 1167 auch in Pavia die Lage des Kaisers zunehmend schwieriger wurde, zog er aus der Stadt ab. Unter Mitnahme
lombardischer Geiseln, darunter solcher aus Brescia, hielt er sich zu
Jahresende zuerst im Gebiet des Biandrater Grafen, dann der Markgrafen von Montferrat auf. Bereits am 1. Dezember war der Zusammenschluß zwischen Venedig, der Lega Veronese und der Lega Lombarda
vertraglich fixiert worden.[63] In den nächsten Wochen fielen dann auch
Novara und Vercelli vom Reich ab. Friedrich war in höchster Bedrängnis und verfügte über keinerlei Machtmittel mehr. In dieser äußerst
schwierigen Situation bewährte sich das große politisch-taktische Talent des Staufers, er setzte nun alles auf Verhandlungen. Die Anregung
des vor ihm erschienenen Kartäuserkonversen Dietrich von Silve-Bénite, eines ihm nicht nur nahestehenden, sondern auch mit ihm verwandten Mannes, Gespräche über die Beendigung des Schismas zu
führen, griff er bereitwillig auf.[64] Der Kartäuserprior Basilius, Abt Alexander von Cîteaux und der aus seinem Bistum vertriebene Bischof Petrus von Pavia wurden an den Hof geladen. Auch mit einem Boten des
in den letzten Jahren so vehement bekämpften Erzbischofs von Salzburg führte der Herrscher damals Gespräche, wobei er sich durchaus
nicht ungnädig über den Metropoliten äußerte.

Gleichzeitig nahm er aber Verhandlungen mit dem Grafen Humbert
von Savoyen auf,[65] dessen Verhältnis zum Reich durch seine bisher vergeblichen Ansprüche auf die Grafschaft Turin, vielleicht aber auch
durch seine Ehe mit der 1162 von Heinrich dem Löwen geschiedenen
Clementia von Zähringen, geprägt war. Über Vermittlung des mit dem
Savoyer verwandten Wilhelm von Montferrat, vielleicht auch des in-

---

[63] Erneut war in diesem Pakt von byzantinischen Hilfsgeldern die Rede, vgl.
*Classen*, La politica, 271.
[64] Vgl. dazu jetzt *Görich*, Kartäuser, 35 ff.
[65] *Hellmann*, Savoyen, 50 f.

zwischen aus Deutschland zurückgekehrten Herzogs von Zähringen, kam schließlich zu Anfang 1168 eine Einigung zustande. Gegen nicht näher detaillierte Zugeständnisse – in der Überlieferung ist von „Bergen von Gold" die Rede – willigte Humbert ein, dem Staufer das Geleit zu geben – die Westalpenpässe waren frei! Die parallel dazu geführten Verhandlungen über die Kirchenfrage brach Friedrich nun sofort wieder ab, ohne daß sie ein Ergebnis gezeitigt hätten.

Zu Anfang März erreichte der Kaiser die Stadt Susa und ließ dort einige der immer noch mitgeführten lombardischen Geiseln demonstrativ hinrichten. Beinahe wäre diese Maßnahme dem Staufer noch in den letzten Tagen seines Italienaufenthalts zum Verhängnis geworden, zwangen ihn doch die Bürger von Susa zur Auslieferung der restlichen Geiseln. In abenteuerlicher Weise gelang Friedrich sodann die Flucht aus Italien. In Befolgung eines von Berthold von Zähringen entwickelten Planes tauschte er mit einem ihm ähnlich sehenden Mann seines Gefolges – laut Otto von St. Blasien[66] der Ritter Hartmann von Siebeneich – die Kleidung und entwich aus dem zunehmend feindlichen Susa, wo er sogar seine Gemahlin zurücklassen mußte. Über das engere Herrschaftsgebiet des Grafen von Savoyen erreichte Friedrich in raschem Zug die Stadt Genf.[67] Bereits am 15. März traf er in Begleitung des Zähringers in Basel ein. Sein Verhältnis zu Herzog Berthold gestaltete sich damals besonders eng. Längst vergessen war der schwere Konflikt des Jahres 1162, nun sollte auch für den bei der Mainzer Wahl 1160 übergangenen Bruder des Zähringers, Rudolf,[68] mit der Erhebung auf den seit dem Sommer 1167 verwaisten Lütticher Bischofsstuhl eine angemessene Entschädigung gefunden werden. Mit geschickten Verhandlungen hatte Friedrich seine Rückkehr aus Italien gerade noch bewerkstelligen können. Die Katastrophe vor Rom wie der Zusammenbruch der lombardischen Reichsverwaltung stellten ihn freilich in der Folge vor ganz neue, schwer zu bewältigende Probleme und Aufgaben.

---

[66] Zur Kritik am Bericht Ottos von St. Blasien vgl. *Opll*, Itinerar, 45 mit Anm. 62.

[67] Nicht uninteressant ist dabei ein Hinweis bei *Hellmann*, Savoyen, 52: Bischof Arducius von Genf, ein treuer Parteigänger des Kaisers, hatte ab 1165 Annäherung an Alexander III. gesucht, In einer Urkunde von 1167 nannte er bezeichnenderweise sowohl den Staufer als auch Alexander in der Datierung. – Zu der Bedeutung solcher Nennungen in den Datierungsformeln vgl. insbesondere die interessanten Ausführungen von *Scheibelreiter*, Thronstreit 1, 337 ff. und 2, 36 ff.

[68] Zu ihm vgl. die umfassende Arbeit von *Kupper*, Raoul. – Zu den mit seiner Erhebung verbundenen territorialpolitischen Absichten des Kaisers vgl. auch *Engels*, Stauferstudien, 189.

## 5. DIE WENDE DER STAUFISCHEN POLITIK (1168–1178)

Der[1] schwere Rückschlag, der mit den Ereignissen des Jahres 1167 für die Herrschaft Friedrich Barbarossas verbunden ist, hat als tiefe Zäsur in der Geschichte der frühstaufischen Epoche zu gelten. Vernichtet war die seit dem Reichstag von Roncaglia, insbesondere aber nach dem Triumph über Mailand aufgebaute Organisation einer eigenen Reichsverwaltung in der Lombardei, der in wirtschaftlicher Hinsicht führenden Zone des gesamten Imperiums. Auch die Kirchenfrage hatte keiner befriedigenden Lösung zugeführt werden können. All diese Geschehnisse waren keineswegs frei von Rückwirkungen auf die nördlich der Alpen gelegenen Reichsteile geblieben, die Friedrich 1166 nur zum Teil hatte befriedet zurücklassen können. Wohl noch im März 1168 zog der Kaiser nach Burgund, wo er – wahrscheinlich in Besançon – seine Gemahlin begrüßen konnte. Obwohl er für die Zeit der Abwesenheit des ihm treu ergebenen Erzbischofs Heribert von Besançon aus dem Lande – der Metropolit zählte zu den Teilnehmern des vierten Italienzuges – durch Bestellung von Stellvertretern Vorkehrungen für die Aufrechterhaltung der Ordnung in der Grafschaft Burgund getroffen hatte,[2] mußte er nun doch auch hier eine deutliche Beeinträchtigung seiner Autorität feststellen. Gegen die Großen des Landes ging er mit scharfen Worten vor. Auf sein persönliches Auftreten, den kaiserlichen Machtspruch, waren damals seine politischen Möglichkeiten beschränkt, die Krise seiner Herrschaft in Italien machte sich auch nördlich der Alpen bemerkbar. Friedrich hielt sich allerdings nur kurz im Burgundischen auf, vordringlich war nun die endgültige Rückkehr nach Deutschland.

Die sächsischen Unruhen[3] erforderten hier dringend das Eingreifen des Herrschers. Die Entsendung des Mainzer Erzbischofs und des Herzogs von Zähringen noch im Herbst des Vorjahres aus Oberitalien hatte bisher keine durchschlagende Wirkung gezeigt. Erst nach zwei vergeblichen Ladungen erschienen die Streitenden im Juni 1168 zu Würzburg vor dem Kaiser. Auf der einen Seite stand Heinrich der Löwe, auf

---

[1] Zu den Einzelheiten s. oben S. 41 Anm. 1 (Bemerkungen zu Quellen und grundlegender Literatur).
[2] Vgl. dazu *Mariotte*, Bourgogne, 117 f.
[3] Zu ihnen vgl. *Jordan*, Heinrich der Löwe, 116 ff. und 170 ff.

der anderen Seite eine Koalition der ostsächsischen Reichsfürsten von Magdeburg, Brandenburg und des Thüringer Landgrafen. Obwohl sich die Fürsten dem kaiserlichen Befehl zur Einstellung der Kämpfe hier beugten, sollten die Konflikte bald wieder aufflammen und den Herrscher in den folgenden Jahren noch mehrfach beschäftigen.

Wohl bereits um diese Zeit dürfte Friedrich Vorkehrungen hinsichtlich der nach dem Tod so zahlreicher Fürsten und Adliger vor Rom herrenlos gewordenen Güter und Herrschaften getroffen haben.[4] Die Verleihung der herzoglichen Rechte an den Würzburger Bischof, die während des in der Mainstadt zusammengetretenen Hoftages vom Juni 1168 beurkundet wurde, ist weder zeitlich noch sachlich von der Übernahme des Herzogtums Schwaben durch den Herrscher, der es nach dem Tod seines Vetters, Friedrichs von Rothenburg, an seinen ältesten Sohn verlieh, zu trennen. Das vor dem Aufstieg Barbarossas zur Königswürde von diesem selbst geleitete schwäbische Herzogtum war damit wieder in die Hand seiner engeren Familienmitglieder gefallen. Daneben gelang es ihm aber auch, zahlreiche, durch den Tod ihrer Inhaber freigewordene adelige Positionen zu erwerben bzw. die Anwartschaft auf so manches umfassende Erbe zu vereinbaren. Besonders erfolgreich war er dabei im südschwäbischen Raum, wo er die Vogteien über die Hochstifte Augsburg und Chur dem schwäbischen Herzog sichern konnte. Graf Rudolf von Pfullendorf, langjähriger, treuer Weggefährte des Kaisers, setzte den Staufer nach dem Tod seines vor Rom verstorbenen, einzigen Sohnes Berthold zum Erben ein, übertrug Teile seiner Rechte sodann schon vorzeitig an den Kaiser.[5] Ein ähnliches Schicksal hatte der Oheim Barbarossas, Welf VI., erlitten, war doch auch dessen gleichnamiger Sohn der Malaria erlegen. Welf, seit den Anfängen des Schismas und wegen seiner faktischen Verdrängung aus den ihm übertragenen, mittelitalienischen Reichslehen seit längerem in distanziertem Verhältnis zu seinem kaiserlichen Neffen, reagierte allerdings ganz anders als der Pfullendorfer. Ausdruck seiner Verzweiflung über den Tod des einzigen Sohnes war ein Fallenlassen aller moralischen Rücksichtnahmen, seine Gemahlin schickte er in ein Kloster, er selbst gab sich einem ausschweifenden Lebenswandel hin.[6]

Konnte der Kaiser somit aus der Katastrophe vor Rom zumindest für den Ausbau seiner territorialpolitischen Stellung beachtlichen Nutzen ziehen, so war doch auch weiterhin seine Herrschaft schwer erschüttert.

---

[4] Zur Territorialpolitik des Kaisers ab 1168 vgl. *Büttner*, Territorialpolitik, 21 ff. und *Vollmer*, Territorialpolitik, 124 ff.

[5] *Schmid*, Pfullendorf, 169 ff.

[6] Zu Welf vgl. *Feldmann*, Welf VI.

Nicht zuletzt die geringe Zahl der aus den Jahren ab 1168 überlieferten Herrscherurkunden, ebenso wie die spärlichen Angaben der historiographischen Überlieferung aus dieser Zeit weisen deutlich auf das Tief seiner Herrschaft hin. Am 20. September 1168 war mit Paschal III. der bereits zweite staufische Gegenpapst ins Grab gesunken. Der Handlungsspielraum des Kaisers in der Kirchenfrage erweiterte sich dadurch beträchtlich. Zunächst war Friedrich über den Tod Paschals allerdings offensichtlich noch nicht informiert, sollten doch die als Legaten an den englischen Hof abgeordneten Reichsfürsten Christian von Mainz, der noch 1167 auf den Kölner Stuhl aufgestiegene, frühere Kanzler Philipp von Heinsberg und Herzog Heinrich der Löwe von König Heinrich II. unter dem Angebot von Waffenhilfe gegen Frankreich die Vereidigung der englischen Kirche auf Paschal III. erreichen.[7] Der Plantagenet zeigte sich freilich nicht mehr so bereitwillig wie in den Jahren zuvor, dürfte nicht zuletzt auch an der Effektivität der staufischen Unterstützung nach dem schweren Rückschlag des Jahres 1167 gezweifelt haben. Dennoch blieb die Verbindung zunächst aufrecht. Der Befehl zur Vereidigung auf den Gegenpapst scheiterte zwar am Widerstand der englischen Geistlichkeit. Die 1165 vereinbarte Ehe des Welfenherzogs mit Mathilde von England war freilich schon zuvor, nämlich am 1. Februar 1168 in Minden, geschlossen worden.[8]

Noch gegen Ende des Jahres dürfte der Staufer sodann seine bereits zu Ende 1167 geknüpften Beziehungen zu den Kreisen um Alexander III. wiederaufgenommen haben, wobei von neuem die Zisterzienseräbte Frankreichs – neben Alexander von Cîteaux diesmal Pontius von Clairvaux – die Vermittlerdienste leisteten.[9] Nachdem sich Friedrich zu Anfang 1169 persönlich in das südliche Vorfeld des Herzogtums Sachsen begeben hatte, wo er in der Pfalz Wallhausen die neu aufgeflammten Kämpfe in Sachsen abermals beilegte, traf er bereits im März mit den Abgeordneten Alexanders III. zusammen. Zur Behandlung seiner Vorschläge – der Papst möge seinen zum König zu wählenden, zweitgeborenen Sohn Heinrich als Kaiser annehmen, Heinrich werde ihn, den Papst, auch ausdrücklich anerkennen, während Friedrich

---

[7] Vgl. *Kienast*, Deutschland und Frankreich 1, 222 f. und *Jordan*, Heinrich der Löwe, 172.

[8] Die ebenfalls 1165 vereinbarte Ehe des ältesten Sohnes des Kaisers, Friedrichs, mit Eleonore von England kam dagegen wegen des Todes des staufischen Prinzen – wohl 1168/69 – nicht zustande, vgl. *Assmann*, Barbarossas Kinder, 455. – Eleonore wurde dann 1170 mit König Alfons VIII. von Kastilien vermählt, vgl. *Rassow*, Prinzgemahl, 54 f. sowie *Assmann*, ebda.

[9] Zu diesen Verhandlungen vgl. *Holtzmann*, Quellen und Forschungen, 400 ff. und jetzt *Schmidt*, Königswahl, 173 ff.

selbst dies noch aufschieben wolle, und er – Alexander – solle die schismatischen Weihen akzeptieren – ging Eberhard von Bamberg an die Kurie ab. Die Verhandlungen sollten sich allerdings zerschlagen. Alexander sah ohne Zweifel in der Frage der schismatischen Weihen ein entscheidendes Hindernis, wurde aber auch durch seine Rücksichtnahme auf die Lombarden von einer Fortführung dieser Kontakte abgehalten.

Im Zuge dieser Verhandlungen erfahren wir erstmals von der Absicht des Kaisers, seinen zweitgeborenen Sohn – der älteste Sohn Friedrich[10] war seit seiner Geburt ein schwächliches Kind geblieben – zum König wählen zu lassen. Zweifellos spielten die bitteren Erfahrungen der letzten Jahre hierfür eine ganz wesentliche Rolle. Zudem stand der Herrscher selbst damals schon in seinem 47. Lebensjahr. Ungewöhnlich war eine Königswahl zu Lebzeiten des Herrschers keineswegs, auch Konrad III. hatte – allerdings vor dem Antritt des Kreuzzuges – seinen Sohn zum König erheben lassen. Auf dem Reichstag von Bamberg zu Pfingsten 1169 wurde dann im Juni dieses Jahres der knapp vier Jahre alte Heinrich zum König erhoben.[11] Spätestens um diese Zeit dürfte Friedrich den von den Kardinälen des verstorbenen Gegenpapstes gewählten Papst Calixt III. anerkannt haben, dessen Position in Italien freilich außerordentlich schwach war und auch bleiben sollte. Vorrang für den Staufer hatte die deutsche Kirchenpolitik, die weiterhin ihren Brennpunkt im Erzbistum Salzburg hatte.[12] Der nach dem Tode Erzbischof Konrads noch 1168 gewählte Adalbert III., ein Sohn des Böhmenkönigs Vladislav, war ebenfalls Alexandriner und hatte zudem über die Regalien verfügt, ohne bisher vom Kaiser damit investiert worden zu sein. Auf dem Bamberger Reichstag wurde Adalbert vom Herrscher nicht einmal empfangen. Friedrich plante, persönlich in Salzburg einzugreifen.

Noch in Bamberg fällte der Staufer eine für seine Politik in diesen

---

[10] Nach dem Tode dieses ältesten Kaisersohnes – zwischen September 1168 und Oktober / November 1169 – erhielt der im Februar 1167 zu Modigliana (bei Faenza) geborene, dritte Stauferprinz Konrad den staufischen Leitnamen Friedrich. Die Klärung dieses die Forschung lange verwirrenden Sachverhaltes ist *Baaken*, Altersfolge, 46 ff. zu verdanken; vgl. dazu auch *Assmann*, Barbarossas Kinder, besonders 454 f. Konrad-Friedrich war dann bis zu seinem Tod zu Anfang 1191 im Heiligen Land Herzog von Schwaben; seinen Geburtsnamen erhielt der etwa Februar / März 1172 geborene, jüngere Bruder, später Herzog von Rothenburg (1188) und – ab 1191 – von Schwaben, vgl. *Assmann*, a. a. O., 458 f.

[11] Vgl. zuletzt *Schmidt*, Königswahl, 173 ff.

[12] Dazu vgl. *Dopsch* in: Geschichte Salzburgs I / 1, 288 ff.

Jahren ganz kennzeichnende Entscheidung hinsichtlich des Bremer Erzbistums. Dort war es nach dem Tod Erzbischof Hartwigs am 11. Oktober 1168 zu einer Doppelwahl gekommen, bei der Otbert als Exponent der Welfenpartei und Siegfried, der Sohn Albrechts des Bären, als Vertreter der gegen den Löwen agierenden Fürstenopposition einander gegenüberstanden. Wie schon aus dem Eingreifen in die sächsischen Wirren ab dem Sommer 1168 zu erkennen gewesen war, stand Friedrich im wesentlichen doch hinter den Ansprüchen seines welfischen Vetters. Er entschied sich nun für keinen der beiden Bremer Kandidaten, erhob aber mit Dompropst Balduin von Halberstadt letztlich doch einen dem Herzog eng verbundenen Mann auf den Bremer Stuhl. Für den zurückgesetzten Askanier wurde offensichtlich schon damals die Anwartschaft auf das nächste freiwerdende Bistum (1173: Bischof von Brandenburg) vereinbart.[13]

Im Juli zog Friedrich über Passau bis in die unmittelbare Umgebung von Salzburg nach Salzburghofen (heute: Freilassing), wo Adalbert III. sein Bistum in die Hand des Kaisers resignierte. Der Kaiser ließ das Erzstift in den nächsten Jahren in die unmittelbare Reichsverwaltung einbeziehen, ohne daß ein neuer Metropolit bestellt wurde. Während dieser Ereignisse im Südosten war der zum König gewählte, kleine Sohn des Herrschers am 15. August 1169 in Aachen gekrönt worden, die staufische Nachfolge im Reich war gesichert. Die Probleme des Erzbistums Salzburg, wo der alexandrinische Einfluß in der Folge nicht zuletzt durch zwei ausgedehnte Legationsreisen des ehemaligen Mainzer Erzbischofs Konrad, jetzt Kardinal von Sabina, gewahrt wurde, führten den Kaiser zu Anfang des Jahres 1170 zu einem längeren Umritt durch das Erzstift abermals in das südöstliche Reichsgebiet. Salzburg selbst, Friesach, Leibnitz und Garsten bei Steyr waren die Stationen dieser ausgedehnten Reise, von der er erst im Mai wieder in das Bodenseegebiet zurückkehrte.

Zu Anfang Juli hielt der Staufer sodann in Fulda einen Hoftag ab, wo er endgültig vom Scheitern seiner im Vorjahr eingeleiteten Verhandlungen mit Alexander III. erfuhr und demzufolge die Eide von Würzburg, nach denen der demonstrativ als 'Roland', also nicht mit seinem Papstnamen bezeichnete päpstliche Widersacher niemals anerkannt werden sollte, erneuerte. Von Fulda aus zog er nach Erfurt. Dort konnte der seit 1166/67 gestörte Friede in Sachsen endgültig wiederhergestellt werden. Heinrich der Löwe hatte sich zwar im letzten durchsetzen können, Friedrich hatte aber zugleich mit der Beendigung des welfischen

---

[13] Vgl. dazu neben der älteren Arbeit von *Wolfram*, Concordat, 101 ff. *Patze*, Osten, 366 und *Jordan*, Heinrich der Löwe, 120 f.

Einflusses auf Goslar einen wichtigen Erfolg erzielt.[14] Die Territorialpolitik des Kaisers hatte sich seit seiner Rückkehr nach Deutschland
überaus positiv entwickelt. Mit der im Juli 1170 erstmals faßbaren
Stadtgründung von Gelnhausen konnte er sich mitten im mainzischen
Gebiet eine weitere, wichtige Position schaffen.[15]

All diese Erfolge ließen den schweren Rückschlag des Jahres 1167 –
wenigstens im deutschen Gebiet – schon nach wenigen Jahren überwunden sein, spielten den Kaiser nun zunehmend für neue politische
Vorhaben frei. So konnte der Staufer im Herbst 1170 einen Zug nach
Burgund antreten, wo seine Autorität seit längerem ins Wanken geraten war. Im Bunde mit lokalen Adeligen ging er dort zunächst gegen
Gaucher III. von Salins vor, dessen Schwiegersohn, Graf Gerhard von
Mâcon-Vienne, er zu einem Abkommen über die Befriedung des mit-
telburgundischen Raumes veranlassen konnte. Insbesondere sollte
ihm aber die Umgestaltung der politischen Szene im Arelat und in der
Provence, wo sich nach dem Tod des 1162 mit der Grafschaft belehn-
ten Raimund Berengar III. von Barcelona (um 1166/67) dessen Vetter,
König Alfons von Aragon, machtvoll eingeschaltet hatte, zugute kommen. Der zuvor antistaufisch eingestellte Graf Raimund V. von Toulouse hatte die Witwe Raimund Berengars, die Cousine Barbarossas,
Richilde, geheiratet und trat nun offen auf die Seite des Reiches über.
Auch der Arleser Metropolit, zuvor durch die Maßnahmen des Jahres
1162 alles andere als begünstigt, suchte jetzt die Unterstützung des
Staufers, der im Spätherbst 1170 zu Givors südlich von Lyon hofhielt.[16]

In diesen Monaten entsandte Friedrich den in Italien schon vielfach
bewährten Mainzer Erzbischof Christian nach Byzanz und nahm mit
einem Bündnisangebot die seit 1159 völlig abgerissenen Kontakte wieder auf.[17] Der Basileus hatte sich in den sechziger Jahren als steter
Feind des Staufers gezeigt, war aber nun nicht zuletzt infolge neuer
Gegensätze mit Venedig, aber auch des Scheiterns eines Zusammengehens mit Alexander III., durchaus gesprächsbereit. Im Jahr darauf
sollte eine byzantinische Gegengesandtschaft in Deutschland erscheinen. Die auf der Grundlage eines Eheprojekts geführten Verhandlungen dauerten dann noch bis 1174. Im umfassender Weise ging Friedrich
damals an eine Neugestaltung der Bündnisverhältnisse zu den auswär-

[14] *Jordan*, Heinrich der Löwe, 122.
[15] *Opll*, Stadt und Reich, 73 ff.
[16] Zum Burgundzug des Jahres 1170 vgl. *Mariotte*, Bourgogne, 76 f. und
*Fried*, Arles, 359 f. und 362 f.
[17] Zum Folgenden s. unten S. 278 f.

tigen Mächten. Zunehmend unbefriedigend hatten sich vor allem die Beziehungen mit England gestaltet. Heinrich II. griff im Schisma nicht mit der vom Kaiser erwünschten Härte durch. Umgekehrt mochte der Plantagenet auch von der Wahl des zweitgeborenen Staufersohnes zum König enttäuscht sein, hatte man doch bei der Eheabredung des Jahres 1165 den voraussichtlichen Thronfolger als Gemahl für Prinzessin Eleonore ausersehen. Der Tod dieses ältesten Kaisersohnes änderte die Situation naturgemäß gänzlich, Eleonore wurde bereits 1170 mit König Alfons VIII. von Kastilien vermählt.[18]

Friedrich muß angesichts der immer deutlicheren Abkühlung seiner Beziehungen zu England dann schon bald diplomatische Kontakte mit Ludwig VII. von Frankreich aufgenommen haben. Vielleicht gab die Nachricht von der Ermordung Thomas Beckets am 29. Dezember 1170 im Dom von Canterbury den letzten Ausschlag. Jedenfalls traf der Kaiser im Februar 1171 bei Vaucouleurs an der Reichsgrenze mit dem Kapetinger zusammen. Obwohl hier zunächst nur ein Abkommen gegen die Umtriebe der Brabanzonen, Söldner, die den Grenzraum plündernd heimsuchten, geschlossen wurde und ein deutsch-französisches Eheprojekt am Widerstand Alexanders III. scheiterte, war mit dieser Begegnung doch die Grundlage für die bis ins 13. Jahrhundert bestehende staufisch-kapetingische Freundschaft gelegt.[19]

Der Staufer ist nach dieser Begegnung erst wieder im Mai 1171 nachzuweisen, als er in Donauwörth gemeinsam mit Heinrich dem Löwen den Versuch unternahm, mittels Privilegierung lokaler Herren den Einfluß auf das strategisch so wichtige Garda wiederherzustellen. Noch war freilich keine Rede von einem wirklich planvollen, neuerlichen Eingreifen in Oberitalien.[20] Friedrich verbrachte den Sommer des Jahres im Niederrheingebiet, um im Herbst nach Goslar zu ziehen. Sein Bestreben, aus dem Erbe des im Vorjahr verstorbenen Markgrafen Albrecht des Bären Besitzungen an sein Haus zu bringen, scheiterte dort allerdings am hartnäckigen Widerstand der askanischen Brüder, so daß Friedrich letztlich doch nachgab. Hier, im Sächsischen, standen die Voraussetzungen für ein erfolgreiches territorialpolitisches Vorgehen bei weitem nicht so günstig wie im schwäbischen Raum.

Schon im Juni 1171 waren in Köln Verhandlungen mit der dort erschienenen byzantinischen Delegation geführt worden. Zu Ende des Jahres entsandte der Kaiser Bischof Konrad von Worms nach Ostrom,

---

[18]  Dazu s. schon oben S. 104 mit Anm. 8.
[19]  *Kienast*, Deutschland und Frankreich 1, 221 ff. – S. dazu auch unten S. 289 f.
[20]  Vergeblich blieb etwa 1171 der Versuch, den veronesischen Bereich wieder stärker an das Reich zu binden, vgl. *Opll*, Stadt und Reich, 470 f.

der sich der Pilgerfahrt Heinrichs des Löwen ins Heilige Land anschloß. Höchstwahrscheinlich hatte auch der Welfe vom Staufer ein
Verhandlungsmandat erhalten. In Byzanz waren die Vertreter des
Kaisers – der Bischof in offizieller, der Herzog wohl zumindest in inof-
fizieller Mission – dann plötzlich mit einer für die byzantinische Diplomatie geradezu typischen, neuen Situation konfrontiert. Der Basileus
hatte nämlich in der Zwischenzeit auch Eheverhandlungen mit König
Wilhelm II. von Sizilien aufgenommen. In dieser für die staufische
Politik durchaus bedrohlichen Situation versuchte Heinrich der Löwe,
die Sache im Interesse des Kaisers zu retten, indem er Kaiser Manuel
höchstwahrscheinlich für ein Zusammengehen mit Friedrich den seit
langem erstrebten Landgewinn an der italienischen Adriaküste in Aussicht stellte. In der Tat ließ der Komnene seine sizilischen Heiratspläne
fallen. Friedrich konnte aber auf der Basis dieser Zugeständnisse nicht
weiterverhandeln. Dennoch ließ er die Kontakte nicht sofort abreißen,
bediente sich aber in der Folge in deutlicher Befolgung des Vorbildes
der byzantinischen Diplomatie neu aufgenommener Kontakte zu den
traditionellen, islamischen Gegnern im Rücken Ostroms, um damit nun
seinerseits ein Druckmittel in der Hand zu haben.[21]
Der Kaiser hatte zu Anfang des Jahres 1172 abermals persönlich in
Salzburg gegen den weiterhin widerspenstigen, seit 1169 schon abgesetzten Erzbischof Adalbert III. eingegriffen. Auf der Basis der nunmehr bereits wieder weitestgehend gesicherten Autorität des Reiches
konnte er im März dieses Jahres in Worms über Beschluß der Fürsten
den Antritt des nächsten Italienzuges binnen zwei Jahren festsetzen.
Nach dem Süden war noch zu Ende 1171 Christian von Mainz entsandt
worden, der sich in den nächsten Jahren vor allem in Mittelitalien auf-
hielt, um dieses Gebiet zu befrieden und wohl auch den nächsten Italienzug des Herrschers vorzubereiten. Der Reichslegat wurde dort jedoch in vielfältige städtische Auseinandersetzungen, insbesondere zwischen Genua und Pisa, verwickelt und vermochte die Hoheit des Reiches nur bedingt zu wahren.[22]
Erfolgreich sollte im Sommer 1172 ein von Merseburg aus angetrete-
ner Feldzug des Kaisers nach Polen verlaufen, mußte sich doch Großherzog Mieszko III. unterwerfen und seinem 1166 vertriebenen Bruder
Boleslaw dem Langen, der gemeinsam mit dem Kaiser dessen vierten
Italienzug mitgemacht hatte, die Rückkehr in die Heimat erlauben.
Nun wurde auch der 1157 vereinbarte, bisher aber nie entrichtete Jahrestribut für die letzten 16 Jahre eingetrieben, 8000 Mark Silber flossen

---

[21] S. zu diesen Verhandlungen unten S. 297.
[22] Dazu vgl. *Hägermann*, Reichslegation, 187 ff.

in die kaiserlichen Kassen.[23] Fest in die Verfügungsgewalt des Reiches
einbezogen wurde nun immer mehr der mitteldeutsche Raum, wo das
Pleißenland mit Altenburg schon seit der Mitte der 1160er Jahre zu
einem regelrechten 'Reichsland', einer *terra imperri*, hatte ausgebaut
werden können.[24] Den Herbst 1172 verbrachte Barbarossa zunächst im
Thüringischen. Der dortige Landgraf Ludwig II., durch seine Ehe mit
der Schwester des Staufers dessen Schwager, war damals schwer erkrankt und verstarb am 14. Oktober. Über Würzburg und Nürnberg begab sich der Kaiser im Dezember zur Feier des Weihnachtsfestes nach
Augsburg. Die Gründe für diese weite Reise im Winter lassen sich recht
gut erkennen: Zum einen war nach dem Aussterben der Herren von
Balzhausen-Schwabegg bei der Malariakatastrophe vor Rom die Augs-
burger Hochstiftsvogtei an das Reich gefallen und lag nunmehr –
ebenso wie die über das Bistum Chur – in den Händen des Kaisersohnes Herzog Friedrich von Schwaben.[25] Sodann richtete sich das territorialpolitische Interesse des Herrschers gerade damals auf den südschwäbischen Herrschaftskomplex der Grafen von Lenzburg, ein
Adelshaus, das mit dem Tod Ulrichs IV. im Sommer 1172 ausgestorben
war. Eine Erwerbung des Lenzburger Erbes[26] mußte die staufische Position nicht nur in Schwaben entscheidend ausweiten, sie war auch im
Hinblick auf die Beherrschung der Alpenpässe – und damit für die Italienpolitik – von höchster Bedeutung. Schließlich traf Friedrich in
Augsburg auch mit Heinrich dem Löwen zusammen, der nach seiner
Rückkehr aus dem Heiligen Land dem kaiserlichen Vetter über die Entwicklung des deutsch-byzantinischen Verhältnisses Bericht erstattete.
Bereits zu Fastnacht des neuen Jahres (20. Februar 1173) treffen wir
den Kaiser auf der Lenzburg an, wo er das Erbe des ausgestorbenen
Grafenhauses übernahm. Teile des neuen Herrschaftskomplexes wurden in geschickter Weise dazu verwendet, die zu erwartenden Ansprüche des Grafen Albrecht III. von Habsburg auf das für den Herrscher
so wichtige Pfullendorfer Erbe – Albrecht war Schwiegersohn Graf Rudolfs von Pfullendorf – abzufinden. Über Basel begab sich Friedrich im
März in das nördliche Burgund. Diese Landschaft[27] war trotz der seit
der Ehe mit Beatrix begründeten 'Familienherrschaft' des Staufers in-

[23] *Pelzer*, Politik, 34 und *Patze*, Osten, 378.
[24] Vgl. dazu *Opll*, Stadt und Reich, 31 f. (mit Nennung von weiterführender Literatur).
[25] Vgl. *Opll*, Stadt und Reich, 38 sowie *Opll*, Itinerar, 50.
[26] Zu diesem Grafenhaus vgl. *Weis*, Lenzburg.
[27] Zur damaligen Situation im nördlichen Burgund vgl. *Güterbock*, Geschichte Burgunds, 194 f. sowie *Mariotte*, Le schisme, 306 f.

folge des Schismas auch weiterhin ein Gebiet, das der besonderen Aufmerksamkeit des Kaisers bedurfte. Dazu kam, daß Burgund seit dem Entstehen der Lega Lombarda erhöhte Bedeutung als Transitland für Italienzüge gewonnen hatte, nachdem die seit Anfang der Regierung Barbarossas traditionell begangenen Alpenpässe, insbesondere die Brennerroute, nunmehr für kaiserliche Züge nach dem Süden unpassierbar geworden waren.

Mit der Erhebung des Archidiakons und Thesaurars der Johanneskathedrale von Besançon, Eberhards, zum dortigen Erzbischof, der noch vor dem 10. Oktober 1172 die Weihe von Alexander III. erhalten hatte, war der burgundische Klerus weitgehend alexandrinisch geworden. Friedrich ging zwar nicht unmittelbar gegen den neuen Metropoliten vor, die seinem Vorgänger noch zugestandene Legatenwürde wurde Eberhard aber nunmehr nicht mehr übertragen, sie ging auf andere Persönlichkeiten über. Auffällig ist nicht zuletzt der Umstand, daß der Kaiser während seines Aufenthalts im Lande damals nicht in Besançon abstieg, das sonst stets aufgesucht zu werden pflegte. Verstärkt wurde dagegen der unmittelbare Herrschaftseinfluß des staufischen Hauses in Burgund: In einem im März 1173 abgeschlossenen Schutzvertrag mit dem Cluniazenserpriorat Chaux wurden bereits die Weichen für die künftige Herrschaft des Kaisersohnes Otto (ab dem Ende der 1180er Jahre) gestellt.[28] Nun trat auch die Kaiserin selbst aktiv im Lande hervor. Sie gründete damals in Franchevelle ein Hospital für kranke Frauen.[29] Entschieden gebessert hatte sich die Situation für den Kaiser infolge des seit 1171 vereinbarten Zusammenwirkens mit dem französischen König, fortan neue und feste Komponente der staufischen Politik.

Immer deutlicher waren es nun die Vorbereitungen für den im Vorjahr verkündeten, neuen Italienzug, die das Geschehen und damit die Aktivitäten Friedrich Barbarossas bestimmten. Bestehende Unruheherde unter Kontrolle zu bekommen lag damit im höchsten Interesse des Kaisers, ebenso wie er sich bestrebt zeigte, die finanziellen Voraussetzungen für das bevorstehende Unternehmen zu schaffen.[30] Allerdings dürfte es um die materielle Basis des Reiches damals nicht allzu schlecht bestellt gewesen sein, hatte er doch nicht nur die polnischen

---

[28] MGH.DF.I.598, vgl. *Güterbock*, Geschichte Burgunds, 149 ff. und 168.

[29] *Güterbock*, Geschichte Burgunds, 169 f.

[30] Besonderes Interesse verdient etwa der Umstand, daß der Kaiser damals die direkte Unterstützung der Stadt Cambrai bei diesen Bemühungen in Anspruch nahm, während sonst bei Bischofsstädten doch stets die Heerfahrtspflicht des Bischofs im Vordergrund stand, vgl. *Opll*, Stadt und Reich, 60.

Tribute eintreiben können, sondern war doch auch die herrschaftliche Basis des kaiserlichen Hauses seit 1168 durch den Anfall zahlreicher Erbschaften ganz entscheidend verbreitert worden. So war es Friedrich möglich, um diese Zeit (1173 / 74) mit seinem nach dem Tod seines einzigen Sohnes vor Rom so verbitterten Oheim, Herzog Welf VI., in Verhandlungen über die Rückstellung der 1152 an ihn verliehenen reichsitalienischen Lehen einzutreten. Vielleicht noch 1173, spätestens aber im Sommer 1174, resignierte Welf diese Lehen, die Markgrafschaft Tuszien, das Herzogtum Spoleto, Sardinien und die Mathildischen Güter gegen eine bedeutende Summe, deren Höhe allerdings nicht überliefert ist, dem kaiserlichen Neffen.[31]

Noch 1173 gelang es Friedrich, sein infolge der sächsischen Wirren in der zweiten Hälfte der sechziger Jahre gestörtes Verhältnis zu den Askaniern wieder zu bessern. So war es im wesentlichen die Situation in Böhmen, die weiterhin als Krisenherd bestehenblieb. Die böhmische Waffenhilfe hatte für die Italienpolitik des Herrschers, besonders seit 1158, größte Bedeutung gehabt. Ihre Heranziehung für den bevorstehenden Feldzug war daher überaus wichtig. König Vladislav von Böhmen, jahrelang treuer Kampfgefährte in Italien, war seit dem kompromißlosen Vorgehen des Staufers gegen seinen zum Erzbischof von Salzburg gewählten Sohn, Adalbert, deutlich auf Distanz zum Reich gegangen. Noch 1172 hatte er, ohne vorher die Zustimmung des Kaisers eingeholt zu haben, zugunsten seines Sohnes Friedrich abgedankt. Die beiden Böhmen waren trotz Vorladung an den Hof nach Nürnberg im Dezember 1172 nicht erschienen. Im Herbst 1173 lud sie Barbarossa abermals auf einen Hoftag vor und fällte dort seine Entscheidung: Das Herzogtum Böhmen wurde an den jüngeren Sohn des Vorgängers und Oheims Vladislavs, Sobeslav I., Udalrich, verliehen, der seit den Tagen der Kämpfe in Italien die Gunst des Kaisers besaß und in Deutschland am Hofe Markgraf Ottos von Meißen, mit dessen Tochter er verheiratet war, lebte. Udalrich verzichtete zugunsten seines älteren Bruders Sobeslav II., der sogleich die Belehnung erhielt. Beide Brüder verpflichteten sich zur Unterstützung des bevorstehenden Italienzuges, womit der Herrscher sich wichtige und bewährte Waffenhilfe sicherte.[32]

Um die Jahreswende hielt Friedrich in Erfurt hof, um dort neu aufflammende Gegensätze zwischen seinem Neffen, dem Landgrafen Ludwig von Thüringen, und den askanischen Brüdern beizulegen. Zu Anfang des neuen Jahres weilte er auf der Reichsburg Kyffhausen.

---

[31] *Feldmann*, Welf VI., 73 ff.
[32] Vgl. dazu *Patze*, Osten, 386.

Weiterhin standen all seine Bemühungen unter dem Vorzeichen des Italienzuges, dessen für 1174 festgesetzter Antritt nun immer näher heranrückte. Noch im Sommer dieses Jahres sollte dem Staufer dann ein weiterer, territorialpolitischer Erfolg glücken: Er erwarb den ganzen Bamberger Besitzstreifen östlich von Nürnberg, die Lehen der Sulzbacher, wohin die Staufer bereits durch die Ehe Konrads III. mit Gertrud von Sulzbach ausgegriffen hatten. Eineinhalb Jahrzehnte später, am Vorabend seines Kreuzzuges, sollte der Kaiser in diesem Gebiet dann das Sulzbacher Erbe antreten können.[33]

Das Osterfest feierte Friedrich 1174 mit großem Glanz in Aachen. In Anwesenheit der schon seit einem halben Jahr im kaiserlichen Gefolge weilenden Gesandten Sultan Saladins, mit dem seit 1172 Gespräche über ein Bündnis geführt wurden, das ein entscheidendes Gegengewicht gegenüber Ostrom hätte bilden sollen,[34] fand eine Festkrönung des Herrschers, der Kaiserin und des seit fünf Jahren zum König erhobenen Sohnes Heinrich statt. Die Frage des Italienzuges wurde nunmehr immer brennender. Versperrt waren auch weiterhin die traditionellen Alpenübergänge. Die Planungen konzentrierten sich daher auf den Weg über die Westalpenpässe, wo der Kaiser 1168 aus Italien hatte fliehen müssen. Bedeutung für die Entscheidung für diesen Weg hatte zum einen das trotz mancher Krisen in den gegenseitigen Beziehungen weiterhin gute Verhältnis zum Grafen Humbert von Savoyen, zum anderen vor allem die im piemontesischen Raum ungleich geringere Macht der Lega Lombarda. Am 9. Juni 1174 traf der Kaiser in Avenches mit italienischen Großen, unter denen wir wohl auch Wilhelm von Montferrat vermuten dürfen, zu Gesprächen zusammen. Spätestens damals müssen die Planungen zum Abschluß gekommen sein.

Zu Ende Juni fand in Regensburg ein großer Hoftag statt, auf dem die Entscheidung über das Salzburger Erzbistum gefällt wurde.[35] Der seit dem Sommer 1169 abgesetzte Erzbischof Adalbert hatte sich dem kaiserlichen Machtspruch in den Jahren seither immer wieder widersetzt. Trotz mehrerer Aufenthalte des Herrschers im Hochstift hatte die Ruhe nicht wiederhergestellt werden können. Adalbert hatte sich auch mit dem als Legat Alexanders III. im Salzburgischen tätigen Kardinal Konrad von Wittelsbach überworfen. Zugleich mußte dieses Einwirken der Alexandriner auf den Südosten des Reiches dem Staufer ein Dorn im Auge sein. In Regensburg erfolgte nun die Wahl Propst Heinrichs von Berchtesgaden zum neuen Salzburger Erzbischof, dem Friedrich

[33] MGH.DDF.I.624 und 625, vgl. *Klebel*, Sulzbach, 108 ff.
[34] S. dazu unten S. 297.
[35] Vgl. dazu *Dopsch*, in: Geschichte Salzburgs I / 1, 293.

die Regalien verlieh. Wenn der Kaiser dabei keine Erklärung gegen Alexander III. verlangte, so entspricht dies seiner nach 1168 trotz der Erneuerung der Würzburger Eide im Juni 1170 doch wesentlich veränderten Haltung. Er zeigte sich nun zunehmend flexibler und kompromißbereiter. Priorität hatte vor allem anderen die Wiederherstellung der Ruhe im Lande, wobei die grundsätzlichen Fragen des Schismas durchaus bewußt außer acht gelassen wurden. Hier, in Regensburg, fanden auch letzte Gespräche mit byzantinischen Gesandten über das seit Jahren von beiden Seiten in Schwebe gehaltene Eheprojekt statt. An eine Annäherung war freilich nicht mehr zu denken, die Verhandlungen verliefen im Sande.

Vom Elsaß aus, wo der Herrscher den Sommer über verweilt hatte, um sich vielleicht auch eine letzte Ruhepause vor dem Italienzug zu gönnen, wurde zu Ende August der Marsch nach dem Süden angetreten. In Oberitalien hatte die Lega Lombarda die städtische Position im Herrschaftsgefüge des Landes umfassend auszubauen vermocht.[36] Seit dem Zusammengehen mit der Lega Veronese noch im Dezember 1167 umspannte die Macht der Städte ganz Oberitalien. Im Frühjahr 1168 hatte unter bewußtem Aufgreifen kommunalen Herrschaftsstrebens gegen das Haus Montferrat und mit wesentlicher Teilnahme der verbündeten Städte im Tanarogebiet eine neue Stadt gegründet werden können, mit deren Benennung als 'Alessandria' die enge Verbindung zu Papst Alexander III. unterstrichen worden war. Durchaus mit Recht darf man hier von einer 'Bundesfeste' sprechen. Mit ihrer Entstehung waren von neuem kaiserliche Hoheitsrechte arrogiert worden.[37] Die Jahre des Kampfes waren für die Lega zugleich Jahre der Bewährung. Die traditionellen Städtefeindschaften traten angesichts des gemeinsamen Widerstandes gegen das Reich völlig zurück. Mit der Konstituierung eines Städteparlaments, das in Form des Kollegiums der Rektoren[38] tagte, war ein Instrument geschaffen worden, das die Schlagkraft wie die Gemeinschaft und Einmütigkeit des Bündnisses sicherte. Sogar die traditionell kaiserlichen Kräfte im Lande, die Städte Como und Pavia sowie das Haus Montferrat, hatten sich der Lega beugen müssen, in deren Rahmen das wiederbegründete und neuerstarkte Mailand schon bald eine höchst einflußreiche, ja dominante Rolle spielen sollte.[39]

---

[36] Vgl. zum Folgenden *Fasoli*, Lega Lombarda, 143 ff. und *Fasoli*, Aspirazioni cittadine, 131 ff.

[37] Zur Gründung von Alessandria vgl. *Opll*, Stadt und Reich, 183 ff. (mit Nennung von weiterführender Literatur).

[38] Vgl. etwa auch *Güterbock*, Rektoren, 1 ff.

[39] Vgl. *Haverkamp*, La Lega lombarda, 159 ff.

Südlich des Apennins waren die Verhältnisse für das Reich trotz des
Fehlens eines umfassenden Städtebündnisses keineswegs günstiger.
Barbarossa hatte dort durch die Entsendung Christians von Mainz einzugreifen versucht, doch war seiner Schaukelpolitik zwischen Pisaner
und Genueser Machtansprüchen kein Erfolg beschieden.[40] Im Jahre
1173 hatte der Reichslegat die Seestadt Ancona belagert,[41] mit der der
Kaiser zuletzt im Frühjahr 1167 ein Abkommen geschlossen hatte.
Ohne Zweifel spiegelte sich in diesem Vorgehen auch das trotz gleichzeitig geführter Verhandlungen des Staufers mit Ostrom höchst schwierige Verhältnis zum Reich der Komnenen wider. Obwohl sich sogar
das seit den späten 1160er Jahren in Widerspruch zu Byzanz stehende
Venedig an der Seite Christians an der Belagerung beteiligte,[42] mußte
sie doch nach einem halben Jahr erfolglos abgebrochen werden. Wohl
während dieser Monate hatte der Reichslegat mit dem sizilischen Normannenhof Fühlung aufgenommen, um ein staufisch-sizilisches Ehebündnis zu vereinbaren. In diesen Jahren so vielfältiger Kontakte mit
auswärtigen Mächten – wir wissen von Eheverhandlungen mit Byzanz,
Frankreich und Sultan Saladin[43] – wäre solch ein Abkommen für
Barbarossa von höchstem Wert gewesen, hätte er doch damit die
bisherige Allianz seiner Gegner aufbrechen und schwächen können.
Wilhelm II. von Sizilien, der die Tochter des Kaisers, wohl Beatrix,
hätte heiraten sollen, lehnte aber aus Rücksicht auf Papst Alexander III. ab.[44] So war die Lage für die Reichsgewalt im Raum südlich der
Alpen höchst schwierig, erforderte letztlich ein machtvolles Eingreifen
des Herrschers selbst.

Friedrich hatte allerdings trotz umfassender Vorbereitungen kein
ähnlich gewaltiges Heer auf die Beine stellen können, wie ihm das in
früheren Jahren möglich gewesen war. Über den Mont Cenis zog er im
September 1174 nach Italien, das sechs Jahre zuvor so wenig gast-
freundliche Susa wurde niedergebrannt. Eher bescheiden waren die
Kräfte Italiens, die sich ihm nun anschlossen. Im wesentlichen waren
es die Pavesen, die Markgrafen Wilhelm von Montferrat und Marvello
Malaspina, dessen Vater Obizo diesmal auf seiten der Städte gegen den
Kaiser kämpfte, sowie der treue Graf Guido von Biandrate. Turin und

---

[40] S. dazu schon oben Anm. 22.
[41] Vgl. *Leonhard*, Ancona, 72ff.
[42] Vgl. dazu *Lilie*, Handel und Politik, 496 f.
[43] *Ohnsorge*, Päpstliche und gegenpäpstliche Legaten, 34 ff. (zu Frankreich).
– Zu den sonstigen Eheverhandlungen s. unten S. 290 und 297.
[44] Vgl. *Chalandon*, Histoire 2, 374 f. sowie *Assmann*, Barbarossas Kinder,
447 ff. und *Wolter*, Verlobung, 33 Anm. 11 (zum Namen der Tochter des Kaisers).

Asti beugten sich dem Herrscher. Wie vorherzusehen gewesen war, konnte im Piemontesischen die Autorität des Reiches zur Durchsetzung gebracht werden. Nicht anders als bei seinem ersten Erscheinen in Italien, 1154, war er auch diesmal gezwungen, im Bund mit lokalen Kräften gegen die Macht der Städte vorzugehen. An eine direkte Konfrontation mit den Truppen der Lega Lombarda, gar an ein Unternehmen im zentrallombardischen Raum, war nicht zu denken.

Zu Ende Oktober begann Friedrich mit der Belagerung von Alessandria, das nicht nur seiner demonstrativen Gründung gegen das Reich wegen, sondern auch infolge der territorialen Interessen des Montferrater Markgrafen zum Hauptangriffsziel bestimmt worden war. Ein halbes Jahr lang wurde die durch ihre Lage in sumpfiger Ebene und neue Befestigungsanlagen wohlgeschützte Stadt berannt. Gleichzeitig band der an der Via Emilia im Raum um Imola und Bologna tätige Reichslegat Christian von Mainz die Truppen der verbündeten Städte, hinderte sie am Eingreifen in die Kämpfe um Alessandria. Ungünstige Witterung, mangelnde Versorgung der Truppen und Desertionen, so insbesondere von Teilen der böhmischen Kontingente,[45] machten dem Kaiser schwer zu schaffen. Als um Ostern 1175 (13. April) eine letzte Kriegslist gescheitert war, hob Friedrich wegen des Herannahens eines Entsatzheeres der Lega die Belagerung auf und zog in Richtung Pavia ab. Bei Montebello unweit von Voghera stieß er noch am Abend des Ostersonntags auf die gegnerischen Truppen und leitete nach einem vergeblichen Versuch, die Feinde zu umgehen, Verhandlungen ein. Bereits am 16. und 17. April konnte der Friede von Montebello[46] geschlossen werden. Erstmals war der Kaiser unter dem Druck der Verhältnisse von der militärischen Konfrontation abgegangen, hatte Gespräche mit den städtischen Gegnern aufgenommen und zu einem ersten Abschluß gebracht. Ein paritätisch besetztes Schiedsgericht, bei Streitigkeiten letztlich die Konsuln von Cremona, sollte die Beziehungen zwischen Reich und Lega klären. Den verbündeten Städten wurde Friede, Alessandria allerdings nur ein Waffenstillstand gewährt.

Zunächst hatte es durchaus den Anschein, als wäre das langjährige Ringen endlich vorbei. Die Lombarden kehrten in ihre Städte zurück, der Kaiser entließ den Großteil seines Heeres. Über Aufforderung der Städte fand sich Friedrich sogar bereit, Gesandte an die Kurie abzuordnen, um auf Wunsch der dem Papst seit langem verpflichteten Kommunen auch mit Alexander III. zu einem Frieden zu kommen. Wenngleich man gegen die frühere Auffassung der Forschung, die Forderung nach

---

[45] Vgl. MGH.DF.I.636.
[46] Dazu vgl. *Heinemeyer*, Montebello, 101 ff.

diesen Kontakten hätte erneut zum Aufleben der Gegnerschaft geführt, mit Recht eingewendet hat, daß der Staufer ja darauf bereitwillig eingegangen sei,[47] wird man doch spätestens ab dem Scheitern der Gespräche mit der Kurie auch beim Kaiser selbst Enttäuschung, ja Mißstimmung und Verärgerung annehmen dürfen. Vor allem dürfte es aber das Verlangen des Kaisers nach der Zerstörung Alessandrias, das die Lombarden keinesfalls fallenzulassen gedachten, gewesen sein, das sehr bald zum Scheitern der Abmachungen von Montebello führte und eine Phase neuer Gegensätze einleitete. Offensichtlich versuchten die Cremoneser Konsuln, denen in Montebello eine Art oberster Schiedsrichterfunktion zugesprochen worden war, durch einen Spruch, der den kaiserlichen Wünschen stärker entgegenkam,[48] zu retten, was noch zu retten war – der Versuch blieb aber vergeblich.

Barbarossa hielt sich während dieser Verhandlungen in Pavia auf, das nunmehr gleichsam als ständige Residenz diente. Das Scheitern seiner militärischen Maßnahmen, die Schwierigkeiten seiner Gespräche mit dem Lombardenbund – all das wies die staufische Politik zunehmend auf den Weg der Diplomatie. Die Belagerung von Alessandria mußte dem Kaiser die Augen dafür geöffnet haben, daß ein ausschließlich kriegerisches Vorgehen nicht zum Ziel führen konnte. Ansätze zu neuen Bündnissen boten nicht nur Städte, die der Lega nur unter Zwang beigetreten waren, wie Pavia oder das bereits 1175 durch Privileg wieder fester an das Reich gebundene Como. Auch die Cremonesen kamen durch ihre Vermittlerrolle wieder in engere Beziehungen zum kaiserlichen Hof, wobei nicht zuletzt ihre allmähliche Verdrängung durch die erstarkende Position der Mailänder im Rahmen der Lega eine Rolle gespielt haben dürfte. Selbst südlich des Apennins vermochte Friedrich noch im Sommer 1175 seine Autorität zur Geltung zu bringen, als die langjährigen, heftigen Kämpfe zwischen Pisa und Genua durch seinen Machtspruch beendet wurden.

Im Oktober 1175 zog der Kaiser erneut ins Tanarogebiet. Die Kampfhandlungen wurden wieder eröffnet. Für ein direktes Vorgehen gegen Alessandria reichten die Kräfte allerdings nicht aus. Friedrich mußte sich mit begrenzten, kleineren Operationen begnügen. Dennoch gelang es ihm damals, in geschickter Kombination aus militärischem Druck und dem Anknüpfen von Verhandlungen in dieser Zone wieder Fuß zu fassen.[49] Wohl erst nach längerem dürfte es nämlich zu dem Abkommen mit Tortona gekommen sein, das am 6. März 1176 geschlossen

[47] *Heinemeyer*, Montebello, 122 ff.
[48] *Heinemeyer*, Montebello, 132 f.
[49] Vgl. dazu *Opll*, Divide et impera, 85 ff.

wurde und mit dem der Kaiser die Gegenden um Alessandria verstärkt unter seine Herrschaft brachte.[50] Vordringlich war freilich die Zufuhr neuer Truppen nach Italien, die Heranführung deutscher Verstärkungen. Bereits zu Anfang 1161 war Barbarossa deshalb in Como mit Heinrich dem Löwen zusammengetroffen. Nun begab er sich im Januar 1176 zu einem Treffen mit seinem welfischen Vetter nach Chiavenna im Norden des Comer Sees. Die bekannte Szene ist in der großteils erst späteren, nicht zeitgenössischen Überlieferung legendenhaft ausgeschmückt. Dennoch wird man weder an der Begegnung als solcher noch am Kern der dort geführten Gespräche – der Forderung des Herzogs nach Überlassung von Goslar für die gewünschte militärische Unterstützung der staufischen Italienpolitik – zweifeln können. Friedrich lehnte ab, hätte er doch bei einem Eingehen auf diese Forderung die Grundlagen seiner so erfolgreichen Territorialpolitik im deutschen Bereich in Frage stellen müssen.[51]

Über den Comasker Raum, der schon seit 1175 wieder für das Reich hatte gesichert werden können, erhielt der Kaiser dann im Mai 1176 den seit langem erwarteten Zuzug von Truppen. Unter Führung Erzbischof Philipps von Köln, den Friedrich im Winter zuvor nach Deutschland entsandt hatte, überschritten die Reichskontingente den Lukmanierpaß, der aus dem Erbe des Lenzburger Grafenhauses seit 1173 in der Verfügungsgewalt des Herrschers stand. Barbarossa zog den Truppen persönlich entgegen und führte sie in Richtung Pavia. Am 29. Mai stellten sich ihm bei Legnano die unter mailändischer Führung stehenden Legatruppen in den Weg, mußten die Städte doch in der Verstärkung des kaiserlichen Heeres eine eminente Bedrohung sehen. Die Niederlage des Staufers bei diesem Gefecht nordwestlich von Mailand sollte enorme politische Wirkung haben. Obwohl es sich nicht um eine große Entscheidungsschlacht handelte und Friedrich auch früher schon Niederlagen von seiten städtischer Gegner hatte hinnehmen müssen,[52] unterlag er bei Legnano doch erstmals den Truppen des Städtebündnisses. In einem propagandistischen Schreiben an die Bolognesen schrieben die Mailänder den Sieg nicht den eigenen Waffen, sondern dem Papst und der *Ytalicorum communia*, der „Gemeinschaft

---

[50] Dazu vgl. *Güterbock*, Tortonas Abfall, 306 ff. und *Opll*, Stadt und Reich, 442 f.

[51] *Güterbock*, Gelnhäuser Urkunde, 166 und 177 vertrat die Auffassung, dieses Treffen hätte gar nicht stattgefunden. Heute ist man jedoch davon allgemein abgekommen, vgl. *Opll*, Itinerar, 63 f. und *Jordan*, Heinrich der Löwe, 188 ff.

[52] So etwa im August 1160 bei Carcano in der Brianza, s. dazu oben S. 72.

der Italiener", zu.[53] Der Kaiser selbst wurde nach diesem Tag einige
Zeit lang vermißt, tauchte dann aber wieder in Pavia auf, wo seine Gemahlin bereits Trauerkleider angelegt haben soll.[54]

Für Friedrich muß die Niederlage von Legnano endgültig die Überzeugung befestigt haben, daß gegen die Opposition der Kommunen mit
Waffengewalt nichts zu machen war. Erneut wurden an verschiedenen
Orten der Lombardei Verhandlungen geführt. Einem weiteren Frie-
densentwurf der Cremoneser Konsuln erteilte er trotz der für ihn
durchaus harten Bestimmungen, insbesondere der Forderung nach
dem Fortbestand von Alessandria, seine Zustimmung.[55] In diesen Wochen traf dann der Kartäuser Dietrich von Silve-Bénite, der sich schon
um die Jahreswende 1167/68 als Vermittler von Kontakten zur Kurie
hilfreich erwiesen hatte, bei Hofe ein und unterbreitete dem Herrscher
einen unter Mithilfe der Zisterzienser Frankreichs ins Werk zu setzen-
den Friedensplan zur Beendigung des Schismas. Diese Initiative[56]
mußte dem Staufer wenige Wochen nach Legnano überaus gelegen
kommen, bot sich hier doch die Aussicht, diesmal unabhängig von den
Wünschen der gegnerischen Kommunen mit Alexander III. ins Gespräch zu kommen und – bei Gelingen – die Kräfte der Lega Lombarda
ihrer bedeutendsten Stütze zu berauben.

Schon seit mehreren Jahren hatte sich Friedrich bei seinen kirchenpolitischen Aktivitäten zwar nicht im Grundsätzlichen, aber doch in
Einzelentscheidungen von seiner rigorosen Haltung gegenüber dem
feindlichen Papst entfernt. Seit dem Tod Viktors IV. und noch mehr Paschals III. waren die Kontakte zum Gegenpapst spärlich geworden,
letztlich kam dem staufischen Papst im großen politischen Ringen der
Zeit kaum mehr Gewicht zu. Für den 29. September wurde Abt Hugo
von Bonnevaux in die Lombardei geladen. Auch bei Hofe verstärkten
sich nun die Stimmen, die auf einen Frieden mit Alexander III. drängten. Eine Delegation des Kaisers traf bereits am 12. Oktober in Anagni
an der Kurie ein, wo dann mit einem vorläufigen Vertrag die Beendigung des seit 1159 währenden Schismas vereinbart wurde. Wesentliche
Punkte des Übereinkommens[57] waren zum einen die kompromißbereite

[53] Vgl. *Opll*, Stadt und Reich, 336.
[54] So in der Vita Alexandri III. des Kardinals Boso, vgl. *Opll*, Itinerar, 65 mit
Anm. 33.
[55] *Heinemeyer*, Montebello, 133 ff.
[56] Vgl. dazu jetzt *Görich*, Kartäuser, 54 ff.
[57] MGH.DF.I.658. – Zum Vorfrieden von Anagni vgl. *Kehr*, Vertrag von
Anagni, 77 ff.; *Schmale* hat in seiner Edition mehrerer frühstaufischer Quellen
in der Freiherr vom Stein-Gedächtnisausgabe (Einleitung, 2) eine neue Studie
zu diesem Thema angekündigt.

Haltung beider Seiten in der Frage der schismatischen Weihen, zum anderen die Vereinbarung über die Rückstellung der Mathildischen Güter an die Kirche.

Für Ende Januar, dann für den 2. Februar 1177, befahl der Kaiser die Bischöfe Deutschlands und Italiens zu einem Konzil nach Ravenna, zu Anfang Dezember brach er von Pavia aus auf. Cremona, das sich nun endgültig aus den Reihen des Städtebundes gelöst hatte und zum Herrscher übergetreten war, verstand es, die immer noch bestehende Zwangslage des Reiches für die eigenen Interessen auszunützen und dem Staufer territoriale Zugeständnisse abzupressen.[58] Die erste Hälfte des Jahres 1177 war von schwierigen Verhandlungen mit päpstlichen Legaten erfüllt, in denen es nicht zuletzt um die Wahl des Tagungsortes für den bevorstehenden Friedenskongreß ging. Seit Ende Januar weilte der Staufer an der Adriaküste, wo er im März mit seinem Reichslegaten Christian von Mainz zusammentraf. Parallel zu den Verhandlungen mit der Kurie richtete der Staufer sein besonderes Augenmerk auf den mittelitalienischen Raum, wo Christian zuvor mit durchaus wechselndem Erfolg tätig gewesen war. Wohl um diese Zeit traf Friedrich bereits Vorkehrungen für die nach der Resignation Welfs VI. wieder der kaiserlichen Verfügung unterstehenden Gebiete Mittelitaliens. Konrad von Urslingen wurde zum Herzog von Spoleto, der als Draufgänger bekannte Konrad von Lützelhardt[59] zum Markgrafen von Ancona erhoben[60]. Die Adriaküste war fest in der Hand des Kaisers, noch im März 1177 wurden in Fano Privaturkunden auffälligerweise nach dem staufischen Gegenpapst Calixt III. datiert.[61]

Erst bei Beratungen im April 1177 in Ferrara zwischen Vertretern des Kaisers und des Papstes fiel die von beiden Seiten akzeptierte Wahl des Tagungsortes auf Venedig. Noch immer waren aber nicht alle Probleme aus der Welt geschafft. Um die Zeit des Aufenthaltes Barbarossas in der Reichsabtei S. Maria di Pomposa zu Anfang Juni ergaben sich neue Schwierigkeiten hinsichtlich des von Alexander III. geforderten Friedens mit Sizilien. Friedrich begab sich noch einmal weg von dem vereinbarten Tagungsort und hielt sich in Cesena auf. Zweifellos dürfte dieses abermalige Abrücken seine Wirkung auf den Papst nicht verfehlt

---

[58] *Opll*, Stadt und Reich, 258.

[59] Die Italiener gaben diesem Mann den bezeichnenden Beinamen 'Moscaincervello' ( = 'Musca in cerebro' = 'Mück' im Hirn'), vgl. zu ihm und zu seiner Familie *Schubring*, Lützelhardt, 262 ff.

[60] Vgl. dazu *Güterbock*, Kaiser, Papst und Lombardenbund, 163 sowie die Arbeiten von *Schubring*, Herzoge von Urslingen und *ders.*, Lützelhardt, 262 ff.

[61] *Opll*, Itinerar, 67 mit Anm. 48.

Abb. 7: Julius Schnorr von Carolsfeld, Aussöhnung Kaiser Friedrichs I. mit Papst
Alexander III. in Venedig, 1177 (Entwurfszeichnung, 1836)

haben, mußte es doch auch ihm darum gehen, das in greifbare Nähe gerückte Ende der Kirchenspaltung nicht noch einmal scheitern zu sehen. Im Juli wurde der Kaiser vom Sohn des Dogen Sebastianus Ziani von Venedig, Petrus, per Schiff von Ravenna nach Chioggia gebracht. Geschickt verstand es der Staufer, durch seine Hinhaltetaktik den Papst noch in diesen Tagen zum Verzicht auf die in Anagni vereinbarte Restitution der Mathildischen Güter zu bewegen. Am 23. Juli wurde Barbarossa – abermals per Schiff – nach S. Nicolò auf dem Lido gebracht, tags darauf, am Sonntag, dem 24. Juli 1177, söhnte er sich auf dem Markusplatz in einer alle Anwesenden tief bewegenden Szene[62] mit dem durch 18 Jahre bekämpften Papst aus. Die Wochen des Friedenskongresses von Venedig dürfen ohne Zweifel als einer der Höhepunkte der Regierung Friedrich Barbarossas gelten. Neben dem Frieden mit der Kirche wurde dort mit dem Lombardenbund ein sechsjähriger Waffenstillstand, mit König Wilhelm II. von Sizilien[63] ein fünfzehnjähriger Friede geschlossen[64]. Waren die lombardischen Städte angesichts des nunmehr wiederhergestellten Einvernehmens zwischen Imperium und Sacerdotium letztlich gezwungen, den neuen Gegebenheiten Rechnung zu tragen, so war das Abkommen mit Sizilien zwar eindeutig auf Wunsch des Papstes zustande gekommen, eröffnete der staufischen Politik allerdings völlig neue Perspektiven. Erst in der zweiten Septemberhälfte verließ der Staufer die Lagunenstadt, um sich erneut nach Mittelitalien zu wenden. Schon bald sollten sich neue Reibungsflächen zwischen kaiserlicher und päpstlicher Politik ergeben, die nun freilich das grundsätzliche Einvernehmen nicht mehr wirklich zu gefährden vermochten.

Bereits mit seinem Zug nach der Burg Bertinoro westlich von Cesena, die der dortige Graf Cavalcaconte, der im Sommer 1177 ohne Erben verstorben war, der Kirche vermacht hatte, geriet Barbarossa in Gegensatz zur päpstlichen Territorialpolitik.[65] Ungleich gravierender mußte der Papst die vom Kaiser unternommene Neuordnung der Herrschaftsverhältnisse in der Mark Ancona und im Herzogtum Spoleto empfinden, walteten nun dort doch mit Konrad von Urslingen und Konrad von Lützelhardt unmittelbare Amtsträger der Reichsgewalt.[66]

[62] Vgl. dazu auch *Thomson*, An English eyewitness, 21 ff.
[63] Der Normanne, mit dem 1173 über eine Ehe mit einer Tochter Barbarossas verhandelt worden war (s. oben S. 115), hatte sich am 13. Februar 1177 mit Johanna von England vermählt, vgl. *Chalandon*, Histoire 2, 377.
[64] MGH.DDF.I.687, 689 und 694.
[65] Vgl. *Opll*, Itinerar, 67 f.
[66] S. dazu schon oben Anm. 60.

Friedrich begab sich in der Folge zu einem regelrechten Umritt durch diese Landschaften. Über das Gebiet von Osimo erreichte er im Dezember Assisi, wo er am Amtssitz Konrads von Spoleto wohl auch das Weihnachtsfest verbrachte. Mittels Privilegien band er um diese Zeit einige der bedeutenderen, adeligen Kräfte der Zone enger an das Reich. So urkundete er am 3. Januar 1178 in Asciano, dem Hauptsitz der Scialenghi-Cacciaconti, für dieses Grafenhaus.[67]

Zu Ende Januar wurde er in Pisa festlich empfangen und zog unmittelbar darauf über die beschwerliche Küstenstraße weiter nach Genua. Beide Seestädte anerkannten damals die Autorität des Reiches. Entscheidende Bedeutung hatte nicht zuletzt der im Sommer 1175 ergangene Machtspruch des Herrschers gehabt, der den so lange währenden Gegensatz zwischen Pisanern und Genuesen beigelegt hatte.[68] Von Genua aus richtete Friedrich sein Augenmerk auf die Verhältnisse im Arelat, wo er seit Jahren in deutlichem Gegensatz zum König von Aragon stand, der seine Macht auf die provençalische Meeresküste ausgedehnt hatte. Für den Kaiser hatte sich das 1161/62 vereinbarte Zusammengehen mit den Grafen von Barcelona nicht bezahlt gemacht. Bereits während seines Zuges nach Burgund im Herbst 1170 waren die Kontakte zu vorher dem Reich in Opposition gegenüberstehenden Adelskräften wiederhergestellt worden. Den Grafen von Forcalquier etwa hatte Barbarossa noch während der Belagerung von Alessandria zum Reichsfürsten erhoben, damit die 1162 verfügte Unterordnung unter das Haus Barcelona wieder beseitigt. Nun schickte sich Friedrich an, im Arelat auch persönlich einzugreifen.[69]

Von Genua aus zog der Herrscher nach Pavia, um dann im Juni und Juli in Turin hofzuhalten. Die Verhältnisse in der Lombardei waren seit dem Frieden von Venedig und dem gleichzeitig vereinbarten Waffenstillstand mit der Lega Lombarda keineswegs zur Ruhe gekommen. Die Lombarden sahen sich nun einer entscheidend befestigten Position des Reiches gegenüber. Klagen an die Kurie belegen die Fortdauer von vielfältigen Gegensätzen. Freilich hatte auch der Kaiser Anlaß zur Klage. Auch seine Anhänger, etwa die Cremonesen, denen von Ferrara die Postraße gesperrt wurde, erlitten Nachteile und Schaden.[70] Markgraf Wilhelm von Montferrat stand weiterhin in offenem Gegensatz zu den lombardischen Städten. Für ihn hatte sich die Entwicklung seit

[67] MGH.DF.I.725, vgl. *Opll*, Itinerar, 69.
[68] *Opll*, Stadt und Reich, 284f. und 397.
[69] Zur Entwicklung im Arelat vgl. besonders *Fried*, Arles, 347ff.
[70] Dazu vgl. *Güterbock*, Kaiser, Papst und Lombardenbund, 158ff.

1177 überaus ungünstig gestaltet.[71] So waren die Voraussetzungen, noch vor dem Abzug des Kaisers aus Italien zu einem dauerhaften Frieden zu gelangen, alles andere als gut. Verhandlungen, die noch in Turin über päpstliche Vermittlung geführt wurden, kamen zu keinem Abschluß. Der Waffenstillstand, nicht der Friede, sollte weiter die gegenseitigen Beziehungen bestimmen.

Mitte Juli brach Barbarossa über den Mont Genèvre zu seinem wohl schon seit Anfang des Jahres geplanten Zug nach Burgund auf. Über das Tal der Durance erreichte er am 26. Juli Arles, wo vier Tage später eine festliche Krönung des Herrschers stattfand, die nicht nur die nach dem Ende des Schismas neuerrungene Autorität des Kaisertums, sondern auch die Hoheit des Reiches über Burgund demonstrativ zur Schau stellte. Die erzbischöfliche Kirche von Arles wurde in einem Diplom mit dem Ehrentitel „Hauptsitz des burgundischen Königreiches" ausgezeichnet, der trotz seiner Verleihung an die Kirche doch auch den Stellenwert der Stadt Arles in charakteristischer Weise unterstreicht. Am Hof des Staufers fanden sich hier die wichtigsten geistlichen und adeligen Kräfte des Landes ein. Mehrfach saß der Herrscher während dieser Wochen an verschiedenen Orten im südlichen Burgund zu Gericht, brachte damals die Reichsherrschaft in vorher nie gekannter Form im äußersten Süden Burgunds zur Geltung.[72]

Von Arles aus unternahm Friedrich eine Wallfahrt nach Saint-Gilles in der Camargue. Zu Anfang August setzte er seine Reise, die Rhône entlang nach Norden ziehend, fort. Am Fest Mariä Himmelfahrt wurde seine Gemahlin Beatrix, die ihm erst wenig früher den jüngsten Sohn, Philipp, geboren hatte, in Vienne mit der burgundischen Krone, dem *diadema Burgundie*, gekrönt. Eine englische Quelle bezeichnet ihn in diesem Zusammenhang als einen seiner Frau besonders zugetanen Mann (*vir uxorius*),[73] eine Charakterisierung des Menschen Friedrich Barbarossa, die man in dieser quellenarmen Zeit nicht missen möchte, in die sich freilich ein durchaus kritischer Grundton mengt. Auch in der Grafschaft Burgund, die der Hof im September erreichte, widmete sich der Kaiser der Rechtsprechung im Lande. Die während des Schismas mehrfach bedrohte Herrschaft über diese Zone der Familiengüter der Kaiserin war nun endgültig wieder gesichert. Im Oktober 1178 begab sich der Staufer in das Elsaß, um dort nach vierjähriger Abwesenheit wieder deutschen Boden zu betreten.

[71] Vgl. zur Situation *Haverkamp*, Herrschaftsformen, 390 mit Anm. 86 sowie *Opll*, Stadt und Reich, 189 f.
[72] Vgl. *Fried*, Arles, 347 ff. und *Opll*, Stadt und Reich, 497 f.
[73] Zitiert bei *Opll*, Itinerar, 71 f.

## 6. VON DEN AUSEINANDERSETZUNGEN
## MIT HEINRICH DEM LÖWEN
## ZUM MAINZER PFINGSTFEST (1178–1184)

Schon[1] seit den sechziger Jahren des 12. Jahrhunderts hatten den
Kaiser bei seiner Rückkehr von Italienzügen nicht selten innere Gegensätze im deutschen Reichsgebiet, Spannungen und Kämpfe empfangen, die ein Eingreifen der obersten Gewalt im Reich dringend erforderlich machten. Besonders in den Jahren ab 1168 waren es die Auseinandersetzungen Heinrichs des Löwen mit seinen fürstlichen Gegnern
gewesen, die erhöhte Aufmerksamkeit erfordert und langwierige Bemühungen von seiten des Herrschers notwendig gemacht hatten. Freilich war der Staufer angesichts der Krise im Gefolge der Katastrophe
vor Rom in dieser Zeit auf die Unterstützung des mächtigsten Reichsfürsten in erhöhtem Maße angewiesen gewesen. Auch war das Verhältnis zum Löwen noch durchaus gut gewesen.

Seit dem Antritt des Italienzuges im Herbst 1174 hatte sich die Lage
aber grundlegend gewandelt. Zweifellos hatte insbesondere die Weigerung des Löwen, dem Herrscher mit Truppen in den oberitalienischen
Städtekämpfen beizustehen, damit das Scheitern des Treffens von
Chiavenna vom Januar 1176, maßgeblich zur Abkühlung der zuvor so
engen Beziehungen beigetragen. Friedrich mußte ganz einfach seinen
militärischen Mißerfolg gegen die Kräfte der Lega Lombarda auch auf
die mangelnde Unterstützung von seiten des Welfenherzogs zurückführen. Schon in den Verhandlungen mit der Kurie traf der Staufer sodann
Abmachungen mit dem Papst, die zur Absetzung der schismatischen
und zugleich welfentreuen Bischöfe Gero von Halberstadt und Balduin
von Hamburg-Bremen führen sollten. Für den Löwen war dies ein
schwerer Rückschlag. Seine traditionellen Gegner unter den Fürsten
erhielten entscheidenden Auftrieb, die den Welfen feindlichen Kräfte
Sachsens begannen sich zu sammeln.[2] Der im Zuge des Friedens von
Venedig in sein angestammtes Bistum wiedereingesetzte Ulrich von
Halberstadt geriet bereits im Herbst 1177 in offenen Gegensatz zum

---

[1] Zu den Einzelheiten s. oben S. 41 Anm. 1 (Bemerkungen zu Quellen und
grundlegender Literatur).
[2] Zur sächsischen Opposition gegen den Welfen in dieser Zeit vgl. *Jordan*,
Heinrich der Löwe, 194 ff.

Herzog und verhängte über ihn den Bann. Um dieselbe Zeit regten sich auch in Westfalen die welfenfeindlichen Kräfte, deren Führung ab seiner Rückkehr nach Deutschland im Frühjahr 1178 Erzbischof Philipp von Köln übernahm. Schon im Sommer dieses Jahres schloß der Metropolit mit dem Halberstädter Bischof ein Bündnis gegen den Löwen.

So lagen die Dinge, als Barbarossa im Herbst 1178 wieder in Deutschland erschien. Herzog Heinrich suchte im November den Hoftag in Speyer auf und erhob Klage gegen seine Widersacher. Philipp von Köln konterte aber ebendort seinerseits mit schweren Anschuldigungen. Anders als zehn Jahre zuvor zeigte sich der Kaiser nun allerdings nicht bereit, vorbehaltlos für die Interessen seines Vetters einzutreten. Er lud die streitenden Parteien auf einen neuen Tag für den Januar des nächsten Jahres nach Worms. Die Beziehungen des Herrschers zu Herzog Heinrich sollten dann noch in den letzten Wochen des Jahres 1178 eine weitere, schwere Beeinträchtigung erfahren. Der infolge seines aufwendigen Lebensstiles stets geldbedürftige welfische Oheim der beiden Männer, Herzog Welf VI., hatte – wohl um 1175 – mit dem Löwen Verhandlungen aufgenommen, die diesem gegen entsprechende finanzielle Abgeltung das südschwäbische Welfenerbe sichern sollten. Trotz prinzipieller Übereinkunft hatte der Löwe sich bisher nicht zur Erstattung der vereinbarten Summe verstanden.[3] Nun trat der Kaiser, der von Welf VI. schon um 1173/74 die Rückstellung von dessen italienischen Reichslehen gegen finanzielle Ablöse hatte erwirken können, an seinen Oheim heran und konnte die Verhandlungen im Dezember 1178 in Ulm zu einem günstigen Abschluß bringen.

Auf dem Wormser Reichstag im Januar 1179 übertrug Welf seine Erbgüter vereinbarungsgemäß an den kaiserlichen Neffen, der ihn damit unter Hinzufügung weiterer Reichslehen belehnte und damit zugleich die Anwartschaft seines eigenen Hauses auf dieses reiche Erbe sichern konnte.[4] Heinrich der Löwe, der nach Worms zur Behandlung der in Speyer erhobenen Klagen vorgeladen worden war, zog es angesichts der seinen Interessen völlig zuwiderlaufenden Entwicklung der Dinge vor, nicht vor dem Kaiser zu erscheinen, wechselte damit freilich endgültig aus der Rolle des Klägers in die des Beklagten. Nunmehr kam der Prozeß gegen den Welfenherzog ins Rollen, der die nächsten Jahre über das Geschehen im Reich weitgehend dominieren sollte. Man pflegt den Verlauf des Prozesses in ein land- und ein lehnsrechtliches Verfahren zu gliedern, eine Scheidung, die freilich mehr der juristi-

---

[3] Vgl. *Feldmann*, Welf VI., 76 ff.
[4] *Feldmann*, Welf VI., 86 ff.

schen Spitzfindigkeit der Forschung als den tatsächlichen Gegebenheiten zu entsprechen scheint.[5]

In Worms dürfte jedenfalls bereits in Anwesenheit fürstlicher Standesgenossen und – der Herkunft der Welfen aus Schwaben entsprechend – von Leuten aus Schwaben dem Herzog die Acht angedroht, allerdings noch nicht verkündigt worden sein. So blieb die Situation vorläufig in Schwebe, die Tür für eine Verständigung war noch nicht endgültig zugeschlagen. Wie sehr den Kaiser damals freilich Fragen der
Rechtsordnung beschäftigten, erhellt aus dem im Februar 1179 in Weißenburg verkündeten 'Rheinfränkischen Landfrieden',[6] dessen Gültigkeit nur für einen bestimmten Teil des Reiches durch die Aufnahme
von zweifellos weiterreichenden Bestimmungen – darunter auch solchen über das Achtverfahren – kontrastiert wird. Der Welfenherzog
zeigte sich freilich keineswegs zum Einlenken bereit. In Schwaben kon-
spirierte er mit mehreren Adeligen, darunter den gräflichen Häusern
von Zollern und Veringen, gegen den Kaiser, der sich zu Pfingsten 1179
(20. Mai) persönlich nach Konstanz begab, um der aufkeimenden Unruhe Herr zu werden.

Zu Ende Juni fand in Magdeburg der nächste Hoftag in Sachen
Heinrichs des Löwen statt. Abermals war der Welfe nicht erschienen, so
daß nunmehr die Acht über ihn verkündigt wurde. Hier erhob der alte
Gegner des Welfen, Markgraf Dietrich von der Lausitz, die schwere
Anschuldigung des Landesverrates gegenüber dem Herzog. Dietrich
forderte Heinrich zum gerichtlichen Zweikampf auf, was dieser zurückwies, zugleich aber bat er den Staufer um eine Unterredung. Bei diesem
Gespräch in oder bei Haldensleben forderte Friedrich für die Wiedererlangung seiner Gnade die ungeheure Summe von 5000 Mark Silber,
so daß es kaum den Anschein hat, es wäre ihm damals wirklich noch an
einer Aussöhnung gelegen gewesen. Obwohl auch die nunmehr rechts-
kräftige Achterklärung vor Eintritt der Oberacht nach Jahr und Tag, die
dann keine Verständigung mehr zuließ, immer noch Raum für einen
Ausgleich bot, war doch bereits diese vorläufige Friedloserklärung des
Löwen ein schwerwiegender Schritt gegen den mächtigen Herzog.

Friedrich griff nun auf die Mittel, die ihm das Lehnsrecht bot, zu-

---

[5] Zum Prozeß und zur Absetzung Heinrichs des Löwen liegen zahlreiche
Arbeiten vor. Neben der heute in manchem zu korrigierenden Studie von *Güterbock*, Gelnhäuser Urkunde vgl. *Jordan*, Heinrich der Löwe, 197 ff., den von
*Mohrmann* herausgegebenen Sammelband: Heinrich der Löwe (vor allem die
darin enthaltenen Untersuchungen von *Theuerkauf*, 217 ff. und *Droege*, 275 ff.)
sowie *Heinemeyer*, Prozeß, 1 ff.
[6] MGH.DF.I. 774.

rück, war doch mit der fortgesetzten Weigerung des Welfen, vor Hofe zu erscheinen, auch eine gravierende Verletzung der Lehnspflichten verbunden. Obwohl über die zeitliche Abfolge der dem Löwen nach den Normen des Rechts gesetzten drei Ladungstermine aus den Quellen keine Klarheit zu gewinnen ist, kann an der strikten Befolgung der üblichen rechtlichen Formen dennoch kein Zweifel bestehen. Spätestens während des Tages, der im August 1179 im sächsischen Kayna abgehalten wurde, begann das Verfahren nach Lehnsrecht seinen Verlauf zu nehmen. Zugleich wurde hier eine Heerfahrt der Fürsten gegen den Welfen angesagt, ein Schritt, zu dem es bisher in der Regierungszeit Barbarossas im deutschen Reichsgebiet noch nie gekommen war.

Nicht zuletzt die Erfordernisse der Sicherung seiner Herrschaft im Schwäbischen führten den Kaiser im Spätsommer wieder in den südschwäbischen Raum. Während eines Hoftages in Augsburg wurden nicht nur für das seit 1177 unter dem früheren Mainzer Erzbischof Konrad von Wittelsbach stehende Erzbistum Salzburg und dessen Suffraganbistum Brixen[7] Urkunden ausgestellt, Friedrich vermochte damals auch weitere schwäbische Anhänger des Welfenherzogs auf seine Seite zu bringen. Erst drei Monate später, im Dezember 1179, erfahren wir wieder etwas vom Staufer, als er in Ulm hofhielt. Nicht zuletzt das auffällig lange Schweigen der Quellen weist auf die damals aufs höchste gespannte Lage im Reich. Wahrscheinlich wird man die dreimalige Ladung des Welfen vor das kaiserliche Gericht in diese Monate zu verlegen haben. Im Januar 1180 versammelte sich sodann in Würzburg ein großer Reichstag, auf dem das seit dem Sommer des Vorjahres eingeleitete, lehnsrechtliche Verfahren gegen Heinrich den Löwen zum Abschluß kam. Dem Herzog wurden die Reichslehen, darunter insbesondere seine beiden Herzogtümer Sachsen und Bayern, wegen der aus seinem Nichterscheinen bei Hof resultierenden Majestätsverletzung aberkannt und der Verfügung des Kaisers zugesprochen.

Seit dem Treffen mit Barbarossa vom Sommer 1179 hatte der Löwe in den Auseinandersetzungen in Sachsen mit beachtlichem Kriegsglück agiert.[8] Im September hatten sich die Kämpfe im Raum von Halberstadt konzentriert, das am 23. September in Flammen aufging. Der greise Bischof Ulrich, einer der unerbittlichsten Gegner des Welfen, war in Haft genommen worden. Erst um die Jahreswende 1179/80 wurde er nach der Lösung des Herzogs aus dem Kirchenbann und der

---

[7] Hier ist wohl auch das Bestreben des Kaisers in Rechnung zu stellen, seinen Einfluß auf die Brennerroute, der seit dem Entstehen der Lega Veronese im Jahre 1164 immer mehr zurückgegangen war, wieder zu befestigen.
[8] Vgl. dazu *Jordan*, Heinrich der Löwe, 200 ff.

Überlassung der Halberstädter Lehen an den Löwen entlassen, starb jedoch schon wenige Monate später. Auch in den Auseinandersetzungen mit Wichmann von Magdeburg hatte sich Heinrich mit Erfolg behaupten können. Nach dem Ende des Würzburger Reichstages wurde ein Waffenstillstand in Sachsen bis zum Sonntag nach Ostern, dem 27. April 1180, vereinbart.

Die Würfel waren mit der Würzburger Entscheidung nun freilich endgültig gefallen. Dem Zuwarten bis zum Eintreten der Oberacht – ein Jahr nach der Achtverkündigung zu Magdeburg im Juni 1179 – kam nur mehr formalrechtliche Bedeutung zu. Die vordringlichsten Probleme lagen nun zum einen in der Vorbereitung der bevorstehenden militärischen Konfrontation mit der Welfenmacht, zum anderen in der politischen Neuordnung des Reiches, der Vergabe der beiden Herzogtümer des Löwen. Bereits zu Anfang April fiel in Gelnhausen die Entscheidung über Sachsen, war doch das nördliche Herzogtum des Welfen ohne Zweifel dessen eigentliches Machtzentrum. Die Auseinandersetzungen des Herzogs mit seinen fürstlichen Gegnern hatten sich seit jeher bevorzugt im Sächsischen abgespielt. Hier hatte er – durch lange Jahre mit Zustimmung des Herrschers – über eine königsgleiche Stellung verfügt. Das Herzogtum Bayern war dagegen zwar nicht etwa als 'Nebenland' der welfischen Macht zu qualifizieren, dennoch waren die Voraussetzungen hier schon seit der Erhebung Österreichs zum Herzogtum ungleich ungünstiger gestaltet gewesen. Zudem hatte der Kaiser selbst seinen Einfluß im Lande – auch während seiner häufigen Aufenthalte in Regensburg[9] – immer wieder mit Nachdruck betont.

Mit der berühmten Gelnhäuser Urkunde, einem der bekanntesten und bedeutendsten Dokumente der hochmittelalterlichen Verfassungsgeschichte,[10] wurde am 13. April 1180 das nunmehr in Westfalen und Engern geteilte sächsische Herzogtum neu verliehen. Offenbar schon zuvor war dem Askanier Bernhard der östliche Teil, Engern, übertragen worden. Den Westteil, Westfalen, erhielt jetzt Erzbischof Philipp von Köln. Die Kölner Kirche, die schon seit der Zeit Konrads III. links des Rheines herzogliche Rechte innehatte, war damit im Besitz eines doppelten Herzogtums. Das Streben des Kaisers ging eindeutig dahin, künftig das Entstehen einer übermächtigen, neuen Herzogsgewalt im Norden des Reiches zu vermeiden. Die Zerschlagung Sachsens, die Verleihung Ostsachsens an Bernhard und nicht dessen ältesten Bruder,

---

[9] Zur Stellung der Stadt Regensburg vgl. *Opll*, Stadt und Reich, 135 ff. (mit weiterführender Literatur).
[10] MGH.DF.I. 795.

Markgraf Otto von Brandenburg, aber auch die Übertragung der sächsischen Pfalzgrafschaft an den Kaiserneffen, Landgraf Ludwig III. von Thüringen – all das sollte dem Ziel dienen, kleinere, besser zu überschauende und kontrollierbare Herrschaftskomplexe zu schaffen. Ebenfalls noch in Gelnhausen investierte der Kaiser den Askanier Siegfried als neuen Erzbischof von Bremen, der damit seine 1169 noch vereitelte Kandidatur endlich durchsetzen konnte.[11]

Weit über die Grenzen des Reiches hinaus erregte die Absetzung des mächtigen Welfenherzogs Aufsehen. Rückhalt mußte der Herzog insbesondere an England finden, war er doch durch seine 1168 geschlossene Ehe mit Mathilde Schwiegersohn König Heinrichs II. Verwandtschaftliche Bande gab es darüber hinaus zum Hof des dänischen Königs, hatte doch die 1166 dem Vetter des Kaisers, Herzog Friedrich von Rothenburg, angetraute Tochter des Löwen aus erster Ehe, Gertrud, nach dem Tod ihres ersten Gemahls (1167) in den frühen 1170er Jahren den dänischen Thronfolger Knut geheiratet.[12] Dennoch hielten sich die Gefahren für das Reich in Grenzen, wurden doch mögliche Gegnerschaften durch innere Probleme dieser auswärtigen Mächte, aber auch durch die selbst in dieser kritischen Zeit ausgesprochen starke Position des Staufers verhindert. Heinrich II. von England scheint zwar versucht zu haben, auf den neuen französischen König Philipp II. August und den Grafen Philipp von Flandern, der Lehnsmann des Kaisers, aber auch des französischen und englischen Königs war, zugunsten seines Schwiegersohnes einzuwirken, bereits im Mai 1180 kamen aber dann französische Gesandte an den Kaiserhof nach Sinzig und beteuerten, nicht Heinrichs des Löwen wegen die Waffen gegen das Reich erheben zu wollen.[13]

In Gelnhausen hatte man die Reichsheerfahrt gegen den Welfen für den 25. Juli 1180 festgesetzt. Der Herzog verstand es noch während des Frühjahrs, seine militärische Position weiter auszubauen.[14] Die Umgebung von Goslar, Königsland also, wurde im Mai verwüstet, wenig später errang Heinrich bei Weißensee nördlich von Erfurt einen Sieg über den Thüringer Landgrafen, der mit seinem Bruder in Braunschweig inhaftiert wurde. Überblickt man den Verlauf der militärischen Operationen des Welfen seit dem Vorjahr, so wird verständlich, daß er wohl durchaus mit Zuversicht der bevorstehenden Konfrontation mit dem

[11] Vgl. dazu *Patze*, Osten, 397 f.
[12] S. dazu unten S. 283 (Dänemark) und 288 (England).
[13] Vgl. *Trautz*, Könige von England, 74 f. und *Kienast*, Deutschland und Frankreich 1, 225 ff.
[14] Vgl. *Jordan*, Heinrich der Löwe, 204 f.

Kaiser entgegensah. Barbarossa hatte sich im Juni nach Regensburg begeben, wo dann – ein Jahr nach der Achterklärung in Magdeburg – die Oberacht über Heinrich verhängt wurde. Das Rechtsverfahren war nun auch formal zum Abschluß gekommen. Die Geschehnisse verlagerten sich vollends auf die politische Bühne, jetzt mußten die Waffen sprechen. Die Zeit begann zu drängen; vielleicht auch deshalb führten die in Regensburg geführten Verhandlungen über eine Neuvergabe Bayerns zunächst noch zu keinem Ergebnis.

Erst um Mitte Juli brach Friedrich von Regensburg nach Sachsen auf. Nach dem für den Beginn der Reichsheerfahrt festgesetzten Termin, dem 25. Juli, trafen die Truppen des Reiches im südlichen Sachsen ein, wo das Harzgebiet der kaiserlichen Herrschaft unterstellt werden konnte. Barbarossa konzentrierte seine Maßnahmen ganz bewußt auf die Gebiete, in denen Heinrich seit dem Vorjahr mit beachtlichem Erfolg agiert hatte. Auf einem Hoftag in der alten Sachsenpfalz zu Werla wurden den Anhängern des Welfen drei Termine (8. und 29. September sowie 11. November) für den Übertritt auf die Seite des Kaisers gesetzt. In der Folge kam es zu einem regelrechten Massenabfall vom Löwen, der nicht nur Ministerialen und Vasallen, sondern auch den Lehnsadel erfaßte. Zukunftsweisend sollte nicht zuletzt der Übertritt des Grafen Adolf III. von Holstein sein, begann damit doch auch die bisher festeste Position des Welfen, im nördlichen Sachsen, brüchig zu werden. Zu Heinrich bekannten sich fortan nur mehr Teile seiner Ministerialität sowie das Bürgertum in seinen seit langem geförderten Städten, vor allem in Braunschweig, Lüneburg und Lübeck. Dennoch reichten die Kräfte des Herrschers nicht aus, seinen Rechtsspruch bereits mit diesem einen Feldzug völlig in die Tat umzusetzen. Eine Unterwerfung des Abgesetzten war – noch – nicht zu erreichen. Freilich könnte Friedrich damals auch ganz bewußt Rücksicht auf die Fürsten genommen haben, indem er deren Unterstützung nicht allzusehr und allzu lange beanspruchen wollte.

Bereits im September entließ der Staufer den Großteil seines Heeres und begab sich nach Altenburg. Dort wurde um die Mitte des Monats Einigung über die Neuvergabe des Herzogtums Bayern erzielt, das ebenso wie Sachsen geteilt wurde. Die bayerischen Kernlande verlieh der Staufer dem seit den Anfängen seiner Regierung vielfach bewährten Pfalzgrafen Otto von Wittelsbach.[15] Die Steiermark, ein seit längerem von der bayerischen Herzogsgewalt de facto kaum mehr berührtes Gebiet, wurde als eigenes Herzogtum von Bayern abgetrennt und an den bisherigen Markgrafen Otakar, nunmehr ebenfalls Herzog, über-

---

[15] Vgl. *Kraus*, in: Wittelsbach und Bayern I / 1, 165.

tragen.[16] Die Grafen von Andechs wurden unter Lösung ihres bisher bestehenden Lehnsverhältnisses als Markgrafen von Istrien (seit 1173) ebenfalls in den jetzt deutlich hervortretenden Reichsfürstenstand erhoben und führten fortan den Titel eines Herzogs von Meranien, Kroatien und Dalmatien.[17] Heinrich der Löwe dachte freilich auch weiterhin nicht an ein Nachgeben. Er zog sich nach Nordelbingen zurück, wo er mit Erfolg seine Herrschaft zu sichern vermochte. Im Spätherbst kam im Süden Sachsens der Abfall vom Welfen zu einem weitgehenden Abschluß. Das Weihnachtsfest beging Barbarossa in Erfurt, um die infolge der Gefangennahme des Thüringer Landgrafen seit dem Frühsommer bestehende schwierige Situation in dieser Zone zu beruhigen.

In der ersten Hälfte des neuen Jahres begab sich der Herrscher in das Reichsgebiet im Südwesten, nach Südschwaben, wo sich die herrschaftlichen Voraussetzungen ab 1180 neu und durchaus günstig für ihn gestaltet hatten. Der seit langem vereinbarte Anfall des Pfullendorfer Erbes, insbesondere die Erwerbung der Klostervogtei St. Gallen, aber auch die der im nördlichen Umland des Bodensees konzentrierten Positionen dieses Hauses, trat mit der Pilgerfahrt des Grafen Rudolf im Jahre 1180, von der er nicht mehr zurückkehren sollte, ein.[18] Gleichzeitig war aus dem Besitz Heinrichs des Löwen die bedeutende Klostervogtei über das Inselkloster Reichenau an den Staufer gefallen, so daß die seit 1168 mit großer Energie betriebene Territorialpolitik im südschwäbischen Raum nunmehr schöne Früchte zu tragen begann.[19] Dabei hatte der Kaiser die Grundlagen seiner Herrschaft bereits in den siebziger Jahren unter offensichtlichem Aufgreifen von Vorbildern der Reichsverwaltung im Süden der Alpen zu institutionalisieren verstanden: In den Jahren 1173–1178 war mit Degenhard von Hellenstein ein eigener Prokurator für alle königlichen Güter in Schwaben bestellt worden.[20] Zugleich trat ab etwa 1180 die Kaiserin mit der Ausstellung eigener Urkunden zunehmend als Herrin im nördlichen Burgund[21] hervor, so daß ein weitgehend geschlossener staufischer Machtblock im Südwesten des deutschen Reichsgebietes, übergreifend auf Burgund, im Entstehen war.[22] Dabei kam dem Umstand, daß die Zähringer seit

---

[16] Vgl. *Appelt*, Erhebung zum Herzogtum, 63 ff.

[17] *Patze*, Osten 399. – Im Rahmen dieser kaiserlichen Maßnahmen ist wohl auch die Bezeichnung Friauls als eigenes Herzogtum im Jahre 1180 zu sehen, vgl. *Patze*, a. a. O., 400.

[18] *Schmid*, Pfullendorf, 201 ff.; vgl. auch *Favreau*, Pilgerfahrt, 31 ff.

[19] *Büttner*, Territorialpolitik, 25.

[20] *Maurer*, Schwaben, 291.

[21] Zu ihren Urkunden vgl. zuletzt *Appelt*, Kaiserin Beatrix, 275 ff.

[22] Vgl. dazu *Munz*, Frederick Barbarossa, 146 ff.

der Erhebung Rudolfs zum Bischof von Lüttich ab den späten sechziger Jahren eine neues Interessengebiet im Maasraum erhalten hatten[23] und im besten Einvernehmen mit dem Herrscher standen, große Bedeutung zu. Nicht zuletzt verfügte der Kaiser damit auch über eine Reihe wichtiger Alpenpässe, seit jeher wichtige Voraussetzung für eine erfolgreiche Italienpolitik.

Noch das Pfingstfest (24. Mai) feierte Friedrich auf dem Hohenstaufen, mitten in den Stammlanden seines Hauses. Von hier aus zog er erneut nach Sachsen, um die militärischen Operationen gegen Heinrich den Löwen wiederaufzunehmen und diesen endgültig in die Knie zu zwingen. Angesichts der Erfolge des Vorjahres, aber auch des Rückzuges des Welfen in das nordelbingische Gebiet mußte sich der Feldzug des Kaisers diesmal auf die nördlichen Teile Sachsens konzentrieren. Erzbischof Philipp von Köln schlug ein festes Lager bei Braunschweig, Herzog Bernhard bei Bardowick auf, so daß der Herrscher mit der Hauptmacht seines Heeres nach Nordelbingen vordringen konnte. Während der Löwe sich nach Stade zurückgezogen hatte, erschien der Staufer vor Lübeck, das bisher stets treu zum Welfen gestanden war. Im Lager des Kaisers fanden sich dort auch der bald darauf zum Herzog erhobene Pommernfürst Bogislaw[24] und der Obodritenfürst Niklot von Werle mit ihren Truppen ein. Vor allem stellte sich aber König Waldemar von Dänemark, dessen Sohn mit der Tochter des Löwen verheiratet war, auf die Seite des Staufers. Friedrich schloß mit dem Dänen, der seit 1162 Lehnsmann des Reiches war, ein Bündnis, das durch die Verlobung Herzog Friedrichs von Schwaben mit einer Tochter Waldemars bekräftigt wurde.[25] Damit trat der Staufer nun auch im äußersten Norden des Reiches in das durch die Absetzung seines Vetters entstandene Machtvakuum ein. Die Neuregelung der Herrschaftsverhältnisse in Sachsen sollte durchaus dem unmittelbaren Einwirken der Reichsgewalt Raum bieten.

Die Stadt Lübeck konnte der Übermacht der vor ihren Toren versammelten Truppen nicht standhalten. Nachdem die Bürger mit Erlaubnis des Kaisers mit Heinrich dem Löwen hatten Rücksprache halten dürfen, ergaben sie sich. Die letzte bedeutende Position der welfischen Macht war gefallen.[26] Friedrich gestand seinem Vetter, der um diese Zeit mehrfach vergeblich versuchte, zu einem Gespräch mit ihm vorge-

---

[23] Zu Rudolf vgl. *Kupper*, Raoul.
[24] Vgl. *Patze*, Osten, 405.
[25] Dazu s. unten S. 283.
[26] Zu Lübeck vgl. *Opll*, Stadt und Reich, 105 ff. (mit weiterführender Literatur).

lassen zu werden, den Rückzug nach Lüneburg zu, hielt aber an der Forderung nach der für den Welfen nun unvermeidlich gewordenen Unterwerfung fest. Noch auf einem Hoftag in Quedlinburg im Frühherbst 1181 konnte es wegen Streitigkeiten des Löwen mit Herzog Bernhard von Sachsen nicht zu einem Abschluß der Gegensätze kommen. Erst auf dem Erfurter Hoftag zu Mitte November erschien der Welfe unter dem Geleit Wichmanns von Magdeburg bei Hofe und unterwarf sich dem Herrscher. Nur die Erbgüter seines Hauses in Lüneburg und Braunschweig verblieben dem Löwen. In Ausführung von Acht und Oberacht wurde er zur Strafe der Verbannung, wohl verbunden mit der Verpflichtung zu einer Wallfahrt nach Santiago de Compostela, verurteilt, die er zu Jakobi (25. Juli) des nächsten Jahres antreten sollte. Ob – nach dem Bericht Arnolds von Lübeck – die Dauer der Verbannung tatsächlich auf drei Jahre festgesetzt wurde, scheint nach jüngsten Untersuchungen[27] nicht ganz so sicher zu sein. Vor allem hat es den Anschein, als hätte der Kaiser in einer für sein großes diplomatisches Talent überaus kennzeichnenden Weise dem unterworfenen Vetter doch Hoffnung auf eine freilich sehr begrenzte Wiedereinsetzung in frühere Rechte gemacht, konnte er sich doch damit im so vielfältigen und komplexen Spiel der Kräfte eines wichtigen Steuerungsmittels versichern. Vereinbarungsgemäß trat Heinrich im Jahr darauf den bitteren Weg in die Verbannung an, die er nach der Pilgerfahrt ins spanische Jakobsheiligtum am Hofe seines englischen Schwiegervaters zubringen sollte.

Friedrich hatte mit der Unterwerfung Heinrichs Jahre höchster Spannungen im Reich mit großem Erfolg beendet. Die bedeutendste Gegenkraft gegen seine Herrschaft war im Bund mit den Fürsten ausgeschaltet worden. Zugleich hatte er eine umfassende Neuordnung des Reiches vornehmen können, in deren Zug der kaiserlichen Position eigene neue Einflußzonen im Norden, aber auch die Kontrolle über die geteilten neuen herzoglichen Gewalten gesichert wurden. Noch in Erfurt war sowohl dem unmündigen Sohn Herzog Leopolds V. von Österreich, Friedrich, als auch dem ebenfalls unmündigen Ulrich II., dem Sohn des verstorbenen Herzogs Hermann von Kärnten, die Belehnung erteilt worden, womit die Situation im Südosten des Reiches entsprechende Absicherung erfuhr.[28]

Erhöhte Aufmerksamkeit sollte in den nächsten Jahren die Lage im deutsch-französischen Grenzraum erfordern.[29] König Philipp II.

[27] *Engels*, Entmachtung, 45 ff.
[28] Vgl. *Patze*, Osten, 399.
[29] Zum Folgenden s. auch unten S. 290 ff.

August, der 1180 auf seinen Vater Ludwig VII. gefolgt war, war mit Graf Philipp von Flandern, dessen hennegauische Nichte Isabella er zunächst auf dessen Betreiben geheiratet hatte, in territorialpolitischen Gegensatz geraten. Der Flandrer, schon zu Weihnachten 1165 vom Kaiser mit der Grafschaft Cambrai belehnt und seit damals mit der Kaiserin in einem regelrechten Freundschaftsbündnis verbunden, hatte dem Staufer auch in Italien Waffenhilfe geleistet, war bei Legnano 1176 sogar in die Gefangenschaft der Mailänder geraten. Zu Ende des Jahres 1181 wandte er sich mit der Bitte um Unterstützung an den Kaiser, der an den Kapetinger ein drohendes Schreiben abschicken ließ. Wieweit es Barbarossa mit der Ankündigung einer bewaffneten Intervention zugunsten seines Lehnsmannes tatsächlich ernst war, bleibt angesichts der weiteren Entwicklung zwar offen, dennoch dürfte sein Wort seine Wirkung nicht verfehlt haben. Problematisch sollten diese Spannungen vor allem deshalb werden, weil es dem Grafen gelang, den nun zusehends im Reichsgeschehen hervortretenden jungen König Heinrich VI. für seine Pläne zu gewinnen. Zunächst kam allerdings im Frühjahr 1182 unter englischer Vermittlung ein Friede zwischen dem Kapetinger und dem Flandrer zustande.

Nach dem Triumph über Heinrich den Löwen auf einem weiteren Höhepunkt seiner Macht angelangt, konnte Friedrich nun seinen Blick auch wieder vermehrt auf die italienischen Verhältnisse richten. Schon 1179 hatte er in Konstanz ein Diplom für die auch im Schisma reichstreuen Mönche von Sant'Ambrogio in Mailand ausgestellt, um auf Bitten der Mönche die herrschaftliche Position der Abtei gegenüber ihrer Stadt zu stärken.[30] Nun, im Frühjahr 1182, erhielt das Domkapitel von Verona ein ähnliches Privileg, so daß es durchaus den Anschein hat, der Kaiser hätte sein Verhältnis zu den italienischen Städten verstärkt durch Begünstigung der Geistlichkeit zu gestalten versucht.[31] Hält man dazu die gegen städtisches Herrschaftsstreben gerichteten Bestimmungen des Laterankonzils von 1179, so gewinnt man den Eindruck, daß der Staufer die Zeichen der Zeit, das zunehmend problematische Verhältnis der Kirche zur Welt der Städte,[32] ganz richtig erkannte und für seine Zwecke nützte. Noch immer war ja der 1177 geschlossene Waffenstillstand mit der Lega Lombarda nicht in einen endgültigen Frieden übergeführt worden.

---

[30] MGH.DF.I. 778, vgl. dazu *Opll*, Stadt und Reich, 337 f., wo klar herausgestellt ist, daß es sich hierbei nicht um eine Initiative des Kaisers handelte, sondern Barbarossa auf einen Wunsch der Mönche reagierte.

[31] MGH.DF.I. 823, vgl. dazu *Opll*, Stadt und Reich, 472 ff.

[32] Vgl. dazu *Ambrosioni*, Le città italiane fra Papato e Impero, 35 ff.

In Mittelitalien oblag die Vertretung der Interessen des Reiches auch nach 1177 dem bewährten Reichslegaten Christian von Mainz. Bereits in der Zeit der Rückführung Alexanders III. nach Rom, 1178, geriet der Legat in Gegensatz zu Markgraf Konrad von Montferrat.[33] Vielfältig waren die Gründe für die damals eingetretene Abkühlung des zuvor stets ausgezeichneten Verhältnisses zu diesem Adelshaus: Konrad hatte spätestens 1177 auf sein in den frühen siebziger Jahren im Gebiet des tuszischen Patrimoniums ausgeübtes Amt als Reichslegat verzichten müssen, die kaiserliche Politik dieser Jahre ging über territorialpolitische Interessen der Familie[34] hinweg. Zunächst konnte sich Christian von Mainz gegen Konrad, dem auch der Widerstand des Gegenpapstes Calixt III. gegen seine Absetzung zugute gekommen war, zwar durchsetzen, im September 1179 geriet er aber bei Camerino in die Gefangenschaft des Markgrafen. Das Haus Montferrat stand damals bereits unter dem Einfluß der byzantinischen Diplomatie. Im Februar 1180 heiratete Rainer von Montferrat die Tochter Kaiser Manuels, Maria. Erst nach der Zustimmung zu demütigenden Bedingungen, bei denen nicht nur große Geldsummen abgepreßt wurden, sondern auch wichtige Positionen des Reiches verlorengingen, konnte Christian gegen Ende des Jahres 1180 die Freiheit wiedererlangen. Er blieb weiterhin in Italien, wo er im August 1183 in Tusculum verstarb. Die kaiserliche Position in Mittelitalien war infolge dieser Geschehnisse angeschlagen. Allerdings konnten die Auswirkungen durch die feste Verfügung über das Herzogtum Spoleto und die Mark Ancona in Grenzen gehalten werden.

Barbarossa zog im Frühjahr 1182 an den Rhein, wo nach den Worten einer Wormser Quelle die siegreichen Feldzeichen (*victrices aquilas*) nach dem Triumph über Heinrich den Löwen aufgerichtet wurden.[35] In der seit dem Strafgericht von 1163 nicht mehr aufgesuchten Stadt Mainz, dem Sitz des seit langem in Italien als Reichslegat tätigen Erzbischofs Christian, nahm er von Ostern bis Pfingsten (28. März – 16. Mai) Aufenthalt. Hier erschien der seit kurzem wieder in Frieden mit dem

[33] Vgl. zum folgenden *Hägermann*, Reichslegation, 218 ff.
[34] Diese Interessen sind etwa an der Entwicklung der montferratischen Rechte über Poggibonsi (zwischen Florenz und Siena) gut abzulesen, das 1177 als Reichslehen von Graf Guido III. Guerra an die Markgrafen gekommen war. Am 6. Mai 1178 hatten sie ihre hiesigen Rechte unter Mißachtung des Veräußerungsverbotes für Lehen (vgl. MGH.DF.I.91 = BOM 255) an die Kommunen Siena und Florenz verkauft, was der Kaiser spätestens bei seinem Aufenthalt in Poggibonsi im August 1185 rückgängig machte, vgl. dazu *von der Nahmer*, Toscana, 123 f., *Haverkamp*, Adel, 70 und 86 sowie *Opll*, Itinerar, 119.
[35] Zitiert bei *Opll*, Itinerar, 80 Anm. 72.

französischen König lebende Graf Philipp von Flandern bei Hofe, um mit dem Kaiser einen Erbvertrag zu schließen. Obwohl die Aussichten auf den für Heinrich VI. vereinbarten Antritt dieses Erbes angesichts der zahlreichen, hennegauischen Verwandtschaft des Grafen äußerst gering waren, ging Friedrich auf das Bündnis dennoch ein. Er verfügte damit über ein beachtliches Regulativ gegenüber dem angrenzenden französischen Königreich.[36]

Wohl erst im Sommer begab sich der Kaiser dann fort aus den Rheingegenden, um über Nürnberg nach Regensburg zu ziehen. Dieser traditionelle Hauptort des Herzogtums Bayern wurde nun immer enger in die unmittelbare Verfügungsgewalt des Reiches gebracht. Städtepolitische Aktivitäten erlangten im deutschen Reichsgebiet während des letzten Jahrzehnts der Regierung Barbarossas ganz allgemein zunehmende Bedeutung.[37] Bei Hofe erschien in der Donaustadt Herzog Friedrich von Böhmen, der sich entgegen den Anordnungen des Staufers vom Herbst 1173 im Lande hatte durchsetzen können, nun aber wegen innerer Streitigkeiten mit Markgraf Konrad-Otto von Mähren Anlehnung beim Reich suchte. Barbarossa nützte die Situation, indem er Böhmen zwar an Friedrich verlieh, zugleich aber die Markgrafschaft Mähren direkt dem Reich unterstellte.[38] Das bewährte Herrschaftsprinzip des 'divide et impera',[39] das schon in den Städtekämpfen des fünften Italienzuges so deutlich zu fassen gewesen war, kam erneut zum Tragen. Wohl spätestens um diese Zeit erhob der Kaiser auch die Grafen von Ronsberg, die Vögte von Ottobeuren, als Lohn für ihren Übertritt von der Seite des Welfen auf die seine zu Markgrafen,[40] eine Maßnahme, die den Grundzügen der damaligen staufischen Politik aufs genaueste entsprach.

Zu Ende des Jahres riefen ihn neuerliche Unruhen nach Sachsen, wo in Merseburg das Weihnachtsfest gefeiert wurde. Immer noch bewies der damals bereits 60jährige Staufer eine geradezu erstaunliche Agilität, suchte auf weitausgedehnten Reisen durch das Reich neuralgische Zonen auf. Der umfassenden Befestigung seiner Herrschaft, der allseits anerkannten Autorität der Reichsgewalt entsprach freilich in dieser Zeit die immer wirkungsvollere Durchsetzung seines Machtspruches. Wie schon in den früheren Jahren seiner Regierung ließ eine derart günstige Situation in Deutschland sofort wieder Raum für die Pro-

[36] Vgl. *Kienast*, Deutschland und Frankreich 1, 229.
[37] S. dazu unten S. 252 ff.
[38] *Patze*, Osten, 400.
[39] Vgl. *Opll*, Divide et impera, 85 ff.
[40] *Patze*, Osten, 398.

bleme des Königreiches Italien. Dort war die Lage seit 1177 immer
noch unverändert von dem in Venedig vereinbarten Waffenstillstand
mit den Legastädten geprägt. Ungeklärt war im besonderen das Verhältnis des Reiches zur Stadt Alessandria, die ab dem Herbst 1174 vergeblich bekämpft worden war. Im März 1183 erschienen nun am Hof
des Staufers in Nürnberg Vertreter dieser Stadt, gemeinsam mit Abgeordneten aus Casale Monferrato, Cremona, Como, Pavia und Brescia.
Die Zusammensetzung dieser städtischen Delegation ist wohl so zu verstehen, daß bereits zuvor in Italien Gespräche zwischen den auf Seiten
des Reiches stehenden Kommunen und manchen Legastädten stattgefunden hatten, um eine Regelung der gegenseitigen Beziehungen vorzubereiten. Friedrich nahm Alessandria mit dem Diplom vom 14. März
in seine Gnade auf, wobei eine formale Neugründung vereinbart wurde
und dieser – gleichsam 'neuen' – Stadt der demonstrative Name *Cesaria*
(= Kaiserstadt) gegeben wurde.[41]
Für den Herrscher war dieser Akt ein überaus wichtiger Erfolg,
konnte er doch damit nicht nur eine weitere Stadt aus den Reihen der
Lega auf seine Seite ziehen, sondern verschaffte er sich so doch auch
eine ganz ausgezeichnete Position in den bereits zu Ende April 1183
eingeleiteten Verhandlungen mit dem Städtebund. Tatsächlich mußten
ja 1183 die Gespräche wiederaufgenommen werden, wollte man nicht
Gefahr laufen, die Frist des 1177 für sechs Jahre vereinbarten Waffenstillstandes verstreichen zu lassen. Die in Piacenza geführten Verhandlungen verliefen erfolgreich. Im Juni erschienen die Vertreter der Lega-
städte in Konstanz, wo der nach der Bodenseestadt benannte Friede mit
den oberitalienischen Kommunen geschlossen wurde. Obwohl der
Kaiser dabei auf zahlreiche Ansprüche des Reiches gegenüber den
Städten verzichtete, ihnen insbesondere die so lange umkämpfte Regalienhoheit zugestand, wurde mit diesem Frieden doch nicht nur die bürgerliche Welt als wesentliches Element in den Organismus des Reiches
integriert, sondern mit der Vereinbarung des jährlichen Regalienzinses
ein festes Fundament für die staufische Finanzpolitik geschaffen.[42]
Noch von Konstanz aus nahm der Kaiser auch seine seit 1177/78
eher spärlichen Kontakte zur Kurie verstärkt wieder auf.[43] Bereits 1182
hatte er an den im Jahr zuvor auf Alexander III. gefolgten Papst Lucius III. Legaten entsandt. Sie hatten einen Vorschlag zur Regelung der
strittigen Besitzverhältnisse im Hinblick auf die Mathildischen Güter

---

[41] Vgl. *Opll*, Stadt und Reich, 190 f.
[42] Zum Frieden von Konstanz vgl. zuletzt *Haverkamp*, Der Konstanzer
Friede, 11 ff. (s. des weiteren auch unten S. 265 mit Anm. 27).
[43] Vgl. dazu *Baaken*, Unio, 222 ff.

unterbreitet: Als Gegenleistung für die Überlassung dieser Rechte an das Reich sollten dem Papst und den Kardinälen fortan je ein Zehntel der Reichseinnahmen aus Italien überlassen werden. In Konstanz waren nun Kardinalpriester Johannes von S. Marco und Bischof Peter von Luni, ein dem Staufer freundschaftlich verbundener Mann,[44] als päpstliche Gesandte erschienen. Ihnen gegenüber erneuerte Friedrich sein Angebot vom Vorjahr. In einem kaiserlichen Schreiben[45] wurde Lucius III. vorgeschlagen, die anstehenden Probleme bei einem persönlichen Zusammentreffen am 29. Juni des nächsten Jahres am Gardasee zu besprechen. Unmittelbar nach dem Frieden mit den Lombarden wurde damit die Absicht des Kaisers offenkundig, abermals nach Italien zu ziehen, um dort angesichts der völlig gewandelten Situation als allseits anerkannter Herrscher im Lande tätig zu werden. Die Beziehungen zur Kurie sollten sich allerdings nicht zuletzt infolge des Eingreifens des Staufers in die zu Ende Mai 1183 in Trier vorgenommene, zwiespältige Bischofswahl[46] schon bald wieder verschlechtern. Noch in Konstanz erteilte Friedrich dem Dompropst Rudolf von Wied die Investitur. Gegen den unterlegenen Kandidaten, Archidiakon Folmar von Karden, wurden angesichts von dessen Unbeugsamkeit entsprechende Maßnahmen ergriffen.

Für die zweite Hälfte des Jahres 1183 fließen die Quellen außerordentlich dürftig, so daß man vielleicht tatsächlich annehmen darf, der bereits betagte Kaiser habe damals eine Ruhepause in seinen so vielfältigen Aktivitäten eingelegt. Unerfreulich gestaltete sich in dieser Zeit zunehmend das Verhältnis zu Dänemark,[47] da der 1182 seinem Vater nachgefolgte König Knut VI., dessen Schwester als Braut für Friedrich von Schwaben nach Deutschland geschickt worden war, sich beharrlich weigerte, dem Kaiser die verlangte Huldigung zu leisten. Nach einem längeren Aufenthalt im Elsaß zu Anfang des Jahres 1184 trat zu Pfingsten (20. Mai) auf der Rheinebene vor den Toren der Stadt Mainz der wohl glanzvollste Reichstag der gesamten Regierungszeit des Staufers zusammen. Das Erzbistum Mainz war nach dem im Vorjahr erfolgten Tod Christians in Italien an den Wittelsbacher Konrad gekommen, der damit seine bewegten Wanderjahre von der Kurie Alexanders III. über das Erzbistum Salzburg (ab 1177) nun doch in seinem angestammten Bistum (schon ab 1161) beenden sollte.

---

[44] MGH.DF.I.851, s. auch unten S. 218.
[45] MGH. Constitutiones I, 420 Nr. 296.
[46] Vgl. dazu *Heyen*, Trierer Doppelwahlen, 21 ff. (mit allerdings teilweise sinnstörenden Irrtümern).
[47] Dazu s. auch unten S. 283.

Unüberschaubar war die Zahl der beim 'Mainzer Pfingstfest'[48] versammelten Großen nicht nur des Reiches, sondern aus vieler Herren Länder. Da die Menschenmassen in Mainz keinesfalls unterzubringen gewesen wären, hatte man vorsorglich eine aus Holzbauten gezimmerte Feststadt errichtet. Am Pfingstsonntag trugen Friedrich, seine Gemahlin und ihr königlicher Sohn in feierlicher Prozession ihre Kronen. Graf Balduin von Hennegau, der nun die Unterstützung des Herrschers für seine Anwartschaft auf das Erbe des Grafen von Namur-Luxemburg suchte und fand, trug ihnen das Schwert voran. Tags darauf erfolgte die Schwertleite der beiden ältesten Söhne des Herrschers, König Heinrichs VI. und Herzog Friedrichs von Schwaben. Die Blüte der Dichter dieser Zeit trug im festlichen Rahmen ihre Werke vor, wie wir aus dem im Äneasroman des Heinrich von Veldeke enthaltenen Exkurs über das Mainzer Hoffest wissen, Gaukler und Spielleute vervollständigten das bunte, prachtvolle Bild dieser Tage.

Bei Hofe war damals auch der seit zwei Jahren im englischen Exil lebende Heinrich der Löwe erschienen,[49] um – vermutlich in Absprache mit dem weiterhin gegen Frankreich stehenden Graf Philipp von Flandern – ein englisches Bündnisangebot zu überbringen. Der englische König hatte bereits in den Jahren zuvor versucht, zugunsten seines Schwiegersohnes beim Kaiser zu intervenieren. Freilich stieß nicht zuletzt die aufwendige Hofhaltung des Welfen in England zunehmend auf Kritik. Eine Rückkehr des Löwen nach Deutschland wäre somit durchaus im Interesse des Plantagenet gelegen gewesen. Obwohl der Welfe vor den Augen seines staufischen Vetters zunächst keine Gnade fand, griff dieser die aus England übermittelte Anregung in der Folge doch auf. Das so schwer zu durchschauende Spiel der Kräfte an der Westgrenze des Reiches, an dem der englische und französische König, die Grafen von Flandern, Namur und Hennegau, der zähringische Bischof Rudolf von Lüttich, bald auch der Thronfolger sowie Philipp von Köln beteiligt waren, sollte zu einer empfindlichen Abkühlung des vordem so ausgezeichneten Verhältnisses der Reichsgewalt zum Kölner Metropoliten führen.[50] Bereits hier, in Mainz, traten erstmals Gegensätze hervor, als nur das Eintreten Heinrichs VI. Erzbischof Philipp davon abhielt, wegen seiner Verstimmung über einen Rangstreit mit dem Abt

---

[48] Vgl. dazu auch *Fleckenstein*, Rittertum, 1023 ff.
[49] Vgl. zuletzt *Engels*, Entmachtung, 56 f.
[50] Allerdings hatte es in territorialpolitischer Hinsicht schon seit längerem Spannungen zwischen Köln und dem Reich gegeben, vgl. dazu etwa *Engels*, Stauferstudien, 190 ff.

von Fulda vorzeitig den Hof zu verlassen.[51] Das Mainzer Pfingstfest, das so glanzvoll begonnen hatte, endete bereits am Dienstag nach Pfingsten mit einem schweren Unglück, als ein orkanartiger Sturm die hölzerne Feststadt verwüstete und zahlreiche Menschen ums Leben kamen.

Der Thronfolger trat nunmehr weitaus eigenständiger als zuvor in das Reichsgeschehen ein. Schon im Frühsommer 1184 ging er im Auftrag des Vaters nach Polen. Vier Jahre zuvor hatte sich Großherzog Mieszko an den Kaiser mit der Bitte gewandt, ihn gegen Zahlung von 10 000 Mark Silber wieder in sein Land zurückzuführen. Friedrich hatte in den Jahren der Kämpfe gegen Heinrich den Löwen kaum Gelegenheit, persönlich zu intervenieren. Wohl in seinem Auftrag wurde Mieszko 1181 von Herzog Bogislaw von Pommern nach Gnesen zurückgeführt. Allerdings erwies sich die Hilfe des Pommern, der in den Jahren darauf in dänische Abhängigkeit geraten sollte, als unzureichend. Heinrich VI. griff nun in überaus pragmatischer Weise ein, begnügte sich mit der Huldigung des Mieszko feindlich gegenüberstehenden Großherzogs Kasimir, wußte er doch auch so die Interessen des Reiches ausreichend gewahrt.[52] Hatte der junge König hier offensichtlich im Sinne seines Vaters gehandelt, so sollte sein Eingreifen in die flandrisch-französischen Gegensätze an der Seite Philipps von Flandern dann zu größeren Problemen führen. Die Intervention mußte ihm im Herbst 1185 von seinem Vater ausdrücklich untersagt werden.[53]

Barbarossa selbst nahm nach dem Abschluß des Mainzer Festes noch im Sommer 1184 umfassende diplomatische Aktivitäten auf. Spätestens damals gingen Gesandte an den Hof Wilhelms II. von Sizilien, dem der Kaiser – vielleicht doch unter Bezugnahme auf eine Anregung von seiten des Normannen – ein Ehebündnis anbot. Bereits 1173 waren ja derartige Eheverhandlungen geführt worden. Damals hätte Wilhelm selbst eine staufische Prinzessin heiraten sollen.[54] Der Normanne hatte sich sodann zu Anfang 1177 mit Johanna von England vermählt, bisher war die Ehe aber kinderlos geblieben. Obwohl nicht völlig eindeutig zu entscheiden ist, ob das bisherige Fehlen eines Leibeserben am sizilischen Hof in den Verhandlungen eine entscheidende Rolle spielte, mußte eine Vereinbarung in jedem Fall ein großer Gewinn für beide Seiten sein. Nicht zuletzt die Gegensätze zum byzantinischen Reich stellten für Staufer wie Normannen ein einigendes Interessenband dar,

---

[51] Vgl. *Opll*, Hildesheimer Briefsammlung, 486.
[52] S. dazu unten S. 281.
[53] Vgl. *Kienast*, Deutschland und Frankreich 1, 232.
[54] S. dazu unten S. 279 f.

der König suchte auch Rückhalt gegenüber aufkeimender Opposition im Inneren seines Reiches. Tatsächlich führten die Gespräche zum Erfolg, die Verlobung der Tante des normannischen Herrschers, Konstanze, mit Heinrich VI. konnte am 29. Oktober 1184 in Augsburg bekanntgegeben werden.[55]

Ebenfalls noch im Sommer dieses Jahres begaben sich Philipp von Köln und Graf Philipp von Flandern auf eine Wallfahrt zum Grab des 1173 heiliggesprochenen Thomas Becket nach Canterbury. Mit der Reise war freilich eine eminent wichtige diplomatische Mission[56] verbunden. Der Kaiser hatte das ihm in Mainz durch Heinrich den Löwen überbrachte englische Bündnis keineswegs vergessen, wollte dem Welfen in den Kontakten zum Hof des Plantagenet aber offensichtlich keine bedeutendere Rolle zubilligen. Wohl noch im späten August konnte die Ehe Richard Löwenherz' mit einer Tochter des Kaisers[57] vereinbart werden. Der Staufer war über den Fortgang der Geschehnisse zunächst nicht informiert, fiel doch gerade in diese Tage der Antritt seines sechsten und letzten Italienzuges. Erstmals in all den Jahren seiner Regierung konnte er den Weg nach dem Süden als Friedensfürst, ohne Begleitung durch ein Heer, antreten. Von Regensburg aus zog er zu Anfang September über die traditionelle Brennerroute, deren Sicherung für das Reich seit 1178 durch die Privilegierung von Brixen (1179) und Trient (1182), vor allem aber durch den Ausgleich mit der Lega Lombarda im Frieden von Konstanz hatte bewerkstelligt werden können, nach Italien.

---

[55] Dazu zuletzt *Wolter*, Verlobung, 30 ff.
[56] Vgl. *Trautz*, Könige von England, 75 f., *Kienast*, Deutschland und Frankreich 1, 229 und *Jordan*, Heinrich der Löwe, 216.
[57] Daß es sich dabei nicht um Agnes, sondern um eine namentlich nicht bekannte Tochter des Kaisers handelte, hat *Assmann*, Barbarossas Kinder, 451 ff. erwiesen; vgl. zustimmend *Wolter*, Verlobung, 46 Anm. 55.

## 7. DER LETZTE ITALIENZUG DES STAUFERS (1184–1186)

Der[1] unmittelbare Anlaß für die Reise des Herrschers nach dem Süden war ohne Zweifel das bereits 1183 vereinbarte Treffen mit Papst Lucius III. am Gardasee. Der ursprünglich dafür vorgesehene Termin, der 29. Juni 1184, war freilich schon verstrichen. Durch den zum Kaiser entsandten päpstlichen Boten, Bischof Sicard von Cremona, waren Zeitpunkt und Ort der Begegnung, nämlich Verona, neu vereinbart worden. Das Treffen mit dem Papst sollte insbesondere der Regelung der beiderseitigen Herrschaftsansprüche sowie einer Vereinbarung über die vom Herrscher gewünschte Erhebung seines königlichen Sohnes zum Mitkaiser dienen, die bei Lucius zunächst durchaus auf prinzipielle Zustimmung stieß.[2] Friedrich ging es freilich darüber hinaus zweifellos auch um die Neugestaltung seiner Herrschaft gegenüber den so lange feindlichen Städten, damit die Umsetzung des Friedens von Konstanz in die politische Realität.[3]

So wird man in dem auffälligen, geradezu demonstrativen Besuch der Stadt Mailand, wo der Kaiser bereits am 19. September 1184 eintraf, sicherlich die Betonung der nunmehr geregelten und guten Beziehungen des Reiches zur Welt der Kommunen sehen dürfen. Wenn dabei mit Mailand das jahrelange Zentrum der gegnerischen Kräfte und seit den siebziger Jahren auch das eigentliche Herz der Lega Lombarda mit einem Besuch ausgezeichnet wurde, so kommen darin die neuen Gegebenheiten in Oberitalien deutlich zum Ausdruck. Allerdings dürfte Friedrich seinen Weg damals auch deshalb in die Lombardenmetropole gelenkt haben, um von den über Anraten Philipps von Köln an die Kurie nach Verona ziehenden englischen Gesandten[4] über den Ausgang der kurz zuvor geführten Verhandlungen in England, damit über den Abschluß des Bündnisses mit dem Plantagenet, informiert zu werden[5].

---

[1] Zu den Einzelheiten s. oben S. 41 Anm. 1 (Bemerkungen zu Quellen und grundlegender Literatur).

[2] Vgl. zu den Verhandlungen mit der Kurie umfassend *Baaken*, Unio, 219 ff. sowie – mit einigen Richtigstellungen – auch *Wolter*, Verlobung, 30 ff.

[3] Vgl. dazu immer noch *Lenel*, Konstanzer Frieden, 189 ff. und *Kauffmann*, Politik.

[4] Sie sollten die Vermittlung des Papstes beim Kaiser zugunsten Heinrichs des Löwen erreichen.

[5] Vgl. *Engels*, Entmachtung, 53.

Erst nach Besuchen in Pavia und Cremona traf Friedrich dann um die Mitte des Oktobers in Verona ein, wo Lucius III. schon seit dem 22. Juli des Jahres verweilte. Die Verhandlungen mit dem Papst[6] nahmen in der Folge einen von alten und neuen Problemen überschatteten Verlauf. Im Hinblick auf ein überaus scharfes und radikales Vorgehen gegen allenthalben immer stärker hervortretende ketzerische Kräfte konnte Übereinstimmung erzielt werden. Auf die Bitte des Papstes, dem durch die Expansionspolitik Sultan Saladins schwer bedrohten Heiligen Land Hilfe zu leisten, sagte der Staufer zu, nach seiner Rückkehr nach Deutschland Verhandlungen mit den Fürsten aufzunehmen. Sogar vom Antritt eines Kreuzzuges um Weihnachten 1185 war bereits die Rede.[7] Der Erfolg der in England geführten Gespräche vom Spätsommer bewog Friedrich damals, seinem welfischen Vetter Heinrich für das nächste Jahr die Rückkehr in die Heimat zu gestatten. Sogar eine teilweise Restitution von dessen früheren Rechten wurde ins Auge gefaßt.[8] In den wirklich entscheidenden Fragen aber kam es zu keiner Einigung, ja die Fronten zwischen Reich und Kirche begannen sich wieder zu verhärten. Lucius lehnte den ihm schon vor Jahren unterbreiteten Vorschlag nach Überlassung der Mathildischen Güter gegen Beteiligung an den Reichseinnahmen aus Italien ab. Auch von seiner ursprünglichen Bereitschaft, den Thronfolger zum Kaiser zu krönen, war keine Rede mehr. Obwohl es durchaus zweifelhaft bleiben muß, ob der Papst wirklich von den Eheverhandlungen Barbarossas mit Sizilien bisher nichts erfahren hatte, mußte doch die zu Ende Oktober 1184 in Augsburg bekanntgegebene Verlobung Heinrichs VI. mit Konstanze die Gefahr dieser neuen Situation für die Kirche sehr viel schärfer hervortreten lassen. Wenngleich man die sizilische Ehevereinbarung keinesfalls als ausschließlichen Grund für das Scheitern der Verhandlungen von Verona wird ansehen dürfen, so spielte sie doch – neben anderen Unstimmigkeiten– sicher eine wichtige Rolle dafür.[9] Unterschiedliche Auffassungen ergaben sich auch bei der noch immer nicht endgültig bereinigten Frage der schismatischen Weihen. Nicht zuletzt weigerte sich Lucius, dem kaiserlichen Wunsch entsprechend Rudolf von Trier die Weihe zu erteilen und damit das Eingreifen des Herrschers in den Trierer Wahlstreit zu sanktionieren.[10]
Barbarossa konnte angesichts dieser Entwicklung der Dinge nicht

[6]  Zum Treffen von Verona vgl. insbesondere *Baaken* (wie Anm. 2).
[7]  *Möhring*, Saladin, 136.
[8]  *Jordan*, Heinrich der Löwe, 216 und *Engels*, Entmachtung, 45 ff.
[9]  Dazu jetzt *Wolter*, Verlobung, 37 ff. und 43 ff.
[10]  *Heyen*, Trierer Doppelwahlen, 27.

daran denken, schon bald wieder nach Deutschland zurückzukehren, wie er es offensichtlich zunächst wohl vorgehabt hatte. Noch ließ er die Verhandlungen mit dem Papst zwar nicht abbrechen. Er selbst begab sich aber von Verona weg und führte die Gespräche durch seinen Beauftragten, Erzbischof Konrad von Mainz, weiter. Der Kaiser zog von der Etsch ins östliche Oberitalien, eine Zone, die nur selten von ihm aufgesucht worden war, und unternahm einen Umritt, der ihn bis in das Patriarchat Aquileia, nach Cividale, führte. In Verona hatte er versucht, vom Papst auch die Übertragung der Stadt Ferrara,[11] die spätestens ab 1177 wieder unter päpstlicher Oberhoheit stand, zu erreichen. Das Verhältnis zu dieser Postadt war schon 1178, als die Ferraresen den Cremonesen die freie Schiffahrt über den Po gesperrt hatten, aufs äußerste gespannt gewesen. Ihr war 1183 beim Abschluß des Friedens von Konstanz neben einigen anderen Städten, darunter etwa auch Imola, die Gnade des Kaisers verwehrt geblieben. Man wird somit diesen auffälligen Zug des Kaisers ins östliche Oberitalien wohl auch unter dem Aspekt der aufs engste mit den Fragen der Beziehungen zum Papsttum verknüpften Städtepolitik in diesem Raum zu sehen haben.

Im Dezember kehrte Friedrich noch einmal nach Verona zurück, doch führte dieser letzte Versuch zur Wiederaufnahme von unmittelbaren Gesprächen mit Lucius III. zu keinem Erfolg. Spätestens um diese Zeit muß der Herrscher von den schweren Schicksalsschlägen erfahren haben, die ihn im Herbst dieses Jahres persönlich getroffen hatten. Bereits am 8. Oktober war die mit dem ältesten Sohn König Belas III. von Ungarn, Emmerich, verlobt gewesene jüngste Kaisertochter Agnes verstorben. Nur wenige Wochen später war ihr die Mutter, Kaiserin Beatrix, ins Grab gefolgt (15. November). Noch am Ende desselben Jahres starb auch die seit August / September mit Richard Löwenherz verlobte Kaisertochter, deren Name aus der Überlieferung leider nicht hervorgeht.[12] In tiefer Trauer mußte Friedrich das Weihnachtsfest 1184 in Brescia begehen.

Die Erfordernisse der großen Politik ließen freilich kein Erlahmen seiner Aktivitäten zu. Die spätestens seit dem Dezember 1184 bestehenden Spannungen mit dem Papsttum wiesen den Staufer nun vollends auf das Bündnis mit den Städten als politische Leitlinie für die Zukunft hin. Anders als in den Tagen des Schismas und der Kämpfe mit der Lega Lombarda bestand ja nun keine engere Verbindung zwischen den Kommunen und der Kurie, vielmehr unterhielt der Herrscher beste

[11] Vgl. *Zerbi*, Un inedito, 470 ff. und *Opll*, Stadt und Reich, 272 f.
[12] Vgl. *Assmann*, Barbarossas Kinder, 451 ff. sowie – zu Beatrix – *Giesebrecht* – *Simson*, Kaiserzeit 6, 625 f. und – allgemein – die Arbeit von *Keszycka*.

Kontakte zu den städtischen Kräften des Landes. Auch jetzt bildeten die Städte freilich kein völlig homogenes politisches Gebilde. Gegensätze, Rivalitäten hatten ja hier seit jeher die Szene beherrscht, Einigkeit war nur in den frühen Jahren der Lega Lombarda zu erzielen gewesen. Schon die Bemühungen des Herrschers zur Zeit seines fünften Italienzuges (1174–1178), einzelne Städte aus den Reihen des gegnerischen Bundes auf seine Seite zu ziehen, die mit den Übertritten von Tortona und Cremona große Erfolge gezeitigt hatten, waren Grundlage für neu aufbrechende Gegnerschaften gewesen. Der Friede von Konstanz hatte keinesfalls alle Spannungen beseitigen können, dem Kaiser war damit allerdings der Ausgleich mit der überwiegenden Zahl der lombardischen Städte gelungen. Bereits mit dem demonstrativen Besuch Mailands zu Anfang seines letzten Italienzuges hatte Friedrich deutlich gemacht, daß er den im Rahmen der Lega seit längerem tonangebenden Mailändern eine wichtige Rolle bei der künftigen Gestaltung der Herrschaftsverhältnisse zuzuweisen gedachte. Mit großem Argwohn mußten insbesondere die Cremonesen diese Entwicklung der Dinge verfolgen, drohte damit doch die Gefahr einer – nun mit Zustimmung des Reiches realisierten – Wiederherstellung der Hegemonie der lombardischen Metropole.

Bereits während des Aufenthaltes des Staufers in Lodi im Januar 1185 erhoben die seit 1160 aus ihrer Heimat vertriebenen Cremasken, die die Jahre des Exils insbesondere mit mailändischer Unterstützung überdauert hatten, Klage gegen die auf ihr Gebiet gerichteten, territorialpolitischen Maßnahmen der Cremonesen. Cremona war zwar 1162 die Burg Crema selbst verliehen worden, das Cremasker Territorium war aber in den Jahren der staufischen Reichsverwaltung bis 1167 unmittelbar von dieser kontrolliert worden. Erzürnt über die Klagen dieser traditionellen Feinde vor dem Herrscher, griffen die in Lodi anwesenden Cremonesen zu ihren Schwertern und verjagten die Cremasken unter offener Mißachtung der kaiserlichen Autorität vom Hofe. Obwohl Friedrich zunächst die Brücken zu Cremona nicht völlig abbrach, verschlechterten sich die Beziehungen von Tag zu Tag. In einer großen Anklageschrift[13] ließ der Kaiser nun seinerseits seine Beschwerdepunkte gegen Cremona zusammenfassen, wobei nicht zu Unrecht unterstrichen wurde, wie es die Postadt immer wieder verstanden hatte, Notlagen des Herrschers für ihre Zwecke auszunützen. Bereits 1167 hatte die Stadt an dem Entstehen des feindlichen Städtebündnisses wesentlichen Anteil gehabt, hatte ihn bei dem beschwerlichen Übergang über die Apennin im Zuge der Rückkehr aus Rom im September

---

[13] MGH.DF.I.895, vgl. *Opll*, Stadt und Reich, 247 und 259.

dieses Jahres gemeinsam mit seiner Familie in höchste Gefahr gebracht. 1176 hatten die Cremonesen ihren Übertritt auf die Seite des
Reiches dazu benützt, dem Staufer die seit langem erstrebte Übertragung der am Po gelegenen Orte Guastalla und Luzzara gleichsam abzupressen, hatten den Herrscher während des Aufenthalts in ihrer Stadt
im Dezember dieses Jahres kaum mit dem Lebensnotwendigsten ver-
sorgt, um ihren Druck noch zu verstärken.

Friedrich schloß sich sodann bereits wenige Tage nach den Vorfällen
von Lodi eng mit den ihm nun in geregelten Beziehungen gegenüberstehenden Legastädten zusammen. In Piacenza wohnte der Kaiser noch
im Januar 1185 erstmals einer Tagung des Lombardenbundes bei. Am
11. Februar wurde in der Pfalz zu Reggio das Bündnis mit Mailand – als
logische Konsequenz der Entwicklung der Verhältnisse – urkundlich
verbrieft. Mit diesem Pakt[14] war eine völlige Umkehrung der staufischen Städtepolitik in Italien verbunden. Die seit den ersten Jahren der
Herrschaft des Staufers bestehende, stete Gegnerschaft zur lombardischen Metropole, ein Leitmotiv aller Maßnahmen Barbarossas im südlichen Königreich bis zum Jahre 1177, wurde nun völlig aufgegeben.
Die mailändische Macht hatte nie vollkommen unterworfen werden
können. Selbst nach dem kaiserlichen Triumph über die Stadt vom
Frühjahr 1162 war sie bereits fünf Jahre später im Rahmen der Lega
Lombarda wie ein Phönix aus der Asche wieder emporgestiegen.
Barbarossa verlieh den Mailändern im Abkommen von Reggio gegen
den auffällig niedrigen Jahreszins von nur 300 Pfund kaiserlicher
Münze alle Hoheitsrechte des Reiches im Erzbistum sowie in den Grafschaften Seprio, Martesana, Bulgaria, Lecco und Stazzona und sicherte
ihnen seinen Schutz gegenüber Pavia sowie die Unterstützung für den
Wiederaufbau von Crema zu. Der letzte Punkt unterstrich deutlich den
jetzt auflebenden Gegensatz zu den Cremonesen. Als Zeugen des Pak-
tes werden auch Cremasker Konsuln genannt – die seit 25 Jahren aus
ihrer zerstörten Stadt vertriebenen Cremasken hatten also in Mailand
eine Exilregierung gebildet.

Als Gegenleistung sagten die Mailänder dem Herrscher ihre Hilfe
bei seiner Rekuperationspolitik zu, die sich insbesondere auf die mit
dem Papsttum strittigen Mathildischen Güter beziehen sollte. Bereits
mit seinem Aufenthalt in Reggio hatte sich Barbarossa ja in ein Gebiet
begeben, wo diese Güter in besonders dichter Weise konzentriert lagen.
Zwei Tage nach dem Abschluß des Vertrages mit Mailand befand er
sich dann in Castellarano an der Secchia, einem ehemals mathildischen

---

[14] MGH.DF.I.896, vgl. *Opll*, Stadt und Reich, 339 f.

Ort, der den Hauptzugang zum Gebirge beherrschte.[15] Bis Mitte März verweilte Friedrich in dieser Gegend am Nordabhang des Apennins. Mittels eines Privilegs für die Vasallen der Garfagnana und Versilia (nördlich bzw. nordwestlich von Lucca)[16] dehnte er von hier aus seinen Einfluß auch auf die am Südabhang des Gebirges gelegenen Landschaften aus, schuf damit eine der unmittelbaren Reichsherrschaft unterstellte Zone. Wenig später richtete er den Raum der Garfagnana und Versilia als eigenen Verwaltungsbezirk des Reiches ein, unterstellte ihn dem Markgrafen Wilhelm von Parodi aus dem ligurischen Apennin als Podestà und Rektor.[17] Dabei spielte für sein Handeln nicht zuletzt das Bestreben, die Expansionspolitik der Lucchesen einzudämmen, eine wesentliche Rolle.

Nach einem Besuch von Bologna, das in früheren Jahren als Zentrum der reichsfeindlichen Kräfte an der Via Emilia gegolten hatte, kehrte der Staufer im April in die engere Lombardei zurück, um dort in Ausführung seines Vertrages mit Mailand die Wiederbegründung von Crema vorzubereiten. Zunächst wurde er in Pavia mit Klagen Bischof Milos von Turin gegen den Grafen Humbert von Savoyen konfrontiert. Der Graf hatte es an der Jahreswende 1167/68 in einer äußerst schwierigen Lage für den Kaiser verstanden, die alten Ansprüche seines Hauses im Gebiet von Turin zu befestigen. Obwohl Friedrich bereits in den Jahren seines fünften Italienzuges (1174–1178) mit mehreren demonstrativen Aufenthalten in Turin die Ansprüche des Reiches auf diese Zone nachdrücklich betont hatte, war der Savoyer zunächst weiterhin reichstreu geblieben. Während der Verhandlungen mit den Legastädten im Frühjahr 1183 hatte er noch zu den deklarierten Anhängern des Kaisers gezählt. Ein Jahr später hatte dann allerdings der kaiserliche Legat Kanzler Gottfried erstmals in den Streit zwischen Milo von Turin und Graf Humbert eingreifen müssen (März 1184, Mailand). Nun, im April 1185 in Pavia, wurde der Fall dem Kaiser selbst vorgetragen. Friedrich lud den Grafen für den Juni dieses Jahres nach Turin vor.[18]

Zunächst zog der Staufer allerdings über Mailand nach Crema, das am 7. Mai 1185, ein Vierteljahrhundert nach seiner Zerstörung im Januar 1160, in Ausführung des Abkommens von Reggio wiederbegründet wurde. Persönlich führte Friedrich die Cremasken in ihre Heimat zurück und belehnte die bis dahin in Mailand weilenden Konsuln von

---

[15] *Opll,* Itinerar, 84.
[16] MGH.DF.I.899, vgl. *Opll,* Stadt und Reich, 316.
[17] Vgl. *von der Nahmer,* Toscana, 69 f.
[18] Vgl. dazu *Hellmann,* Savoyen, 62 ff.

Crema mit den Rechten der Grafen von Crema-Camisano, die seit längerem mit Cremona verbündet waren. Mehrere Wochen verweilte der Herrscher in Crema, dessen Wiederaufbau durch eine vollkommen trockene Witterung außerordentlich begünstigt wurde.[19] Erst im Juni zog er in Sachen des Savoyer Streites nach Turin, allerdings fand sich der vorgeladene Graf nicht bei Hofe ein. So wurde der Fall dem schon im Vorjahr damit befaßten Kanzler Gottfried übergeben, der am 2. September 1185 in Turin den dortigen Bischof in die mit Graf Humbert strittigen Rechte einsetzte.[20]

Aus dem Piemontesischen brach Barbarossa zu Anfang Juli zu einem Zug nach dem Süden auf, um seine künftige Schwiegertochter, Konstanze von Sizilien, ins Reich zu geleiten. Nachdem bereits im Oktober des Vorjahres die künftige Ehe des Thronfolgers mit der Normannenprinzessin beschworen worden war, hatte König Wilhelm II. von Sizilien im Frühjahr 1185 die sizilischen Barone, darunter vor allem auch den aus einer illegitimen Verbindung Rogers II. hervorgegangenen Enkel dieses ersten sizilischen Königs, Graf Tankred von Lecce, auf die Abmachungen mit dem staufischen Kaiser vereidigt. Dabei hatte Wilhelm zur Sicherung der Nachfolge in Sizilien wegen seiner immer noch fortwährenden Kinderlosigkeit die Huldigung auf Heinrich VI. als Erben seines Reiches durchsetzen können. Wohl parallel dazu wurde der seit 1177 bestehende fünfzehnjährige Friede mit dem Reich durch einen dauernden Frieden ersetzt.[21] Für den Staufer war damit ein großer politischer Schachzug zu einem seiner wohl bedeutendsten Erfolge geworden.

Über den Monte Bardone, wo er 18 Jahre zuvor in höchste Bedrängnis geraten war, zog Friedrich in die Toskana. Von S. Miniato am Arno aus, einem der Zentralorte der staufischen Reichsverwaltung in Mittelitalien, erging ein Diplom für Bischof Peter von Luni, das den soeben überschrittenen Apenninpaß für das Reich zusätzlich sicherte.[22] In den ersten Augusttagen nahm der Kaiser in Florenz, das bisher noch nie aufgesucht worden war, Aufenthalt. Nur seine damals allseits anerkannte und befestigte Autorität ließ es zu, daß er gerade hier dieser Stadt sowie allen anderen tuszischen Städten, mit Ausnahme von Pisa und Pistoia, die Grafschaftsrechte, die Herrschaft über den Contado, entzog.[23] In Mittelitalien sollte ganz offensichtlich rechtzeitig der Ge-

[19]  *Opll*, Itinerar, 85 und *ders.*, Stadt und Reich, 248.
[20]  *Hellmann*, Savoyen, 65 f.
[21]  Vgl. *Baaken*, Unio, 274 ff. sowie *Wolter*, Verlobung, 39 f. mit Anm. 32.
[22]  MGH.DF.I.911; zum Paß vgl. *Opll*, Monte Bardone, 57 ff.
[23]  *Opll*, Itinerar, 85 f. und *ders.*, Stadt und Reich, 533.

fahr des kommunalen Expansionsstrebens, mit dem er nördlich des Apennins so lange gerungen und dem er dort letztlich hatte nachgeben müssen, ein Riegel vorgeschoben werden. Zugleich stand diese Maßnahme in engstem Zusammenhang mit der Vorbereitung einer möglichst günstigen Ausgangslage für den Herrschaftsantritt seines Sohnes. In der Tat sollte es mit diesem so radikalen Vorgehen gegen die Städte, das im Jahr darauf von Heinrich VI. selbst mit militärischen Unternehmungen fortgesetzt wurde, gelingen, die Position des Reiches ganz entscheidend zu stärken.

Über Poggibonsi, das er 1177 an das Haus Montferrat übertragen hatte, dann aber wegen der unzulässigen Veräußerung an die Kommunen Florenz und Siena an das Reich zurückgenommen wurde,[24] und Siena gelangte Friedrich noch im August nach Umbrien. Dort konnte zu Ende des Monats von kaiserlichen Gesandten in Rieti[25] die künftige Schwiegertochter des Herrschers empfangen werden. Den September über verweilte der Kaiser einige Wochen hindurch im Gebiet von Spoleto, suchte die Stadt selbst wahrscheinlich auch auf. Seit der Zerstörung im Sommer 1155 war diese Stadt stets gegen das Reich gestanden, hatte sich zuletzt in den Auseinandersetzungen zwischen Konrad von Montferrat und dem Reichslegaten Christian von Mainz offen auf die Seite des Markgrafen gestellt. Barbarossa hatte es ab 1177 zum einen durch die Bestellung Konrads von Urslingen zum Herrn des Herzogtums Spoleto, zum anderen durch die Begünstigung der Stadt Foligno verstanden, das nachhaltige Spoletiner Machtstreben im Zaum zu halten. Nun konnte er sich aus einer Position der Stärke heraus nachgiebig zeigen. Am 27. September 1185 nahm er von Montefalco aus, einem Ort im Gebiet von Spoleto, der zuvor an die Stadt Foligno, im August des Jahres aber an die Grafen von Foligno aus dem Hause Monaldeschi verliehen worden war, die Bürger von Spoleto wieder in seine Gnade auf.[26]

Gemeinsam mit Konstanze trat der Herrscher im Oktober seinen Rückweg in die Lombardei an, der ihn nach einem Besuch des reichstreuen Pistoia, dem neben Pisa als einziger Stadt Tusziens der Contado, das heißt die Herrschaft über ihr Umland, belassen worden war, über denselben Weg wie im Sommer, über den Monte Bardone, nach dem Norden zurückführte. In Lodi mußte Friedrich im November in keineswegs ungefährliche Auseinandersetzungen, die im späten Frühjahr des Jahres im Gebiet von Faenza ausgebrochen waren, schlichtend eingrei-

---

[24] S. dazu schon oben S. 135 Anm. 34.
[25] *Chalandon*, Histoire 2, 386 f.
[26] Vgl. *Opll*, Stadt und Reich, 436 ff.

fen. Die Stadt Faenza hatte sich seit langem in einem recht schillernden Verhältnis zur Reichsgewalt befunden. Zwar war sie 1177 beim Waffenstillstand mit der Lega Lombarda auf seiten des Kaisers gestanden, hatte aber in den nächsten Jahren wegen ihres territorialpolitischen Gegensatzes zu Imola die Fronten gewechselt und sich mit Bologna verbündet. Als Mitglieder des Städtebundes 1183 im Frieden von Konstanz mit dem Kaiser wieder ausgesöhnt, gerieten die Faentiner infolge ihrer Verpflichtung zu Geldzahlungen an das Reich in Schwierigkeiten mit den mit Steuerforderungen belasteten Adelsfamilien des städtischen Umlandes. Der an der Via Emilia tätige Reichslegat Berthold von Hohkönigsburg verbündete sich im Frühjahr 1185 mit diesen Adeligen, erlitt aber im Juni des Jahres eine Niederlage gegen die städtischen Truppen. Obwohl nicht sicher auszumachen ist, inwiefern der Legat dabei strikt in kaiserlichem Auftrag gehandelt hatte, konnte Friedrich angesichts seiner nun durchaus guten Beziehungen zu den Legastädten, aber auch im Interesse der Bewahrung der Reichsherrschaft in der Romagna, kaum anders, als den Frieden wiederherzustellen. Er nahm Faenza wieder in seine Gnade auf.[27]

Das Fest Mariä Empfängnis (8. Dezember) beging der Staufer in Gavi, wo an der Straße aus dem zentrallombardischen Raum nach Genua der unmittelbare Einfluß des Reiches mit der Errichtung einer Reichszollstätte unterstrichen werden konnte.[28] Nun rückte der Zeitpunkt der Hochzeit des Thronfolgers mit Konstanze von Sizilien immer näher heran. Heinrich VI. war im deutschen Reichsgebiet während des Jahres 1185 immer tiefer in die Auseinandersetzungen des mit ihm verbündeten Grafen Philipp von Flandern mit König Philipp II. August von Frankreich verstrickt worden. Dabei hatten sich im wesentlichen zwei Blöcke herausgebildet: Auf der einen Seite stand der Kapetinger mit dem seit dem Mainzer Pfingstfest von 1184 auch dem Kaiser enger verbundenen Grafen Balduin von Hennegau, auf der anderen Seite der flandrische Graf mit dem Thronfolger. Diesen Kräften hatte sich auch der in territorialpolitischem Gegensatz zum Hennegauer stehende Erzbischof Philipp von Köln, der seit seiner diplomatischen Mission in England im Spätsommer 1184 Kontakte zum Hof des Plantagenet und zu Heinrich dem Löwen aufgenommen hatte, angeschlossen. Bereits gegen Ende des Jahres 1184 hatte der Flandrer schwere Rückschläge hinnehmen müssen und war an den Kaiser mit der Bitte um Unterstüt-

---

[27] Vgl. *Opll*, Stadt und Reich, 264 f.
[28] Vgl. dazu die Beiträge des anläßlich der 800jährigen Wiederkehr des Kaiserbesuches in Gavi veranstalteten Kongresses (zitiert bei: *Opll*, Divide et impera).

zung herangetreten. Barbarossa hatte zunächst sogar an ein Treffen mit
dem französischen König nach Ostern 1185 gedacht. Die Situation in
Italien ließ es freilich nicht zu, nach dem Norden zu ziehen. Ein im
Sommer 1185 geschlossener Friede des Flandrers mit dem Kapetinger
war wegen der damit verbundenen tiefen Demütigung des Grafen
nicht von Dauer. Im September hielt Heinrich VI. in Lüttich einen Hoftag ab, auf dem von neuem der Kampf gegen Frankreich beschlossen
wurde. In dieser Situation griff der Kaiser ein und untersagte seinem
Sohn von Italien aus die Ausführung dieses Vorhabens. Seit den frühen
1180er Jahren hatte sich Barbarossa im Rahmen seiner 'Westpolitik'
stets auf diplomatische Aktivitäten beschränkt. Er sah in dem Gegensatz Philipps von Flandern zu Frankreich zwar offensichtlich ein geeig-
netes Mittel, den Kapetinger in Schach zu halten, dachte aber in keinem Moment daran, das Reich unmittelbar in diese Auseinandersetzungen hineinziehen zu lassen.[29]

Bereits zu Weihnachten 1185 erschien der junge König bei seinem
Vater in Pavia. Nach einem kurzen Abstecher nach Turin versammelte
sich gegen Ende Januar 1186 die staufische Hochzeitsgesellschaft in
Mailand, das nunmehr als treues Bollwerk der Reichsgewalt zum
Schauplatz der Hochzeit des Königs auserkoren worden war. Am 27. Januar 1186 wurde in Sant'Ambrogio die Ehe zwischen Heinrich VI.
und Konstanze von Sizilien geschlossen.[30] Am selben Tag wurden
der Kaiser vom Erzbischof von Vienne, Heinrich VI. vom Patriarchen
von Aquileia und Konstanze von einem ungenannten deutschen
Bischof, vielleicht dem Erzbischof von Mainz, gekrönt. Eine zeitgenössische englische Quelle berichtet in diesem Zusammenhang davon,
daß Heinrich von diesem Tag an *caesar* genannt worden sei. Problematisch muß freilich der unmittelbare Konnex zwischen den Krönungen
und der ansonsten nicht zu belegenden neuen Titulatur des staufischen
Thronfolgers bleiben, die Heinrich in seinen erhaltenen Urkunden
nachweisbar nie geführt hat. In jedem Fall dürfte es sich bei Konstan-
zes Krönung um eine solche zur römischen Königin gehandelt haben,
war doch auch Beatrix, die 1184 verstorbene Gemahlin des Kaisers,
anläßlich ihrer Heirat mit Barbarossa 1156 zur Königin gekrönt worden.
Ebenso kann am Charakter der am Herrscher selbst vorgenommenen
Zeremonie als 'Festkrönung' kein Zweifel bestehen. Ob man allerdings
auch bei Heinrich VI. von einer bloßen „Festkrönung" wird sprechen
dürfen, dürfte trotz der von der jüngsten Forschung vorgebrachten Argu-

---

[29] Vgl. dazu *Kienast*, Deutschland und Frankreich 1, 229 ff., *Opll*, Hildesheimer Briefsammlung, 486 f. und *Engels*, Entmachtung, 56.

[30] Vgl. *Chalandon*, Histoire 2, 387 und *Baaken*, Unio, 261.

mente[31] auch weiterhin nicht so sicher sein. Trotz aller Einwände
scheint es dennoch nicht ausgeschlossen, hier an eine Krönung zum *rex
Italie* zu denken, war doch der Thronfolger bisher in Italien noch nie
gekrönt worden.[32] Ohne Zweifel gingen die Absichten des Kaisers mit
diesen Zeremonien freilich noch viel weiter. Sein Sohn sollte angesichts
des sich nach dem Tod Lucius' III. (25. November 1185) und der Wahl
des Erzbischofs Ubert von Mailand zum Papst (Urban III.) weiter ver-
schärfenden Gegensatzes zur Kurie, aber auch im Hinblick auf seine sizilische Eheverbindung,[33] in seiner durchaus imperial zu verstehenden
Stellung als Mitkönig bekräftigt werden. Schon Lucius III. hatte im
Herbst 1184 die Erhebung Heinrichs zum Mitkaiser abgelehnt. Nun
setzte Barbarossa mit dem Akt von Mailand einen deutlichen Schritt in
diese Richtung, ohne freilich auch künftig seine Bemühungen um die
Zustimmung des Papstes, damit letztlich um die Rechtskraft für die
Rangerhöhung seines Sohnes, aufzugeben.

Man wird somit die in Mailand vorgenommenen Zeremonien und
Proklamationen zwar nicht in dem Sinne verstehen dürfen, daß damit
die Nachfolge Heinrichs VI. in der Form einer regelrechten Erbeinset-
zung in das Kaisertum gesichert worden sei. Dennoch unterstrichen sie
die neugewonnene Macht und den Anspruch des staufischen Hauses in
deutlicher Weise. Verstärkt sollte in der Folge gerade der Thronfolger in
Italien aktiv werden, wobei es ihm vor allem im mittelitalienischen
Raum, damit in einer Zone vielfältiger päpstlicher Herrschaftsinteres-
sen, gelang, die Hoheit des Reiches mit besonderem Nachdruck und
Erfolg zur Geltung zu bringen.[34] Mit Papst Urban III., der auch nach
seiner Wahl seine frühere Würde als Erzbischof von Mailand nicht auf-
gab, war ein entschiedener Gegner des staufischen Kaisers auf den
Stuhl Petri gestiegen. Schon bald sollten sich die seit den Tagen von
Verona im Herbst 1184 latent vorhandenen Spannungen zur offenen
Krise ausweiten.[35]

Barbarossa begab sich zu Ende Februar von Pavia aus, wo er einige
Wochen in seiner Pfalz zu S. Salvatore westlich vor der Stadt verbracht
hatte, in das östliche Piemont. Erneut rückten damals die Fragen des

---

[31] Neben *Wolf*, Caesar, 367 ff. vgl. jetzt vor allem *Schmidt*, Königswahl,
195 ff.

[32] Ich halte somit an meiner schon früher vertretenen Auffassung fest, vgl.
*Opll*, Itinerar, 87.

[33] Vgl. dazu *Engels*, Stauferstudien, 195 f. mit Anm. 86.

[34] Vgl. *von der Nahmer*, Toscana, 71 ff.

[35] Vgl. dazu bis heute immer noch die vorzügliche Studie von *Scheffer-
Boichorst*, Streit.

burgundischen Raumes in den Mittelpunkt des Interesses. Bisher noch immer nicht endgültig ausgestanden waren die Probleme mit dem schon im Vorjahr verurteilten Grafen Humbert III. von Savoyen. War Humbert als ständiger Gegner des Bischofs von Turin weiterhin aktiv, so richtete sich das Herrschaftsstreben des dem savoyischen Gebiet benachbarten Grafen Wilhelm von Genf gegen die Kirchen von Genf und Lausanne.[36] In Casale Monferrato verhängte der Kaiser deswegen in den ersten Märztagen die Reichsacht über den Grafen. Zwei Monate später stärkte er Aimo, dem Erzbischof von Moûtiers-en-Tarentaise, mit einem Privileg den Rücken gegen die Bedrohung durch Humbert von Savoyen.[37] Im Prinzip trat der Staufer damit gegen die gerade im Burgundischen recht häufigen Bestrebungen des Adels zur Mediatisierung von Reichskirchen auf. Er verfolgte damit eine Linie, die schon 1162 mit dem Vorgehen gegen die Zähringer faßbar geworden war.

Neue Spannungen hatten sich in der engeren Lombardei bereits seit dem Vorjahr entwickelt. Das Verhältnis zu Cremona[38] war parallel zu der akzentuierten promailändischen Politik des Kaisers rapide schlechter geworden. Das Abkommen mit den Mailändern und – in Ausführung eines der wesentlichsten Punkte dieses Vertrages – die Wiederbegründung von Crema waren ein offener Affront gegen die Postadt gewesen. Trotz durchaus ungünstiger Voraussetzungen – der Staufer stand in diesen Jahren ja in bestens geordneten Beziehungen zu der weitaus überwiegenden Zahl der Städte Oberitaliens – fielen die Cremonesen vom Reich ab und stellten sich gegen Barbarossa. Bereits in der ersten Maiwoche 1186 zog der Herrscher in das Cremoneser Territorium, ins Gebiet von Soncino, um dann in den nächsten Wochen in Pavia und Mailand letzte Vorbereitungen für die unvermeidlich gewordene militärische Konfrontation zu treffen. Mit einem aus städtischen Truppen gebildeten Heer fiel er zu Anfang Juni in das cremonesische Herrschaftsgebiet ein. In kluger Einschätzung der Lage ließ er sich auf kein direktes Vorgehen gegen die Stadt ein, sondern umschloß das unter der Ägide des aus Modena stammenden Cremoneser Podestà Manfredus Fantus 1182/83 auf halbem Weg zwischen Cremona und Crema errichtete *Castrum Manfredi* (heute: Castelleone) mit einem Belagerungsring.

Schon binnen kurzem mußten die Cremonesen die Sinnlosigkeit jedes weiteren Widerstandes erkennen und unterwarfen sich dem Kaiser. Gegen die Abtretung des Cremasker Bereiches und der soge-

---

[36] Dazu vgl. *Heinemann*, Zähringer 2, 194 f.
[37] MGH.DF.I.938, vgl. auch *Opll*, Stadt und Reich, 488.
[38] Zum Folgenden vgl. *Opll*, Stadt und Reich, 259 f.

nannten *Insula Fulcherii* (Gebiet im Norden der Stadt) sowie den Verzicht auf Guastalla und Luzzara wurde die Postadt wieder in die kaiserliche Gnade aufgenommen. Nicht zuletzt mit der Festsetzung der eher bescheidenen Strafsumme in der Höhe von nur 1800 Pfund kaiserlicher Münze – trotz allem immerhin das Sechsfache des jährlichen Regalienzinses der Mailänder – bewies Friedrich kluges, politisches Augenmaß. Wesentlich dürfte dabei auch die Absicht mitgespielt haben, seinem Sohn, der sich dann schon zu Anfang Juli 1186 im Lager vor Orvieto mit den Cremonesen aussöhnte, eine möglichst günstige, friktionsfreie Ausgangsposition für dessen nunmehr verstärkt auf Italien konzentrierte Herrschaft zu garantieren.

Noch im Lager bei Castelleone erfuhr der Kaiser von der Weihe Folmars von Trier durch Papst Urban III., die am 1. Juni 1186 in Verona vorgenommen worden war. Der Papst hatte damit in dem seit langem schwelenden Trierer Wahlstreit offen gegen die Entscheidung des Herrschers für Rudolf, der ja schon 1183 in Konstanz die Investitur erhalten hatte, Stellung genommen.[39] Friedrich konnte kaum anders, als dies als offene Kampfansage zu empfinden. Sofort ließ er entsprechende Gegenmaßnahmen ergreifen: Zum einen wurden die Alpenpässe für den Verkehr mit der Kurie gesperrt, zum anderen richteten sich fortan die Aktivitäten des Kaisersohnes Heinrich im südlichen Mittelitalien verstärkt gegen die kirchlichen Herrschaftsgebiete in dieser Zone. Trotz dieses energischen Eingreifens war es freilich für den Staufer selbst um seinen Einfluß auf die Verbindungswege nach dem Norden gar nicht so gut bestellt. Die Brennerroute war angesichts des nun schon jahrelangen Residierens der Kurie in Verona nicht so ohne weiteres gangbar. Die Westalpenpässe waren infolge des Gegensatzes zu Graf Humbert von Savoyen praktisch gesperrt. Dringend war nun die Rückkehr Friedrichs nach Deutschland erforderlich. Sowohl die Trierer Frage als auch das seit längerem schwierig gewordene Verhältnis zu Erzbischof Philipp von Köln riefen ihn nach dem Norden. Zu Ende Juni zog der Staufer über das Gebiet von Como und Bellinzona in die Alpen, die auf dem Lukmanierpaß überschritten wurden – Italien sollte er damit zum letztenmal gesehen haben.

---

[39] *Heyen*, Trierer Doppelwahlen, 27 (irrig zu 1185!).

## 8. DER HÖHEPUNKT DER 'WELTGELTUNG' DER STAUFISCHEN MACHT (1186–1190)

Mitten[1] im Hochsommer 1186 kehrte der greise staufische Kaiser ins deutsche Reichsgebiet zurück. Seine körperliche Verfassung war offensichtlich immer noch bewundernswert gut, obwohl er auf seinen weitausgedehnten Reisen und Kriegszügen ungeheure Strapazen durchzustehen hatte. Nicht selten pflegte er dabei ja sogar im Zelt zu residieren. Noch die bei der Belagerung von Castelleone ausgefertigten Urkunden vom Juni 1186 wurden 'im Zelt' ausgestellt. Zunächst wandte Friedrich seinen Weg wie seine Aufmerksamkeit dem burgundisch-elsässischen Raum zu, wo die Umtriebe des Grafen Wilhelm von Genf auch nach der über ihn verhängten Reichsacht vom März dieses Jahres ein weiteres Eingreifen des Herrschers erforderlich machten. Zu Ende August erhob in Mülhausen Bischof Roger von Lausanne, der als Vertrauter Alexanders III. 1178 diesen Stuhl erhalten hatte, Klage wegen der Mediatisierung seines Bistums durch Herzog Berthold von Zähringen. Berthold waren die Investiturrechte über Lausanne 1156 vom Staufer übertragen worden. Im Gegensatz zu seinen 1162 verlorenen Rechten über das Bistum Genf hatte er hier seine Stellung mit offensichtlicher Billigung des Kaisers beibehalten können. Bischof Roger setzte seine Hoffnungen augenscheinlich in das gerade damals so deutliche Bestreben des Herrschers, derartige Mediatisierungen zu beseitigen, mußte aber eine Enttäuschung hinnehmen. Barbarossa betonte, in Abwesenheit des Herzogs über diese Frage nicht verhandeln zu wollen. Er dachte nicht daran, sich das Haus Zähringen erneut zu entfremden. Als Berthold IV. dann bereits am 8. September 1186 verstarb, dürfte sich das Problem von selbst erledigt haben.[2]

Friedrich begab sich im Herbst durch das Elsaß nach dem Norden und traf um Mitte November in Speyer ein, um dort das Grab seiner nach ihrem Tod vor zwei Jahren seit dem 28. August 1185 in der Kaiserkrypta des Speyerer Doms beigesetzten Gemahlin aufzusuchen. Neben der Mutter lag dort auch die kurz vor ihr verstorbene Tochter des Kaiserpaares, Agnes, das im Alter von etwa fünf Jahren verschiedene,

---

[1] Zu den Einzelheiten s. oben S. 41 Anm. 1 (Bemerkungen zu Quellen und grundlegender Literatur).

[2] Vgl. *Heinemann*, Zähringer 2, 180 ff.

jüngste Kind der kaiserlichen Familie.[3] Nicht lange konnte der Staufer am Grab seiner Lieben verweilen. Bereits zu Ende November trat in der Pfalz zu Gelnhausen ein großer Hoftag zusammen. Wenngleich dort die Gegensätze zu Erzbischof Philipp von Köln, der sich infolge seiner territorialpolitischen Maßnahmen immer deutlicher vom Kaiser entfernt hatte, nicht aus der Welt geschafft werden konnten, sondern sich jetzt noch zuspitzten, konnte sich Friedrich hinsichtlich der Zustimmung des überwiegenden Teiles der Reichsfürsten zu den Grundlinien seiner Politik völlig sicher sein. Vor allem in der Frage des Vorgehens im Trierer Wahlstreit erlangte er das Einverständnis der geistlichen Fürsten, die ihm damit in den Auseinandersetzungen mit Papst Urban III. entscheidende Rückendeckung gewährleisteten.

Der vom Papst geweihte Folmar von Trier hatte zunächst Zuflucht in Frankreich gefunden, doch wies ihn König Philipp auf Aufforderung des Staufers schon bald (Frühjahr 1187) aus dem Lande. Folmar begab sich in das Herrschaftsgebiet des englischen Königs. Friedrich griff bei seinem Vorgehen gegen diesen Mann zu durchaus radikalen Maßnahmen: In seinem Auftrag vertrieb Werner von Bolanden den Anhänger Folmars, Bischof Bertram von Metz, aus seinem Bistum, der nun seinerseits Zuflucht bei Philipp von Köln fand.[4] Immer klarer traten damit die Fronten zutage, wobei die Kölner Kirche vor allem am englischen Hof, zunächst aber auch beim Kapetinger eine Stütze fand.

Mit dieser Schilderung der Entwicklung sind wir freilich den Ereignissen etwas vorausgeeilt. Der Kaiser hatte sich zu Anfang des Jahres 1187 nach Regensburg begeben, wo er mit seinem Vetter, Herzog Leopold V. von Österreich, zusammentraf. Der Babenberger hatte im Jahr zuvor mit dem kinderlosen und schwerkranken Herzog Otakar IV. von Steiermark die schon früher getroffene Vereinbarung über seine Nachfolge im steirischen Herzogtum durch die Regelung der Rechtsstellung der steirischen Ministerialen in der auf dem Georgenberg bei Enns ausgestellten Handfeste weiter absichern können. Nun, im Februar / März 1187, erteilte der Kaiser diesen Abmachungen seine Zustimmung, war doch die Sicherung der Herrschaftsverhältnisse im Südosten des Reiches durch die seit langem bewährten Babenberger ohne Zweifel vorteilhafter, als beim Tod des erst vor sieben Jahren in den Herzogsrang erhobenen Otakars IV. dort eine neuerliche Krisenzone gewärtigen zu müssen.[5]

---

    [3] Vgl. *Opll*, Itinerar, 90 und *Assmann*, Barbarossas Kinder, 451 ff.
    [4] Vgl. *Heyen*, Trierer Doppelwahlen, 27 und *Kienast*, Deutschland und Frankreich 1, 236 ff.
    [5] Vgl. *Lechner*, Babenberger, 174 f.

Zu Anfang April nahm der Herrscher an der Weihe der neuerbauten Klosterkirche St. Ulrich und Afra in Augsburg teil. Seit den Tagen seiner Herzogszeit war Friedrich diesem Kloster aufs engste verbunden. Am schönsten manifestieren sich diese Beziehungen in der damals, 1187, erfolgten Stiftung eines Jahrtages in der Abtei, zu dem künftig auch der Geburtstag des Kaisers an einem der Quatembertage vor Weihnachten festlich begangen werden sollte.[6] Solche Teilnahmen an Kirchweihen sind für den Staufer mehrfach zu belegen. In ihnen kommt nicht nur das Streben nach Repräsentation, sondern auch die persönliche Religiosität des Menschen Friedrich Barbarossa zum Ausdruck.[7] Kaum einen Monat später treffen wir den Kaiser, der sich in der Zwischenzeit in die schwäbischen Stammlande seines Hauses begeben hatte, bei einer weiteren Kirchweihe, der des unweit der Burg Hohenstaufen gelegenen Prämonstratenserstiftes Adelberg.

In seiner Begleitung befanden sich dort nicht nur drei seiner Söhne, wahrscheinlich Herzog Friedrich von Schwaben, Konrad und Otto, sondern – schon seit dem Aufenthalt in Augsburg – auch Bischof Peter von Toul.[8] Die Anwesenheit dieses Mannes läßt die Vermutung zu, daß damals von neuem die Fragen des Verhältnisses zu Frankreich ebenso wie die Probleme des Trierer Wahlstreites besprochen wurden. Geradezu Sicherheit gewinnt diese Vermutung angesichts der Tatsache, daß der Kaiser bereits zu Pfingsten (17. Mai) in Toul war, um dort einen mit Goldbullen besiegelten, leider verlorenen Bündnisvertrag mit dem König von Frankreich abzuschließen. Philipp II. August war in den Monaten zuvor in enge Verbindung zu Philipp von Köln getreten und hatte ja zunächst auch Folmar von Trier Zuflucht gewährt. Der Ausbruch neuer Spannungen mit dem englischen Königreich hatte die Lage im Frühjahr 1187 allerdings entscheidend verändert. Der Kapetinger bot dem Staufer ein Bündnis an, das diesem damals aufs höchste willkommen war. Über Vermittlung des dem Kaiser seit dem Jahre 1184 verbündeten Grafen Balduin von Hennegau kam der Vertrag von Toul zustande, der sich zwar nicht gegen England unmittelbar richtete, dem Reich aber doch entscheidende Vorteile sicherte.[9]

Energisch konnte Friedrich in der Folge sowohl gegen Folmar von Trier als auch insbesondere gegen Philipp von Köln vorgehen. Ob er dann im Juni tatsächlich beabsichtigte, dem französischen König in dessen Auseinandersetzungen mit England mit Waffengewalt zu Hilfe

---

[6]  Vgl. dazu *Opll*, Winterquatember, 332 ff.
[7]  Vgl. *Opll*, Amator ecclesiarum, 70 ff. und unten S. 220 ff.
[8]  *Opll*, Itinerar, 91.
[9]  *Kienast*, Deutschland und Frankreich 1, 236 f.

zu kommen, bleibt ungewiß.[10] Jedenfalls genügte schon das Gerücht über solch eine Absicht, freilich aber auch die Haltung des dem französischen König zuneigenden Richard Löwenherz, den englischen Herrscher zum Einlenken zu bewegen. Eindeutige Kampfmaßnahmen ergriff Friedrich allerdings gegen den Kölner Metropoliten. Ab dem 25. Juli wurde der Rhein gesperrt, über den nicht nur der blühende Kölner Handel mit England lief, sondern auch die politischen Verbindungen zum englischen Königshof ihren Weg nahmen. Im August erhob der Herrscher in Worms gegen Erzbischof Philipp, der entgegen seiner Vorladung nicht bei Hofe erschienen war, Anklage. Alle der Konspiration mit dem Kölner verdächtigen Bischöfe mußten einen Reinigungseid ablegen. Die Erfolge der staufischen Politik waren auch Papst Urban III. nicht verborgen geblieben. Im September erschienen in Kaiserslautern päpstliche Legaten, die in Beantwortung einer im Frühjahr aus Regensburg abgegangenen kaiserlichen Gesandtschaft an die Kurie Kompromißbereitschaft in der Trierer Frage signalisierten.

Im Herbst 1187 scheint der Kaiser eine längere Ruhepause in seinen so vielfältigen und immer wieder unter persönlicher Anteilnahme an den Geschehnissen geführten Aktivitäten eingelegt zu haben. Jedenfalls erfahren wir nach einem Aufenthalt im Bodenseegebiet zu Ende September den Herbst über nichts weiter von seinem damaligen Aufenthaltsort. Zu Anfang Dezember trat dann in Straßburg ein Reichstag zusammen. Philipp von Köln verharrte weiterhin in Opposition zum Reich und erschien nicht bei Hofe. Dennoch konnte seine endgültige Unterwerfung schon damals nur mehr eine Frage der Zeit sein, hatten sich doch die Rahmenbedingungen für die kaiserliche Politik seit dem Sommer weiterhin vorteilhaft entwickelt. Vor allem zeigte der im Oktober auf den bis zuletzt nur wenig versöhnungswilligen Urban III. gefolgte Papst Gregor VIII. den Willen zur Beilegung der Gegensätze. In seinem Auftrag war Kardinal Heinrich von Albano nach Straßburg gekommen. Der entscheidende Beweggrund für Gregor lag in der nachhaltigen Verschlechterung der Situation im Heiligen Land.[11] Dort hatte Sultan Saladin, der im Jahre 1174 auf Nureddin, in dessen Auftrag er seit 1169 über Ägypten geherrscht hatte, gefolgt war, die Kräfte des Islams zu einem überaus erfolgreichen Siegeszug zusammenfassen können. Ab dem Jahre 1183 hatte er von Damaskus aus gegen die christlichen Herrschaften im Heiligen Land Front bezogen. Im Juli 1187 hatte das fränkische Heer bei Hattin bezwungen werden können. Akkon, Sidon und Beirut waren wenig später erobert worden. Entschei-

---

[10] *Kienast*, Deutschland und Frankreich 1, 237.
[11] Vgl. dazu *Eickhoff*, Kreuzzug, 3 ff.

dende Wirkung sollte dann der Fall Jerusalems haben, mit dem im Oktober dieses Jahres das Heilige Grab in die Hände der Muslime gefallen war.

Gregor VIII. hatte bereits wenige Tage nach seiner Wahl zu Ende Oktober 1187 in einem Schreiben an die deutschen Bischöfe den Aufruf zur Befreiung des Heiligen Grabes ergehen lassen. Wie ein Lauffeuer müssen sich die schlechten Nachrichten aus dem Heiligen Land im ganzen Abendland verbreitet haben. Der Kaiser, der in seinen Jugendjahren selbst am Kreuzzug Konrads III. teilgenommen hatte, hatte die Entwicklung im Osten nie aus den Augen verloren. Schon 1165 hatte Rainald von Dassel bei seiner Mission in Rouen den Auftrag gehabt, auch über Hilfsmaßnahmen für die bedrohte Kirche im Heiligen Land zu verhandeln.[12] Während des Treffens mit Lucius III. in Verona im Herbst 1184 hatte sich Friedrich selbst dazu bereit erklärt, an der Vorbereitung eines Kreuzzuges zu arbeiten.[13] Dennoch wäre es aber wohl verfehlt, wollte man die Frage eines Kreuzzuges durch alle Jahre seiner Regierung hindurch gleichsam als Leitmotiv seiner Politik bezeichnen.[14] Der Kaiser hatte ja in den frühen siebziger Jahren als Gegengewicht in den Gesprächen mit dem Basileus sogar Kontakte zu Sultan Saladin aufgenommen. Arabische Gesandte hatten 1173/74 ein halbes Jahr lang den Herrscher durch das Reich begleitet. Freilich waren diese Berührungen mit der islamischen Welt letztlich Episode geblieben.[15] Angesichts der völlig gewandelten Situation konnte nun, zu Ende des Jahres 1187, kein Zweifel bestehen, daß auch der Staufer sich den Wünschen des Papstes nicht versagen würde. Im Hintergrund mag zudem das seit den Tagen des Schismas so deutlich faßbare Vorbild Karls des Großen, insbesondere seines Kampfes gegen die Ungläubigen und seiner Bemühungen um die Ausbreitung des christlichen Glaubens, für das Denken und Handeln Barbarossas gerade in diesen letzten Lebensjahren seine Auswirkungen gehabt haben.[16]

Obwohl der Papst von der Haltung seines Vorgängers nicht zuletzt in der Frage der Erhebung Heinrichs VI. zum Kaiser abgerückt war und seine Gesprächsbereitschaft kundtat, damit einem langgehegten Wunsch Barbarossas entgegenkam, traf der Herrscher – vielleicht auch in Erinnerung an die wenig überlegte, ja überstürzte Vorgangsweise Konrads III. im Dezember 1146 – zunächst noch keine endgültige Ent-

[12] *Knipping*, Reg. Köln 2, Nr. 817.
[13] S. dazu schon oben S. 143 mit Anm. 7.
[14] So bei *Munz*, Frederick Barbarossa, 371 ff.
[15] S. dazu unten S. 297.
[16] Vgl. *Appelt*, Kaiseridee, 235 ff. und *Engels*, Staufer, 107.

scheidung. Er vertagte sie vielmehr auf einen für die Fastenzeit des nächsten Jahres einberufenen Hoftag in Mainz. Er selbst begab sich von Straßburg aus an die Grenze des Reiches, wo er im Dezember mit König Philipp II. August von Frankreich im Gebiet zwischen Ivoy und Mouzon zusammentraf, um das zu Pfingsten in Toul geschlossene Bündnis mit dem Kapetinger zu unterstreichen.[17] Die Wahl des Ortes war nicht zuletzt eine Demonstration des erfolgreichen Vorgehens gegen Folmar von Trier, hatte dieser Mann doch noch im Frühjahr 1187 in Mouzon eine Synode abgehalten. Weihnachten feierte der Staufer sodann in Trier – nachdrücklicher konnte sein Triumph im Trierer Wahlstreit kaum hervorgehoben werden.[18]

Noch immer war der Streit mit Köln nicht beigelegt, in den sich nun allerdings der aus Italien und Burgund nach Deutschland zurückgekehrte Thronfolger vermittelnd einschaltete. Von Nürnberg aus erging im Februar 1187 ein letzter Ladungsbefehl an Erzbischof Philipp. Tatsächlich fand sich der Metropolit dann im März auf dem Mainzer Reichstag ein und unterwarf sich dem Kaiser. Während Philipp sich mit Eid von seinen schweren Versäumnissen lossagen konnte, traf seine Stadt eine Geldbuße in der Höhe von 2260 Mark Silber sowie die – allerdings eher symbolische – Verpflichtung zur teilweisen Zerstörung ihrer Befestigungen.[19] Mit dem Ende des Gegensatzes zu Köln war das letzte Hindernis für den Entschluß zum Kreuzzug gefallen. Friedrich hatte an seinem Erfolg gegen den Kölner schon vorher nicht gezweifelt, hatte er doch die Versammlung in Mainz schon bei ihrer Einberufung gemeinsam mit seinem königlichen Sohn als „Hoftag Jesu Christi" bezeichnet.[20] Der Vorsitz auf dem Reichstag blieb frei und wurde – in symbolträchtiger Form – dem Gottessohn zugesprochen.

Die Nachfolge wie die Ruhe im Reich waren aufs beste gesichert. Nun nahm der Staufer, gemeinsam mit seinem Sohn, Herzog Friedrich von Schwaben, das Kreuz. Noch in Mainz oder vielleicht erst gegen Ende des Jahres setzte er den Tag des hl. Georg (23. April) 1189, damit das Fest des ritterlichen Schutzpatrons der Kreuzfahrer als Termin und Regensburg als Ort für den Antritt des Kreuzzuges fest. Ausdrücklich in Schutz nahm er die Juden, hatte diese Bevölkerungsgruppe doch gerade in Kreuzzugszeiten seit jeher unter Pogromen zu leiden gehabt. Der Mainzer Reichstag war von tiefem Ernst, von dem Bewußtsein der hohen Aufgabe des Kreuzzuges geprägt gewesen. Dem Vorbild des

---

[17] Zur Begegnung vgl. *Kienast*, Deutschland und Frankreich 1, 238.
[18] Vgl. *Opll*, Itinerar, 93.
[19] *Opll*, Stadt und Reich, 101.
[20] Vgl. *Opll*, Itinerar, 93 f. mit Anm. 38.

Herrschers hatten sich zahlreiche Bischöfe, Fürsten, Adelige, Edle und Ministerialen angeschlossen.

Das Streben des Kaisers mußte sich in der Folge zum einen auf die Planungen für das gewaltige Unternehmen, zum anderen auf die Sicherung einer möglichst ruhigen Lage im Reich wie auf Maßnahmen für den Herrschaftsantritt seiner im Lande verbleibenden Söhne konzentrieren. Noch im Frühjahr 1188 wurde der Kaisersohn Konrad zum Herzog von Rothenburg erhoben. Zu Ende April wurde in Seligenstadt für diesen Kaisersohn ein Ehevertrag mit der ältesten Tochter König Alfons' VIII. von Kastilien, Berengaria, geschlossen.[21] Die Initiative zu dieser auffälligen Verbindung war schon ein Jahr zuvor vom Staufer ausgegangen. Barbarossa zeigte hier erneut großen Weitblick, schien doch hier sogar die Aussicht auf eine Nachfolge des Sohnes in Kastilien nicht völlig ausgeschlossen und bot sich dabei auch die Möglichkeit, dem seit der 1170 geschlossenen Ehe Alfons' VIII. mit Eleonore von England bestehenden Einfluß der englischen Krone im iberischen Raum entgegenzuwirken. In Seligenstadt war keinesfalls abzusehen, daß sich die Dinge für den nach Spanien entsandten Kaisersohn höchst ungünstig entwickeln sollten und Konrad von dieser Reise erfolglos, sicher auch menschlich enttäuscht und verbittert, würde zurückkehren müssen.

Im Sommer 1188 hielt der Kaiser sodann in Goslar hof, um dort nach langen Jahren wieder mit Heinrich dem Löwen zusammenzutreffen. Der Welfe war drei Jahre zuvor mit kaiserlicher Erlaubnis in seine Heimat zurückgekehrt. Obwohl er seine Position nicht entscheidend zu verbessern vermocht hatte, mußten zumindest seine Kontakte zu Philipp von Köln während dessen Gegnerschaft zum Reich für den Herrscher eine Warnung vor einem möglichen Wiedererstarken der Macht seines Vetters sein. Heinrich führte in dieser Zeit auffälligerweise wieder seinen Herzogstitel, freilich ohne Bezugnahme auf ein bestimmtes Territorium. Barbarossa unterbreitete ihm – nach dem Bericht Arnolds von Lübeck – in Goslar drei Alternativvorschläge: Heinrich sollte entweder einer teilweisen Restitution in seine früheren Rechte zustimmen oder sich auf Kosten des Kaisers persönlich am Kreuzzug beteiligen, wobei ihm für die Zeit danach die völlige Wiedereinsetzung in seine einstige Stellung in Aussicht gestellt wurde. Entschied er sich für keine dieser beiden Möglichkeiten, so mußte er sich verpflichten, Deutschland gemeinsam mit seinem ältesten Sohn Heinrich erneut für drei Jahre zu verlassen. Vor allem der zweite der genannten Vorschläge scheint freilich in dieser Form kaum gemacht worden zu sein. Der Welfe entschied sich für den Antritt eines weiteren Exils, zu dem er abermals nach England ging. Nicht zu-

---

[21] Dazu vgl. *Rassow*, Prinzgemahl sowie unten S. 296 f.

letzt der Tod seiner in Braunschweig zurückgelassenen Gattin sollte ihn
dann allerdings schon ein Jahr später veranlassen, unter Bruch seines
Versprechens vorzeitig in die Heimat zurückzukehren und in Abwesenheit des damals bereits auf dem Kreuzzug weilenden Kaisers in Sachsen
von neuem aktiv zu werden.[22]

Längere Zeit hielt sich Barbarossa im Spätsommer und Herbst 1188
im Sächsischen und im Pleißenland auf, um hier unermüdlich für die
Sicherung geordneter Herrschaftsverhältnisse tätig zu sein. Bereits unmittelbar nach dem in Eger gefeierten Weihnachtsfest brach er nach
Nürnberg auf, wo ihn in den Tagen, als er das dem Landfrieden dienende Gesetz gegen die Brandstifter[23] mit seinen eingehenden Bestimmungen über die Strafe für Brandschatzungen erließ, Gesandte des byzantinischen Kaisers Isaak II. Angelos, des Seldschukensultan Kilidsch
Arslan II. von Ikonium (heute: Konya) und des serbischen Großžupan
Stephan Nemanja aufsuchten. Bereits ab dem Mainzer Hoftag „Jesu
Christi" hatte Friedrich Gesandte nach Ungarn, Ostrom und Konya
entsandt, um den bevorstehenden Durchmarsch des Kreuzheeres entsprechend abzusichern. Die staufische Diplomatie[24] griff damit in Zonen ein, zu denen die Kontakte seit langem eher lose oder sogar ausgesprochen schlecht waren. Ohne Zweifel nützte der Herrscher in diesen
Verhandlungen ganz bewußt die zwischen diesen Mächten bestehenden Gegensätze aus, ohne freilich darüber das hohe Ziel des Kreuzzuges aus den Augen zu verlieren. Jedenfalls gelang es in Nürnberg, die
seit Monaten eingeleiteten diplomatischen Aktivitäten erfolgreich abzuschließen. Nach der Zusicherung der durchaus friedlichen Absichten, die von Herzog Friedrich von Schwaben, Herzog Leopold V. von
Österreich und Bischof Gottfried von Würzburg beeidet wurden, sicherte insbesondere der byzantinische Gesandte die Öffnung der bulgarischen Pässe, die ausreichende Versorgung der Truppen und die Be-
reitstellung von Schiffen zur Überfuhr über den Hellespont zu. Als Weg
des Kreuzheeres wurde somit dieselbe Route bestimmt, die Barbarossa
selbst vor mehr als 40 Jahren beim Kreuzzug seines Oheims Konrad III.
gezogen war. Offensichtlich war auch direkt mit Sultan Saladin Kontakt aufgenommen worden, wenngleich die diesbezüglichen Nachrichten nur in höchst problematischen Quellen überliefert sind und der islamische Fürst kaum ausreichende und zufriedenstellende Vorschläge
übermittelt haben dürfte.[25]

[22] Vgl. *Jordan*, Heinrich der Löwe, 220 ff.
[23] MGH.DF.I.988.
[24] Vgl. dazu *Eickhoff*, Kreuzzug, 37 ff.
[25] Vgl. *Möhring*, Saladin, 98 ff.

Unbeirrt hielt der Kaiser an seinen Kreuzzugsplänen fest. Die Bereitschaft zur Befreiung des Heiligen Grabes hatte nunmehr bereits weite Teile des christlichen Abendlandes erfaßt. Noch in den letzten Monaten seines Aufenthalts in Deutschland gelang es Friedrich, die unmittelbare territoriale Machtbasis für sein Haus entscheidend auszubauen: Im Januar 1189 trat er das nach dem Tod des letzten Sulzbacher Grafen nunmehr – infolge seiner schon 1174 geschlossenen Verträge mit dem Bistum Bamberg – fällig gewordene Erbe dieses Hauses an. Persönlich zog er von Nürnberg nach Hahnbach an der Vils in das Herz der sulzbachischen Territorien.[26] Noch im Vorjahr war der zunächst mit der seit 1173 staufischen Grafschaft Lenzburg belehnte Kaisersohn Otto zum Grafen von Burgund erhoben worden, hatte damit die Nachfolge seiner Mutter, erweitert um wesentliche Gebiete im schweizerischen Raum bis hin zu den Alpenpässen, angetreten.[27] Ebenfalls 1188 war Heinrich VI. in kaiserlichem Auftrag nach Burgund gezogen, um den schon seit 1186 geächteten Grafen Wilhelm von Genf endgültig in die Knie zu zwingen, hatte dabei aber keinen Erfolg gehabt. Burgund sollte nicht zuletzt auch wegen des seit Jahren unvermindert fortbestehenden Gegensatzes zu Humbert III. von Savoyen noch länger einen Unruheherd bilden.[28] Die Erhebung des Kaisersohnes Otto zum Grafen, dann Pfalzgrafen dieses Gebietes ist somit als wesentlicher Teil der auf Befriedung zielenden Maßnahmen des Kaisers zu sehen.

Im Frühjahr hielt der Herrscher in den elsässischen Stammlanden seines Hauses hof. Von dem neuen Papst Clemens III., der im Dezember 1187 auf seinen nach einem nur wenige Wochen langen Pontifikat verstorbenen Vorgänger Gregor VIII. gefolgt war, traf hier die seit langem vergeblich erhoffte Zusage ein, dem Thronfolger und dessen normannischer Gemahlin bereitwillig die Kaiserkrönung zu erteilen.[29] Obwohl damit ein seit langem angestrebtes Ziel der staufischen Diplomatie endlich erreicht worden war, begnügte sich Friedrich zunächst mit der Zusage des Papstes. An einen Zug Heinrichs VI. nach Rom war so knapp vor Antritt des Kreuzzuges nicht zu denken. In Hagenau nahm der Kaiser zu Ostern 1189 (9. April) „Ranzen und Pilgerstab", wie es bei Gislebert von Mons so schön heißt.[30] Am Samstag darauf brach er nach Regensburg auf, wo sich das Kreuzheer vereinbarungsgemäß sammeln sollte.

[26] *Opll*, Itinerar, 95 f.
[27] Vgl. *Güterbock*, Geschichte Burgunds, 151 ff.
[28] Vgl. *Hellmann*, Savoyen, 66 ff. und *Güterbock*, Geschichte Burgunds, 150 f.
[29] Vgl. *Schmidt*, Königswahl, 222 f.
[30] Zitiert bei *Opll*, Itinerar, 96.

Einige Tage verweilte Friedrich noch in seinen schwäbischen Stammlanden, ehe er dann etwas verspätet um den 10. Mai in Regensburg eintraf. Die Zahl der hier versammelten Kreuzfahrer war trotz der von der Forschung vorgenommenen Korrektur der Quellenangaben von 100 000 auf etwa 12 000–15 000 Mann in jedem Fall gewaltig. Bereits am 11. Mai setzte sich der riesige Zug[31] in Bewegung. Der Herrscher selbst und viele vornehme Fürsten reisten zu Schiff über die Donau. Eine Woche später traf Friedrich in Wien ein, wo er von dem an den Kreuzzugsvorbereitungen seit längerem wesentlich beteiligten österreichischen Herzog, der sich dann erst im Jahr darauf ins Heilige Land begeben sollte, bestens aufgenommen wurde. Die Größe des Kreuzheeres ließ nur einen allmählichen Vormarsch zu, Versorgungsprobleme waren sein täglicher Begleiter. Bis in das Lager an der ungarischen Grenze auf dem rechten Donauufer südlich von Preßburg gab der Babenberger dem Herrscher das Geleit. Im Preßburger Lager erließ der Kaiser sodann eine Heer- und Lagerordnung, wie er dies schon zu Beginn seines zweiten Italienzuges im Sommer 1158[32] getan hatte. Derart umfassende Truppenzahlen, wie sie damals in Italien und nun auf dem Kreuzzug unter Führung des Staufers versammelt waren, machten zur Aufrechterhaltung der inneren Zucht und Ordnung solche Regelungen unabdingbar.

Am 4. Juni wurde der Herrscher von König Bela III. von Ungarn und dessen Gemahlin Margarete, der Schwester König Philipps II. August von Frankreich, in Gran festlich empfangen. Bestens bewährten sich hier die im Vorjahr durch Erzbischof Konrad von Mainz getroffenen Vereinbarungen über den ungehinderten Durchzug. Durch die Verlobung Herzog Friedrichs von Schwaben, dessen ihm seit 1181 zugesagte dänische Braut zwei Jahre zuvor wegen des zunehmenden Gegensatzes zu deren Bruder, König Knut VI., in ihre Heimat hatte zurückgeschickt werden müssen, mit einer Tochter Belas III. wurden die damals ausgezeichneten Beziehungen zum Arpadenreich[33] besiegelt. Weiterhin reiste der Staufer zu Schiff über die Donau. Die große Masse der Kreuzfahrer schlug den Landweg ein.

Zu Ende Juni stand das Kreuzheer in Belgrad, wo die Grenze des Byzantinischen Reiches erreicht war. Bisher war das Unternehmen weitgehend reibungslos verlaufen. Das milde, trockene Sommerwetter be-

---

[31] Zum Verlauf des Kreuzzuges vgl. vor allem *Eickhoff*, Kreuzzug (mit umfassender Berücksichtigung von Quellen und Literatur).

[32] MGH.DF.I.222.

[33] Der Kaiser konnte damals auch die Freilassung des Bruders König Belas, Geisas, erwirken, den Herzog Sobieslav von Böhmen 1177 zu seiner Verärgerung an Ungarn ausgeliefert hatte, vgl. *Pelzer*, Politik, 51 f.

günstigte den Vormarsch. Buntes Treiben herrschte im Lager der Kreuzritter. In Belgrad ließ der Kaiser Turniere veranstalten und schlug hier
60 Knappen zu Rittern. Noch bis zur byzantinischen Festung Branit-
schewo (heute: Kostolac) an der Mlavamündung in die Donau setzte
Friedrich die Reise zu Schiff fort. Erst hier, wo ihn der byzantinische
Statthalter dieses Ortes bereitwillig aufnahm, mußte alles auf Wagen
umgeladen werden. Die Flotte wurde dem ungarischen König als Geschenk übergeben. Zu Anfang Juli erfolgte der Aufbruch von Branit-
schewo. Entlang des Tales der Morava folgte man der wichtigsten Fest-
landsroute auf dem Weg nach Byzanz, die man mit gutem Grund als
'Kreuzfahrerstraße' bezeichnet hat. Auf dem nun folgenden Wegab-
schnitt mußte der schwer passierbare 'Bulgarenwald' durchquert werden.[34] Zu den Mühen des Weges traten vielfache kleinere, in der
Summe freilich höchst unangenehme Überfälle auf Teile des Kreuzheeres, deren Anstifter nicht eindeutig auszumachen waren, für die man
aber schon bald pauschal die Griechen verantwortlich machte.

Zu Ende Juli traf das Heer in Niš ein, wo der Serbenfürst Stephan Nemanja gemäß seinen in Nürnberg übermittelten Zusagen für eine gute
Aufnahme sorgte. Ein dem Kaiser unterbreitetes Bündnisangebot des
Serben gegen Byzanz, dem sich in Niš auch die bulgarischen Fürsten Ka-
lopetros (Peter Asen) und Johannes Asen anschlossen, nahm Friedrich
zwar nicht an, verstand es aber doch, die guten Beziehungen zu diesen
Mächten aufrechtzuerhalten, um sich damit gegebenenfalls einen Rückhalt gegenüber Ostrom zu sichern. Noch in Niš erfolgte die Verlobung
eines Neffen Stephans Nemanja mit der Tochter Herzog Bertholds von
Andechs-Meranien, so daß die Freundschaft zu Serbien zwar nicht
durch eine staufische Eheverbindung, aber doch durch die eines bedeutenden Reichsfürsten unterstrichen wurde. Trotz der von einer byzantinischen Gesandtschaft abermals bekräftigten Zusage, die Bulgarenpässe
auf dem weiteren Weg offenzuhalten, sollten die Kreuzritter bei dem zu
Anfang August angetretenen Marsch erneuten Überfällen ausgesetzt
sein. Auch konnte von einer entsprechenden Versorgung in dieser von
Kämpfen in den Vorjahren schwer heimgesuchten Zone keine Rede sein.

Wohl um diese Zeit, angesichts des Vorrückens des Kreuzheeres, aber
auch wegen der in Niš aufgenommenen Kontakte Barbarossas zu den
Serben und Bulgaren, dürfte sich Kaiser Isaak zu einer Kehrtwendung
seiner bisherigen Politik entschlossen haben. Er nahm Beziehungen zu
Sultan Saladin auf, ließ die an seinem Hof weilenden Gesandten

---

[34] Zu den politischen Verhältnissen auf dem Balkan vgl. neben dem hier stets
heranzuziehenden, ausgezeichneten Werk von *Eickhoff* auch *Opll*, Bulgaren,
83 ff.

Barbarossas gefangensetzen und hielt dem Staufer zu Ende August durch einen eigenen Abgeordneten vor, er wolle ja in Wirklichkeit Konstantinopel erobern, um dort seinen Sohn, Herzog Friedrich von Schwaben, auf den Thron zu setzen. Inzwischen hatte der Herrscher freilich das ganze Ausmaß des byzantinischen Widerwillens gegen seinen Kreuzzug erfahren müssen. In Sofia hatte man entgegen den Vereinbarungen keine ausreichende Versorgung vorgefunden. Auf dem Weitermarsch über die 'Trajanspforte' (heute: Vasilitza) nach Philippopel (heute: Plovdiv) war ihm dann erstmals sogar eine byzantinische Truppenabteilung entgegengetreten, die sich freilich rasch wieder zurückgezogen hatte. Ebenso wie Sofia fanden die Kreuzritter auch Philippopel bei ihrem Einmarsch am 24. August von den meisten Einwohnern verlassen vor.

Hier wurde es nun klar, daß an einen Weitermarsch der Kreuzritter zunächst nicht zu denken war. Barbarossa ließ in den nächsten Monaten von Philippopel aus weite Teile des griechischen Reiches plündern und verwüsten. Nicht zuletzt der nicht eingehaltenen Versorgungszusage wegen war man ja in dieser Hinsicht auf Selbsthilfe angewiesen. Friedrich von Schwaben eroberte damals die blühende Stadt Berrhoë (heute: Stara Zagora), wo er für längere Zeit Quartier nahm. Die Truppen mußten wohl wegen der Versorgungsengpässe stärker im Lande verteilt werden, ohne daß sich aus der damit verbundenen Schwächung eine Gefahr ergeben hätte. Zu Anfang November verlegte der Kaiser die Hauptmacht seiner Truppen nach Adrianopel (heute: Edirne), wo in der ebenfalls verlassenen Stadt das Winterquartier bezogen wurde. Augenscheinlich waren es nicht nur die Notwendigkeiten der Versorgung, sondern auch die Absicht, näher an Byzanz heranzurücken, die den Staufer dabei leiteten. In einem Schreiben an Heinrich VI. aus diesen Tagen[35] wurde der König aufgefordert, für den März 1190 von Genua, Venedig, Ancona und Pisa Schiffe gegen Konstantinopel stellen zu lassen. Er selber – der Kaiser – wolle die Stadt dann vom Land her angreifen. Der Herrscher griff damit nun den ihm vom Basileus bereits im Sommer – damals zu Unrecht – vorgeworfenen Plan eines unmittelbaren militärischen Vorgehens gegen die Hauptstadt Ostroms auf. Selbst in diesen Novembertagen dürfte es freilich kaum berechtigt sein, ihm mit diesen Absichten weiterreichende Vorhaben zu unterstellen – eindeutig stand auch weiterhin die Verwirklichung des Kreuzzuges dem Staufer als vordringliches Ziel vor Augen.

Die Fortführung der ausgedehnten Beutezüge der Kreuzritter, die dabei bis nach Makedonien südlich des Rhodopegebirges vordrangen

---

[35] MGH.DF.I.1009.

und ganz Thrakien in ihrer Hand hatten, sicherte die zufriedenstellende Versorgung des Heeres. Um die Jahreswende 1189/90 ging Barbarossa auf das Angebot des schon in Niš bei Hofe erschienenen Bulgarenfürsten Peter Asen, ihm ein umfassendes Heer gegen Byzanz zur Verfügung zu stellen, zwar nicht mit dem Abschluß eines regelrechten Bündnisses ein, verstand es aber doch, durch freundliche Worte die Bulgaren weiter zu seiner Unterstützung bereit zu halten.[36] Diesem gewaltigen Druck, der im Frühjahr drohenden Belagerung seiner Residenz, konnte der Basileus nun nicht mehr standhalten, er lenkte ein. Am 21. Januar 1190 erschienen Gesandte Isaaks bei Friedrich in Adrianopel und gaben die Bereitschaft des Byzantiners zu Verhandlungen zu erkennen. Bereits am 14. Februar kehrten die nach Konstantinopel geschickten Gesandten, Graf Berthold von Hohkönigsburg, Markward von Annweiler und Markward von Neuenburg vom Hof des Basileus mit unerwartet freudiger Nachricht zurück: Isaak hatte sich zur völligen Unterstützung des Kreuzzuges verpflichtet.

Nun drängte Barbarossa auf einen raschen Aufbruch. Viel zu lange hatte man im griechischen Reich verweilen, die Kräfte der Kreuzritter hatten auf dem Unternehmen letztlich fremde, ja zuwiderlaufende Aktivitäten konzentriert werden müssen. Bereits vor dem im Abkommen mit Kaiser Isaak festgesetzten Termin brach der Staufer einen Tag nach dem Abmarsch seines herzoglichen Sohnes zu Anfang März von Adrianopel auf. Am Mittwoch der Karwoche, dem 21. März, begann von Gallipoli aus die auf byzantinischen Schiffen vorgenommene Überquerung des Hellespont. Eine Woche später folgte der Herrscher als letzter dem Kreuzheer und trat den letzten, beschwerlichen Marsch seines Lebens an. Am Kaiser war freilich trotz seines vorgerückten Alters von beinahe 70 Jahren kein Anzeichen von Schwäche zu bemerken, ganz im Gegenteil: Noch bei den vielfachen kleinen, aber immer wieder vorgetragenen Angriffen auf das Kreuzheer beteiligte er sich höchst tatkräftig an den Abwehrmaßnahmen.[37]

Über das Gebiet des Menderes erreichten die Kreuzritter im späten April und dann im Mai das innere Hochland von Anatolien. Unerhörte Mühen und Qualen begleiteten das Heer. Zu den beständigen Überfällen auf die Truppen, für die der von allem Anfang an höchst zweifelhafte byzantinische Schutz mit der Entfernung von der oströmischen

---

[36] Vgl. *Opll*, Bulgaren, 87.

[37] In einer Quelle (bei Tageno) heißt es anläßlich der Erstürmung der Hauptstadt des Seldschukenreiches Ikonium (18. Mai 1190), daß sich der Kaiser „wie ein Löwe" auf die Feinde gestürzt hätte *(vt leo irruit in hostes)*, zitiert bei *Opll*, Itinerar, 107 Anm. 34.

Hauptstadt immer mehr abnahm, traten nun die Plagen eines den abendländischen Kreuzfahrern völlig ungewohnten Klimas. Klagen wurden insbesondere wegen der unzureichenden Wasserversorgung laut. Manche Kreuzritter tranken in ihrer Verzweiflung den eigenen Urin, andere versuchten ihren Durst mit dem Blut der Pferde zu stillen.[38] Bevor noch das eigentliche Hoheitsgebiet der Seldschuken erreicht wurde, wo man angesichts mehrfach durch Boten zugesagter Unterstützung auf gute Aufnahme rechnete, mußte zu Ende April von Laodicea aus ein von Turkmenen bewohntes Gebiet durchzogen werden. Dorthin reichte weder die byzantinische Macht noch die der Seldschuken. Unter schwersten Entbehrungen erreichte man zu Anfang Mai den Hoyran-See, wo ein großer Angriff turkmenischer Truppen erfolgreich zurückgeschlagen werden konnte.

Angesichts dieser Entwicklung begann das Vertrauen in die immer wieder durch Gesandte übermittelten Hilfszusagen des Sultans Kilidsch Arslan und seines Sohnes Kutbeddin immer mehr zu sinken. In der Tat sollte sich die seldschukische Unterstützung schon wenig später als brüchig erweisen. Ganz offensichtlich spielte dabei auch der höchst instabile Zustand des Seldschukenreiches eine wesentliche Rolle, rangen doch dort seit der von Kilidsch Arslan um 1188/89 vorgenommenen Aufteilung seines Reiches auf nicht weniger als neun Söhne, einen Bruder und einen Neffen zahlreiche Prätendenten um die Alleinherrschaft. Bisher hatte sich Kutbeddin am erfolgreichsten in Szene setzen können. Unter weiterhin größten Entbehrungen und nicht nachlassenden Angriffen rückte der Staufer wenige Tage nach Pfingsten (13. Mai) vor die seldschukische Hauptstadt Ikonium (heute: Konya). Trotz eines von den Seldschuken aufgebotenen, gewaltigen Heeres und der Erschöpfung seiner Truppen gelang Barbarossa das Unerwartete: Der unter tapferstem persönlichen Einsatz geführte Angriff auf die Stadt glückte, Ikonium wurde eingenommen.

Nach diesem Sieg gönnte der Herrscher seinem Heer und wohl auch sich selbst einige Tage der Ruhe und Erholung. Sein Lager schlug er wegen des Leichengeruches in der Stadt in den königlichen Gärten vor der Stadt auf. Nach einer Woche der Sammlung der Kräfte für Mensch und Tier, in der zweifellos auch Waffen und Ausrüstung instandgesetzt worden waren, brach man am 26. Mai unter Mitnahme seldschukischer Geiseln und Wegführer auf. In der Tat sollten diese Geiseln sich schon bald als wertvolles Druckmittel erweisen. Die Überfälle auf die Kreuzritter ließen nun merklich nach. Zu Ende Mai erreichte man die Grenze des armenischen Königreiches und damit nach Wochen härtester Ent-

---

[38] Quellen zitiert bei *Opll*, Itinerar, 107 Anm. 33.

Abb. 8a: Das Kreuzheer dringt in den Bulgarenwald (hier: *nemus Ungarie*) ein
(Bilderhandschrift des Petrus von Eboli)

Abb. 8b: Gedenktafel nahe der Todesstelle Kaiser Friedrichs I. am Saleph (Göksu)
zwischen Karaman und Silifke in der Türkei

behrungen endlich wieder christliches Gebiet. Neue Hoffnung auf einen glücklichen Ausgang des Unternehmens mußte in diesen Tagen das Heer, aber auch den Kaiser selbst beseelen. Über das Gebirge wurde der Weg ins Tal des Saleph (heute: Göksu) genommen, an dem entlang man ans Meer weiterzog.

Zum führenden Mann Armeniens, dem Rupeniden Leon II., wurden nun – nach zweifellos schon früher abgegangenen Gesandtschaften des Kaisers – bei einem Treffen mit armenischen Boten im Tal des Saleph Kontakte geknüpft. Armenischen Quellen zufolge soll der Staufer damals bereits den erst später, unter Heinrich VI. realisierten Plan der Königskrönung des Armeniers ins Spiel gebracht haben. In jedem Fall befand man sich nun in befreundetem Lande, konnte den Marsch frei und ungehindert fortsetzen. Freilich war das letzte Stück Weges nach Seleucia (heute: Silifke) keineswegs einfach zu passieren. Dazu trat die schwüle Sommerhitze, die den Deutschen zunehmend zu schaffen machte. Der 10. Juni 1190, ein Sonntag, war solch ein schwüler, brütendheißer Tag. Barbarossa hatte bereits die letzte Wegstrecke oberhalb von Silifke erreicht. Der größte Teil des Heeres stand wohl schon bei dieser Stadt selbst. Zu einer Rast und einem kleinen Imbiß hielt Friedrich am Flußufer an. Um sich abzukühlen, stieg er darauf in den Saleph, der hier offensichtlich zugleich zur Abkürzung des Weges überquert werden sollte. Das noch heute ausgesprochen kühle Wasser dieses Gebirgsflusses in seinem Unterlauf, der plötzliche Kälteschock, vielleicht auch die Unvorsichtigkeit, unmittelbar nach dem Essen ein Bad nehmen zu wollen, waren für den greisen Kaiser der Tod.[39]

Tiefste Bestürzung, ja lähmendes Entsetzen erfaßte das Kreuzheer. Nach vieler Mühsal waren die Hoffnungen seit dem Sieg über die Seldschuken wieder gestiegen gewesen. Hier, im Armenischen, boten die Beziehungen zum Rupeniden die beste Gewähr für einen glücklichen Fortgang des Unternehmens, da machte der Tod des Kaisers mit einem Schlag alles zunichte. Zeitgenössische Quellen sprechen vom „verborgenen Ratschluß Gottes", der hinter dem Geschehen waltete, andere brechen in wahre Klagerufe „Oh Meer! Oh Erde! Oh Himmel!" angesichts dieses trotz des hohen Alters des Staufers kaum vorhersehbaren, letztlich völlig unerwarteten Ereignisses aus. Auch der moderne Mensch, der Schreiber dieser Zeilen wie wohl auch ihr Leser, kann sich der Dramatik des Todes Friedrich Barbarossas nicht entziehen.

So manche der Teilnehmer der Kreuzfahrt[40] entschieden sich angesichts dieses schweren Rückschlages zur vorzeitigen Heimkehr. Die

[39] Vgl. *Eickhoff*, Kreuzzug, 158 ff. und *Opll*, Itinerar, 108 f.
[40] Zu den weiteren Ereignissen vgl. *Eickhoff*, Kreuzzug, 161 ff. und 180 ff.

Mehrheit hielt allerdings am Vorhaben fest und wählte den Sohn des Kaisers, Herzog Friedrich von Schwaben, einmütig zu ihrem Anführer. Der Leichnam des Herrschers wurde in Seleucia einbalsamiert und auf dem Weitermarsch mitgenommen. Offensichtlich bestand die Absicht, Barbarossa in der Grabeskirche zu Jerusalem beizusetzen. Schon am 14. Juni teilte sich das Heer unweit östlich von Seleucia, wo ein Großteil die Reise zu Schiff fortsetzte. Friedrich von Schwaben zog mit den sterblichen Überresten seines Vaters auf dem Landweg weiter. Etwa drei Tage später wurde Tarsos, die Heimat des Apostels Paulus, erreicht, wo – vermutlich im erzbischöflichen Dom SS. Petrus und Sophia – die Eingeweide des Staufers beigesetzt wurden. Unter abermaliger Teilung des Heeres setzte Friedrich den schwierigen Landweg fort. Zunehmend kam es nun zu Malaria und Ruhrerkrankungen unter den Kreuzrittern. Auch der Herzog selbst blieb davon nicht verschont. Erschöpft und ausgehungert erreichte man zu Anfang Juli Antiochia (heute: Antakya), wo das Heer von Fürst Bohemund III. bestens aufgenommen wurde. Hier wurde – dem mittelalterlichen Bestattungsbrauch entsprechend – der Leichnam des Kaisers ausgekocht. Das Fleisch setzte man in einem Marmorsarkophag links vor dem Chor in der Kathedrale von Antiochia bei.

Eine schwere Ruhrepidemie raffte in der Folge zahlreiche Teilnehmer des Unternehmens, darunter die Bischöfe Gottfried von Würzburg und Martin von Meißen, Markgraf Hermann von Baden und Graf Florens von Holland, dahin. Verzweiflung und Mutlosigkeit herrschten im Heere. Erneut verließen viele das Land, um in die Heimat zurückzukehren. Erst am 28. August brach der Schwabenherzog auf, um von Tripoli auf Schiffen nach Tyrus zu segeln. Bis hierher wurden die Gebeine des Kaisers mitgeführt, ihre Spur verliert sich allerdings dann völlig. Ob sie der Staufersohn noch weiter nach Akkon mitnahm, wo er mit den kümmerlichen Resten seines Heeres zu Anfang Oktober 1190 eintraf und am 20. Januar 1191 selbst einer Erkrankung zum Opfer fiel, scheint zweifelhaft. Eine arabische Quelle aus der Mitte des 13. Jahrhunderts, der Bericht des Abu Schamâ, weiß jedenfalls zu erzählen, daß die Christen des Heiligen Landes noch 1197 Kaiser Heinrich VI. daran erinnert hätten, daß die Gebeine seines Vaters immer noch in Tyrus lägen, obwohl sie doch eigentlich nach Jerusalem gehörten. Eine von Bismarck im Jahre 1878 initiierte Forschungsreise, die in der Kathedrale von Tyrus nach dem Grab Barbarossas suchte,[41] erbrachte allerdings kein positives Ergebnis.

---

[41] Vgl. *Eickhoff*, Kreuzzug, 168 und *Opll*, Itinerar, 109 mit Anm. 46.

# II

## STRUKTURELLE ZUSAMMENHÄNGE

Eine chronologisch aufgebaute Darstellung des Lebens und Wirkens des ersten staufischen Kaisers, wie sie die bisherigen Kapitel beherrscht, gehört zu den traditionellen Erfordernissen jeder Biographie ebenso wie zu den an sie gestellten Ansprüchen. Sie macht uns mit der Entwicklung der Herrschaft Barbarossas im Laufe von 38 Regierungsjahren, ihren Höhepunkten und Rückschlägen, Erfolgen und Mißerfolgen bekannt. Was sie dagegen nicht oder nur in eingeschränktem Maße bieten kann, das ist ein tieferes Verständnis der grundlegenden strukturellen Gegebenheiten und Verhältnisse, mit denen der Herrscher konfrontiert war, in deren Rahmen er lebte und auf die er zu reagieren hatte. Es ist daher für eine moderne Biographie des Staufers eine unabdingbare Notwendigkeit, die Darstellung durch eine Reihe von vertiefenden Analysen zu erweitern und damit ein komplexeres, besseres Verständnis der Persönlichkeit Friedrichs I. und seiner Zeit möglich zu machen. Dabei werden in den folgenden Kapiteln ganz bewußt auch Reminiszenzen und Wiederanknüpfungen an bereits bisher Gesagtes gebracht, um die Ebenen und Teilelemente der gesamten Darstellung miteinander zu verklammern und sie letztlich zu einem einheitlichen Bild zusammenzufügen.

Einleitend wird ein Überblick über die Verhältnisse des italienischen und des burgundischen Reichsteiles gegeben, ist doch die frühstaufische Epoche ganz nachhaltig von der besonders engen Verbindung zwischen allen Teilen des Imperiums geprägt. Im folgenden stehen die drei großen gesellschaftlichen Blöcke, mit denen es die kaiserliche Politik zu tun hatte, die Geistlichkeit, die Fürsten, der Adel und die Ministerialität sowie das Städtewesen mit seiner so vielfältigen sozialen Zusammensetzung, im Mittelpunkt der Ausführungen. Dem gleichsam 'außenpolitischen Rahmen' der Epoche Barbarossas ist das Kapitel über die Stellung des Imperiums in der Christenheit gewidmet.

# 1. DIE BEIDEN AUSSERDEUTSCHEN TEILE DES REICHES – ITALIEN UND BURGUND

Der politische und herrschaftliche Rahmen, mit dem ein Herrscher des hohen Mittelalters im Reich ab seiner Wahl zum König konfrontiert war, war von der Trias der Königreiche innerhalb des Imperiums, dem deutschen, italienischen und burgundischen Regnum, bestimmt. War ihm der deutsche Bereich als die eigene Heimat, das eigene Ursprungsland, von allem Anfang an mehr oder weniger vertraut, so waren es die beiden außerdeutschen Reichsteile, die seine Regierung vor ganz spezifische, nicht einfach zu bewältigende Probleme stellten, denen daher auch im Rahmen einer biographischen Darstellung vertiefendes Augenmerk zuzuwenden ist.

Das *Regnum Italie* bildete seit der Eroberung des Langobardenreiches durch Karl den Großen einen festen Bestandteil des mittelalterlichen Imperiums, wobei die Intensität der gegenseitigen Beziehungen zwischen Nord und Süd vor allem ab der spätkarolingischen Epoche großen Schwankungen unterlag. Erst ab Otto dem Großen konnten die entsprechenden Kontakte von neuem befestigt werden. Der machtpolitische Einfluß im Bereich der Apenninenhalbinsel reichte freilich im wesentlichen nur bis Mittelitalien, Süditalien blieb dagegen – mit Ausnahme von vereinzelten militärischen Operationen – außerhalb des Reichsverbandes. Das Bild, das sich die deutschen Fürsten und wohl auch der junge Stauferkönig Friedrich in den frühen fünfziger Jahren des 12. Jahrhunderts von Italien machten, wird uns in der Beschreibung dieses Landes vermittelt, die uns Otto von Freising unmittelbar vor der Schilderung des Zuges Barbarossas zur Kaiserkrönung 1154/55 gibt. Es sei daher gestattet, einige Abschnitte aus diesem Teil der ›Gesta Friderici‹[1] zu zitieren:

… Italien … wird von zwei sehr hohen, zerklüfteten, sich langhin erstreckenden Gebirgen, den Pyrenäen [das sind sie Alpen] und dem Apennin von beiden Seiten eingehegt und bildet gewissermaßen das Zentrum dieser Gebirge oder richtiger dieses Gebirges und erstreckt sich als ein wahrhafter Garten der Wonnen vom Tyrrhenischen bis zum Adriatischen Meer; … Durch den Po … und andere Flüsse wird das Land bewässert, und wegen des fruchtbaren Bodens und des milden Klimas trägt es Getreide, Wein und Öl, und zwar in solchen Mengen,

---

[1] Otto von Freising, Gesta II, 13–15, ed. *Schmale*, 304 ff.

daß es geradezu Wälder von fruchttragenden Bäumen, vor allem Kastanien-, Feigen- und Ölbäume hervorbringt.

In der Folge schildert Otto die wichtigsten Teile Italiens vom Norden bis zum Süden und geht dann auf die geschichtliche Entwicklung seit dem frühen Mittelalter ein. Es heißt dort:

Indes die Longobarden legten ihre rohe barbarische Wildheit ab, und vielleicht deshalb, weil sie sich mit Eingeborenen verheirateten und Söhne zeugten, die vom mütterlichen Blut und der Eigenart des Landes und des Klimas etwas von römischer Gesittung und Gedankenschärfe annahmen, bewahren sie die Eleganz der lateinischen Sprache und die verfeinerte Lebensart. Auch in der Verwaltung der Städte und in der Bewahrung der Staatsform ist ihr Vorbild noch heute die Klugheit der alten Römer. Schließlich lieben sie die Freiheit so stark, daß sie sich jedem Übergriff der Gewalt entziehen und lieber von Konsuln als von Herrschern regieren lassen. Da es bekanntlich bei ihnen drei Stände gibt, nämlich Kapitane, Valvassoren und Bürger, werden, um keinen Hochmut aufkommen zu lassen, diese Konsuln nicht aus einem, sondern aus allen Ständen gewählt, und damit sie sich nicht zur Herrschsucht verleiten lassen, werden sie fast jedes Jahr ausgetauscht. So kommt es, daß das Land fast völlig unter Stadtstaaten aufgeteilt ist und daß jeder derselben die Bewohner seines Gebietes mit ihnen zusammenzuleben zwingt, daß man ferner kaum einen Edlen oder Großen von noch so großem Ehrgeiz findet, der sich nicht trotzdem der Herrschaft seiner Stadt[2] beugte. Auf Grund dieser Gewalt des Zusammentreibens pflegen sie ihre Territorien 'Komitate' zu nennen. Damit sie nicht der Mittel entraten, auch die Nachbarn zu unterdrücken, halten sie es nicht für unter ihrer Würde, junge Leute der unteren Stände und auch Handwerker, die irgendein verachtetes mechanisches Gewerbe betreiben, zum Rittergürtel und zu höheren Würden zuzulassen, während die übrigen Völker solche wie die Pest von den ehrenvolleren und freieren Beschäftigungen ausschließen. So kommt es, daß sie an Reichtum und Macht die übrigen Städte der Welt übertreffen. Förderlich war ihnen dabei nicht nur ... ihr tatkräftiger Charakter, sondern auch die Abwesenheit der Herrscher, die sich angewöhnt hatten, im transalpinischen Gebiet zu bleiben. Darin aber bewahren sie, uneingedenk der antiken adligen Haltung, einen Rest barbarischen Bodensatzes, daß sie den Gesetzen nicht gehorchen, obwohl sie sich rühmen, nach den Gesetzen zu leben. ... Daher geschieht es oft, daß sie, obwohl nach gesetzlicher Ordnung doch der Bürger durch das Gesetz zu lenken, der Feind aber durch Waffen zu bändigen ist, den Mann, den sie als ihren eignen gnädigen Fürsten ertragen sollten, feindselig behandeln, wenn er sein eigenes Recht fordert ... Unter allen Städten dieses Volkes nimmt Mailand jetzt den ersten Rang ein. Diese Stadt nun gilt ... als die bedeutendste von allen,

---

[2] Entgegen der hier zitierten Übersetzung durch *Schmale* (wie Anm. 1), die an dieser Stelle von „Herrschaft des Staates" spricht, ist hier eindeutig auf „Herrschaft der Stadt" (lateinischer Wortlaut: *qui civitatis sue non sequatur imperium*) zu korrigieren.

nicht nur wegen ihrer Größe und der großen Zahl tatkräftiger Männer, sondern auch deshalb, weil sie sich zwei in derselben Landschaft liegende Nachbarstädte, Como und Lodi, unterworfen hat.

Zuletzt kommt der Freisinger Bischof noch auf die Frage der Reichsrechte in Italien zu sprechen, Dinge, die beim Antritt des ersten Italienzuges durch den neuen Herrscher ohne Zweifel im Zentrum des allgemeinen Interesses standen.[3]

Seit der Übertragung des römischen Reiches auf die Franken ist es bis heute Sitte, daß die Könige, wenn sie beschlossen haben, nach Italien zu ziehen, einige erfahrene Männer aus ihrer Umgebung vorausschicken, die durch die großen und kleinen Städte reisen und das, was dem königlichen Fiskus zusteht, von den Einwohnern Fodrum[4] genannt, eintreiben sollen. Weil nun aber sehr viele Städte, Flecken und Burgen diese Abgabe überhaupt ablehnen oder sich der vollständigen Zahlung zu widersetzen suchen, so geschieht es, daß sie, wenn der König dann kommt, dem Erdboden gleich gemacht werden und so den Späteren ein Zeugnis ihrer Frechheit darbieten. Ein anderes Recht soll sich aus einer alten Gewohnheit herleiten, daß nämlich, sobald der König Italien betritt, alle Würden und beamteten Obrigkeiten ruhen müssen und alle Angelegenheiten auf seinen Befehl nach den Bestimmungen der Gesetze und dem Spruch Rechtskundiger behandelt werden. Die Richter des Landes sollen ihm sogar so umfassende Gerechtsame zusprechen, daß sie es für billig halten, daß ihm von allem zum Leben Notwendigen, was das Land hervorbringt, höchstens mit Ausnahme der Rinder und des Saatgutes, die zur Bebauung des Landes geeignet sind, für den königlichen Bedarf so viel zusteht, wie das Heer braucht.

Dieses eindrucksvolle, durchaus auch farbenprächtige Bild des *Regnum Italie*, das bereits auch gewisse Vorbehalte und Vorurteile gegenüber den dort herrschenden Zuständen erkennen läßt, ist freilich unseren sonstigen Kenntnissen von den Gegebenheiten in diesem Lande gegenüberzustellen, muß durchaus ergänzt und in manchem auch korrigiert werden.[5] Bleiben wir zunächst bei der geographisch-herrschaftlichen Charakterisierung Italiens durch den Freisinger Bischof, so fällt auf, daß er vor allem den norditalienischen Raum in besonderer Weise herausstellt, dagegen Mittelitalien weitgehend unberücksichtigt bleibt und eine Schilderung des außerhalb des Imperiums gelegenen Süditalien völlig fehlt. Im Bereich von Mittelitalien war die herrschaftliche Struktur durch eine Reihe von Faktoren geprägt, die unter der Regierung

    ³ Otto von Freising, Gesta II, 16, ed. *Schmale*, 312 f.
    ⁴ Zum Fodrum vgl. *Brühl*, Fodrum sowie *Haverkamp*, Regalien-, Schutz- und Steuerpolitik, 60 ff. und *ders.*, Herrschaftsformen, 669 ff.
    ⁵ Vgl. *Haverkamp*, Herrschaftsformen (dazu *von der Nahmer*, Zur Herrschaft, 587 ff.), *von der Nahmer*, Toscana und – zur Situation in der Lombardei – *Arbinger*, Komitat, Adel und städtische Kommune.

Friedrich Barbarossas zunehmend in das Blickfeld der Reichsgewalt traten. Das Papsttum hatte dort – aufbauend auf der Pippinschen Schenkung und späteren Bestätigungen, aber auch wesentlich untermauert durch die große Fälschung des sogenannten ›Constitutum Constantini‹, der angeblich auf Kaiser Konstantin den Großen zurückgehenden Übertragung der Herrschaftsrechte in Rom und Mittelitalien auf die römische Kirche – ein eigenes Machtzentrum, das *Patrimonium beati Petri*, aufgebaut. Unter Friedrich I. war dieses Gebiet immer wieder Ziel von militärisch-machtpolitischen Maßnahmen des Reiches, vielfach territorialer Kristallisationspunkt von Konflikten zwischen Imperium und Sacerdotium. Die päpstlichen Bestrebungen zielten darüber hinaus traditionell auch auf den Raum an der adriatischen Küste zwischen Ancona und Ravenna, wo sich eine weitere Reibungszone im Verhältnis zur Reichsgewalt ergab. Höhepunkte der Konflikte lassen sich in zeitlicher Hinsicht in den Jahrzehnten des Schismas ab 1159 fassen. Die Spannungen dauerten aber auch nach dem Frieden von Venedig (1177) fort, da Barbarossa in diesem Jahr mit der Durchsetzung eines Amtsherzogs im Herzogtum Spoleto die Reichsrechte erneut mit Nachdruck zur Geltung brachte.[6]

Als zentraler Machtfaktor im engeren mittelitalienischen Raum ist sodann die Markgrafschaft Toskana zu nennen. Sie war im 11. Jahrhundert an Gottfried von Lothringen gekommen, dessen Tochter und Nachfolgerin, Mathilde von Tuszien, nicht nur als eine der interessantesten und schillerndsten Frauenfiguren der mittelalterlichen Geschichte überhaupt zu gelten hat, deren umfassender Herrschaftskomplex darüber hinaus zu einem der entscheidenden Faktoren der Italienpolitik des gesamten 12. Jahrhunderts werden sollte.[7] Gräfin Mathilde verfügte in der Nachfolge ihres Vaters über ein riesiges Gebiet, das sich aus Reichslehen und Eigengut von der Toskana bis nach Oberitalien (dort u. a. die Grafschaften Reggio, Modena und Mantua) zusammensetzte. Im Investiturstreit trat sie von allem Anfang an auf die Seite des Reformpapsttums. Nicht zuletzt infolge ihrer Heirat mit Welf IV. im Jahre 1089 war sie eine der entscheidenden Kräfte der antisalischen Opposition. Ein Jahrzehnt zuvor war ihre im Apennin unweit Reggios gelegene Stammburg Canossa Schauplatz der für Heinrich IV. so demütigenden und folgenschweren Unterwerfung unter Papst Gregor VII. gewesen (1077). Im Jahre 1102 vermachte sie ihre Eigengüter dem Papst, von dem sie sie als Lehen zurückerhielt, übertrug ihre Güter aber neun Jahre später ihrem entfernten Verwandten, dem Salier Heinrich V.

---

6   Zu diesen Maßnahmen s. oben S. 120 f.
7   Vgl. zu ihr immer noch *Overmann*, Mathilde.

Diese Maßnahme sollte zum Ausgangspunkt von immer wieder aufflammenden Konflikten um das Mathildische Erbe im 12. Jahrhundert
werden. Der salische Kaiser trat im Jahre 1116, nach dem im Vorjahr
erfolgten Tod Mathildes, einen Italienzug an – damals wurde in
Deutschland der staufische Schwabenherzog Friedrich, der Vater
Barbarossas, als Reichsverweser eingesetzt – und nahm das reiche Erbe
seiner Verwandten in Besitz. Nachdem die salische Dynastie mit dem
Tod Heinrichs V. (1125) erloschen war, versuchte das Papsttum, seine
Ansprüche geltend zu machen, doch trat nunmehr mit den mathildischen Vasallen ein neuer Machtfaktor auf den Plan. Diese Vasallen –
vor allem im oberitalienischen Bereich – nahmen Kontakt zum neuen
Herrscher, zu Lothar III., auf.[8] Zugleich versuchte auch der staufische
Gegenkönig Konrad, diese für die Position des Königtums in Italien so
wesentlichen Besitzungen an sich zu reißen.[9]

Der Mißerfolg der staufischen Unternehmungen in Italien, zugleich
die ab dem Schisma von 1130 eingegangene feste Verbindung Lothars
zu Papst Innozenz II. veränderte auch die Situation der Mathildischen
Güter nachhaltig. Zur Zeit der Kaiserkrönung Lothars im Jahre 1133
verlieh der Papst diese umstrittenen Besitzungen und Rechte an den
welfischen Schwiegersohn des Herrschers, an Herzog Heinrich den
Stolzen von Bayern. Mit der Übertragung der Markgrafschaft Toskana
an den Welfen, die der Kaiser 1136 vornahm, sollte die Position des
Reiches in Mittelitalien weiter abgesichert werden. Schon im Jahr darauf zeigte freilich der Widerstand der Stadt Lucca gegen diesen neuen
Herren deutlich, daß in diesem Bereich zum Teil auch mit vehementer
innerer Opposition zu rechnen war.[10] Die Königswahl Konrads III., die
unmittelbar darauf zu dem schweren, die gesamte Regierungszeit des
ersten staufischen Herrschers überschattenden Konflikt mit den Welfen führen sollte, und der 1139 erfolgte Tod Heinrichs des Stolzen ließen die Stellung des Reiches im mittelitalienischen Raum wieder zusammenbrechen. Weitgehend erfolglos blieb der Versuch Konrads III.,
mit der Einsetzung Ulrichs von Attems als Markgraf der Toskana für
eine Wahrung der Reichsrechte Vorsorge zu treffen. Der deutsche Adelige vermochte sich im Süden nicht zu behaupten.[11]

Erst Friedrich Barbarossa gelang dann eine dauerhafte Neuregelung
der Verhältnisse in dieser neuralgischen Zone Italiens, durch die ja die

---

[8] Vgl. dazu *Opll*, Stadt und Reich, 459 f.

[9] Zum Gegenkönigtum Konrads III. vgl. *Giese*, Gegenkönigtum, 202 ff.; zu
den Beziehungen des Staufers zu Mailand vgl. *Opll*, Stadt und Reich, 320 f.

[10] *Opll*, a.a.O., 311.

[11] *Opll*, a.a.O., 311.

Verbindungen nach Rom führten. Im Rahmen seines Ausgleichs mit den Welfen übertrug er bereits im ersten Jahr seiner Regierung die entscheidenden Besitztitel im mittelitalienischen Raum, das Herzogtum Spoleto, die Markgrafschaft Tuszien, das Fürstentum Sardinien und das Hausgut der Gräfin Mathilde, seinem Oheim Welf VI., mit dem er schon unter der Regierung Konrads III. beste Beziehungen unterhalten hatte. Der Welfe nahm die neuerworbenen Rechte schon bald persönlich in Anspruch, begab sich dazu nach dem Süden; dennoch haben wir gleichzeitig Kenntnis davon, daß der staufische Herrscher die Oberhoheit des Reiches mit Nachdruck wahrte.[12] Dieses Interesse des Kaisers an Mittelitalien trat in den Jahren des Schismas noch ungleich deutlicher zutage. Parallel zu dem Übertritt seines welfischen Oheims auf die Seite Alexanders III. verstärkte Friedrich seine Bemühungen um eine Einbeziehung dieser Zone in die unmittelbare Herrschaft des Reiches. Der Einsatz von Reichslegaten, vor allem der beiden großen Persönlichkeiten auf dem Stuhl des Kölner und des Mainzer Metropoliten, Rainalds von Dassel[13] und Christians von Buch[14], bildete dabei eine feste Grundlage aller Maßnahmen des Reiches. Zugleich wurde auch das System der staufischen Reichsverwaltung mit der Einsetzung lokaler Amtsträger – etwa des Vogtes Wilhelm von Aachen als Graf von Siena (1163) oder der einheimischen Grafen von S. Miniato im Arnotal, das zu einem der zentralen Orte der staufischen Präsenz in der Toskana wurde[15] – auf Mittelitalien übertragen und ausgedehnt. Welf VI. wurden im Zuge dieser Entwicklung seine Rechte teils entwunden, teils hat er später darauf gegen finanzielle Abgeltung von seiten des kaiserlichen Neffen Verzicht geleistet.

Der Stellenwert des Mathildischen Gutes für die Fragen der Italienpolitik trat sodann bei den Friedensverhandlungen zwischen Barbarossa und Papst Alexander III. wieder besonders hervor. Noch im Vorfrieden von Anagni vom Spätherbst 1176 war die Rückstellung dieser Rechte an das Papsttum vorgesehen worden, bezeichnenderweise fehlte eben dieser Passus aber dann in den Bestimmungen des Friedensschlusses von Venedig im folgenden Jahr.[16] Barbarossa war es in

---

[12] Vgl. etwa BOM 458.

[13] Die Quellen bei *Knipping*, Reg. Köln 2. – Vgl. zu ihm *Herkenrath*, Reinald von Dassel.

[14] Zu seinen Legatenurkunden vgl. *Hägermann*, Urkunden, 202 ff. – Zu seinem Wirken vgl. *Schöntag*, Untersuchungen.

[15] Vgl. *von der Nahmer*, Toscana, 102 ff., 110 ff. und 201 ff.

[16] MGH.DDF.I.658 und 687, vgl. *Kehr*, Vertrag von Anagni, 75 ff. – *Schmale* hat in seiner Edition: Italische Quellen, 2 Anm. 2 eine neue Studie zum Vorvertrag von Anagni und zum Frieden von Venedig angekündigt.

geschicktem diplomatischen Taktieren gelungen, seine Ansprüche auf
diesen unverzichtbaren Bestandteil der Rechte des Reiches südlich der
Alpen zu wahren. Im unmittelbaren Anschluß an den Kongreß in der
Lagunenstadt unternahm der staufische Kaiser einen geradezu demonstrativen Zug durch Mittelitalien, der ihn von der adriatischen Küste
über Assisi, wo er das Weihnachtsfest 1177 beging, das Gebiet von
Siena und Pisa an die ligurische Küste führte. Zum großen Mißfallen
des Papstes wurden dabei die Reichsrechte in diesem Raum mit großem Nachdruck unterstrichen. Der nach langen Jahren des Schismas
endlich erreichte Friede konnte aber nicht mehr gestört werden, zudem
war Alexander III. bei seiner Rückkehr nach Rom auf die Unterstützung der Reichstruppen angewiesen.[17]
  Welchen Wert Barbarossa auf die Absicherung der Position des Reiches in Mittelitalien legte und welche Rolle dabei die Mathildischen
Güter spielten, zeigte sich dann auf seinem letzten Italienzug von
1184–1186 nochmals aufs deutlichste. Erst 1183/84 war das Angebot
an die Kurie, für die Überlassung der Mathildischen Güter an den
Staufer dem Papst und dem Kardinalskollegium jeweils ein Zehntel der
Reichseinkünfte aus Italien zuzuwenden, abgelehnt worden.[18] Barbarossa war aber keineswegs gewillt, auf seine Ansprüche zu verzichten.
In seinem Abkommen mit Mailand vom Februar 1185[19] verpflichtete er
diese so lang in vehementer Opposition zum Reich verharrende Stadt,
mit der im Gefolge des Friedens von Konstanz ein Ausgleich erzielt
worden war, zur militärischen Unterstützung seiner auf die Mathildischen Güter gerichteten Rekuperationspolitik. Zugleich band er eine
Reihe bedeutender mathildischer Vasallen durch gezielte Privilegien-
vergabe an das Reich und suchte im Sommer 1185 erneut persönlich
Mittelitalien auf. Damals hatte die Entwicklung freilich mit der 1184
erfolgten Verlobung des Thronfolgers, Heinrichs VI., mit Konstanze
von Sizilien bereits eine neue Dimension angenommen.[20] Barbarossa
bereitete mit seinen nunmehr gesetzten Maßnahmen die Herrschaft seines Sohnes in umsichtiger Weise vor, die Brückenfunktion Mittelitaliens zwischen dem Norden und dem nunmehr ins Blickfeld staufischer
Interessen tretenden Süden Italiens war nun in einem neu konturierten
politischen Umfeld zu sehen.
  Fahren wir mit unserer geographisch-herrschaftlichen Skizze der Gegebenheiten im Königreich Italien fort, so richtet sich unser Blick – in

---

[17]  *Hägermann*, Reichslegation, 218 ff.
[18]  Vgl. *Baaken*, Unio, 222 ff.
[19]  MGH.DF.I.896, vgl. *Opll*, Stadt und Reich, 339 f.
[20]  Vgl. zuletzt *Wolter*, Verlobung, 30 ff.

weiterer Ergänzung der Aussagen Ottos von Freising – auf die Stadt
Rom selbst.[21] Sie war das Herzstück des unmittelbar päpstlichen Herr-
schaftsbereiches des Patrimonium beati Petri, zugleich aber auch Inbe-
griff der Herrschaft im gesamten Imperium. Mit großem Nachdruck
verfocht Barbarossa seinen Anspruch auf die Herrschaft des Reiches
über diese Stadt als gleichsam höchster Ausdruck seiner Auffassung
vom Herrscheramt. In der Tiberstadt selbst war das Herrschaftsgefüge
vor allem ab dem Schisma des Jahres 1130 ins Wanken geraten, Innozenz II. konnte sich erst nach Jahren und nur mit Unterstützung
Lothars III. durchsetzen. 1143 rissen städtische Kreise, gebildet aus den
Repräsentanten der Stadtaristokratie, aber auch aus neu aufgestiege-
nen sozialen Schichten, die Macht über die Stadt an sich, kommunale
Regierungsformen traten damit in einer Zeit, da die Stadtstaaten in
Oberitalien ihren großen Siegeszug erlebten, auch am Tiber hervor. In
Anlehnung an antike Traditionen wurde das institutionelle Kernstück
dieser Bewegung in Rom 'Senat' genannt. Die Gegnerschaft zum
Papsttum verschärfte die lokale Situation zusehends. Prekär wurde die
Lage für das Papsttum[22] zum einen durch das Ausbleiben jeglicher
Unterstützung von seiten des in innerdeutsche Wirren verstrickten Königtums, das zudem das unselige Wagnis des Kreuzzuges auf sich
nahm, zum anderen durch die Kontakte, die die stadtrömische Bewegung zu den Kreisen um den vehementen Kritiker des Papsttums, Arnold von Brescia, aufnahm. Auch gegenüber dem Reichsoberhaupt traten die Stadtrömer in durchaus eigenständiger Weise hervor. Ihre Aufforderung an Konrad III. zum Romzug, verbunden mit dem Hinweis
auf die von Papst Eugen III. aufgenommenen Beziehungen zum Normannenreich, mußte dem Herrscher freilich die Gefahr dieser politischen Zwänge der römischen Kirche bewußtmachen.

Die Lage verschärfte sich zu Anfang der Regierung Friedrich Barbarossas noch weiter, wir erfahren von Bestrebungen hinsichtlich der Vornahme einer eigenständigen Kaiserwahl in Rom. Ein nicht näher be-
kannter, dem Namen Wezel nach wohl deutscher Parteigänger dieser
stadtrömischen Kreise warnte den jungen König in einem eigenen
Schreiben vor der Bedrohlichkeit der Situation.[23] Der Staufer ging
zwar auf diese Warnung unmittelbar nicht weiter ein, setzte vielmehr
seine Verhandlungen mit Eugen III. fort, die dann im März 1153 zur

---

[21] Vgl. *Opll*, Stadt und Reich, 417 ff. mit weiterführenden Literaturangaben.
[22] Zur politischen Lage des Papsttums zwischen Imperium, Byzanz und Sizilien vgl. zuletzt auch *Engels*, Konstanzer Vertrag, 235 ff. sowie *Niederkorn*, Mitgift, 125 ff.
[23] Vgl. BOM 132 und 134.

Ratifizierung des Konstanzer Vertrages führten. Dennoch ist es auffällig, daß der nach Rom entsandten königlichen Delegation auch Graf Ulrich von Lenzburg angehörte, den der ominöse Wezel als eine der Persönlichkeiten genannt hatte, die Friedrich nach Rom – allerdings zu Gesprächen mit den Stadtrömern – abordnen sollte.

Noch in den letzten Tagen vor seiner mit Papst Hadrian IV. vereinbarten Kaiserkrönung erreichte den Herrscher sodann eine Gesandtschaft der stadtrömischen Bewegung, deren Angebot, ihm gegen Zahlung von 5000 Pfund und eidliche Bestätigung ihrer Rechte und Privilegien die Kaiserkrone zu übertragen, aber zurückgewiesen wurde.[24] Dennoch mußte dem Staufer die Bedeutung von Kontakten zu den Stadtrömern als ein – neben dem Einfluß auf die Einsetzung des Stadtpräfekten – wichtiges und mögliches Regulativ gegenüber den päpstlichen Ambitionen bewußt geworden sein. So ist es bezeichnend, daß Barbarossa im Sommer 1159, als die Auseinandersetzungen mit Hadrian IV. ihrem Höhepunkt zusteuerten, seine nach Rom entsandten Boten ausdrücklich auch zu Verhandlungen mit den Stadtrömern ermächtigte, Verhandlungen, die dann freilich an der Frage des kaiserlichen Einflusses auf das Präfektenamt scheiterten.[25] Erst im Sommer des Jahres 1167, als der Kaiser durch militärische Intervention in Rom die Frage des Schismas zu seinen Gunsten entscheiden wollte, kam es nach einer Niederlage der Römer gegen die Truppen des Reiches zu einem regelrechten Vertrag Barbarossas mit der Tiberstadt, der die Anerkennung des Senats unter offensichtlich bewußter Ausklammerung von Bestimmungen über das Präfektenamt enthielt.[26] Im Lauf der bewegten Entwicklung der nächsten Jahre versuchte der Kaiser dann wieder, seinen Einfluß auf dieses Amt zu wahren, doch mußte er seine Ansprüche im Frieden von Venedig weitgehend zurücknehmen. Mit dem Papsttum konnte die Stadt Rom erst im Jahre 1188 zu einer urkundlich fixierten Regelung der gegenseitigen Beziehungen kommen.

Die Entwicklung der Stadt Rom in der frühstaufischen Epoche ist nicht ohne den politischen Hintergrund des Aufstiegs des normannischen Königreiches Sizilien zu verstehen.[27] Dieser südlichste Bereich der Apenninenhalbinsel tritt uns in der Schilderung Ottos von Freising praktisch nicht entgegen. Er hatte bis ins 9. Jahrhundert zum byzantinischen Herrschaftsbereich gehört, war in der Folge stark von den Aus-

---

[24] BOM 316.
[25] Vgl. dazu *Petersohn*, Seu de recipiendo prefecto, 397 ff.
[26] *Opll*, Stadt und Reich, 424 f.
[27] Dazu vgl. auch heute noch das klassische Werk von *Chalandon*, Histoire 2.

wirkungen der arabischen Expansion überlagert worden, ehe er im 11. Jahrhundert zunehmend – unter Förderung von seiten des Papsttums – unter den Einfluß der Fürsten aus normannischem Hause geriet. 1127 war es dem bedeutenden Normannenfürsten Roger II. mit der Vereinigung der Herzogtümer Apulien und Kalabrien, dem sizilischen Raum und dem Fürstentum Capua gelungen, eine entscheidende Konzentration der Machtmittel in Süditalien in seiner Hand zu erreichen. Drei Jahre später verstand er es, das päpstliche Schisma für sich zu nutzen: Papst Anaklet erteilte der 1130 in Palermo erfolgten Krönung zum König seine Zustimmung. Nach dem Ende der Wirren auf dem päpstlichen Thron sprach auch Innozenz II. 1139 seine Anerkennung hinsichtlich des neuen Königtums aus, nicht zuletzt als Folge des auf dem zweiten Italienzug Lothars III. gescheiterten militärischen Vorgehens gegen den Normannenherrscher.

Die Unterstützung von seiten Rogers II. sollte in den Jahren der Regierung Konrads III., dem eine regelrechte 'Italienpolitik' nur in äußerst bescheidenen Ansätzen zuzusprechen ist, zu einer der wesentlichen Grundbedingungen des politischen Handlungsspielraums des Papsttums werden. Die engen Kontakte des staufischen Königs zu Byzanz führten zu einer deutlichen Frontstellung des Reiches gegenüber Sizilien,[28] der Papst war zugleich angesichts der heftigen stadtrömischen Opposition auf sizilische Hilfe vielfach angewiesen. Erst mit der Wahl Barbarossas, dessen erfolgreiche Politik in Deutschland ihm die Möglichkeit zur Wiederaufnahme einer energischen Italienpolitik eröffnete, änderte sich die Situation in den großen Bündnissen, damit auch im Verhältnis gegenüber Sizilien. Bis in die frühen siebziger Jahre des 12. Jahrhunderts dominierte der Gegensatz zwischen Staufern und Normannen, ein Gegensatz, der seine politische Akzentuierung nicht zuletzt durch die nach dem Scheitern eines militärischen Vorgehens des Staufers gegen Sizilien ab 1156 fixierte, enge Zusammenarbeit des Papsttums mit den normannischen Herrschern erfuhr. Erst im Zusammenhang mit den Bemühungen um die Beendigung des Schismas wandelte sich die Lage dann grundlegend. Der im Sommer 1177 vereinbarte fünfzehnjährige Friede[29] zwischen dem Reich und Sizilien führte nicht nur zur Anerkennung der seit Jahrzehnten bekämpften Normannenherrschaft, er war letztlich auch der Ausgangspunkt für die Ehe des Nachfolgers Barbarossas, Heinrichs VI., mit Konstanze von Sizilien, die im Januar 1186 in Mailand geschlossen wurde. Diese Ehe bildete in der Folge die Basis für die Ausweitung der staufischen Herrschaft auf

---

[28] S. dazu auch unten S. 274 ff.
[29] MGH.DF.I.694.

den Süden Italiens, die Einbeziehung des sizilischen Königreiches in das Imperium, das vor allem dann von Papst Innozenz III. so vehement bekämpfte Phänomen der *unio regni ad imperium*.[30] Als letzte Ergänzung zu dem 'Gemälde' Italiens, das uns der baben-bergische Historiograph entwirft und das natürlich nur Reichsitalien im Blickfeld hat, ist noch auf die außerhalb des Imperiums gelegene In-sel- und Lagunenstadt Venedig[31] hinzuweisen. Bereits Karl der Große hatte sie im Jahre 812 offiziell an das Oströmische Reich abgetreten, in der Folge hatte sie aber zunehmend ein eigenständiges, unabhängiges Profil errungen. Als wichtiges Handelszentrum wurde die Stadt für By-zanz wie für das westliche Reichsgebiet zu einem wesentlichen Faktor in den wirtschaftlichen Beziehungen der Epoche.[32] Diese Rolle sollte vor allem im Zusammenhang mit der ab dem Ende des 11. Jahrhunderts einsetzenden Kreuzzugsbewegung faßbar werden. Die Kontakte zum westlichen Imperium wurden unter Friedrich I. schon zu Ende des Jah-res 1154 durch den Abschluß eines Vertrages in rechtlich fixierte Form gekleidet, wobei es sich um die Erneuerung älterer Verträge handelte.[33] Gemäß der herrschaftlichen Position Venedigs im adriatischen Raum, insbesondere an der dalmatinischen Küste,[34] stellte seine Einbeziehung in den Rahmen der staufischen Politik ein wichtiges Regulativ hinsicht-lich des Verhältnisses zu Byzanz dar. Mit dem Ausbruch des Schismas kam es freilich zu einer deutlichen Verschlechterung in den gegensei-tigen Beziehungen, wobei zweifellos auch der machtvollen und energi-schen Politik Barbarossas gegenüber den norditalienischen Kommu-nen, die mit ihrem Ausgreifen ins östliche Oberitalien (Padua, Treviso, Ferrara) das unmittelbare Hinterland der Lagunenstadt erfaßte, eine gewichtige Rolle zukam. Venedig war seit den frühen sechziger Jahren Stützpunkt der Anhänger Alexanders III.[35] In derselben Zeit verstand es auch der oströmische Kaiser Manuel, hier seinen Einfluß geltend zu machen. Die Seestadt war dann wichtige Drehscheibe für die finan-zielle Unterstützung, die Byzanz dem Kampf der Kommunen gegen den Staufer angedeihen ließ.[36] Gegen Ende der 1160er Jahre erfolgte im

---

[30] Dazu vgl. *Baaken*, Unio, 219 ff. und *Wolter*, Verlobung, 30 ff.

[31] Vgl. dazu *Kretschmayr*, Geschichte von Venedig 1–3 sowie *Rösch*, Venedig und das Reich.

[32] Dazu jetzt *Lilie*, Handel und Politik.

[33] MGH.DF.I.94 ( = BOM 263). – Als Vorurkunde diente die entsprechende Urkunde Lothars III.

[34] Vgl. dazu jetzt *Steindorff*, Die dalmatinischen Städte.

[35] *Ohnsorge*, Legaten Alexanders III., 154 ff.

[36] *Classen*, La politica, 265 ff.

Zug einer radikalen Verschlechterung im Verhältnis der Stadt zum Oströmischen Reich eine Umorientierung der venezianischen Politik.[37] Dennoch waren es in erster Linie Motive der Handelsinteressen, die im Jahre 1173 zur Teilnahme der Lagunenstadt an der letztlich erfolglosen Belagerung von Ancona durch den Reichslegaten Erzbischof Christian von Mainz führten.[38]

Die große Stunde der Venezianer im 12. Jahrhundert schlug dann 1177 bei der Verlegung des das Schisma endgültig beschließenden Friedenskongresses zwischen Friedrich Barbarossa und Alexander III. in ihre Stadt. Die 1154 vorgenommene vertragliche Regelung der Beziehungen zum Reich wurde damals erneuert. In der Folge trat eine nachhaltige Intensivierung der Handelsgeschäfte zwischen Venedig und dem Reichsgebiet nördlich der Alpen ein. Auch der Kaiser selbst hatte die Bedeutung der Wirtschafts- und Finanzmacht der Venezianer erkannt, er ließ hier Darlehen aufnehmen, bediente sich damit der Fähigkeiten und Möglichkeiten dieser Stadt in Geldgeschäften. Bereits aus seiner Zeit wissen wir von einem ständig in Venedig anwesenden deutschen Kaufmann, Bernardus Teutonicus, ab der Wende vom 12. zum 13. Jahrhundert trat die babenbergische Residenzstadt Wien in Handelskontakte mit der Seestadt. Wenig später kam es zur Errichtung des Fondaco dei Tedeschi, des Zentrums des deutschen Warenhandels in Venedig.[39]

Die Position des Reiches im eigentlichen Oberitalien, damit in der Zone, die Otto von Freising bei seiner Schilderung vor allem im Blickfeld hat, wäre freilich unvollständig gekennzeichnet, würde man nicht auch auf das dort vorhandene Reichsgut außerhalb der Mathildischen Güter hinweisen.[40] Während die territorialen Rechte des Reiches im östlichen Oberitalien nur mühsam aus der Überlieferung zu rekonstruieren sind, liegt uns in dieser Hinsicht für den Westteil dieser Zone, insbesondere den piemontesischen Raum, mit dem sogenannten ›Tafelgüterverzeichnis des römischen Königs‹ eine außerordentlich wertvolle Quelle vor, die man heute zumeist in die frühstaufische Epoche zu datieren pflegt.[41] Damit wird sie für die in der vorliegenden Studie behandelte Epoche der hochmittelalterlichen Reichsgeschichte besonders wichtig. Sie gewährt uns Einblick in die besitzrechtlichen Grundlagen

[37] S. dazu auch unten S. 278 ff.
[38] Vgl. *Leonhard*, Ancona, 72 ff.
[39] Vgl. dazu auch *Opll*, Handelsgeschichte, 49 ff.
[40] Vgl. dazu die Arbeiten von *Darmstädter*, *Schrod* und *Baur* (im Literaturverzeichnis).
[41] *Brühl – Kölzer*, Tafelgüterverzeichnis.

des Imperiums gegenüber und in Italien und zeigt uns einen wesentlichen Aspekt der Ansprüche der Reichsgewalt auf die Herrschaft südlich der Alpen.

Wurde bisher versucht, die Entwicklung der Apenninenhalbinsel im 12. Jahrhundert hinsichtlich ihres geographisch-herrschaftlichen Gepräges in groben Zügen nachzuzeichnen, wobei das Bild Ottos von Freising um einige wesentliche Bereiche und Problemzonen erweitert werden konnte, so wollen wir uns nunmehr verstärkt den Fragen der inneren Struktur Reichsitaliens, im besonderen den sozialen und institutionellen Gegebenheiten, zuwenden. Auch dafür bietet ja der babenbergische Geschichtsschreiber interessante Einblicke aus der Sicht eines deutschen Reichsfürsten seiner Zeit. Dabei dominiert in seinem Bericht das Phänomen der städtischen Herrschafts- und Machtstellung in Italien, ein Phänomen, das ihm wegen seiner Verschiedenartigkeit von den gewohnten Verhältnissen im deutschen Reichsteil besonders auffiel, ihn offenkundig überaus fesselte und zu deutlicher Kritik veranlaßte. Freilich ist dieses Bild von den Gegebenheiten in Reichsitalien ebenso unvollständig und ergänzungsbedürftig, wie wir es schon bei anderen Teilen von Ottos Beschreibung konstatieren mußten. Im wesentlichen gibt er uns hier den Eindruck wieder, der aus der Kenntnisnahme der Verhältnisse im lombardischen Bereich, hier besonders im Raum um Mailand,[42] erwachsen war. Schon beim ersten Italienzug Barbarossas hatte sich ja diese Landschaft als die neuralgische Zone für die Italienpolitik des Staufers abgezeichnet; die künftige schwere Auseinandersetzung mit der Welt der Kommunen[43] war hier im Keim bereits vorgezeichnet.

Die gesellschaftliche Situation im Regnum südlich der Alpen war freilich weitaus komplexer und vielfältiger, als sie sich aus der Sicht des babenbergischen Historiographen ergibt. Vor allem ist – neben der zweifellos überaus eindrucksvollen und in vielen Gebieten auch dominierenden Welt der Städte – auf das Bestehen einer reich gegliederten Feudalgesellschaft hinzuweisen. Dabei ist zum einen an eine große Anzahl bedeutender Adelsfamilien markgräflicher und gräflicher Prägung zu denken,[44] zum anderen aber muß mit Nachdruck betont werden, daß auch die Gesellschaftsstruktur in den Städten und dem eng mit ihnen verbundenen Umland keinesfalls nur von bürgerlichen Elementen,

---

[42] Dazu vgl. *Haverkamp*, Zentralitätsgefüge, 48 ff.

[43] Zum Verhältnis Barbarossas zu den italienischen Kommunen vgl. jetzt *Opll*, Stadt und Reich, 178 ff. sowie 528 ff.

[44] Vgl. *Haverkamp*, Adel, 53 ff., *Strachwitz*, Privilegierungen und *Brezzi*, Gli alleati, 157 ff.

sondern eben von einem wesentlichen, ja charakteristischen Anteil feudaler Schichten bestimmt war[45]. Zu achten ist dabei natürlich auf regionale Unterschiede: In den gebirgigen, hügeligen Teilen Reichsitaliens, so etwa im ligurischen Apennin oder auch in vielen Gebieten Mittelitaliens, können wir noch im 12. Jahrhundert eine weitgehend dominante Position des Adels fassen, der sich allerdings auch dort zunehmend mit dem politischen Wirken der Städte konfrontiert sah. Ganz anders stellte sich freilich die Situation in den ebenen Gebieten Oberitaliens, insbesondere in der Poebene, dar, wo die Kommunen weitestgehend die tonangebende Kraft bildeten. Weit zurückgedrängt war dagegen im allgemeinen die Position des Klerus, hier vor allem die der städtischen Bischöfe, die sich in der überwiegenden Zahl der Fälle damals bereits der Macht ihrer Kommune hatten beugen bzw. mit dieser zu einem 'modus vivendi' hatten finden müssen.[46]

Um aus der adeligen Welt Reichsitaliens wenigstens einige wenige Beispiele anzuführen, sei auf die markgräflichen Familien der Malaspina und der Montferrat hingewiesen. Die Malaspina[47] hatten ihr Machtzentrum im Raum des ligurischen Apennins, gegen Osten etwa durch die Zone des Monte Bardone (heute: Paß von La Cisa), gegen Westen durch den Raum zwischen Genua, Tortona und Piacenza begrenzt. Angesichts der dominanten Stellung der zuletzt genannten, bedeutenden Kommunen sahen sie sich mit mächtigen städtischen Gegnern konfrontiert. In diesem Rahmen ist auch ihr Verhältnis zum Reich zu sehen, das von großen Schwankungen – zwischen Bündnis und Gegnerschaft – charakterisiert wird. Im Westen der von ihnen dominierten Landschaft schloß sich ein weiteres, von adeligen Herrschaften geprägtes Gebiet in Richtung auf das südliche Piemont zu an; zu nennen wären hier etwa die Markgrafen von Gavi, Busto und Savona, die freilich in der Zeit Barbarossas keine den Malaspina vergleichbare Rolle spielten. Das Verhältnis dieses Adels zu den Städten wurde nicht selten von dem geradezu typischen Phänomen der sogenannten 'Habitaculum'-Verträge gekennzeichnet, in deren Folge Adelige gezwungen wurden, einen Teil des Jahres in der Stadt Wohnung zu nehmen und damit der Kontrolle seitens der Kommune unterworfen waren.

Große Bedeutung in der italienischen Adelswelt des 12. Jahrhun-

[45] Zur städtischen Sozialstruktur von Mailand als besonders charakteristischem Beispiel vgl. *Violante*, La società milanese und *Keller*, Adelsherrschaft und städtische Gesellschaft.

[46] Beispiele dafür bei *Opll*, Stadt und Reich, etwa 289 ff. (Imola) oder 457 ff. (Verona).

[47] Zu ihnen vgl. *Guagnini*, I Malaspina und *Haverkamp*, Adel, 63 ff.

derts kam dem markgräflichen Hause Montferrat[48] zu, dessen Besitz-schwerpunkte im Raum des östlichen Piemont konzentriert waren, wo die Landschaft des Monferrato im Gebiet zwischen Asti und dem Po bis heute den Namen dieser Familie trägt. Die staufische Parteinahme Wilhelms von Montferrat, der durch seine Ehe mit der Babenbergerin Judith Schwiegersohn der Großmutter Barbarossas, der Salierin Agnes, war, stellte während langer Jahre der Herrschaft Friedrichs I. eine be-ständige Konstante im Rahmen der kaiserlichen Italienpolitik dar. Erst die Notwendigkeit, ab den späten siebziger Jahren des Jahrhunderts zu einem Ausgleich mit den Kommunen Oberitaliens zu gelangen, insbe-sondere dann die Aussöhnung des Kaisers mit Alessandria, aber auch territorialpolitische Gegensätze zwischen dem Sohn Wilhelms, Mark-graf Konrad, und der Reichsgewalt in Mittelitalien,[49] führten hier zu einer Änderung. In der oberitalienischen Szenerie der Barbarossa-Zeit kam auch einem Grafenhaus mit ähnlich guten Beziehungen zur Reichsgewalt größere Bedeutung zu, den Grafen von Biandrate[50] mit ihrem Besitzschwerpunkt im Gebiet um Novara. Graf Guido war in einer für die Situation des Adels seiner Zeit nachgerade typischen Weise auch Bürger der Stadt Mailand, seine Parteinahme für den Herr-scher machte ihn in den Kämpfen mit der lombardischen Metropole zu einer höchst wichtigen Persönlichkeit. Sein gleichnamiger Sohn wurde unter wesentlicher Förderung von seiten des Herrschers gegen den Widerstand des Papstes 1158/59 auf den erzbischöflichen Stuhl von Ravenna erhoben.

Der schon mehrfach angesprochene Anteil feudaler Schichten an der städtischen Bevölkerung dieser Epoche, weniger der großen Adelsfa-milien als vielmehr der größeren und kleineren Lehnsträger, die vor al-lem in Mailand mit den Begriffen der 'Capitane' und 'Valavassoren' so gut zu belegen sind,[51] führt uns nunmehr zur Welt der Kommunen im engeren Sinne, damit zu dem wohl maßgeblichen Element der struktu-rellen Verhältnisse Reichsitaliens[52]. Seit der Antike war Italien ein Land

---

[48] Zu den Montferrat vgl. *Haverkamp*, Adel, 81ff. und *Hägermann*, Reichsle-gation, 222 Anm. 185.

[49] Dazu vgl. *Hägermann*, Reichslegation, 218ff.

[50] Zu diesen Grafen vgl. *Haverkamp*, Adel, 64ff. und *Brezzi*, Gli alleati, 163 Anm. 6.

[51] Wie oben Anm. 45.

[52] Zur Entwicklung der Kommunen vgl. *Dilcher*, Entstehung der lombardi-schen Stadtkommune; die wichtigen Ausführungen von *Keller* in seinen ver-schiedenen Arbeiten, jetzt zusammengefaßt: Adelsherrschaft und städtische Gesellschaft, sowie die Quellensammlung von *Bordone*, La società urbana. – S. dazu auch unten, S. 256ff.

der Städte geblieben, das dichte Netz an Bischofssitzen ist nur eine andere Facette derselben Erscheinung. Die Herrschaftverhältnisse in der Stadt und ihrem Umland waren dabei von den Faktoren der bischöflichen Kirchen, deren Stellung man im Rahmen der Übertragung des ottonischen Reichskirchensystems auf Italien zu befestigen gesucht hatte, eher weniger von der Stellung der Grafen, vor allem aber – seit dem 11. Jahrhundert immer deutlicher – von der aufsteigenden Macht der städtischen Gesellschaft bestimmt. Ab dem frühen 12. Jahrhundert, in einer Epoche, als die Bewegung der Kreuzzüge verstärkte Mobilität in vieler Hinsicht in die allgemeine Entwicklung eingebracht hatte, in vielen Städten bereits das Repräsentativorgan der politischen Mitsprache, das Konsulat, hervortrat und erste Erfolge verzeichnen konnte, als vor allem aber die Reichsgewalt durch lange Jahre der Abwesenheit aus Italien ihre Rechte nicht mit dem nötigen Durchsetzungsvermögen wahrnehmen konnte, ist der unaufhaltsame Aufstieg der kommunalen Bewegung unverkennbar. So ist es verständlich und auch völlig richtig, daß sich Otto von Freising in seiner Charakterisierung Reichsitaliens auf die städtische Welt konzentriert, deren Bedrohung für das Gefüge des Reiches mit Nachdruck unterstreicht und den Blick auf die – in den Augen des deutschen Reichsfürsten – ungewöhnliche soziale Mobilität in den Kommunen lenkt.

Naturgemäß mußte damit die Städtepolitik der gesamten Italienpolitik Friedrichs I. den entscheidenden Stempel aufdrücken. Schon eine Betrachtung seines Itinerars[53] gibt darüber hinaus deutlich zu erkennen, welchen Stellenwert der Staufer den Fragen Reichsitaliens innerhalb seiner Herrschaftsausübung beimaß. In seinen insgesamt 38 Regierungsjahren, von denen das Jahr des Kreuzzuges 1189/90 noch abzurechnen ist, brach er sechsmal zu Zügen nach dem Süden auf (1154–1155, 1158–1162, 1163–1164, 1166–1168, 1174–1178, 1184–1186), 14 Jahre verbrachte er demnach in Italien. Dazu kommt, daß diese Italienaufenthalte ohne Zweifel als die besonders aktiven, kampfbetonten und auch schweren Jahre seiner Herrschaft zu gelten haben. Der statistisch gewonnene Eindruck erfährt freilich bei detaillierter Betrachtung noch weitere Akzentuierungen, wenn der Kaiser etwa im Jahrzehnt von 1158–1168 nur drei Jahre nördlich der Alpen zugebracht hat.

Von größtem Interesse ist in diesem Zusammenhang die Frage nach den im Rahmen dieser Italienpolitik angewandten Herrschaftsmitteln, zeigt sich doch hier das reiche Instrumentarium, dessen sich der Staufer bediente. Sie belegen von neuem das große politische Talent dieses Mannes, der in einer Kombination aus althergebrachten, traditionellen

[53] Vgl. *Opll*, Itinerar.

Methoden, die er freilich mit neuen Inhalten und neuer Dynamik erfüllte, und neu geschaffenen politischen Möglichkeiten den letztlich
allseits anerkannten Erfolg für sich zu sichern verstand und damit als
eine der bedeutendsten mittelalterlichen Herrscherpersönlichkeiten in
die Geschichte eingegangen ist. Zunächst kommt hier zweifelsohne der
zielbewußten Anwendung der Möglichkeiten des Lehnswesens grundlegende Bedeutung zu. Dieses traditionelle Element im Aufbau des
Reiches wurde über die Durchsetzung der Regalienleihe an die städtischen Konsuln auch gegenüber dieser neuartigen Welt der Kommunen
in Anwendung gebracht. Mit großem Geschick verstand es der Staufer,
den Umfang der Rechte des Reiches, der Regalien, die sich die Städte
Reichsitaliens seit dem frühen 12. Jahrhundert in zunehmendem Maße
angeeignet hatten, unter Einbeziehung von Vertretern der Städte auf
dem Reichstag von Roncaglia im November 1158 festzulegen. Er bediente sich dabei der damals bereits in Italien in großer Blüte stehenden Rechtsgelehrsamkeit. Mit dieser Einbeziehung der Möglichkeiten
des römischen Rechts, das nicht zuletzt in den auf diesem Reichstag erlassenen Gesetzestexten über den Anspruch auf die oberste Verfügungsgewalt des Reiches hinsichtlich der Einsetzung von jeglicher Ge-
richts- und Amtsgewalt, die Frage der Pfalzen in Reichsitalien und das
Einheben von Abgaben so deutlich hervortritt, schuf er sich einen, dem
in Italien entwickelten Rechtsleben konformen Handlungsspielraum,
vermochte damit eine juridisch-theoretische Untermauerung der
Reichsgewalt zu erzielen. Weitere traditionelle Herrschaftsmittel sind
in der gezielten Privilegienpolitik, aber auch der Führung von Verhandlungen, dem Abschluß von Verträgen und Abkommen[54] zu sehen.
Schließlich ist auch an die nicht seltene offene Konfrontation, d. h. den
Kampf, die Anwendung militärischer Mittel und aller hier in Frage
kommenden Zwangsmaßnahmen zu erinnern.

Daneben – und das ist ohne Zweifel ein besonders auffälliges Charakteristikum der Politik Friedrich Barbarossas gegenüber Reichsitalien – ist aber vor allem auf eine Reihe von neuartigen Zügen in den
herrschaftlichen Methoden aufmerksam zu machen. Es geht dabei in
erster Linie um den Aufbau einer eigenen Verwaltungsorganisation des
Reiches, die auf mehreren Ebenen mit sehr typischen Erscheinungsfor-
men zu fassen ist.[55] Auf höchster Ebene ist hier zuerst die Institution
der Reichslegaten zu nennen, die – ausgestattet mit umfassenden juris-
diktionellen, insbesondere aber politischen Kompetenzen und Agenden – weite Teile des Regnum in ihre Aktivität miteinbezogen. Damit

54  Vgl. *Riedmann*, Beurkundung.
55  Vgl. dazu *Haverkamp*, Herrschaftsformen und *von der Nahmer*, Toscana.

entstand eine Art stellvertretender Regierungsinstanz für den Kaiser, der auf diese Weise seine Rechte auch in Zeiten der Abwesenheit aus Italien oder aus einem bestimmten Teil dieses Gebietes wahrzunehmen vermochte. Gut zu belegen sind diese Funktionen eines Reichslegaten in den Maßnahmen des Kölner Erzbischofs Rainald von Dassel, aber auch des späteren Mainzer Metropoliten Christian von Buch in den sechziger und siebziger Jahren des 12. Jahrhunderts.[56] Ausdrücklich jurisdiktionelle Befugnisse, dagegen kaum eine Kompetenz in weiterreichenden politischen Belangen, kam den ebenfalls in den 1160er Jahren auftretenden Hofvikaren – etwa Bischof Hermann von Verden[57] – zu, was aus ihrem Titel, mit dem Zusatz *ad iustitias faciendas*, klar hervortritt.

Die Beschlüsse des Reichstages von Roncaglia vom Herbst 1158, die in vielem als Wende bzw. als eigentlicher Auftakt der Italienpolitik Barbarossas zu gelten haben, führten in der Folge zur unmittelbaren Einflußnahme des Reiches auf das in den Städten bisher eigenständig gebildete Regiment des Konsulats. Dabei sind verschiedene Arten dieses Einwirkens zu erkennen, die in ihrer jeweiligen Charakterisierung Spiegel der politischen Gegebenheiten, aber auch der lokalen, institutionellen Voraussetzungen sind. Um die Jahreswende 1158 / 59 ging man dabei zunächst so vor, daß das Gremium von Konsuln in mehreren Städten, etwa in Lodi, Cremona und Piacenza, vom Herrscher – nach vorhergehender Prüfung der Reichstreue dieser Persönlichkeiten – in der Form gebilligt wurde, daß die Männer als kaiserliche *potestates* eingesetzt wurden. Dahinter verbarg sich ohne Zweifel eine besonders nachdrückliche Einflußnahme der Reichsgewalt auf die Zusammensetzung des jeweiligen Stadtregiments. Dies sollte dann ja auch bald schon zu neuen Unruhen (Mailand, Piacenza) führen. In verschiedenen Städten an der Via Emilia, aber auch in Verona und in Teilen Mittelitaliens, wo sich seit den frühen fünfziger Jahren des 12. Jahrhunderts in offensichtlich vom Reich unabhängiger Weise ein städtisches Einpersonenregiment[58] gebildet hatte, bediente sich der staufische Kaiser mit Geschick dieser lokalen Voraussetzungen; vielleicht war es auch einfacher, den Einfluß auf eine einzelne Persönlichkeit zu wahren als auf ein Gremium mit zumeist unterschiedlicher Interessenlage und verschiedenartiger Parteinahme. Gegenüber bewährt reichstreuen Städten ließ das Reich sodann in den harten Kämpfen der Zeit die Zügel etwas lockerer, sie erhielten Bestätigungen des gewählten

---

[56] Vgl. dazu schon oben S. 6 Anm. 21.
[57] Zu ihm vgl. *Wurst*, Hermann von Verden.
[58] Vgl. *Ludwig*, Podestaten und *Opll*, Stadt und Reich, 529 Anm. 35a.

Konsulats mit oder auch ohne Festlegung eines zu leistenden Jahreszinses für die überlassenen Hoheitsrechte (Regalienzins).

Vor allem ab dem Triumph über Mailand, das im März 1162 das bittere Schicksal der städtischen Zerstörung erleben mußte, erfolgte eine wesentliche Verschärfung der unmittelbaren Einflußnahme des Reiches auf und in Reichsitalien. Hinsichtlich der Städte kam es zur Einsetzung fremder, nicht selten deutscher Podestà (abgeleitet von *potestas*), die entweder neben dem fortbestehenden Gremium der städtischen Konsuln oder auch allein agierten. Bekannt ist etwa die Einsetzung jenes Sachsen Arnold von Dorstadt in Piacenza, dem die Italiener nach seinem mehrfarbigen Bart den Beinamen 'Barbavaria' gaben. Eine andere Möglichkeit bestand darin, einen Amtsträger des Reiches über mehrere Städte (Markward von Grumbach für Brescia und Bergamo), über das Landgebiet solcher Städte (Lambert von Nimwegen über das Territorium von Crema im Umfeld von Lodi) oder auch über von Städten weniger geprägte Zonen eigenen herrschaftlichen Gepräges (Graf Goswin von Heinsberg für das Seprio und die Martesana, damit in einer traditionell zwischen Mailand und Como umstrittenen Landschaft) zu setzen. Die aus ihrer Stadt ausgesiedelten Mailänder wurden als seit langem gefährlichstes Element der lombardischen Opposition gegen das Reich einem eigenen Podestà, zunächst Bischof Heinrich von Lüttich, dann anderen, unterstellt.

Die Maßnahmen dieser Amtsträger des Reiches, die rigorose Inanspruchnahme der wirtschaftlichen und finanziellen Möglichkeiten dieser hochentwickelten Gebiete und Städte für die Zwecke des Imperiums, unterschieden sich zwar in ihrer Härte kaum von denen, die zuvor seitens der Kommunen selbst in Anwendung gebracht worden waren, allerdings mußte das Agieren landfremder Herren zu steigendem Unwillen führen.[59] Günstige Voraussetzungen fand die um dieselbe Zeit auch auf Mittelitalien ausgedehnte staufische Reichsverwaltung dagegen in diesem Raum vor. Die dortigen strukturellen Gegebenheiten – die ungleich geringere Präsenz kommunaler Machtzentren – machten ein Eingreifen von seiten der Reichsgewalt eher möglich. In der Lombardei führten der steigende Widerstand gegen die Amtsträger des Herrschers, zweifellos aber auch die ungleichartige Behandlung der Städte, etwa das deutliche Entgegenkommen der staufischen Politik gegenüber Pavia oder Cremona, zu Unruhen, Nähr- und Keimboden der städtischen Bündnisse, wie sie 1164 mit der Lega Veronese im östlichen Oberitalien und dann ab 1167 mit der Lega Lombarda im lombardischen Kernraum und bald allumfassend als mächtige Gegen-

---

[59] Vgl. *Brühl*, Finanzpolitik, 29 ff.

kräfte gegen die staufische Reichsherrschaft zutage traten. War die Errichtung einer eigenen Reichsverwaltung in der Lombardei damit gescheitert und mußte der Herrscher in den siebziger und achtziger Jahren des 12. Jahrhunderts den mühsamen Weg des Ausgleichs mit den Kommunen beschreiten, so darf der 1183 geschlossene Friede von Konstanz, der das Ende jahrelanger Kämpfe markierte, dennoch als Erfolg auch für das Reich gelten. Das Verhältnis zu der Welt der Kommunen war damit in geregelte Bahnen gelenkt, Kompromißbereitschaft von beiden Seiten hatte die Befriedung herbeigeführt. Der Friede sicherte dem Reich nicht nur seine Einnahmen und damit die finanzielle Basis der staufischen Politik, er eröffnete auch in politischer Hinsicht weitreichende neue Möglichkeiten. Nicht zu übersehen ist daneben freilich die erfolgreiche Wahrung der Einflußmöglichkeiten der Reichsgewalt auf und in Mittelitalien, wo in den 1180er Jahren die Strukturen der Reichsverwaltung mit einigem Erfolg weiter ausgebaut werden konnten.

Legen wir uns zuletzt die in der wissenschaftlichen Literatur seit der Mitte des 19. Jahrhunders so heftig diskutierte Frage nach dem Sinn und dem Nutzen der Italienpolitik Friedrich Barbarossas vor, so wird man heute sicher keinen Zweifel mehr an ihrer Berechtigung erheben. Das Fortschreiten der Erforschung der frühstaufischen Epoche hat im Hinblick auf diese Problematik ja vielmehr deutlich gemacht, daß man damit doch auch einem Anachronismus verfällt. Zweifellos wird man zunächst auf das im Detail freilich kaum faßbare Moment der reichen Inspiration, der Erweiterung des Horizonts des Herrschers hinzuweisen haben. Infolge der Kenntnisnahme der italienischen Verhältnisse wurde er nicht nur mit großen Problemen, sondern doch auch mit neuartigen politischen und wirtschaftlichen Möglichkeiten konfrontiert und war gezwungen, Antworten auf diese Herausforderung zu suchen. Die Italienpolitik bewirkte somit einen Lernprozeß, den der Staufer absolvierte und nutzte, dessen Konsequenzen ihn in Tiefen, aber auch auf die Höhe seiner Herrschaft führten und seinen Platz in unserem Geschichtsbild der hochmittelalterlichen Epoche so wesenhaft bestimmen.

Neben diesem grundsätzlichen wird man aber vor allem den realpolitischen Gewinn und Nutzen, die finanziellen Erträgnisse der Reichspolitik gegenüber Italien hervorzuheben haben. Mit dem Anspruch auf die Einhebung des Fodrums, einer zunächst auf den Krönungszug beschränkten Abgabe, die Tendenz zu einer regelmäßigen Abgabe zeigte, mit dem System der Regalienzinse, wobei für die Überlassung der Hoheitsrechte an die Kommunen eine finanzielle Abgeltung für das Reich festgelegt wurde, aber auch mit den von unterworfenen städtischen Gegnern eingeforderten Strafsummen wurde ein festes Fundament der

Finanzpolitik in Reichsitalien geschaffen, wurden die reichen wirtschaftlichen Möglichkeiten dieses Landes für die Zwecke des staufischen Reichsregiments herangezogen. Den intensivsten Ausbau erfuhr dieser Aspekt der Reichspolitik in den frühen sechziger Jahren des 12. Jahrhunderts, als es zu einer unmittelbaren Nutzung der Finanzkraft Reichsitaliens kam und auch eine eigene Reichsmünze in Oberitalien eingeführt wurde. Wir haben Kenntnis von jährlichen Reichseinkünften in der Höhe von 30 000 Pfund, einmal sogar von 84 000 Pfund Imperialen (d. i. die Einheit der Reichsmünze). Wenngleich zu betonen ist, daß es sich dabei nicht um regelmäßig eingehende Beträge handelte, die Höhe der Summe vielmehr von der jeweiligen politischen Lage, insbesondere der Präsenz des Reiches, der Anwesenheit des Herrschers in Italien abhing, ordnen sich die finanziellen Möglichkeiten des staufischen Herrschers damit doch in den großen europäischen Rahmen ein, innerhalb dessen sie nur von den Normannenreichen in England und Sizilien übertroffen werden. Dabei kann von einer Ausbeutung Italiens etwa in dem Sinn, daß diese Einkünfte für die Zwecke der nördlich der Alpen gelegenen Reichsteile verwendet worden seien, keine Rede sein. Den hohen Einnahmen im Süden standen andererseits höchst kostenintensive Aufwendungen des Reiches im selben Bereich gegenüber. Vor allem war es der Finanzbedarf im Zusammenhang mit den vielfältigen militärischen Unternehmungen, der hier in Rechnung zu stellen ist. Dennoch dürfte es im wesentlichen der wohlfundierte finanzielle Sockel der italienischen Reichseinkünfte gewesen sein, der es dem Kaiser in den frühen 1170er Jahren möglich machte, wenige Jahre nach der Malariakatastrophe vor Rom (1167) seinem welfischen Oheim Welf VI. dessen italienische Reichslehen gegen eine immense Summe, deren Höhe nicht überliefert ist, abzukaufen.[60]

Wenden wir uns nun dem zweiten außerdeutschen Reichsteil dieser Epoche, dem *Regnum Burgundie*,[61] zu, um auch hier die grundlegenden Verhältnisse und Strukturen zu analysieren und offenzulegen. Die Quellen fließen hier in weitaus geringerem Maße. Wir besitzen vor allem keine vergleichbare Landesbeschreibung, wie sie uns Otto von Freising in so eindrucksvoller Weise für Italien gibt, müssen unser Bild vielmehr aus urkundlichen und eher seltenen historiographischen Zeugnissen erstellen.

---

[60] Zu dieser Überlegung vgl. *Brühl* (wie vorige Anm.). – Zu Welf VI. vgl. *Feldmann*, Welf VI., 73 ff.

[61] Vgl. *Kiener*, Verfassungsgeschichte der Provence, *Güterbock*, Zur Geschichte Burgunds, 145 ff., *Büttner*, Burgund, 79 ff. und *Mariotte*, Bourgogne. – Zu den burgundischen Städten vgl. *Opll*, Stadt und Reich, 481 ff. und 534 ff.

Das im Zug der Auflösung des Karolingerreiches entstandene burgundische Königreich war im 10. Jahrhundert als Ergebnis von Auseinandersetzungen mit dem italischen Königtum Hugos von der Provence
um das Gebiet des Arelats nach Süden zu erweitert worden. Durch
Vererbung von seiten des letzten einheimischen Königs Rudolf III.
(993–1032) war Burgund an den Salier Konrad II. und damit an das
Reich gekommen. In räumlicher Hinsicht erstreckte sich dieses Land
in seinem nördlichen Teil vom Südrand der Vogesen bis in die Alpen,
von der Saône im Westen bis ins Schweizer Mittelland nach Osten.
Bischöfliche Sitze als wesentliche Kristallisationspunkte der herrschaftlichen Situation waren das Erzbistum Besançon sowie die Bistümer
Basel, Genf, Lausanne und Sitten, die adeligen Positionen wurden
in der ersten Hälfte des 12. Jahrhunderts vor allem durch die Grafen
von Burgund-Mâcon repräsentiert. Im Süden schloß daran das Arelat
an, das vom Alpenkamm und der Rhône begrenzt wird und im Süden
die Meeresküste der heutigen Côte d'Azur umfaßt. Diese südlichen
Landstriche des Königreiches wiesen ein reich geprägtes herrschaft-
liches Gefüge auf, in dem neben einigen mächtigen Adelshäusern,
etwa den Herren von Baux oder den Grafen von Forcalquier, in frühstaufischer Zeit noch immer der Episkopat den Ton angab. Ein dichtes Netz von Bischofssitzen charakterisierte diese Gebiete, wobei das
Schwergewicht an dem beherrschenden Flußlauf der Rhône und an
deren wichtigen Zuflüssen von Osten her, etwa der Durance oder der
Isère, lag. Zu nennen sind vor allem die Metropolitansitze Arles,
Aix-en-Provence, Vienne, Lyon, Embrun und Moûtiers-en-Tarentaise
sowie die Bistümer Marseille, Avignon, Orange, Valence, Apt, Gap,
Die, Grenoble und Belley. Daneben läßt sich hier aber bereits seit
dem frühen 12. Jahrhundert ein Hervortreten des Städtewesens konstatieren, das – unter deutlichem Einfluß von seiten der italienischen
Verfassungsverhältnisse – eigene konsularische Regierungsformen aus-
bildete.

Der Norden des Landes war seit dem beginnenden 12. Jahrhundert
zunehmend unter den Einfluß der staufischen Konkurrenten im Herzogtum Schwaben, der Zähringer,[62] gekommen. Aufbauend auf dem
Bündnis mit Lothar III., der sie 1127 mit dem Rektorat Burgund belehnt hatte, verstanden sie es, während der dreißiger und vierziger
Jahre ihre Position im Lande entscheidend auszubauen und zu befestigen. Friedrich Barbarossa hatte dem zähringischen Machtstreben – allerdings im südschwäbisch-schweizerischen, nicht im burgundischen
Bereich – bereits in der Mitte der 1140er Jahre, noch vor dem Tod sei-

---

[62] Vgl. *Heinemann*, Zähringer 1, 42 ff. und 2, 97 ff.

nes Vaters und damit vor seinem eigenen Aufstieg zur Herzogswürde
mit Waffengewalt Widerstand entgegengesetzt, söhnte sich dann aber
im Zusammenhang mit seinen so geschickt geführten Wahlverhandlungen mit diesen Konkurrenten aus. Zu seinen ersten politischen Maßnahmen als König zählte 1152 der Abschluß eines Übereinkommens
mit Herzog Berthold IV. von Zähringen, das zum einen das gemeinsame
militärische Vorgehen gegen die Gegner der in Abwesenheit des Herrschers für Burgund und die Provence maßgeblichen zähringischen
Herrschaft vorsah – als Gegner des burgundischen Rektorats des Herzogs hatte sich vor allem Graf Wilhelm von Mâcon verhalten –, zum anderen dem König die Unterstützung Bertholds für den geplanten Italienzug sicherte und zudem die Pfandherrschaft über einige Besitzungen der Zähringer in Schwaben einbrachte.

Als dann zu Anfang des nächsten Jahres tatsächlich ein Zug nach
Burgund angetreten wurde, wobei aber nur die nördlichen Landesteile
aufgesucht wurden, hatte sich die Situation völlig gewandelt, ohne daß
die Hintergründe für diesen Wandel bekannt wären. Offensichtlich war
es doch das Interesse des Herrschers an unmittelbarer Einflußnahme
auf Burgund, das den zähringischen Ambitionen abträglich war. Wenn
damals mit Graf Wilhelm von Mâcon gerade der entscheidende Widersacher des zähringischen Herzogs bei Hofe erschien, wird deutlich, wie
der König die Sicherung der eigenen herrschaftlichen Möglichkeiten in
den Vordergrund stellte. Wenngleich Barbarossa auch noch zu Anfang
des Jahres 1155 dem Zähringer im lokalen Konnex der Herrschaft über
die Stadt Vienne Unterstützung zukommen ließ, konnte doch fortan
nicht mehr die Rede von einer bedingungs- und vorbehaltslosen Förderung der zähringischen Rechte in Burgund sein. Mit der Vermählung
des Staufers mit der Nichte des Grafen von Mâcon, Beatrix, im Juni
1156 war dann der entscheidende Rückschlag für die Zähringer, zugleich auch der Beginn der intensiven Inanspruchnahme Burgunds
durch den Herrscher selbst verbunden. Zwar erhielt Berthold von Zähringen die Investiturrechte samt der Vogtei über die Bistümer Lausanne, Genf und Sitten zugesprochen, konnte sich dort aber nur in geringem Ausmaß durchsetzen und geriet in der Folge – ab den frühen
1160er Jahren – in offenen Gegensatz zur Reichsgewalt.

Die Ehe mit der Erbin der Grafschaft Burgund begründete das staufische Interesse an diesem Raum, das freilich schon zuvor zu fassen gewesen war, dem sich nun aber völlig neue Möglichkeiten eröffneten. In
den Jahren 1156, 1157, 1162, 1166, 1168, 1170, 1173, 1178 und 1186
suchte Barbarossa dieses Königreich persönlich auf. Darüber hinaus
wurde aber nicht nur durch eine gezielte Privilegienpolitik und die Einflußnahme auf die Besetzung der wichtigen Bischofsstühle, sondern

auch durch die Einführung der Institution des Reichslegaten[63] in diesem Reichsteil die Herrschaft im Lande mit Nachdruck in Anspruch genommen. In der Tat weist gerade das zuletzt erwähnte Phänomen des Auftretens von Reichslegaten in Burgund auffällige Parallelen zur Entwicklung in Italien auf. Hier scheint eine umfassendere Planung und Organisation der gesamten staufischen Reichsherrschaft durchzuschimmern, wobei die Lombardei, das nördliche Burgund und wohl auch das Herzogtum Schwaben als eigentlicher Kernraum des Imperiums hervortreten.[64]

Die Bedingungen für eine derart intensive Einbindung Nordburgunds in die Herrschaftskonzeption Barbarossas waren freilich durch das hier gelegene Heiratsgut Beatrix' außerordentlich günstig. Wenngleich zunächst die Betrauung des Erzbischofs von Besançon mit der Legatenwürde (Mitte der 1160er Jahre) und dessen rein lokale Aktivitäten in seiner Funktion als Reichslegat den Eindruck, es hätte sich dabei um ein sehr zielbewußt eingesetztes und wirksames Instrument der kaiserlichen Politik gehandelt, eher mindern, macht dann die Einsetzung von Persönlichkeiten wie des Grafen Ludwig von Saarwerden oder des Geistlichen Daniel in diese Legatenfunktion doch deutlich, wie hier wirklich neue Möglichkeiten im Zugriff auf die Herrschaft im Lande geschaffen worden waren. Die Zähringer waren als Konkurrenten weitgehend ausgeschaltet worden. Ab den frühen 1170er Jahren zeigte sich dann schon deutlicher, wie Burgund immer enger in die unmittelbare Herrschaft des staufischen Hauses einbezogen wurde. In den letzten Lebensjahren der Kaiserin schaltete sie als die eigentliche Herrin im nördlichen Burgund. Diese Rechte gingen sodann an den Kaisersohn Otto, Pfalzgraf von Burgund, über, das Land war zu einer Art Apanage des staufischen Hauses geworden.

Andere Grundlagen prägten die Verhältnisse in den südlichen Landesteilen dieses Königreiches, im Arelat.[65] Die hohe Geistlichkeit dieses Gebietes hatte zur Absicherung ihrer Stellung gegenüber adeligen, territorialpolitischen Konkurrenten, wie etwa die Herren von Baux, aber auch die aus dem Haus der Grafen von Barcelona stammenden Herren im Bereich der Grafschaft Provence, Kontakte zum staufischen Hof Konrads III. aufgenommen, die durch eine Reihe königlicher Diplome zu belegen sind. Von allem Anfang an war für Barbarossa die Herrschaft über das Arelat integrierender Bestandteil seiner bur-

---

[63] Vgl. *Hoke*, Burgund, 148 ff. und *Mariotte*, Bourgogne, 115 ff.

[64] *Munz*, Frederick Barbarossa, 146 ff.

[65] Vgl. *Kiener*, Verfassungsgeschichte der Provence, *Engelmann*, Volksbewegung und *Fried*, Arles, 347 ff.

gundischen Politik, bereits im Abkommen mit dem Zähringer von 1152 war dies nachhaltig unterstrichen worden. Entsprechend den Maßnahmen seines Vorgängers urkundete Friedrich schon in seinen ersten Regierungsjahren für mehrere südburgundische Empfänger, die Heirat mit Beatrix verbesserte seine Position, sein Ansehen auch in diesen südlichen Landesteilen erheblich. Im Gefolge des Ausbruchs des Schismas trat das Arelat sodann als Zone intensiver politischer Anstrengungen des Herrschers hervor. 1160 brach er mit der bislang befolgten Linie, dem Zusammenwirken mit dem Hause Baux, und verlieh die Grafschaft Provence in der Folge an das Haus Barcelona, das ihn nicht nur bei seinen italienischen Städtekämpfen unterstützt hatte, sondern durch die Ehe seiner Cousine Richilde mit Graf Raimund Berengar III. auch in verwandtschaftliche Beziehungen zu ihm getreten war. Der Metropolitansitz von Arles[66] konnte sich dabei zwar seiner vehementen Gegner, der Herren von Baux, entledigen, an deren Stelle war aber nun das Haus Barcelona getreten, das die Hoheitsrechte des Erzbistums gleichfalls beschnitt.

Die Lage der Reichsgewalt in Südburgund verschlechterte sich dann ab der Mitte der sechziger Jahre, als nach dem Tode des verbündeten Grafen Raimund Berengar III. dessen Vetter, König Alfons von Aragon, seine Macht zunehmend auf die Meeresküste der Provence und auch das Hinterland ausdehnte. Freilich waren es nicht zuletzt das lokale Spiel der Kräfte und die Fähigkeiten des Staufers, daraus Nutzen zu ziehen, die ab der Zeit um 1170 einen erneuten Wandel einleiteten, ja zu einem wahren Höhepunkt der staufischen Reichsherrschaft über Burgund führten. Gegen die Expansionsbestrebungen Aragons wandten sich der Erzbischof von Arles, aber auch der Adel dieses Raumes, allen voran die Grafen von Forcalquier sowie der nach seiner Heirat mit der Witwe Raimund Berengars III., Richilde, zunehmend prostaufisch agierende Graf von Toulouse, an den Kaiser. Diese neue Machtkonstellation trug entscheidend zur Konsolidierung der Reichsherrschaft in diesen Landstrichen bei. Im Sommer des Jahres 1178 trat Barbarossa seinen wohl bedeutendsten Zug nach Burgund an, der ihn von Turin über den Mont Genèvre und das Tal der Durance nach Arles führte, von wo er die Rhônestraße entlang nach Norden zog. Die festliche Krönung des Staufers in Arles am 30. Juli dieses Jahres[67] markierte nicht nur den Triumph nach der Beendigung des fast zwei Jahrzehnte währenden Schismas, sie war zweifellos auch Ausdruck der konsolidierten Herrschaft über das Königreich Burgund.

---

[66] Vgl. *Opll*, Stadt und Reich, 491 ff.
[67] Vgl. dazu *Fried*, Arles, 347 ff.

Wenngleich Barbarossa in den späteren Jahren seiner Herrschaft das Arelat nicht mehr persönlich aufsuchte, sollte er doch auf dem Wege urkundlicher Verfügungen seine dortigen Rechte weiterhin mit Nachdruck wahren. Dabei fällt besonders auf, in welch elastischer, anpassungsfähiger und pragmatischer Weise er seine Aktivitäten setzte. Im Gegensatz zu seinen früheren Urkunden traten nun neben den Bischöfen des Landes vermehrt auch die Interessen der in starkem Aufstieg befindlichen städtischen Kreise hervor. Der Staufer zeigte sich – unter grundsätzlicher Betonung der bischöflichen Position am Ort – durchaus bereit, auch diesen gesellschaftlichen Kräften nach Maßgabe der einvernehmlichen Regelung des Verhältnisses zu den traditionellen Gewalten einen gewissen politischen Handlungsspielraum zuzubilligen. Darüber hinaus suchte er offenbar auch den Ausgleich mit mächtigen Adelsfamilien, war im Fall der Herren von Baux sogar bereit, das sonst stets bewahrte Modell der bischöflichen Stadtherrschaft im Fall des Bischofssitzes Orange zugunsten der Adelsherrschaft über diese Stadt aufzugeben.[68] Ein zu Kompromissen bereiter Politiker, dem die Wahrung der übergeordneten Interessen des Reiches Maxime all seiner Maßnahmen war – als solch ein eminentes politisches Talent zeigte sich der Staufer also auch im Rahmen seiner burgundischen Herrschaft, deren Position im Reichsgefüge ja nicht zum wenigsten von ihrer Grenzlage zum Königreich Frankreich bestimmt wurde.

[68] *Opll*, Stadt und Reich, 488 f.

## 2. FRIEDRICH BARBAROSSA, DAS PAPSTTUM UND DER KLERUS

Der Kirche kam als einer der bedeutendsten 'staatstragenden' Kräfte im Mittelalter eine ganz entscheidende Rolle im Aufbau des Reiches zu. Das Verhältnis des Herrschers zur Welt der Geistlichkeit, zum Papsttum als oberster Spitze ebenso wie zum Episkopat, dem Ordens- und Weltklerus als Basis der Kirche, ist damit als zentrales Gebiet der Reichspolitik anzusehen. Die Beziehungen zwischen Imperium und Sacerdotium hatten sich in den Jahrzehnten des Investiturstreites als große weltgeschichtliche Auseinandersetzung gestaltet. Im Kern ging es dabei um das im Gefolge des ottonischen Reichskirchensystems so klar ausgebildete Phänomen des königlichen bzw. kaiserlichen Einflusses auf die Kirche, zugleich der prinzipiellen Heranziehung vor allem des Episkopats für die Zwecke der Regierung im Reich. Realisiert wurde dieser Einfluß durch die Investitur, damit letztlich durch die Einsetzung in das bischöfliche Amt von seiten des Herrschers, der den Bischöfen mit der Übertragung weltlicher Hoheitsrechte eine maßgebliche Rolle im Aufbau des Reichsgefüges zuwies.

Unter den frühen Saliern wurde dieser Eingriff der Reichsgewalt auch auf das Papsttum ausgedehnt. Im Zusammenhang mit der ab der Synode von Sutri (1046) deutlich zunehmenden Einflußnahme des Herrschers auf den Stuhl Petri geriet das Papsttum in die Gefahr immer größerer Abhängigkeit vom Imperium. Dazu trat dann ab der Mitte des 11. Jahrhunderts eine sich rasch intensivierende innerkirchliche Diskussion über notwendige Reformen des Aufbaus der Kirche, die ihren Brennpunkt in der Frage der Simonie, der Käuflichkeit kirchlicher Würden und Ämter, hatte und sich besonders in Oberitalien schon bald mit frühkommunalen Strömungen vermengte. Dieses welthistorische Ringen sollte vor allem die Regierung der letzten beiden Salier, Heinrichs IV. und Heinrichs V., aufs schwerste erschüttern. Erst in der Spätzeit der Herrschaft des letzten Saliers kam es zu einer allmählichen Annäherung der Fronten, am 23. September 1122 wurde mit Papst Calixt II. das sogenannte Wormser Konkordat geschlossen.

Die wesentlichen Punkte dieses Übereinkommens waren folgende: Der Kaiser leistete hinfort Verzicht auf die Vornahme der Investitur mit Ring und Stab und gestand die kanonische und freie Wahl von Bischöfen und Äbten zu. Der Papst stimmte dagegen für den deutschen Bereich der Anwesenheit des Herrschers bei solchen Wahlen zu, wobei diesem die Unterstützung der *sanior pars*, d. h. der Partei mit der besseren Einsicht, nicht der Mehrheit, zugebilligt wurde. In Deutschland sollte sodann die Verleihung der weltlichen Hoheitsrechte, der Temporalien, mit dem Zepter noch vor der Weihe erfolgen, während sie in Italien und Burgund erst nach Wahl und Weihe erteilt wurde. Grundlegende Bedeutung für das Zustandekommen dieses Kompromisses hatte die Trennung zwischen geistlichen und weltlichen Rechten (Spiritualia – Temporalia) gehabt; diese große theoretisch-gedankliche Leistung sollte in der Stauferzeit ihre Fortsetzung in der klaren begrifflichen Fassung der Regalien, der im Verhältnis zu den städtischen Kräften Italiens so wesentlichen Hoheitsrechte des Reiches, finden. Zweifellos war das Wormser Konkordat zunächst ein gewichtiger Erfolg für die Kirche, beendete aber zugleich die schwere Krise des Reiches und schuf dem Herrscher neuen Handlungsspielraum. Vor allem kam es freilich darauf an, wie die jetzt festgelegte Regelung in die Praxis umgesetzt wurde – gerade dabei ist festzustellen, daß die Stellung des Reiches auch weiterhin mit Nachdruck gewahrt werden konnte. Sogar für die von schweren innerdeutschen Krisen erschütterte Regierungszeit Lothars III. und Konrads III. konnte die neuere Forschung das ältere Bild von 'Pfaffenkönigen' wesentlich korrigieren.[1]

Eine der entscheidenden Berührungszonen in den Beziehungen zwischen Imperium und Sacerdotium war seit jeher die Vornahme der Kaiserkrönung durch den Papst, ein Akt, der stets ein Einverständnis zwischen den beiden höchsten Autoritäten voraussetzte. Dennoch gelang es dem Papsttum nicht, diese Situation für die Befestigung der eigenen Position auszuwerten, war vielmehr häufig wegen eigener Bedrohung (Probleme des Schismas, Abhängigkeit von der Unterstützung durch den Herrscher wegen der Ausweitung der normannischen Macht in Sizilien oder der stadtrömischen Opposition) selbst sehr an der Vornahme der Krönung interessiert. Dennoch ist hier – bei der Beurteilung der päpstlichen Politik und der Frage nach ihrer Durchschlagskraft – auf einige grundsätzliche Momente hinzuweisen: So konnte das Papsttum auf der institutionellen Geschlossenheit der Kirche, auf deren durchgeformter hierarchischer Gliederung, aufbauen. Man verfügte über eine reiche Tradition an diplomatisch-politischem Kalkül und hatte – besonders ab dem Investiturstreit – die Verbindung zu allen Teilen der christlichen Welt mit Erfolg und Energie ausgebaut. Nicht zuletzt ist auch – sowohl in allgemeiner wie in individueller Sicht – auf

---

[1] Vgl. dazu *Schmale*, Lothar III. und Friedrich I., 121 ff. sowie *Hausmann*, Anfänge des staufischen Zeitalters, 53 ff.

den Erfahrungsschatz der meisten den Stuhl Petri bekleidenden Persönlichkeiten hinzuweisen.

In der Mitte des 12. Jahrhunderts stand das Papsttum in einem vielfältig gegliederten, politischen Beziehungsgeflecht, das besonders durch regionale Probleme, wie das Verhältnis zur stadtrömischen Opposition, die mit der Einführung des Senats 1143 eine machtvolle Position errungen und sich mit innerkirchlichen Kritikern wie Arnold von Brescia verbündet hatte, und das zum sizilischen Normannenreich, bestimmt war. Nur wenig intensiv waren dagegen die Beziehungen zum Reich. Konrad III. wurde durch die Auseinandersetzungen mit den Welfen an einer wirksamen Unterstützung des Papstes gehindert, konnte zeit seiner Regierung nie zum Krönungszug nach Rom aufbrechen. Schlagartig hat sich die Situation dann mit der Wahl des Schwabenherzogs Friedrich zum König gewandelt. Die Frage des Verhältnisses zum Papsttum und das Streben nach möglichst rascher Erlangung der Kaiserkrone stand bereits anläßlich der am Tag nach der Königskrönung in Aachen geführten Gespräche mit den Fürsten im Zentrum. Wenngleich sich der neue König zunächst der Meinung der weltlichen Fürsten beugte, den Zug nach dem Süden vorerst noch aufzuschieben und eine endgültige Befriedung des deutschen Reichsteiles anzustreben, entsandte er doch sogleich eine Delegation an Papst Eugen III., der neben dem erwählten Erzbischof Hillin von Trier und Bischof Eberhard von Bamberg der – wie der Papst – aus dem Zisterzienserorden stammende Abt Adam von Ebrach angehörte. Wenngleich sich in den nächsten Monaten das Verhältnis zum Papsttum keineswegs völlig reibungslos gestaltete,[2] war es für den Papst doch die schwierige Lage angesichts der vehementen stadtrömischen Opposition, die ihn zu einem Zusammengehen mit dem Staufer[3] geradezu zwang. Noch im Herbst 1152 ging eine neuerliche königliche Gesandtschaft, bestehend aus den Bischöfen Anselm von Havelberg und Hermann von Konstanz, den Grafen Ulrich von Lenzburg, Guido Guerra und Guido von Biandrate, an die Kurie. Um die Jahreswende kam dort ein schriftliches Abkommen zustande, das der König im März 1153 in Konstanz ratifizierte. Neben dem Beschluß, der griechischen Expansion nach Italien, den Römern und dem Königreich Sizilien mit Nachdruck entgegenzutreten, wurde darin die Kaiserkrönung ausdrücklich vereinbart.[4]

---

[2] Zur Erhebung Wichmanns von Magdeburg vgl. BOM 88, 103, 127 und 211.

[3] Auch Friedrich selbst konnten diese Entwicklungen in Rom freilich nicht völlig ungerührt lassen, vgl. dazu bereits oben S. 44 f.

[4] Die historische Bewertung des Konstanzer Vertrages wurde insbesondere durch das Werk von *Rassow*, Honor imperii geprägt, gegen dessen Auffassung sich allerdings schon bald kritische Stimmen erhoben (*Grundmann*, in: Fried-

Im Herbst des Jahres 1154 trat Barbarossa dann seinen Krönungszug an. Die allgemeine Lage hatte sich zwar in den Grundstrukturen nicht verändert, allerdings saß auf dem Stuhl Petri nunmehr mit dem Engländer Nikolaus Breakspear, Papst Hadrian IV., ein Mann, der die Beziehungen zum Reich doch akzentuierter faßte als seine Vorgänger. Kennzeichnend für das von allem Anfang an kaum harmonische Verhältnis zwischen den beiden obersten Gewalten ist die bekannte Szene bei Sutri, als der Staufer sich erst nach längeren Verhandlungen dazu bereit fand, die von Hadrian geforderten Ehrendienste zu leisten, nämlich dessen Pferd am Zügel zu führen und ihm beim Absteigen den Steigbügel zu halten. Nur selten ist eine derartige Szene in derart plastischer Weise überliefert. Sie zeigt uns den staufischen König als Mann, der größten Wert auf formale Fragen legte, Formalien, die freilich in dieser Zeit der rechtlichen Symbolhandlungen enorme praktisch-politische Bedeutung hatten. Die Forderung des Papstes mußte für das feudale Denken dieser Epoche, gerade auch in den Reihen der den staufischen König nach Rom begleitenden Fürsten, Edelleute und Ritter, als anstößig empfunden werden.[5]

Der Papst war auf die Unterstützung des Staufers in höchstem Maße angewiesen. Deutlich kommt dies bei den unmittelbar nach der Kaiserkrönung am 18. Juni 1155 in Rom ausgebrochenen Kämpfen zum Ausdruck, die den neuen Kaiser zwar erfolgreich sahen, ihn aber – neben anderen Gründen – letztlich dazu veranlaßten, seine Truppen von der Stadt wegzuverlegen. Seine im Umland von Rom getroffenen Maßnahmen, der hier bereits deutlich zutage tretende Anspruch des Reiches auf die Ausübung von Herrschaftsrechten im Patrimonium Petri, mußten den Papst in seiner eher reservierten Haltung zu ihm nur bestärken. Schwerwiegende Konsequenzen hatte dann vor allem das Eingehen des Herrschers auf die von der Mehrzahl der Fürsten ausgehende Ablehnung einer weiteren militärischen Intervention im Süden Italiens,[6] sah sich der Papst doch dadurch in einer seiner wesentlichsten Hoffnungen getäuscht. Hadrian IV. trat im nächsten Jahr in Verhandlungen mit Sizilien ein, die noch im Juni 1156 zum Abschluß des Vertrages von Benevent führten, der die seit den 1140er Jahren wieder verstärkten Spannungen zwischen der Kurie und den Normannen beendete. Die

---

rich Barbarossa, WdF 390, 26 ff.). – Vgl. zum Problemkreis zuletzt *Engels*, Konstanzer Vertrag, 235 ff.

　[5] BOM 314 und 315.

　[6] Die Beschwörung des ersten Italienzuges Barbarossas im Oktober 1152 zu Würzburg durch die Fürsten (BOM 135) war allerdings nach Klagen einiger aus ihrer Heimat vertriebener Apulier erfolgt.

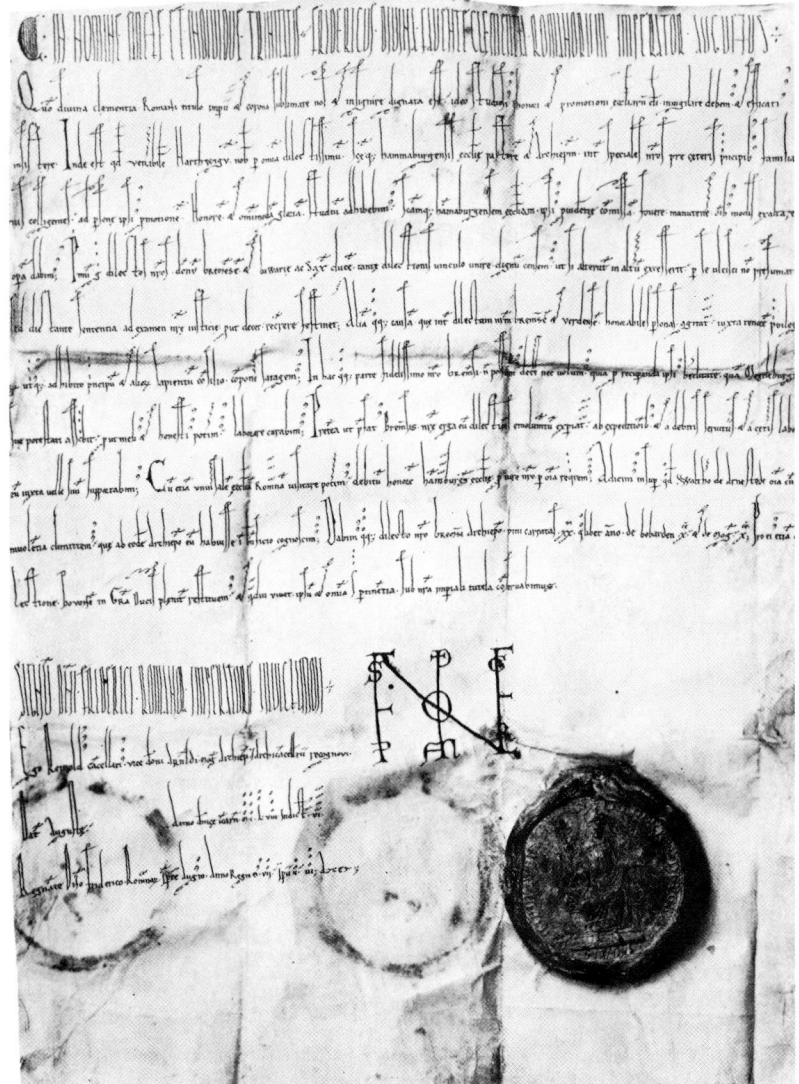

Abb. 9: Urkunde Kaiser Friedrichs I. für Erzbischof Hartwig von Hamburg-Bremen
(1158, Augsburg)

gedeihlichen Beziehungen zwischen Imperium und Sacerdotium, für die seit den Tagen des Vertrages von Konstanz (1153) die gemeinsame Frontstellung gegenüber Sizilien bestimmend gewesen waren, waren nunmehr bedroht. Im Lauf des Jahres 1157 haben sich die Dinge allerdings noch weiter zugespitzt.

Äußerer Anlaß war die Verleihung des Primats über Schweden an Erzbischof Eskil von Lund, die der Papst im Januar 1157 vornahm. Der Kaiser konnte diesen päpstlichen Aktivitäten nicht tatenlos zusehen, wurden damit doch die Primatsrechte des Metropolitansitzes Hamburg-Bremen empfindlich geschmälert. Eskil wurde auf seiner Heimreise nach dem Norden in Burgund gefangengesetzt. Der allgemeine Hintergrund der neu auflebenden Spannungen war freilich in dem beständigen Ausbau der Machtmittel und Einflußzonen des Papsttums zu sehen, das sich bei seinem Einwirken auf die Landeskirchen zunehmend des überaus wirksamen Instruments der päpstlichen Legaten bediente.[7] Die latent vorhandenen Gegensätze kamen zum Ausbruch, als ein päpstliches Schreiben an den Kaiser mit Vorhaltungen wegen der Gefangennahme des schwedischen Metropoliten auf dem Reichstag von Besançon im Oktober 1157 verlesen wurde. Kanzler Rainald von Dassel übersetzte dabei den Satz über die Absicht des Papstes, dem Kaiser gerne noch größere *beneficia* zuwenden zu wollen, als er es bisher schon getan habe, in pointierter Form in der Weise, daß er das entscheidende Wort *beneficia* mit 'Lehen' wiedergab.[8]

Damit war der Bruch endgültig da! Der Herrscher wandte sich in Rundschreiben an das ganze Reich mit Nachdruck gegen diese unerhörte Übersteigerung des päpstlichen Machtanspruchs. Eine Reihe fingierter, nicht aus der Reichskanzlei stammender Schreiben aus ebendiesen Jahren gehen in der Schärfe des Tons noch viel weiter: Der Kaiser hätte grundsätzlich das Wahlrecht der Fürsten betont und die Leitung der Kirche diesseits der Alpen an Erzbischof Hillin von Trier übertragen – Gedanken, die zum Teil durchaus den staufischen Auffassungen entsprochen haben mögen, zum Teil aber durchaus unglaubwürdig sind; jedenfalls auffällige und interessante Dokumente über die 'öffentliche' Meinung, die Reaktion auf die Maßnahmen des Papsttums.[9]

Die gegenseitigen Beziehungen erreichten damit einen Tiefpunkt,

---

[7] Zur Literatur über die päpstlichen Legaten dieser Epoche vgl. *Brackmann*, Legation, *Janssen*, Legaten, *Ohnsorge*, Legaten Alexanders III. und *ders.*, Päpstliche und gegenpäpstliche Legaten.

[8] Vgl. *Heinemeyer*, Beneficium, 155 ff.

[9] Vgl. BOM 495 (mit Nennung von weiterführender Literatur).

der Papst sah sich angesichts der geschlossenen Front, auch der geistlichen Reichsfürsten, zum Einlenken gezwungen. Noch vor dem Antritt seines zweiten Italienzuges erreichte den Staufer im Juni 1158 bei Augsburg ein Schreiben Hadrians, in dem das umstrittene Wort ausdrücklich mit dem Begriff *bona facta* (d. h. 'Wohltaten') präzisiert wurde. Dennoch ergaben sich schon bald neue Spannungen, die ihren Kristallisationspunkt in der Frage der Besetzung des Ravennater Stuhls mit dem gleichnamigen Sohn des Grafen Guido von Biandrate fanden und zu Ende 1158 zu einem Streit über protokollarische Fragen hinsichtlich der Abfassung von kaiserlichen Schreiben an den Papst[10] führten. Ab dem Frühjahr 1159, in einer Zeit, da die Reichspolitik zunehmend mit der städtischen Opposition in Oberitalien konfrontiert war, nahm der Kaiser Kontakte zur stadtrömischen Geistlichkeit und zu prostaufischen Exponenten des Kardinalskollegiums auf.[11] Im Sommer dieses Jahres trat sodann die Verbindung Hadrians zu der dem Reich feindlich gegenüberstehenden Städtegruppe Mailand, Brescia, Piacenza und Crema hervor, eine Exkommunikation des Staufers schien unmittelbar bevorzustehen, da verstarb der Papst am 1. September 1159.

Friedrich hatte bereits vorher eine Gesandtschaft nach Rom entsandt, die im Fall des Scheiterns von Verhandlungen mit der Kurie auch zur Aufnahme von Kontakten mit der Stadt Rom, eines steten Gegners des Papsttums, bevollmächtigt war. Zweifellos spielte die Anwesenheit dieser Vertreter der Reichsgewalt in Rom bei der zu Anfang September vorgenommenen Papstwahl eine wichtige Rolle, wenngleich deren Maßnahmen und Verhalten aus den Quellen nicht klar hervorgehen. Die Wahlhandlung war von der Existenz zweier Parteien im Kardinalskollegium bestimmt, zum einen der in der Minderheit befindlichen Gruppe stauferfreundlicher Kardinäle um Oktavian von Monticelli,[12] zum anderen der über die Mehrheit verfügenden 'sizilischen' Partei um den Kanzler des verstorbenen Papstes, Roland Bandinelli. Wie schon im Jahre 1130 kam es zur schismatischen Wahl,[13] im Gegensatz zum früheren Schisma im 12. Jahrhundert waren die Vorgänge aber von allem Anfang an Gegenstand der Reichspolitik. Der Kaiser, der damals die Stadt Crema belagerte, berief nach Verhandlungen mit Geistlichen, darunter insbesondere einigen bedeutenden Zisterzienseräbten, für den

---

[10] Vgl. dazu Rahewin, Gesta IV, 21, ed. *Schmale*, 556 ff.

[11] Vgl. *Zeillinger*, Zwei Diplome, 568 ff.

[12] Schon 1152 hatte sich Oktavian bei Eugen III. für Barbarossa eingesetzt, vgl. BOM 86.

[13] Vgl. *Madertoner*, Papstwahl.

Anfang des Jahres 1160 ein Konzil nach Pavia ein, um die Frage der strittigen Papstwahl zu lösen. Von allem Anfang an konnte freilich kein Zweifel daran sein, daß der Herrscher mit Nachdruck für Oktavian-Viktor IV. und nicht für Roland-Alexander III.[14] eintreten würde. Alexander widersetzte sich der Ladung nach Pavia mit Entschiedenheit, berief sich dabei auf den Grundsatz, daß der Papst von niemandem gerichtet werden dürfe.

Wie nicht anders zu erwarten, fällte die im Februar 1160 in Pavia zusammengetretene Kirchenversammlung ihr Urteil für den kaiserlichen Papst, sprach sich für Viktor IV. aus. Die Berichte über diese Ereignisse sind vielfach als tendenziös zu bezeichnen, das Bild von der einvernehmlichen Entscheidung ist sicher unrichtig. Wir müssen mit massivem Druck von seiten der Reichsgewalt rechnen, die eine ihren Vorstellungen zuwiderlaufende Erklärung dieses Konzils in keinem Fall akzeptiert hätte. Mit diesem Paveser Beschluß hatte der Staufer seine politischen Möglichkeiten gegenüber dem Papsttum ohne Zweifel überschätzt. Der Versuch, in gewisser Weise an das frühsalische Schalten und Walten des Reiches gegenüber der Kirche anzuschließen, mußte in einer Zeit, da das Papsttum nach den Erfolgen des Investiturstreites zu einem weitgehend wirkungsvollen Ausbau der eigenen Rechte und Machtmittel im Lauf der ersten Hälfte des 12. Jahrhunderts gefunden hatte, geradezu zwangsläufig scheitern. Er leitete in der Folge eine Epoche schwerster Auseinandersetzungen ein.

Das von 1159 bis 1177 während Schisma, sicherlich eines der zentralen Momente in der Regierungszeit Friedrich Barbarossas, führte zu einer deutlichen Polarisierung der kirchlichen Kräfte des Reiches. Vor allem Viktor IV. fand von seiten des Staufers tatkräftige Unterstützung, wobei die Position der Viktoriner am umfassendsten im deutschen Bereich gesichert werden konnte. Die Partei der Alexandriner nördlich der Alpen hatte ihr Zentrum im Erzbistum Salzburg, in der Person der Erzbischöfe Eberhard († 1164) und Konrad († 1168). Sie weitete sich im Lauf der Entwicklung aus, ohne daß daraus allerdings eine echte Gefahr für die Reichsgewalt erwachsen wäre. Im burgundischen Raum stand die kaiserliche Kirchenpolitik dagegen – mit der Dauer des Schismas immer mehr – vor ungleich größeren Problemen, wirkte sich dort doch auch die Nähe zum französischen Königreich aus, das im ersten Jahrzehnt des Schismas eine maßgebliche Stütze für Alexander III. bildete. Südlich der Alpen, wo die Maßnahmen des Reiches gerade in den

---

[14] Schon in seinen Ladungsschreiben zur Paveser Kirchenversammlung hatte der Kaiser dies zum Ausdruck gebracht, vgl. *Opll*, Mandat, 315 f. mit Anm. 197.

frühen sechziger Jahren in besonderer Weise konzentriert waren, ist die Frage der kirchenpolitischen Orientierung des Klerus nicht ohne den Hintergrund der engen Verbindung mit den Städtekämpfen zu sehen. Dazu trat – nicht anders als in den übrigen Teilen des Reiches – auch das persönliche Moment, die Frage des Verhältnisses einzelner Bischöfe zum Herrscher. Im mittelitalienischen Raum waren es in den frühen Jahren des Schismas nicht zuletzt die durch den Reichslegaten Rainald von Dassel gesetzten Maßnahmen, die Förderung von reichstreuen, viktorinisch gesinnten Geistlichen, welche die Verfügung des Kaisers über diese Landstriche in kirchenpolitischer Hinsicht absicherten.

Der Staufer wich von seiner 1160 gefällten Entscheidung keinen Fingerbreit ab, im Juni 1161 sprach die Synode von Lodi abermals die Anerkennung Viktors IV. aus. Die immer stärker werdende Position des Reiches in Mittelitalien und in der Umgebung von Rom selbst zwang Alexander III. zu Ende dieses Jahres, aus Rom zu weichen. Verhängnisvoll wurde für den Herrscher die Unterstützung der Stadt Genua für den Papst, stellte sie ihm doch die Schiffe zur Verfügung, die ihn ins Exil nach Frankreich brachten. Genau in den Tagen des größten politischen Triumphes des Staufers, als er im März 1162 die lombardische Metropole endgültig unterwerfen konnte, gelang damit dem päpstlichen Widersacher die Flucht nach dem Westen. Der Kaiser, auf dem Gipfel seiner Macht, erlebte damit gleichzeitig eine folgenschwere Niederlage. Gegenüber König Ludwig VII. von Frankreich führte er Klage wegen der Aufnahme Alexanders in dessen Herrschaftsbereich. Unter der Vermittlung von prostaufischen Kreisen dieses Königreiches wurde dann noch im Mai 1162 ein Abkommen geschlossen, das ein persönliches Treffen der beiden Herrscher an der Reichsgrenze zur Beendigung des Schismas vorsah.[15] Barbarossa dachte freilich keinesfalls an ein wirklich objektives Schiedsgericht; vielmehr geht aus seinen an die Reichsfürsten versandten Einladungsschreiben zu dieser Begegnung klar hervor, daß es sich dabei ausdrücklich um die Bestätigung Papst Viktors IV. handeln sollte. Als dann das Treffen an der Saône im Spätsommer 1162 tatsächlich scheiterte – Alexander III. war seinem Grundsatz zufolge, kein Urteil über sein Papsttum zu akzeptieren, nicht erschienen –, trat der Mißerfolg der kaiserlichen Kirchenpolitik im Schisma erstmals deutlich zutage. Friedrich selbst soll dann davon gesprochen haben, daß sich mit diesem Scheitern der Verhandlungen über die Kirchenfrage sein Glück gewendet habe.[16]

---

[15] Dazu vgl. *Heinemeyer*, Verhandlungen, 155 ff., *Schmale*, Friedrich I. und Ludwig VII., 315 ff. und *Kienast*, Deutschland und Frankreich 1, 203 ff.

[16] John of Salisbury, Letters 2, Nr. 168.

Im Jahre 1163 aufgenommene Gespräche mit Alexander III., die zu keinem positiven Ergebnis führten, zeigen freilich die Flexibilität der staufischen Politik, machen deutlich, wie der Herrscher nicht nur bereit war, Toleranz gegenüber einzelnen Mitgliedern der hohen Geistlichkeit seines Reiches zu beweisen,[17] sondern durchaus auch dem Kompromiß, dem Ausgleich in schwierigen Zeiten zuneigte. Die Positionen im Schisma waren allerdings viel zu verhärtet, als daß es damals schon zu einer Einigung hätte kommen können. Entscheidend verschärft wurde dann die Situation, als es nach dem Tod Viktors IV. im April 1164 in Lucca unter dem dominanten Einfluß Rainalds von Dassel zur Wahl Guidos von Crema zum nächsten Gegenpapst (Paschal III.) kam. Der Kaiser war über das eigenmächtige Vorgehen seines Legaten verstimmt, an eine Korrektur des politischen Kurses war in der Folge freilich noch viel weniger zu denken als zuvor. Rainald trat in dieser Epoche zunehmend als bestimmender Motor der Reichspolitik hervor. Auf seine im Frühjahr 1165 geführten Verhandlungen mit dem englischen König ging dann auch die neue außenpolitische Orientierung auf das Königreich des Plantagenet zurück. Diese Verbindung nach dem Westen, zugleich als Maßnahme gegen das französische Königtum zu verstehen,[18] bildete eine entscheidende Basis für die zu Pfingsten 1165 formulierten Würzburger Eide.[19] Der Kaiser verpflichtete sich dabei persönlich auf den Gegenpapst und lehnte eine Anerkennung Alexanders III. ab.

Die Durchsetzung dieser Würzburger Eide im Kreis der geistlichen und weltlichen Reichsfürsten, die zur Ablegung dieser eidlichen Versprechen gehalten waren, zeigte bald erste Risse im bislang so weitgehend einheitlichen Bild des Schismas in Deutschland. Das Erzbistum Salzburg stand – bereits seit den Anfängen des Schismas – abseits, sogar ein Mann wie Wichmann von Magdeburg ging vorübergehend auf Distanz zum Reich. Vor allem aber war es der wittelsbachische Erzbischof Konrad von Mainz, der – schon vor dem Würzburger Tag – offen die Fronten gewechselt hatte und zu Alexander III. übergetreten war. Die Würzburger Eide wurden in der Folge nicht nur in Deutschland, sondern auch in Italien eingefordert. Der vierte Italienzug des Staufers, den er im Herbst 1166 antrat, richtete sich offensiv gegen Süditalien und das Normannenreich und sollte auch das Problem des Schismas

[17] Auffällig ist in dieser Zeit vor allem sein Verhältnis zu Gerhoch von Reichersberg und Hartmann von Brixen, vgl. *Classen*, Gerhoch, 211 f. und *Opll*, Itinerar, 33 mit Anm. 2.
[18] S. dazu unten S. 288 f.
[19] Vgl. *Rill*, Würzburger Eide, 7 ff.

210 Strukturelle Zusammenhänge

endgültig – diesmal mit militärischen Mitteln – lösen. Im Juli 1167 traf Barbarossa nach einer Reihe bedeutender Erfolge seiner Waffen vor Rom ein, wohin Alexander III. bereits im Spätjahr 1165 zurückgekehrt war. Da gelang dem Papst die Flucht aus der Stadt, das angestrebte Ziel war nicht mehr zu erreichen. Unmittelbar darauf brach im Heer des Kaisers die gefürchtete römische Malaria aus, eine große Zahl hervorragender Fürsten, darunter Rainald von Dassel, Herzog Friedrich von Rothenburg, der Sohn Konrads III., und viele andere, wurden dahingerafft. Barbarossa mußte die schwerste Niederlage, den gravierendsten Rückschlag seiner gesamten Regierungszeit hinnehmen.

Verhandlungen mit dem gegnerischen Papsttum wurden im Winter 1167/68, als der Kaiser in Oberitalien ein aussichtsloses Rückzugsgefecht gegen die seit dem Frühjahr 1167 in der Lega Lombarda vereinigten kommunalen Widersacher führte, aufgenommen. Die Vermittler dieser Kontakte[20] waren der mit dem Staufer verwandte Kartäuserkonverse Dietrich von Silve-Bénite, Bischof Petrus von Pavia und die Zisterzienser Alexander von Cîteaux und Gottfried von Auxerre sowie der Prior der Großen Kartause, Basilius. Als der Herrscher jedoch seinen bisher versperrten Abzug aus Italien durch ein Übereinkommen mit Graf Humbert von Savoyen gesichert wußte, brach er diese Verhandlungen, bevor sie noch ein Ergebnis gezeitigt hatten, ab. Das Ableben Papst Paschals III. am 20. September 1168 erhöhte von neuem die Aussichten auf eine Beendigung des Schismas. Tatsächlich wurden die schon mehrfach geknüpften Kontakte zur Kurie wiederaufgenommen. Der mit der Entstehung der Lega Lombarda in das große politische Ringen der Zeit neu eingetretene Faktor der überregional agierenden Macht der Kommunen ließ aber kein Übereinkommen zu. Die enge Verbindung Alexanders III. zum lombardischen Städtebund vereitelte in der Folge jeden Anlauf zu einem Friedensschluß, die Allianz zwischen dem Papsttum und den Städten stellte noch länger ein unüberwindliches Hindernis für einen Ausgleich mit dem Reich dar.

Erst eine neuerliche Friedensinitiative[21] im Sommer 1176, als der Staufer sich nach der Niederlage bei Legnano (29. Mai 1176) den städtischen Gegnern gegenüber zum Einlenken bereit finden mußte, führte dann zum Erfolg, zum Ende des Schismas. Erneut waren es Dietrich von Silve-Bénite und zwei Zisterzienser, Abt Hugo von Bonnevaux und Bischof Pontius von Clermont, die die ersten Kontakte knüpften. Vor allem aber war es der Umstand, daß es nunmehr gelang, die Verhandlungen mit dem Papsttum unter weitgehender Ausgliederung der Lom-

---

[20] Vgl. dazu zuletzt *Görich*, Kartäuser, 35 ff.
[21] Vgl. *Görich*, a. a. O., 54 ff.

bardenfrage zu führen, der das lang angestrebte Ziel endlich erreichen ließ. Im Vorvertrag von Anagni vom November 1176 wurden die entscheidenden Weichen gestellt. Nach einer weiteren Phase intensiver Verhandlungen, bei denen es nicht zuletzt um die Wahl des Ortes für den Friedenskongreß ging, konnte im Juli 1177 in Venedig das Einvernehmen zwischen Imperium und Sacerdotium wiederhergestellt werden. Der Friede von Venedig beendete ein beinahe zwei Jahrzehnte währendes, heftiges Ringen zwischen Kaiser und Papst, wobei es dem Staufer gelang, seine Position durchaus günstig zu gestalten. Während er sich in der Frage der schismatischen Bischöfe zum Teil durchsetzte, zum Teil auch kompromißbereit zeigen mußte, und er dem Papst bei dessen Rückkehr nach Rom auch militärische Unterstützung angedeihen ließ, waren es nicht nur die Vereinbarung eines Waffenstillstandes mit den Lombarden (auf sechs Jahre) und eines Friedens mit dem Königreich Sizilien (auf 15 Jahre), sondern vor allem die Wahrung der Ansprüche des Reiches auf die Mathildischen Güter, die als wesentliche Erfolge seiner Politik in die Zukunft wiesen. Daß Barbarossa keineswegs bereit war, die Reichsrechte gegenüber dem Papsttum zurückzunehmen, zeigte schon der unmittelbar nach dem Aufenthalt in Venedig angetretene Umritt durch Mittelitalien, wo er zum Ärger Alexanders III. die Stellung des neu eingesetzten Amtsherzogs von Spoleto[22] mit Nachdruck hervorstrich. Gerade in dieser Zone war es dem Kaiser ja schon um 1173/74 gelungen, die 1152 an Herzog Welf VI. überlassenen Rechte gegen finanzielle Abgeltung für das Reich zurückzuerwerben, sie wurde in der Spätzeit seiner Regierung und unter seinem Nachfolger zu einer der wesentlichen Positionen der Reichsherrschaft südlich der Alpen ausgebaut.

Intensivere Kontakte zum Papsttum nahm der Staufer erst wieder im Jahre 1183 auf, als es ihm gelungen war, im Frieden von Konstanz vom Juni dieses Jahres die so lange währenden Auseinandersetzungen mit den lombardischen Städten endgültig beizulegen. Dieser Friede eröffnete der staufischen Reichspolitik neue Möglichkeiten, sicherte ihr bislang kaum gegebenen Handlungsspielraum. Das Interesse des Kaisers richtete sich nunmehr vordringlich auf das Mathildische Erbe, für die Zustimmung des Papstes zur Inanspruchnahme dieser Besitzungen und Rechte bot er Lucius III., dem Nachfolger Alexanders III., und den Kardinälen je ein Zehntel der Reichseinkünfte aus Italien an. Lucius konnte darauf freilich nicht eingehen, wollte er sich nicht in eine fest-

---

[22] Zu Konrad von Urslingen, dem neuen Herzog von Spoleto, und seiner Familie vgl. *Schubring*, Herzoge von Urslingen.

geschriebene, wirtschaftliche Abhängigkeit vom Imperium begeben.[23] Das im Herbst 1184 zustandegekommene Treffen von Verona zwischen den beiden Häuptern der Christenheit brachte somit auch keinen Erfolg in den grundsätzlichen Fragen. In ebendiesen Tagen – am 29. Oktober 1184 – wurde in Augsburg die Verlobung des staufischen Thronfolgers, König Heinrichs VI., mit Konstanze, der Tante König Wilhelms II. von Sizilien, bekanntgegeben. Wenngleich damals die künftige Entwicklung, die Nachfolge der Staufer im normannischen Königreich, noch nicht vorherzusehen war, bildete doch schon das nunmehr durch eheliche Verbindung befestigte politische Einvernehmen zwischen dem Reich und Sizilien einen wesentlichen neuen Faktor im internationalen Spiel der Kräfte, der dem Papsttum gefährlich werden konnte.

Das von Spannungen keineswegs freie Verhältnis des Staufers zum Papsttum erlebte unter dem Nachfolger Lucius', Urban III., der seine frühere Würde als Erzbischof von Mailand auch als Papst beibehielt, eine erneute Verschlechterung. Vordringlich waren es die Vorgänge bei der Neubesetzung des Trierer Erzbistums, wo im Jahre 1183 eine zwiespältige Wahl seitens der Reichsgewalt zugunsten ihres Kandidaten Rudolf entschieden worden war,[24] die im Mittelpunkt der Gegensätze standen. Freilich wird man den allgemeinen politischen Hintergrund, das machtvolle Vorgehen des Kaisers in dem damals für das Reich völlig gesicherten italienischen Reichsteil und den Brückenschlag der staufischen Politik nach Süditalien, mitzuberücksichtigen haben. Barbarossa reagierte auf das versuchte päpstliche Eingreifen in Trier mit der Sperrre der Alpenpässe für päpstliche Legaten, von neuem schien ein Bruch mit dem Papsttum unabwendbar. Anders als in früheren Jahren seiner Regierung stand der Kaiser damals auf dem Gipfel seiner Macht und seines Ansehens, vermochte sogar die nicht ungefährliche innerdeutsche Opposition um Erzbischof Philipp von Köln in Grenzen zu halten und letztlich mit der Unterwerfung des Metropoliten im Frühjahr 1188 völlig zu bannen. Die Probleme des Heiligen Landes, wo im Oktober 1187 Sultan Saladin nach einem Sieg über das christliche Ritterheer bei Hattin Jerusalem erobert hatte, sollten die Situation völlig verändern. Der Tod Urbans III. im Herbst 1187, damit das Ausscheiden eines unversöhnlichen Gegners des Staufers aus dem politischen Ringen, trug ebenfalls dazu bei, die Gegensätze abzubauen und den Weg zu einer Aussöhnung frei zu machen. Im März 1188 nahm

---

[23] Vgl. dazu *Baaken*, Unio, 222 ff.
[24] Vgl. *Heyen*, Trierer Doppelwahlen, 21 ff.

Friedrich sodann auf dem „Hoftag Jesu Christi"[25] in Mainz das Kreuz –
zum zweitenmal nach 1146 verpflichtete er sich damit zum Kreuzzug.
Im Zug der letzten Vorbereitungen dieses großen Unternehmens
erfolgte dann im Frühjahr 1189 der Ausgleich mit dem Papsttum.

Das Verhältnis des Staufers zur Kirche ist mit der Behandlung seiner
Beziehungen zu den Päpsten seiner Zeit allerdings erst zum Teil beschrieben. Weitaus intensiver, ungleich regelmäßiger waren die Kontakte zur hohen Geistlichkeit des Reiches, denen daher unsere Aufmerksamkeit zuzuwenden ist. Tagtäglich war der Herrscher von Geistlichen umgeben, am frühen Morgen pflegte er die Messe aufzusuchen,[26]
die Reichskanzlei und die Hofkapelle waren fester Bestandteil seines
Hofstaates, hohe Geistliche spielten im Rat und bei der Behandlung
der politischen Geschäfte eine eminente Rolle. Prinzipielle Grundlage
für das gegenseitige Verhältnis war das bereits erwähnte Wormser Konkordat von 1122, dessen Bestimmungen hinsichtlich der Wahl in der
Realität freilich nach durchaus machtpolitischen Überlegungen ge-
handhabt wurden. In welcher Weise der Staufer seinen Einfluß auf Bi-
schofswahlen geltend machte und mit welcher Energie und Beharrlich-
keit er dabei seine einmal getroffene Entscheidung verteidigte und
durchzusetzen wußte – dafür gibt es viele Beispiele aus seiner Regierungszeit, beginnend bereits mit den Wahlen in Utrecht, Magdeburg
und Augsburg im Jahre 1152. Eine interessante Nachricht der Annalen
von Disibodenberg besagt zum Jahr 1157, der Kaiser hätte sich damals
die Äbte, Pröpste und vornehmsten Ministerialen der Mainzer Kirche
mit List verpflichtet, nach dem Tod des derzeitigen Erzbischofs Arnold
die Wahl des Nachfolgers nur in seiner Gegenwart vorzunehmen. Obwohl dabei keine Rede von dem eigentlich wahlberechtigten Gremium
des Domkapitels ist und die Anwesenheit des Herrschers bei Bischofs-
wahlen bereits im Wormser Konkordat festgelegt worden war, erhellt
daraus doch deutlich, in welch umsichtiger und vorausblickender
Weise der Staufer seinen Einfluß offensichtlich rechtzeitig abzusichern
trachtete.

Die Bedeutung der hohen Geistlichkeit für das Funktionieren des
Reichsganzen ist neben der hervorragenden Stellung einzelner Vertreter des Klerus im Rat des Herrschers, und damit für die politische Planung, insbesondere in den von ihrer Seite zu erbringenden Dienstleistungen zu sehen. Sie waren gemäß den Normen des Lehnsrechtes zu
Rat und Hilfe *(consilium et auxilium)* verpflichtet, wobei diese Pflichten
näher umschrieben werden können: An erster Stelle ist zweifelsohne

---

[25] Zu dieser Bezeichnung vgl. *Opll*, Itinerar, 94 Anm. 38.
[26] Vgl. *Opll*, Amator ecclesiarum, 71.

die Heerfahrtspflicht[27] zu nennen, ohne deren Befolgung die zahlreichen militärischen Unternehmungen Barbarossas unmöglich gewesen
wären. Ausnahmen, Befreiungen von dieser Verpflichtung wurden
kaum je zugestanden. Der Erzbischof von Hamburg-Bremen und der
Bischof von Halberstadt wurden wegen Nichterscheinens auf dem
Krönungszug des Staufers im Dezember 1154 in Roncaglia zum Verlust
ihrer Lehen verurteilt. Die Kirchen des Reichsgebietes mußten für die
Reichsheerfahrten oft schwere finanzielle Belastungen auf sich nehmen, wir hören von Verpfändungen, vom Verkauf von Gütern, aber
ebenso von der Veräußerung kirchlicher Gerätschaften, um die erforderlichen Mittel aufzutreiben. Freilich ist in diesem Zusammenhang
auch auf die beachtlichen Heerführerqualitäten vieler Geistlicher der
Epoche hinzuweisen.

Des weiteren ist auf die Hoffahrtspflicht aufmerksam zu machen,
den Zwang zum Aufsuchen gebotener Hoftage, ohne deren Befolgung
letztlich jegliche Regierungstätigkeit der Zeit ad absurdum geführt
worden wäre. Die damit gegebene Pflicht zur Teilnahme am Rat des
Herrschers führte freilich auch dazu, daß die Fürsten zum Teil durchaus schmerzliche Entscheidungen mittragen mußten. Ebensolche entscheidende Bedeutung kam schließlich der Gastungspflicht zu, damit
der Verpflichtung zur Beherbergung des Reichsoberhauptes und seines
Gefolges. Sie stellte eine wesentliche Grundlage der für das Mittelalter
so charakteristischen ambulanten Regierungsweise dar. Itinerarstu-
dien[28] machen dabei deutlich, in welch intensiver Weise unter Friedrich I. vor allem die Bischofssitze des Reiches für Aufenthalte des Herrschers herangezogen wurden. Würzburg, Worms und Speyer stehen an
der Spitze der Itinerarstatistik für den deutschen Bereich. Klosterauf-
enthalte lassen sich dagegen viel seltener nachweisen, in die Zukunft
weisende Bedeutung kommt dem Ansteigen der Quartiernahme in eigenen Pfalzen des Reiches zu. Auch südlich der Alpen unterstrich der
Staufer in einem der 1158 in Roncaglia formulierten Gesetze mit Nachdruck seinen Anspruch auf die Gastung in bischöflich-städtischen Pfalzen.[29] Aus diesem Bereich wissen wir von eigenen Pfalzbauten des Reiches in Städten (Lodi, Parma). In charakteristischer Weise begegnen
dort – in der Regel außerhalb des städtischen Verbauungsgebietes vor
den Toren der Stadt – sogenannte 'Klosterpfalzen' (etwa S. Salvatore
bei Pavia).[30]

[27] Vgl. dazu *Gattermann*, Reichsheerfahrt.
[28] Dazu vgl. *Opll*, Itinerar.
[29] MGH.DF.I.239.
[30] *Opll*, Itinerar, 118.

Wollen wir das Verhältnis Barbarossas zur Geistlichkeit noch detaillierter beschreiben, so ist es durchaus angeraten, einige Fallbeispiele zu
präsentieren, die neben den allgemeinen Grundzügen auch das indivi-
duelle Moment persönlicher Beziehungen berücksichtigen: Greifen wir
aus der großen Fülle den Fall des Erzbistums Mainz[31] heraus, so ist die
Stellung dieses Metropoliten vor allem durch die Würde des Erzkanz-
lers für den deutschen Reichsteil, aber auch durch seine herausragende
Rolle im Rahmen der Königswahl, bei der ihm das Recht der 'ersten
Stimme' zukam, zu charakterisieren. Gerade bei der Wahl Friedrichs
war es der Mainzer Erzbischof Heinrich, der seine Vorbehalte gegenüber dem staufischen Kandidaten zum Ausdruck brachte. Die Hintergründe für dieses Verhalten lagen in den territorialpolitischen Interessen der Mainzer Kirche, vornehmlich im Weser-Leine-Gebiet.[32] Barbarossa nutzte im Jahr darauf die Anwesenheit päpstlicher Legaten, die
zur Ratifizierung des Vertrages mit Papst Eugen III. nach Deutschland
gekommen waren, für ein Vorgehen gegen den Mainzer aus. Heinrich
wurde auf dem Wormser Hoftag zu Pfingsten 1153 – im übrigen gemeinsam mit den Bischöfen von Hildesheim, Eichstätt und Minden –
seines Amtes enthoben. Die unmittelbar darauf vorgenommene Neuwahl fiel – unter maßgeblichem Einfluß von seiten des Königs – auf
den bisherigen Reichskanzler Arnold,[33] der der mainzischen Ministe-
rialenfamilie von Selehofen entstammte. Zeit seiner Regierung
(1153–1160) hatte Arnold mit großen Problemen zu kämpfen, die nicht
zum wenigsten aus seiner niedrigen Herkunft resultierten. Als er zur
Zeit der Abwesenheit des Herrschers im Jahre 1155 in Gegensatz zu
Pfalzgraf Hermann bei Rhein geriet, griff Barbarossa nach seiner Rückkehr aus Italien hart durch, beide Seiten wurden zur entehrenden Strafe
des 'Hundetragens' verurteilt, der Erzbischof durfte sich dabei aber
gnadenhalber – aus Rücksicht auf seinen Stand – vertreten lassen.
Die strikte Heranziehung gerade dieses Erzbistums für den Reichs-
dienst, besonders die Aufbringung umfassender finanzieller Mittel für
den zweiten Italienzug des Staufers, sollte die Herrschaft Arnolds in
eine schwere Krise stürzen, aus der letztlich kein Ausweg mehr möglich
war. Dem vehementen Widerstand aus städtisch-ministerialischen,
aber auch aus geistlichen Kreisen konnte der Erzbischof in Abwesenheit des in Italien weilenden Herrschers nicht wirkungsvoll entgegen-
treten. Im Juni 1160 kam es zum Eklat, Arnold fiel von Mörderhand.

---

[31] Kurzer Überblick bei *Büttner*, Erzstift Mainz, 18 ff. – Vgl. auch *Opll*, Stadt
und Reich, 115 ff. (mit weiterführender Literatur).
[32] Vgl. *Büttner*, Territorialpolitik, 14 f. und *Schmidt*, Königswahl, 134 ff.
[33] Vgl. *Schöntag*, Untersuchungen.

Bei der Wahl des neuen Metropoliten kam es noch im Sommer dieses Jahres zur Kandidatur des Zähringers Rudolf, des Bruders Herzog Bertholds IV., sowie des Merseburger Dompropstes Christian von Buch. Der Kaiser lehnte beide ab und konnte in der Folge den Wittelsbacher Konrad[34] als neuen Mainzer Erzbischof durchsetzen. Die Bestrafung der Mörder Arnolds erfolgte erst drei Jahre später, als Barbarossa im Frühjahr 1163 persönlich nach Mainz kam und die Befestigungen der Stadt abgetragen werden mußten.

Mit der kaiserlichen Entscheidung für den Wittelsbacher wurde allerdings in weiterer Folge eine schwere Krise in den Beziehungen zum Mainzer Stuhl eingeleitet. Konrad neigte im Schisma immer deutlicher Alexander III. zu, 1165 wechselte er offen die Fronten, ging zum päpstlichen Gegner des Staufers über. Nun schlug die Stunde für den 1160 noch erfolglosen Merseburger Propst Christian, der inzwischen zum Reichskanzler aufgestiegen war und sich in Italien bestens als Reichslegat bewährt hatte. Christian von Buch[35] wurde im September 1165 auf den Mainzer Stuhl erhoben. Er blieb in der Folge eine treue Stütze der staufischen Reichsherrschaft, allerdings lag das Schwergewicht seiner politischen Aktivitäten auch weiterhin südlich der Alpen, wo er vor allem in den siebziger Jahren und bis zu seinem Tod im Jahre 1183 die Interessen des Reiches in Mittelitalien wahrnahm. Christian darf als Prototyp des geistlichen Heerführers der Epoche gelten. Höhepunkte seiner militärischen Unternehmungen waren der gemeinsam mit Rainald von Dassel erfochtene Sieg über die Römer im Mai 1167, die – allerdings erfolglose – Belagerung von Ancona im Jahre 1173 und die Rückführung Papst Alexanders III. nach Rom im Gefolge des 1177 zustandegekommenen Friedens von Venedig.

Diese lange Abwesenheit des Metropoliten von seinem Stuhl nutzte Friedrich in durchaus erfolgreicher Weise zur Durchsetzung eigener territorialpolitischer Maßnahmen im Bereich des Erzstiftes. Kennzeichnend ist vor allem die 1170 erfolgte Stadtgründung von Gelnhausen an der Kinzig im mainzischen Territorium,[36] wo sich das Reich nicht nur eine eigene Pfalz, sondern auch den Wirtschaftskörper einer Stadt in einem Raum sicherte, der gerade im Zeitalter Barbarossas zu einem der Kernräume des Reiches, zu einer *terra imperii*,[37] wurde. Kon-

---

[34] Zu ihm vgl. *Oehring*, Konrad I. von Mainz.

[35] Seine Urkunden als Reichslegat finden sich bei *Hägermann*, Urkunden, 202 ff. – Zu ihm vgl. auch *Schöntag*, Untersuchungen.

[36] Vgl. *Opll*, Stadt und Reich, 74 ff.

[37] Zu den *terrae imperii* der Barbarossa-Zeit vgl. jüngst *Fried*, Wirtschaftspolitik, 213 ff.

rad von Wittelsbach, der nach seinem Übertritt zu Alexander III. von
diesem zum Kardinal von Sabina erhoben worden war, söhnte sich im
Zug des Friedens von Venedig mit dem Kaiser aus und erhielt den Salzburger Stuhl zugewiesen. Erst nach dem Tod Christians im Jahre 1183
konnte er wieder in sein angestammtes Erzbistum zurückkehren. Er
war in der Folge in besonderer Weise mit dem in der Zwischenzeit so
erfolgreich ausgebauten Einfluß des Reiches auf sein Erzstift konfrontiert, wo auch nichtkaiserliche Kräfte, Adelige wie Ministerialen, das
weitgehende Vakuum der Mainzer Herrschaft für ihre eigenen Interessen hatten nutzen können. Trotz dieser Entwicklung ist von einer Entfremdung zwischen dem Kaiser und dem Mainzer Erzstuhl in den letzten Jahren der Regierung des Staufers nichts zu merken, vielmehr wurden gerade damals zwei der bedeutendsten Hoftage der gesamten Ära
Barbarossas nach Mainz verlegt: 1184 fand hier das berühmte Mainzer
Pfingstfest mit der Schwertleite der Kaisersöhne Heinrich und Friedrich, umrahmt von festlichen ritterlichen Spielen, besungen von den
größten Dichtern der Zeit, statt. Vier Jahre später versammelte sich in
der Stadt der 'Hoftag Jesu Christi', auf dem der Kreuzzug endgültig beschlossen wurde und der alte Kaiser aus Demut vor dem großen Anlaß
den Vorsitz in symbolischer Weise dem Gottessohn überlassen hatte.
Aus der großen Zahl von Bischöfen des Reiches ragen somit viele
Persönlichkeiten hervor, die in einem besonderen Naheverhältnis, ja
sogar in freundschaftlichen Beziehungen zum staufischen Herrscher
standen. Hinzuweisen ist etwa auch auf Eberhard von Bamberg,[38] der
schon vor der Wahl Barbarossas in dessen Umgebung nachzuweisen ist,
danach zu einem der wichtigsten Ratgeber des Staufers wurde und ihm
in den kritischen Tagen seiner Regierung, etwa bei dem Eklat des
Reichstages von Besançon im Herbst 1157,[39] stets zur Seite stand.
Kennzeichnend für dieses so enge Verhältnis ist nicht zuletzt der auffällige Umstand, daß der Kaiser nach dem Tod Eberhards (1170) dessen
Bischofsstadt nie mehr aufsuchte. Oder denken wir an Bischof Hartmann von Brixen (†1164),[40] der bei Hofe eine hochgeachtete Stellung
bekleidete, die mit dem Begriff 'Seelsorger', vielleicht auch 'Beichtva-
ter', zu umschreiben ist. Diesem Vertrauten gegenüber zeigte sich der
Kaiser sogar in den schweren Zeiten des Schismas gewogen, als er bei
der Weihe eines Tragaltars im Herbst 1163 die durchaus proalexandri-
nische Haltung Hartmanns gnädig tolerierte. Solch enge Beziehungen

---

[38] Vgl. zu ihm jetzt *Wendehorst*, in: Lexikon des Mittelalters 3, 1519 f.

[39] Das Diktat des damals ausgesandten Rundschreibens stammt sehr wahrscheinlich von Eberhard, MGH.DF.I.186 (= BOM 492).

[40] *Opll*, Amator ecclesiarum, 80 f.

zu einzelnen Geistlichen sind darüber hinaus auch für Italien zu belegen, wo etwa Bischof Petrus von Luni 1183 ausdrücklich als „Freund des Kaisers" bezeichnet wurde.[41] Offensichtlich – und dies ist für das Verhältnis Barbarossas zu den weltlichen Fürsten gleichfalls in Rechnung zu stellen – verstand es der Herrscher, Persönlichkeiten in freundschaftlicher Weise an sich zu binden. Er muß ohne Zweifel über persönlichen Charme verfügt haben, damit eine Anziehungskraft ausgestrahlt haben, der man sich nicht so leicht entziehen konnte.

Das Verhältnis des Staufers zur Welt der Bischöfe Reichsitaliens war in der Regel freilich doch anders gestaltet. Entscheidende Bedeutung kam dort den engen Kontakten und Berührungszonen zwischen der bischöflichen und der städtisch-kommunalen Politik zu. Nicht zuletzt spielte auch der Umstand der räumlichen Entfernung – trotz der langjährigen Aufenthalte des Kaisers südlich der Alpen – eine gewichtige Rolle. Der städtische Bischof Reichsitaliens konnte demnach entweder versuchen, durch Kontakte zum Reichsoberhaupt seine eigene Position gegenüber seiner Stadt auszubauen und günstiger zu gestalten, oder er agierte sogar als Vermittler zwischen seiner Stadt und dem Reich. So ist etwa Bischof Theobald von Verona im Herbst 1155 nur deswegen an den deutschen Hof gereist, um das nach dem Überfall auf Friedrich in der Veroneser Klause aufs schwerste gestörte Verhältnis des Staufers zur Etschstadt wieder ins Lot zu bringen. Selbst der Erzbischof der lombardischen Metropole Mailand, Obert, wahrte trotz der seit 1153/54 bestehenden tiefen Krise in den Beziehungen der Stadt zum Reich mehrere Jahre hindurch (bis 1159) eine im Grundsatz loyale Haltung gegenüber dem Herrscher. Erst ein persönlicher Schicksalsschlag, der Tod eines Neffen Oberts in den Kämpfen um Crema, vor allem aber dann der Ausbruch des Schismas führten den Metropoliten auf die Seite der Gegner des Reiches, damit auf die seiner Stadt.[42] Es gab freilich auch Bischöfe, die eine von ihrer Stadt unabhängige, zu dieser im Widerspruch stehende politische Leitlinie verfolgten. Charakteristische Beispiele dafür sind vor allem die nach der Entstehung der Lega Lombarda und deren ersten Erfolgen gegen den Kaiser aus ihren angestammten Bischofssitzen abziehenden, teilweise sogar ins deutsche Exil gehenden Persönlichkeiten, wie etwa Garsidonius von Mantua oder Albericus von Lodi.[43]

Neben dem Episkopat stellt der Ordensklerus, stellen die Vorsteher von Klöstern und Stiften den Teil der Geistlichkeit dar, mit dem der

---

[41] MGH.DF.I.851.
[42] Vgl. *Opll*, Stadt und Reich, 331.
[43] Zu Albericus vgl. *Opll*, Lodi, 86f.

Kaiser in ebenfalls engem Kontakt steht. Vor allem die Äbte von Reichsklöstern, wie etwa Fulda oder Lorsch,[44] sind – genauso wie die Bischöfe – zu mannigfachen Dienstleistungen gegenüber dem Reich verpflichtet, nehmen an den Italienfahrten des Staufers mit eigenen Kontingenten teil und haben mitunter auch die Lasten der Beherbergung des Reichsoberhauptes zu tragen. Gleich wie im Verhältnis zu den bischöflichen Reichskirchen, ist es auch gegenüber den Klöstern vielfach der durch das Element der Vogtei begründete Zugriff auf den Komplex der hier konzentrierten Herrschaftsrechte, der den Einfluß des Reiches sichert. So war etwa der Besitz der Vogtei über das Reichskloster Weißenburg schon seit den Tagen des Großvaters Barbarossas eine wesentliche Grundlage für die staufische Macht im unteren Elsaß und im nördlichen Schwaben.[45] Um 1180 bildete die Erwerbung der Vogteien über die Reichenau (aus dem Besitz Heinrichs des Löwen) und St. Gallen (aus dem Besitz des Grafen Rudolf von Pfullendorf) eine entscheidende Basis für die in der Folge stark ausgebaute Position der Staufer im Bodenseeraum.[46]

Ein besonders charakteristisches Profil weist das Verhältnis des Staufers zu dem bedeutendsten benediktinischen Reformorden der Zeit, den Zisterziensern, auf. Deren weitreichende Bedeutung war in der ersten Hälfte des 12. Jahrhunderts untrennbar mit der Persönlichkeit Bernhards von Clairvaux verbunden gewesen. Auch Barbarossa war diesem Mann im Dezember 1146 persönlich begegnet, hatte damals unter dem Eindruck von dessen Überzeugungskraft gemeinsam mit seinem königlichen Oheim das Kreuz genommen. Offensichtlich nicht zuletzt wegen der Zugehörigkeit Papst Eugens III. zum Zisterzienserorden hatte der im März 1152 zum König gewählte Staufer dann einen zisterziensischen Abt, nämlich Abt Adam von Ebrach, seiner ersten nach Rom entsandten Delegation beigegeben. Die in den ersten Jahren seiner Regierung harmonischen, von keinen erkennbaren Spannungen überschatteten Beziehungen zu diesem Orden erlebten dann allerdings mit dem Ausbruch des Schismas eine außerordentlich schwere Beeinträchtigung. Die geschlossene Parteinahme der Zisterzienser für Alexander III. wurde vom Herrscher mit größter Strenge geahndet, in überaus radikaler Weise ging man gegen sie vor, ja vertrieb sie nicht selten sogar aus dem Reich.[47] Erst in der Mitte der sechziger Jahre bahnte

---

[44] Zum Verhältnis solcher Reichsabteien zum Imperium vgl. *Wehlt*, Reichsabtei und König.

[45] *Engels*, Staufer, 15.

[46] Vgl. *Büttner*, Territorialpolitik, 25 und *Schmid*, Pfullendorf, 194 ff.

[47] MGH.DF.I.479, vgl. dazu *Reuter*, Edikt, 328 ff.

sich hier eine Wendung an, die allerdings nicht von einem Nachgeben des Kaisers ausging, sondern ihren Grund vielmehr in den damals aufkeimenden Differenzen zwischen den Zisterziensern und dem Papst hatte. Vor allem war es der englische Kirchenstreit um Thomas Becket, den Erzbischof von Canterbury, der wesentlich zu dieser Entfremdung beitrug. Der Papst schob eine eindeutige Stellungnahme immer wieder hinaus, um einen endgültigen Bruch mit dem englischen König zu vermeiden. Als es dann 1165 mit dem Zusammengehen dieses Herrschers mit Barbarossa zu einem schweren Rückschlag für die päpstliche Politik kam, waren es insbesondere die Zisterzienser, die mit der Beherbergung Thomas Beckets einen Großteil der damit verbundenen Lasten zu tragen hatten.[48] In der Folge sollte sich der Orden dann verstärkt in die Vermittlungsversuche zwischen Imperium und Sacerdotium einschalten. Zisterzienseräbte traten sowohl 1167/68 als auch 1176 entscheidend bei den schwierigen Verhandlungen hervor – eine auffällige Wendung und nachhaltige Änderung in der Politik des Ordens. Diesem zisterziensischen Eintreten für den Ausgleich zwischen den Fronten im Schisma kam grundlegende Bedeutung zu. Nach dem Abschluß des Friedens von Venedig wurde dies sowohl vom Kaiser als auch vom Papst ausdrücklich anerkannt und bedankt.[49]

Wie schon im Zusammenhang mit der Frage nach den Beziehungen zu den bischöflichen Reichskirchen betont wurde, kam selbstverständlich dem Faktor der persönlichen Beziehungen stets eine entscheidende Rolle zu. Dies führt uns nun auch zu dem Problem der religiösen Haltung des Menschen Friedrich Barbarossa[50] selbst hin. Wir müssen dabei ohne Zweifel von der für den hohen Adel der Epoche geradezu kennzeichnenden, engen Verbindung zur Kirche und zur Geistlichkeit ausgehen. Der tägliche Umgang mit Vertretern des Klerus, der Bestand von eigenen Hausklöstern, die Bevorzugung bestimmter Kirchen als Grablegen von Adelsfamilien, die für die Herrschaftsrechte des Adels unabdingbare Voraussetzung der Ausübung kirchlicher Vogteirechte – all das sind Mosaiksteine im Bild der Beziehungen zur Welt der Geistlichkeit, die auch bei Barbarossa hervortreten. Rahewin schildert uns eindrucksvoll, daß es zu den täglichen Gepflogenheiten des Staufers gehörte, jeweils am frühen Morgen die Messe aufzusuchen und vertrauten Umgang mit Geistlichen zu pflegen.[51] Kirchenmänner wurden nicht nur zur Beratung des Herrschers in den Fragen der großen Politik

---

[48] Vgl. *Görich*, Kartäuser, 47 ff.
[49] MGH.DF.I.690.
[50] Vgl. dazu *Opll*, Amator ecclesiarum, 70 ff.
[51] Rahewin, Gesta IV, 86, ed. *Schmale*, 708 ff.

herangezogen, bei ihnen suchte der Kaiser offensichtlich auch die Aussprache in Problemen des Seelenheils. Für theologische Diskussionen zeigte er sich überaus interessiert, war dabei vor allem auch bereit zuzuhören und seinen Auffassungen gegenteiligen Argumenten das Ohr zu leihen. In eindrucksvoller Weise tritt dies bei den Gesprächen hervor, die Barbarossa im September 1163 zu Nürnberg mit dem großen Theoretiker seiner Zeit, Propst Gerhoch von Reichersberg, führte, dessen alexandrinische Gesinnung der Staufer nicht zu ändern suchte und offensichtlich tolerierte.[52]

Nicht selten läßt sich im persönlichen Umgang des Herrschers mit Geistlichen gerade das Moment des Respekts vor der geistigen und moralischen Größe der betreffenden Persönlichkeit, ja der Verehrung und Bewunderung für diese, fassen. Ein besonders schönes Beispiel dafür liegt uns in dem Bericht zweier Lebensbeschreibungen des heiligen Ubald von Gubbio vor: Als der erst wenige Wochen zuvor gekrönte Kaiser im Hochsommer 1155 durch Mittelitalien zog und sich unmittelbar nach der militärischen Eroberung von Spoleto anschickte, auch die Stadt Gubbio wegen Widerstands gegen seine Herrschaft einzunehmen, wurde er durch das Eintreten Bischof Ubalds davon abgehalten. An der Authentizität dieser in zwei unabhängig voneinander entstandenen Berichten überlieferten Nachricht ist kaum zu zweifeln, spricht doch auch die Tatsache, daß der Nachfolger Ubalds, Theobald, die von ihm verfaßte Vita seines heiligmäßigen Vorgängers in den frühen sechziger Jahren dem Kaiser widmete, eindeutig für die Faktizität des Geschehens. Barbarossa ehrte den respektgebietenden Bischof durch Geschenke und wendete auch dessen Stadt wieder seine Gnade zu.[53]

In solchen Geschenken und Ehrengaben für Geistliche und an Kirchen ist in gewisser Weise das materielle Substrat der Beziehungen des Herrschers zum Klerus zu fassen. Mehrfach zu belegen ist, daß der Staufer bereitwillig Spenden und Almosen an die Kirchen verteilte. 1162, im Jahr seines Triumphes über Mailand, ließ der Herrscher eine allgemeine finanzielle Zuwendung an die Kirchen des Reiches ausgeben, von der wir im Zusammenhang mit dem der Abtei Petershausen bei Konstanz zugewiesenen Anteil erfahren. Stiftungen des Staufers, dem in einem Bamberger Nekrolog der bezeichnende Ehrentitel eines *amator ecclesiarum*[54] zugelegt wird, sind uns in vielen Einzelnachrichten überliefert. Sie sind wesentlicher Ausdruck seiner persönlichen Religiosität, die freilich

---

[52] *Classen*, Gerhoch, 211 f. und *Opll*, Amator ecclesiarum, 81 f.

[53] BOM 340, vgl. *Opll*, Amator ecclesiarum, 81 f.

[54] *Opll*, Amator ecclesiarum, 70 mit Anm. 1. – Zu den Stiftungen vgl. ebda., 72 ff.

nicht ohne Berücksichtigung der jeweiligen Gegebenheiten der Reichspolitik, des Strebens nach Repräsentation und Darstellung seines Herrscheramtes zu beschreiben und zu fassen ist. So wird man etwa die Zuwendung an die Aachener Pfalzkapelle aus Anlaß der Heiligsprechung
Karls des Großen im Dezember 1165 nicht ohne diesen eminenten
reichspolitischen Hintergrund sehen dürfen und verstehen können.
Unterstützung der Kirchen war eben nicht nur Ausdruck der religiösen
Haltung, gehörte vielmehr als wesentlicher Bestandteil zu den höchsten
Pflichten des Herrscheramtes. Derartige Stiftungen – sie sind uns zum
nicht geringsten Teil aus Nekrologeintragungen bekannt – konnten in finanziellen Leistungen, in Ehrengaben und Geschenken, darunter insbesondere kirchlichen Gerätschaften, aber auch dem großartigen Rad-
leuchter der Pfalzkapelle zu Aachen oder Reliquien sowie in der Erteilung urkundlich verbriefter Privilegien bestehen.

Eigenartigerweise tritt Friedrich Barbarossa kaum als regelrechter
Klostergründer hervor, ein Befund, der allerdings durch seine vielfach
belegbaren, sonstigen Förderungen der Kirchen entscheidend zu relativieren ist. Seine Initiativen als 'Gründer' sind somit zum einen in dieser
fördernden Unterstützung, zum andern aber auch im Hinblick auf einige Spitalsgründungen zu sehen. Die enge Verbindung des Spitals mit
dem in dieser Zeit aufkeimenden städtischen Leben, zugleich aber auch
die Bedeutung dieser Institution für die Linderung von Not ebenso wie
für den Ausbau von Verkehrsverbindungen (Funktion als Hospiz) dürften wesentliche Anstöße für den Staufer geboten haben, gerade dieser
Art von kirchlichen Einrichtungen größeres Augenmerk zuzuwenden.
Vielleicht darf man hierin auch einen durchaus praxisbezogenen, reali-
stischen Grundzug im Wesen des Menschen Friedrich Barbarossa sehen.

In den Bereich der nachhaltig von den Erfordernissen der großen
Politik und dem Bedarf nach Repräsentation und Zurschaustellung der
Hoheit des Reiches geprägten Phänomene gehören auch die Teilnahme des Kaisers an großen kirchlichen Festen und die Vornahme
von Kanonisationen. So wurden etwa die drei großen Kirchenfeste des
Jahres, Ostern, Pfingsten und Weihnachten, in der Regel äußerst prunk-
voll begangen, sie waren bevorzugte Termine von Festkrönungen, an
denen der Herrscher also 'unter der Krone ging'. Kirchliche Festter-
mine, 'heilige Tage', wurden aber auch bevorzugt als Zeitpunkt für die
Einberufung großer Reichsversammlungen gewählt, dienten nicht selten dazu, das jeweilige politische Handeln des Herrschers besonders
nachdrücklich zu unterstreichen.[55] Im Hinblick auf die persönliche

<hr/>

[55] Vgl. *Schaller*, Der heilige Tag, 1 ff.

Teilnahme des Kaisers an kirchlichen Festen ist des weiteren an seine Anwesenheit bei Kirchweihen, etwa 1157 in Fulda oder 1179 im Zisterzienserkloster Waldsassen, sowie bei Reliquientranslationen zu erinnern. So wurde etwa im Herbst 1163 die Überführung der Gebeine des Stadtpatrons von Lodi, des heiligen Bassianus, von Alt- nach Neu-Lodi nicht nur zum Anlaß genommen, die 1158 durch den Kaiser vorgenommene Verlegung der Stadt vom Lambro an die Adda in würdiger Form abzuschließen, sie diente zugleich – mit der persönlichen Teilnahme des staufischen Gegenpapstes Viktor IV. – als große Demonstration der Kirchenpolitik des Reiches im Schisma. In ebendiesen Zusammenhang gehört auch die zwei Jahre später erfolgte Heiligsprechung Karls des Großen in Aachen, wenngleich damit freilich unter Aufgreifen westeuropäischer Vorbilder die ungleich größere, gleichsam europäische politische Bühne betreten wurde.

Reliquien stellten im Leben des Mittelalters einen besonderen Brennpunkt der religiösen Verehrung dar. Der Besitz eines Reliquienschatzes war stets ein höchst anstrebenswertes Ziel, nicht nur für die Kirchen selbst, sondern auch für den Herrscher. Das bekannteste Ereignis der Zeit Barbarossas in diesem Zusammenhang ist ohne Zweifel die Schenkung der Reliquien der Heiligen Drei Könige an den Kölner Metropoliten Rainald von Dassel. Sie waren bei der Zerstörung Mailands im Frühjahr 1162 in den Besitz des Kaisers gelangt, zwei Jahre später überführte sie der mit der Übertragung dieses unvergleichlichen Schatzes ausgezeichnete Kölner Erzbischof in seine Bischofsstadt, wo sie im frühen 13. Jahrhundert in dem bis heute bestehenden, prunkvollen Dreikönigsschrein geborgen wurden.[56] Reliquien wurden aber auch vom staufischen Hofe stets als unverzichtbarer Bestandteil des Gottesdienstes auf den weitausgedehnten Reisen mitgeführt. Der Kaiser selbst zeigte höchstes Interesse an der Erwerbung neuer Reliquien, sie wurden aber auch – wie nicht nur am Beispiel der Heiligen Drei Könige abzulesen ist – als besonders ehrenvolles Geschenk an hochgeachtete, verdienstvolle Geistliche vergeben.[57]

Stellen wir uns zuletzt noch einmal die Frage nach der persönlichen Haltung Barbarossas in religiösen Dingen, so machen es viele der hierfür anzuführenden Belege ihrer engen Verflechtung mit der großen Politik der Zeit wegen nicht eben leicht, zum Kern, zum Menschen selbst, vorzudringen. Man wird sich wahrscheinlich davor zu hüten haben, bei solch einer Analyse allzusehr nur die einzelnen Facetten seiner religiösen Handlungen herauszustellen, sie alle waren vielmehr in

---

[56] *Hofmann*, Die Heiligen Drei Könige.
[57] Beispiele bei *Opll*, Amator ecclesiarum, 82 ff.

ihrer Gesamtheit untrennbarer Bestandteil der Persönlichkeit des Staufers. Er zeigte jedenfalls ein für seine Epoche und sein angestammtes soziales Umfeld ausgesprochen typisches Verhalten in religiösen Dingen, das man wohl am besten mit dem Begriff 'adelig-ritterliche Frömmigkeit' umschreiben könnte.

## 3. FRIEDRICH BARBAROSSA,
## DIE FÜRSTEN, DER ADEL UND DIE MINISTERIALITÄT

Die Beziehungen des Herrschers zu der vom Adel und von der Ministerialität geprägten Welt der Laien waren vor allem dadurch bestimmt, daß es sich dabei um seine ureigenste Lebenssphäre handelte, der er selbst entstammte und in der er aufgewachsen war. Sie war im hohen Mittelalter durch ritterliche Verhaltensmuster und Lebensanschauungen charakterisiert, denen sich auch das Reichsoberhaupt in hohem Maße verpflichtet fühlte, nach denen er sein eigenes Leben ausrichtete. Die engen Verflechtungen zwischen der Reichsregierung und der adeligen, insbesondere der fürstlichen Umwelt, in die sie ja selbst so wesenhaft eingebettet war, kamen schon seit der karolingischen Epoche darin zum Ausdruck, daß die geistlichen wie die weltlichen Großen des Reiches für die Regierungsgeschäfte herangezogen wurden. Ohne dieses Element wäre sowohl der Rat des Herrschers als auch die Umsetzung der politischen Planungen, Beschlüsse und Vorhaben in die Realität unmöglich gewesen.

Mit den Wirren des Investiturstreits sollten dann diese Probleme der Mitwirkung der Fürsten am Reichsgeschehen in noch viel deutlicherer Weise als zuvor hervortreten.[1] Die große Auseinandersetzung der Salier mit dem Reformpapsttum ließ in der gesamten Gesellschaft des Reiches, auch im Adel, zunehmend Parteiungen hervortreten. Es kam zum demonstrativen Akt der Wahl eines Gegenkönigs, Rudolfs von Rheinfelden. Damit verbunden war zum einen eine ungeheure Aufwertung der fürstlichen Macht, zum anderen aber auch die Notwendigkeit für den Herrscher, sich nach neuen Verbündeten, damit nach Unterstützung für seine eigene Position umzusehen. In diesem Zusammenhang gehören die Förderung der Städte wie der Ministerialen des Reiches von seiten Heinrichs IV.[2] ebenso wie die für die Geschichte der Staufer so entscheidende Heirat des Großvaters Barbarossas mit der Tochter des Herrschers, Agnes, mit der dieses schwäbische Adelshaus in den Herzogsrang aufstieg und zugleich in engste Verbindung zum Reich geriet.

---

[1] Zu diesen Problemen vgl. für die Stauferzeit speziell *Patze*, in: Die Zeit der Staufer 5, 35 ff. und *Heinemeyer*, König und Reichsfürsten, 1 ff.

[2] Vgl. *Kottje*, Bedeutung der Bischofsstädte, 131 ff. sowie *Bosl*, Reichsministerialität.

Diese Aufwertung der fürstlichen Macht, deren Teilhabe an den großen politischen Entscheidungen von nun an eine noch viel wesentlichere Bedeutung erlangen sollte, ja für den Handlungsspielraum des Herrschers geradezu eine 'conditio sine qua non' bildete, trat dann während der Königswahlen der ersten Hälfte des 12. Jahrhunderts in besonders eindrucksvoller Weise hervor.[3] Darüber hinaus fand sie ihren Ausdruck im politischen Kräftespiel der Zeit, in den heftigen Auseinandersetzungen der Reichsgewalt mit der fürstlichen Opposition, an der die Staufer zunächst – unter der Regierung Lothars III. – auf der Seite der Gegner des Reiches, dann – unter Konrad III. – auf der Seite des Inhabers des Thrones Anteil hatten. Sowohl bei der Vorbereitung der Wahl des Jahres 1138 als auch bei der des Jahres 1152 wurden von den staufischen Thronprätendenten Verhandlungen mit den Fürsten geführt, um eine Durchsetzung der eigenen Ziele, eine möglichst breite Unterstützung zu erlangen. Freilich waren die Voraussetzungen vor der zweiten, letztlich erfolgreichen Thronkandidatur der Staufer um vieles günstiger. Der Schwabenherzog Friedrich konnte infolge seiner Verwandtschaft mit den Welfen und seiner durchaus guten Beziehungen zu diesen langjährigen Gegnern seines königlichen Oheims die Verhandlungen von einer weitaus besser gesicherten Plattform aus aufnehmen.

Grundlage für das Verhältnis zwischen dem Reichsoberhaupt und seiner adligen Umwelt war das Lehnswesen, das man als das eigentliche Organisationsprinzip des mittelalterlichen Königtums anzusprechen hat. Es war ein gegenseitiges Rechtsverhältnis, als dessen zentrale Inhalte die Schutzverpflichtung von seiten des Lehnsherrn und die Verpflichtung zu 'Rat und Hilfe' (*consilium et auxilium*) von seiten des Lehnsträgers zu gelten haben. Durchaus in diesem Rahmen – und nicht nur auf der Basis der seit langem entwickelten, politisch motivierten Teilhabe der Fürsten an den Regierungsgeschäften – ist die stete Rücksichtnahme des Herrschers auf die fürstliche Mitwirkung bei den großen Entscheidungen der Zeit zu sehen. Immer wieder wurde bei Hoftagen und Hofgerichtsurteilen auf den Rat der Fürsten zurückgegriffen. Gerichtliche Urteile ergingen auf der Grundlage von Sprüchen, die von den Standesgenossen der Betroffenen formuliert werden mußten.

Als überaus wichtiger Bereich in den gegenseitigen Beziehungen ist insbesondere die Frage der Teilnahme der Fürsten an der Reichsheerfahrt, d. h. die militärische Unterstützung der Reichspolitik, zu erwäh-

---

[3] Dazu vgl. jetzt *Schmidt*, Königswahl.

nen.[4] Dabei ist unter der Herrschaft Friedrichs I. ein gewisser Wandel unverkennbar. Im Lauf seiner Regierung mußte der Herrscher nach neuen Möglichkeiten suchen, mußte bestrebt sein, der Abneigung der Fürsten, an weitausgreifenden Heereszügen mit eigenen Kontingenten teilzunehmen, entgegenzuwirken. Diese für das Reich unverzichtbare militärische Unterstützung brachte den Staufer nicht selten in eine höchst mißliche Lage, führte bisweilen zu regelrechter Abhängigkeit von der fürstlichen Waffenhilfe. Besonders zu Anfang seiner Regierung ist mehrfach die Rücksichtnahme auf Wünsche und Vorstellungen der Fürsten zu konstatieren, wenn er etwa bereits in den Tagen der Königskrönung in Aachen den Plan einer baldigen Romfahrt zunächst zurückstellte oder noch im selben Jahr den Plan eines Zuges gegen Ungarn auf Rat der weltlichen Fürsten nicht realisierte. Die Abneigung der Fürsten, vor allem der weltlichen, gegen ein Vorgehen gegen Süditalien im Sommer 1155 führte in der Folge zu einer nachhaltigen Verschlechterung der Beziehungen des Kaisers zum Papst, der dieses – ursprünglich auch von Friedrich gutgeheißene – Unternehmen zur Befestigung seiner eigenen Position dringend gewünscht hatte.

Immer wieder bediente sich der Staufer zur Verpflichtung der Fürsten auf die Teilnahme an Feldzügen des Mittels des Eides, wobei es ihm gelang, das Interesse des Reiches auch zum Motiv fürstlicher Entscheidung und Zustimmung zu machen. Das grundlegende Problem lag dabei ohne Zweifel darin, daß es in der Regel um Italienzüge ging, damit um ein militärisches Eingreifen in weitab liegenden Gebieten, das die Fürsten zu oft langer Abwesenheit aus ihrem angestammten Territorium zwang. Als Höhepunkt der staufischen Reichsheerfahrten dieser Zeit hat sicherlich der zweite Italienzug Barbarossas im Jahre 1158 zu gelten, an dem die deutschen Reichsfürsten in großer Zahl teilnahmen. Der König von Böhmen, die Herzöge von Österreich, Kärnten, Schwaben und Zähringen, der Pfalzgraf bei Rhein, etwas später auch die Herzöge Welf VI. und Heinrich der Löwe, stellten dabei – um nur einige zu nennen – bedeutende Truppenkontingente. Mit der Fortdauer der auf und in Italien konzentrierten politischen Maßnahmen des Reiches sank jedoch die Bereitschaft der Fürsten zusehends. Wesentliche Bedeutung kam auch dem Umstand zu, daß zur Zeit der Abwesenheit des Herrschers aus Deutschland immer wieder territorialpolitische Konflikte im Raum nördlich der Alpen ausbrachen, die das Interesse der Fürsten in ungleich größerem Maße auf sich zogen als die Zwänge der staufischen Italienpolitik. So war der Kaiser bereits ab der Mitte der sechziger Jahre gezwungen, bei seinen Italienzügen zunehmend auf

---

[4] Zu diesen Aspekten vgl. *Gattermann*, Reichsheerfahrt.

den Einsatz bezahlter Söldner, sogenannter „Brabanzonen",[5] zurückzugreifen, war doch zugleich auch die Verpflichtung städtischer Trup-
pen aus Italien selbst zusehends schwieriger geworden. Dramatischer
Höhepunkt in den Fragen der Bedingungen und Gestaltung der
Reichsheerfahrt unter Friedrich Barbarossa war sodann die Weigerung
Heinrichs des Löwen in Chiavenna zu Anfang des Jahres 1176, dem
kaiserlichen Vetter Waffenhilfe zu leisten. Erst 1184, in einem durch die
Friedensschlüsse mit Alexander III. in Venedig (1177) und den lombar-
dischen Städten in Konstanz (1183) völlig gewandelten politischen
Umfeld, war es dem Kaiser dann möglich, seinen sechsten und letzten
Italienzug ohne Truppen, völlig friedlich anzutreten.

Im Inneren des deutschen Reichsteiles bildete die fürstliche Territorialpolitik, ebenso wie die des Herrschers selbst, ein weiteres Feld in
dem so komplexen Beziehungsgeflecht zwischen dem Reich und den
Fürsten. Schon im Zusammenhang mit der Teilnahme der Fürsten an
der Reichsheerfahrt konnte darauf hingewiesen werden, wie sich aus
diesen territorialen Interessen nicht selten schwere Probleme für die
Politik des Reiches ergaben. Dazu trat nun aber auch eine mit großer
Energie und beachtlichen Erfolgen geführte, eigene staufische Territorialpolitik,[6] die nicht selten zu Spannungen und Kontroversen mit den
fürstlichen und adligen Widersachern führte. Bereits in der Ära des ersten staufischen Herzogs, des Großvaters Barbarossas, hatte sich dieses
Adelshaus als überaus geschickt bei der Wahrung und dem Ausbau seiner herrschaftlichen Position gezeigt, eine Befähigung, die sich in den
nächsten Generationen durchaus fortsetzte. Die jüngere Forschung hat
dabei zu Recht auch auf die Bedeutung der territorialpolitischen Maßnahmen Konrads III. aufmerksam gemacht, der – nicht zuletzt vor dem
Hintergrund des Kampfes mit den Welfen – sich in verschiedenen Zonen, etwa besonders im mitteldeutschen Raum, durchzusetzen verstanden und dabei entscheidende Grundlagen geschaffen hatte, auf denen
sein Neffe und Nachfolger weiterbauen konnte.[7]

Friedrich Barbarossa führte diese Ansätze mit beachtlichem Erfolg
weiter. Er vermochte schon in den frühen Jahren seiner Regierung seinen Einfluß im Weserraum wie südlich des Harzes zu unterstreichen,
womit er – in Auseinandersetzung und im gemeinsamen Vorgehen mit
geistlichen und weltlichen Fürsten – sein Verhältnis zum sächsischen
Herzogtum der Welfen markierte. Gerade die Beziehungen zu Heinrich

---

[5]  Vgl. *Grundmann*, Rotten und Brabanzonen, 419 ff.
[6]  Dazu vgl. im Detail *Vollmer*, Reichs- und Territorialpolitik sowie den Überblick bei *Büttner*, Territorialpolitik, 5 ff.
[7]  Vgl. etwa auch *Engels*, Staufer, 46 ff.

dem Löwen zeigen deutlich, wie der Staufer hier im geschickten Wechsel zwischen Kompromißbereitschaft und festem Beharren auf der eigenen Position die Einflußzonen seiner Herrschaft bestimmte. Traditionelles Kernland der staufischen Territorialpolitik war freilich der Bereich des Herzogtums Schwaben mit den angrenzenden Bereichen Frankens und des Elsaß, wo sich die Macht der herrscherlichen Familie in besonderer Weise ballte. Obwohl er der Nachfolge seines Vetters, des Sohnes Konrads III., Friedrichs von Rothenburg, in Schwaben kein Hindernis in den Weg legte, zeigen doch vereinzelte Hinweise – die Bezeichnung Barbarossas als Herzog von Schwaben oder des Elsaß[8] – schon in den ersten Jahren seiner Regierung, daß er seinen eigenen Einfluß auf diese Stammlande nicht völlig aus der Hand zu geben gedachte. Friedrich von Rothenburg, der im September 1157 auf dem Hoftag zu Würzburg zum Ritter geschlagen wurde, stand vor allem in den italienischen Städtekämpfen der folgenden Jahre dem Kaiser zur Seite. Seine Stellung in Schwaben erlitt während der sogenannten 'Tübinger Fehde' in den Jahren 1164–1166, die der Herrscher zugunsten der welfischen Gegner des jungen Mannes beilegte, einen schweren Rückschlag.[9] Seine vor allem bei den Würzburger Eiden des Jahres 1165 hervortretende Distanz zur staufischen Kirchenpolitik im Schisma führte allerdings nicht zu einem Bruch mit dem Kaiser. Er nahm 1166 am Italienzug teil und erlag im Sommer 1167 der römischen Malaria. In der Folge konnte der Herrscher das schwäbische Herzogtum für seinen gleichnamigen Sohn sichern.

Das Augenmerk der kaiserlichen Territorialpolitik war immer wieder auf die Gebiete gerichtet, die an das Herzogtum Schwaben angrenzten, ergab sich doch hier die Möglichkeit zur flächenhaften Ausweitung der eigenen Machtposition. So wurde die rheinische Pfalzgrafschaft im Jahre 1156 nach dem Tod Hermanns von Stahleck, der mit der Schwester Konrads III. verheiratet gewesen war, jedoch keinen Erben hinterlassen hatte, an den Halbbruder des Kaisers, Konrad, übertragen. Auch ihm gegenüber verstand es Barbarossa, seinen bestimmenden Einfluß zu wahren.[10] Selbständige, den kaiserlichen Interessen zuwiderlaufende Aktivitäten mußten eingestellt werden, Konrad konnte nur im Einklang mit der Reichspolitik tätig werden.[11] Das Einvernehmen der

[8] BOM 427 und 433.

[9] Vgl. *Feldmann*, Welf VI., 65 ff.

[10] Vgl. zu Konrad *Brinken*, Politik Konrads von Staufen.

[11] Gut erkennbar ist dies vor allem im Zusammenhang mit der *coniuratio* in Trier (1157/61) und der 'Rheinecker Fehde' Konrads mit Rainald von Dassel, vgl. *Brinken*, a. a. O., 53 ff., 109 ff. und 188 ff.

Brüder wurde freilich nie dauerhaft gestört. Die Erwerbung der Vogteirechte über die Reichsabtei Lorsch und das Hochstift Worms von seiten
des Pfalzgrafen ist durchaus als Teil der territorialpolitischen Maßnahmen auch des Kaisers zu sehen.

Im Norden und Osten des unmittelbar schwäbischen Bereiches hatten bereits die staufischen Vorfahren Friedrichs I. die Stellung des Hauses gegenüber dem Bistum Würzburg und im weiteren Raume Frankens
mit Erfolg gesichert. Barbarossa selbst hatte mit seiner ersten Ehe mit
Adela von Vohburg die Brücke weit nach dem Osten geschlagen. Nürnberg als traditionell staufische Position und – ab den späten 1170er Jahren – die Pfalz zu Eger sind hier im besonderen zu nennen. Das Herzogtum der Würzburger Bischöfe, das der Staufer im Jahre 1168 urkundlich verbriefte,[12] ist keinesfalls als Zurückweichen gegenüber fremden
Machtkomplexen zu verstehen. Wenige Jahre später, im Sommer des
Jahres 1174, konnten mit der bischöflichen Kirche von Bamberg weitere Gebietserwerbungen im östlichen Franken vereinbart werden.[13]

In besonderer Weise richtete sich das territorialpolitische Interesse
des staufischen Herrschers auf das südliche und südwestliche Vorfeld
des schwäbischen Herzogtums. Die große adelige Gegenkraft in dieser
Zone stellten ohne Zweifel die Zähringer[14] dar, gegen die Barbarossa
schon in der Mitte der 1140er Jahre mit Waffengewalt vorgegangen
war, mit denen er aber noch vor seiner Wahl zum König zu einem Ausgleich gelangte. Die Übertragung der Rechte des Reiches auf Burgund
im Jahre 1152 wies dem zähringischen Herzog ein großes, bedeutendes
Gebiet zu, das schon von Lothar III. im Jahre 1127 ihrer Herrschaft
unterstellt worden war. Damit lenkte der Staufer freilich die territorialpolitischen Interessen dieser Konkurrenten im schwäbischen Raum in
überaus geschickter Weise auf eine eher entfernte Landschaft, womit
sie als unmittelbarer Gegner in Schwaben weitgehend ausschieden. Mit
der Vermählung des Kaisers mit der Erbin der Grafschaft Burgund,
Beatrix, im Juni 1156 erlitt die zähringische Position dann auch in
diesen südwestlich von Schwaben gelegenen Gebieten einen schweren
Rückschlag, dessen Auswirkungen erst im Verlauf der kommenden
Jahre zum Tragen kommen sollten.

Sowohl über Burgund als auch über den südschwäbischen Raum verliefen eine Reihe von wichtigen Verbindungsstraßen zu den Alpenpässen und damit in das Reichsgebiet südlich der Alpen, ein Umstand, der

---

[12] MGH.DF.I.546, vgl. *Büttner*, Territorialpolitik, 22.
[13] MGH.DDF.I.624 und 625, vgl. dazu *Klebel*, Grafen von Sulzbach, 108 ff.
[14] Vgl. *Büttner*, Staufer und Zähringer, 437 ff., *Heinemann*, Zähringer 1, 42 ff.
und 2, 97 ff. sowie jetzt die Beiträge in: Die Zähringer 1 und 2.

das Interesse des Staufers in ganz besonderer Weise auf sich zog. Betrachtet man die Maßnahmen der Reichsgewalt in diesem aus der Lombardei, Burgund und dem Herzogtum Schwaben bestehenden, umfassenden Raum südlich und nördlich der Alpen im Vergleich, beachtet dabei vor allem die intensive politisch-administrative Erfassung, das Auftreten von Reichslegaten nicht nur in Italien, sondern auch in Burgund sowie den auffälligen Hinweis auf die Bestellung eines eigenen Prokurators für die königlichen Güter in Schwaben in der Person des Degenhard von Hellenstein in den siebziger Jahren,[15] so hat die Vermutung, der Staufer hätte hier einen Kernraum seiner unmittelbaren Herrschaft konstituieren wollen, tatsächlich einiges für sich.[16] Hier, im Süden des deutschen Reichsgebietes und Schwabens, kam den engen Kontakten Barbarossas zu Graf Rudolf von Pfullendorf-Bregenz, Kontakten, die als wirkliche Freundschaft zu verstehen sind, große Bedeutung zu.[17] Nach dem Tod des Sohnes des Grafen, der im Sommer 1167 eines der zahlreichen Opfer der römischen Malaria geworden war, trat Rudolf seine umfassenden Rechtstitel nach und nach an den Kaiser ab, der sich hier die Vogteien über das Bistum Chur und – nach dem Tod des Grafen selbst – um 1180 auch über St. Gallen sichern konnte. Ein weiteres Grafenhaus dieser Zone, die Grafen von Lenzburg, sollte für den Staufer ähnliche Bedeutung erlangen. Nach dem Aussterben dieser Familie begab sich Friedrich mitten im Winter des Jahres 1173 persönlich auf deren Stammburg und konnte damals die Vogteirechte über Rheinau, Schänis und Beromünster an sich bringen.[18]

Auf diese Weise vermochte der Kaiser auch den wohl schwersten Rückschlag seiner gesamten Regierungszeit, die Auswirkungen der Katastrophe seines Heeres vor Rom im Hochsommer 1167, letztlich zu überwinden und sogar für die Zwecke seiner Territorialpolitik nutzbar zu machen. Damals kam nicht nur das Herzogtum Schwaben endgültig in seine direkte Verfügungsgewalt, er übernahm auch eine beachtliche Reihe von Gütern und Rechten von Adeligen, die der Malaria vor Rom erlegen waren. In Südschwaben fielen in dieser Zeit die Herrschaften der Warthausener, Biberacher und Schweinhausener, aus dem Besitz der Herren von Schwabegg die Vogtei des Hochstiftes Augsburg und das Stift Ursberg an ihn. Noch in den 1170er Jahren sollte ihm in diesen Gebieten sodann ein weiterer großer Erfolg gelingen: Sein Oheim Welf VI., dessen gleichnamiger Sohn ebenfalls zu den Opfern der

---

¹⁵ Dazu *Maurer*, Schwaben, 291.
¹⁶ So bei *Munz*, Frederick Barbarossa, 146 ff.
¹⁷ Vgl. *Schmid*, Pfullendorf, 64 ff.
¹⁸ Vgl. *Weis*, Grafen von Lenzburg und *Opll*, Itinerar, 56 f.

römischen Malaria gezählt hatte, übertrug seine ausgedehnten schwäbischen Eigengüter, die er zunächst seinem Neffen Heinrich dem Löwen
hatte zuwenden wollen, angesichts der Weigerung des mächtigen Sach-
sen- und Bayernherzogs, die dafür vereinbarte Zahlung zu leisten, an
den Kaiser. Im Januar 1179 wurde Welf sodann nach dem Abschluß
eines Erbvertrags zugunsten der Staufer mit seinen Allodien und zusätzlich verliehenem Reichsgut belehnt, die künftige Ausweitung der
staufischen Machtsphäre war damit gesichert.[19]

Auch das in derselben Zeit eingeleitete Vorgehen gegen Heinrich den
Löwen, das zur Absetzung dieses mächtigen Herzogs und zur tiefgreifenden Neugestaltung der politischen Verhältnisse im Reich führte,
brachte dem Kaiser mit der Erwerbung der Reichenauer Vogtei einen
weiteren Gewinn im Rahmen seiner südschwäbischen Territorialpolitik. Im Norden Deutschlands, der von nun an dem Einfluß des Reiches
wieder geöffnet war, waren die Maßnahmen des Staufers anders gelagert. An eine Ausdehnung regelrecht staufischer Territorialinteressen
war hier nicht zu denken. Der Kaiser verstand es, seine Ansprüche auf
diesen Raum mit den Mitteln der Reichspolitik, der Teilung des sächsischen Herzogtums zwischen dem Erzstift Köln und dem Haus der Askanier, aber auch auf dem Weg einer gezielten Städtepolitik – Urkunden für Lübeck, Hamburg und Bremen sind hier etwa anzuführen – zur
Geltung zu bringen.

Das hier nur sehr grob und zusammenfassend skizzierte Bild der
staufischen Territorialpolitik könnte nun den Anschein erwecken, als
wären die Beziehungen des Herrschers zur fürstlichen und adeligen
Umwelt völlig von dem Aufeinanderprallen der territorialen Interessen
der verschiedenen Dynastien, darunter eben auch des Reichsoberhauptes selbst, beherrscht gewesen. Wenngleich ihnen ohne Zweifel zentrale
Bedeutung zuzusprechen ist, wäre solch ein Bild freilich unvollständig
und die tatsächlichen Gegebenheiten verzerrend. Selbstverständlich
kam der allseits anerkannten königlichen Stellung, sichtbar nicht zuletzt anläßlich der Teilnahme an Heerfahrten wie auch an Beratungen
und politischen Entscheidungen bei Hoftagen und Reichsversammlungen, eine grundlegende Rolle zu. Es scheint daher angeraten, sich mit
der Frage näher zu beschäftigen, was denn überhaupt die Mittel der
'Fürstenpolitik' waren, um die ganze Komplexität dieses Verhältnisses
herauszustreichen: Zweifellos ist hier in erster Linie nochmals auf die
den gesamten Aufbau des Reiches prägenden lehnsrechtlichen Bande
hinzuweisen. Darüber hinaus bediente sich der Kaiser aber insbesondere der Mittel von Lob und Tadel, von Auszeichnung und Strafe.

---

[19] *Feldmann*, Welf VI., 73 ff. und 86 ff.

Zahlreich sind die Belege dafür, daß der Staufer – nicht anders als seine
Vorgänger auf dem Thron – herausragende Verdienste um das Reich,
nicht zuletzt in Zusammenhang mit den ausgedehnten militärischen
Unternehmungen seiner Regierungszeit, durch die Übertragung außerordentlicher Vorrechte oder auch durch die Ausstellung eines Diploms
für Empfänger, die sonst kaum mit dem Reich in Verbindung standen,
würdigte. So erhielt etwa Herzog Vladislav von Böhmen in Ausführung
eines im Juni 1156 mit dem Kaiser geschlossenen Geheimabkommens
hinsichtlich der künftigen Unterstützung des Herrschers gegen Mailand und nach der tatkräftigen Waffenhilfe gegen Polen im Sommer
1157 im Januar des Jahres 1158 die Königswürde. Derartige Rangerhö-
hungen bzw. die Verleihung außerordentlicher Rechtstitel sind seit den
Anfängen der Regierung Barbarossas vielfach zu belegen. Zu nennen
wären etwa auch die Erhebung Österreichs zum Herzogtum (September 1156), die Zuerkennung des Herzogtums Spoleto, der Markgrafschaft Tuszien, des Fürstentums Sardinien und der Mathildischen
Hausgüter an Herzog Welf VI. im Jahre 1152 oder – zwei Jahre danach – die Übertragung der Investiturrechte über die Bistümer Oldenburg, Mecklenburg und Ratzeburg sowie alle künftig jenseits der Elbe
zu errichtenden Bischofssitze an Heinrich den Löwen. Im Sommer des
Jahres 1167, in den Wochen nach der Katastrophe des kaiserlichen
Heeres vor Rom, als der Ausbruch der Malaria schwere Opfer unter
den Fürsten und Truppen des Staufers gefordert hatte, stattete der
Kaiser den im Nordwesten der Toskana beheimateten Herren von Buggiano und Maona, damit lokalen Adeligen, die sonst kaum je in Berührung mit dem Reichsoberhaupt gekommen wären, seinen Dank für die
geleistete Hilfe in einer höchst bedrohlichen Krisenzeit durch die Ausstellung eines Diploms mit Bestätigung ihrer Besitzungen und Rechte
ab.[20]
Die kaiserliche Autorität trat freilich noch ungleich deutlicher im
Zusammenhang mit Tadel und Strafe hervor. Gerade die erfolgreiche
Entscheidung von Konflikten zwischen den Fürsten trug wesentlich zur
Bestärkung des Ansehens der obersten Gewalt im Reiche bei. Signifi-
kant ist dafür etwa die Entwicklung des Verhältnisses zu den Zähringern,[21] die im Gefolge der Ausweitung der staufischen Macht nach Burgund schwere Einbußen für ihre eigenen herrschaftlichen Interessen
hinnehmen mußten. Obwohl ihnen Friedrich nach seiner Hochzeit mit
Beatrix von Burgund gleichsam als Entschädigung die Investiturrechte
über die Bistümer Lausanne, Genf und Sitten übertragen hatte, konn-

---

[20] Vgl. *Opll*, Barbarossa in Bedrängnis, 199.
[21] Wie oben Anm. 14.

ten sie sich hier nur zum Teil durchsetzen, 1162 wurden ihnen durch Fürstenspruch zudem diese Rechte hinsichtlich Genfs aberkannt. Obwohl hier im engeren Sinn weder von Tadel noch von Strafe die Rede sein konnte, war die unausbleibliche Konsequenz doch eine schwere Krise im zähringisch-staufischen Verhältnis, die durch die Ablehnung der Kandidatur Rudolfs von Zähringen für den Mainzer Stuhl (1160) zusätzlich verschärft wurde und erst nach und nach wieder beigelegt werden konnte.

Das bekannteste Beispiel für ein Vorgehen Barbarossas gegen einen Reichsfürsten ist ohne Zweifel die Absetzung Heinrichs des Löwen als Herzog von Bayern und Sachsen in den Jahren um 1180.[22] Dieser Vetter des Kaisers, sicherlich der überragendste und mächtigste Reichsfürst seiner Zeit, war im Zug des von Barbarossa forcierten Ausgleichs mit den Welfen in enge Kontakte zum Reich und dessen Oberhaupt getreten. Als Herzog von Sachsen und Bayern verfügte er über die umfassendste Herrschaftszone im deutschen Reichsgebiet. Lange Jahre hindurch wirkte der Staufer eng mit ihm zusammen. Harmonie, gegenseitiges Verständnis und Vertrauen beherrschten die Beziehungen zwischen den beiden Männern. Vor allem die nördlichen Teile des deutschen Reiches wurden weitgehend der Herrschaft des Welfen überlassen. Mit Zustimmung des Herrschers übte der Herzog dort die Investiturrechte über eine Reihe von Bistümern im Kolonisationsgebiet aus. Sein energisches Vorgehen kommt bei der Gründung der Stadt Lübeck (ab 1158) besonders deutlich zum Ausdruck. Territorialpolitische Spannungen mit benachbarten Fürsten sind weitere Belege für die machtvolle Expansionspolitik des Welfen, die im Osten des sächsischen Herzogtums auf die gegnerischen Kräfte des Erzbistums von Magdeburg und der askanischen Markgrafen von Brandenburg, im Westen auf die des Erzbischofs von Köln stieß. Seitens des Reiches bildete der Harzraum die Zone, bis zu der man der welfischen Macht eine Ausdehung zugestand, in der man sich zugleich aber grundsätzlich bestimmte Einwirkungsmöglichkeiten – dies vor allem in Goslar – wahrte. Unmittelbar südlich und südöstlich des Harzes schlossen sich die Königslandschaften der Goldenen Aue, des Pleißen- und des Vogtlandes an, die schon seit den Tagen Konrads III., dann unter Barbarossa noch deutlich verstärkt, zu den unmittelbar königlichen Interessengebieten zählten.[23]

Beginnend in den sechziger Jahren des 12. Jahrhunderts stieß die welfische Territorialpolitik im Norden Deutschlands immer wieder auf fürstliche und adelige Widerstände, der Kaiser mußte mehrfach

---

[22] Vgl. *Jordan*, Heinrich der Löwe, 197 ff. und *Heinemeyer*, Prozeß, 1 ff.
[23] Vgl. allgemein *Patze*, Osten, 337 ff.

schlichtend eingreifen. Diese Interventionen des Staufers hatten zwar zum einen durchaus eine Bestärkung und Herausstellung der obersten Autorität des Reiches zur Folge, zeitigten zum anderen freilich auch Probleme für den Herrscher, dessen Handlungsspielraum im Hinblick auf die Erfordernisse seiner Italienpolitik dadurch entscheidend einge'-engt wurde. Dennoch dominierte auch weiterhin das gute Verhältnis zu Heinrich dem Löwen, der sowohl mit seiner 1162 erfolgten Scheidung von Clementia von Zähringen als auch mit der 1165 vereinbarten Heirat mit Mathilde von England sich den politischen Maßnahmen seines kaiserlichen Vetters aufs engste verbunden zeigte. Noch im Rahmen seiner Pilgerfahrt ins Heilige Land im Jahre 1172 dürften ihm – neben dem damals als Legaten des Kaisers entsandten Bischof Konrad von Worms – diplomatische Aufgaben hinsichtlich der Verhandlungen mit dem byzantinischen Kaiser übertragen worden sein. Gerade diese Reise sollte allerdings eine erste Bruchzone im Verhältnis zu Barbarossa markieren. Schon der königsgleiche Empfang des Löwen durch Kaiser Manuel war kaum dazu angetan, das Zutrauen des Staufers gegenüber seinem welfischen Verwandten zu bestärken. Darüber hinaus scheint der Herzog aber bei seinen Gesprächen in Byzanz unter offensichtlicher Überschreitung seiner Kompetenzen, des ihm vom Kaiser zuerkannten Verhandlungsspielraums, Zugeständnisse an den Basileus gemacht zu haben, die ihm später von manchen Seiten – allerdings nicht vom Herrscher selbst – als 'Landesverrat' angelastet wurden.[24]

Läßt sich in diesen Geschehnissen erst der Beginn einer Entfremdung erkennen, die freilich zunächst noch nicht zu einem regelrechten Bruch führte, so waren damit doch gleichsam erste atmosphärische Störungen im staufisch-welfischen Verhältnis grundgelegt. Nicht vom großen europäischen Rahmen her, sondern – in einer für die Beziehungen zwischen Reichsgewalt und fürstlicher Umwelt überaus kennzeichnenden Weise – von dem der territorialpolitischen Interessen her sollte es dann in den nächsten Jahren zum tatsächlichen, echten Bruch kommen. Bekannt ist in diesem Zusammenhang vor allem die in der späteren historiographischen Überlieferung so dramatisch geschilderte Szene der Begegnung Barbarossas mit Heinrich in Chiavenna zu Anfang des Jahres 1176. An ihrer historischen Authentizität ist trotz mancher problematischer Details, so vor allem dem angeblichen Kniefall des Kaisers vor dem Welfen, kein Zweifel möglich.[25] Erneut waren es in Chiavenna die Zwänge der staufischen Italienpolitik, das Erfordernis

---

[24] Vgl. *Ohnsorge*, Byzanzpolitik, 118 ff. und *Jordan*, Heinrich der Löwe, 180 f.
[25] Vgl. *Jordan*, Heinrich der Löwe, 188 ff.

der Zuführung neuer Truppenkontingente aus Deutschland zum Kampf gegen die oberitalienischen Kommunen, verbunden mit den territorialpolitischen Ambitionen des Reichsfürsten nördlich der Alpen, die nun zur Zuspitzung der Situation entscheidend beitrugen. Friedrich ging es um die Teilnahme des Löwen an den Auseinandersetzungen in Italien bzw. dessen tatkräftige Unterstützung in den Kämpfen, dieser stellte die Forderung nach der Überlassung von Goslar. Der Kaiser hätte bei einem Eingehen auf diese Bedingung seine bislang so erfolgreiche Territorial- und Wirtschaftspolitik am Südrand des sächsischen Herzogtums vollkommen opfern und auf neue Grundlagen stellen müssen – dazu konnte er sein Einverständnis nicht geben.

Als der Kaiser zwei Jahre später in einer völlig gewandelten politischen Situation – mit dem Papsttum und dem normannischen Königreich Sizilien war endlich Friede, mit der Lega Lombarda ein Waffenstillstand geschlossen worden – nach Deutschland zurückkehrte, waren die machtpolitischen Verhältnisse im Bereich nördlich der Alpen von neuem durch schwere Auseinandersetzungen des Welfen mit seinen fürstlichen Gegenspielern im Raum von Sachsen erschüttert. Anders als in den 1160er Jahren lag es nun aber ganz offenbar nicht mehr im Bestreben des Kaisers, die Gegensätze gütlich, d. h. unter Wahrung der Position des Löwen, beizulegen. Er ging nun auf die vehementen Klagen gegen den Welfen ein und eröffnete den Prozeß gegen seinen Vetter. Der Herzog bekam in der Folge die ganze Härte und Strenge der kaiserlichen Autorität zu spüren. Sein Verhalten verhärtete sich nicht zum geringsten wegen der seine territorialpolitischen Interessen vielfach aushöhlenden Maßnahmen des Reiches. Als schweren Schlag muß er vor allem auch die Vereinbarung zwischen Barbarossa und dem gemeinsamen Oheim Welf VI. hinsichtlich der Übertragung des südschwäbischen Welfengutes an die Staufer empfunden haben, ein Rückschlag, an dem er freilich nicht ganz unbeteiligt war, hatte er doch das Angebot Welfs, ihn zum Erben einzusetzen, dadurch verspielt, daß er die dafür vereinbarte Summe nicht bezahlt hatte.

Zwei Feldzüge des Kaisers, 1180 in den Harzraum, 1181 in den äußersten Norden des sächsischen Herzogtums bis nach Lübeck, waren erforderlich, um den Welfen mit Waffengewalt zu unterwerfen und damit der bereits zu Anfang des Jahres 1180 erfolgten Absetzung auch Gültigkeit zu verschaffen. Trotz dieser das Reich schwer erschütternden Vorgänge besitzen wir kein Anzeichen dafür, daß dabei die herrscherliche Autorität je ernsthaft in Gefahr geraten wäre. Die zahlreichen Gegner des Welfen waren freilich auch eine feste Basis für die Maßnahmen der Reichsgewalt. Dazu trat das kluge, umsichtige und geschickte Verhalten des Staufers, der unter deutlicher Rücksichtnahme auf die Fürsten des Reiches die durch die Absetzung des Löwen seiner Disposition anheimgefallenen Herzogtümer Bayern und Sachsen in territorial geänderter Form neu ausgab und damit die eigene Position entscheidend zu bestärken wußte. Beide Herzogtümer wurden geteilt bzw. verkleinert, womit die Schaffung neuer, besser zu überschauender und zu lenkender Territorien verbunden war. Der westliche Teil Sachsens (Bereiche der Diözesen Köln und Paderborn) kam als Herzogtum Westfalen an den Kölner Erzbischof, der sächsische Osten als Herzogtum Engern an den Askanier Bernhard, damit an die traditionellen Gegner des Welfen, mit denen er jahrzehntelang in Auseinandersetzungen gestanden war. Bayern wurde an die Pfalzgrafen von Wittelsbach verliehen, deren jahrhundertelange Bedeutung in und für Bayern damit begründet wurde. Zugleich wurde jedoch gemäß dem hier deutlich zu erkennenden Prinzip des 'divide et impera' das seit längerem überaus selbständig entwickelte Herrschaftsgebiet der Markgrafen von Steier in den Rang eines eigenen Herzogtums erhoben. Die Ausgliederung der andechsischen Markgrafschaft Istrien aus dem bayerischen Herrschaftsverband, deren Herren fortan als Herzöge von Kroatien und Dalmatien, dann unter dem Titel eines Herzogs von Meranien agierten,[26] war ein weiterer Schritt der Zerschlagung von älteren, umfassenden Machtblöcken.

Insbesondere kristallisierte sich aber ab der Absetzung des Löwen und der daraus resultierenden Neuordnung des Reiches immer deutlicher ein eigener Reichsfürstenstand[27] heraus, dessen Charakteristikum in der Reichsunmittelbarkeit, der ausschließlichen Belehnung von seiten des Reichsoberhauptes zu sehen ist. Wiewohl auch für dieses Phänomen von der Forschung herausgearbeitet werden konnte, daß es dafür schon Vorstufen ab der ersten Hälfte des 12. Jahrhunderts gibt, daß Barbarossa also auch hier weniger als wirklicher 'Neuerer' denn vielmehr als Mann zu sehen ist, der im Grundzug bereits vorhandene Möglichkeiten aufgreift, ausbaut und zu höchst wirkungsvoller Geltung bringt, kann es doch keinem Zweifel unterliegen, daß die Reichsfürsten erst ab dem Zeitraum um 1180 als regelrechter Stand zu fassen sind. Vor allem die Grafen waren es, die fortan durch eine deutliche Barriere vom direkten Zugang zum Reichsoberhaupt getrennt waren. Dennoch war es damit gelungen, die entscheidenden Kräfte im Reich zu konzentrieren, die fürstlichen Gewalten in besonders enger, ja untrennbarer Weise mit dem Herrscher zu verbinden und damit dessen Herrschaft auf eine neuorganisierte, weitaus besser abgesicherte Grundlage zu stellen.

---

[26] Vgl. *Patze*, Osten, 399.
[27] Dazu vgl. zuletzt *Heinemeyer*, König und Reichsfürsten, 4 ff.

Gerade das Beispiel Heinrichs des Löwen zeigt, daß zu den Mitteln der 'Fürstenpolitik' Friedrich Barbarossas neben Lob und Tadel, Auszeichnung und Strafe vor allem auch das geschickte taktische Vorgehen gegen diese gesellschaftlichen Kreise, die Begünstigung einzelner Persönlichkeiten bei gleichzeitiger Benachteiligung anderer, gehörte, damit letztlich das für die gesamte Politik des Staufers immer wieder faßbare Prinzip des 'divide et impera'. Wesentliche Grundlagen für das Verhältnis des Kaisers zur fürstlichen Umwelt seiner Zeit sind des weiteren in den engeren oder weiteren verwandtschaftlichen Banden zwischen dem Staufer und zahlreichen Häusern des hohen Adels zu sehen.[28] So war der Kaiser selbst durch seine Mutter Judith den unter seinem Vorgänger in offener Opposition zum Reich stehenden Welfen aufs engste verwandt. Die Babenberger, Heinrich Jasomirgott, Otto von Freising und Konrad von Passau (ab 1164 Erzbischof von Salzburg), waren ihm durch deren Mutter, die Salierin Agnes, zugleich Barbarossas Großmutter, verbunden, die Wittelsbacher waren ebenfalls Verwandte (consanguinei) des Staufers.

Durch seine leibliche Schwester Bertha, die Herzog Matthäus von Oberlothringen heiratete, bestanden enge Kontakte zum äußersten Westen des Reiches. Die Ehe seiner Halbschwester Judith mit Landgraf Ludwig II. von Thüringen schlug eine Brücke in einen Bereich, der vor allem im Hinblick auf das Verhältnis zur Position der Welfen in Sachsen Bedeutung hatte. Im Jahre 1156 erhob Friedrich nach dem Tod Hermanns von Stahleck, der mit der Schwester Konrads III., Gertrud, verheiratet gewesen war, seinen Halbbruder Konrad zum Pfalzgrafen bei Rhein. Der Staufer selbst war in seiner ersten, 1153 geschiedenen Ehe mit Adela von Vohburg vermählt gewesen und hatte damit seine Macht und seinen Einfluß in den ostfränkischen Raum hinein ausdehnen können. Im Juni 1156 nahm er die Erbin der Grafschaft Burgund, Beatrix, zur Frau, nachdem Eheverhandlungen mit Ostrom gescheitert waren. Diese Ehe eröffnete der staufischen Territorialpolitik ein völlig neues Feld, auf dem sie sich insbesondere gegenüber den zähringischen Konkurrenten durchzusetzen vermochte.

Aus der Verbindung mit Beatrix von Burgund gingen nicht weniger als elf Kinder, acht Söhne und drei Töchter, hervor, deren Lebensdaten, zum Teil sogar deren Namen, von der Forschung nur mit größter Mühe zu rekonstruieren sind.[29] Besser bezeugt sind jedenfalls die

---

[28] Vgl. die genealogischen Listen bei *Decker-Hauff*, in: Die Zeit der Staufer 3, 339 ff., die freilich Irrtümer und zum Teil auch kaum glaubwürdige Angaben enthalten.

[29] Vgl. *Assmann*, Barbarossas Kinder, 435 ff. – *Decker-Hauff* (wie vorige

Abb. 10: Kaiser Friedrich I. und Bischof Otto von Freising am Westportal des Freisinger Doms

Söhne des kaiserlichen Paares: Im Juli 1164 wurde in Pavia der erste Sohn geboren, der den staufischen Leitnamen Friedrich erhielt. Ein Jahr später, im November 1165, kam in Nimwegen mit dem zweiten Sohn Heinrich – die Namengebung weist auf die salische Tradition hin – der spätere Thronfolger zur Welt, der bereits im Alter von vier Jahren zum König gewählt wurde. Während des Feldzuges gegen Rom und Süditalien erblickte im Februar 1167 auf der Burg Modigliana bei Faenza mit Konrad der dritte Kaisersohn das Licht der Welt, der nach dem Tod seines ältesten Bruders, wohl im Spätjahr 1169, dessen Namen erhielt und Herzog von Schwaben wurde. In den Jahren von 1170 bis 1177 wurden dann Otto, später Pfalzgraf von Burgund, Konrad, später Herzog von Schwaben, und Philipp, Propst von Aachen, dann Herzog von Tuszien und Schwaben und ab 1198 König, geboren. In dieselben Jahre – wohl 1173 und 1175 – fallen die nur aus später Überlieferung bekannten Geburten der Söhne Rainald und Wilhelm, die noch im Kindesalter verstarben. Das erste Kind dieser Ehe überhaupt war höchstwahrscheinlich die Tochter Beatrix (†um 1174), ein weiteres, dem Namen nach unbekanntes Mädchen kam im Herbst 1168 zur Welt. Dieses Kind starb gegen Ende des Jahres 1184 und folgte damit ihrer am 8. Oktober dieses Jahres verstorbenen Schwester Agnes, die als letztes Kind des Kaiserpaares um 1179 geboren worden war, ins Grab.

Für die uns hier interessierenden Zusammenhänge – das Verhältnis Barbarossas zur fürstlichen Umwelt – ist nun vor allem die Frage von Bedeutung, welche Heiratsverbindungen von den Kindern des Herrschers eingegangen wurden bzw. für diese vorgesehen waren. Schon bei dem ersten Zeugnis, das hier anzuführen ist, der Eheabredung für den ältesten Sohn des Kaisers mit einer Tochter des englischen Königs vom Frühjahr 1165, fällt auf, daß dabei vorzugsweise an die Verbindung zu den großen auswärtigen Mächten, zu königlichen Häusern, gedacht war und damit die Heiratspolitik des Staufers im Lichte seiner 'internationalen' Politik zu sehen ist. Vor allem auch die Töchter des Herrschers sollten mit den für sie verabredeten oder auch nur geplanten Eheverbindungen derartige Kontakte des Reiches ausbauen und befestigen helfen. Für Beatrix, die älteste Tochter Barbarossas, war um 1173/74 die Ehe mit König Wilhelm II. von Sizilien vorgesehen, ein Plan, der

---

Anm.) 357 möchte dem Staufer – ohne Beleg – einen unehelichen Sohn namens Ulrich zuweisen. *Görich*, Kartäuser, 24 ff. hält den mit dem Kaiser verwandten Kartäuserkonversen Dietrich von Silve-Bénite für dessen Sohn, während ihn andere (vgl. *Görich*, a. a. O., 28) dem Haus der Herzöge von Lothringen zuweisen.

dann allerdings fehlschlug.[30] Um ebendiese Zeit trat Sultan Saladin durch Gesandte an den Staufer heran, wobei gleichfalls Beatrix als Braut für einen Sohn des muslimischen Herrschers ausersehen war.[31] Deren jüngere Schwestern waren noch im zarten Kindesalter als Bräute für Richard Löwenherz, damals noch Graf von Poitou, bzw. Prinz Emmerich, den Sohn König Belas III. von Ungarn, bestimmt.[32] Heinrichs VI. 1184 verabredete und 1186 geschlossene Ehe mit Konstanze von Sizilien sollte nach dem Tod Barbarossas eine völlig neue Dimension für die staufische Reichsgeschichte eröffnen.[33] Sein jüngerer Bruder, Friedrich von Schwaben, der in den ersten Jahren seines Lebens den Namen Konrad getragen hatte, war zunächst – ab 1181 – mit der Tochter König Waldemars von Dänemark verlobt.[34] Die Ehe kam dann allerdings nicht zustande, und während des Zuges des Kreuzheeres durch Ungarn im Jahre 1189 wurde für ihn die Ehe mit der Tochter des ungarischen Königs vereinbart.[35]

Kam somit in der Heiratspolitik des staufischen Kaisers für seine eigenen Kinder bevorzugt der Rahmen der großen Politik des Reiches zum Tragen, so waren die dabei eingegangenen Kontakte doch keineswegs frei von Rückwirkungen wie Rücksichtnahmen auf das Verhältnis zu den Reichsfürsten. Deutlich wird dies besonders im Hinblick auf die Beziehungen des Kaisers zu seinem welfischen Vetter Heinrich dem Löwen,[36] muß man doch die Eheabredungen mit den Königreichen Dänemark und England in den 1180er Jahren wohl auch vor dem Hintergrund der welfischen Verankerung in diesen fremden Machtszenen sehen. Der Welfe verfügte durch seine 1165 verabredete, am 1. Februar 1168 in Minden geschlossene Ehe mit Mathilde von England über wertvollen Rückhalt im Reich des Plantagenet, das ja dann ab 1182 zum Land seines Exils werden sollte. Mit Dänemark waren die Beziehungen Heinrichs zum einen auf seiner gleichsam vizeköniglichen Stellung an der Nordgrenze des Reiches begründet, sie fanden ihren Ausdruck aber auch in der Ehe seiner Tochter aus der Ehe mit Clementia von Zähringen, Gertrud, mit dem Sohn und späteren Nachfolger König Walde-

---

[30] *Assmann*, Barbarossas Kinder, 447 f. (Allerdings fand die hier zu 1174 gesetzte Belagerung von Ancona im Jahre 1173 statt!).

[31] *Assmann*, a. a. O., 448 und *Möhring*, Saladin, 125 ff.

[32] *Assmann*, a. a. O., 451 f.

[33] Vgl. zuletzt *Wolter*, Verlobung, 30 ff.

[34] *Pelzer*, Politik, 38 ff. und *Rassow*, Prinzgemahl, 55 f. und 72 ff. Das Werk von *Rassow* behandelt den Ehevertrag zwischen Konrad von Rothenburg und Berengaria von Kastilien aus dem Jahre 1188.

[35] *Eickhoff*, Kreuzzug, 58.

[36] Zu ihm vgl. die Biographie von *Jordan*, Heinrich der Löwe.

mars, Knut VI. In erster Ehe war Gertrud ab 1166 mit dem Vetter Barbarossas, Herzog Friedrich von Rothenburg, dem Sohn König Konrads III. vermählt gewesen, der dann allerdings schon im Sommer 1167
an den Folgen der römischen Malaria gestorben war.

Läßt sich also unter Beachtung der verwandtschaftlichen Beziehungen des Staufers zu verschiedenen fürstlichen Häusern seines Reiches
wie auch der Heiratspolitik der Epoche das Panorama des Verhältnisses zu den Fürsten um wichtige Facetten erweitern, so ist im weiteren
auf das Phänomen von regelrecht freundschaftlichen, in die private
Sphäre des Menschen Friedrich Barbarossa reichenden Kontakten zu
einzelnen Persönlichkeiten aufmerksam zu machen. Nicht häufig ist
eine derartige Freundschaft so gut aus der Überlieferung zu fassen wie
im Fall des im südschwäbischen Raum beheimateten Grafen Rudolf
von Pfullendorf,[37] der sich gemäß seinen vielfältigen Besitzschwer-
punkten auch nach Bregenz, Ramsberg und Schweinshut benannte.
Schon bei der Aufteilung des Erbes des Schwiegervaters dieses Grafen,
des Grafen Rudolf von Bregenz, zu Anfang der Regierungszeit Friedrichs I. fällt auf, daß der dem Herrscher bereits damals nahestehende
Mann den Teil der Güter erhielt, der für die Verbindungen nach dem
Süden, nach Italien, von entscheidender Bedeutung war. Der Pfullendorfer gehörte stets zu den Persönlichkeiten der unmittelbaren Umgebung des Staufers, nahm bei Hofe eine geachtete Stellung als enger Vertrauter des Kaisers ein. Kennzeichnend dafür ist nicht zuletzt der Umstand, daß der Lodeser Geschichtsschreiber Acerbus Morena den Pfullendorfer in die Reihe seiner Schilderungen einzelner Persönlichkeiten
des kaiserlichen Hofes aufnahm. Die Vertrautheit und Freundschaft
mit dem Kaiser fand ihren wohl bezeichnendsten Ausdruck in der mit
den staufischen Interessen völlig konform gehenden Territorialpolitik
des Grafen. Selbst der schwere persönliche Verlust Rudolfs, der Tod
seines einzigen Sohnes Berthold im Sommer 1167 vor Rom, führte zu
keiner Beeinträchtigung oder Trübung des Verhältnisses zum Reichsoberhaupt, im Gegenteil, in den Jahren ab 1168 setzte er praktisch den
Kaiser und dessen Haus zu seinen Erben ein. Schon 1170 konnte
Barbarossa über die zuvor pfullendorfische Vogtei über das Bistum
Chur verfügen und sie an seinen Sohn, Herzog Friedrich von Schwaben, übertragen. Als Graf Rudolf sodann 1180 eine Pilgerfahrt ins Heilige Land antrat, von der er nicht mehr zurückkehren sollte, fielen seine
Eigengüter, besonders aber auch die 1166 erworbene Reichsvogtei über
das Kloster St. Gallen, an die Staufer. Zu Anfang der 1180er Jahre hatte
der Kaiser damit, aber auch infolge seiner Vereinbarungen mit Welf VI.

---

[37] Vgl. *Schmid*, Pfullendorf.

242 242 Strukturelle Zusammenhänge

über die staufische Nachfolge in dessen Territorien und der Erwerbung der Vogteirechte über das zuvor Heinrich dem Löwen als Vogt unterstellte Inselkloster Reichenau die Position seiner Familie im südschwäbischen Raum, im Bodenseegebiet und an den wichtigsten Verbindungswegen nach Italien entscheidend bestärken und ausbauen können.

Unsere resümierenden Ausführungen über das Verhältnis des Staufers zur fürstlichen und adeligen Umwelt waren bisher auf das Gebiet nördlich der Alpen konzentriert. Es gilt demnach, unser Augenmerk zusammenfassend auch den Gegebenheiten im südlichen Königreich Italien zuzuwenden, wo die 'Fürstenpolitik' freilich im Rahmen eines wesentlich anderen strukturgeschichtlichen Entwicklungsstandes zu sehen ist. Wiewohl die Bezeichnung Italiens als 'Land der Städte' in der Stauferzeit nur einen Teil des Panoramas dieser Gebiete hervorhebt, kann es freilich keinem Zweifel unterliegen, daß die adeligen und fürstlichen Kräfte Italiens in einem steten Abwehrkampf gegen die Kommunen begriffen waren, in dem sie nicht selten unterlagen. Allerdings ist dieses Bild nicht nur in regionaler Hinsicht, sondern auch im Hinblick auf einige hervorragende Adelsfamilien zu differenzieren.[38] Die vor allem von der älteren Forschung aufgeworfene Frage, ob Barbarossa den Adel mit Nachdruck gegen die Kommunen unterstützt habe, ist freilich entschieden zu relativieren. Für die Durchsetzung seiner Autorität, die Realisierung seiner politischen Maßnahmen war er immer wieder gezwungen, nach Verbündeten Ausschau zu halten. Dabei konnten solche Bundesgenossen dem Adel entstammen, ebenso wurden sie aber auch – in durchaus pragmatischer Weise – in den Reihen der Städte gesucht. Gegnerschaften und Rivalitäten zwischen den Städten im lokalen Machtkampf führten etwa die traditionellen Feinde der Mailänder, die Städte Pavia, Cremona, Lodi und Como, auf die Seite des Kaisers, ebenso wie sich umgekehrt die Verbündeten der Lombardenmetropole, insbesondere Brescia, Crema, Tortona und Piacenza, in den Kämpfen gegen das Reich stellten. Als eindrucksvolles Beispiel für die Beziehungen des Staufers zum Adel Italiens haben die Beziehungen zum Hause Montferrat zu gelten.[39] Markgraf Wilhelm war durch seine Ehe mit der Tochter des Babenbergers Leopold III., Judith, mit Friedrich Barbarossa verwandt, seine Schwiegermutter Agnes war zugleich die Großmutter des Herrschers. In einer für die Frontstellung des Adels Reichsitaliens gegenüber den Kommunen geradezu typischen Weise suchte Wilhelm bereits beim ersten Italien-

---

[38] S. dazu bereits oben S. 187 ff.
[39] S. dazu schon oben S. 189 mit Anm. 48.

zug des neuen Königs 1154/55 dessen Unterstützung, die ihm mit dem militärischen Vorgehen des Staufers gegen Chieri und Asti auch gewährt wurde. Wesentlich für seine machtvolle Stellung war freilich nicht zuletzt der Umstand, daß es in seinem im östlichen Piemont südlich des Po konzentrierten Herrschaftsgebiet kaum bedeutendere Städte gab, die eine umfassende Bedrohung für ihn hätten darstellen können. In den schweren Kämpfen gegen die lombardischen Kommunen, vor allem gegen Mailand, die ab 1158 die Reichsgeschichte beherrschten, zählte er zu den treuesten, beständigsten Waffengefährten des Kaisers. Das Vertrauensverhältnis zwischen Wilhelm und Friedrich fand im September 1164 nicht nur in der Ausstellung zweier Diplome mit großzügigen Besitzbestätigungen, sondern vor allem darin seinen schönsten Ausdruck, daß der Herrscher seinen damals erst wenige Wochen alten, erstgeborenen Sohn Friedrich, dessen schwache körperliche Verfassung es nicht angeraten erscheinen ließ, ihn auf den unmittelbar bevorstehenden Zug über die Alpen nach Deutschland mitzunehmen, in der Obhut des Markgrafen zurückließ.

Die stets kaisertreue Haltung des Montferrat sollte ihn dann beim Entstehen der Lega Lombarda und dem parallel dazu erfolgten Zusammenbruch der staufischen Reichsherrschaft in der Lombardei in eine äußerst bedrohliche Lage bringen. Letztlich mußte er sich der städtischen Übermacht beugen, mit der Lega ein Abkommen eingehen. Während des fünften Italienzuges des Kaisers stand Wilhelm selbstverständlich wieder auf der Seite des Reiches, war entscheidender Motor der Kämpfe dieser Zeit, die sich ja auf die im zentralen Herrschaftsgebiet seines Hauses unter maßgeblicher Beteiligung der verbündeten Städte gegründete Stadt Alessandria konzentrierten. Der Mißerfolg der militärischen Interventionen, der den Herrscher schließlich dazu bewog, den Weg von Verhandlungen zu beschreiten, bildete für die künftige Entwicklung des Verhältnisses zwischen dem Markgrafen und Barbarossa ein entscheidendes Faktum. Die Interessen Wilhelms, die Behauptung seiner Position gegenüber den feindlichen Kommunen, mußten dabei zwangsläufig unter die Räder kommen. Dazu traten sehr bald schon neue Konfliktzonen im mittelitalienischen Raum, wo sich die Maßnahmen der kaiserlichen Politik ebenfalls zuungunsten des Hauses Montferrat auswirkten. Konrad, der Sohn Markgraf Wilhelms, dessen Bruder Rainer 1180 Maria, die Tochter Kaiser Manuels von Byzanz, heiratete,[40] kam im Zug seiner energischen Territorialpolitik in Mittelitalien in Gegensatz zur Reichsgewalt. 1179 setzte er sogar Chri-

---

[40] Auch diese Heirat, in einer Zeit, da die Beziehungen Barbarossas zum Oströmischen Reich auf einem Tiefpunkt angelangt waren, wirft ein bezeich-

stian von Mainz, den Reichslegaten Barbarossas in dieser Zone, gefangen.[41] Bei der endgültigen Aussöhnung des Kaisers mit dem Lombardenbund, zuvor aber schon bei der mit der Stadt Alessandria, war von irgendwelchen Rücksichtnahmen auf die Interessen des markgräflichen Hauses von Montferrat keine Rede mehr.[42]

Neben solchen Beziehungen des staufischen Herrschers zu den höheren Adelskreisen Reichsitaliens, wofür auch die Markgrafen Malaspina, die Grafen von Biandrate oder Graf Guido Guerra sowie viele andere Persönlichkeiten beispielhaft angeführt werden könnten,[43] soll hier das Augenmerk auf eine Gruppe hervorragender Vasallen gelenkt werden, die unter Barbarossa ebenfalls große Bedeutung für die Politik des Reiches hatten. Es geht dabei um die Nachkommen der Vasallen Mathildes von Tuszien, die man mit dem Begriff der 'mathildischen Vasallität' zu bezeichnen pflegt.[44] Sie spielten angesichts des umfassenden Herrschaftskomplexes der großen Gräfin schon früh eine bedeutende Rolle als Funktionsträger und lokale Herren in vielen Teilen Reichsitaliens, insbesondere im Apenninenraum zwischen der Via Emilia und der nordwestlichen Toskana. Bereits zur Zeit Lothars III. waren sie als selbständig agierende Gruppe gegenüber dem Reich hervorgetreten, hatten sich dabei um die Unterstützung des Herrschers gegen die zur gleichen Zeit aufstrebenden, städtischen Kräfte bemüht. Unter Friedrich Barbarossa waren die Mathildischen Güter samt den mit ihnen verbundenen Herrschaftsrechten von 1152 bis in die frühen siebziger Jahre im Prinzip an Herzog Welf VI. verliehen, allerdings hatte der Herrscher seine eigene Oberhoheit immer wieder mit Nachdruck unterstrichen. Angesichts der proalexandrinischen Haltung seines welfischen Oheims im Schisma verstärkte Friedrich seinen Einfluß auf diese Zone noch weiter. Nachdem der Herzog um 1173/74 einer finanziellen Ablöse für seine Reichsrechte in Italien zugestimmt hatte, vermochte der Kaiser sich diese für die Position des Reiches südlich der Alpen so wichtigen Güter in diplomatisch geschickten Verhandlungen mit dem Papsttum auch weiterhin vorzubehalten. Wenngleich es auch zu keiner

---

nendes Licht auf die Verschlechterung des durch Jahrzehnte so harmonischen montferratisch-staufischen Verhältnisses.

[41] Vgl. dazu *Hägermann*, Reichslegation, 218 ff.

[42] Vgl. *Opll*, Stadt und Reich, 189 ff. – Zu einer erst im 18. Jh. überlieferten Heirat Wilhelms von Montferrat – wohl des Enkels des gleichnamigen, langjährigen Waffengefährten Barbarossas – mit einer angeblichen Tochter des Kaisers namens Sophia im Jahre 1186 vgl. zuletzt *Assmann*, Barbarossas Kinder, 467 ff.

[43] Vgl. besonders *Haverkamp*, Adel, 53 ff.

[44] S. dazu schon oben S. 179 und 181.

eindeutigen Regelung hinsichtlich der von der römischen Kirche wie
vom Reich erhobenen Ansprüche kam, ließ Barbarossa dennoch keinen Zweifel daran, daß er die Mathildischen Güter als integrierenden
Bestandteil seiner Herrschaft in Italien ansah. Auf seinem letzten Italienzug (1184–1186) unterstrich er seine Ansprüche sodann nicht nur
durch die Verpflichtung der Mailänder zur militärischen Unterstützung
bei der Wiedererwerbung des Mathildischen Hausgutes, er suchte damals auch die neuralgischen Zonen im Apennin südlich von Reggio
und Modena persönlich auf und band eine Reihe wichtiger Exponenten der mathildischen Vasallen, so etwa die der Garfagnana und Versilia im nördlichen Umland von Lucca, durch die Ausstellung von Privilegien an sich.

Will man somit ein Resümee über das Verhältnis Barbarossas zur italienischen Adelswelt ziehen, so bleibt festzuhalten, daß im Süden der
Alpen die Herrschaftsgrundlagen des Adels doch ungleich schwanken-
der und unsicherer waren als im deutschen Reichsgebiet. Der große
Gegner für den Adel im Süden ist weder in den Konkurrenten aus den
eigenen Reihen noch im Reich zu sehen, es war dies vielmehr eindeutig
die Welt der Kommunen. Deren Gegnerschaft bot vielfach den Anstoß
dazu, machtpolitischen Rückhalt und Unterstützung bei der Reichsgewalt zu suchen. Für diese stellte wieder umgekehrt die Verbindung zu
den adeligen Kräften zwar immer wieder ein mögliches Regulativ im
Spiel der Mächte – aber eben doch nur eines neben anderen – dar.
Nicht zuletzt die im Vergleich zu den Städten ungleich geringeren herrschaftlichen und finanziellen Möglichkeiten der Adelswelt Italiens
wiesen den Herrscher in diesem Reichsteil eben doch eindeutig auf die
Kommunen als den eigentlichen Kern für die gestalterischen Maßnahmen seiner Herrschaft.

Die Beschäftigung mit dem Komplex der Beziehungen des Staufers
zur Welt der Laien, vorab des Adels, aber auch adelsnaher Schichten,
bliebe freilich fragmentarisch, wollte man hier nicht einen weiteren Ge-
sellschaftskreis der Epoche miteinbeziehen, dessen Konstituierung im
hohen Mittelalter zu den auffälligsten Phänomenen des sozialen Auf-
stieges während dieser Jahrhunderte gehört. Es geht dabei um die Ministerialität,[45] die vor allem während des 12. Jahrhunderts zunehmend
Konturen und eigenes Profil im gesellschaftlichen Aufbau des Reiches
gewinnt. Ministerialen waren ursprünglich Inhaber eines 'Dienstes'
(*ministerium*), zu dessen Ausübung sie im Rahmen adeliger wie geistli-

---

[45] Vgl. dazu besonders *Bosl*, Reichsministerialität sowie die Bemerkungen bei
*Mayer*, Grundlagen des modernen deutschen Staates, 475 und *Fleckenstein*, Rittertum, 1030.

cher Herrschaft im lokalen Konnex herangezogen wurden. Dabei handelte es sich zunächst um Leute unfreien Standes, die allerdings mit der Ausübung dieses Dienstes, besonders wenn es sich um qualifizierte Dienste, etwa die eines Truchsessen, Kämmerers, Mundschenks oder Marschalls, handelte, einen deutlich erkennbaren sozialen Aufstieg, eine Aufwertung der eigenen Person innerhalb des gesellschaftlichen Gefüges erlebten. Die Stellung des Ministerialen hing zudem wesenhaft von der seines Herrn ab, so daß selbstverständlich zwischen Ministerialen des Klosters Corvey, solchen des Erzbischofs von Mainz oder gar solchen des Reiches bedeutende Rangunterschiede bestehen konnten.

Das Königtum bediente sich dieser neuaufstrebenden Schichten seit der salischen Epoche in steigendem Maße, fand es doch hier einen im bisherigen Spiel der Kräfte völlig neuen, zunehmend bedeutenderen Stand vor, auf den man sich durchaus mit Erfolg stützen konnte. Für die Staufer ist dabei zwar zunächst zwischen staufisch-schwäbischen Ministerialen und Reichsministerialen zu unterscheiden, doch vermischten sich diese beiden Sphären mit dem Aufstieg zum Königtum zu einem nicht selten einheitlichen sozialen Gebilde. Auch hier traten – ebenso wie bei den Fürsten und Adeligen – einzelne Persönlichkeiten besonders hervor, die sich durch häufige Anwesenheit bei Hofe, große persönliche Nähe zum Herrscher, nicht zuletzt deshalb aber auch bereits vielfach durch reich gegliederte, umfassende, eigene Herrschaftsbereiche auszeichneten. Ein markantes Beispiel dafür ist etwa der in der Pfalz beheimatete Reichsministeriale Werner von Bolanden, dessen zu Ende des 12. Jahrhunderts angelegtes Lehnsbuch Einblick in einen ministerialischen Machtkomplex dieser Zeit gewährt.[46]

Nicht zuletzt mit der Übertragung von Diensten und den damit verbundenen Anforderungen dürfte es zusammenhängen, daß Ministerialen aus einem derartigen Schatz an politischen und verwaltungstechnischen Erfahrungen schöpfen konnten, daß sie sich nicht selten als geradezu ideale Besetzung für schwierigste Amtsbereiche zeigten. Wo Entscheidungsfreudigkeit, Durchsetzungsvermögen und ein gerüttelt Maß an politischer Einfühlungsgabe und Flexibilität verlangt waren, dort bot es sich eben nicht nur an, auf Exponenten der Geistlichkeit oder des Adels zurückzugreifen, dort kamen in der staufischen Epoche in zunehmendem Maße auch Ministerialen zum Zuge. Vor allem ist dieses Phänomen im Rahmen der Italienpolitik gut zu fassen. Barbarossa selbst setzte hier zwar zunächst noch in stärkerem Umfang Geist-

---

[46] Zu den Herren von Bolanden vgl. *Engels*, in: Lexikon des Mittelalters 1, 356 f.

liche, Grafen und Edelfreie ein, wie etwa durch die herausragenden Amtsträger der lombardischen Reichsverwaltung in den 1160er Jahren, Bischof Heinrich von Lüttich, die Grafen Heinrich von Diez und Gebhard von Leuchtenberg oder die Edelfreien Markward von Grumbach und Arnold von Dorstadt, belegt werden kann. Aber schon in diesen Jahren wird mit der Bestellung des Vogtes Wilhelm von Aachen zum Grafen von Siena ein Ministeriale nach Italien entsandt. Der ministerialische Anteil an der staufischen Italienpolitik sollte vor allem später deutlich ansteigen, wobei für die Zeit Barbarossas etwa der an der Via Emilia in den 1180er Jahren tätige Berthold von Hohkönigsburg zu nennen ist, für die 1190er Jahre dann vor allem Leute wie Markward von Annweiler oder andere anzuführen sind.

Das an Facetten und Aspekten[47] so reiche Bild des Verhältnisses zwischen dem Staufer und der Welt der Fürsten, des Adels und der Ministerialität wird damit zu einem überaus bunten Gemälde, zeigen sich hier doch die Bedingungen wie die Möglichkeiten der Herrschaft im Reich in besonders vielfältiger Weise. Mit den Ministerialen und deren enger Heranziehung für die Zwecke des Reiches verfügte der Kaiser über ein geradezu unerschöpfliches Reservoir an höchsten Begabungen für die Erfordernisse seiner Regierung. Die Bindung dieser gesellschaftlichen Gruppe an das Reich war ungleich fester, als dies bei den Fürsten oder auch beim Adel mit all den eigenständigen, dem Reichsinteresse nicht selten diametral entgegenstehenden Ambitionen territorialpolitischer Art je sein konnte. Dieses weitgehende Fehlen von umfassenderen herrschaftlichen Entfaltungsmöglichkeiten in den Reihen der Ministerialität machte sie zu einer überaus wichtigen Stütze für die Reichsgewalt, die zu der fürstlichen und adeligen Umwelt nicht selten gerade wegen der dort so stark ausgebildeten, eigenen politischen Interessen in deutlichen Gegensatz geraten konnte.

---

[47] Hingewiesen sei etwa darauf, daß bereits im Konstanzer Vertrag von 1153 vorgesehen war, die Beeidung dieses Abkommens mit dem Papst von seiten des Kaisers durch einen Reichsministerialen durchführen zu lassen, BOM 164 und 169. – Zum Phänomen der stellvertretenden Eidesleistung vgl. jetzt *Goez*, iuravit in anima regis, 517 ff., besonders 528.

## 4. FRIEDRICH BARBAROSSA UND DIE STÄDTE

Eine knappe Aufarbeitung der Fragen des Verhältnisses der Reichsgewalt zu den Städten[1] erfordert zunächst grundsätzliche Vorbemer-
kungen: Die Städte des Reiches der frühen Stauferzeit als ein homogenes Corpus oder gar einen einheitlichen 'Stand' anzusehen ist angesichts des höchst unterschiedlichen Entwicklungsverlaufs in den drei
Regna des Imperiums völlig ausgeschlossen. Sinnvollerweise hat man
daher die Gegebenheiten südlich und nördlich der Alpen, aber auch in
Burgund getrennt darzustellen, um auf diesem Wege der unterschiedlichen Ausprägung des Phänomens 'Stadt', aber auch der städtepolitischen Maßnahmen des Herrschers gerecht zu werden. Während in Italien die städtischen Kräfte seit dem Hervortreten der kommunalen Ver-
fassungsformen unter Zurückdrängung der traditionellen Gewalten
des Klerus und des Adels um die Mitte des 12. Jahrhunderts schon seit
längerem den Ton angaben, waren die Verhältnisse im deutschen Bereich doch ungleich weniger fortgeschritten. Der burgundische Raum
ähnelte in seinen nördlichen Teilen den aus dem deutschen Gebiet bekannten strukturellen Gegebenheiten, während im Süden, dem Arelat,
um dieselbe Zeit bereits deutliche Hinweise auf einen wirtschaftlichen
wie politischen Aufstieg der städtischen Gesellschaftsschichten zu fassen sind.

Seit der salischen Epoche, vor allem ab den durch das Schlagwort
'Investiturstreit' nur unvollkommen zu charakterisierenden Wirren des
Königtums Heinrichs IV., waren die Städte des deutschen Reichsgebietes zunehmend in das Blickfeld der Reichspolitik getreten. Insbesondere die rheinischen Bischofsstädte traten damals als potentielle Verbündete des Herrschers[2] gegen die vehemente Opposition von Adel
und Klerus hervor. Mit der Ausstellung von Diplomen verstanden es
die Salier, bürgerlich-städtische Kräfte an sich zu binden. Freilich kam

---

[1] Dieser Abschnitt bildet das Thema meiner vor wenigen Jahren veröffent-
lichten Habilitationsschrift (*Opll*, Stadt und Reich), so daß ich mir erlaube, pauschal darauf zu verweisen und die Belege für dieses Kapitel eher knapp zu halten. Ausführliche Darlegungen finden sich darüber hinaus in der maschinen-
schriftlichen Fassung meiner Habilitationsschrift, die für den Druck überarbei-
tet worden ist.

[2] *Kottje*, Bedeutung der Bischofsstädte, 131 ff.

diesen Maßnahmen noch kein umfassenderer, allgemeiner Charakter im Rahmen der Politik des Reiches zu, sie waren vielmehr nur aus der jeweiligen Situation heraus zu verstehen und wesenhaft durch sie bedingt. Vereinzelt und sporadisch sollten auch noch in der ersten Hälfte des 12. Jahrhunderts Königsurkunden für städtische Empfänger bleiben, wenngleich unverkennbar ist, daß das Städtewesen nunmehr fester in das politische Kalkül des Herrschers einbezogen war.

Gerade in die Frühzeit des 12. Jahrhunderts fallen dann auch bereits die Anfänge einer fürstlichen Städtepolitik. Bekanntestes Beispiel sind die Zähringer mit der um 1120 initiierten Stadtgründung von Freiburg im Breisgau.[3] Im Bereich dieser fürstlichen Aktivitäten waren in der Folge insbesondere zwei Motive klar zu fassen, zum einen die Absicht, mittels städtepolitischer Maßnahmen am Aufschwung der wirtschaftlichen Kräfte der Epoche teilzuhaben, zum anderen das Streben, an strategisch wichtigen Punkten des eigenen Herrschaftsgebietes über wehrhafte Stützpunkte zu verfügen. Auch die Staufer dürften sich an diesen Bestrebungen schon früh beteiligt haben. Wenngleich bei den Maßnahmen, die Barbarossas Vater in den Jahren seiner Reichsverweserschaft ab 1116 im Oberrheingebiet setzte, noch der Burgenbau dominierte, spricht doch der Umstand, daß die städtische Entwicklung von Hagenau in ihren Anfängen noch in die Zeit der Herrschaft dieses Schwabenherzogs im Elsaß zurückreicht, für ein nachhaltiges Interesse an der Förderung städtischer Kräfte, damit letztlich dafür, daß bereits dieser Staufer die sich hier eröffnenden neuen Möglichkeiten des Herrschaftsausbaus klar erkannte.

Mit dem Regierungsantritt Friedrich Barbarossas im Jahre 1152 gestaltete sich zunächst der äußere Rahmen der Verhältnisse im deutschen Reichsgebiet völlig neu. Die Beilegung des langjährigen Konfliktes mit den Welfen führte zu einer weitgehenden Befriedung des Landes, ein Friede, der insbesondere den so wesenhaft kaufmännischen Interessen der städtischen Bevölkerung des Reiches zugute kam. Wichtige Hinweise auf die deutsche Städtepolitik Friedrichs I. sind – nicht anders als in der Zeit vor ihm – seinen Diplomen für städtische Empfänger zu entnehmen, wobei freilich schon das auffällige Faktum eines deutlichen Ansteigens der Zahl derartiger Verfügungen sofort ins Auge fällt. Daneben weisen aber auch das Hervortreten der Bischofsstädte in seinem Itinerar[4] sowie seine Stadtgründungen auf den großen Stellen-

---

[3] Über die wissenschaftliche Kontroverse zwischen *Walter Schlesinger* und *Bernhard Diestelkamp* über die Frühzeit dieser Stadt vgl. zuletzt *Keller*, Über den Charakter Freiburgs, 249 ff.

[4] Dazu vgl. *Opll*, Itinerar sowie *ders.*, Stadt und Reich, 541 ff.

wert des Städtewesens im Rahmen seiner Politik hin. Zunächst waren es tatsächlich die Bischofsstädte, denen der Staufer verstärkt seine Aufmerksamkeit widmete. Auch hierin spiegelte sich der wesentliche Unterschied zur Zeit Konrads III., während dessen von Krisen erschütterter Regierung dieses Element weitgehend außer acht geblieben war bzw. nicht zur Absicherung der Herrschaft hatte herangezogen werden können.

Das erste regelrechte 'Städtediplom' Barbarossas im deutschen Raum war seine 1156/57 ausgestellte Urkunde für Augsburg. Auf der Grundlage von offensichtlich schon zuvor geführten Verhandlungen zwischen den zur Herrschaft in der Stadt berufenen Kreisen Augsburgs selbst wurden die Gerechtsame des Bischofs und der Bürgerschaft einer eingehenden Regelung unterzogen. Wiewohl keine Rede davon sein konnte, daß der Kaiser hier die Stadt gegenüber dem Bischof bevorzugt hätte, vielmehr das Interesse des Herrschers eindeutig dahin ging, mögliche Problemfelder zu beseitigen, um die Heranziehung des Bischofs zur Leistung der erforderlichen Reichsdienste sicherzustellen, ließ er eben doch zu, daß die neu aufstrebenden sozialen Schichten erste politische Rechte erlangten. Freilich war und blieb die Wahrung der Reichsinteressen stets oberste Maxime des Handelns des Kaisers. In Fällen, in denen das Auftreten städtischer Kräfte die Position des bischöflichen Stadtherrn regelrecht gefährdete und ins Wanken brachte, schritt er mit großer Härte und Strenge ein. Bekannt ist etwa das Vorgehen gegen den in Verbindung mit der Territorialpolitik seines Halbbruders, des Pfalzgrafen Konrad bei Rhein, stehenden eidlichen Zusammenschluß der Trierer Bürgerschaft im Januar 1157. Die ganze Härte des kaiserlichen Strafgerichtes bekam im Frühjahr 1163 die Stadt Mainz zu spüren, der wegen der Beteiligung städtischer Kreise an der Ermordung Erzbischof Arnolds (Juni 1160) der Stadtrang aberkannt wurde.

In den sechziger Jahren trat sodann ein Städtetypus verstärkt im Rahmen der politischen Maßnahmen des Staufers hervor, der schon seit Lothar III. zu fassen gewesen war und unter Konrad III. die sporadischen städtepolitischen Aktivitäten dieses Herrschers dominiert hatte: die 'Pfalz-' oder 'Reichslandstädte'.[5] Es handelte sich dabei um städtische Gemeinwesen, die ihren Kristallisationspunkt an Herrschaftszentren der Reichsgewalt selbst, nicht selten verbunden mit einer Pfalz, fanden und uns etwa in Duisburg, Aachen, Kaiserswerth oder Dortmund begegnen. Unter Barbarossa traten zu diesen schon seit

[5] Zum Begriff vgl. *Stoob*, Formen und Wandel, 62; zu ihrer Bedeutung bereits unter Konrad III. vgl. *Schlesinger*, Pfalzen und Städte, 49.

Abb. 11: Detail von der ab der Spätzeit Kaiser Friedrichs I. errichteten Pfalz
zu Gelnhausen

längerem privilegierten Plätzen nun neue hinzu, die nach ihrer Lage deutlich machen, wie der Staufer die Möglichkeiten der Städtegründung und -förderung für die Zwecke des Landesausbaus nutzbar zu machen verstand. Zu nennen sind etwa die Kaiserurkunden für Hagenau (1164), damit für einen schon von seinem Vater begünstigten Stützpunkt im staufischen Elsaß, oder für Gelnhausen (1170) und Wetzlar (1180), wo er im Ringen mit der territorialpolitischen Macht des Mainzer Erzbistums das Reichsland im Umfeld des traditionellen Pfalzortes Frankfurt auf- und ausbaute. Dazu gehören auch Maßnahmen im Pleißenland, damit im südlichen Vorfeld des welfischen Herzogtums Sachsen, wo der Kaiser Altenburg und Pegau seine Förderung angedeihen ließ und damit Aktivitäten, die schon Konrad III. in diesem Raum eingeleitet hatte, fortsetzte. Wiewohl eine eingehende Analyse der im Einzelfall verliehenen Rechte zeigt, daß er bürgerlichen Mitbestimmungsrechten eher enge Grenzen setzte und damit die verliehenen Rechte kaum als 'fortschrittlich' oder gar 'revolutionär' zu bezeichnen sind,[6] kommt doch auch hier wieder deutlich zum Ausdruck, wie er die kontrollierte Förderung städtischen Wesens, vor allem städtischer Wirtschaftskräfte, als integrierenden Bestandteil der Möglichkeiten zur Herrschaftsgestaltung auffaßte.

Seinen Einfluß auf diese Reichslandstädte sicherte der Staufer nicht zuletzt mittels der Betonung der Herleitung der Gerichtsbarkeit von der Reichsebene her. Während er hier auch über den Zugriff auf die Niedergerichtsbarkeit verfügte, war ihm dieser Bereich in den bischöflichen Städten in der Regel durch die herrschaftliche Stellung des Bischofs nicht unmittelbar zugänglich. Dort war es zumeist die Blutbannleihe an den jeweiligen Vogt, der entscheidende Bedeutung zukam. Am günstigsten für das Reich lagen die Dinge selbstverständlich dann, wenn es über derartige Vogteirechte selbst verfügen konnte. In den rheinischen Bischofsstädten lagen die Vogteirechte über Speyer bereits seit dem Beginn des 12. Jahrhunderts in der Hand der Staufer. Der – seit 1156 – staufische Pfalzgraf bei Rhein, der Halbbruder des Kaisers, bevogtete das Erzbistum Trier, seit 1173/74 auch das Bistum Worms. Der Tod zahlreicher deutscher Adeliger bei der Malariakatastrophe des kaiserlichen Heeres vor Rom im Sommer 1167 eröffnete dem Ausbau der staufischen Herrschaftsrechte neue Möglichkeiten. Bald nach der Rückkehr des Kaisers aus Italien vermochte er die Vogteirechte über die Bistümer Chur und Augsburg[7] für sein Haus zu erwerben. Sie gelangten an seinen Sohn, Herzog Friedrich von Schwaben.

---

[6] Vgl. dazu *Opll*, Stadt und Reich, 85 ff. (zu Hagenau).
[7] MGH.DF.I.566 und *Opll*, Stadt und Reich, 38.

In der Spätzeit der Regierung Friedrich Barbarossas, vor allem in den 1180er Jahren, ist sodann eine deutliche Intensivierung der städtepolitischen Aktivitäten im deutschen Reichsteil zu konstatieren, faßbar nicht zuletzt an einem merklichen Ansteigen der Zahl der für städtische Empfänger ausgestellten Diplome. Man hat in diesem Zusammenhang von einer regelrechten Wende, einer Zäsur, gesprochen und ist der Frage nachgegangen, worin denn die Gründe für diesen 'Aufbruch' zu sehen sein könnten. Der dabei gegebene Hinweis auf die Beendigung des Schismas ist zwar in dem Sinne, daß nun langjährige Spannungen im Reichsgefüge endgültig beigelegt waren, zweifellos von Bedeutung, freilich hatte die Kirchenspaltung für die Gestaltung der Beziehungen zum deutschen Städtewesen kaum unmittelbare Auswirkungen gehabt. Betroffen davon waren die Städte nur insofern, als die bischöflichen Stadtherren durch ihre Heranziehung für die Zwecke des Reichsdienstes vielfach zu langjähriger Abwesenheit von ihren Bischofssitzen bzw. zur Aufnahme von Darlehen auch von seiten städtischer Kreise gezwungen waren. Diese Situation hatte nicht unwesentlich dazu beigetragen, die Position der städtischen Kräfte im lokalen herrschaftlichen Konnex zu bestärken. Auch der Kaiser selbst hatte diesem Umstand in einer für sein politisches Verhalten kennzeichnenden, pragmatischen Vorgangsweise Rechnung getragen, wenn er etwa für die Vorbereitung seines fünften Italienzuges (1174–1178) die finanzielle Unterstützung der Bischofsstadt Cambrai in Anspruch nahm und dabei nicht – wie sonst stets üblich – auf die bischöfliche Beisteuer zurückgriff, sondern von seiten der städtischen Kreise unmittelbar Hilfe angenommen wurde. Trotz einer Vielzahl mittelbarer Auswirkungen des Schismas auf die Stellung der städtischen Kräfte Deutschlands war es hier allerdings – im Gegensatz zu Italien – nicht zu kirchenpolitisch bedingten, gegensätzlichen Parteinahmen von Städten gegen das Reich, oder auch zwischen Stadt und Bischof, gekommen.

Ein weiterer Faktor, den man als Begründung der erwähnten Wende in der Städtepolitik Barbarossas angeführt hat, war der 1177 geschlossene Waffenstillstand mit den in der Lega Lombarda vereinigten oberitalienischen Städten. Auch dabei wird man zunächst – nicht anders als beim gleichzeitig zustandegekommenen Frieden mit Alexander III. – an die Befriedung der Situation, das Wegfallen von das Reichsgeschehen seit Jahren dominierenden Spannungen, Konflikten und Auseinandersetzungen zu denken haben. Der kaiserlichen Politik eröffnete sich damit ein bisher nicht gegebener Handlungsspielraum. Die Politik des Reiches in Italien war seit den Anfängen der Regierung des Staufers stets vorzüglich durch das Element der Städtepolitik bestimmt gewesen. Daraus leitete sich ohne Zweifel mit den Jahren ein hohes Ausmaß an Erfahrungen, an Einblick in die politische und wirtschaftliche Potenz des Städtewesens ab. Derartige Erkenntnisse und Einsichten müssen aber dann auch auf die deutschen Verhältnisse zurückgewirkt haben. Ohne daß für derartige Wechselwirkungen, aufbauend auf unmittelbarer Initiative des Kaisers selbst, nun tatsächlich direkte Belege angeführt werden können, so scheint doch die so deutliche Intensivierung von städtepolitischen Aktivitäten im deutschen Reichsteil ab etwa 1180 nicht zuletzt auch von den reichen 'italienischen' Erfahrungen Barbarossas her zu verstehen sein.

In diese Zeit um 1180 fällt mit der Absetzung Heinrichs des Löwen, des welfischen Doppelherzogs, eines der einschneidensten Ereignisse der gesamten Regierungszeit des Staufers. Erst die Erfolge des Friedenskongresses von Venedig mit der Beendigung des Schismas, dem Waffenstillstand mit der Lega Lombarda und dem Frieden mit dem sizilischen Normannenreich hatten diese Umkehr der staufischen Politik überhaupt möglich gemacht. Die daraus resultierenden Erfordernisse der Neugestaltung des Reiches, die Verfügungen des Herrschers über die Herzogtümer Sachsen und Bayern, ließen dann offensichtlich verstärkt auch das deutsche Städtewesen in das Blickfeld der Reichspolitik treten. Ob man die steigende Zahl der damals ausgestellten Städtediplome tatsächlich als Wende ansprechen darf, erscheint angesichts des schon seit den Anfängen der Regierungszeit Barbarossas hervortretenden Interesses am Städtewesen nicht unproblematisch. Dennoch ist von nun ab nicht nur eine nachhaltige Intensivierung, sondern mit dem neuerlichen Hervortreten der Bischofsstädte unverkennbar auch ein neuer Zug zu konstatieren. Vor allem in den ehemals welfischen Gebieten, insbesondere im Norden des Reiches, der zuvor weitgehend der Herrschaft des welfischen Vetters des Kaisers überlassen gewesen war, wurden nunmehr unmittelbare Kontakte zu den Städten aufgenommen. Diplome für Hamburg, Bremen und Lübeck belegen diese Aktivitäten. Die Stadt Regensburg als traditioneller Hauptort des bayerischen Herzogtums geriet im letzten Jahrzehnt der Regierung Barbarossas in ein besonderes Naheverhältnis zum Reich. Nach 1185 wurde sie als „Stadt des Kaisers" (*civitas sua*) bezeichnet.

Nicht nur in den welfischen Landen, auch außerhalb dieser Bereiche trat der Kaiser in dieser Epoche mit städtepolitischen Maßnahmen hervor. Die rheinischen Bischofsstädte Speyer und Worms, seit den Tagen der Salier in enger Verbindung zur obersten Reichsgewalt, erhielten kaiserliche Privilegien. In der Stadt Cambrai wurde das herrschaftliche Verhältnis zwischen Bischof und Stadt in einer Reihe von Diplomen einer detaillierten Regelung unterzogen. Eine Kaiserurkunde dieser Jahre verdient unsere besondere Aufmerksamkeit, enthält sie doch einen Passus, der bei oberflächlicher Betrachtung als programmatische Aussage über die Herrschaftsverhältnisse in den deutschen Bischofs-städten aufgefaßt werden könnte: Es handelt sich dabei um das im Februar 1182 in Wimpfen ausgestellte Diplom für Trient, die südlichste deutsche Bischofsstadt. Es heißt dort, diese Stadt an der Grenze des Reichsgebietes dürfe niemals über Konsuln verfügen, sondern müsse treu und ergeben unter der Herrschaft ihres Bischofs stehen, „so wie dies auch in den übrigen Städten des deutschen Königreiches üblich sei". Obwohl man ohne Zweifel davon ausgehen darf, daß dieses modellhaft vorgetragene Schema des Verfassungsaufbaus der deutschen Bischofsstädte nicht nur die Regel war, sondern vom Kaiser dem Prinzip nach auch favorisiert wurde, gab es doch bereits in der Spätzeit Barbarossas Ausnahmen von dieser Norm, ja der Herrscher selbst billigte in Einzelfällen sogar gewisse Mitspracherechte der städtischen Kreise an der bischöflichen Stadtherrschaft. Verständlich wird diese so programmatisch wirkende Aussage erst bei Berücksichtigung der lokalen Entwicklung in Trient selbst. Diese Bischofsstadt war aufgrund ihrer exponierten Lage an der Grenze zum Königreich Italien schon seit längerem von den Auswirkungen, dem Vorbild der kommunalen Bewegung betroffen. Bereits in den frühen 1170er Jahren hatte es erstmals Konsuln in der Stadt an der Etsch gegeben. Barbarossa trug somit den lokalen Verhältnissen Rechnung, wenn er gerade hier einer Ausweitung der so fortschrittlichen, seiner Herrschaft jahrelang äußerst gefährlichen Verfassungsverhältnisse der italienischen Städtewelt auf den deutschen Bereich einen Riegel vorschob.[8]

Stets spielt für das Verhältnis des Staufers zu den deutschen Städten die politische Realität im Einzelfall eine ganz wesentliche Rolle. Gerade hier zeigt sich das enorme Geschick des Kaisers, seine Befähigung zu Flexibilität, zum Kompromiß und zum pragmatischen Vorgehen. Die städtische Welt war ihrem Sozialgefüge nach ohne Zweifel ein neues Element innerhalb des Reichsganzen. Hier traten kaufmännische Kreise, ministerialische Gruppen und aus früherer persönlicher Abhängigkeit in die Stadt ziehende Personengruppen, die dort ihren sozialen Aufstieg als Zinspflichtige (Zensualen)[9] mit abnehmenden finanziellen Belastungen erlebten, zu einem neuartigen, gesellschaftlichen Gefüge zusammen. Dem durchaus bedeutsamen Anteil der Ministerialität am städtischen Sozialaufbau[10] ist dabei sicherlich besonderes Augenmerk zuzuwenden, handelte es sich doch dabei um eine Gruppe, die

---

[8] *Opll*, Stadt und Reich, 157 ff.
[9] Vgl. etwa *Schulz*, Zensualität und Stadtentwicklung, 73 ff.
[10] Vgl. dazu *Schulz*, Ministerialität als Problem der Stadtgeschichte, 184 ff.

dem Königtum – generell – in besonderer Weise verbunden war. In gewisser Weise korrespondiert die Tatsache, daß der Staufer in den von ihm gegründeten Städten, etwa in Hagenau, sich bevorzugt der Ministerialen für die Gestaltung der Herrschaftsverhältnisse am Ort bediente, mit der Heranziehung ebenderselben Gruppe auch im großen Rahmen der Reichspolitik, etwa als wichtige Amtsträger in Italien.[11] Dennoch wäre es umgekehrt zweifellos unrichtig, nicht auch die kaufmännischen Kreise (*mercatores, negotiatores*) als Zielgruppe der Städtepolitik des Herrschers zu sehen. Schon im Zusammenhang mit den der Ausstellung einschlägiger Diplome sicherlich vorausgegangenen Verhandlungen wird man Kontakte zwischen der Reichsgewalt und der von den beschlossenen Verfügungen jeweils betroffenen städtischen Gesellschaft anzunehmen haben. Dabei traten Kaufleute nicht zuletzt auch in Reichslandstädten, wie Duisburg oder Gelnhausen, besonders hervor. Die an sie verliehenen Handelsprivilegien belegen das wirtschaftliche Interesse des Reiches an deren Förderung in eindrucksvoller Weise. Ein – freilich vereinzelter – Hinweis zeigt uns sogar, daß der Kaiser sich bei derartigen Maßnahmen ausdrücklich auf den Rat von Kaufleuten stützte, als im Rahmen der Ausgestaltung des Aachener Wirtschaftsraumes (Verleihung von Jahrmarktsrechten und Belebung der Aachener Münzstätte im Jahre 1166) die *mercatores* der umliegenden Städte zu den Beratungen herangezogen wurden.[12]

Zu Ende seiner Regierungszeit hatte der Staufer in weiten Teilen seines deutschen Königreiches zu einer durchaus überregional ausgerichteten Städtepolitik gefunden. Seit den Anfängen seiner Herrschaft hatte er dem Städtewesen Aufmerksamkeit geschenkt. Die schon bald erreichte Befriedung des deutschen Reichsteiles hatte es möglich gemacht, daß auch die Bischofsstädte wieder verstärkt zum Ziel kaiserlicher Maßnahmen werden konnten, zugleich griff er die bereits unter seinen Vorgängern eingeleiteten Kontakte zu Pfalz- und Reichslandstädten mit Energie und Erfolg auf und trat als Städtegründer im eigenen staufischen Herrschaftsraum, aber auch in Gebieten, die als Reichslandbezirke konstituiert wurden, hervor. Der Sturz Heinrichs des Löwen ermöglichte es dem Kaiser sodann, auf der Grundlage des Friedens mit dem Papsttum und mit den oberitalienischen Kommunen seine städtepolitischen Aktivitäten entscheidend auszuweiten und zu

---

[11] S. dazu auch oben S. 246f. – Zu betonen ist allerdings, daß der Anteil der Ministerialen an der Herrschaftsausübung in Italien unter Barbarossa noch eher bescheiden war und sich diese Entwicklung erst in der Spätzeit seiner Regierung bzw. in der Ära seines Sohnes deutlicher fassen läßt.

[12] MGH.DF.I.503; vgl. dazu *Opll*, Stadt und Reich, 556.

intensivieren, damit das Städtewesen letztlich zu einer der Stützen seiner Herrschaft werden zu lassen.

Südlich der Alpen, im Königreich Italien,[13] hatten Beziehungen der Reichsgewalt zur Städtewelt entsprechend der ungleich größeren Bedeutung dieses Elements im Herrschaftsaufbau dieser Gebiete viel längere Tradition als im deutschen Bereich. Die erste Hälfte des 12. Jahrhunderts war die Epoche, in der sich das seit dem 11. Jahrhundert faßbare, neue Verfassungsmodell der städtischen Kommune in weiten Teilen des Landes verfestigen sollte. Die Herrschaft der Stadt über ihr Umland, den Contado, die weitestgehend autonome Verfügungsgewalt über die Hoheitsrechte des Reiches, die Regalien, waren wesentliche Merkmale im Wirken dieser neuen Kräfte. Vor dem Regierungsantritt Barbarossas war es zuletzt Lothar III. gewesen, der italienischen Boden betreten hatte. Die Absenz des Reiches unter Konrad III. hatte den Aufstieg der Kommunen nur noch weiter begünstigt.[14] Beziehungen des ersten staufischen Herrschers zu den italienischen Städten beschränkten sich auf die Erteilung einiger, freilich nicht unerheblicher Urkunden – zu nennen wären vor allem Münzrechtsverleihungen für Genua, Piacenza und Asti. Von einem intensiveren Einwirken des Königs konnte angesichts der innerdeutschen Wirren, der Kämpfe mit der welfischen Opposition, keine Rede sein.

Friedrich I. kam dann bereits im ersten Jahr seiner Regierung im Zusammenhang mit der Aufnahme von Verhandlungen mit dem Papsttum in unmittelbaren Kontakt mit den Verhältnissen in Italien. Die Beilegung des Konflikts mit den Welfen, die umfassende Anerkennung seiner Herrschaft, wirkten sich auch auf den südlichen Reichsteil aus, dessen Kräfte – und hier nicht zuletzt die der Städte – fortan wieder verstärkt mit der Reichsgewalt zu rechnen hatten. Im März 1153 erschienen am königlichen Hof in Konstanz zwei Bürger der Stadt Lodi, die sich unter dem Eindruck, den der junge König auf sie machte, dazu entschlossen, gegen die ihre Vaterstadt seit langem unterdrückenden Mailänder Klage zu erheben, ohne daß diesem Vorgehen ein Auftrag von seiten ihrer Stadtväter zugrunde gelegen wäre.[15] Der Staufer erhielt dabei unmittelbare Kunde von dem Hegemoniestreben der Lombardenmetropole, worüber er wohl auch schon durch den Bischof von Como informiert worden war. Damit rückten die machtpolitischen Konstellationen der Lombardei ins Blickfeld der staufischen Politik. Sie waren

---

[13] Vgl. *Opll*, Stadt und Reich, 178 ff. und 526 ff.
[14] Konrad hatte Italien nur als Gegenkönig (1128–1130) und – kurzzeitig – bei seiner Rückkehr vom Kreuzzug betreten.
[15] Vgl. *Opll*, Lodi, 70 ff.

durchaus ähnlich gelagert, wie sie schon Lothar III. auf seinem ersten Italienzug angetroffen hatte. Einer mailändischen Städtegruppe, gebildet aus Mailand selbst, Brescia, Piacenza, Tortona und Crema, standen in Opposition Pavia und Cremona gegenüber, Lodi und Como waren von den Mailändern schon im frühen 12. Jahrhundert (1111 bzw. 1127) unterworfen worden.

Unter diesen Vorzeichen stehend, verlief dann auch der Krönungszug Barbarossas, der im Herbst 1154 angetreten wurde. Auf dem Reichstag von Roncaglia zu Anfang Dezember dieses Jahres traten eine Reihe von städtischen, aber auch adeligen Gegnern der Mailänder und der mit diesen verbündeten Städte mit Klagen gegen deren Expansionspolitik hervor, zugleich erschienen dort auch Gesandte der beiden Seestädte Genua und Pisa. An ein unmittelbares Vorgehen gegen die mächtige Lombardenmetropole war angesichts der geringen Truppenzahl des Reichsheeres nicht zu denken. Man beschränkte sich darauf, das Umland von Mailand zu verwüsten und einige dort errichtete Stützpunkte einzunehmen. Zu Anfang des nächsten Jahres ging der König über Aufforderung des Markgrafen von Montferrat und des Bischofs von Asti gegen Chieri und Asti vor und eroberte nach mehrwöchiger Belagerung die den Mailändern verbündete Stadt Tortona. Seine künftige politische Orientierung, der Gegensatz zu Mailand, wurde damit bereits weitgehend fixiert. Das Siegesfest nach der Überwindung Tortonas in Pavia, wo er im April 1155 in S. Michele, der Kirche der alten Langobardenpfalz, gekrönt wurde, unterstrich seine Verbindung mit der Stadt am Ticino als traditioneller Gegnerin der Mailänder.

Im weiteren Verlauf des Vorrückens nach Rom erweiterte sich die unmittelbare Kenntnis des Staufers von den politischen Gegebenheiten Italiens. An der Via Emilia trat er damals in Kontakt mit der seit den Tagen der Salier dem Reich eng verbundenen Rechtsschule von Bologna. Damals stellte er die 'Authentica habita', sein berühmtes Scholarenprivileg für die Studenten und Professoren der Universität Bologna, aus. Aber auch durch die Entsendung von Boten in Städte dieser Zone, die er persönlich nicht aufsuchte, wie durch die Erhebung Anselms von Havelberg auf den Stuhl des Ravennater Erzbistums konnte er seinen Einfluß festigen. Die Städte Mittelitaliens, das er in der Folge auf seinem Weg nach Rom und bei seiner Rückkehr von der Kaiserkrönung durchzog, sahen die neuerstarkte Macht des Reiches nicht selten mit unverhohlenem Mißtrauen, zum Teil leisteten sie offenen Widerstand und mußten – wie etwa Spoleto – erobert werden. Als der Kaiser im Spätsommer 1155 wieder nach Oberitalien zurückkehrte, hatte sich an der Haltung der Mailänder nichts geändert. Um deren beherrschende Position einzudämmen, was mit militärischen Mitteln nur unzulänglich gelungen war, wurde über sie die Reichsacht ausgesprochen und mit der Verleihung des Münzrechtes an Cremona einer ihrer traditionellen Gegner auf die Seite des Staufers gezogen. Die Ereignisse in der Veroneser Klause,[16] als der Kaiser in eine höchst bedrohliche Lage geriet, mußten ihm noch in den letzten Tagen seines ersten Italienzuges überdeutlich vor Augen führen, welche Gefahr dem Reich von seiten der städtischen Kräfte Italiens erwachsen war.

In den nächsten Jahren erschienen immer wieder Delegationen der von dem Hegemoniestreben der Mailänder unmittelbar betroffenen lombardischen Städte, darunter vor allem Pavias, Comos und Lodis, am kaiserlichen Hof in Deutschland, um Klage zu führen. Der Staufer war demnach über die umfassenden Initiativen, die die gebannten Mailänder damals zur Befestigung ihrer territorialpolitischen Stellung setzten, aufs beste informiert. Nachdem infolge des Vertrags von Benevent zwischen Papst Hadrian IV. und dem sizilischen Normannenreich der ursprünglich vorgesehene Feldzug gegen Süditalien seinen Sinn weitgehend eingebüßt hatte, wurde die Verpflichtung der Fürsten zur Teilnahme an der Reichsheerfahrt im Frühjahr 1157 auf ein militärisches Vorgehen gegen Mailand abgeändert. In umfassender Weise wurden nunmehr die erforderlichen Vorbereitungen getroffen. Nicht nur der am 18. Januar 1158 in Regensburg mit der Königskrone ausgezeichnete Böhmenherzog Vladislav, auch das Königreich Ungarn und der Polenherzog Boleslaw[17] konnten zur Teilnahme an diesem Feldzug verpflichtet werden. Zu Anfang des Jahres 1158, für dessen Frühsommer der Antritt der Heerfahrt vorgesehen war, entsandte Barbarossa seinen Kanzler Rainald und den ihm persönlich eng verbundenen Otto von Wittelsbach als seine Legaten nach dem Süden. Ihnen gelang es, das politische Umfeld mit Geschick im Sinne des Reiches vorzubereiten. Sie brachten die Hoheitsrechte des Kaisers bis an die Adriaküste, in Ravenna und Ancona, zur Geltung. Durch das Abkommen mit Piacenza wurde noch im Juni einer der wichtigsten Verbündeten Mailands aus der Front der Gegner ausgeschieden.

Angesichts der erfolgreichen Bindung zahlreicher Widersacher der Mailänder an die Sache des Reiches – an den Kämpfen im Sommer 1158 nahmen nicht nur die meisten Reichsfürsten Deutschlands, sondern auch die Städte Reichsitaliens bis weit nach Mittelitalien in großer Zahl teil – mußte der Widerstand der Lombardenmetropole binnen weniger Wochen zusammenbrechen. Ihre traditionellen Verbündeten waren entweder schon zuvor auf die Seite des Kaisers übergetreten, oder

---

[16] Zum Verhältnis Barbarossas zu Verona vgl. zuletzt *Opll*, Verona 29 ff.
[17] Boleslaw hielt sich allerdings dann nicht an sein Versprechen, BOM 510.

sie waren in eigenen Belagerungen in die Knie gezwungen worden (Brescia). Die Stadt Lodi, die noch im Frühjahr 1158 ihre – nach 1111 – zweite Zerstörung von seiten der Mailänder hatte erleiden müssen, hatte endgültig die Fronten gewechselt. Im Einverständnis mit dem Kaiser und mit seiner Billigung war die Stadt zu Anfang August des Jahres vom Lambro an die Adda verlegt worden, wo das neugegründete Lodi Nuovo in der Folge eine starke Position der Reichsgewalt bildete. Zu Anfang September mußten die Mailänder kapitulieren, ihre seit dem frühen 12. Jahrhundert bestehende Vorherrschaft wurde zerschlagen. Como, Lodi und die Grafschaft Seprio wurden ihrer Verfügungsgewalt entzogen. Dennoch ging der Kaiser dabei mit Augenmaß vor: Weder eine Zerstörung der städtischen Befestigungen noch eine völlige Auflösung ihrer Bündnisse (Crema, Isola Comacina) wurde den Städtern auferlegt.

Barbarossa zeigte sich allerdings nicht gewillt, die Erfolge seines Vorgehens vorschnell aus der Hand zu geben und mit der Kapitulation Mailands eine Ausweitung der Machtstellung von dessen städtischen Gegnern zuzulassen. Zweifellos schon seit längerem geplant, trat er bald darauf mit einem umfassenden Konzept für die Gestaltung des Verhältnisses der italienischen Städtewelt zum Reich hervor, wobei vor allem bestimmte ländliche Bereiche, wie gerade die schon genannte Zone des Seprio, von allem Anfang an in die unmittelbare Herrschaft des Reiches integriert wurden. Unter Heranziehung von Vertretern der Städte sowie unter Mitwirkung der Repräsentanten der Rechtsschule von Bologna wurden auf dem Reichstag von Roncaglia im November 1158 die Grundlagen für das künftige Zusammenwirken von Stadt und Reich in Italien in einer Reihe von Gesetzen und Verfügungen grundsätzlich festgelegt. Kernpunkt dieses regelrechten Programms war zunächst die Definition der Regalien, der kaiserlichen Hoheitsrechte, womit der Umfang dieser seit langem von seiten der Städte beanspruchten und arrogierten Gerechtsame klar umschrieben wurde.[18] Unter den drei zu Roncaglia erlassenen Gesetzen[19] hat neben der Bestimmung über den Anspruch des Herrschers auf Pfalzen in den Städten und einem Spruch über die schon in der Antike üblichen Tribute insbesondere die Betonung der prinzipiellen Herleitung jeglicher Gerichtshoheit und Amtsgewalt vom Reich her entscheidende Bedeutung. Damit verbunden war nämlich die Forderung nach der Investitur der städtischen Amtsträger, der Konsuln.

Der Realisierung dieses politischen Programms waren die nächsten

---

[18] MGH.DF.I.237.
[19] MGH.DDF. I.238–240.

Jahre gewidmet. Dabei zeigten sich schon bald Spannungen. Eben erst beigelegte Konflikte brachen abermals aus. Ab der Jahreswende 1158/59 wurden kaiserliche Legaten in die Städte entsandt, um dort Amtsträger (*potestates*) und Konsuln einzusetzen. Die Vorgehensweise, die man dabei befolgte, war im wesentlichen die, daß die Kandidaten, die aus der Wahl für das städtische Führungsgremium hervorgegangen waren, erst nach Prüfung von seiten der Vertreter des Reiches die Investitur und damit die Befugnis zur Ausübung ihres Amtes erhielten. Stieß man damit bei den seit längerem reichstreuen Städten, wie etwa Pavia, Cremona oder Lodi, auf Bereitwilligkeit, so sollte die damit verbundene Minderung des Wahlrechtes bei den Städten der 'Mailänder Gruppe' sehr bald auf Ablehnung stoßen und zu neuen Auseinandersetzungen führen. Bereits zu Ende Januar 1159 erfolgte der Bruch mit Mailand. Piacenza, das nur unter geschickter Ausnutzung von innerstädtischen Parteiungen im Vorjahr für das Reich hatte gewonnen werden können, schloß sich den Mailändern ab etwa April / Mai dieses Jahres an. Die Auseinandersetzungen fanden dann ab dem Sommer dieses Jahres ihren Höhepunkt bei der mehr als halbjährigen Belagerung von Crema, an dessen Widerstand 1132 bereits Lothar III. gescheitert war. Damit ließ sich der Kaiser von nun an doch immer stärker vor den Wagen der territorialpolitischen Interessen der lombardischen Städte spannen, verband er doch sein Vorgehen gegen Crema aufs engste mit den Ambitionen der Cremonesen. Wenngleich er gegen die Stadt am Serio noch auf die Unterstützung der deutschen Reichsfürsten, damals besonders Heinrichs des Löwen und Welfs VI., zurückgreifen konnte, sollte doch die Stellung von Truppen durch die italienischen Städte für die kaiserliche Politik immer wichtiger werden.

Der Ausbruch des päpstlichen Schismas im September 1159 brachte eine bislang weitgehend fehlende, neue Dimension in das Ringen Barbarossas mit den Kommunen ein. Fortan trat zum machtpolitischen nicht selten der kirchenpolitische Gegensatz. Noch vor dem Tod Hadrians IV. hatten die reichsfeindlichen Städte Mailand, Brescia, Piacenza und Crema Fühlung mit der Kurie aufgenommen und dem Papst, dessen Beziehungen zum staufischen Kaiser bereits seit längerem aufs äußerste gespannt waren, zugesagt, ohne seine Einwilligung oder die seines katholischen Nachfolgers mit dem Herrscher keinen Frieden zu schließen. Die Konsuln einer Reihe kaisertreuer Städte, darunter etwa die von Pavia und Novara, wurden sodann im März 1160, als sich die Fronten im Schisma nach der Bestätigung Viktors IV. durch die Synode von Pavia entscheidend verhärtet hatten, exkommuniziert. Dabei kam es auch innerhalb der Städte selbst zu unterschiedlichen Parteinahmen. Alexandrinische Bischöfe konnten – etwa in Pisa – im Gegensatz zur

Haltung der Stadt stehen, ein reichstreuer Bischof – etwa Garsidonius von Mantua – konnte unter umgekehrten Vorzeichen mit ähnlichen Problemen konfrontiert sein. Mitunter gab es auch im städtischen Klerus selbst unterschiedliche Parteinahmen.

Die Kämpfe gegen Mailand dauerten an. Trotz des Triumphes über Crema im Januar 1160 waren es die zunehmend mangelhafte Unterstützung der deutschen Reichsfürsten, insbesondere aber die Krise des Schismas mit all ihren vielfältigen Auswirkungen, die eine rasche Beendigung der Auseinandersetzungen nicht zuließen. Erst die weitgehende Verwüstung des Mailänder Umlandes und die Sperre der Verbindungswege nach Brescia und Piacenza, damit das Abschneiden der bekämpften Stadt von den entscheidenden Versorgungs- und Nachschubzentren, zwang die Metropole in die Knie. Im März 1162 mußten sich die Mailänder bedingungslos unterwerfen. Die Stadt selbst fiel der unter entscheidender Teilnahme ihrer lombardischen Städtegegner exekutierten Strafe der Zerstörung anheim. Ihre Bewohner wurden in mehrere kleine Flecken des Umlandes ausgesiedelt und erlitten damit ein Schicksal, das sie selbst früher den Lodesen bereitet hatten. Auf diesem Höhepunkt seiner Städtepolitik in Italien leitete der Staufer nun eine neue Phase für die Reichsherrschaft südlich der Alpen ein. Verstärkt wurde nunmehr die lombardische Städtewelt in den Aufbau der unmittelbaren staufischen Reichsverwaltung einbezogen. Neben Amtsträgern des Reiches, die über ländliche Bezirke geboten, sind nun zum Teil auch deutsche Podestà in verschiedenen Städten selbst nachzuweisen. Während man noch in Roncaglia versucht hatte, das Verhältnis zu den italienischen Städten nach einer einheitlichen Norm zu gestalten, ging man nun von dieser gleichartigen Behandlung wieder ab. Vor allem die Städte, die in den Kämpfen gegen Mailand zum Kaiser gestanden waren, wie Cremona und Pavia, wurden dabei deutlich bevorzugt. Zugleich mußten aber andere, ebenso reichstreue Städte von geringerer politischer Bedeutung, wie etwa Lodi, Novara oder Bergamo, die seitens der lombardischen Reichsverwaltung gesetzten Maßnahmen nicht selten als Nachteil für die eigenen Interessen, ja sogar als Bedrückung empfinden.

Der Triumph über Mailand ließ in der Folge dann die mittelitalienischen Gebiete zunehmend ins Blickfeld der kaiserlichen Politik treten. Hatte sich die Bestellung Herzog Welfs VI. zum Herrn dieser Landschaften wegen der alexandrinischen Haltung dieses Oheims des Kaisers immer deutlicher als Fehler erwiesen, so bot nunmehr das Ende der Kämpfe in der Lombardei die Möglichkeit, die unmittelbare Hoheit des Reiches südlich des Apennins verstärkt zur Geltung zu bringen. Gegenüber den konkurrierenden Seestädten Genua und Pisa verstand es der Staufer, mit einer längere Zeit geschickt betriebenen Schaukelpolitik – unter Ausnützung des Interesses beider Seestädte an Sardinien – die Vorteile des Reiches nicht nur zu wahren, sondern auch auszubauen. Er konnte sich damit nicht zuletzt der für seine gegen Sizilien gerichteten militärischen Pläne wesentlichen Flottenunterstützung versichern. Als Motor der kaiserlichen Politik in diesem Raum traten vor allem die Reichslegaten, zunächst Rainald von Dassel, dann Christian von Buch, hervor. Insbesondere Rainald stellte seine Maßnahmen dabei immer wieder auch auf die Kontakte zu den Städten dieser Gebiete ab, denen er gerade im Hinblick auf das Schisma und den Widerstand einheimischer, Alexander III. anhängender Geistlicher Förderung zuteil werden ließ.

Der Kaiser kehrte im Herbst 1163, nachdem mehrere Anläufe zur Beendigung des Kirchenstreites gescheitert waren, wieder nach Italien zurück, das er erst im August des Vorjahres verlassen hatte. Persönlich inspizierte er damals die Aktivitäten der nach dem Fall Mailands aufgebauten Reichsverwaltung in der Lombardei. In diese Zeit fällt ohne Zweifel der Höhepunkt der in Italien eingehobenen Einkünfte des Reiches. Die finanzielle Basis der staufischen Herrschaft war damals aufs beste gesichert. Obwohl das Ausmaß der steuerlichen Belastung kaum über die Gepflogenheiten des städtisch-konsularischen Regiments hinausging,[20] lag doch nicht zuletzt in dem Umstand der Fremdherrschaft im Lande der Keim für bald wieder aufbrechende Unruhen. Die städtischen Kräfte Oberitaliens fanden sich dann im Frühjahr 1164 zu einem ersten Bündnis seit der salischen Epoche[21] zusammen, das zwischen Verona, Vicenza, Padua und Venedig geschlossen, bald als Lega Veronese bezeichnet und über die Lagunenstadt auch vom byzantinischen Kaiser unterstützt wurde. Im engeren lombardischen Raum regte sich zwar ebenfalls schon erste Unruhe, noch war die Position des Reiches aber zu dominant, um den Widerstand tatsächlich Gestalt annehmen zu lassen. Ein Feldzug ins Gebiet von Verona blieb im Juni 1164 für den Herrscher ohne Ergebnis. Seine Gegenmaßnahmen mußten sich auf die Erteilung von Privilegien an Treviso, Mantua und Ferrara beschränken, um so wenigstens die gegnerischen Fronten zu schwächen.

Ihren kongenialen, freilich ungleich umfassenderen und schlagkräftigeren Nachfolger sollte die Lega Veronese drei Jahre später in der Lega

---

[20] Zu den Aspekten der Finanzpolitik des Kaisers vgl. insbesondere *Brühl*, Finanzpolitik, 13 ff.

[21] 1093 hatten sich Cremona, Lodi, Mailand, Piacenza und Mathilde von Canossa zum ersten Städtebündnis gegen das Reich zusammengeschlossen, vgl. *Fasoli*, Lega Lombarda, 143.

Lombarda finden. Die Unnachgiebigkeit des Kaisers gegenüber den
bei Antritt seines vierten Italienzuges im Herbst 1166 über die Amtsträger der Reichsverwaltung vorgebrachten Klagen, aber auch Kontakte,
die das bisher stets reichstreue Cremona ab 1165/66 zum Veroneser
Bund aufgenommen hatte, wirkten dabei neben vielen anderen Faktoren zusammen: Zu Anfang März 1167 betrat die Lega Lombarda die
politische Bühne. Mailand wurde wiederaufgebaut, der Kaiser selbst
mußte vor der militärischen Macht der vereinten Kommunen im Spätsommer dieses Jahres, als er sich infolge der Malariakatastrophe vor
Rom in einer höchst prekären Lage befand, zurückweichen. Als regelrechte 'Flucht' muß sein Abzug aus Italien im Frühjahr des nächsten
Jahres gewertet werden. Das System der lombardischen Reichsverwaltung brach in der Folge zusammen. Die Kräfte der Lega dominierten
das politische Geschehen in Oberitalien.

Bereits mit der Gründung der Bundesfeste Alessandria im Frühjahr
1168 hatten die Kommunen die engen Verbindungen zu Papst Alexander III. in verstärktem Maße wiederaufgenommen. Der Kaiser sah sich
somit einer überaus gefährlichen Allianz von gegnerischen Kräften
gegenüber. Alessandria wurde dann auch zum Hauptangriffsziel des
1174 angetretenen, fünften Italienzuges des Staufers. Das Scheitern der
halbjährigen Belagerung der Stadt am Tanaro führte im Frühjahr 1175
zu ersten Verhandlungen mit der Lega, dem Abschluß des Friedens von
Montebello. Der auf den Kaiser ausgeübte Druck, in der Folgezeit auch
mit Alexander III. zu einer Beilegung der Gegensätze zu kommen, aber
wohl auch das Problem, in den strittigen Fragen zu einer wirklich dauerhaften Regelung zu kommen, ließ die militärischen Auseinandersetzungen noch einmal aufleben. In dieser Situation zeigte sich freilich
das große politische Geschick Barbarossas. Er knüpfte Verhandlungen
mit Tortona[22] und wohl auch Cremona an und konnte die zuvor einheitliche Front der Lega Lombarda durch Abkommen mit diesen Städten
aufweichen. Die Niederlage bei Legnano, als der Staufer zu Ende Mai
1176 gemeinsam mit den soeben über die Alpen gekommenen deutschen Ersatztruppen nordwestlich von Mailand geschlagen wurde, war
zwar nicht der entscheidende Erfolg, als den ihn vor allem die Mailänder in propagandistischer Weise darzustellen suchten, muß Barbarossa
aber doch die Ausweglosigkeit weiterer militärischer Konfrontationen
mit Nachdruck vor Augen geführt haben.

Mit der Wiederaufnahme von Verhandlungen mit Papst Alexander III. gelang es dem Staufer sodann, die Fronten seiner Gegner auf-

---

[22] Zu diesem Aspekt der Politik des Staufers vgl. jetzt *Opll*, Divide et impera,
85 ff.

zubrechen. Parallel zum Frieden von Venedig mit dem Papsttum wurde im Sommer 1177 auch mit dem Lombardenbund ein sechsjähriger Waffenstillstand geschlossen. Damit war die jahrelange Konfrontation des Reiches mit den oberitalienischen Kommunen beigelegt. Der Friede, den der Kaiser für das Imperium seit jeher angestrebt hatte, war zwar noch nicht endgültig erreicht, es war aber doch die entscheidende Weichenstellung für die Zukunft vorgenommen worden. Der Erfolg Barbarossas lag vor allem darin, daß die Aussöhnung mit Alexander III. die so gefährliche Allianz der gegnerischen Kräfte endgültig gebrochen hatte. Triumphal verlief die im unmittelbaren Anschluß an den Aufenthalt in Venedig angetretene Reise durch Mittelitalien, wo der Staufer die ehemals welfischen Gebiete des Herzogtums Spoleto und der Markgrafschaft Toskana eng an das Reich band. Die beiden Seestädte Pisa und Genua, deren langjährige Feindschaft bereits 1175 durch einen Schiedsspruch des Kaisers hatte gemildert werden können, suchte Friedrich noch zu Anfang des Jahres 1178 persönlich auf.

Wenngleich das Verhältnis zu den Städten zunächst noch nicht in der Form eines dauerhaften Friedens hatte geregelt werden können, konnte doch kein Zweifel daran bestehen, daß auch von seiten der Kommunen angesichts der nun völlig gewandelten politischen Lage nicht mehr an eine Fortsetzung der militärischen Konfrontationen zu denken war. Verstärkt wendete sich in den nächsten Jahren gerade die Kirche gegen Bedrückungen von seiten des städtischen Regiments in Italien.[23] Mehrfach erfahren wir von Kontroversen und Spannungen. In Lodi führte etwa der Versuch, das Kloster S. Pietro in Lodi Vecchio zum Bau von Häusern in Lodi Nuovo zu zwingen, sogar zum Eingreifen des Papstes, der den Bann über den Podestà und dessen Ratgeber verhängte. Der Kaiser richtete zwar in diesen Jahren sein Hauptaugenmerk auf die Belange des deutschen Reichsgebietes – zentrales Thema war die Absetzung Heinrichs des Löwen –, mehrere Diplome für geistliche Empfänger in den oberitalienischen Städten belegen aber, daß er in der gleichen Zeit Kontakte zu den traditionellen kirchlichen Autoritäten dieses Bereiches suchte. Wenn dabei nicht selten die Hilfe des Reiches gegen städtische Herrschaftsmaßnahmen im Contado, wo Klöster, Domkapitel und ähnliche kirchliche Institutionen über beachtlichen eigenen Grundbesitz verfügten, erstrebt wurde, wird deutlich, wie sich der Staufer damit neue Ansatzpunkte für seine politischen Aktivitäten schaffen konnte, letztlich auch hier das Prinzip des 'divide et impera'[24] zur Maxime seines Handelns machte.

[23] Vgl. dazu *Ambrosioni*, Le città italiane fra Papato e Impero, 35 ff.
[24] *Opll*, Divide et impera, 85 ff.

Ein großartiger Schachzug der kaiserlichen Politik war sodann die Aussöhnung mit Alessandria noch am Vorabend des endgültigen Friedens mit den Legastädten. Zu Anfang März 1183 wurde die Begnadigung dieser Stadt, die fortan den Namen *Cesaria*[25] tragen sollte, vereinbart. Damit war die Position des Reiches für die wenige Wochen später eingeleiteten Verhandlungen mit den Lombarden entscheidend verbessert worden. In Piacenza führten diese Gespräche sodann bereits zu Ende April zum Erfolg. Am 20. Juni 1183 wurde in Konstanz der endgültige Friede geschlossen.[26] Mit dieser *pax Constantiensis*, deren Beurteilung sich den Kategorien von Sieg und Niederlage gleich welcher der beiden Seiten entzieht,[27] war ein für beide Seiten akzeptabler Kompromiß geschaffen. Die Welt der Kommunen war fortan fester Bestandteil des Reichsgefüges: Die Städte erhielten die so lange umkämpfte Verfügung über die Hoheitsrechte des Reiches (Regalienhoheit) zugesprochen und willigten dem Grundsatz nach in das Erfordernis der Investitur der Konsuln ein. Der Kaiser sicherte sich nicht nur eine einmalige Abfindung in der Höhe von 16 000 Pfund ( = 9840 Mark) kaiserlicher Münze, sondern auch einen jährlichen Gesamtregalienzins von 2000 Mark[28] sowie die Appellationsgerichtsbarkeit über Streitfälle mit einem Wert von mehr als 25 Pfund kaiserlicher Münze. Die Anerkennung der Kommunen brachte dem Reich somit nicht nur eine feste finanzielle Basis, ungleich höher war ohne Zweifel der eminente politische Gewinn zu veranschlagen.

Tatsächlich bildeten die zuvor feindlichen Städte während des letzten Italienzuges Barbarossas (1184–1186), den er in bezeichnender Weise ohne Heer antrat, feste Verbündete der Reichsgewalt. Vor allem kam es nunmehr – in völliger Umkehr der bisherigen Gegebenheiten – zu einem Zusammengehen mit Mailand, während sich das Verhältnis zu Cremona zusehends verschlechterte. Am 11. Februar 1185 wurde in Reggio das Abkommen mit der lombardischen Metropole beurkundet. Bereits im Mai dieses Jahres wurde in Ausführung der Vereinbarungen

[25] Der Name sollte sich allerdings nicht durchsetzen, vgl. *Opll*, Stadt und Reich, 191 f. mit Anm. 69.
[26] Tatsächlich wäre ja im Sommer 1183 der 1177 auf sechs Jahre vereinbarte Waffenstillstand abgelaufen.
[27] So die treffende Formulierung in der zuletzt erschienenen Arbeit über den Frieden von *Haverkamp*, Der Konstanzer Friede, 42. – Vgl. zur *pax* des weiteren die Beiträge in den Sammelbänden: La pace di Constanza 1183 und Studi sulla pace di Constanza.
[28] Zu den Höhen der aus Strafgeldern, Regalienzinsen u. ä. resultierenden Reichseinnahmen von italienischen Städten vgl. die Aufstellungen bei *Opll*, Stadt und Reich, 562 ff.

das 1160 zerstörte Crema durch den Kaiser neu begründet. Äußerer Höhepunkt der nunmehr ganz ausgezeichneten Beziehungen des Staufers zu Mailand war die Hochzeit des Thronfolgers mit Konstanze von Sizilien in Sant'Ambrogio am 27. Januar 1186. Das enge Zusammenwirken mit den Mailändern vergrößerte die Kluft zwischen Barbarossa und der Postadt Cremona immer mehr. Im Frühjahr 1186 kam es zur militärischen Konfrontation zwischen dem Staufer und der Stadt, wobei Cremona zwar nicht unmittelbar angegriffen wurde, sich aber schon im Juni 1186 unterwerfen mußte.

Das Bündnis mit Mailand, der Ausgleich mit der Lega Lombarda verschafften dem Kaiser aber auch im Hinblick auf seine Bestrebungen zur verstärkten Einbeziehung der Mathildischen Güter in seine Herrschaft wichtigen Handlungsspielraum, sicherten ihm die Unterstützung der Kommunen für diese politischen Aktivitäten. Geriet er dann nicht zuletzt in diesem Zusammenhang in neuerlichen Gegensatz zum Papsttum, so war die frühere Gefahr eines Zusammengehens der städtischen Kräfte mit denen der Kirche nunmehr gebannt. Auch im mittelitalienischen Raum, der parallel zum Ehebündnis mit dem normannischen Sizilien erneut an Bedeutung gewann, vermochte er die Herrschaft des Reiches verstärkt durchzusetzen. Wenn er dort während seines Aufenthaltes im Sommer 1185 in recht rigoroser Weise gegen die Städte vorging, indem ihnen – mit Ausnahme von Pisa und Pistoia – die Herrschaftsrechte über das städtische Umland, den Contado, entzogen wurden, so wird man diese Maßnahmen ohne Zweifel im größeren Zusammenhang der Sicherung der Reichsrechte für die künftige Herrschaft seines Sohnes, König Heinrichs VI., zu sehen haben. Barbarossa schuf auf diese Weise die Möglichkeit, daß sein Nachfolger aus einer Position der Stärke heraus agieren konnte. Belege dafür sind dessen Maßnahmen im Jahre 1186, als er mit so bedeutenden Städten wie Lucca, Cremona und Perugia – zum Teil nach eigenem militärischen Eingreifen, zum Teil auf den Aktivitäten seines Vaters aufbauend – zu einer die Rechte des Reiches nachhaltig unterstreichenden Regelung der gegenseitigen Beziehungen zu gelangen vermochte.

Friedrich I. war somit der erste hochmittelalterliche Herrscher, dem es geglückt war, die selbständig entwickelte, politische und wirtschaftliche Kraft des italienischen Städtewesens in den Aufbau der Verfassung des Reiches zu integrieren und damit für seine Herrschaft nutzbar zu machen. Hier hatte er in engem Zusammenwirken mit den Rechtsgelehrten der Bologneser Schule ein politisches Konzept entwickelt, das mit der Regalieninvestitur der städtischen Konsuln den Einfluß des Reiches auf den ansonst kaum steuerbaren Wahlvorgang, die Konstitution der städtischen Regierungsgewalt, sichern sollte. Führte sein Versuch, die oberitalienischen Kommunen nach dem Triumph über Mailand durch die Schaffung einer eigenen Reichsverwaltung völlig seiner Politik zu unterwerfen, mit dem Entstehen von Städtebündnissen und wegen der gleichzeitig ungelösten Problematik des Schismas auch zum Scheitern, so verstand er es doch, in zähem Festhalten an grundsätzlichen Positionen diese schwerste Herausforderung seiner gesamten Regierungszeit letztlich zu überwinden. In den schwierigen Jahren des fünften Italienzuges ab 1174 kehrte er angesichts der Aussichtslosigkeit, die militärischen Konfrontationen für sich entscheiden zu können, zu dem bewährten politischen Mittel des 'divide et impera' zurück. Er konnte damit nicht nur die zuvor geschlossene Phalanx der städtischen Gegner mit diplomatischen Mitteln durchbrechen, sondern zuletzt auch die Allianz der Kommunen mit dem Papsttum auflösen. Nach dem Frieden von Konstanz vollzog der Staufer in klarer Einsicht in die tatsächlichen Machtgegebenheiten eine völlige Umkehr der Bündnisverhältnisse. Verbündet mit Mailand und in geregelten Beziehungen zur Lega Lombarda konnte er die Reichsherrschaft über Italien während seiner späten Regierungsjahre auf einen neuen Höhepunkt führen und damit seinem Nachfolger ein wohlbefestigtes Fundament für dessen Herrschaftsantritt überlassen.

Im burgundischen Königreich[29] war das Verhältnis des Herrschers zu den Städten ausschließlich vom Element der Bischofsstädte geprägt. Urkunden für städtische Empfänger waren in diesem Raum zum überwiegenden Teil solche für die bischöflichen Stadtherren, die vom Herrscher mit den Regalien, darunter der Stadtherrschaft (*dominium civitatis*), investiert zu werden pflegten und die Herrschaft für den abwesenden Kaiser zu führen hatten. Wir treffen damit hier auf ein ausgesprochen traditionelles Schema städtepolitischer Maßnahmen, wie es vor allem auch für den Bereich des deutschen Reichsgebietes typisch war. Zugleich spiegelt sich darin die in den burgundischen Städten noch eher gering ausgebildete Rechtsstellung bürgerlich-städtischer Kräfte.

Zu unterscheiden ist dabei insbesondere zwischen den nördlichen Teilen Burgunds und dem Arelat im Süden, wo infolge von engen wirtschaftlichen Verflechtungen mit den Gebieten Reichsitaliens die Lage anders war, konsularische Regierungsgremien etwa schon ab der ersten Hälfte des 12. Jahrhunderts zu belegen sind. Nur von vorübergehender Bedeutung und eher geringer Wirksamkeit blieb der erste Versuch Barbarossas, die Herrschaft im Lande im Bündnis mit der zähringischen Herzogsgewalt zu sichern. Ab der Heirat des Staufers mit Beatrix von Burgund im Jahre 1156 änderte sich der Stellenwert dieses Raumes

---

[29] Zu den Städten Burgunds vgl. *Opll*, Stadt und Reich, 481 ff. und 534 ff.

im Gesamtzusammenhang der kaiserlichen Politik weitgehend. Auf der Basis von ab nun im engeren Sinne staufischen Herrschaftsrechten in Burgund wurde dieses Königreich, vor allem in seinen nördlichen Teilen, zu einem wichtigen Faktor im Reichsganzen. Persönliche Aufenthalte des Kaisers, die Bestellung von Reichslegaten für dieses Land und – in den späteren Jahren – die Sicherung der Nachfolge des Kaisersohnes Otto in der Grafschaft Burgund sind entscheidende Mosaiksteine im Bild der herrschaftlichen Gegebenheiten dieser Zone.

Gegenüber den Städten Burgunds hielt Barbarossa zwar vom Grundsatz her an dem vorhin skizzierten Modell der bischöflichen Stadtherrschaft fest, dennoch zeigen seine Verfügungen, daß er im Einzelfall durchaus bereit war, den aufstrebenden städtischen Kräften politischen Entscheidungsraum zuzubilligen, wenn dadurch Krisen für die Stellung des Bischofs zu vermeiden und gedeihliche Verhältnisse im Sinn des Reichsganzen wiederherzustellen waren. Ähnlich wie im deutschen Reichsteil ist es auch in Burgund schwierig, die Städtepolitik des Staufers als ausgeprägtes Konzept – wie etwa vor allem in Italien – zu fassen. Seine Haltung zum Städtewesen wird vielmehr in Einzelentscheidungen deutlich, weshalb hier doch einige Beispiele angeführt werden sollen: Im Raum der Grafschaft Burgund kam dem Metropolitansitz Besançon zweifellos die größte Bedeutung unter den Städten zu. Bereits im Februar 1153 weilte Barbarossa erstmals in der Stadt am Doubs, viele weitere Aufenthalte sollten folgen (1153, 1157, 1162, 1166, 1168, 1170, 1178).[30] Während des langen Pontifikats Erzbischof Humberts (1134–1161) war es dort zu einem ersten Hervortreten bürgerlicher und stadtministerialischer Kräfte gekommen. Sie hatten durchgesetzt, daß der Erzbischof auf die Einhebung direkter Abgaben hatte verzichten müssen, wofür ihm Anteile am Fleischhandel der drei Jahrmärkte eingeräumt worden waren. Die Wirren des Schismas, als der Kaiser den alexandrinischen Erzbischof Walter vertrieb und 1163 den aus der Reichskanzlei hervorgegangenen Propst Heribert von Aachen auf den Stuhl von Besançon erhoben hatte, waren der stadtherrlichen Position des Metropoliten alles andere als günstig. Der um 1170 auf Heribert folgende Erzbischof Eberhard, der sich schon um 1172 mit Alexander III. ausgesöhnt hatte, mußte im Sommer 1177 – zur Zeit des Friedens von Venedig – die Hilfe des Kaisers zur Eindämmung der städtischen Opposition in Anspruch nehmen. Barbarossa ging damals gegen den in Besançon zustandegekommenen eidlichen Zusammenschluß der gegen den Stadtherrn gerichteten Kräfte (*coniuratio*) mit dem Reichsbann vor, sicherte sich dabei allerdings in bezeichnender

---

[30] *Opll*, Itinerar, 159 und (zum Jahr 1170) *Fried*, Arles, 359.

Weise die Hälfte der vom Erzbischof verhängten Strafsumme. Wenn zwei Jahre später die erbrechtliche Stellung der Bürger der Stadt in einer Kaiserurkunde eine für deren Interessen durchaus günstige Regelung erfuhr, ist zu ersehen, wie zum einen der Erzbischof den Weg des Kompromisses beschreiten mußte, wie aber zum anderen auch der Kaiser den neuaufstrebenden gesellschaftlichen Kräften keineswegs völlig ablehnend gegenüberstand.

Auch gegenüber der Stadt Arles – in einem Gebiet, das durch ein schon viel früheres Hervortreten städtischer Kräfte, ja konsularischer Regierungsformen gekennzeichnet war – läßt sich ein in manchem ähnliches Verhalten des Staufers nachweisen. Die Stellung des Metropoliten war dort freilich insbesondere von adeliger Opposition, den Herren von Baux und den Grafen von Forcalquier, bedroht, während das Verhältnis zu den städtischen Konsuln durchaus einvernehmlich war. In den frühen 1160er Jahren brach der Kaiser hier mit den seit Konrad III. dem Reich eng verbundenen Baux, ohne daß dies freilich dem Arleser Erzbischof zugute gekommen wäre. Es ging damals um die Regelung der Herrschaftsverhältnisse im größeren Konnex der Grafschaft Provence. Mit der Betrauung des Hauses Barcelona mit dieser Grafschaft trat ein anderer Konkurrent des Metropoliten auf den Plan. Im April 1164 erhielt Erzbischof Raimund ein Diplom, das trotz gewisser Erfolge für die Arleser Kirche die nunmehr durch das Haus Barcelona geprägte Teilung der Herrschaftsrechte festschrieb. Dennoch fällt auf, daß der Kaiser in dieser Urkunde mit der Unterstellung des Arleser Konsulats unter den Erzbischof erstmals auch die städtischen Kräfte des Bischofssitzes – hier eben als wichtige Stütze des Stadtherrn – berücksichtigte. Die Position des Reiches im südlichen Burgund wurde ab der Mitte der 1160er Jahre durch die Aktivitäten des aragonesischen Königs Alfons, der nach dem Tod seines dem Kaiser verbündeten Vetters dessen Stellung in der Provence und an der Meeresküste in Anspruch nahm, schwer beeinträchtigt. Zugleich führte diese neue Konstellation eine Reihe von adeligen Kräften wieder auf die Seite des Staufers zurück. Erst nach dem Frieden von Venedig konnte Barbarossa die Hoheit des Reiches auch in dieser Zone wieder zur Geltung bringen. Sein triumphaler Zug durch Burgund im Sommer 1178 fand in der Krönungszeremonie am 30. Juli in Arles den demonstrativen Höhepunkt.[31] Wenn die Arleser Kirche in dem damals ausgestellten Diplom mit dem Titel der *principalis sedes regni Burgundie* belegt wurde, so äußert sich hier nicht zuletzt auch die herausragende Stellung der Stadt. Eine nur aus späterer Erwähnung bekannte Verfügung des Kaisers für

[31] Vgl. dazu vor allem *Fried*, Arles, 347 ff.

die Konsuln von Arles, die vorbehaltlich der Rechte des Erzbischofs hinsichtlich ihrer Bestellung und der Herrschaft über die Stadt ausdrücklich Bestätigung erfuhren, ist ein weiterer Beleg dafür, wie der Herrscher die städtischen Kreise Burgunds in seine Politik integrierte.

In der Bischofsstadt Valence treffen wir abermals auf ein signifikantes Beispiel für seine Städtepolitik im Burgundischen. Man ging auch hier im Prinzip von dem Modell der bischöflichen Stadtherrschaft aus. Zwar läßt sich in Valence die Ausbildung des Konsulats zur Zeit Barbarossas nicht belegen, die bürgerlichen Kreise traten aber auch hier durchaus machtvoll in Erscheinung. Während des einzigen Aufenthalts des Kaisers in der Stadt im August 1178 erhoben die Bürger unter Vorweisung einer bischöflichen Urkunde *super regimine illius civitatis*, also über die Stadtherrschaft, den Anspruch auf die kaiserliche Sanktionierung ihres Anteils am politischen Geschehen in ihrer Heimat. Der dagegen protestierende Bischof wollte offensichtlich die Anwesenheit des Herrschers dazu benützen, das ihm in einer Krise seiner Herrschaft abgerungene Zugeständnis wieder rückgängig zu machen. Nach Beratungen mit dem Erzbischof von Vienne, dem Erzkanzler für ganz Burgund und zugleich Metropoliten der Diözese Valence, sowie Edelfreien und Adeligen des Landes traf Friedrich seine Entscheidung: Wenngleich die Stadtherrschaft des Bischofs im Grundsatz gewahrt blieb, erhielten die Bürger doch eine wesentliche Absicherung ihrer personenrechtlichen Stellung und Schutz hinsichtlich ihrer Geldgeschäfte. Offensichtlich wurde ihnen sogar eine eigene Ausfertigung der Kaiserurkunde übergeben.

Zuletzt sei ein weiteres Beispiel aus der Welt der burgundischen Städte angeführt, das interessante Einblicke in die Städtepolitik des Staufers zuläßt: Der Fall der Bischofsstadt Orange zeigt nämlich, daß der Kaiser gegebenenfalls von dem sonst durchgehend feststellbaren Schema der bischöflichen Stadtherrschaft abzuweichen bereit war. Schon während des einzig bekannten Aufenthalts in Orange im August 1178 wurde dem Hause Baux, das hier über eine dominante Position verfügte, eine Urkunde ausgestellt, der städtische Bischof blieb unberücksichtigt. Im Gegensatz zu den übrigen burgundischen Städten trug der Kaiser somit hier den tatsächlichen Machtverhältnissen Rechnung. Im Herbst 1184 übertrug Barbarossa den Edlen von Baux mit dem Münzrecht in Orange das finanziell einträglichste Hoheitsrecht, das ansonsten stets Teil der an den Bischof verliehenen Regalien war. Darüber hinaus wurde bestimmt, daß die Einsetzung der Konsuln daselbst an die Zustimmung dieses Adelshauses gebunden sein sollte.

Gerade die städtepolitischen Maßnahmen Barbarossas müssen als überaus charakteristisch für dessen Befähigung als Herrscher und zur

Herrschaft überhaupt angesehen werden. Konfrontiert mit neuen, wirtschaftlich wie politisch machtvollen gesellschaftlichen Kräften, zeigte er hier sein großes Talent als Politiker. Flexibel im Agieren, bereit zur Rücksichtnahme auf lokal höchst unterschiedliche herrschaftliche Gegebenheiten und zur Anpassung seiner Maßnahmen an diesen Rahmen vermochte er sich auch hier, im Ringen mit der Welt der Städte, zu behaupten. Rückschläge wurden überwunden, die Fähigkeit zum Abgehen von politischen Linien, der Wille zum Kompromiß ermöglichten es ihm, die Herrschaft des Reiches letztendlich zu sichern, das „Gut des Friedens" (*bonum pacis*), wie es in einem seiner Städtediplome so schön heißt,[32] in der Gestaltung des herrschaftlichen Gefüges zu bewahren.

---

[32] MGH.DF.I.752 für Valence; vgl. dazu *Opll*, Stadt und Reich, 514.

## 5. DIE STELLUNG DES IMPERIUMS IN DER CHRISTENHEIT

Zu Anfang dieses zusammenfassenden Überblicks über die Beziehungen Friedrich Barbarossas zu den auswärtigen Mächten seiner Zeit hat die Frage nach den damals gängigen Vorstellungen über das Verhältnis zu fremden staatlichen Gebilden, letztlich die nach dem in der Forschung so heftig diskutierten Problem der vermeintlichen oder tatsächlichen 'staufischen Weltherrschaft' zu stehen. Die Forschung ist dabei unter Auswertung einer Reihe interessanter Belegstellen von der Meinung des faktischen Anspruches des Staufers auf tatsächliche Weltherrschaft abgegangen und hat in dem belegbaren Begriff der kaiserlichen *auctoritas* vielmehr einen Hinweis auf eine Überordnung des Reiches über andere Mächte im nicht politisch-hegemonialen Sinne gesehen.[1] Erst vor kurzem wurde darauf aufmerksam gemacht, daß sich der Weltherrschaftsgedanke, der sich ja bei Kaiser und Papst belegen läßt, sehr viel weniger auf das tatsächliche politische Gefüge des Abendlandes denn auf die *respublica christiana*, die Christenheit, bezog.[2] Tatsächlich ist gerade für Barbarossa die religiös-kirchliche Komponente dieser Ideen, insbesondere im Hinblick auf das Verhältnis zur Kirche, zum Papsttum selbst, nachzuweisen, wenn der Staufer sich im Spätherbst 1159 im vollen Bewußtsein seiner Oberhoheit an die gesamte abendländische Christenheit, darunter auch die beiden Kandidaten der Papstwahl vom September dieses Jahres wandte, um die Kirchenfrage auf einem von ihm einberufenen Konzil zu Pavia zu klären. Diese maßlose Übersteigerung des staufischen Herrschaftsanspruches, wobei ja zudem nie an ein objektives Vorgehen in der Entscheidung des Schismas gedacht war, sollte dann schon bald die Kritiker auf den Plan treten lassen. Johann von Salisbury sprach angesichts der Kirchenversammlung in Pavia vom Februar 1160, als der Staufer sich auf Viktor IV. festlegte, die bekannten Worte: „Wer hat denn die Deutschen zu Richtern über die Völker bestellt?" – wies damit den übersteigerten Macht-

---

[1] Vgl. dazu die ältere Arbeit von *Holtzmann*, Weltherrschaftsgedanke, 251 ff. sowie die interessanten, die Thematik differenzierenden Ausführungen zu dem Schreiben Heinrichs II. von England an Barbarossa von 1157 (BOM 485) bei *Mayer*, Weltherrschaft, 190 ff. – Des weiteren vgl. *Kirfel*, Weltherrschaftsidee und *Appelt*, Kaiseridee, 232 ff.

[2] *Hageneder*, Weltherrschaft, 257 ff.

anspruch der Reichsgewalt zurück, die Kirchenfrage praktisch im Alleingang und mit Gültigkeit für das gesamte Abendland entscheiden zu wollen.[3]

Ist damit deutlich gemacht, wie sich die Auffassungen von Weltherrschaft insbesondere auf die kirchenpolitischen Probleme konzentrierten bzw. bevorzugt dort zur Geltung kamen,[4] so ist umgekehrt freilich auch klar, daß das politisch-staatliche Verhältnis des Imperiums zu seinen benachbarten Königreichen doch zumeist unter dem Aspekt zu sehen ist, daß Barbarossa hier vielmehr eine reich gegliederte Bündnispolitik trieb. Die Beziehungen zu den Nachbarländern wurden – soweit es nicht ältere Abhängigkeiten und lehnsrechtliche Bande gab (Königreich Dänemark) – durchaus auf der Basis der Gleichberechtigung gestaltet. Es kann keine Rede davon sein, daß der Staufer sich dabei als 'Weltherrscher' geriert hätte.

Die Welt der frühstaufischen Epoche wurde im wesentlichen durch die folgenden Machtblöcke geprägt: das byzantinische Kaiserreich im Osten, an der östlichen Reichsgrenze das Königreich Ungarn, im Mittelmeerraum das Normannenreich Sizilien, aber auch die Reichsbildungen auf der Iberischen Halbinsel, im Westen die Königreiche Frankreich und England und im Norden das vom Reich lehnsabhängige dänische Königtum. Durchaus ähnlich gestaltete sich das Verhältnis zu Polen, bei dem ebenfalls die Lehnshoheit des Reiches als Prinzip der gegenseitigen Beziehungen galt.

Beim Blick auf das Verhältnis zum Oströmischen Reich sind wegen der untrennbaren politischen Verflechtungen zugleich die Beziehungen zum ungarischen wie zum sizilischen Königreich, mit einigen Hinweisen auch diejenigen zu Venedig, mitzuberücksichtigen. Das byzantinische Staatswesen[5] hatte mit der Dynastie der Komnenen seit dem Ende des 11. Jahrhunderts wieder zu nachhaltiger Konsolidierung gefunden, ein deutlicher Aufschwung war unverkennbar. Ein entscheidendes Ereignis stellte sodann gerade auch für Byzanz die Königskrönung des Normannen Rogers II. von Sizilien dar, war es damit doch auf ehemals byzantinischem Boden zu einer Reichsbildung gekommen, die für Jahrzehnte zum beständigen Thema der Politik der Komnenen werden sollte. 1135 bot Kaiser Johannes dem Kaiser des Westens, Lothar III.,

[3] John of Salisbury, Letters 1, Nr. 124. Vgl. *Engels*, Stauferstudien, 236 f.

[4] Vgl. *Hageneder* (wie Anm. 2). – Interessante Überlegungen zur Frage der staufischen 'Weltherrschaft' finden sich auch bei *Engels*, Stauferstudien, 231 ff.

[5] Vgl. dazu vor allem die Arbeiten von *Ohnsorge*, Bedeutung der deutsch-byzantinischen Beziehungen, 249 ff. sowie das große Werk von *Lamma*, Comneni e Staufer.

ein gemeinsames Vorgehen gegen die Normannen an. Die Folge des damals geschlossenen Bündnisses waren bis in die 1170er Jahre hinein immer wiederkehrende Versuche Ostroms, in Italien – nicht nur gegen die Normannen und in deren engerem Bereich – Fuß zu fassen. Die Initiative bei diesen frühen Kontakten lag eindeutig beim Basileus, der es auch verstand, ab 1139 den Staufer Konrad III.[6] für eine Fortführung des Bündnisses zu gewinnen. Damit verschlechterte sich freilich das ursprünglich ausgezeichnete Verhältnis Konrads zum Reich der Arpaden. War noch 1139 die Ehe des Sohnes des Staufers, Heinrichs (VI.), mit der Tochter König Belas II., Sophie, vereinbart worden, so unterstützte der Staufer in den folgenden Jahren den von Byzanz geförderten Thronprätendenten Boris gegen den Sohn Belas II., Geisa II. (ab 1141). Probleme stellten sich für das Verhältnis zwischen Staufern und Komnenen nicht zuletzt deshalb, weil Konrad nicht über die kaiserliche Würde verfügte. Deshalb vermochte er in der sogenannten 'Zweikaiserfrage' nur mittels einer höchst geschickten Diplomatie, faßbar vor allem in der Formulierungskunst des großen Staatsmannes Abt Wibald von Stablo, zu bestehen.[7] In der Mitte der vierziger Jahre war es dann von neuem der Basileus, nunmehr – nach dem Tod seines Vaters – der Komnene Manuel, der die Beziehungen zum Westen in verstärktem Maße wiederaufnahm. Im Januar 1146 erfolgte die bereits unter Kaiser Johannes in Aussicht genommene Vermählung der Schwägerin des Staufers, Bertha von Sulzbach, die fortan den griechischen Namen Irene führte, mit dem oströmischen Kaiser. Als Höhepunkt der engen Beziehungen zwischen den beiden Imperien hat ohne Zweifel der Kreuzzug des Staufers zu gelten, der ohne die Unterstützung Manuels sicher schon vorzeitig zum Scheitern verurteilt gewesen wäre, ein Schicksal, das dem Unternehmen dann allerdings ohnehin bereitet war. Im Vertrag von Thessalonike vom Herbst 1148 wurde das seit 1145 bestehende Bündnis, nun stärker gegen Sizilien gerichtet, erneut bekräftigt, wobei auch der Schwabenherzog Friedrich, der spätere Nachfolger Konrads, in die Abmachungen einbezogen wurde. Dabei scheint sich der staufische König über die früheren Vereinbarungen hinaus ausdrücklich zu Landabtretungen in Italien als Teil der Mitgift für seine Schwägerin verpflichtet zu haben, ein Punkt, der alsbald in der Frühzeit der Regierung Barbarossas große Bedeutung erlangen sollte.[8] Wiewohl ein militärisches Vorgehen gegen Sizilien nun schon mehr-

---

6   Vgl. jetzt *Vollrath*, Konrad III. und Byzanz, 321 ff.
7   Vgl. auch *Herkenrath*, Regnum und Imperium, 323 ff.
8   Dazu vgl. jüngst *Engels*, Konstanzer Vertrag, 246 ff. sowie *Niederkorn*, Mitgift, 125 ff.

fach vereinbart worden war und ohne Zweifel gerade auch für den Papst eine höchst wünschenswerte Entlastung gewesen wäre, kam es nicht dazu. Der Normannenkönig verstand es, eine gegnerische Allianz mit dem französischen König und den Welfen zustande zu bringen. Konrad selbst war in den Jahren nach dem Kreuzzug durch Krankheit und die unvermindert anhaltende welfische Opposition am tatkräftigen Handeln gehindert. Sein Nachfolger, Friedrich Barbarossa, setzte sich mit seiner Byzanzpolitik dann schon in den ersten Jahren seiner Regierung trotz mancher Parallelen deutlich von der seines Vorgängers ab.[9] Wenngleich sein fester Wille, die Rechte des Reiches, den *honor imperii*, mit besonderem Nachdruck zu wahren, kaum im Sinne einer völlig neuen Herrschaftskonzeption, gleichsam als programmatischer Anfang einer neuen Ära[10] zu verstehen ist, so führte dieses Festhalten an den Ansprüchen und der Hoheit des Reiches gegenüber Byzanz doch zu einem grundlegenden Wandel der Beziehungen. In dem Vertrag von Konstanz mit Papst Eugen III. verpflichtete er sich zur Beibehaltung der Frontstellung gegen Roger von Sizilien, eine Verpflichtung, die der Papst in auffälliger Weise in seinen Zusagen nicht übernahm. Beide Vertragspartner versprachen allerdings, dem griechischen Herrscher in Italien kein Land zuzugestehen und ihn im Falle einer Invasion so rasch wie möglich zu vertreiben.

Obwohl man noch unter Konrad III. versucht hatte, das so problematische Zugeständnis italienischen Reichsbodens an Ostrom mittels eines Eheprojektes gleichsam zu neutralisieren, war es doch erst Barbarossa, der hier die Grenze des Entgegenkommens gegenüber den Griechen deutlich markierte.[11] Noch im Jahr des Konstanzer Vertrages kam es sodann zur Wiederaufnahme von direkten Gesprächen zwischen den beiden Reichen, wobei Barbarossa die Initiative ergriffen hatte. Er nahm damals nach der Trennung seiner ersten Ehe mit Adela von Vohburg die Verhandlungen über eine Ehe zwischen ihm und Manuels Nichte, Maria, auf. Hatte er also im Vertrag mit dem Papst einen ersten Schritt in Richtung auf eine klare Regelung des Verhältnisses zu Byzanz getan, dabei seine feste Absicht, den Griechen in Italien keine territorialen Zugeständnisse zu machen, auch durch eine parallele Verpflichtung der römischen Kirche abgesichert, so ging es ihm nun offensichtlich darum, unter geschickter Wiederaufnahme politischer Maßnah-

[9] *Engels*, Konstanzer Vertrag, 235 ff. und *ders.*, Staufer, 49 ff.

[10] So bei *Rassow*, Honor imperii; vgl. dagegen jedoch schon die Rezension von *Grundmann* (jetzt in: Friedrich Barbarossa, WdF 390, 1975, 26 ff.) und zuletzt *Engels*, Konstanzer Vertrag, 235 ff.

[11] Vgl. *Engels*, Konstanzer Vertrag, 253 ff.

men seines Vorgängers die Beziehungen zum Basileus in geregelte Bahnen zu lenken und damit zu entspannen.

Dramatische Zuspitzung erfuhren die Dinge sodann anläßlich der Verhandlungen, die der erst wenige Wochen zuvor zum Kaiser gekrönte Staufer im Sommer 1155 bei Ancona mit einer byzantinischen Delegation führte. Das Projekt einer ehelichen Verbindung des Herrschers mit Ostrom war immer noch nicht vorangekommen. Somit war das Interesse an einem militärischen Vorgehen gegen Süditalien im Bündnis mit den Griechen, wie es deren Intentionen entsprochen hätte, wohl nicht nur bei den Reichsfürsten, sondern auch beim Staufer selbst kaum vorauszusetzen. Der Kaiser stellte zwar den griechischen Gesandten einige Schreiben aus, die ihnen bei dem geplanten Feldzug in Apulien hilfreich sein sollten. Allerdings war in diesen Mandanten – wohl an Städte in Apulien gerichtet – ohne Zweifel der Vorbehalt der grundsätzlichen Oberhoheit des staufischen Reiches enthalten. Keinesfalls hätte Friedrich damals seine seit Jahren bewahrte politische Linie einer strikten Zurückweisung jeglicher byzantinischen Expansion nach Italien aufgegeben.[12]

Schon beim nächsten Erscheinen einer griechischen Gesandtschaft am staufischen Hofe im Jahre darauf war die tiefe Verstimmung zwischen den beiden Reichen nicht mehr zu verkennen. Deutlich weist darauf vor allem der Vorwurf hin, die Griechen hätten sich die besagten kaiserlichen Mandate in Ancona 'erschlichen'. Der Staufer brach die mehrjährigen Eheverhandlungen ab, im Juni 1156 heiratete er Beatrix von Burgund. In ebendieser Zeit konnte er mit der Erhebung Österreichs zum Herzogtum die Frage der welfischen Ansprüche auf Bayern durch die Rangerhöhung der Babenberger endgültig klären. Verbunden damit war eine Stabilisierung an der Ostgrenze des Reiches, wozu auch das ab 1156 zunehmend enger gestaltete Verhältnis zum Herzogtum Böhmen[13] beitrug. Kaiser Manuel brach freilich die Kontakte zum Reich, bei dem er damals Rückendeckung gegen die Ungarn suchte, noch nicht endgültig ab. Noch im September 1157 wurde in Würzburg auf Bitten der Kaiserin Bertha-Irene deren Neffe, Friedrich von Schwaben, zum Ritter geschlagen.

Die politische Szene in Süditalien hatte sich damals infolge des Vertrags von Benevent (1156) zwischen Papst Hadrian IV. und König Wilhelm von Sizilien entscheidend gewandelt.[14] Der Papst war es dann

---

[12] Dazu jetzt *Zeillinger*, Barbarossa, Manuel I. Komnenos und Süditalien, 53 ff.

[13] BOM 398, 510, 517 und 518.

[14] *Chalandon*, Histoire 2, 231 ff.

auch, der 1158 einen dreißigjährigen Frieden zwischen den Normannen und Kaiser Manuel vermittelte.[15] Noch einmal trat der Basileus im
Jahre darauf an den Staufer mit dem Ansuchen heran, ihm an der
Adriaküste von Apulien bis in die Pentapolis territoriale Zugeständnisse
zu machen. Barbarossa hatte freilich seine unbeirrbare Haltung bereits
im Frühjahr 1158 dadurch unterstrichen, daß er seine Oberhoheit über
Ancona,[16] stets ein Angelpunkt byzantinischer Expansionspläne, mit
Nachdruck betont hatte. Mit dem Ausbruch des Schismas sollte dann
der Bruch Barbarossas mit Ostrom offenkundig werden. Manuel,
fortan entschiedener Widersacher des Staufers, trat in den Jahren
1163/64 mit dem Plan einer umfassenden Koalition gegen das westliche Imperium hervor.[17] Bislang hatte er Alexander III. nicht ausdrücklich anerkannt. Nun wendete er sich an den Gastgeber des Papstes, König Ludwig VII. von Frankreich, zu dem er durch seine zweite Ehe mit
Marie von Antiochien in verwandtschaftliche Beziehung getreten war,
und bot diesem Herrscher bei gleichzeitiger Anerkennung Alexanders
ein Bündnis an. Die Gefahr einer Allianz zwischen Ostrom, Sizilien,
Frankreich und dem Papsttum schien unmittelbar bevorzustehen, das
Abkommen kam aber wegen der Weigerung Ludwigs nicht zustande.

Friedrich Barbarossa hatte es zudem seit 1157 verstanden, seine heit
auch gegen das ungarische Königreich zur Geltung zu bringen und damit die traditionelle Funktion Ungarns als Pufferstaat zwischen West
und Ost für seine Zwecke zu nutzen. König Geisa II. entsandte Truppen
gegen Mailand, unterstützte somit die staufische Italienpolitik in einer
Art und Weise, wie es sonst nur bei Reichsfürsten oder lehnsabhängi-
gen Herrschaften üblich war.[18] Das Schisma trübte dann allerdings die
bestehenden Beziehungen entscheidend, schon 1161 schloß Geisa ein
Konkordat mit Alexander III. Nach dem Tod des Arpaden am 31. Mai
1162 boten die nun ausbrechenden Thronwirren nicht nur der staufischen Reichsgewalt, sondern auch der byzantinischen Politik reichlich
Gelegenheit, durch Interventionen und die Unterstützung verschiedener Kandidaten ihren Einfluß zu befestigen. Dabei konnte sich auf
Dauer doch das Komnenenreich durchsetzen, während die Maßnahmen Barbarossas, dem die Zwänge der Italienpolitik ein persönliches
Eingreifen unmöglich machten, letztlich wirkungslos blieben. In den
1170er Jahren, unter der Herrschaft König Belas III., der mit der Toch-

[15] *Ohnsorge*, Byzanzpolitik, 125.
[16] *Leonhard*, Ancona, 53 ff.
[17] *Kap-Herr*, Politik Kaiser Manuels, 74 f., *Chalandon*, Histoire 2, 300 und
*Ohnsorge*, Legaten Alexanders III., 125 ff.
[18] BOM 471. – Zu Ungarn vgl. auch *Pelzer*, Politik.

ter Kaiser Manuels verheiratet war, dominierte der byzantinische Einfluß im arpadischen Königreich.[19]

Der Basileus nutzte in den sechziger Jahren aber nicht nur die Zwänge der staufischen Kirchenpolitik im Schisma zu seinen Gunsten, er nahm auch Kontakte zu der städtischen Opposition in der Lombardei auf. Über Venedig flossen damals reiche Subsidiengelder an die kommunalen Gegner des Staufers.[20] Bereits beim Entstehen der Lega Veronese im Jahre 1164 kam diesen Zahlungen große Bedeutung zu. Der im Rahmen der Gründung der Lega Lombarda 1167 eingeleitete Wiederaufbau der Stadt Mailand fand ebensolche Unterstützung durch byzantinische Finanzhilfe. Traditionell eng waren die Verbindungen Ostroms zu den italienischen Seestädten, neben Venedig vor allem Pisa und Genua, womit ein weiteres Feld der byzantinischen Politik bezeichnet ist.[21] Nicht zuletzt der schon ab 1167 erkennbare Bruch mit den Venezianern, die sich weigerten, den Byzantinern Militärhilfe gegen Dalmatien – eine Zone unmittelbaren, eigenen territorialen Interesses der Lagunenstadt – zu leisten, führte dann zur Wiederaufnahme von Verhandlungen zwischen den beiden Imperien. Bis dahin hatte Kaiser Manuel seine Kontakte zu Alexander III. immer noch mittels jahrelang geführter Unionsverhandlungen zwischen den seit 1054 getrennten Kirchen des päpstlichen Rom und des Patriarchates von Konstantinopel in Schwebe gehalten.[22] Die Initiative zu den Gesprächen mit Ostrom ging allerdings von Barbarossa aus, der in den Jahren nach der Katastrophe vor Rom (1167) in eine äußerst schwierige Lage geraten war. Trotz unzweifelhafter Erfolge im deutschen Bereich, etwa der Wahl seines Sohnes Heinrich zum König im Juni 1169, war es im Hinblick auf das erneute Scheitern von Verhandlungen mit dem päpstlichen Gegner ein Gebot der Stunde, die außenpolitischen Gegebenheiten neu zu überdenken, das System der Bündnisse neu zu gestalten.[23]

In geschickter Weise wurde die Zwangslage des Komnenen im Hinblick auf Venedig ausgenützt. Bei den in der zweiten Hälfte des Jahres 1170 durch Christian von Mainz in Konstantinopel geführten Verhandlungen war es abermals eine Eheabredung – Heinrich VI. sollte mit der

---

[19] Vgl. dazu *Holtzmann*, Alexander III. und Ungarn, 397 ff. sowie die entsprechenden Abschnitte bei *Kap-Herr*, Politik Kaiser Manuels und *Pelzer*, Politik.

[20] *Classen*, La politica, 265 ff.

[21] Dazu jetzt ausführlich *Lilie*, Handel und Politik.

[22] Vgl. dazu *Kap-Herr*, Politik Kaiser Manuels, 85 ff., *Ohnsorge*, Legaten Alexanders III., 146 ff. und *Classen*, La politica, 268 Anm. 12.

[23] Dazu vgl. *Ohnsorge*, Byzanzpolitik, 120 ff.; zum politischen Umfeld auch *Lilie*, Handel und Politik, 479 ff.

Tochter Manuels, Marie, vermählt werden –, auf deren Basis man wieder zu geordneten Beziehungen kommen wollte. Zur Absicherung seiner Position, um im Spiel der Kräfte gleichsam ein zweites Eisen im Feuer zu haben, leitete der Basileus aber um dieselbe Zeit auch Eheverhandlungen mit König Wilhelm II. von Sizilien ein, der ebenfalls als Gemahl für Marie ausersehen war.[24] In Fortführung der Gespräche wurde zu Anfang 1172 Bischof Konrad von Worms nach Byzanz entsandt, der sich auf seiner Reise der Pilgerfahrt Heinrichs des Löwen anschloß. Bei den Verhandlungen trat sodann allerdings die diplomatische Meisterschaft des Basileus klar zutage. Die Position des staufischen Legaten war infolge des sizilischen Eheprojekts Kaiser Manuels plötzlich äußerst prekär. In dieser Situation versuchte offensichtlich der welfische Herzog einen Ausweg zu finden und eröffnete dem Griechen Aussichten auf die schon seit langem angestrebten Stützpunkte an der italienischen Adriaküste.

Dies war nun freilich für den staufischen Kaiser ein Punkt, auf den er nie und nimmer eingehen konnte. Obwohl das sizilische Eheprojekt Manuels aufgegeben wurde, sollte doch auch die Eheverbindung zwischen den beiden Imperien nicht zustande kommen.[25] Der Staufer entwickelte dann wenig später ein neues Heiratsprojekt, wobei es ihm um ein Freundschaftsbündnis mit Sizilien ging.[26] Diese radikale Wende seiner bisherigen Außenpolitik im Mittelmeerraum – stets hatte der Gegensatz zum Normannenreich zu den festen Komponenten der staufischen Politik gehört – war wesentlich in dem Verlauf der seit 1170 wiederaufgenommenen Verhandlungen mit Byzanz begründet. Ein Bündnis Barbarossas mit Sizilien hätte die Position des oströmischen Kaisers, freilich auch die des Papstes, entscheidend schwächen können. Manuel selbst hatte ja das Druckmittel einer byzantinisch-normannischen Eheverbindung erst kurz zuvor mit Erfolg in seinen Gesprächen mit den Vertretern des Staufers als Druckmittel eingesetzt. Erneut war es nun – 1173/74 – der bewährte Reichslegat in Italien, Christian von Mainz, der die staufische Diplomatie führte und Gespräche mit dem Normannenhof einleitete. Obwohl das Vorhaben letztlich an der

---

[24] Diese Wendung war nicht zuletzt durch den schon erwähnten Bruch Manuels mit Venedig (1171) bedingt, vgl. *Chalandon*, Histoire 2, 371 und *Lilie*, Handel und Politik, 490.

[25] *Kap-Herr*, Politik Kaiser Manuels, 100 ff., *Chalandon*, Histoire 2, 371 ff. und *Ohnsorge*, Byzanzpolitik, 128 ff.

[26] Dazu vgl. *Assmann*, Barbarossas Kinder, 447 f. (allerdings wird dort die Belagerung von Ancona irrig zu 1174 – richtig 1173 – gesetzt!). – Zu den in ebendiesen Jahren geführten Gesprächen mit Sultan Saladin s. unten S. 297.

Rücksichtnahme König Wilhelms II. auf Alexander III. scheiterte,[27] wird man diese Bestrebungen doch als wichtige Vorstufe für den 1177 zu Venedig auf 15 Jahre abgeschlossenen Frieden des Reiches mit Sizilien zu sehen haben. Eine Eheverbindung mit den Normannen sollte dann erst 1184/86 zustande kommen, als die Hochzeit des staufischen Thronfolgers mit der Tante des sizilischen Königs, Konstanze, das Gefüge der gesamten politischen Szene Europas grundlegend veränderte.

Im Juni 1174 erschien eine letzte byzantinische Delegation in Sachen der bisher noch immer fortgeführten Eheverhandlungen am kaiserlichen Hof in Regensburg, es war ihr aber kein Erfolg mehr beschieden. Mit dem Jahre 1174 brachen die Kontakte zum Oströmischen Reich ab. Der Komnene war in den folgenden Jahren an anderen Fronten seines Reiches tätig, erlebte 1176 mit der Niederlage bei Myriokephalon einen entscheidenden, schweren Rückschlag. Erst im Zusammenhang mit den Vorbereitungen zum Kreuzzug Barbarossas wurden in einer weitgehend gewandelten Situation neuerlich Verhandlungen mit Byzanz aufgenommen.[28] Trotz ausdrücklicher Abmachungen über den friedlichen Durchzug des Kreuzheeres blieben Spannungen, Konflikte und kampfbetonte Auseinandersetzungen mit den Byzantinern dann nicht aus. Das gegenseitige Verhältnis war – vor allem auf der Seite Isaaks Angelos – von tiefem Mißtrauen bestimmt. Letztlich gab der Basileus erst nach der Anwendung von Waffengewalt, der Verheerung großer Gebiete seines Reiches durch die Kreuzritter, nach und ließ die Überquerung des Hellespont und den Weitermarsch des Heeres nach Kleinasien zu.

Durchwegs im Rahmen militärischer Interventionen gestaltete sich das Verhältnis der Reichsgewalt zu Polen.[29] Die lehnsrechtliche Einbindung des polnischen Herzogtums in das Reichsgefüge hebt sich nicht wesenhaft von den Beziehungen zum Königreich Dänemark, in manchen Phasen der Regierung Barbarossas auch zum ungarischen Königreich ab. Eine herrschaftliche Durchdringung all dieser Gebiete – etwa durch das Ausstellen von Privilegien für dänische, polnische oder ungarische Empfänger – läßt sich nicht fassen, dennoch sollte die durch die Lehnsabhängigkeit begründete Oberhoheit des Reiches unterstrichen werden. Dabei griff der Herrscher in Polen mehrfach persönlich ein, während er die Gegebenheiten in Ungarn dem babenbergischen

---

[27] Wilhelm vermählte sich dann am 13. Februar 1177 mit Johanna von England, einer Tochter König Heinrichs II., vgl. *Chalandon*, Histoire 2, 377.

[28] Vgl. *Eickhoff*, Kreuzzug, 38 ff.

[29] Vgl. dazu immer noch die Arbeit von *Pelzer*, Politik sowie die Ausführungen bei *Patze*, Osten, 337 ff.

Abb. 12: Sant'Ambrogio zu Mailand, der Schauplatz der Hochzeit Heinrichs VI. mit
Konstanze von Sizilien am 27. Januar 1186

Herzog, die in Dänemark Heinrich dem Löwen zur Regelung überließ. In Polen war nach dem Tod Boleslaws III. im Jahre 1138 die Einführung der Senioratsverfassung gescheitert. Langjährige Kämpfe zwischen den Prätendenten waren die Folge. Die Vertreibung des durch seine Ehe mit der babenbergischen Halbschwester Konrads III., Agnes, mit den Staufern verschwägerten Herzogs Wladislaw II., der dann im deutschen Exil lebte, nahm Barbarossa 1157 zum Anlaß einer militärischen Intervention in Polen. Obwohl sich Wladislaws Bruder, Boleslaw IV., unterwarf, den Treueid leistete und nicht nur zu Tributzahlungen, sondern auch zur Teilnahme am Zug gegen Mailand verpflichtete, hielt er diese Zusagen nach dem Abzug des Staufers nicht ein.

Dennoch zeitigten die Maßnahmen des Herrschers dann doch gewisse Erfolge. Sie bereiteten gleichsam das Feld für die deutsche Einwanderung nach Schlesien. Um diesen Teil Polens ging es in besonderer Weise 1163, als Friedrich es mittels diplomatischen Drucks durchsetzen konnte, daß der widerspenstige Boleslaw IV. seinen Neffen, Boleslaw dem Langen und Mieszko, den Söhnen Wladislaws II., Schlesien überließ.[30] Die Unruhen in Polen hielten allerdings weiter an, 1172 kam es abermals zu einem Feldzug des Kaisers nach dem Osten. Dabei wurden die in der Zwischenzeit ausgebrochenen Kontroversen zwischen den beiden vorgenannten Brüdern beigelegt, Boleslaw der Lange, der 1166 am Italienzug Barbarossas teilgenommen hatte, konnte nach Breslau zurückkehren. Der Staufer verzeichnete damals mit der nunmehr tatsächlich erfolgten Zahlung der 1157 verlangten Tribute, insgesamt für die letzten 16 Jahre 8000 Mark Silber, einen bedeutenden finanziellen Erfolg.[31] Auch in der Spätzeit seiner Regierung sollten die Dinge in Polen nicht zur Ruhe kommen. Der 1180 vertriebene Großherzog Mieszko wandte sich trotz eines hohen Geldangebots vergeblich um Hilfe an das Reich. Ob seine Rückführung nach Gnesen mit Unterstützung Herzog Bogislaws von Pommern auf kaiserliches Betreiben zurückging, ist unbekannt.[32] Die erste militärische Aktion des jungen Königs Heinrich VI. im Sommer 1184 war sodann ein Feldzug nach Polen, der immerhin den Erfolg der Huldigung von seiten Großherzog Kasimirs einbrachte.[33]

Über den Bereich Polens hinaus nach dem Osten lassen sich kaum Anzeichen intensiverer politischer Bestrebungen des staufischen Herrschers fassen. Hier hat es vielmehr den Anschein, als hätte sich der

[30] *Patze*, Osten, 378.
[31] *Pelzer*, Politik, 34 und *Patze*, Osten, 378.
[32] *Pelzer*, Politik, 49 nimmt dies jedenfalls an.
[33] *Pelzer*, Politik, 49 f.

Kaiser der Kräfte in den Randzonen seines eigenen Reiches bzw. in den dem Reich vorgelagerten, benachbarten Königreichen bedient, um gegebenenfalls aktiv zu werden. 1165 erfahren wir von der Huldigung eines ruthenischen Fürsten, der im Gefolge des ungarischen Königs vor dem Staufer in Wien erschienen war.[34] Eindeutig lag das Interesse an solchen vereinzelten Kontakten nicht beim Kaiser, sondern bei den auswärtigen Mächten. Ähnliche Zusammenhänge lassen sich bei dem an Barbarossa gerichteten Hilfegesuch Wladimirs von Halitsch fassen. Dieser Fürst war nach seiner Flucht nach Ungarn von König Bela in Haft genommen worden, um seinen eigenen Sohn Andreas als Herrscher in dem westrussischen Fürstentum durchzusetzen. Der Staufer, der damals unmittelbar vor seinem Aufbruch zum Kreuzzug stand, dachte keinesfalls an ein direktes Eingreifen, empfahl Wladimir aber, sich an den Großherzog von Polen, Kasimir, zu wenden.[35]

In mancher Hinsicht weist das Verhältnis des Königreiches Dänemark[36] zum Reich Parallelen zu den eben geschilderten staufisch-polnischen Beziehungen auf. Wenngleich eigenständiges Königtum, waren es doch auch hier die engen, lehnsrechtlichen Bande, die Oberhoheit des Reiches, die prägend hervortraten. Günstig für das Imperium war nicht zuletzt die Dominanz eines noch archaischen Heerkönigtums in Dänemark. Die unter Konrad III. tobenden Wirren boten Friedrich bereits in den ersten Monaten seiner Herrschaft Gelegenheit, ordnend einzugreifen und damit die Abhängigkeit Dänemarks nachdrücklich zu unterstreichen. Verbunden mit der Aufteilung des Landes unter die drei Thronprätendenten, Knut, Sven und Waldemar, wurde das Königreich auf dem Merseburger Hoftag zu Pfingsten 1152 Knut entzogen und an Sven übertragen, den Barbarossa bereits aus den Tagen seiner eigenen Erziehung zum Ritter kannte. Ähnlich wie in Polen hielten die Wirren auch hier weiter an. 1157 ließ der König seine beiden Widersacher bei einem Gastmahl hinterrücks überfallen. Knut fand dabei den Tod. Als es im August dieses Jahres auf der Gratheheide zur Entscheidungsschlacht kam, konnte sich allerdings Waldemar durchsetzen. Sven wurde auf der Flucht erschlagen.

Im Juni 1158 erschien eine dänische Gesandtschaft im Lager des unmittelbar vor dem Aufbruch nach Italien stehenden Kaisers bei Augsburg. Das persönliche Erscheinen Waldemars zur Huldigung wurde vereinbart, 40 Tage nach der Rückkehr des Staufers nach Deutschland sollte der Däne den Hof aufsuchen. In überaus exakter Weise kam Wal-

---

[34] *Giesebrecht*, Kaiserzeit 5, 475 und *Giesebrecht – Simson*, Kaiserzeit 6, 446.
[35] *Patze*, Osten, 406.
[36] Dazu vgl. vor allem *Pelzer*, Politik.

demar dann im September 1162 dieser Verpflichtung nach, als er in Besançon die geforderte Huldigung leistete. Trotz der Opposition von Teilen des dänischen Klerus gegen den staufischen Gegenpapst Viktor IV. kam es im Schisma zu keiner antistaufischen Haltung und Parteinahme des Dänenkönigs. Die Kontakte mit Deutschland wurden in der Folge freilich weitgehend dem welfischen Vetter des Kaisers, Herzog Heinrich dem Löwen, überlassen. Der Welfe intensivierte seine Verbindungen nach Dänemark nicht zuletzt durch die Vermählung seiner Tochter Gertrud mit dem dänischen Thronfolger Knut VI. in der Zeit zwischen 1171 und 1176.[37] Erst der Sturz des Herzogs, vor allem der bis nach Lübeck ausgedehnte Feldzug des Kaisers im Sommer 1181, führte zur Wiederaufnahme direkter Kontakte zum Reich. König Waldemar leistete dem Staufer damals Waffenhilfe, die Achtung vor der Autorität des Reiches überwog ganz eindeutig die verwandtschaftlichen Bande zum Schwiegervater des eigenen Sohnes. Die hier wiederbelebten Kontakte sollten durch eine Eheverbindung abgesichert werden: Die Tochter Waldemars wurde als Braut des Kaisersohnes Friedrich von Schwaben ausersehen.[38] Nach dem Tod Waldemars (12. Mai 1182) entsandte Knut VI. zwar seine Schwester mit der halben Mitgift nach Deutschland, zeigte sich jedoch in der Folge weder willens, die ausständige zweite Hälfte der Mitgift zu schicken, noch bereit, die geforderte Huldigung gegenüber dem Reich zu leisten. Im Jahre 1187 ließ Barbarossa sowohl die Braut als auch deren Aussteuer nach Dänemark zurückführen. Hier scheiterte der lange Jahre erfolgreich behauptete Anspruch auf die Lehnsabhängigkeit der Dänen vom Reich. Knut VI., dem nicht zuletzt der Sturz Heinrichs des Löwen den erforderlichen politischen Freiraum geschaffen hatte, legte in der Folge den Grundstein für den Aufstieg der dänischen Monarchie.

Ebenso wie die Beziehungen des Imperiums zu Byzanz sinnvollerweise nur unter Berücksichtigung des Verhältnisses zu Sizilien, Ungarn, aber auch Venedig und dem Papsttum darzustellen sind, so hat man auch die Kontakte des Staufers zu den Westmächten Frankreich und England wegen der vielfachen Verbindungen und Zusammenhänge am besten gemeinsam zu resümieren.[39] Bis zum Anfang des 12. Jahrhunderts waren die Beziehungen des Reiches zu den Kapetingern durchaus harmonisch verlaufen. Heinrich IV. suchte zu Ende seiner Regierung die Unterstützung König Philipps I. gegen seinen Sohn Heinrich V.

[37] *Jordan*, Heinrich der Löwe, 96.
[38] Vgl. *Pelzer*, Politik, 38 ff. und *Rassow*, Prinzgemahl, 55 f. und 72 ff.
[39] Vgl. dazu *Kienast*, Deutschland und Frankreich 1, 198 ff., *Jordan*, Staufer und Kapetinger, 136 ff. und *Trautz*, Könige von England, 60 ff.

Dessen Verhältnis zu Frankreich stand somit von Anfang an unter keinem guten Stern. Die Situation veränderte sich zudem auch durch das 1107 in St. Denis geschlossene Bündnis zwischen dem Papsttum und den Kapetingern – im übrigen eine bis in die Zeit des Schismas ab 1159 bestehende politische Achse. Der Grund für dieses Zusammengehen lag nicht zuletzt in der Bedrohung des französischen Königtums durch das normannische England, die infolge der Festsetzung Heinrichs I. in der Normandie (1106) akut geworden war. Der englische Herrscher nahm dann schon bald Kontakt zum jungen Salier auf. 1109 versprach er seine Tochter Mathilde Heinrich V. als Frau, fünf Jahre später wurde die Ehe geschlossen. Gegen Ende seiner Regierung schien sogar der Ausbruch eines bewaffneten Konflikts des Reiches mit Frankreich unmittelbar bevorzustehen. Heinrich V. stand mit Truppen bereits im Gebiet von Metz, um seinem Schwiegervater Hilfe zu leisten (1124). In dieser Situation verstand es Ludwig VI. aber, die Kräfte seines Landes zu mobilisieren. Unter einem goldenen Wimpel, ursprünglich wohl dem Banner der Abtei St. Denis, das bald unter dem Namen 'Oriflamme' zum Heerzeichen Frankreichs werden sollte, sammelte man sich gegen den feindlichen Kaiser. Der Salier mußte zudem wegen eines Aufstandes in Worms seinen Zug abbrechen, die Gefahr regelrechter Kämpfe war vermieden.

Die englische Gemahlin des Kaisers kehrte nach dessen Tod im Jahre 1125 in ihre Heimat zurück, konnte sich dort aber gegen ihren Vetter, Stephan von Blois, nicht behaupten. Sie heiratete in zweiter Ehe Graf Gottfried von Anjou. Mit ihrem Sohn Heinrich sollte dann das Haus Plantagenet auf den englischen Thron gelangen. Heinrich wurde 1150 Herzog der Normandie, zwei Jahre später vermählte er sich mit Eleonore von Aquitanien, die erst kurz zuvor von ihrem ersten Gemahl, König Ludwig VII. von Frankreich, geschieden worden war. Damit verfügte das normannische Königreich England, als Heinrich 1154 nach Stephan von Blois dessen Thron bestieg, über umfassende festländische Besitzungen, die das Verhältnis zu Frankreich wesentlich bestimmten.

Die Kontakte des Imperiums zum kapetingischen Königtum waren unter den Staufern während des Kreuzzuges Konrads III. wiederaufgenommen worden und trotz mehrfachen militärischen Zusammenwirkens von Mißtrauen und Ablehnung geprägt. Vor allem das 1148 zustandegekommene Bündnis zwischen König Roger von Sizilien, den Welfen und Ludwig VII. unterstrich die Frontstellung zwischen dem Imperium und Frankreich nachhaltig. In den ersten Jahren der Regierung Friedrichs I. erfahren wir zunächst nichts über das Verhältnis zu den Westmächten, die Politik dieser Jahre war offensichtlich auf beiden

Seiten auf andere Themenkreise konzentriert. Erst nach seiner Kaiserkrönung, als die Herrschaft des Staufers im Reich auf eine sichere und gefestigte Grundlage gestellt war, entsandte Friedrich 1157 eine Delegation nach England und bot Heinrich II. ein Freundschaftsbündnis an. Wir erfahren von dieser Initiative aus dem bei Rahewin überlieferten Antwortschreiben des Plantagenet, das wegen seines so auffällig unterwürfigen Tones lange Zeit als Beleg für den angeblichen Anspruch Barbarossas auf die 'Weltherrschaft' gegolten hat. Wenngleich die neuere Forschung diese sicher irrige Auffassung hat zurechtrücken können,[40] so weisen doch die prächtigen Geschenke der englischen Gesandten auf dem Reichstag zu Würzburg im Herbst 1157 auf die prinzipielle Bereitschaft zum Aufbau bzw. zur Fortführung einvernehmlicher Beziehungen hin.

Auf diesem Würzburger Tag war es auch, daß erstmals Gesandte aus weiten Teilen des Abendlandes am staufischen Hof erschienen, gleichsam die 'Weltgeltung' der staufischen Herrschaft ihren ersten, frühen Ausdruck fand. Neben England und Byzanz hatten dorthin auch Dänemark, Ungarn, Italien, Burgund, Spanien und Frankreich Delegationen abgeordnet.[41] Der französische König, in den Grundlagen seiner Herrschaft nicht nur durch innere Opposition, sondern auch durch den englischen Festlandbesitz bedroht, war angesichts dieser Entwicklung deutlich ins Hintertreffen geraten. Barbarossa, der im Jahr zuvor Beatrix von Burgund geheiratet hatte, trat unmittelbar nach dem Tag von Würzburg einen Zug nach Burgund an. Er unternahm dort einen regelrechten Umritt durch die bedeutendsten Orte und brachte dabei seine Rechte nicht nur als Kaiser, sondern auch als neuer Herr im Lande – damit in unmittelbarer Nachbarschaft Frankreichs – zur Geltung. So war es kein Zufall, daß Ludwig VII. damals ein Treffen mit dem Staufer beabsichtigte, zugleich aber – von tiefem Mißtrauen erfüllt – vorsorglich Truppen bereitstellte. Es kam dann allerdings zu keiner unmittelbaren Begegnung der beiden Herrscher, sondern nur zu einem Gespräch zwischen den beiden Kanzlern, Rainald von Dassel und Magister Alderich. Ein Schreiben des Kaisers kündigte Ludwig an, daß er sich hinsichtlich der Festsetzung einer neuen Begegnung, freilich erst nach dem bevorstehenden Italienzug, mit den Fürsten beraten wolle.[42]

---

[40] Bedeutung hat vor allem der Umstand, daß sich Heinrich nicht bereitfand, auf das eigentliche Anliegen des Kaisers, die Forderung nach Rückstellung der von Kaiserin Mathilde aus dem Reichsschatz in ihre englische Heimat mitgenommene Jakobsreliquie, einzugehen; vgl. dazu *Mayer*, Weltherrschaft, 190 ff.

[41] BOM 486.

[42] BOM 508 und 509.

Eine völlig neue Dimension für das Verhältnis zu den Westmächten
eröffnete sodann der Ausbruch des Schismas. Die Entsendung von Legaten nach der Synode von Pavia mit dem Ziel, die Anerkennung Viktors IV. auch im Westen durchzusetzen, blieb ohne Erfolg. Der englische
und der französische Klerus erklärten sich bereits im Sommer 1160 zu
Beauvais für Alexander III.[43] Die Könige dieser Reiche legten sich allerdings zunächst noch nicht endgültig fest. Die Flucht Alexanders aus
Italien nach Frankreich im Frühjahr 1162 lenkte die Aufmerksamkeit
der kaiserlichen Politik von neuem auf das Reich des Kapetingers, nunmehr Exilland des gegnerischen Papstes. Die erfolgreiche Flucht fiel
genau in die Zeit, da Barbarossa mit dem endgültigen Sieg über Mailand den höchsten militärisch-politischen Triumph seiner Italienpolitik
erlebte, mußte ihn deshalb besonders hart treffen. Empört wandte er
sich mit einer Protestnote an den Bischof von Soissons, den Kanzler
Ludwigs VII., der mit der Aufnahme Alexanders in eine äußerst prekäre Lage geraten war. Der König nahm unmittelbar darauf Kontakte
zum Staufer auf. Zu seiner Beunruhigung mochte nicht zuletzt der Umstand beigetragen haben, daß englische Gesandte im Dezember 1161
am kaiserlichen Hof das seit 1157 im Prinzip bestehende Bündnis bekräftigt hatten. Darüber hinaus war auch sein Verhältnis zu Alexander
keineswegs frei von Spannungen, hatte der Papst doch den französischen Territorialinteressen mit der Gewährung eines Ehedispenses
für einen der Söhne des englischen Königs durchaus Schaden zuge-
fügt.

Der mit Barbarossa entfernt verwandte Graf Heinrich von der
Champagne, genannt von Troyes, zugleich Schwager Ludwigs VII. und
als Haupt des Hauses Blois dessen wertvollste Stütze gegenüber den
Festlandinteressen des Plantagenet, wurde im Mai 1162 nach Pavia entsandt. Man einigte sich auf ein persönliches Zusammentreffen an der
Saône unweit Dole zu Ende August des Jahres. Dabei sollten auch die
gegnerischen Päpste erscheinen, um in einem Schiedsgerichtsverfahren
die Frage des Schismas zu klären. Freilich war von seiten des Kaisers
ebensowenig wie bei der Synode von Pavia im Februar 1160 an eine
wirklich objektive Entscheidung gedacht.[44] In dieser Übersteigerung, ja
Hybris staufischen Machtgefühls, die aufs engste mit den großen politi-

---

[43] Vgl. *Cheney*, The recognition, 474 ff., besonders 480 ff. sowie zustimmend
*Classen*, Konzil von Toulouse, 220 ff.

[44] Der Vorwurf ist freilich zu relativieren: Friedrich war augenscheinlich von
der Richtigkeit seiner Haltung so restlos überzeugt, daß er an seiner Berechtigung, die Reichsfürsten ausdrücklich „zur Bestätigung Papst Viktors" an die
Saône zu laden, nie zweifelte.

schen Triumphen des Jahres 1162 verbunden war und daraus resultierte, sollte dann allerdings auch der Keim für das Scheitern der Begegnung liegen. Der französische König vermochte zwar Alexander III. nicht zu bewegen, von seiner grundsätzlichen Ablehnung eines Richtspruches über ihn abzugehen und mit ihm an die Saône zu ziehen, zugleich mußte ihm aber auch nach Kenntnisnahme von den tatsächlichen Absichten des Kaisers die Problematik und Aussichtslosigkeit dieses Treffens immer mehr zu Bewußtsein kommen. Zweifellos günstig für ihn wirkte sich dann der Umstand aus, daß Barbarossa am vereinbarten Termin, dem 29. August, erst verspätet an der Saône[45] eintraf, womit Ludwig zu Recht darauf hinweisen konnte, vergeblich – freilich auch ohne die vorgesehene Begleitung des Papstes – gewartet zu haben. Die in der wissenschaftlichen Literatur heftig diskutierte Frage eines Vertragsbruches des Königs ist damit wohl ganz entscheidend zu differenzieren, ja sie erscheint letztlich, gemessen an der politischen Realität, nicht recht sinnvoll. Ob man des weiteren aus der dann teilweise realisierten Vereinbarung, der französische Emissär, Graf Heinrich von Troyes, müsse bei einem Scheitern des Treffens der beiden Herrscher seine französischen Kronlehen fortan vom Kaiser nehmen, folgern darf, daß man einen Alternativvertrag geschlossen hat, bleibt zweifelhaft.

Barbarossa konnte von seiner einmal gewählten politischen Linie im Schisma nicht abweichen, im Gegenteil, es hat den Anschein, als hätte ihn der Fehlschlag des Treffens – zumindest vorübergehend – zu einer noch deutlicheren Betonung seines Standpunktes bewogen. Entscheidende Bedeutung kam dabei freilich auch dem Einfluß des durchaus zu radikalem Vorgehen neigenden, maßgeblichen Beraters des Kaisers, Rainalds von Dassel, zu. Wenn Rainald damals die Auffassung verfocht, die Ernennung des Papstes als des Bischofs von Rom komme ausschließlich dem *imperator Romanorum* zu, so war klar, daß hier an Kompromisse und Verhandlungen nicht zu denken war. Derselbe Johann von Salisbury, dessen Ausruf in einem Brief anläßlich der Synode von Pavia: „Wer hat denn die Deutschen zu Richtern über die Völker bestellt?" wir schon einmal zitiert haben, zeigt uns in einem weiteren Schreiben, daß Friedrich selbst das Scheitern des Treffens an der Saône als besonders schweren Rückschlag empfunden haben muß. Er selbst, der Kaiser, soll gesagt haben, daß seit diesen Tagen im Spätsommer 1162 seine Erfolge geschwunden seien und das Glück, die *fortuna*, die

---

[45] Zu den Ereignissen von S. Jean-de-Losne vgl. *Heinemeyer*, Verhandlungen, 155 ff., *Schmale*, Friedrich I. und Ludwig VII., 315 ff. und *Kienast*, Deutschland und Frankreich 1, 203 ff.

ihn bisher emporgehoben habe, von nun an zu seinem Nachteil schwankend geworden sei.[46]

Von dieser Enttäuschung war allerdings zunächst nichts zu merken. Der Schwere des Rückschlages muß sich der Staufer erst allmählich bewußt geworden sein. In der Folge war das Verhältnis zu Frankreich sehr gespannt. Kaiserliche Bestrebungen zur Befestigung der Position des Reiches unterstrichen diese Frontstellung gegen Westen. Zum Nachteil des Kaisers konnte allerdings der zunehmend alexandrinischen Haltung des burgundischen Klerus nicht mit Nachdruck entgegengetreten werden. Besonders an der Rhônegrenze, etwa in Lyon, setzten sich die Alexandriner durch, zugleich vermochten sich Viktoriner im östlichen Frankreich, etwa Abt Hugo von Cluny, nicht zu halten und mußten ins deutsche Exil gehen. Barbarossa mußte seine Maßnahmen gegen Frankreich vielfach auf Drohungen beschränken. Trotz des Gegensatzes ging aber Ludwig VII. um diese Zeit doch nicht auf den vom Basileus an ihn herangetragenen Plan einer umfassenden antistaufischen Koalition zwischen Byzanz, Sizilien, Frankreich und Alexander III. ein.[47]

Eine entscheidende Wende der politischen Situation trat im Jahre 1165 ein, als der Staufer den steten Gegner des Kapetingers, Heinrich II. von England, im Schisma auf seine Seite zu ziehen vermochte. Heinrich war zwar ab 1159/60 als freilich eher halbherziger Verbündeter auf seiten Alexanders III. gestanden, geriet aber mit dem Ausbruch seines Konfliktes mit seinem früheren Kanzler und jetzigen Erzbischof von Canterbury, Thomas Becket, zunehmend in Gegensatz zum Papst. So konnte bei der unter der Leitung Rainalds von Dassel stehenden Mission an den englischen Hof im Frühjahr 1165 in Rouen das schon 1157 und noch 1161 dem Grundsatz nach bestehende, gute Verhältnis in der Form einer doppelten Eheverbindung festgeschrieben werden: Für den damals einzigen Sohn des kaiserlichen Paares, den im Juli 1164 zu Pavia geborenen Friedrich, und für den nach seiner Scheidung von Clementia von Zähringen wieder ledigen Welfenherzog Heinrich den Löwen wurde die Vermählung mit den Töchtern des Plantagenet, Eleonore und Mathilde,[48] vereinbart. War für den König vor allem die Unterstützung gegen Frankreich und den widerspenstigen Erzbischof

[46] John of Salisbury, Letters 2, Nr. 168.

[47] Dazu s. schon oben S. 277 mit Anm. 17.

[48] Während die Ehe des Welfen am 1. Februar 1168 in Minden geschlosssen wurde, kam die des Staufers, der – wohl 1169 – starb (vgl. *Assmann*, Barbarossas Kinder, 455), nicht zustande. Eleonore heiratete 1170 König Alfons VIII. von Kastilien, vgl. *Rassow*, Prinzgemahl, 54 f.

von Canterbury von Interesse, so bildete das Bündnis für den Kaiser die Grundlage zur Proklamation der sogenannten 'Würzburger Eide', mittels deren ab dem Würzburger Reichstag zu Pfingsten 1165 die einheitliche Haltung des Reiches im Schisma nochmals bestärkt werden sollte. Bei der Einforderung dieser Eide in den Reihen der Reichsfürsten zeigten sich dann allerdings die auch das deutsche Reichsgebiet durchziehenden Bruchlinien im Kirchenstreit deutlich. Höhepunkt dieser Politik war zweifellos die Heiligsprechung Karls des Großen zu Aachen im Dezember 1165, wobei unter Aufgreifen englischer und französischer Vorbilder gerade der Herrscher gleichsam zum Reichsheiligen erklärt wurde, den auch die Tradition des französischen Königtums für sich reklamierte.[49]

Obwohl nun Heinrich II. keinesfalls als wirklich treuer und guter Verbündeter gelten konnte – sein Eigeninteresse hatte naturgemäß stets Vorrang –, so hielt der Staufer doch in den nächsten Jahren an dieser politischen Orientierung fest. Im September 1168 entsandte er abermals eine Delegation, geführt von dem seit dem Februar dieses Jahres mit Mathilde von England vermählten Heinrich dem Löwen, seinem früheren Kanzler und jetzigen Kölner Erzbischof, Philipp von Heinsberg, und dem seit Jahren als Diplomaten bestens bewährten Christian von Mainz, ins englische Rouen.[50] Er bot damals für eine Verschärfung der kirchenpolitischen Maßnahmen Heinrichs Waffenhilfe gegen Frankreich an und soll sogar den Plan entwickelt haben, den französischen Thron als Nachfolger Karls des Großen für sich selbst zu beanspruchen, um ihn daraufhin an Prinz Heinrich von England zu verleihen. In der Folge scheiterte dann allerdings der Versuch des Plantagenet, die englische Kirche auf den Gegenpapst vereidigen zu lassen, am Widerstand des durchwegs alexandrinischen Klerus. Mußte der Kaiser somit erkennen, wie wenig wirkungsvoll seine Kontakte zu England waren, so sollte zwei Jahre später die Ermordung Thomas Beckets (29. Dezember 1170) die Fortführung des Bündnisses völlig unmöglich machen. Offenbar schon vor diesem, die gesamte mittelalterliche Welt schwer erschütternden, allgemein als Sakrileg empfundenen Mord im Dom von Canterbury hatte die staufische Diplomatie ihre Fühler wieder nach Frankreich ausgestreckt. Sogar während der Verhandlungen von Rouen im Herbst 1168 war es zu – allerdings damals ergebnislosen – Kontaktnahmen gekommen. Nun vollzog der Staufer eine radikale Wende in seinem Verhältnis zu den westlichen Mächten, eine Wende,

[49] Vgl. *Petersohn*, Saint Denis – Westminster – Aachen, 420 ff.
[50] Vgl. *Kienast*, Deutschland und Frankreich 1, 222 ff.

die das politische Bild Europas bis in das 13. Jahrhundert prägen sollte.
Wahrscheinlich hatten auch die Erfolge Barbarossas im burgundischen
Bereich um 1170, als er das Land befrieden konnte, bisher feindliche
Adelige auf seine Seite zu ziehen vermochte und sich auch gegenüber
der weitgehend alexandrinischen Geistlichkeit tolerant und kompromißbereit zeigte, entscheidende Bedeutung für diesen Umschwung. Im
Februar 1171 kam es zu Vaucouleurs unweit Toul zur ersten und einzigen persönlichen Begegnung zwischen Friedrich und Ludwig VII.
Ein wohl nur am Rande wichtiges Übereinkommen zum gemeinsamen
Vorgehen gegen die Umtriebe von das Land beunruhigenden Söldner-
scharen war das unmittelbare Ergebnis dieses Treffens. Seine politischen Konsequenzen waren allerdings ungleich größer. Obwohl dar-
auffolgende Eheverhandlungen am Widerstand Alexanders III. scheiterten, tat dies dem fortan bestehenden staufisch-kapetingischen Einvernehmen keinen Abbruch mehr.

Im Zusammenhang mit dem Vorgehen Barbarossas gegen Heinrich
den Löwen, den Schwiegersohn König Heinrichs II. von England, sollten die Beziehungen zu den westlichen Mächten in der Spätzeit der Regierung des ersten staufischen Kaisers abermals an Bedeutung gewinnen.[51] Der seinem Vater auf den Thron nachgefolgte König Philipp II.
August von Frankreich beeilte sich bereits im Frühjahr 1180, dem
Kaiser durch Gesandte zu versichern, er werde dem Welfen keine Hilfe
leisten, wozu ihn der Plantagenet zu bewegen versucht hatte. Der englische Hof wurde dann nach der endgültigen Unterwerfung des Löwen
zu dessen Exil. Nicht zuletzt seinetwegen sollte es 1184 zur Wiederaufnahme von Kontakten zwischen dem Imperium und England kommen.
Die staufisch-kapetingischen Beziehungen wurden in den frühen
1180er Jahren vor allem durch territoriale Probleme im Grenzraum belastet. Graf Philipp von Flandern, der seit langem über ausgezeichnete
Verbindungen zum Reich, vor allem zu Kaiserin Beatrix, verfügte,
durch die Vermählung seiner Nichte Isabella von Hennegau mit Philipp II. August dessen Oheim war und Lehen sowohl vom Imperium als
auch von Frankreich hatte, geriet in territorialpolitischen Gegensatz zu
seinem königlichen Neffen. Mehrfach trat er an den Kaiser mit der
Bitte um Unterstützung heran, stellte ihm dabei vor allem den Erwerb
von Flandern und damit die Ausweitung seiner Herrschaft bis an die
Kanalküste in Aussicht. Obwohl der Staufer mit diplomatischem
Druck zugunsten seines Lehnsmannes beim französischen König inter-
venierte und zu Pfingsten 1182 in Mainz sogar einen Erbvertrag mit al-

---

[51] Vgl. zum Folgenden *Kienast*, Deutschland und Frankreich 1, 225 ff., *Jordan*, Heinrich der Löwe, 208 ff. und jüngst *Engels*, Entmachtung, 45 ff.

lerdings nur geringen Realisierungschancen mit dem Grafen schloß, dachte er offensichtlich dennoch nie an eine militärische Unterstützung der flandrischen Ambitionen. Der Aufrechterhaltung der guten Beziehungen zu Frankreich gab Barbarossa eindeutig den Vorzug. Es hätte auch in keiner Weise zum besonnenen und umsichtigen Vorgehen des Herrschers gepaßt, sich auf solch ein Abenteuer wirklich einzulassen und dafür einen Bruch mit dem Kapetinger zu riskieren. Anders als beim Kaiser fand Graf Philipp aber bei König Heinrich VI., dem Thronfolger, durchaus Anklang mit seinen Plänen und Aktivitäten. Der Sohn mußte vom kaiserlichen Vater im Jahre 1185 sogar durch ausdrückliches Verbot von einem Eingreifen in die Kämpfe auf der Seite des Flandrers abgehalten werden. Ein Ausbruch von Auseinandersetzungen an der Westgrenze des Reiches konnte nicht im Interesse des Herrschers liegen. Dort hatte er zur Eindämmung der seit der Erhebung Erzbischof Philipps von Köln zum Herzog von Westfalen seit 1180 verstärkt faßbaren Kölner Expansionsbestrebungen Graf Balduin von Hennegau auf seine Seite gezogen, der im Konflikt zwischen Frankreich und Flandern auf der Seite des französischen Königs stand. Kämpfe wären somit keinesfalls territorial begrenzt zu führen gewesen und hätten das Reich im ganzen bedroht. Der Machtspruch des Kaisers zeigte Wirkung. Noch im November 1185 kam es zur Aussöhnung Philipps von Flandern mit Philipp II. August.

Der englische König trat durch die Entsendung seines Schwiegersohnes Heinrichs des Löwen zum großen Mainzer Pfingstfest im Jahre 1184 mit einem Bündnisangebot an den Kaiser heran. War in den Jahren 1157 und 1165 die Initiative zur Regelung der Beziehungen zu England vom Reich ausgegangen, so spiegelte sich die allseits anerkannte und im europäischen Rahmen gefestigte Stellung des Imperiums nicht zuletzt in der diesmal umgekehrten Vorgangsweise. Friedrich ging auf das Angebot, zu dessen Bedingung offensichtlich die Erlaubnis zur Rückkehr für den früheren Welfenherzog nach Deutschland gemacht wurde, nach einigem Zuwarten ein. Im Spätsommer ging eine Gesandtschaft unter Erzbischof Philipp von Köln an den englischen Hof. Die kaiserlichen Emissäre erreichten die Vereinbarung der Verlobung Richard Löwenherz' mit einer Tochter des Kaisers, zweifellos ein wichtiger Erfolg der staufischen Diplomatie.[52] Zur Unterstützung der Heim-

---

[52] Vgl. dazu *Jordan*, Heinrich der Löwe, 216 und *Engels*, Entmachtung, 53. – Entgegen der in diesen Arbeiten vertretenen Meinung, bei der Kaisertochter hätte es sich um Agnes, die jüngste Tochter des Staufers, gehandelt, ist allerdings mit *Assmann*, Barbarossas Kinder, 451 ff. zu betonen, daß wir den Namen dieser Prinzessin nicht kennen (Agnes war bei ihrem Tod im Herbst 1184 mit

kehrbemühungen Heinrichs des Löwen ging in der Folge eine englische
Delegation an den Papst ab, der beim Kaiser intervenieren sollte. Als
der Kaiser dann – wohl im September 1184 zu Mailand – mit diesen Boten aus England zusammengetroffen war und von den Erfolgen seiner
eigenen Gesandtschaft erfahren hatte,[53] konnte während des Treffens
mit Papst Lucius III. in Verona wenig später dem Welfen die Erlaubnis
zur Rückkehr in die Heimat erteilt werden.

Wiewohl die Heirat der Kaisertochter mit Richard Löwenherz wegen
des Todes der Stauferin zu Ende des Jahres 1184 nicht zustande kam,
hatte Barbarossa mit der Begnadigung des Welfen das Verhältnis zu
England doch weitgehend entspannt. Die Beziehungen zu Frankreich
konnten nach dem Ende der flandrischen Wirren im November 1185
ebenfalls als gefestigt gelten. Dem Angebot Herzog Hugos von Burgund an den Staufer, gemeinsam mit ihm gegen den Kapetinger vorzugehen, erteilte Barbarossa mit den charakteristischen Worten, er denke
nicht daran, „die Grenzen seines Reiches" zu überschreiten, eine klare
Absage.[54] Wenngleich erst in den späten Lebensjahren des Herrschers
zu fassen, spiegelt sich hier doch ein wesentlicher Aspekt der staufischen Politik gegenüber den westlichen Mächten, nämlich die strikte
Wahrung und Respektierung der traditionellen Grenzverläufe. Nach
der Rückkehr von seinem letzten Italienzug sah sich Barbarossa noch
einmal mit der Opposition eines mächtigen Reichsfürsten, diesmal Erzbischof Philipps von Köln, konfrontiert.[55] Der Kirchenfürst war seit
der Übertragung des Herzogtums Westfalen (1180), besonders in den
Jahren ab 1184, mit einer eigenständigen, umfassenden Territorialpolitik hervorgetreten, die in einer Annäherung an den heimgekehrten Welfen Heinrich den Löwen und im Zusammenhang mit den flandrischen
Wirren deutlich faßbar geworden war. Eng waren dabei die Kölner Beziehungen nach England, die ihre Basis in den wirtschaftlichen Verbindungen der Stadt Köln mit diesem Königreich hatten. Mit der Aufnahme des von Barbarossa nicht anerkannten und vertriebenen Erzbischofs Folmar von Trier[56] in Frankreich war dann um die Jahreswende

Emmerich von Ungarn verlobt); vgl. dazu auch zustimmend *Wolter*, Verlobung,
46 Anm. 55.
[53] *Engels*, Entmachtung, 53.
[54] *Kienast*, Deutschland und Frankreich 1, 233 f.
[55] Vgl. dazu *Oediger*, Das Bistum Köln, 161 ff. und *Opll*, Hildesheimer Briefsammlung, 479 ff.
[56] Folmars wegen stand ja damals auch das Verhältnis des Kaisers zum
Papsttum wieder unmittelbar vor einem Bruch, vgl. *Heyen*, Trierer Doppelwahlen, 27 f.

1186/87 noch einmal eine Entfremdung zwischen dem Imperium und dem Kapetingerreich eingetreten.

Der Ausbruch von neuen Gegensätzen zwischen England und Frankreich im Frühjahr 1187 entschärfte die Situation für den Kaiser allerdings wieder, verschaffte seiner Politik den entscheidenden Handlungsspielraum. Bereits im Mai dieses Jahres nahm Friedrich das Bündnisangebot Philipps II. August an. In Toul wurde der Vertrag schriftlich fixiert und mit den Goldbullen der beiden Herrscher feierlich besiegelt.[57] Obwohl nun Nachrichten über ein angeblich militärisches Eingreifen zugunsten seines französischen Verbündeten angesichts der in den Jahren zuvor mehrfach zu belegenden Abneigung des Staufers gegen solch ein Vorgehen eher unwahrscheinlich sind, war der Erfolg der Abmachungen doch für beide Seiten evident. Im Reich brach die kölnische Opposition in sich zusammen, die Trierer Frage war endgültig im Sinne des Kaisers entschieden. Im Dezember 1187 traf der greise Staufer zu Ivois bei Mouzon, wo schon 1006 das Treffen Heinrichs II. mit König Robert stattgefunden hatte, persönlich mit dem Kapetinger zusammen. Neben der Befestigung des Bündnisses traten nun zunehmend die Probleme des Heiligen Landes, die Vorbereitung des Kreuzzuges, in den Vordergrund. Auf dem Mainzer 'Hoftag Jesu Christi', auf dem Barbarossa endgültig das Kreuz nahm, erfolgte im Frühjahr 1188 die Aussöhnung mit Philipp von Köln. Damals waren auch Gegensätze zwischen England und Frankreich wieder beigelegt. Die Annäherung seines Sohnes Richard Löwenherz an Philipp II. August hatte König Heinrich II. zum Einlenken gezwungen.

Weitaus weniger intensiv gestalteten sich angesichts der großen Entfernungen die Beziehungen des staufischen Reiches zur Iberischen Halbinsel, insbesondere zu den dortigen spanischen Reichsbildungen.[58] Dabei ist für das 12. Jahrhundert zwischen den Königreichen León, Kastilien und Galicien sowie Aragon zu unterscheiden. Durch Teilungen unter den Söhnen Ferdinands I. (1037–1065) war es zunächst zu Aufsplitterungen im zentral- und westspanischen Raum gekommen, ab Alfons VI. (1065/72–1109) bis zu dessen Enkel Alfons VII. (1126–1157) lag die Herrschaft dann wieder in einer Hand. Mit dem letztgenannten Herrscher nahm Barbarossa bereits im ersten Jahr seiner Regierung Beziehungen auf, als er seine Cousine Richilde[59] zur Ver-

---

[57] Der Vertrag ist nicht überliefert, vgl. *Kienast*, Deutschland und Frankreich 1, 236 f.

[58] Vgl. dazu den Überblick bei *Engels*, in: Handbuch der europäischen Geschichte 2, 918 ff.

[59] Zu deren Verwandtschaft mit dem Staufer – sie war eine Tochter aus der

mählung mit dem Kastilier von Speyer aus nach Spanien entsandte[60]. Dabei von Kontakten intensiverer und regelmäßiger Art zu sprechen, fällt angesichts der Spärlichkeit der Nachrichten schwer. Dennoch wird man die Anwesenheit spanischer Gesandter in Würzburg im September 1157, aber auch die Entsendung von Legaten nach Spanien im Gefolge der Synode von Pavia oder die Ladung von Spaniern zum Treffen mit Ludwig VII. von Frankreich im August / September 1162 in diesem Zusammenhang zu sehen haben.

Heiratsverbindungen waren es vor allem, über die die Kontakte zum und vom Reich liefen. Dabei sollte die nach dem Tod ihres Gatten verwitwete Richilde noch mehrfach eine bedeutende Rolle spielen. 1161 heiratete sie, die auch als Verwandte des staufischen Gegenpapstes Viktor IV. bezeichnet wird, Raimund Berengar III., den Grafen von Barcelona, womit der ostspanisch-südfranzösische Herrschaftsbereich dieses Hauses ins Blickfeld der staufischen Diplomatie geriet.[61] Die Grafen waren 1113 durch Erbschaft in den Besitz der Grafschaft Provence gekommen. Seit 1137 regierten sie im Königreich Aragon, ab 1162 führten sie dann auch den Königstitel. Mit ihrer Verfügung über die Provence, bei der sie freilich im Gegensatz zu lokalen Kräften, auch den Grafen von Toulouse, standen, erlangten sie für die staufische Burgundpolitik große Bedeutung. Offensichtlich nicht zuletzt infolge des Ausbruchs des Schismas trachtete der Kaiser danach, seine Oberhoheit über den südburgundischen Raum auf eine neue und gefestigte Grundlage zu stellen. Unter Bruch mit seinen bisherigen Verbündeten aus dem Hause Baux schloß er mit Graf Raimund Berengar IV. als dem Senior der Grafen von Barcelona, der ihn auch im Kampf gegen Mailand unterstützte, ein Bündnis und verlieh ihm die Grafschaft Provence südlich der Durance. Als der Graf sodann im August 1162 unmittelbar vor seinem Treffen mit dem Kaiser unweit von Turin verstarb, trat der seit dem Vorjahr mit Richilde vermählte Raimund Berengar III. als Partner in das Abkommen mit dem Staufer ein. In Aragon selbst folgte auf den Verstorbenen dessen Sohn, König Alfons, der sich durch den Vertrag offensichtlich nicht gebunden fühlte und wenige Jahre später zum Gegner des Reiches werden sollte.

Der von diesen Maßnahmen in seinen Interessen schwer getroffene

Ehe zwischen Herzog Wladislaw II. von Polen und der Babenbergerin Agnes, Tochter Leopolds III. des Heiligen und der Salierin Agnes, damit eine Tochter der (Halb-)Tante Friedrich Barbarossas – vgl. künftig die Nachträge zu den Regesta Imperii (BOM) Bd. 1 in Bd. 2 dieses Regestenwerkes.

[60] BOM 131, wo es richtig 'Alfons VII.' (nicht: 'Alfons II.') heißen muß.
[61] Vgl. zum Folgenden *Fried*, Arles, 347 ff. sowie *Opll*, Stadt und Reich, 495.

Toulouser Graf Raimund V. zeigte sich bereits 1163, als er mit dem Dauphin von Vienne einen Erbvertrag zugunsten seines jüngeren Sohnes Albéric schloß und damit dem französischen Einfluß auf Burgund die Tore öffnete, als harter Widersacher der Reichsgewalt.[62] Um dieselbe Zeit wurden die staufischen Interessen in Burgund auch durch den Gegensatz zu den Zähringern bedroht. Die 1162 von Heinrich dem Löwen geschiedene Zähringerin Clementia heiratete Graf Humbert von Savoyen.[63] 1165 schien sich dann ein Ausgleich zwischen dem Grafen von Toulouse und Raimund Berengar III. anzubahnen, als dieser seine Tochter Dulcia mit dem Erben der Grafschaft Toulouse verlobte. Etwa um diese Zeit geriet der Toulouser wegen seines Gegensatzes zu Bischof Johann von Grenoble in den Kirchenbann, seine alexandrinische Haltung im Schisma begann schwankend zu werden.[64] Entscheidend – und zwar auch für das Reich – sollte sich dann auswirken, daß es dem Haus Toulouse nach dem Tod Raimund Berengars III. um 1166/67 nicht möglich war, die Erbschaft in der Provence anzutreten. Der Vetter des verstorbenen Grafen, König Alfons von Aragon, riß nämlich die Herrschaft in diesem Raum unter Übergehung der Position seiner Nichte Dulcia an sich und setzte sich in der Folge vor allem im Bereich der Meeresküste durch. Als Reaktion darauf trennte sich Raimund V. von Toulouse von seiner Gemahlin Konstanze, der Schwester König Ludwigs VII. von Frankreich, und heiratete die nach dem Tode des Grafen von Barcelona-Provence bereits zum zweitenmal verwitwete Cousine Barbarossas, Richilde.[65]

Dem aragonesischen Ausgreifen in die Provence vermochte der Kaiser zunächst nicht wirksam entgegenzutreten. Die Bedrohung der Toulouser Territorialinteressen stellte dann allerdings das wohl entscheidende Motiv für Raimund V. dar, um 1170 auf die Seite des Staufers überzutreten. Erst nach dem Ende des Schismas ergab sich für Barbarossa die Gelegenheit, seine Oberhoheit über das gesamte burgundische Königreich, auch dessen südliche Teile, die Provence und das Arelat, mit Nachdruck und Erfolg zur Geltung zu bringen. Bereits während des Kaiserbesuches in Genua im Februar 1178 benutzte der Staufer seine nun allseits anerkannte Macht dazu, mittels genuesischer Hilfe Städte wie Nizza, Grasse und Fréjus, damit wesentliche Stützpunkte des aragonesischen Einflusses an der heutigen Côte d'Azur, zu unterwerfen. Im Sommer dieses Jahres trat er sodann seinen wahrhaft

[62] *Büttner*, Burgund, 101 und *Fried*, Arles, 361 f.
[63] Vgl. *Hellmann*, Savoyen, 49 f.
[64] *Hellmann*, Savoyen, 48 f.
[65] *Fried*, Arles, 356 f. und 362.

triumphalen Zug durch Burgund an, das Land war damit fest in die staufische Reichsherrschaft integriert.[66]

Noch einmal sollte Spanien, diesmal allerdings der zentralspanische Herrschaftsraum, in das Blickfeld der kaiserlichen Politik rücken. Dort war ab den 1150er Jahren, nach dem Tod des durch seine Heirat mit Richilde dem Staufer verwandtschaftlich verbundenen Königs Alfons VII., eine neue Teilung der Herrschaft eingetreten. Sancho III. (1157–1158) und nach ihm sein Sohn Alfons VIII. (1158–1214) regierten in der östlichen (Kastilien und Toledo), Ferdinand II. (1157–1188) regierte in der westlichen Hälfte (Galicien und León). Alfons VIII. war ab 1170 mit der englischen Königstochter Eleonore verheiratet, die im Rahmen des Würzburger Abkommens von 1165 zunächst als Braut des ältesten Kaisersohnes Friedrich ausersehen gewesen war. Offensichtlich trachtete der staufische Kaiser sodann in den letzten Jahren seiner Regierung danach, dieser spanisch-englischen Verbindung entgegenzuwirken, war doch der Hof des Plantagenet in den 1180er Jahren zudem Zufluchtsstätte Heinrichs des Löwen, damit ein Brennpunkt der antistaufischen Politik dieser Jahre. Jedenfalls entsandte Barbarossa im Frühjahr 1187 einen Boten an den kastilisch-toledanischen Hof, der im Mai zu Gormaz über eine Ehe zwischen dem Kaisersohn Konrad und der Tochter des Königspaares, Berengaria, verhandelte.[67] Dem Spanier kam dieses Angebot zur Bestärkung seiner Position gegenüber seinem Vetter Alfons IX. von León (1188–1229) sehr gelegen. Im April 1188 zu Seligenstadt wurde sodann der noch im Original vorhandene Ehevertrag zwischen Konrad von Rothenburg und der Spanierin geschlossen. Der Kaisersohn reiste unmittelbar darauf an den spanischen Hof, wurde dort aber zum Opfer einer kastilischen Intrige. Alfons VIII. war offenkundig hauptsächlich deswegen auf diesen Eheplan des Staufers eingegangen, um seinen gleichnamigen Vetter, der an und für sich Berengaria hätte heiraten sollen, zu entmachten. Konrad von Rothenburg kehrte schon zu Anfang 1189 wieder nach Deutschland zurück, die Ehe

---

[66] *Fried*, Arles, 359 ff.

[67] Die bisherige Forschung war mangels eindeutiger Hinweise in den Quellen nicht in der Lage, die Frage zu klären, welche der beiden Seiten bei diesen Eheverhandlungen die Initiative ergriffen hat. Die Nennung eines *nuncius domini imperatoris ad matrimonium contrahendum inter illustrem (filium) imperatoris et illustrem filiam regis Castelle* in der Datierung einer am 21. Mai 1187 in San Esteban zu Gormaz anläßlich eines Hoftages ausgestellten Urkunde Alfons' VIII. und seiner königlichen Gemahlin Leonor (= Eleonore) – vgl. dazu *Hernández*, Los cartularios de Toledo, 203 f. Nr. 218 – bietet aber einen recht deutlichen Hinweis auf das staufische Bemühen um das Zustandekommen dieser Ehe.

wurde um 1191/92 endgültig getrennt.[68] Die Kontakte zu den zentral-spanischen Königreichen blieben somit Episode, unmittelbare Berührungszonen mit der Politik des Reiches gab es letztlich doch kaum.

Noch weitaus abgelegener war für den Blickkreis des staufischen Herrschers im Regelfall die islamische Welt. Zu Kontakten und Berührungen kam es üblicherweise nur im Zusammenhang mit den Kreuzzügen und dann eben in durchaus feindlicher, kriegerischer Form. Dennoch gibt es hier einige bemerkenswerte Ausnahmen, Nachrichten über Beziehungen im Rahmen von Verhandlungen und sogar von Eheprojekten,[69] die unser Bild Barbarossas als Politiker wesentlich ergänzen, vor allem die Weite seiner diplomatischen Aktivitäten zeigen. Wahrscheinlich im Frühjahr 1172 entsandte der Kaiser über Genua Gesandte an Sultan Saladin, der die Kräfte des Islams in der zweiten Hälfte des 12. Jahrhunderts zu einer erstaunlichen Höhe führen sollte. Der Beweggrund des Staufers für diese auffällige diplomatische Aktion war ohne Zweifel in dem Versuch zu sehen, sich in den seit 1170 wiederaufgenommenen Verhandlungen mit dem oströmischen Kaiser Manuel eine möglichst günstige Position zu schaffen. Ebenso wird bei diesem Vorgehen freilich auch deutlich, wie Barbarossa es in geschickter Weise verstand, Muster und Verhaltensweisen der so ausgeklügelten byzantinischen Diplomatie für seine eigenen Zwecke zu übernehmen. Saladin antwortete mit einer Gegengesandtschaft, die eine Eheverbindung zwischen einem Sohn des Sultans und einer Tochter des Kaisers vorschlug und fast ein halbes Jahr mit dem staufischen Hof durch Deutschland reiste (1173/74). Barbarossa gewährte den Gesandten großzügige Gastfreundschaft und ließ sie Kenntnis von den Städten und den Gebräuchen im deutschen Reichsgebiet nehmen. Erst 1174 wurden die Muslimen, mit reichen Geschenken bedacht, in ihre Heimat entlassen. Obwohl die Heirat nicht zustande kam, hatte sie der Staufer in dieser Zeit offensichtlich doch als diplomatisches Druckmittel gegenüber Byzanz einzusetzen gewußt.

In ebendiesen Jahren kam es auch zu Kontakten mit dem kleinasiatischen Seldschukenreich.[70] Offenbar anläßlich der Pilgerfahrt Heinrichs des Löwen im Jahre 1172 bezog der Staufer Sultan Kilidsch Arslan II. von Ikonium in seine diplomatischen Aktivitäten ein, was gleichfalls nur vor dem Hintergrund der damals geführten Verhandlungen mit Byzanz zu verstehen ist. Für den Seldschuken waren derartige Kontakte mit dem westlichen Kaiser zur Unterstützung seiner Position gegenüber

---

[68] Vgl. dazu die Arbeit von *Rassow*, Prinzgemahl.
[69] Vgl. zum Folgenden *Möhring*, Saladin, 125 ff.
[70] Vgl. *Möhring* (wie vorige Anm.).

Kaiser Manuel ebenso von Interesse wie für Barbarossa selbst. Noch einmal, 1179, soll sich Kilidsch Arslan – nach einer allerdings späten Nachricht bei Otto von St. Blasien – an den staufischen Hof gewendet und wie sein Glaubensbruder Saladin eine eheliche Verbindung vorgeschlagen haben. Auch diese Gespräche blieben aber Episode. Zu Berührungen mit der islamischen Welt kam es dann erst wieder beim Kreuzzug.[71] Die Eroberung Jerusalems durch Saladin (1187) bot letztlich den Anstoß zu diesem Unternehmen. Bereits auf dem Kreuzzug selbst sollte es im Mai 1190 zur Einnahme der Hauptstadt des Seldschukenreiches, Ikonium, kommen. Von einer Erinnerung an die freundschaftlichen Kontakte in den 1170er Jahren hören wir dabei nichts mehr, allerdings verfügte Kilidsch Arslan 1190 nicht mehr über die uneingeschränkte Herrschaft. Er stand damals in deutlichem Gegensatz zu seinen Söhnen.

Versuchen wir zuletzt, die wesentlichen Mittel der 'Außenpolitik' Friedrich Barbarossas herauszustellen, so zieht sich die Planung von Eheprojekten und deren Realisierung wie ein roter Faden durch seine gesamte Regierungszeit. Freilich dienten solche Ehen nur primär und vordergründig zur Herstellung, Regelung und Festigung gegenseitiger Beziehungen. Mit ihnen wurde das Feld der diplomatischen Verhandlungen erst eröffnet, ein Feld, auf dem das unzweifelhafte Geschick des Staufers zum Tragen kam. Er erwies sich dabei ebenso als ungemein politisches Talent, wie es auch in anderen Bereichen seiner Regierungsmaßnahmen erkennbar ist. Das Eingehen von Bündnissen mit Gegnern der Gegner, Diplomatie in reinster Vollendung, beherrschte das kunstvolle Gebäude der staufischen 'Außenpolitik'. Dem Einsatz militärischer Mittel der Reichsgewalt selbst kam dagegen in der Regel nur untergeordnete Bedeutung zu.

---

[71] Vgl. dazu umfassend bei *Eickhoff*, Kreuzzug.

## SCHLUSSBETRACHTUNGEN –
## NACHLEBEN UND HISTORISCHE GRÖSSE

Der außergewöhnliche Tod des Kaisers, fernab vom Reichsgebiet, aber auch das Schicksal seiner sterblichen Überreste führte – allerdings erst im späten Mittelalter – zu zahlreichen Legendenbildungen, die sich im Lauf der Jahrhunderte zum Phänomen einer 'geheimnisvollen Entrückung' verdichteten.[1] Bei der historischen Bewertung dieser mythischen Überhöhung des ersten Stauferkaisers ist freilich zu betonen, daß hier nicht nur in zeitlicher Hinsicht eine größere Distanz zu beachten bleibt, sondern auch das Bild seiner Persönlichkeit dabei verfremdet, umgestaltet und späteren Wunschvorstellungen einer herbeigesehnten Kaisermacht und -herrlichkeit angepaßt wurde. Unmittelbar, im Jahre 1190, machte der Tod Barbarossas zwar insofern tiefen Eindruck, als der damit verbundene Schicksalsschlag für das große Unternehmen der abendländischen Christenheit allenthalben beklagt wurde. Die Geschehnisse im Reich wurden davon jedoch nicht betroffen, Heinrich VI. konnte die politischen Tagesgeschäfte ungehindert weiterführen.

Ein einziges Sagenmotiv, das erstmals in drei mittelhochdeutschen Gedichten aus dem 14. Jahrhundert überliefert ist, könnte enger mit der Meinung der Zeitgenossen des Geschehens selbst zusammenhängen: der Kaiser, der zur Fortführung des Kreuzzuges auf wunderbare Weise zurückkehrt, in Syrien seinen Schild an einen dürren Baum hängt, der wieder ergrünt, und das Heilige Land für alle Zeiten befreit.[2] Die ungleich bekannteren Legendenbildungen über den Herrscher, der in Wahrheit nicht gestorben sei, sondern nur in einem geheimnisvollen Berg wohne, um von dort wiederzukehren, um Recht und Ordnung im Reiche wiederherzustellen, knüpften freilich zunächst an die Person und an das Sterben des Enkels Barbarossas, Kaiser Friedrichs II., an. Als Wohnort dieses geheimnisvollen Kaisers wurden der Kyffhäuser in

---

[1] Zu den Ausführungen in diesem Kapitel vgl. *Eickhoff*, Kreuzzug, 170 ff., *Munz*, Frederick Barbarossa, 3 ff., und die Beiträge von *Schreiner, Migge, Löcher, Schreiner* und *Hofacker* sowie *Brune* und *Baumunk*, alle in: Die Zeit der Staufer 3, 249 ff., 275 ff., 291 ff., 311 ff. und 327 ff. sowie von *Schreiner*, in: Die Zeit der Staufer 5, 521 ff.

[2] Vgl. *Eickhoff*, Kreuzzug, 171.

der Goldenen Aue über Tilleda, der Untersberg bei Salzburg oder eine Felshöhle bei Kaiserslautern genannt. Erstmals mit Friedrich I. verbunden, fand diese Legende im 1519 erschienenen ›Volksbüchlein von Kaiser Friedrich‹ ihren literarischen Niederschlag.[3] Der Kyffhäuser, der schon in der ersten Hälfte des 15. Jahrhunderts mit einem hier sitzenden sagenhaften Kaiser Friedrich in Verbindung gebracht worden war, wurde damit in einer Zeit des beginnenden wissenschaftlichen Interesses an der Stauferzeit – damals edierten deutsche Humanisten erstmals bedeutende Chroniken der frühen Stauferzeit – in der Empfindung breiter Kreise als Sitz des Staufers angesehen. Dort – im Berg – sitze er an einem Tisch, um den sein immer länger werdender Bart herumwachse, um auf seine Wiederkehr zu warten.

Eine umfassende Renaissance sollten diese Legenden dann im 19. Jahrhundert erleben. Das unter dem Eindruck der Befreiungskriege gegen Kaiser Napoleon verfaßte ›Barbarossa‹-Gedicht Friedrich Rükkerts vom Jahre 1817 gab dem Kyffhäuser-Sagenkreis literarische Form: „Er hat hinabgenommen / Des Reiches Herrlichkeit, / Und wird einst wiederkommen / Mit ihr zu seiner Zeit." – Erwachendes Nationalgefühl und Patriotismus waren bestimmende Faktoren für diesen Rückgriff auf die hinabgesunkene Kaiserherrlichkeit. In diesen geistesgeschichtlichen Phänomenen liegen mannigfaltige Wurzeln für die spätere Entwicklung in diesem Jahrhundert, vieles führte von hier zu der Reichsgründung des Jahres 1871. Das wilhelminische Preußen sollte zu Ende des 19. Jahrhunderts eine ganz wesentlich an der staufischen Kaiserherrlichkeit des hohen Mittelalters orientierte Staatsideologie entwickeln. Das 1896 vollendete Nationaldenkmal auf dem Kyffhäuser, aber auch die vor der wiedererrichteten Goslarer Pfalz aufgestellten Reiterstandbilder Wilhelms I., den Felix Dahn in deutlicher Anspielung auf den staufischen Herrscher als *Barbablanca* benannte,[4] sowie Friedrich Barbarossas verliehen diesem Denken Ausdruck.

All diese Legenden, vor allem aber deren unter ideologischen Vorzeichen stehendes Aufgreifen im 19. Jahrhundert führen freilich von der historischen Persönlichkeit des Staufers weit weg, verschleiern, ja verhindern sogar den klaren Blick auf die Gegebenheiten einer zweifellos wesentlichen Epoche der mittelalterlichen Geschichte Europas. Das Fortwirken dieser Anschauungen und Auffassungen von der Stauferzeit in der Ära des Nationalsozialismus überschattete nach 1945 ihr Bild in der breiteren Öffentlichkeit. Bereits die Legendenbildungen des Spätmittelalters vermögen das tatsächliche Leben und Wirken des er-

---

[3] *Schreiner*, in: Die Zeit der Staufer 3, 259 f.
[4] *Munz*, Frederick Barbarossa, 3.

Abb. 13: Reiterstandbilder Kaiser Friedrichs I. und Kaiser Wilhelms I. vor der Goslarer Pfalz

sten staufischen Kaisers nur sehr bedingt zu spiegeln. Dennoch haben sie sein Bild und damit das geschichtliche Bewußtsein breiter Kreise für lange Zeit zu bestimmen vermocht. Man wird deshalb auch in einer biographischen Darstellung dieses 'Nachleben' des Herrschers nicht außer acht lassen dürfen, hat sich aber stets dessen bewußt zu sein, daß zwischen historischer Realität und legendenhafter Überhöhung genau zu unterscheiden ist.

Werfen wir zuletzt noch einmal die Frage nach der Stellung des ersten staufischen Kaisers im Rahmen der Entwicklung des mittelalterlichen Reiches auf, so ist zunächst eine Besinnung auf Herkunft und Persönlichkeit dieses Mannes erforderlich.[5] Die Staufer waren im Gefolge der mit dem Wort 'Investiturstreit' nur bedingt zu umschreibenden Herrschaftskrise des salischen Hauses in die Reihe der ersten Fürsten des Reiches aufgestiegen, ohne aus ihrer neuen Position als Herzöge von Schwaben sogleich überragende Vorteile für sich ableiten zu können. Stand dem Herrscher ein Gegenkönig in Opposition gegenüber, so hatte Friedrich von Schwaben, der Großvater Barbarossas, ebenso mit starken Gegenkräften in seinem Herzogtum zu kämpfen. Einen deutlichen Zuwachs an Macht erfuhr dessen Sohn, Herzog Friedrich II., als ihn sein Oheim, Kaiser Heinrich V., für die Dauer seines zweiten Italienzuges zum Reichsverweser bestellte. Eine Reihe von – nicht zuletzt territorialpolitischen – Erfolgen verbesserten seine Position, trugen freilich auch zu einem fortan von Spannungen nicht mehr völlig unbelasteten Verhältnis zum Reichsoberhaupt bei.

In diese Jahre (Dezember 1122) fällt die Geburt des ältesten Sohnes des Schwabenherzogs, des späteren Kaisers Friedrich Barbarossa. Seine Kindheit war von den schweren Gegensätzen zwischen seinem Vater und seinem Oheim Konrad auf der einen und Lothar III. auf der anderen Seite überschattet. Der Bruder seiner welfischen Mutter Judith, Heinrich der Stolze, vermählte sich 1127 mit der Königstochter Gertrud. Diese enge politische Verbindung der Welfen mit Lothar III. war der Beginn des staufisch-welfischen Gegensatzes, der die Lage im Reich vor allem unter der Regentschaft Konrads III. ab 1138 nachhaltig bestimmen sollte. In diesen kampfbetonten Jahren erlebte der junge Friedrich seine ritterliche Ausbildung, wurde zu dem kampferprobten und waffentüchtigen Mann, der er auch später als Herrscher bleiben sollte. Zu diesem Bild eines in den zahlreichen Waffengängen seiner Zeit erfahrenen und durchaus erfolgreichen Mannes tritt aber – bereits in den frühen 1140er Jahren erkennbar – eine ganz markante Eigenständigkeit im politischen Entscheiden und Handeln. Offensichtlich

---

[5] Vgl. dazu die Ausführungen oben S. 19 ff.

blieb auch nach dem frühen Tod seiner Mutter (um 1130/31) die welfische Verwandtschaft für Friedrich ein bestimmender Faktor, jedenfalls fällt der enge Kontakt zu seinem Oheim Welf VI., selbst in der Zeit des Gegensatzes dieses Hauses zum Stauferkönig Konrad, auf.

Mit dem Jahr 1147 tritt Barbarossa sodann vollends ins Rampenlicht des großen politischen Geschehens seiner Zeit. Nach dem Tod seines Vaters zum Herzog von Schwaben aufgestiegen, nahm er am unglücklichen Kreuzzug seines königlichen Oheims teil. Erstmals kam er nun mit den großen politischen Problemen, dem Verhältnis zum Oströmischen Reich, zum französischen Königtum wie zum sizilischen Reich der Normannen, in Berührung. Wenige Jahre später schlug sodann mit seinem Aufstieg zum König seine große Stunde. Hatte für seine Wahl zwar ohne Zweifel die Verwandtschaft mit den Welfen, damit die Aussicht auf Beilegung der verheerenden Kämpfe im deutschen Bereich, eine ganz wesentliche Rolle gespielt, so beruhte seine Qualifikation für das Herrscheramt doch auch eindeutig auf seiner eminenten politischen Begabung. Als scharfsinnig, im Rat beschlagen, ehrgeizig, jedem Unrecht abhold, großzügig und beredt – freilich nur in seiner Muttersprache – beschrieb ihn Wibald von Stablo gegenüber Papst Eugen III. In überaus geschickter Weise hatte Barbarossa in Wahlverhandlungen seine Kandidatur zu sichern verstanden. Gegensätze zu den Fürsten – zentrales Problem der Regierung seines Vorgängers – wurden weitgehend abgebaut. Die von seinem königlichen Oheim ererbten, unter diesem nie beseitigten Spannungen im Inneren des Reiches verstand Barbarossa mit Geduld, manchmal mit regelrechter Langmut, zu entschärfen. Ohne Zweifel war der Staufer also nicht nur ein in vieler Hinsicht für das Herrscheramt besonders geeigneter Mann, er war auch von den neuen Aufgaben und den daraus resultierenden Anforderungen auf das höchste erfüllt. Die Verbindung zu und mit den Fürsten faßte er als tragendes Fundament seines Königtums auf, waren doch er selbst und seine Familie aus deren Reihen hervorgegangen und mit ihren Problemen aufs beste vertraut.

Immer wieder suchte er den Konsens mit der Welt der Fürsten und gründete seine politischen Entscheidungen auf deren Rat, ohne sich freilich in Abhängigkeit von deren Mitwirkung an der Politik im Reich zu begeben. Von allem Anfang an verstand er es, den Reichsepiskopat eng an sich zu binden, was nicht zuletzt seine Stellung gegenüber dem Papsttum entschieden stärkte. Hinsichtlich der Auffassung von den Beziehungen der beiden obersten Gewalten der Christenheit vertrat man zunächst die seit den Tagen des Investiturstreits betonte Zwei-Schwerter-Lehre, d. h. die Gleichrangigkeit von Imperium und Sacerdotium, was solange beibehalten werden konnte, als ein im großen und ganzen einvernehmliches Verhältnis vorherrschte. Daneben trat schon bei den ersten Kontakten des Staufers mit dem Papsttum die für Barbarossa so kennzeichnende Auffassung, das Reich sei von Gott übertragen worden, deutlich hervor. Eindrucksvoll zu fassen ist die Vorstellungswelt des staufischen Hofes sodann anläßlich der heftigen Auseinandersetzungen im Gefolge des Zwischenfalls von Besançon,[6] als man gegenüber der vom Papst betonten Überordnung seiner Stellung über die des Herrschers von seiten des Kaisers auf die Gottunmittelbarkeit seiner Position und deren Begründung durch die Wahl der Fürsten hinwies. Das im September 1159 ausgebrochene Schisma sollte wenig später gerade auch die theoretischen Grundlagen im Verhältnis der beiden obersten Gewalten aufs schwerste erschüttern. Schon zuvor war freilich in der Reichskanzlei und damit in den obersten beratenden Gremien des Kaisers und zweifellos in unmittelbarer Wechselwirkung mit diesem selbst ein neues Element der Herrschaftsauffassung hinzugetreten: Der Rückgriff auf die spätantiken Traditionen des 'heiligen Reiches' (*sacrum imperium*), zugleich das geschickte Aufgreifen der in Italien aufblühenden Ideenwelt des römischen Rechts schufen nämlich auch im Hinblick auf das Verhältnis zum Papsttum neue Argumentationsgrundlagen, sicherten und stärkten die Position des gleichsam sakralisierten Reiches und seines Regenten.

Ab dem Ausbruch des Schismas war die Politik des staufischen Kaisers im wesentlichen von den Faktoren Kirchenstreit, Gegensatz zu den lombardischen Kommunen, Beziehungen zu den Fürsten des Reiches und – nun zunehmend – zu den auswärtigen Königreichen geprägt, wobei diese Elemente einander aufs stärkste durchdrangen. Insbesondere das Schisma erwies sich als letztlich kaum zu überwindendes Hindernis für alle Maßnahmen des Herrschers. In Italien hatte es Friedrich von Anfang seiner Regierung an unternommen, die Stellung des Reiches, die angesichts der langen Abwesenheit der herrscherlichen Gewalt und der zur gleichen Zeit aufstrebenden Macht der Kommunen schwer erschüttert war, wiederherzustellen. Kontakte zu der seit spätsalischer Zeit blühenden Rechtsschule von Bologna und – parallel dazu – ein geschicktes Aufgreifen von Prinzipien des römischen Rechts verbanden sich in dem Programm des Reichstages von Roncaglia zu einem Maßnahmenpaket, das der Erreichung dieses Zieles dienen sollte. Die politische Umsetzung dieses Programms machte freilich trotz der Ausnutzung von vorhandenen Gegensätzen unter den miteinander rivalisierenden Städten langwierige Kämpfe erforderlich. Höchst bemerkenswert bleiben in jedem Fall der hier zu fassende programma-

---

[6] S. dazu oben S. 57 f. und S. 205 f.

tische Ansatz der Politik des Kaisers und der Versuch, mittels der Einsetzung von Reichslegaten im überregionalen und der von Amtsträgern des Reiches im lokalen Rahmen eine auch für die Zeit der Abwesenheit des Herrschers aus dem Lande funktionsfähige Reichsverwaltung einzurichten. Hier wird ein politisches Denken und Planen faßbar, das der Epoche Friedrichs I. herausragende, ja exzeptionelle Züge verleiht.in gewisser Weise ging es hier freilich auch um den Versuch, den Gang der Entwicklung im kommunal-städtisch geprägten Königreich Italien auf das Maß zu reduzieren, das mit der Herrschaftsauffassung des Kaisers vereinbar schien. Sein Streben nach Wiederherstellung des *honor imperii*, der hoheitlichen Gerechtsame, war kaum etwas revolutionär Neues, wies vielmehr in vielem traditionelle und traditionsverhaftete Züge auf. Es ging ihm um die Wiedererlangung der früheren hohen Stellung des Reiches, um das Bewahren der Prärogativen seines herrschaftlichen Amtes. Diesem konservativen Grundzug seiner Herrschaftsgestaltung stand jedoch ein im Detail durchaus pragmatisches und flexibles Agieren gegenüber, was wohl im Kern die Bedeutung seiner Regierung, aber auch die Faszination ausmacht, die von ihr und seiner Persönlichkeit über Jahrhunderte hinweg ausgeht.

Barbarossas Befähigung zum höchsten Herrscheramt zeigte sich nicht zuletzt in Augenblicken größter Erfolge wie solchen schwerster Niederlagen. Beispielhaft dürfen etwa sein maßvolles Verhalten gegenüber den Repräsentanten der im Schisma opponierenden Salzburger Kirchenprovinz in den Tagen seines Triumphes über Mailand (März/April 1162) oder die Überwindung der wohl schwersten Katastrophe seiner gesamten Regierung, der Malariakatastrophe vor Rom (August 1167), in den unmittelbar darauffolgenden Jahren genannt werden. Zum Bild dieses Mannes gehören freilich auch durchaus problematische Entscheidungen, wie etwa die Geschehnisse im Zusammenhang mit dem Scheitern des Treffens mit Ludwig VII. von Frankreich im Spätsommer 1162 belegen.

Ratgebern in seiner unmittelbaren Umgebung kam nicht selten ein maßgeblicher Einfluß zu. Das herausragendste Beispiel dafür ist ohne Zweifel Kanzler Rainald von Dassel, der 1159 über kaiserlichen Wunsch zum Erzbischof von Köln aufstieg und mit dessen Tod bei der genannten Malariakatastrophe vor Rom in vieler Hinsicht eine Ära zu Ende ging. Nicht selten gewinnt man im Verhältnis dieser beiden Persönlichkeiten zueinander den Eindruck, daß Rainald als treibende Kraft hinter so mancher der politischen Entscheidungen des Staufers stand. Dennoch ist mit Nachdruck davor zu warnen, daraus auf eine gleichsam bedingungslose Abhängigkeit Barbarossas vom Rat dieses Mannes zu schließen. Die letzte Entscheidung lag zweifelsohne in je-

dem Falle beim Kaiser, der Rainalds Vorgehen keinesfalls immer billigte, sich zugleich aber dessen bewußt war, welch herausragendes politisches Talent ihm hier zur Seite stand.

In kaum einer Phase seiner Regierung sollte sich die Befähigung des
Staufers zum Herrscheramt derart bewähren und beweisen wie in dem
Jahrzehnt zwischen 1167/68 und 1177. Nach dem Zusammenbruch der
Reichsherrschaft in Italien und dem Tod so vieler Reichsfürsten vor
Rom gelang es Friedrich, einen Großteil der bedrohlichsten Probleme
für seine Herrschaft zu lösen. Territorialpolitische Erfolge bildeten
schon bald nach 1167 ein festes Fundament für eine neue Phase intensiver politischer Maßnahmen in umfassendem Rahmen, wobei es ihm
vor allem auch möglich war, die Stellung seines eigenen Hauses weitgehend abzusichern.

1170/71 vollzog Barbarossa im Hinblick auf sein Verhältnis zu den
Westmächten einen über seinen Tod hinaus wirksamen Umschwung,
indem dem Bündnis mit England das politische Zusammengehen mit
Frankreich folgte. War damit ein traditioneller Verbündeter Alexanders III. auf seine Seite getreten, so blieb freilich die Frage des lombardischen Städtebundes, der seit 1167 mit größtem Erfolg die staufer-
feindlichen Kräfte um sich konzentriert hatte, ein ungelöstes Problem.
Noch einmal beschritt Friedrich den Weg der militärischen Konfrontation. Die letztlich gescheiterte Belagerung von Alessandria ist durchaus
auch unter dem Aspekt der Vergeltung für eine schwerwiegende Belei-
digung der kaiserlichen Majestät zu sehen.

Die langjährigen Kämpfe in Italien hatten – schon seit längerem –
das Problem der Heerfahrt deutscher Fürsten im Süden der Alpen viru-
lent werden lassen. Dem Kaiser mangelte es – je länger desto mehr – an
Truppen. Das Aufbieten von Söldnern, aber auch die Stellung städtischer und fürstlicher Kontingente aus Italien konnte hier keinen Ersatz
bieten. Friedrich scheint die Schwierigkeiten dieser Situation recht klar
erkannt zu haben, verlegte er sich doch nunmehr stärker auf die Anwendung politischer Mittel. Er verstand es, nicht nur traditionell prostaufische Städte wieder auf seine Seite zu ziehen, auch Mitglieder der
Lega Lombarda, wie Tortona und Cremona, traten noch vor dem Ende
der militärischen Auseinandersetzungen zu ihm über. In besonders klarer und eindrucksvoller Weise ist hier die Anwendung des uralten Herr-
schaftsprinzips des 'divide et impera' zu erkennen, das der Staufer wenig später auch im deutschen Königreich in breiter Front zur Anwendung brachte.

Die entscheidende Wende seiner Politik nahm Friedrich freilich mit
der Anbahnung neuer Verhandlungen mit Alexander III. vor. Hatte es
schon seit den sechziger Jahren – besonders in Krisensituationen der

Reichsherrschaft – mehrfach solche Kontaktnahmen gegeben, so waren doch erst jetzt die Voraussetzungen vorhanden, die Gespräche erfolgreich abschließen zu können. Der Friede von Venedig beendete nicht nur das seit 1159 die Christenheit spaltende Schisma, gleichzeitig konnten auch mit dem Lombardenbund und dem normannischen Königreich Sizilien einigermaßen geordnete Beziehungen hergestellt werden. Die realen Zwänge der Politik hatten zu einer Aussöhnung zwischen Imperium und Sacerdotium geführt, ohne daß die grundsätzlichen Fragen des gegenseitigen Verhältnisses berührt oder gar geklärt worden wären.

Die Erfordernisse der Italien- und Kirchenpolitik des Staufers hatten stets Rückwirkungen auf die Situation im deutschen Königreich gezeitigt. Nicht selten waren im Norden der Alpen Unruhen ausgebrochen, in die der im Süden weilende Kaiser nicht oder erst nach seiner Heimkehr hatte wirkungsvoll eingreifen können. Umgekehrt zeigten die deutschen Fürsten immer weniger Interesse, die langwierige und kostspielige Heerfahrt nach Italien auf sich zu nehmen. Eine feste Achse seiner Fürstenpolitik im deutschen Raum hatte für Barbarossa durch Jahrzehnte hindurch sein enges Verhältnis zu seinem welfischen Vetter Heinrich dem Löwen gebildet. Dem Löwen hatte er weitgehenden politischen Freiraum im Norden Deutschlands zugestanden, dieser war – selbst im Schisma – treu auf seiten des Herrschers verblieben. Mehrfach hatte Friedrich zugunsten des Welfen in dessen Auseinandersetzungen mit fürstlichen Kontrahenten eingegriffen. Seit der Vermählung Heinrichs mit der englischen Königstochter Mathilde und der Abkehr des Kaisers von dem nicht zuletzt durch diese Heirat bekräftigten Bündnis mit England war freilich ein erster Interessengegensatz eingetreten, zu dem territorialpolitische Reibeflächen und wohl auch die Verweigerung der Militärhilfe für den in Italien weilenden Herrscher seitens des Löwen traten. Friedrich traf sodann – gestärkt durch die Erfolge in Italien – die wohl gravierendste Entscheidung im Rahmen seiner Herrschaft im deutschen Königreich. Er entschloß sich dazu, in der Rechtsform eines Prozesses gegen den mächtigen welfischen Doppelherzog vorzugehen. Das Recht und die Fürsten wußte der Staufer auf seiner Seite, zugleich stand er damals auf einem Höhepunkt seiner Macht und seines Ansehens. Unter Teilung der ehemals welfischen Herrschaftsgebiete und mittels der Verleihung dieser Zonen an traditionelle Gegner des Löwen bzw. seit langem dem Reich treu ergebene Persönlichkeiten vollzog Barbarossa eine tiefgreifende Um- und Neugestaltung der herrschaftlichen Gegebenheiten im deutschen Königreich. Die Folgewirkungen der erst nach militärischen Interventionen erfolgten Absetzung des Herzogs lassen sich über territoriale Umgestaltun-

gen hinaus auch in strukturellen Veränderungen fassen: Mit der jetzt
deutlich hervortretenden Zuordnung der Reichsfürsten auf den Herrscher und der Belehnung durch diesen kam ein Abschluß des Reichs-
fürstenstandes als oberste Gruppe der Lehenspyramide unterhalb des
Königs zustande. Man wird freilich dem Staufer selbst keinen gleichsam planenden und steuernden Anteil an diesen Strukturveränderun-
gen zuschreiben dürfen, er griff hier zweifellos vorhandene Tendenzen
auf. Klar ist dabei allerdings die Bedeutung der aus dem Lehnsrecht resultierenden Beziehungen als Grundgerüst herrschaftlicher Gegebenheiten und herrschaftlicher Gestaltung im Reich Friedrichs I. zu fassen.

Der Staufer stand in den 1180er Jahren auf einem Höhepunkt seiner
'Weltgeltung', im Inneren sowie gegenüber den anderen Herrschaftszo-
nen der Christenheit. Sein Denken und Handeln mußte sich – nicht zuletzt seines bereits vorgerückten Alters wegen – in Hinkunft immer
mehr der Vorsorge für die Zeit nach seinem Tode zuwenden. Aus seiner
Ehe mit der burgundischen Grafentochter Beatrix, durch die sowohl
die Stellung der staufischen Familie als auch die des Reiches im Hinblick auf das Königreich Burgund wesentliche Bestärkung erfahren
hatten, waren eine Reihe von Söhnen entsprossen, die nun zunehmend
ins politische Geschehen eintraten. Schon 1169 war der zweitälteste
Sohn des kaiserlichen Paares, Heinrich, zum König gewählt worden;
ab der gemeinsam mit seinem Bruder, Herzog Friedrich von Schwaben,
beim Mainzer Pfingstfest 1184 erhaltenen Schwertleite griff er aktiv in
Regierungsgeschäfte ein. Eine Mitregentschaft war allerdings nur im
Rahmen der vom kaiserlichen Vater gezogenen Grenzen möglich. Deutlich verfestigt und ausgeformt präsentiert sich in den Schriften eines
Gottfried von Viterbo in dieser Epoche bereits das Bewußtsein vom
staufischen Hause, das als Glied der seit der Antike Herrschenden
gleichsam naturgemäß den kaiserlichen Thron innehat. Dem alten
Kaiser, verhaftet in den traditionellen Anschauungen über das Verhältnis zwischen Imperium und Sacerdotium, ging es nun insbesondere
darum, noch zu Lebzeiten für den königlichen Sohn die Kaiserkrönung
beim Papst durchzusetzen.

Das Verhältnis zur Kirche sollte allerdings noch einmal in eine
schwere Krise geraten. Das Papsttum war seit 1177/83 seiner langjährigen politischen Verbündeten, der oberitalienischen Kommunen und
des Königreichs Sizilien, als Hebel für die Gestaltung seiner Beziehungen zum Reich verlustig gegangen. Territorialpolitische Spannungen
in Italien, das Vorgehen des Herrschers im Erzbistum Trier, vor allem
aber wohl die 1184 vereinbarte, 1186 vollzogene Vermählung des staufischen Thronfolgers mit Konstanze von Sizilien ließen alte Gegensätze
wieder aufbrechen. Anders als früher – vielleicht ähnlich wie in den

ersten Jahren seiner Regierung – wußte Barbarossa nun die Fürsten zum weitaus überwiegenden Teil auf seiner Seite. Nach der Absetzung Heinrichs des Löwen war die herrschaftliche Gewalt in Deutschland vollends gesichert, die Opposition des Kölner Erzbischofs konnte daran nichts ändern. Südlich der Alpen waren die Rechte des Reiches nach dem Frieden von Konstanz mit der Lega Lombarda, vor allem aber nach dem Bündnis mit dem langjährigen Gegner Mailand, ebenso auf das beste geschützt. Der Kaiser hatte es verstanden, durch ein ausgeklügeltes politisches Vorgehen die Gefahr eines neuerlichen Konfliktes mit dem Papsttum in Grenzen zu halten.

In diesen letzten Lebensjahren des seit 1184 verwitweten Staufers strahlte sein Ansehen weit über die Grenzen des Reiches, er war zum dominierenden Faktor im politischen Geschehen des Abendlandes geworden. Als sich dann mit der Eroberung von Jerusalem durch Sultan Saladin die Frage eines neuerlichen Kreuzzuges – vierzig Jahre nach dem gescheiterten Unternehmen seines Oheims, an dem Friedrich als junger Mann teilgenommen hatte – stellte, mußte auch das Papsttum einlenken. Nur mit Hilfe des römischen Kaisers konnte solch ein Unternehmen einigermaßen erfolgversprechend ins Werk gesetzt werden. Der Staufer übernahm mit seiner Entscheidung für den Kreuzzug letztlich die Führung der Christenheit; auch fremdländische Geschichtsschreiber, in Zeiten des Schismas nicht selten überaus kritisch gegenüber dem Imperium eingestellt, priesen ihn nun gleichsam als 'ihren' Kaiser.

Für Barbarossa selbst mußte der Kreuzzug in vieler Hinsicht die Erfüllung seines ritterlichen Lebensideals, aber auch seiner so nachdrücklich von Karl dem Großen, seinem ersten Vorgänger auf dem Thron des mittelalterlichen Reiches, bestimmten Auffassung vom christlichen Herrscheramt sein. Auf diesem Unternehmen zu sterben erscheint nachgerade als höchster Ausdruck all dessen, was der Kaiser ersehnte, erhoffte und wollte. Zugleich hat dieser Tod aber ganz entscheidend zu einer Überhöhung und Übersteigerung des Geschichtsbildes beigetragen, das sich spätere Generationen von ihm machten. Er verstellt damit nicht selten den Blick auf die Persönlichkeit selbst, auf Erfolge und Rückschläge, letztlich auf die historische Realität einer Regierungsdauer von fast vier Jahrzehnten. So bleibt der Staufer als zweifellos überragender Herrscher, freilich aber auch als Mann mit Tiefen und Höhen, als ritterlich denkender und religiös empfindender Mensch in unserem Geschichtsbild bestehen, dessen konsequentes, bisweilen hartes politisches Vorgehen mit der für den Erfolg nötigen Umsicht und Einsicht gepaart war.

# VERZEICHNIS DER QUELLEN UND LITERATUR

Acerbus Morena, ed. *Schmale* s. Quellen.

*Ambrosioni, A.,* Le città italiane fra Papato e Impero dalla pace di Venezia alla pace di Costanza, in: La pace di Costanza 1183 (Studi e testi di storia medioevale 8, collana diretta da *A. Boscolo* e *G. Soldi-Rondinini*, Bologna 1984), 35 ff.

Gli Annales Pisani di Bernardo Maragone, a cura di *M. L. Gentile*, in: Rerum Italicarum Scriptores. Nuova Edizione 6/2 (Bologna 1936), 1 ff.

Annali Genovesi di Caffaro e de' suoi continuatori. I, ed. *L. T. Belgrano*. II, ed. *L. T. Belgrano* e *C. Imperiale di Sant'Angelo*, in: Fonti per la storia d'Italia 11 und 12 (Genova 1890–1901).

*Appelt, H.,* Friedrich Barbarossa und die italienischen Kommunen, in: Friedrich Barbarossa, hrsg. von *G. Wolf* (Wege der Forschung 390, Darmstadt 1975), 83 ff.

–, Die Kaiseridee Friedrich Barbarossas, in: Friedrich Barbarossa (wie *Appelt*, Kommunen), 208 ff.

–, Der Vorbehalt kaiserlicher Rechte in den Diplomen Friedrich Barbarossas, in: Friedrich Barbarossa (wie *Appelt*, Kommunen), 33 ff.

–, Die Erhebung zum Herzogtum, in: Das Werden der Steiermark. Die Zeit der Traungauer, hrsg. von *G. Pferschy* (Veröffentlichungen des Steiermärkischen Landesarchives 10, Graz – Wien – Köln 1980), 63 ff.

–, Federico Barbarossa nella storiografia tedesca a partire dal XVIII secolo, in: Federico Barbarossa nel dibattito storiografico in Italia e in Germania, a cura di *R. Manselli* e *J. Riedmann* (Annali dell'Istituto storico italo-germanico 10, Bologna 1982), 17 ff.

–, Kaiserin Beatrix und das Erbe der Grafen von Burgund, in: Aus Kirche und Reich. FS. für *F. Kempf* zu seinem 75. Geburtstag und fünfzigjährigen Doktorjubiläum, hrsg. von *H. Mordek* (Sigmaringen 1983), 275 ff.

–, Friedrich Barbarossa 1152–1190, in: Kaisergestalten des Mittelalters, hrsg. von *H. Beumann* (München 1984), 177 ff.

*Appelt* s. Monumenta.

*Arbinger, N.,* Komitat, Adel und städtische Kommune in der Lombardei während des 11. und 12. Jahrhunderts. Studien zur historischen Geographie der Lombardei im Hochmittelalter. Ungedr. phil. Diss. (Wien 1967).

*Assmann, E.,* Friedrich Barbarossas Kinder, DA 33 (1977), 435 ff.

Gli Atti del comune di Milano fino all'anno MCCXVI, a cura di *C. Manaresi* (Milano 1919).

*Baaken, G.,* Die Altersfolge der Söhne Friedrich Barbarossas und die Königserhebung Heinrichs VI., DA 24 (1968), 46 ff.

*Baaken, G.*, Unio regni ad imperium. Die Verhandlungen von Verona 1184 und die Eheabredung zwischen König Heinrich VI. und Konstanze von Sizilien, QFIAB 52 (1972), 219 ff.

*Bachmann, J.*, Die päpstliche Legation in Deutschland und Skandinavien (1125–1159) (Historische Studien 115, Berlin 1913).

*Baur, H.*, Das Reichsgut in Venetien. Ungedr. phil. Diss. (Frankfurt a. M. 1922).

*Beumann, H.*, Das Reich der späten Salier und der Staufer 1056–1250, in: Handbuch der europäischen Geschichte II, hrsg. von *Th. Schieder* (Stuttgart 1987), 280 ff.

BOM s. Regesta.

*Bordone, R.*, La società urbana nell'Italia comunale (secoli XI–XIV) (Documenti della Storia 40, collana diretta da *M. L. Salvadori*, Torino 1984).

Boso: Bosonis Vitae Adriani IV. et Alexandri III., ed. *L. Duchesne*. Le Liber Pontificalis. Texte, Introduction et Commentaire, par *L. Duchesne*. 2, in: Bibliothèque des écoles françaises d'Athènes et de Rome 2ᵉ série (Paris 1892), 388 ff.

*Bosl, K.*, Die Reichsministerialität der Salier und Staufer. I und II, in: Schriftenreihe der Monumenta Germaniae historica 10/1 und 2 (Stuttgart 1950–1951).

*Breuer, N.*, Geschichtsbild und politische Vorstellungswelt in der Kölner Königschronik sowie der „Chronica S. Pantaleonis". Diss. (Würzburg 1966).

*Brezzi, P.*, I Comuni cittadini italiani e l'Impero medioevale, in: Nuove questioni di storia medioevale (Milano 1964), 177 ff.

–, Gli uomini che hanno creato la Lega Lombarda, in: Popolo e stato in Italia nell'età di Federico Barbarossa. Alessandria e la Lega Lombarda. Relazioni e comunicazioni al XXXIII congresso storico subalpino per la celebrazione dell' VIII centenario della fondazione di Alessandria (Torino 1970), 247 ff.

–, Gli alleati italiani di Federico Barbarossa (feudatari e città), in: Federico Barbarossa (wie *Appelt*, Federico Barbarossa nella storiografia), 157 ff.

*Brinken, B.*, Die Politik Konrads von Staufen in der Tradition der Rheinischen Pfalzgrafschaft, in: Rheinisches Archiv 92 (Bonn 1974).

*Brühl, C.*, Fodrum, Gistum, Servitium Regis. I und II, in: Kölner historische Abhandlungen 14, 1 und 2, hrsg. von *Th. Schieffer* (Köln – Graz 1968).

–, Die Finanzpolitik Friedrich Barbarossas in Italien, HZ 213 (1971), 13 ff.

*Brühl, C. – Kölzer, Th.*, Das Tafelgüterverzeichnis des römischen Königs (Ms. Bonn, S. 1559) (Köln – Wien 1979).

*Bühler, H.*, Die frühen Staufer im Ries, in: Früh- und hochmittelalterlicher Adel in Schwaben und Bayern, hrsg. von *I. Eberl, W. Hartung* und *J. Jahn*. Regio. Forschungen zur schwäbischen Regionalgeschichte 1 (Sigmaringendorf 1988), 270 ff.

*Büttner, H.*, Die Alpenpaßpolitik Friedrich Barbarossas bis zum Jahre 1164/65, in: VuF 1 (Lindau und Konstanz 1955/ Unveränderter Nachdruck Stuttgart 1962), 243 ff.

–, Das Erzstift Mainz und das Reich im 12. Jahrhundert, Hessisches Jahrbuch für Landesgeschichte 9 (1959), 18 ff.

–, Staufische Territorialpolitik im 12. Jahrhundert, Württembergisch Franken 47 = N. F. 37 (1963), 5 ff.

–, Friedrich Barbarossa und Burgund. Studien zur Politik der Staufer während des 12. Jahrhunderts, in: VuF 12 (Konstanz – Stuttgart 1968), 79 ff.

–, Das politische Handeln Friedrich Barbarossas im Jahre 1156, Bll. f. dt. Lg. 106 (1970), 54 ff.

–, Staufer und Zähringer im politischen Kräftespiel zwischen Bodensee und Genfer See während des 12. Jahrhunderts, in: VuF 15 (Sigmaringen 1972), 437 ff.

*Cardini, F.,* Il Barbarossa. Vita, trionfi e illusioni di Federico I imperatore (Milano 1985).

*Cartellieri, A.,* Das Zeitalter Friedrich Barbarossas 1150–1190, in: Weltgeschichte als Machtgeschichte 5 (1899 ff., Neuauflage Aalen 1972).

*Chalandon, F.,* Histoire de la domination normande en Italie et en Sicile. II (Paris 1907).

*Cheney, M. G.,* The recognition of Pope Alexander III: some neglected evidence, English Historical Review 84 (1969), 474 ff.

*Classen, P.,* Gerhoch von Reichersberg. Eine Biographie (Wiesbaden 1960).

–, La politica di Manuele Comneno tra Federico Barbarossa e le città italiane, in: Popolo e stato (wie *Brezzi,* Gli uomini), 263 ff.

–, Das Konzil von Toulouse 1160: eine Fiktion, DA 29 (1973), 220 ff.

*Claude, D.,* Geschichte des Erzbistums Magdeburg bis in das 12. Jahrhundert. Teil II., in: Mitteldeutsche Forschungen 67/II (Köln – Wien 1975).

*Darmstädter, P.,* Das Reichsgut in der Lombardei und Piemont. 568–1250 (Straßburg 1896).

*Dilcher, G.,* Die Entstehung der lombardischen Stadtkommune, in: Untersuchungen zur deutschen Staats- und Rechtsgeschichte N. F. 7 (Aalen 1967).

*Dopsch* s. Geschichte Salzburgs.

*Eickhoff, E.,* Friedrich Barbarossa im Orient. Kreuzzug und Tod Friedrichs I., in: Istanbuler Mitteilungen Beiheft 17 (Tübingen 1977).

*Engelmann, E.,* Zur städtischen Volksbewegung in Südfrankreich. Kommunefreiheit und Gesellschaft. Arles, 1200–1250, in: Forschungen zur mittelalterlichen Geschichte 4 (Berlin 1959).

*Engels, O.,* Beiträge zur Geschichte der Staufer im 12. Jahrhundert (I), DA 27 (1971), 373 ff.

–, Neue Aspekte zur Geschichte Friedrich Barbarossas und Heinrichs des Löwen, in: Selbstbewußtsein und Politik der Staufer (Schriften zur staufischen Geschichte und Kunst 3, Göppingen 1977), 28 ff.

–, Zur Entmachtung Heinrichs des Löwen, in: FS. für A. Kraus zum 60. Geburtstag (Münchener Historische Studien. Abteilung Bayerische Geschichte 10, Kallmünz / Opf. 1982), 45 ff.

–, Die Staufer, in: Urban-Taschenbücher 154 (Stuttgart – Berlin – Köln – Mainz 3. Aufl., 1984).

–, Zum Konstanzer Vertrag von 1153, in: Deus qui mutat tempora. FS. für A. Becker zu seinem 65. Geburtstag, hrsg. von *E.-D. Hehl, H. Seibert* und *F. Staab* (Sigmaringen 1987), 235 ff.

*Engels, O.*, Die Iberische Halbinsel von der Auflösung des Kalifats bis zur politischen Einigung, in: Handbuch der europäischen Geschichte II, hrsg. v. *Th. Schieder* (Stuttgart 1987), 918 ff.

–, Stauferstudien. Beiträge zur Geschichte der Staufer im 12. Jahrhundert. Festgabe zu seinem sechzigsten Geburtstag, hrsg. von *E. Meuthen* und *S. Weinfurter* (Sigmaringen 1988).

*Face, R.*, Secular history in twelfth-century Italy: Caffaro of Genoa, Journal of medieval history 6 (1980), 169 ff.

*Fasoli, G.*, Federico Barbarossa e le città lombarde, in: VuF 12 (1968), 121 ff. – In deutscher Sprache, in: Friedrich Barbarossa (wie *Appelt*, Kommunen), 149 ff.

–, La Lega Lombarda – Antecedenti, formazione, struttura, in: VuF 12 (1968), 143 ff.

–, Aspirazioni cittadine e volontà imperiale, in: Federico Barbarossa (wie *Appelt*, Federico Barbarossa nella storiografia), 131 ff.

*Favreau, M.-L.*, Zur Pilgerfahrt des Grafen Rudolf von Pfullendorf. Ein unbeachteter Originalbrief aus dem Jahre 1180, Zeitschrift für die Geschichte des Oberrheins 123 = N. F. 84 (1975), 31 ff.

*Feldmann, K.*, Herzog Welf VI. und sein Sohn. Das Ende des süddeutschen Welfenhauses (mit Regesten). Diss. (Tübingen 1971).

*Fleckenstein, J.*, Friedrich Barbarossa und das Rittertum. Zur Bedeutung der großen Mainzer Hoftage von 1184 und 1188, in: FS. für H. Heimpel zum 70. Geburtstag. II (Veröffentlichungen des Max-Planck-Instituts für Geschichte 36/II, Göttingen 1972), 1023 ff.

*Fried, J.*, Friedrich Barbarossas Krönung in Arles (1178), Historisches Jahrbuch 103 (1983), 347 ff.

–, Die Wirtschaftspolitik Friedrich Barbarossas in Deutschland, Bll. f. dt. Lg. 120 (1984), 195 ff.

Friedrich Barbarossa, hrsg. von *G. Wolf*, in: Wege der Forschung 390 (Darmstadt 1975).

*Gattermann, G.*, Die deutschen Fürsten auf der Reichsheerfahrt. Studien zur Reichskriegsverfassung der Stauferzeit. Ungedr. phil. Diss. (Frankfurt a. M. 1956).

Gerhohi praepositi Reichersbergensis opera inedita II: Expositionis psalmorum pars tertia et pars nona. Tomus I. Partis tertiae sectio prima, cura et studio *PP. D.* ac *O. van den Eynde* et *P. A. Rijmersdael O. F. M.*, in: Spicilegium pontificii Athenaei Antoniani 9 (Romae 1956).

Geschichte Salzburgs I/1, hrsg. von *H. Dopsch* (Salzburg 1981).

*Giese, W.*, Das Gegenkönigtum des Staufers Konrad 1127–1135, ZRG g. A. 95 (1978), 202 ff.

*Giesebrecht, W. von*, Geschichte der deutschen Kaiserzeit. V. (Leipzig 1880). VI, hrsg. und fortgesetzt von *B. von Simson* (Leipzig 1895).

*Görich, K.*, Ein Kartäuser im Dienst Friedrich Barbarossas: Dietrich von Silvebénite (c. 1145–1205), in: Analecta Cartusiana 53 (Salzburg 1987).

*Goetz, H.-W.,* Das Geschichtsbild Ottos von Freising, in: Archiv für Kulturgeschichte Beiheft 19 (Köln – Wien 1984).

*Goez, W.,* '… iuravit in anima regis': Hochmittelalterliche Beschränkungen königlicher Eidesleistung, DA 42 (1986), 517 ff.

*Grundmann, H.,* Rotten und Brabanzonen. Söldner-Heere im 12. Jahrhundert, DA 5 (1942), 419 ff.

–, Der Cappenberger Barbarossakopf und die Anfänge des Stiftes Cappenberg, in: Münstersche Forschungen 12 (Köln – Graz 1959).

–, Rezension von: Peter Rassow, Honor Imperii, in: Friedrich Barbarossa (wie *Appelt*, Kommunen), 26 ff.

*Guagnini, G.,* I Malaspina. Origine, fasti, tramonte di una dinastia (Milano 1973).

*Güterbock, F.,* Die Gelnhäuser Urkunde und der Prozeß Heinrichs des Löwen, in: Quellen und Darstellungen zur Geschichte Niedersachsens 32 (Hildesheim und Leipzig 1920).

–, Tortonas Abfall vom Lombardenbund, NA 45 (1924), 306 ff.

–, Die Rektoren des Lombardenbundes in einer Urkunde für Chiaravalle, QFIAB 18 (1926), 1 ff.

–, Zum Schisma unter Alexander III. Die Überlieferung des Tolosanus und die Stellungnahme der Romagna und Emilia, in: Papsttum und Kaisertum. P. Kehr zum 65. Geburtstag dargebracht, hrsg. von *A. Brackmann* (München 1929), 376 ff.

–, Piacenzas Beziehungen zu Barbarossa auf Grund des Rechtsstreits um den Besitz des Poübergangs, QFIAB 24 (1932/33), 62 ff.

–, Kaiser, Papst und Lombardenbund nach dem Frieden von Venedig, QFIAB 25 (1933/34), 158 ff.

–, Zur Geschichte Burgunds im Zeitalter Barbarossas, Zeitschrift für Schweizerische Geschichte 17 (1937), 145 ff.

–, Le lettere del notaio imperiale Burcardo intorno alla politica del Barbarossa nello scisma ed alla distruzione di Milano, Bullettino dell' istituto storico italiano per il medio evo 61 (1949), 1 ff.

*Hägermann, D.,* Die Urkunden Erzbischof Christians I. von Mainz als Reichslegat Friedrich Barbarossas in Italien, AfD 14 (1968), 202 ff.

–, Beiträge zur Reichslegation Christians von Mainz in Italien, QFIAB 49 (1969), 186 ff.

*Hageneder, O.,* Weltherrschaft im Mittelalter, MIÖG 93 (1985), 257 ff.

*Hausmann, F.,* Die Anfänge des staufischen Zeitalters unter Konrad III., in: VuF 12 (Konstanz – Stuttgart 1968), 53 ff.

*Haverkamp, A.,* Die Regalien-, Schutz- und Steuerpolitik in Italien unter Friedrich Barbarossa bis zur Entstehung des Lombardenbundes, ZBLG 29 (1966), 3 ff.

–, Herrschaftsformen der Frühstaufer in Reichsitalien. I und II., in: Monographien zur Geschichte des Mittelalters 1 und 2 (Stuttgart 1970–1971).

–, Friedrich I. und der hohe italienische Adel, in: Beiträge zur Geschichte Italiens im 12. Jahrhundert (VuF Sonderband 9, Sigmaringen 1971), 53 ff.

*Haverkamp, A.*, Das Zentralitätsgefüge Mailands im hohen Mittelalter, in: Zentralität als Problem der mittelalterlichen Stadtgeschichtsforschung, hrsg. von *E. Meynen* (Städteforschung, hrsg. von *H. Stoob*, A 8, Köln – Wien 1978), 48 ff.

–, La Lega lombarda sotto la guida di Milano (1175–1183), in: La pace di Costanza 1183 (wie *Ambrosioni*, Le città italiane), 159 ff.

–, Der Konstanzer Friede zwischen Kaiser und Lombardenbund (1183), in: VuF 33 (Sigmaringen 1987), 11 ff.

*Heimpel, H.*, Artikel Friedrich I. Barbarossa, in: Neue deutsche Biographie 5 (Berlin 1961), 459 ff.

*Heinemann, H.*, Untersuchungen zur Geschichte der Zähringer in Burgund. Teil 1, AfD 29 (1983), 42 ff. und Teil 2, AfD 30 (1984), 97 ff.

*Heinemeyer, K.*, Der Prozeß Heinrichs des Löwen, Bll. f. dt. Lg. 117 (1981), 1 ff.

–, König und Reichsfürsten in der späten Salier- und frühen Stauferzeit, Bll. f. dt. Lg. 122 (1986), 1 ff.

*Heinemeyer, W.*, Der Friede von Montebello, DA 11 (1954/55), 101 ff.

–, Die Verhandlungen an der Saône im Jahre 1162, DA 20 (1964), 155 ff.

–, Beneficium – non feudum sed bonum factum. Der Streit auf dem Reichstag zu Besançon 1157, AfD 15 (1969), 155 ff.

Heinrich der Löwe, hrsg. von *W.-D. Mohrmann*, in: Veröffentlichungen der Niedersächsischen Archivverwaltung 39 (Göttingen 1980).

*Hellmann, S.*, Die Grafen von Savoyen und das Reich bis zum Ende der staufischen Epoche (Innsbruck 1900).

*Herkenrath, R. M.*, Reinald von Dassel. Reichskanzler und Erzbischof von Köln. Ungedr. phil. Diss. (Graz 1962).

–, Regnum und Imperium in den Diplomen der ersten Regierungsjahre Friedrichs I., in: Friedrich Barbarossa, hrsg. von *G. Wolf* (WdF 390, Darmstadt 1975), 323 ff.

–, Die Reichskanzlei in den Jahren 1174 bis 1180, in: Österr. Akademie der Wissenschaften. Philosophisch-histor. Klasse Denkschriften 130 (Wien 1977). – zitiert als: Reichskanzlei 1.

–, I collaboratori tedeschi di Federico I, in: Federico Barbarossa … (wie *Appelt*, Federico Barbarossa nella storiografia tedesca), 199 ff.

–, Miszellen zu den Diplomen Friedrichs I., AfD 28 (1982), 223 ff.

–, Die Reichskanzlei in den Jahren 1181 bis 1190, in: Österr. Akademie der Wissenschaften. Philosophisch-histor. Klasse Denkschriften 175 (Wien 1985). – zitiert als: Reichskanzlei 2.

*Hernández, F. J.*, Los cartularios de Toledo. Catálogo documental, in: Monumenta ecclesiae Toletanae historica Series I: Regesta et inventaria historica 1 (Madrid 1985).

*Heyen, F.-J.*, Über die Trierer Doppelwahlen von 1183 und 1242, Archiv für mittelrheinische Kirchengeschichte 21 (1969), 21 ff.

*Hilsch, P.*, Die Bischöfe von Prag in der frühen Stauferzeit, in: Veröffentlichungen des Collegium Carolinum 22 (München 1969).

Historia ducum Veneticorum, ed. *H. Simonsfeld*, in: MGH SS 14 (1883), 72 ff.

Historia Welforum, neu hrsg., übersetzt und erläutert von *E. König*, in: Schwäbische Chroniken der Stauferzeit 1 (Stuttgart und Berlin 1938), 1 ff.

*Hödl, G.,* Das Erzstift Salzburg und das Reich unter Kaiser Friedrich Barbarossa, Mitteilungen der Gesellschaft für Salzburger Landeskunde 114 (1975), 37 ff.

*Hödl – Classen* s. Monumenta.

*Höing, N.,* Die 'Trierer Stilübungen'. Ein Denkmal der Frühzeit Friedrich Barbarossas, AfD 1 (1955), 257 ff. und AfD 2 (1956), 125 ff.

*Hofmann, H.,* Die Heiligen Drei Könige. Zur Heiligenverehrung im kirchlichen, gesellschaftlichen und politischen Leben des Mittelalters, in: Rheinisches Archiv 94 (Bonn 1975).

*Hoke, R.,* Die Freigrafschaft Burgund, Savoyen und die Reichsstadt Besançon im Verbande des mittelalterlichen deutschen Reiches, ZRG g. A. 79 (1962), 106 ff.

*Holtzmann, R.,* Das Carmen de Frederico I. imperatore aus Bergamo und die Anfänge einer staufischen Hofhistoriographie, NA 44 (1922), 252 ff.

–, Der Weltherrschaftsgedanke des mittelalterlichen Kaisertums und die Souveränität der europäischen Staaten, HZ 159 (1939), 251 ff.

*Holtzmann, W.,* Papst Alexander III. und Ungarn, Ungarische Jahrbücher 6 (1927), 397 ff.

–, Quellen und Forschungen zur Geschichte Friedrich Barbarossas, NA 48 (1930), 384 ff.

*Hotz, W.,* Pfalzen und Burgen der Stauferzeit. Geschichte und Gestalt (Darmstadt 1981).

*Hucker, B. U.,* Friedrich Barbarossa als Empfänger von Zahlungen Bremer Bürger, Bremisches Jahrbuch 65 (1987), 125 ff.

Ex Hugonis Pictavini Libro de libertate monasterii Vizeliacensis, ed. *G. Waitz,* in: MGH SS 26 (1882), 143 ff.

*Jaffé* s. Monumenta Corbeiensia.

*Jaffé – Löwenfeld* s. Regesta pontificum Romanorum.

*Janssen, W.,* Die päpstlichen Legaten in Frankreich vom Schisma Anaklets II. bis zum Tode Coelestins III. (1130–1198) (Köln – Graz 1961).

John of Salisbury, Letters s. Letters.

*Jordan, K.,* Friedrich Barbarossa. Kaiser des christlichen Abendlandes, in: Persönlichkeit und Geschichte 13 (Göttingen – Berlin – Frankfurt a. M. 1959).

–, Staufer und Kapetinger im 12. Jahrhundert, Francia 2 (1974/75), 136 ff.

–, Heinrich der Löwe. Eine Biographie (München 1979).

*Kap-Herr, H. von,* Die abendländische Politik Kaiser Manuels mit besonderer Rücksicht auf Deutschland (Straßburg 1881).

*Kauffmann, H.,* Die italienische Politik Kaiser Friedrichs I. nach dem Frieden von Constanz (1183–1189). Beiträge zur Geschichte der Reichspolitik und Reichsverwaltung der Staufer in Italien, in: Greifswalder Abhandlungen zur Geschichte des Mittelalters 3 (Greifswald 1933).

*Kehr, P.,* Der Vertrag von Anagni im Jahre 1176, NA 13 (1888), 75 ff.

*Keller, H.,* Adelsherrschaft und städtische Gesellschaft in Oberitalien 9. bis 12. Jahrhundert, in: Bibliothek des Deutschen Historischen Instituts in Rom 52 (Tübingen 1979).

*Keller, H.*, Über den Charakter Freiburgs in der Frühzeit der Stadt, in: FS. für B. Schwineköper zu seinem siebzigsten Geburtstag, hrsg. von *H. Maurer* und *H. Patze* (Sigmaringen 1982), 249 ff.

*Keszycka, F. von*, Kaiserin Beatrix. Gemahlin Friedrichs I. Barbarossa. Phil. Diss. Freiburg in der Schweiz (Poznan 1923).

*Kienast, W.*, Deutschland und Frankreich in der Kaiserzeit (900-1270). Weltkaiser und Einzelkönige. 1-3, in: Monographien zur Geschichte des Mittelalters 9/1-3 (Stuttgart 1974-1975).

*Kiener, F.*, Verfassungsgeschichte der Provence seit der Ostgotenherrschaft bis zur Errichtung der Konsulate (510-1200) (Leipzig 1900).

*Kirfel, H. J.*, Weltherrschaftsidee und Bündnispolitik. Untersuchungen zur auswärtigen Politik der Staufer, in: Bonner historische Forschungen 12 (Bonn 1959).

*Klebel, E.*, Die Grafen von Sulzbach als Hauptvögte des Bistums Bamberg, MÖIG 41 (1926), 108 ff.

*Knipping* s. Regesten.

*Koch, G.*, Auf dem Wege zum Sacrum Imperium, in: Forschungen zur mittelalterlichen Geschichte 20 (Berlin 1972).

*Koch, W.*, Die Reichskanzlei in den Jahren 1167 bis 1174. Eine diplomatisch-paläographische Untersuchung, in: Österr. Akademie der Wissenschaften. Philosophisch-histor. Klasse Denkschriften 115 (Wien 1973).

-, Die Schrift der Reichskanzlei im 12. Jahrhundert (1125-1190). Untersuchungen zur Diplomatik der Kaiserurkunde, in: Österr. Akademie der Wissenschaften. Philosophisch-histor. Klasse Denkschriften 134 (Wien 1979).

*Kottje, R.*, Zur Bedeutung der Bischofsstädte für Heinrich IV., Historisches Jahrbuch 97/98 (1978), 131 ff.

*Kretschmayr, H.*, Geschichte von Venedig. 1-3, in: Geschichte der europäischen Staaten 35 = Allgemeine Staatengeschichte 1/35 (Neudruck Aalen 1964).

*Kupper, J.-L.*, Raoul de Zähringen évêque de Liège 1167-1191, in: Académie royale de Belgique. Mémoires de la Classe des Lettres 2e série, t. 62 - Fascicule 2 (Bruxelles 1974).

*Lamma, P.*, Comneni e Staufer. Ricerche sui rapporti fra Bisanzio e l'Occidente nel secolo XII. I e II., in: Istituto storico italiano per il medio evo. Studi storici Fasc. 14-18 und 23-25 (Roma 1955-1957).

*Lechner, K.*, Die Babenberger. Markgrafen und Herzoge von Österreich 976-1246, in: Veröffentlichungen des Instituts für österreichische Geschichtsforschung 23 (Wien - Köln - Graz 1976).

*Lenel, W.*, Der Konstanzer Frieden von 1183 und die italienische Politik Friedrichs I., HZ 128 (1923), 189 ff.

*Leonhard, J.-F.*, Die Seestadt Ancona im Spätmittelalter. Politik und Handel, in: Bibliothek des Deutschen Historischen Instituts in Rom 55 (Tübingen 1983).

The Letters of John of Salisbury. Vol. I, ed. by *W. J. Millor, S. J.* and *H. E. Butler*, revised by *C. N. L. Brooke*, in: Nelson Medieval Texts (London - Edinburgh - Paris - Melbourne - Toronto - New York 1955).

The Letters of John of Salisbury. Vol. II, ed. by *W.J. Millor, S.J.* and *C. N. L. Brooke*, in: Oxford Medieval Texts (Oxford 1979).

Lexikon des Mittelalters. Bd. 1–3 (München – Zürich 1980 ff.).

*Lilie, R.-J.*, Handel und Politik zwischen dem byzantinischen Reich und den italienischen Kommunen Venedig, Pisa und Genua in der Epoche der Komnenen und der Angeloi (1081–1204) (Amsterdam 1984).

*Ludwig, Ch.*, Untersuchungen über die frühesten 'Podestaten' italienischer Städte, in: Dissertationen der Universität Wien 90 (Wien 1973).


*Maccarrone, M.*, Papato e Impero dalla elezione di Federico I alla morte di Adriano IV (1152–1159), in: Lateranum Nova Series An. XXV – N. 1–4 (Roma 1959).

*Madertoner, W.*, Die zwiespältige Papstwahl des Jahres 1159, in: Dissertationen der Universität Wien 136 (Wien 1978).

*Mariotte, J.-Y.*, Le comté de Bourgogne sous les Hohenstaufen 1156–1208, in: Cahiers d'études comtoises 4 (Paris 1963).

–, Le schisme de 1159, la légation de Roger de Vico Pisano et leurs traces diplomatiques à Clairefontaine, AfD 18 (1972), 303 ff.

*Maurer, H.*, Chiavenna und die 'Ehre' des Herzogtums Schwaben. Ein Beitrag zur Verfassungsgeschichte des 12. Jahrhunderts, in: FS. Friedrich Hausmann, hrsg. von *H. Ebner* (Graz 1977), 339 ff.

–, Der Herzog von Schwaben (Sigmaringen 1978).

*Mayer, H.-E.*, Staufische Weltherrschaft? Zum Brief Heinrichs II. von England an Friedrich Barbarossa von 1157, in: Friedrich Barbarossa, hrsg. von *G. Wolf* (WdF 390, Darmstadt 1975), 184 ff.

*Mayer, Th.*, Die Ausbildung der Grundlagen des modernen deutschen Staates im hohen Mittelalter, HZ 159 (1939), 457 ff.

*Mayr, H.*, Der Pontifikat des Gegenpapstes Viktor IV. (1159–1164) im Spiegel seiner Urkunden. Ungedruckte Hausarbeit am Institut für Österreichische Geschichtsforschung (Wien 1974).

*Möhring, H.*, Saladin und der Dritte Kreuzzug, in: Frankfurter historische Abhandlungen 21 (Wiesbaden 1980).

*Mohrmann* s. Heinrich der Löwe.

Monumenta Corbeiensia, ed. *Ph. Jaffé*, in: Bibliotheca rerum Germanicarum 1 (Berlin 1864).

Monumenta Germaniae historica:

Die Admonter Briefsammlung, nebst ergänzenden Briefen, hrsg. von *G. Hödl* und *P. Classen* (†), in: MGH. Die Briefe der deutschen Kaiserzeit. Bd. VI (München 1983).

Constitutiones et acta publica imperatorum et regum. I: Inde ab a. 911 usque ad. a. 1197, ed. *L. Weiland*, in: MGH. Legum Sectio IV (Hannover 1893. Neudruck 1963).

Die Urkunden der deutschen Könige und Kaiser. Bd. 10/1: Die Urkunden Friedrichs I. 1152–1158, bearb. von *H. Appelt* unter Mitwirkung von *R. M. Herkenrath, W. Koch, J. Riedmann, W. Stelzer* und *K. Zeillinger*. – Bd. 10/2: Die Urkunden Friedrichs I. 1158–1167, bearb. von *H. Appelt* unter Mitwirkung von *R. M. Herkenrath* und *W. Koch.* – Bd. 10/3: Die Urkunden Friedrichs I. 1168–1180, bearb. von *H. Appelt* unter Mitwirkung von *R. M. Herkenrath* und *W. Koch.* MGH Diplomata regum et imperatorum Germaniae. Tom. X/1 – 3 (Hannover 1975, 1979 und 1984). – Der 4. und abschließende Teil der Edition der Barbarossa-Urkunden (Urkunden von 1181 bis 1190, Beatrix-Urkunden, Fälschungen und Deperdita) konnte in der Wiener Diplomata-Abteilung im Umbruch eingesehen werden. – Zitiert als: MGH. D(D)F.I.

*Munz, F.*, Frederick Barbarossa. A Study in Medieval Politics (London 1969).

*Nahmer, D. von der*, Die Reichsverwaltung in Toscana unter Friedrich I. und Heinrich VI. Diss. Freiburg i. Br. 1965 (Aalen o. J.).

–, Zur Herrschaft Friedrich Barbarossas in Italien, Studi medievali anno 15/2, serie 3 (1974), 587 ff.

*Niederkorn, J. P.*, Die Mitgift der Kaiserin Irene. Anmerkungen zur byzantinischen Politik König Konrads III., Römische historische Mitteilungen 28 (1986), 125 ff.

*Niederkorn, J. P.*, Traditio, a quibus minime cavimus. Ermittlungen gegen König Balduin III. von Jerusalem, den Patriarchen Fulcher und den Templerorden wegen Verrats bei der Belagerung von Damaskus (1148), MIÖG 95 (1987), 53 ff.

*Oedinger, F. W.*, Das Bistum Köln von den Anfängen bis zum Ende des 12. Jahrhunderts, in: Geschichte des Erzbistums Köln Bd. 1, hrsg. von *E. Hegel* (Köln 2. Aufl. 1972).

*Oehring, S.*, Erzbischof Konrad I. von Mainz im Spiegel seiner Urkunden und Briefe (1161–1200), in: Quellen und Forschungen zur hessischen Geschichte 25 (Darmstadt und Marburg 1973).

*Ohnsorge, W.*, Die Legaten Alexanders III. im ersten Jahrzehnt seines Pontifikats (1159–1169), in: Historische Studien 175 (Berlin 1928).

–, Päpstliche und gegenpäpstliche Legaten in Deutschland und Skandinavien, 1159–1181, in: Historische Studien 188 (Berlin 1929).

–, Die Bedeutung der deutsch-byzantinischen Beziehungen im 12. Jahrhundert für den deutschen Osten, Deutsches Archiv für Landes- und Volksforschung 5 (1941), 249 ff.

–, Die Byzanzpolitik Friedrich Barbarossas und der ‘Landesverrat’ Heinrichs des Löwen, DA 6 (1943), 118 ff.

*Opll, F.*, Das kaiserliche Mandat im 12. Jahrhundert (1125–1190), MIÖG 84 (1976), 290 ff.

–, Beiträge zur historischen Auswertung der jüngeren Hildesheimer Briefsammlung, DA 33 (1977), 473 ff.

–, Die Winterquatember im Leben Friedrich Barbarossas, MIÖG 85 (1977), 332 ff.

–, Das Itinerar Kaiser Friedrich Barbarossas (1152–1190), in: Forschungen zur Kaiser- und Papstgeschichte des Mittelalters. Beihefte zu J. F. Böhmer, Regesta Imperii, Bd. 1 (Wien – Köln – Graz 1978).

–, Friedrich Barbarossa und das Oberrheingebiet, in: Stauferzeit. Geschichte,

Literatur, Kunst (Karlsruher Kulturwissenschaftliche Arbeiten Bd. 1, Stuttgart 1978), 36 ff.

–, Amator ecclesiarum. Studien zur religiösen Haltung Friedrich Barbarossas, MIÖG 88 (1980), 70 ff.

–, Studien zur frühen Wiener Handelsgeschichte, Wiener Geschichtsblätter 35 (1980), 49 ff.

–, Stadt und Reich im 12. Jahrhundert (1125–1190). Ungedruckte Habilitationsschrift an der geisteswissenschaftlichen Fakultät der Universität Wien (Wien 1984).

–, 'Potestates Placentie'. Ein Beitrag zur Geschichte der staufischen Reichsherrschaft in der Lombardei, MIÖG 93 (1985), 31 ff.

–, L'attenzione del potere per un grande transito sovraregionale: il Monte Bardone nel XII secolo, Quaderni storici. Nuova serie 61 (1986), 57 ff.

–, Stadt und Reich im 12. Jahrhundert (1125–1190), in: Forschungen und Beiträge zur Kaiser- und Papstgeschichte des Mittelalters. Beihefte zu J. F. Böhmer, Regesta Imperii, Bd. 6 (Wien – Köln – Graz 1986).

–, Divide et impera. Federico Barbarossa, Alessandria / Cesarea, Genova e Tortona, in: Il Barbarossa e i suoi alleati liguri-piemontesi. Atti del Convegno storico internazionale, a cura di *G. Bergaglio* (Gavi 1987), 85 ff.

–, Friedrich Barbarossa und die Stadt Lodi. Stadtentwicklung im Spannungsfeld zwischen Reich und Städtebündnis, in: VuF 33 (Sigmaringen 1987), 63 ff.

–, Verona e l'Impero all'epoca di Federico Barbarossa. La formazione del Comune e le vicende relative all'Impero, in: Verona dalla caduta dei Carolingi al libero Comune. Convegno del 24–25 maggio 1985. Atti (Verona 1987), 29 ff.

–, Barbarossa in Bedrängnis: Zur uneinheitlichen Datierung eines Diploms aus dem Spätsommer 1167, DA 43 (1987), 194 ff.

–, Der Dritte Kreuzzug (1189–1190) und die Bulgaren, Mitteilungen des Bulgarischen Forschungsinstitutes in Österreich, Nr. 2/VIII/1986 (1988), 83 ff.

*Opll* s. Regesta Imperii.

Otto von Freising, Gesta Friderici: Bischof Otto von Freising und Rahewin, Die Taten Friedrichs oder richtiger Cronica, übersetzt von *A. Schmidt (†)*, hrsg. von *F.-J. Schmale*, in: Ausgewählte Quellen zur deutschen Geschichte des Mittelalters (Freiherr vom Stein-Gedächtnisausgabe Bd. XVII, Darmstadt 1965).

*Overmann, A.*, Gräfin Mathilde von Tuscien. Ihre Besitzungen. Geschichte ihres Gutes von 1115–1230 und ihre Regesten (Innsbruck 1895).

*Pacaut, M.*, Friedrich Barbarossa (Stuttgart 1969).

La pace di Costanza 1183. Un difficile equilibrio di poteri fra società italiana ed impero, in: Studi e testi di storia medioevale, collana diretta da *A. Boscolo* e *G. Soldi Rondinini*, 8 (Bologna 1984).

*Patze, H.*, Kaiser Friedrich Barbarossa und der Osten, in: VuF 12 (Konstanz – Stuttgart 1968), 337 ff.

*Pelzer, H.*, Friedrichs I. von Hohenstaufen Politik gegenüber Dänemark, Polen und Ungarn. Diss. (Borna – Leipzig 1906).

*Petersohn, J.*, Saint Denis – Westminster – Aachen. Die Karls-Translatio von 1165 und ihre Vorbilder, DA 31 (1975), 420 ff.

–, Der Vertrag des Römischen Senats mit Papst Clemens III. (1188) und das Pactum Friedrich Barbarossas mit den Römern (1167), MIÖG 82 (1974), 289 ff.

–, Rahewin IV 49: 'Seu de recipiendo prefecto'. Zur Rolle der Präfektur bei den kaiserlich-römischen Verhandlungen von 1159, in: Geschichtsschreibung und geistiges Leben im Mittelalter. FS. für H. Löwe zum 65. Geburtstag, hrsg. von *K. Hauck* und *H. Mordek* (Köln – Wien 1978), 397 ff.

Probleme des 12. Jahrhunderts. Reichenau-Vorträge 1965–1967, in: VuF 12 (Konstanz – Stuttgart 1968).

Italische Quellen über die Taten Kaiser Friedrichs I. in Italien und der Brief über den Kreuzzug Kaiser Friedrichs I., übersetzt von *F.-J. Schmale*, in: Ausgewählte Quellen zur deutschen Geschichte des Mittelalters (Freiherr vom Stein-Gedächtnisausgabe Bd. XVII a, Darmstadt 1986).

Rahewin s. Otto von Freising.

*Rassow, P.*, Der Prinzgemahl. Ein Pactum matrimoniale aus dem Jahre 1188, in: Quellen und Studien zur Verfassungsgeschichte des Deutschen Reiches in Mittelalter und Neuzeit 7/1 (Weimar 1950).

–, Honor Imperii. Die neue Politik Friedrich Barbarossas 1152–1159 (Darmstadt 2. Aufl. 1961).

Regesta Imperii: Die Regesten des Kaiserreiches unter Friedrich I. 1152 (1122) – 1190. 1. Lieferung: 1152 (1122) – 1158. Nach J. F. Böhmer neubearb. von *F. Opll* unter Mitwirkung von *H. Mayr*. J. F. Böhmer, Regesta Imperii IV/2 (Wien – Köln – Graz 1980). – Zitiert als: BOM.

Regesta pontificum Romanorum ab condita ecclesia ad annum post Christum natum MCXCVIII, ed. *Ph. Jaffé*. Editionem secundam correctam et auctam auspiciis G. Wattenbach curaverunt S. Loewenfeld, F. Kaltenbrunner, P. Ewald. Tomus II (Leipzig 1888).

Die Regesten der Erzbischöfe von Köln im Mittelalter. 2. Bd.: 1100–1250, bearb. von *R. Knipping*, in: Publikationen der Gesellschaft für Rheinische Geschichtskunde XXI/2 (Bonn 1901).

*Reuter, T. A.*, The papal schism, the Empire and the West, 1159–1169. Ungedruckte phil. Diss. Merton College (Oxford 1975).

*Reuter, T.*, Das Edikt Friedrich Barbarossas gegen die Zisterzienser, MIÖG 84 (1976), 328 ff.

*Riedmann, J.*, Studien über die Reichskanzlei unter Friedrich Barbarossa in den Jahren 1156–1166, Teil 1, MIÖG 75 (1967), 322 ff.; Teil 2, MIÖG 76 (1968), 23 ff.

–, Die Beurkundung der Verträge Friedrich Barbarossas mit italienischen Städten. Studien zur diplomatischen Form von Vertragsurkunden im 12. Jahrhundert, in: Österreichische Akademie der Wissenschaften. Philosophisch-historische Klasse. Sitzungsberichte 291/3 (Wien 1973).

*Rill, G.*, Zur Geschichte der Würzburger Eide von 1165, Würzburger Diözesangeschichtsblätter 22 (1960), 7 ff.

*Rösch, G.,* Venedig und das Reich. Handels- und verkehrspolitische Beziehungen in der deutschen Kaiserzeit, in: Bibliothek des Deutschen Historischen Instituts in Rom 53 (Tübingen 1982).

Saxonis Gesta Danorum, ed. *J. Olrik* u. *H. Ræder.* 1 (Textum continens), 2, cur. *F. Blatt* (Index verborum) (Hauniae 1931–1957).

*Schaller, H. M.,* Der heilige Tag als Termin mittelalterlicher Staatsakte, DA 30 (1974), 1 ff.

*Schaller, N.,* Die Alpenpässe in der Politik der Staufer. Ungedr. phil. Diss. (Wien 1968).

*Scheffer-Boichorst, P.,* Kaiser Friedrich' I. letzter Streit mit der Kurie (Berlin 1866).

*Scheibelreiter, G.,* Der deutsche Thronstreit 1198–1208 im Spiegel der Datierung von Privaturkunden, Teil 1, MIÖG 84 (1976), 337 ff.; Teil 2, MIÖG 85 (1977), 36 ff.

*Schlesinger, W.,* Bischofssitze, Pfalzen und Städte im deutschen Itinerar Friedrich Barbarossas, in: Aus Stadt- und Wirtschaftsgeschichte Südwestdeutschlands. FS. für E. Maschke zum 75. Geburtstag (Veröffentlichungen der Kommission für geschichtliche Landeskunde in Baden-Württemberg B 85, Stuttgart 1975), 1 ff.

*Schmale, F.-J.,* Friedrich I. und Ludwig VII. im Sommer des Jahres 1162, ZBLG 31 (1968), 315 ff.

–, Lothar III. und Friedrich I. als Könige und Kaiser, in: VuF 12 (Konstanz – Stuttgart 1968) 33 ff., wiederabgedruckt in: Friedrich Barbarossa, hrsg. von *G. Wolf* (WdF 390, Darmstadt 1975), 121 ff.

*Schmale* s. Otto von Freising, Quellen, Wattenbach.

*Schmid, K.,* Graf Rudolf von Pfullendorf und Kaiser Friedrich I., in: Forschungen zur oberrheinischen Landesgeschichte 1 (Freiburg i. Br. 1954).

–, De regia stirpe Waiblingensium. Bemerkungen zum Selbstverständnis der Staufer, in: *ders.,* Gebetsgedenken und adliges Selbstverständnis im Mittelalter. Festgabe zu seinem sechzigsten Geburtstag (Sigmaringen 1983), 454 ff.

*Schmidt, U.,* Königswahl und Thronfolge im 12. Jahrhundert, in: Forschungen und Beiträge zur Kaiser- und Papstgeschichte des Mittelalters. Beihefte zu J. F. Böhmer, Regesta Imperii, 7 (Köln – Wien 1987).

*Schöntag, W.,* Untersuchungen zur Geschichte des Erzbistums Mainz unter den Erzbischöfen Arnold und Christian I. (1153–1183), in: Quellen und Forschungen zur hessischen Geschichte 22 (Darmstadt und Marburg 1973).

*Schrod, K.,* Reichsstraßen und Reichsverwaltung im Königreich Italien (754–1197), in: Beihefte zur Vierteljahrsschrift für Sozial- und Wirtschaftsgeschichte 25 (Stuttgart 1931).

*Schubring, K.,* Die Herzoge von Urslingen. Studien zu ihrer Besitz-, Sozial- und Familiengeschichte mit Regesten, in: Veröffentlichungen der Kommission für geschichtliche Landeskunde in Baden-Württemberg B 67 (Stuttgart 1974).

–, Die Herren von Lützelhardt. Beiträge zur Bestimmung ihrer Herkunft, Zeitschrift für Württembergische Landesgeschichte 40, 1981 (1982), 262 ff.

*Schulz, K.,* Die Ministerialität als Problem der Stadtgeschichte. Einige allgemeine Bemerkungen, erläutert am Beispiel der Stadt Worms, Rheinische Vierteljahrsblätter 32 (1968), 184 ff.

–, Zensualität und Stadtentwicklung im 11./12. Jahrhundert, in: Beiträge zum hochmittelalterlichen Städtewesen (Städteforschung, hrsg. von *H. Stoob,* A 11, Köln – Wien 1982), 73 ff.

*Simonsfeld, H.,* Jahrbücher des Deutschen Reiches unter Friedrich I. 1: 1152–1158, in: Jahrbücher der Deutschen Geschichte (Neudruck der 1. Auflage von 1908, Berlin 1967).

Staufer s. Die Zeit der –.

*Steindorff, L.,* Die dalmatinischen Städte im 12. Jahrhundert, in: Städteforschung, hrsg. von *H. Stoob,* A 20 (Köln – Wien 1984).

*Stephan-Kühn, F.,* Wibald als Abt von Stablo und Corvey und im Dienste Konrads III. Phil. Diss. Köln (Köln 1973).

*Stoob, H.,* Formen und Wandel staufischen Verhaltens zum Städtewesen, in: *ders.,* Forschungen zum Städtewesen in Europa. I (Köln – Wien 1970), 51 ff.

*Strachwitz, M.,* Die Privilegierungen des italienischen Adels durch Kaiser Friedrich I. Ungedr. Staatsprüfungsarbeit am Institut für Österreichische Geschichtsforschung (Wien 1968).

Studi sulla Pace di Costanza, in: Deputazione di Storia patria per le province Parmensi. Sezione di Piacenza (Milano 1984).

*Thomson, R. M.,* An English eyewitness of the peace of Venice, Speculum 50 (1975) 21 ff.

*Trautz, F.,* Die Könige von England und das Reich 1272–1377. Mit einem Rückblick auf ihr Verhältnis zu den Staufern (Heidelberg 1961).

*Vignati, C.,* Storia diplomatica della Lega Lombarda. Prefazione e aggiornamento bibliografico di *R. Manselli* (Torino 1966, Erstdruck Milano 1866).

*Violante, C.,* La società milanese nell'età precomunale, in: Universale Laterza 284 (Roma – Bari 2. Aufl. 1974).

*Vollmer, F. X.,* Reichs- und Territorialpolitik Kaiser Friedrichs I. Ungedr. phil. Diss. (Freiburg i. Br. 1951).

*Vollrath, H.,* Konrad III. und Byzanz, Archiv für Kulturgeschichte 59 (1977), 321 ff.

*Wattenbach, W. – Schmale, F.-J.,* Deutschlands Geschichtsquellen im Mittelalter. Vom Tode Kaiser Heinrichs V. bis zum Ende des Interregnums. Bd. 1 (Darmstadt 1976).

*Wehlt, H.-P.,* Reichsabtei und König, dargestellt am Beispiel der Abtei Lorsch mit Ausblicken auf Hersfeld, Stablo und Fulda, in: Veröffentlichungen des Max-Planck-Instituts für Geschichte 28 (Göttingen 1970).

*Weis, H.,* Die Grafen von Lenzburg in ihren Beziehungen zum Reich und zur adligen Umwelt. Ungedr. phil. Diss. (Freiburg i. Br. 1959).

*Willemsen, C. A.,* Die Bildnisse der Staufer. Versuch einer Bestandsaufnahme, in: Schriften zur staufischen Geschichte und Kunst Bd. 4 (Göppingen 1977).

Wittelsbach und Bayern I/1: Die Zeit der frühen Herzöge. Von Otto I. zu Ludwig dem Bayern, in: Beiträge zur Bayerischen Geschichte und Kunst 1180–1350, hrsg. von *H. Glaser* (München – Zürich 1980).

*Wolf, G.*, Imperator und Caesar – zu den Anfängen des staufischen Erbreichgedankens, in: Friedrich Barbarossa, hrsg. von *G. Wolf* (WdF 390, Darmstadt 1975), 360 ff.

*Wolfram, G.*, Friedrich I. und das Wormser Concordat (Marburg 1883).

*Wolter, H.*, Die Verlobung Heinrichs VI. mit Konstanze von Sizilien im Jahre 1184, Historisches Jahrbuch 105 (1985), 30 ff.

*Wulz, W.*, Der spätstaufische Geschichtsschreiber Burchard von Ursberg. Persönlichkeit und historisch-politisches Weltbild, in: Schriften zur südwestdeutschen Landeskunde 18 (Stuttgart 1982).

*Wurst, O.*, Bischof Hermann von Verden 1148–1167. Eine Persönlichkeit aus dem Kreise um Kaiser Friedrich I. Barbarossa, in: Quellen und Darstellungen zur Geschichte Niedersachsens 79 (Hildesheim 1972).

Die Zähringer. Eine Tradition und ihre Erforschung, hrsg. von *K. Schmid*, in: Veröffentlichungen zur Zähringer-Ausstellung I (Sigmaringen 1986).

Die Zähringer. Anstoß und Wirkung, hrsg. von *H. Schadek* und *K. Schmid*, in: Veröffentlichungen zur Zähringer-Ausstellung II (Sigmaringen 1986).

*Zeillinger, K.*, Zwei Diplome Barbarossas für seine römischen Parteigänger, DA 20 (1964), 568 ff.

–, Die Notare der Reichskanzlei in den ersten Jahren Friedrich Barbarossas, DA 22 (1966), 472 ff.

–, Friedrich Barbarossa, Wibald von Stablo und Eberhard von Bamberg, MIÖG 78 (1970), 210 ff.

–, Friedrich I. Barbarossa, Manuel I. Komnenos und Süditalien in den Jahren 1155/1156, Römische historische Mitteilungen 27 (1985), 53 ff.

Die Zeit der Staufer. Geschichte – Kunst – Kultur. Bd. 1–5 (Katalog der Ausstellung, Stuttgart 1977–1979).

*Zerbi, P.*, Un inedito dell'archivio Vaticano e il convegno di Verona (a. 1184), Aevum 28 (1954), 470 ff.

# ABKÜRZUNGS- UND SIGLENVERZEICHNIS

| | |
|---|---|
| a. a. O. | am angegebenen Ort |
| AfD | Archiv für Diplomatik, Schriftgeschichte, Siegel- und Wappenkunde |
| Aufl. | Auflage |
| Bd. | Band |
| Bll. f. dt. Lg. | Blätter für deutsche Landesgeschichte |
| BOM | siehe: Regesta Imperii (s. oben S. 310 und 320) |
| DA | Deutsches Archiv für Erforschung des Mittelalters |
| D(D)F.I. | Diplom(e) Friedrichs I. |
| ders. | derselbe |
| d. h. | das heißt |
| dies. | dieselbe |
| Diss. | Dissertation |
| ebda. | ebenda |
| ed. | edidit |
| f(f). | folgende |
| FS. | Festschrift |
| hrsg. | herausgegeben |
| HZ | Historische Zeitschrift |
| MGH | Monumenta Germaniae historica |
| MIÖG (MÖIG) | Mitteilungen des Instituts für österreichische Geschichtsforschung |
| NA | Neues Archiv der Gesellschaft für ältere deutsche Geschichtskunde |
| N. F. | Neue Folge |
| o. J. | ohne Jahr |
| Phil. Diss. | Philosophische Dissertation |
| QFIAB | Quellen und Forschungen aus italienischen Archiven und Bibliotheken |
| s. | siehe |
| S. | Seite, Siehe |
| SS | Scriptores |
| Ungedr. phil. Diss. | Ungedruckte philosophische Dissertation |
| vgl. | vergleiche |
| VuF | Vorträge und Forschungen |
| WdF | Wege der Forschung |
| ZBLG | Zeitschrift für bayerische Landesgeschichte |
| ZRG g. A. | Zeitschrift der Savigny-Stiftung für Rechtsgeschichte, germanistische Abteilung |

# NAMENREGISTER

*Vorbemerkung:* Das Register umfaßt sämtliche Eigennamen (topographische Bezeichnungen, Persönlichkeiten), aber weder die Autoren der zitierten Werke (vgl. dazu die Bibliographie auf S. 309 ff.) noch – bis auf wenige Ausnahmen (vgl. Rheinecker Fehde, Tübinger Fehde) – Sachbegriffe. Die Reihung gleichnamiger Persönlichkeiten erfolgt nach hierarchischen Grundsätzen (Herrscher – Geistliche – Familienangehörige Barbarossas – Herzöge – Markgrafen – Pfalzgrafen – Grafen – Edelfreie – Ministerialen). Von den drei Herrschaftsbereichen des mittelalterlichen Imperiums wurde wegen der Häufigkeit der Belege 'Deutschland' nicht aufgenommen, im Hinblick auf 'Italien' findet sich nur ein Pauschalhinweis auf Kapitel II / 1, und lediglich 'Burgund' ist detailliert erfaßt. Im Register berücksichtigt sind neben dem Text auch die Anmerkungen, auf die durch Hinzufügen des Buchstaben 'A' zur Seitenangabe verwiesen wird. – *Abkürzungen:* Bf. = Bischof, Ebf. = Erzbischof, Gem. = Gemahlin, Gf. = Graf, Hg. = Herzog, Kg. = König, K. = Kaiser, Kd. = Kardinal, Mkgf. = Markgraf, P. = Papst.

S. Maria di Pomposa, Kloster 120
S. Maria in Turri in Rom 97
S. Michele in Pavia 50. 257
S. Miniato am Arno 148 – Grafen von
 – 180
S. Nicolò auf dem Lido zu Vene-
dig 121
S. Pietro, Kloster in Lodi Vecchio 264
S. Salvatore zu Pavia 152
Sachsen 27. 28. 29. 42. 44. 59. 60. 99.
102. 104. 108. 112. 127. 129. 130. 132.
136. 162. 232. 234. 236. 237. 238. 251.
253
Saint-Gilles in der Camargue 123
Saladin, Sultan 113. 115. 143. 158. 159.
162. 165. 212. 240. 297. 298. 308
Saleph (heute: Göksu) 169
Salzburg 71. 94. 105. 106. 109. 113. 127.
138. 207. 209. 217. 304
Salzburghofen (heute: Freilas-
sing) 106
Sancho III., Kg. von Kastilien
296
Sant'Ambrogio, Benediktinerkloster
bzw. Kanonikerstift in Mailand 26.
78. 134. 151. 266
Santiago de Compostela 57. 133
Saône 13. 81. 83. 196. 208. 286. 287
Sardinien 44. 65. 87. 88. 92. 95. 112.
180. 233
Savona 65 – Markgrafen von – 188
Saxo Grammaticus 13
Schänis 231
Schlesien 281
Schwabegg, Herren von 231
Schwaben 19. 27. 31. 43. 59. 61. 103.
110. 126. 127. 131. 157. 164. 196. 197.
198. 219. 225. 227. 229. 230. 231. 239.
301. 302
Schweden 205
Schweinhausen, Herren von 231
Schweinshut 241
Scialenghi-Cacciaconti, mittelitalien.
Grafenhaus 122
Sebastianus Ziani, Doge von Vene-
dig 121

Seldschuken 168. 169. 297
Seleucia (heute: Silifke) 169. 170
Seligenstadt 161. 296
Selz 86
Seprio, Gebiet nordwestl. von Mai-
land 63. 64. 80 A. 146. 193. 259
Sicard, Bf. von Cremona 142
Sidon 158
Siegfried, Elekt von Bremen, dann Bf.
von Brandenburg, dann Ebf. von
Hamburg-Bremen 106. 129
Siena 63. 135 A. 149. 180. 181. 247
Silifke s. Seleucia
Sinzig 41. 129
Sitten 54. 196. 197. 233
Sizilien 11. 12. 47 A. 51. 52. 56. 57. 68.
70. 73. 80. 81. 82. 86. 87. 90. 96. 120.
121. 143. 182 A. 183. 185. 195. 203.
204. 205. 211. 236. 253. 258. 266. 273.
274. 277. 279. 280. 283. 288. 302. 306.
307 – vgl. Süditalien
Sobeslav I., Hg. von Böhmen 112
Sobeslav II., Hg. von Böhmen 112.
164 A.
Sofia 166
Soissons, Bf. von – s. Hugo
Soncino 153
Sophia, angebliche Tochter Barba-
rossas 244 A
Sophia, Tochter Belas II. von Ungarn,
Braut Heinrichs (VI). 274
Sophie, Gem. Bertholds III. von Zäh-
ringen 25
Spanien 57. 70. 161. 273. 285. 293. 294.
296
Speyer 22. 125. 155. 214. 251. 253. 294
Speyergau 27
Spoleto 44. 50 A. 52. 112. 120. 121. 135.
149. 178. 180. 211. 221. 233. 257. 264
SS. Petrus und Sophia, Domkirche zu
Tarsos 170
St. Denis 284
St. Gallen 131. 219. 231. 241
St. Peter in Rom 51. 97. 98
St. Ulrich und Afra, Klosterkirche zu
Augsburg 157

Wilhelm, Vogt von Aachen, Gf. von
  Siena 180. 247
Wimpfen 254
Winzenburg, Grafen von 42. 44
Wittelsbach, Pfalzgrafen von 237. 238
Wladimir von Halitsch 282
Wladislaw II., Hg. von Polen 57. 281.
  294 A
Worms 29. 47. 56. 91. 95. 109. 125. 126.
  135. 158. 201. 202. 213. 214. 215. 230.
  251. 253. 284
Würzburg 29. 44. 47. 54. 55. 56. 57.

59. 73. 90. 91. 92. 93. 94. 95. 102. 103.
  106. 110. 114. 127. 128. 204 A. 209.
  214. 229. 230. 276. 285. 289. 294.
  296

Zähringen, Herzöge von 21. 22. 27. 31.
  32. 43. 54. 131. 153. 196. 198. 199. 227.
  230. 233. 249. 267. 295
Zisterzienser 91. 104. 119. 203. 206.
  210. 220. 223
Zollern, Grafen von 126
Zürich 21

# ABBILDUNGSVERZEICHNIS

Abb. 1 (nach S. 8): Otto von Freising, ›Gesta Friderici‹ (nach: Die Zeit der Staufer. Geschichte – Kunst – Kultur. Katalog der Ausstellung Stuttgart: Württembergisches Landesmuseum 1977, Bd. II, Abb. 165).

Abb. 2 (S. 18): Der 'Cappenberger Barbarossa-Kopf' (nach: Zeit der Staufer, II, Abb. 325).

Abb. 3 (nach S. 28): Die sogenannte 'Taufschale' Kaiser Friedrichs I. (nach: Zeit der Staufer, II, Abb. 323).

Abb. 4 (nach S. 50): S. Michele in Pavia (nach: Heinrich Decker, Italia Romanica. Die hohe Kunst der romanischen Epoche in Italien. Wien – München: Anton Schroll 1958, Abb. 25).

Abb. 5 (nach S. 92): 'Barbarossa-Radleuchter' in der Pfalzkapelle zu Aachen (nach: Harald Busch, Germania Romanica. Die hohe Kunst der romanischen Epoche im mittleren Europa. Wien – München: Anton Schroll 1963, Abb. 1).

Abb. 6 (nach S. 98): Darstellung Friedrichs I., Porta Romana in Mailand (nach: Zeit der Staufer, V, Abb. 392).

Abb. 7 (nach S. 120): Julius Schnorr von Carolsfeld, Aussöhnung Kaiser Friedrichs I. mit Papst Alexander III. in Venedig (nach: Zeit der Staufer, II, Abb. 699).

Abb. 8 (nach S. 168)
a): Das Kreuzheer dringt in den Bulgarenwald ein (nach: Ekkehard Eickhoff, Friedrich Barbarossa im Orient. Kreuzzug und Tod Friedrichs I. [= Istanbuler Mitteilungen Beiheft 17]. Tübingen: Ernst Wasmuth 1977, Taf. 2, Abb. 1).
b): Gedenktafel nahe der Todesstelle Kaiser Friedrichs I. am Saleph (nach: Eickhoff, Taf. 10, Abb. 2).

Abb. 9 (nach S. 204): Urkunde Kaiser Friedrichs I. für Erzbischof Hartwig von Hamburg-Bremen (nach: Zeit der Staufer, V, Abb. 3).

Abb. 10 (nach S. 238): Kaiser Friedrich I. und Bischof Otto von Freising (nach: Barbarossa und die Prämonstratenser [= Schriften zur staufischen Geschichte und Kunst, Bd. 10]. Göppingen: Gesellschaft für staufische Geschichte 1989, S. 31).

Abb. 11 (nach S. 250): Detail von der Pfalz zu Gelnhausen (Bildarchiv Foto Marburg).

Abb. 12 (nach S. 280): Sant'Ambrogio zu Mailand (nach: Decker, Abb. 1).

Abb. 13 (nach S. 300): Reiterstandbilder Kaiser Friedrichs I. und Kaiser Wilhelms I. vor der Goslarer Pfalz (Foto: Stadtarchiv Goslar).